吉林2015统计年鉴

JILIN

STATISTICAL YEARBOOK 2015

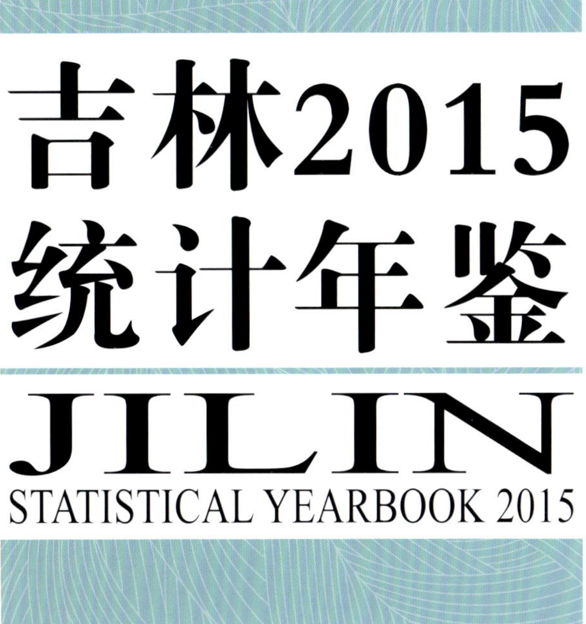

吉林省统计局 国家统计局吉林调查总队 编

COMPILED BY JILIN STATISTICAL BUREAU

SURVEY OFFICE OF THE NATIONAL BUREAU OF STATISTICS IN JILIN

（总第29期　No.29）

图书在版编目（CIP）数据

吉林统计年鉴. 2015：汉英对照 / 吉林省统计局、国家统计局吉林调查总队编. -北京：中国统计出版社，2015.10

ISBN 978-7-5037-7583-3

Ⅰ. ①吉…

Ⅱ. ①吉… ②国…

Ⅲ. ①统计资料-吉林省-2015-年鉴-汉、英

Ⅳ. ①C832.34-54

中国版本图书馆CIP数据核字(2015)第202280号

吉林统计年鉴－2015

作　　者 / 吉林省统计局、国家统计局吉林调查总队
责任编辑 / 佘竞雄
责任校对 / 孙　臻
装帧设计 / 刘伟祥
出版发行 / 中国统计出版社
地　　址 / 北京市丰台区西三环南路甲6号　邮政编码/100073
电　　话 / 邮购（010）63376909　书店（010）68783171
网　　址 / http://www.zgtjcbs.com
印　　刷 / 长春科普快速印刷有限公司
经　　销 / 新华书店
开　　本 / 890mm×1240mm　1/16
字　　数 / 1300千字
印　　张 / 41
印　　数 / 1-800册
版　　别 / 2015年10月第1版
版　　次 / 2015年10月第1次印刷
定　　价 / 350.00元

本书附同版本CD-ROM一张，光盘内容以书面文字为准。
如有印装差错，由本社发行部调换。

《吉林统计年鉴2015》编委会和编辑部

JILIN STATISTICAL YEARBOOK 2015 EDITORIAL BOARD AND EDITORIAL STAFF

编委会 EDITORIAL BOARD

编辑部 EDITORIAL DEPARTMENT

编 者 说 明 *PREFACE*

一、《吉林统计年鉴—2015》(中英文对照)是一部全面反映吉林省经济和社会发展情况的资料性年刊。本书收录了全省、各市(州)和县(市)2014年经济和社会各方面大量的统计数据。

二、全书内容分为19个部分，即1.综合；2.国民经济核算；3.人口；4.就业人员和工资；5.固定资产投资；6.对外经济贸易和旅游业；7.能源生产和消费；8.财政、金融和保险；9.价格指数；10.人民生活；11.城市公用事业和环境保护；12.农业；13.工业；14.建筑业；15.运输和邮电；16.批发零售贸易和餐饮业；17.教育、科技和文化事业；18.体育、卫生和其他事业；19.市（州）和县（市）概况。附录：1.东北三省国民经济主要指标(2014)；2.企业“一套表”；3.主要统计指标解释。

三、资料中所使用的度量衡单位均采用国际统一标准计量单位。

四、本年鉴中部分数据合计数或相对数由于单位取舍不同而产生计算误差,均未作机械调整。

五、本年鉴中所使用的价值量指标，除已注明外，均按当年价格计算，发展速度按可比价格计算。

六、本年鉴中的符号使用说明：“空格”表示该项指标数据不详或无该项数据；“#”表示其中的主要项。

七、本书的编辑出版，得到省直有关部门的大力支持，我们对此表示诚挚的谢意！

《吉林统计年鉴》编辑部

二〇一五年十月十日

I. Jilin statistical yearbook 2015 is annual statistics publication, which cover very comprehensive data series for 2014 and some selected data series for historically important years in whole province, cities (pretecture) and counties and therefore, reflects various aspects of social and economic development.

II. The Contentis Divided into 19 parts, i.e. 1. Synthesis; 2. National Economic Accounting; 3. Population; 4. Employment and Wage; 5. Investment in Fixed Assets; 6. Foreign Economy Trade and Tourism; 7. Production and Consumption of Energy. 8. Public Finance, Banking and Insurance; 9. Price Indices; 10. People's Livelihood; 11. Urban public utilities and Environment; 12. Agriculture; 13. Industry; 14. Construction; 15. Transportation and Postal ; 16. Wholesale, Retail trade and Catering services; 17. Education, Technology and Culture; 18. Sports, Public Health and others; 19. General survey of city (State) and county (City). In the appendices listed: 1. Main indicators of National economy of three province in the Northeast Area (2014); 2. The Companies “A Table”; 3. Explanatory notes on Main statistical indicators.

Ⅲ. The units of measurement used in this book are internationally standard measurement units.

IV. In year-book some data total numbers or relative number because of units choosen differential Causing generating calculation error, no mechanical adjust.

V. The value indicators used in this book are at current price except notes have made and growth rate is calculated by constant price.

VI. Explanatory notes for notations used in this book: “blank” indicated that the index data not available or no dale. “#”of which: major item.

VII. The publication and editor of yearbook got strong support of the department of province, total cities, prefectures, counties (district) government and some enterprises and related institutions, We make sincerely appreciation !

Editorial department of《Jilin statistical Yearbook》

October 10, 2015

地区生产总值和人均生产总值

Gross Regional Product and Per Capita GDP

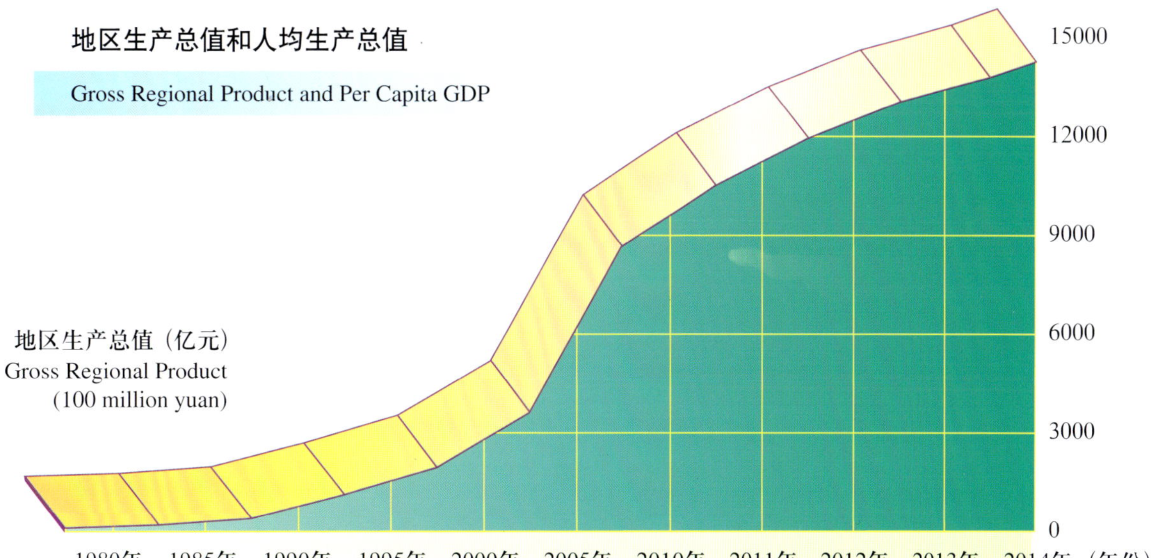

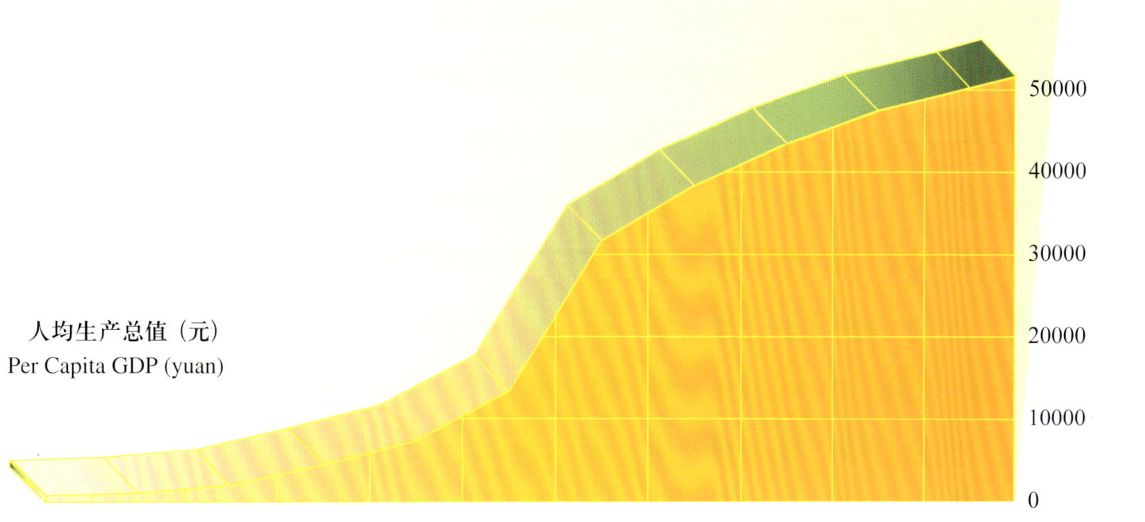

地区生产总值三次产业构成（%）

Gross Regional Product Constitutes by Three Industries (%)

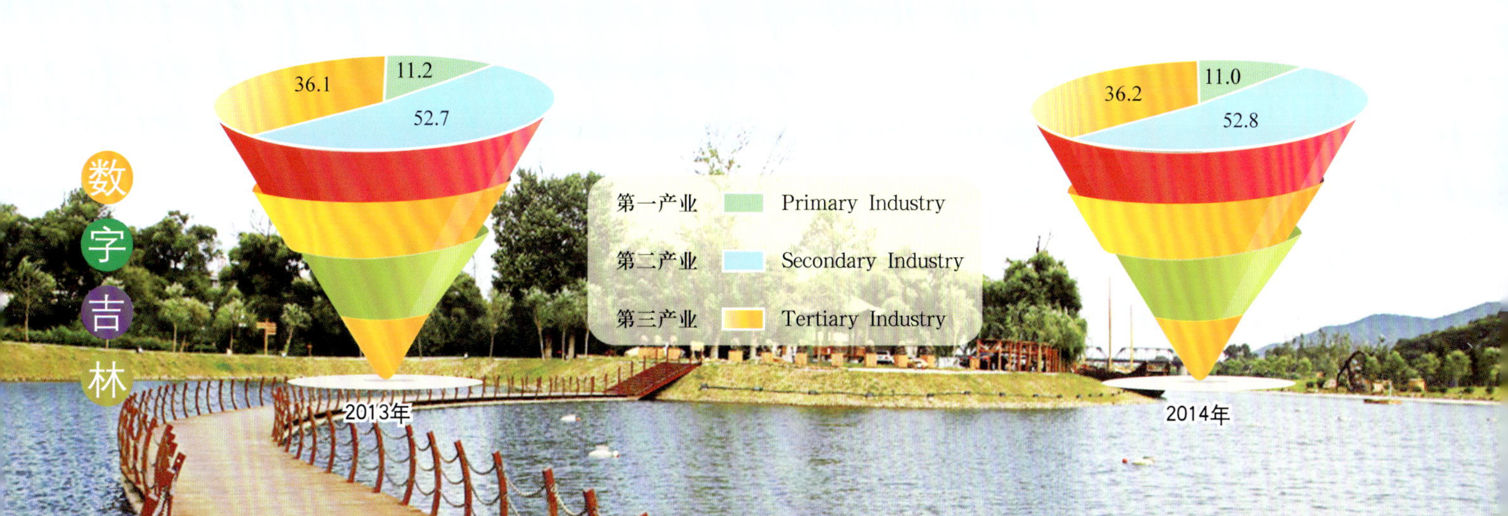

人口总数按性别分（万人）

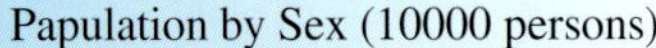

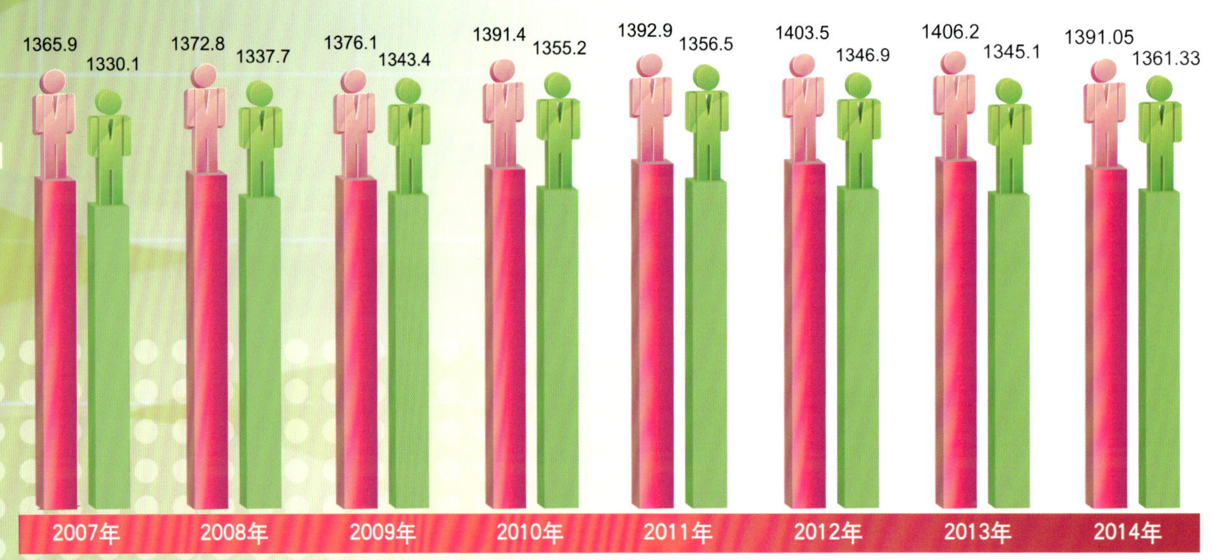

自然增长人口及人口自然增长率

Natural Growth Population and Natural Growth Rate

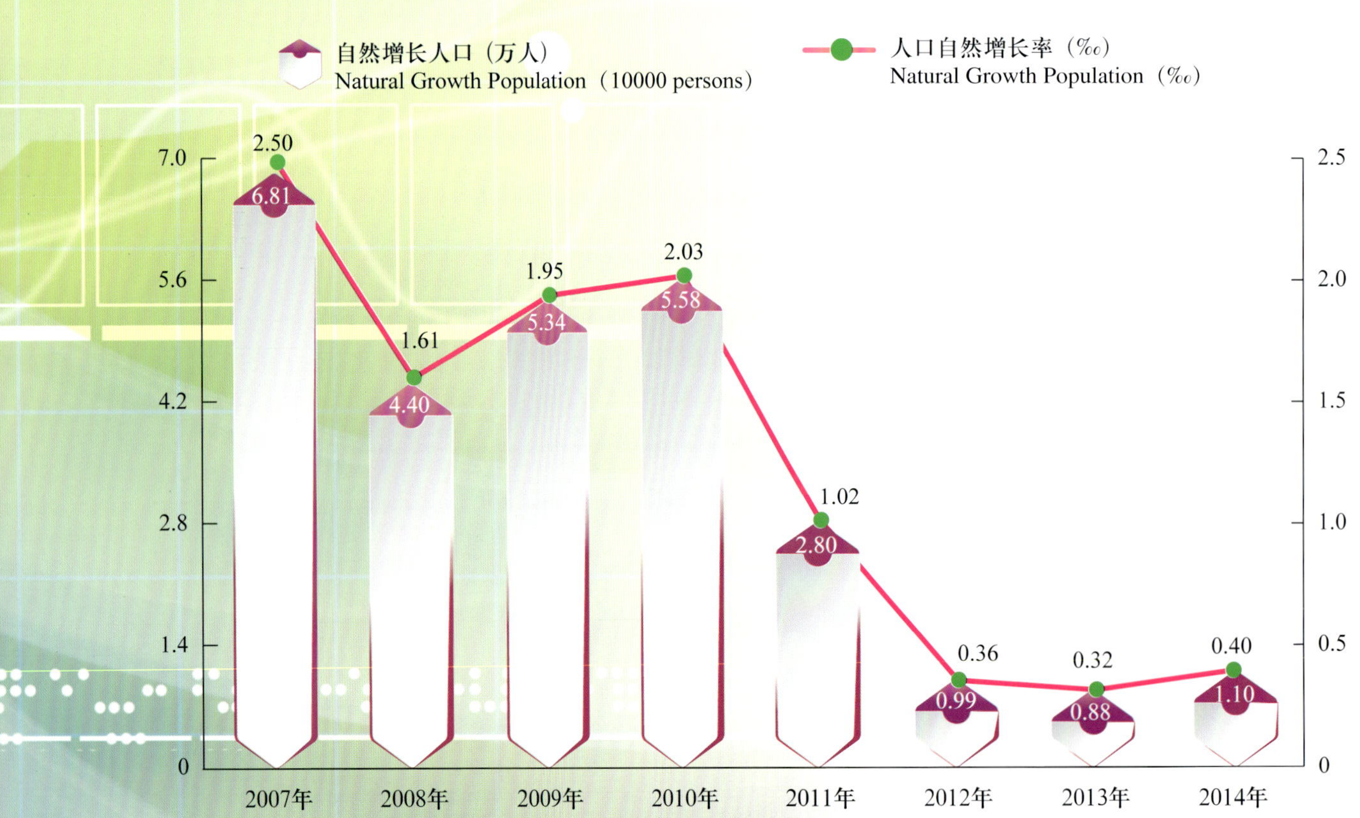

全部就业人员数及按三次产业分就业人员数（万人）

Total Number of Employed Persons and Number of Employed Persons by Three Industries (10000 persons)

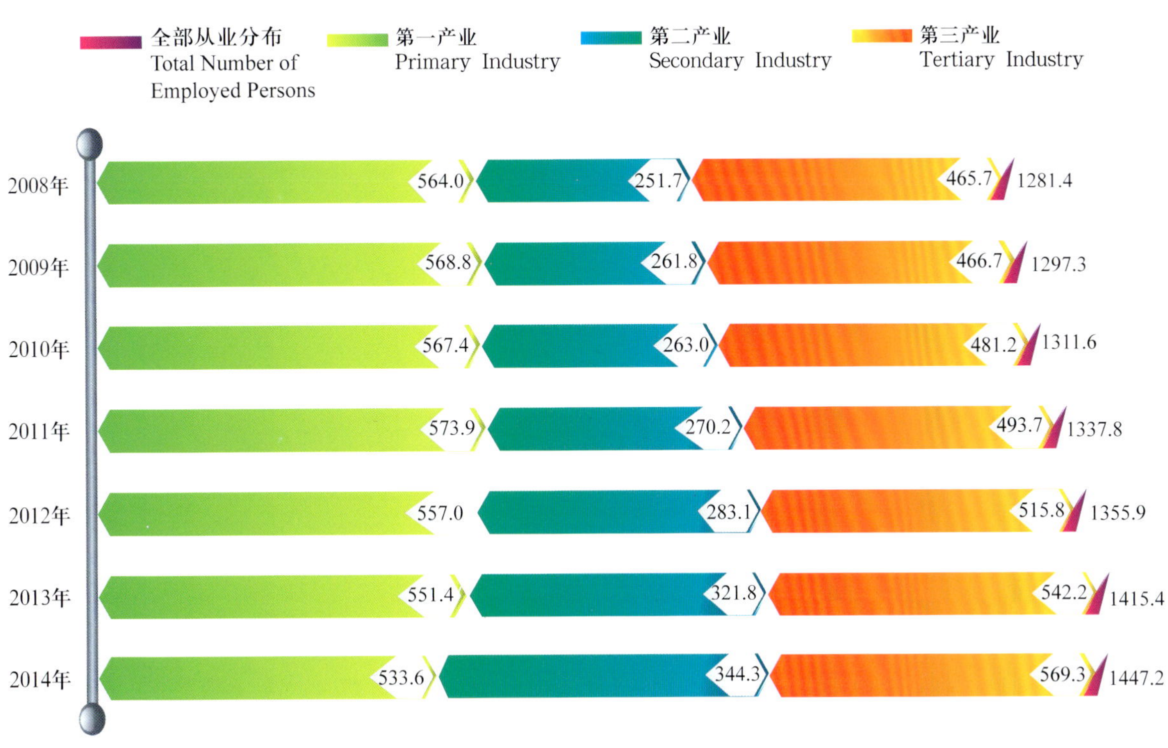

从业人员平均工资（元）

Average Wage of Staff (yuan)

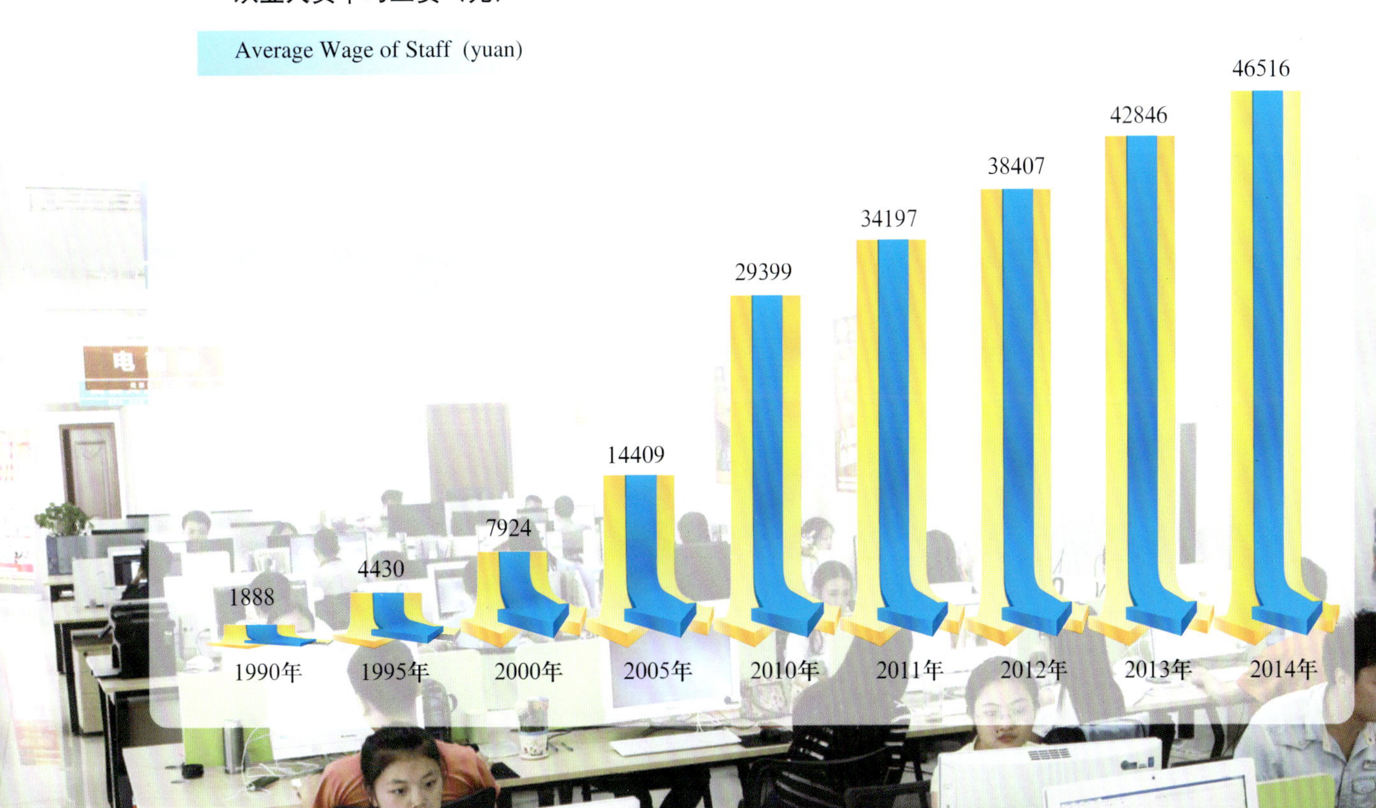

全社会固定资产投资（亿元）

Total Investment in Fixed Assets in the Whole Country (100 million yuan)

实际销售商品房面积（万平方米）

Areas of Commercial Buildings Actually Sold (10000 Sq.m)

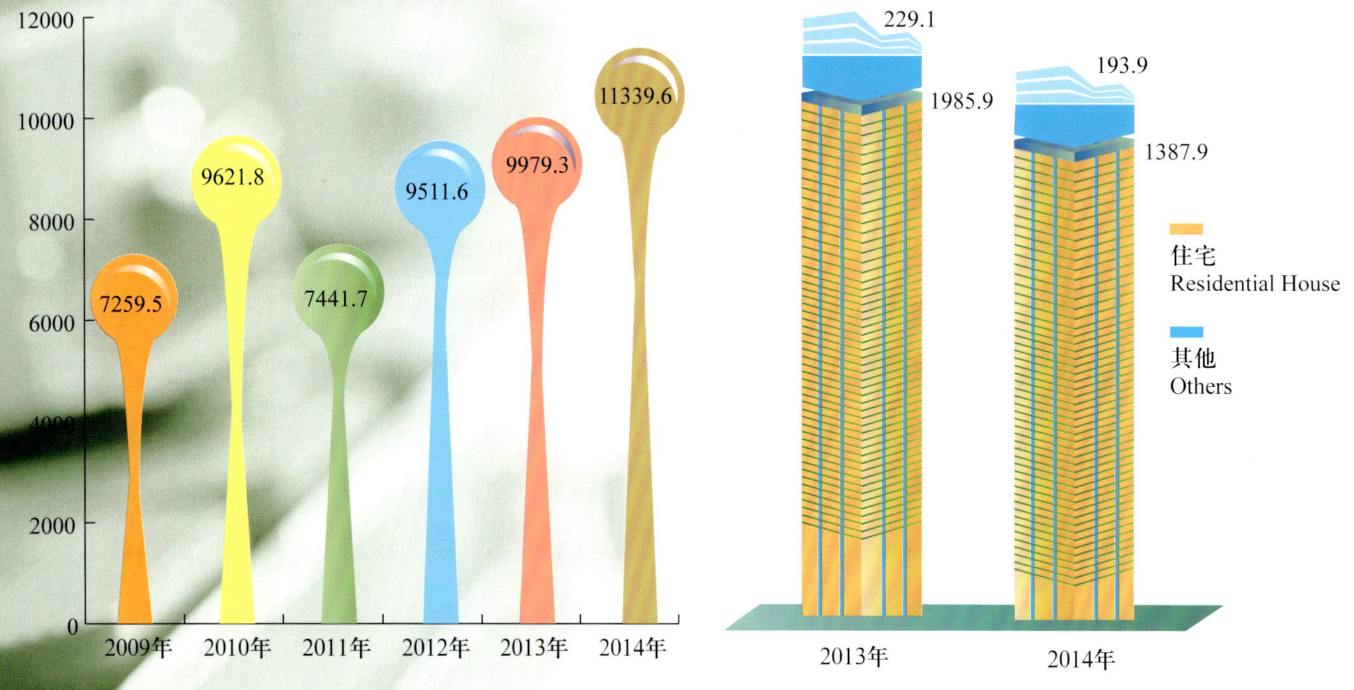

国有经济固定资产投资额（亿元）

Total Investment in Fixed Assest of Stateowned Units (100 million yuan)

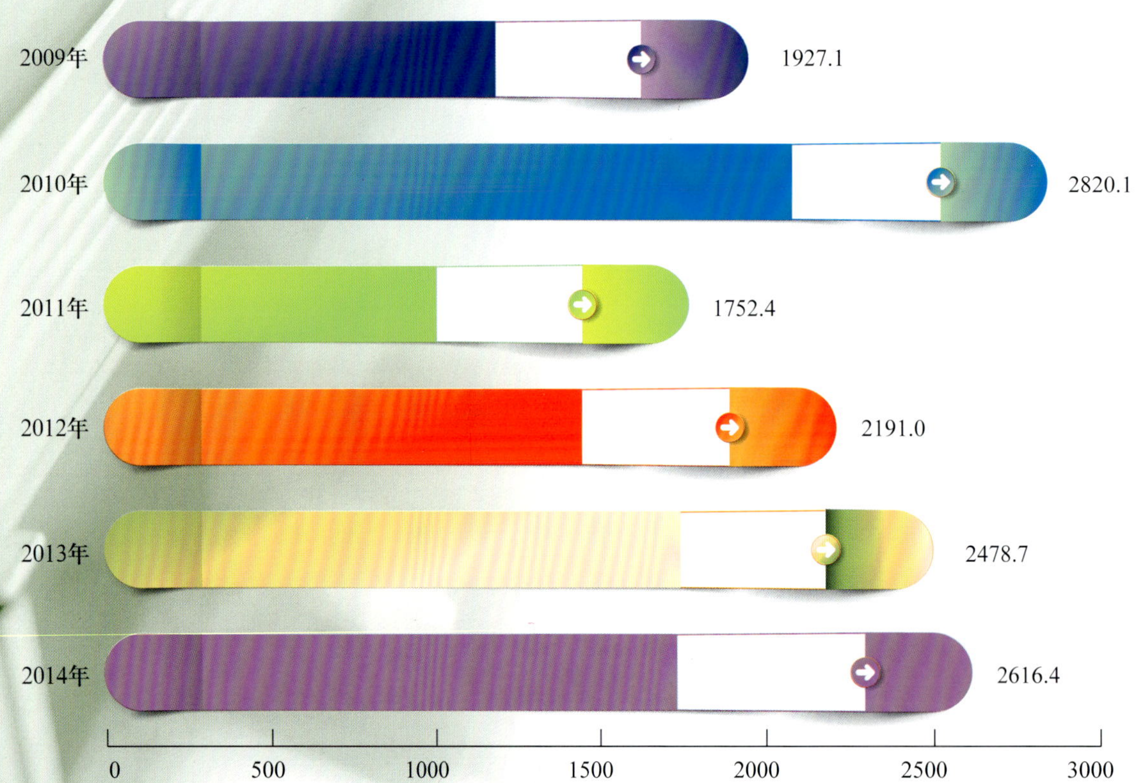

占能源生产总量的比重（%）

As Percentage of Total Energy Production (%)

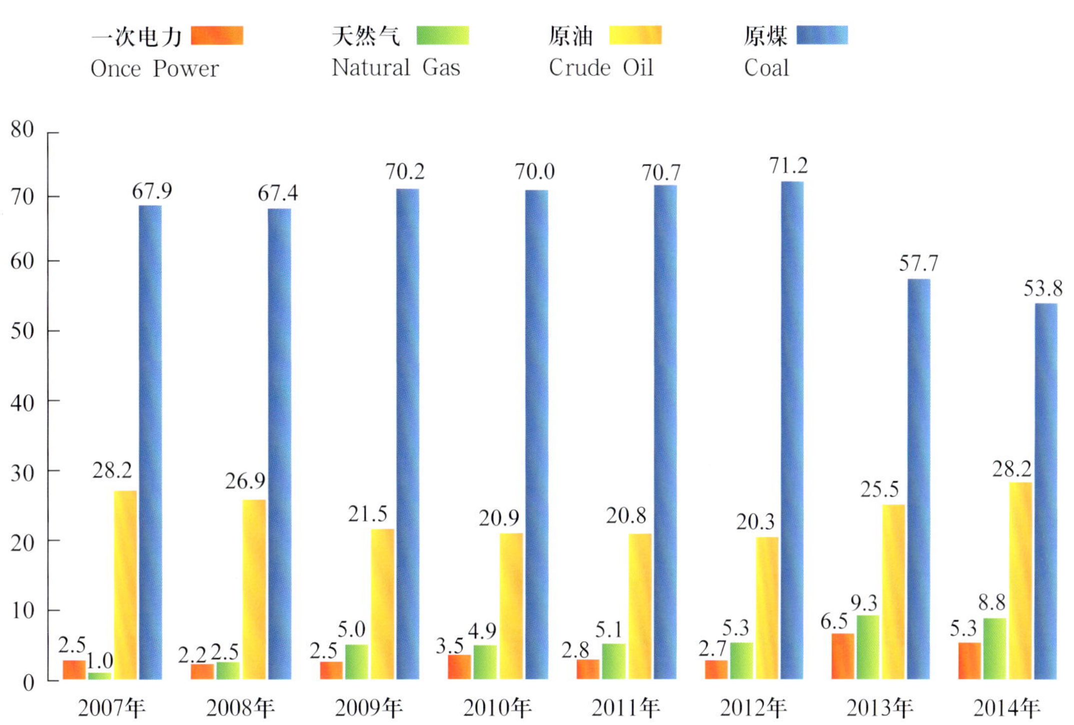

占能源消费总量的比重（%）

As Percentage of Total Energy Consumption (%)

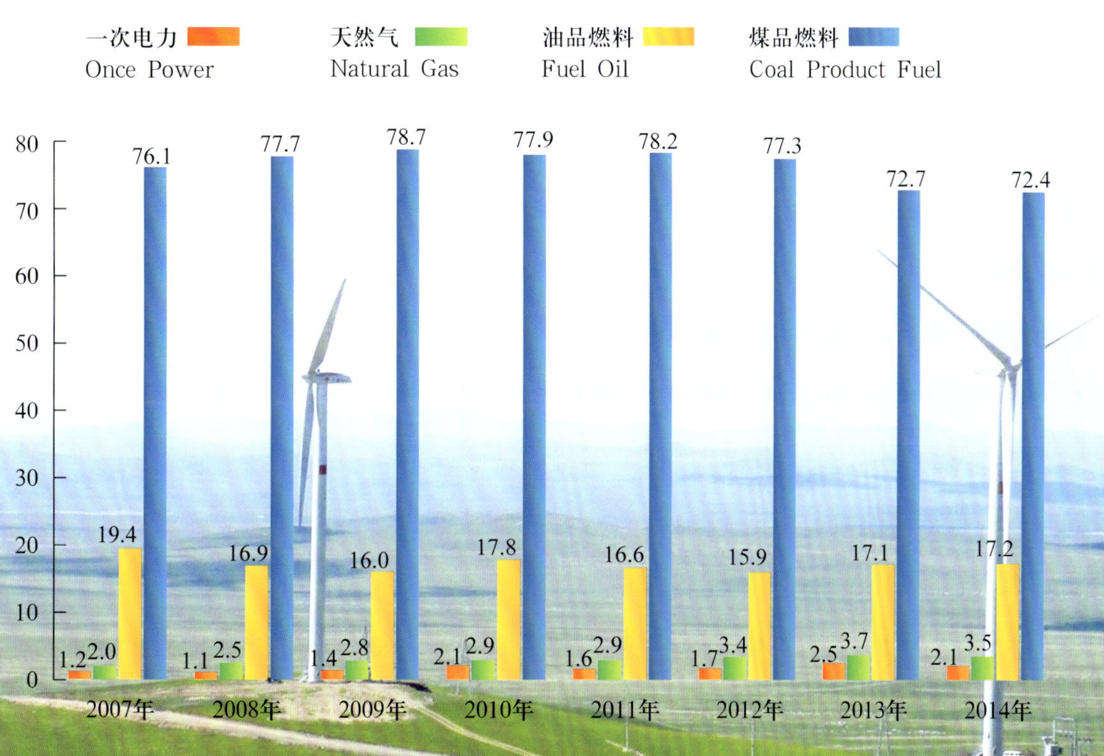

地方财政收入（亿元）

Local Revenue（100 million yuan）

教育支出占地方财政支出的比重（%）

Expenditure for Education Proportion of Financial Expenditure (%)

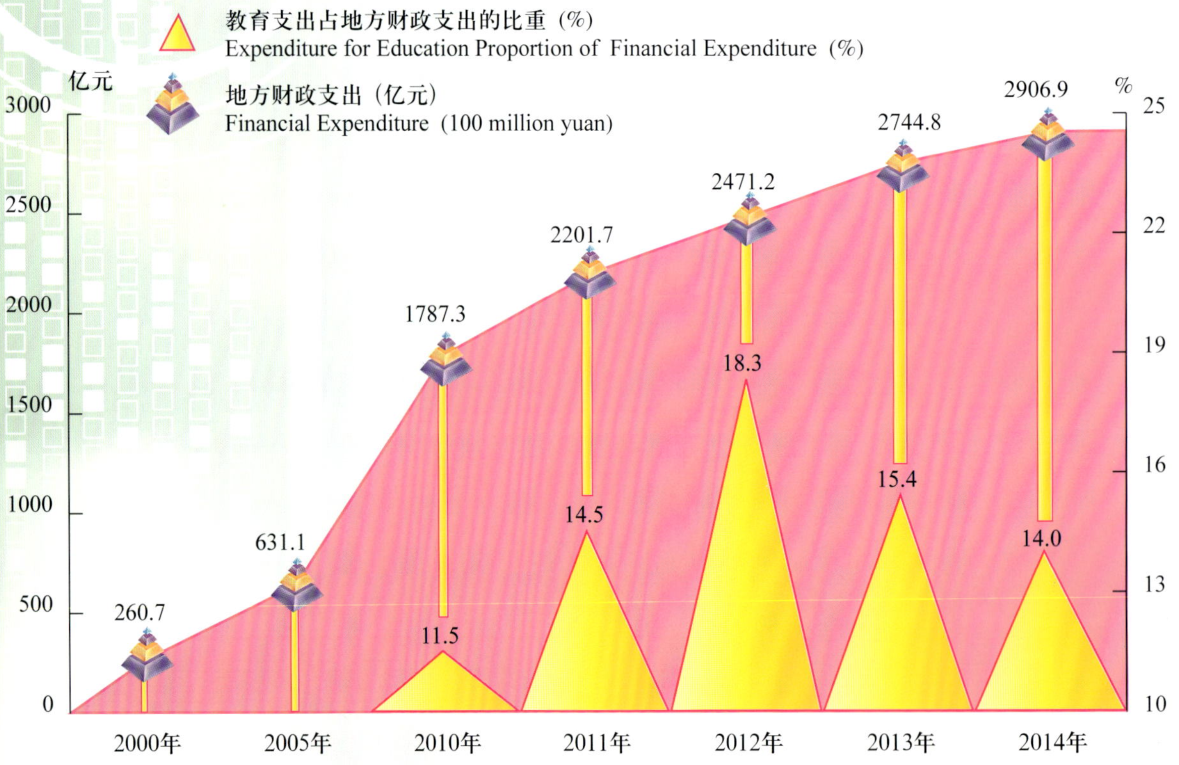

城镇居民家庭人均消费结构（%）

Per Capita Consumption Structure of Urban Households (%)

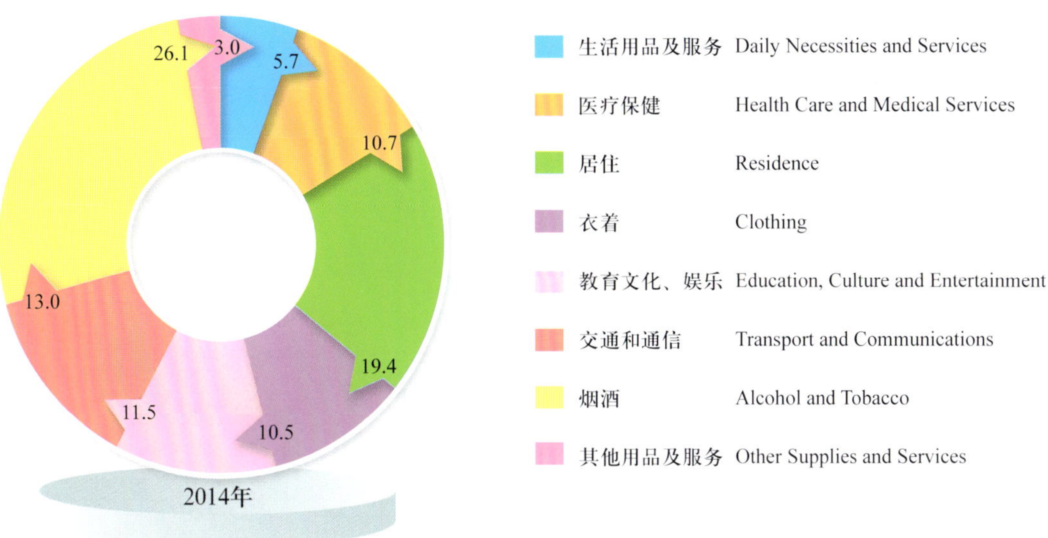

农村居民家庭人均生活消费结构（%）

Per Capita Consumption of Rural Households Living Structure (%)

城镇居民人均可支配收入（元）

Annual Per Capita Disposable Income of Urban Households (yuan)

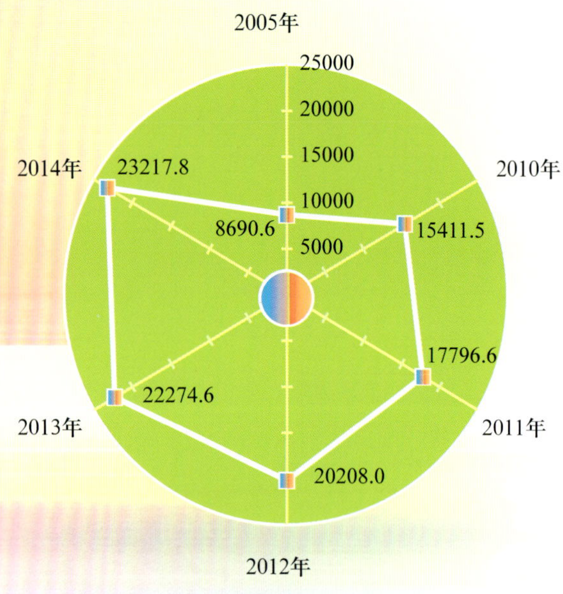

农村居民人均可支配收入（元）

Annual Per Capital Disposable Income of Rural Households (yuan)

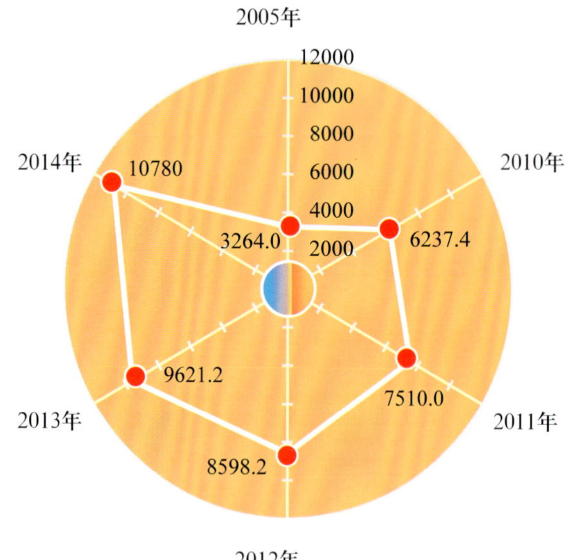

城镇居民恩格尔系数（%）

Engel's Coefficient of Urban Households (%)

农村居民恩格尔系数（%）

Engel's Coefficient of Rural Households (%)

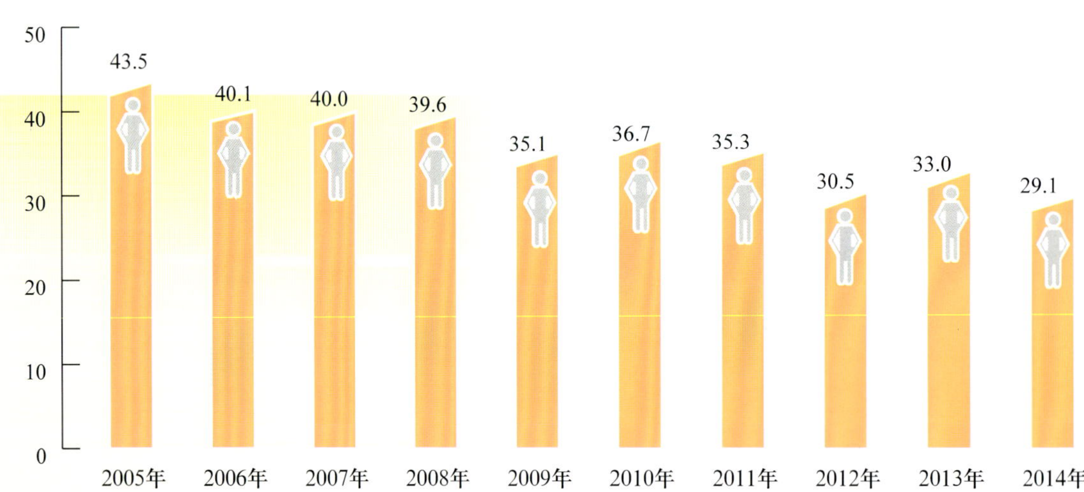

城镇居民人均居住面积（平方米）

Per Capita Living Space of Urban Horseholds (Sq.m)

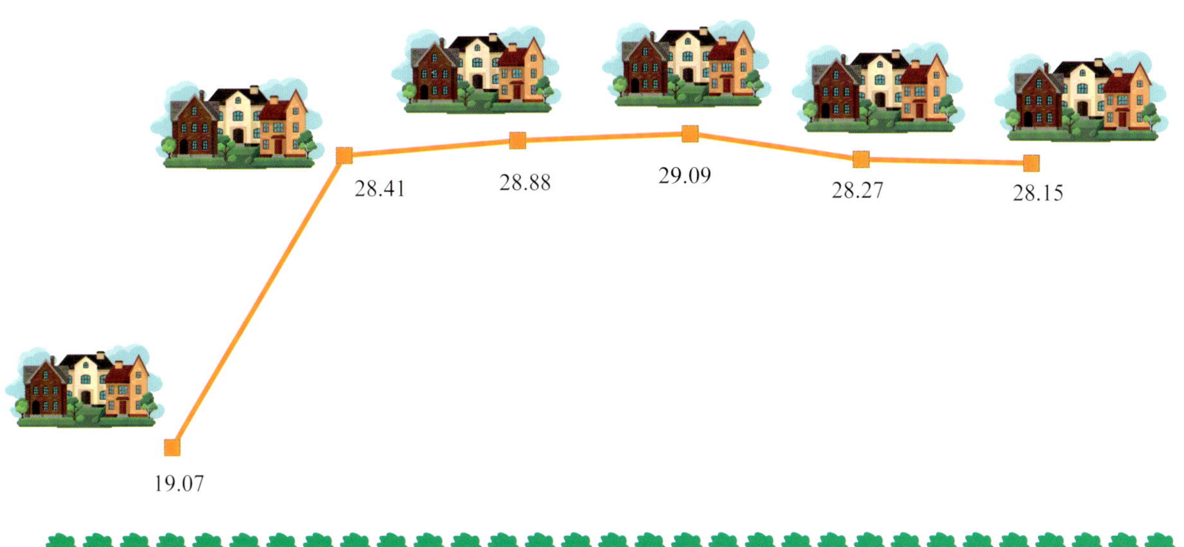

注：2007年以后为总建筑面积。 Note: After 2007 the total building area.

农村居民人均居住面积（平方米）

Per Capita Living Space of Rural Households (Sq.m)

规模以上工业企业个数（个）

Number of Industrial Enterprises above Designated Size (unit)

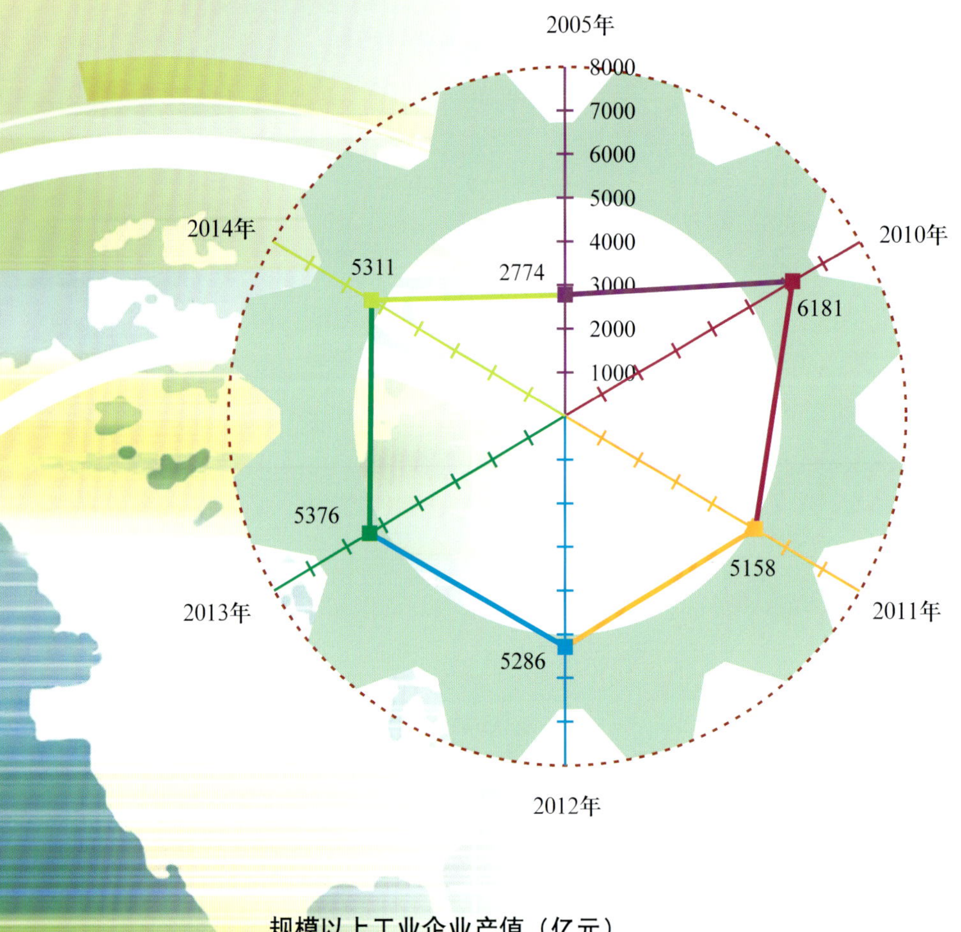

规模以上工业企业产值（亿元）

Output Value of Industrial Enterprises above Designated Size (100 million yuan)

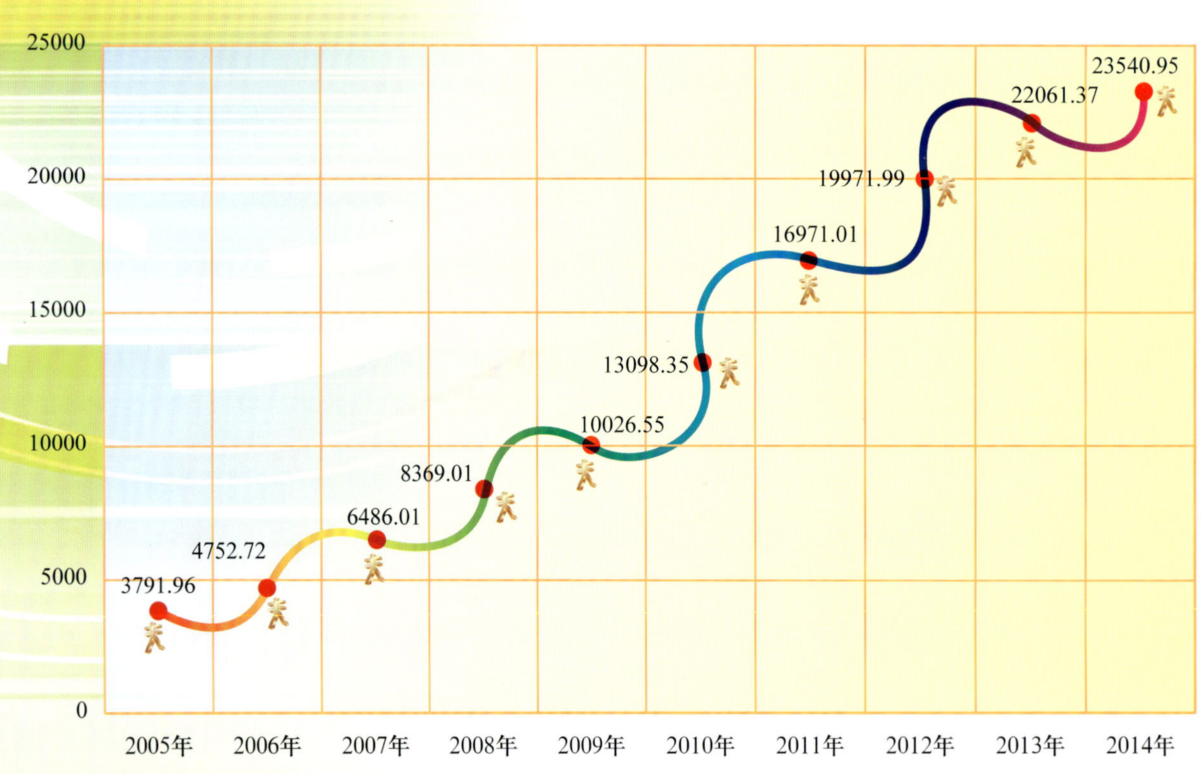

城市园林绿化覆盖面积（公顷）

Park and Green Areas Covered in City (ha)

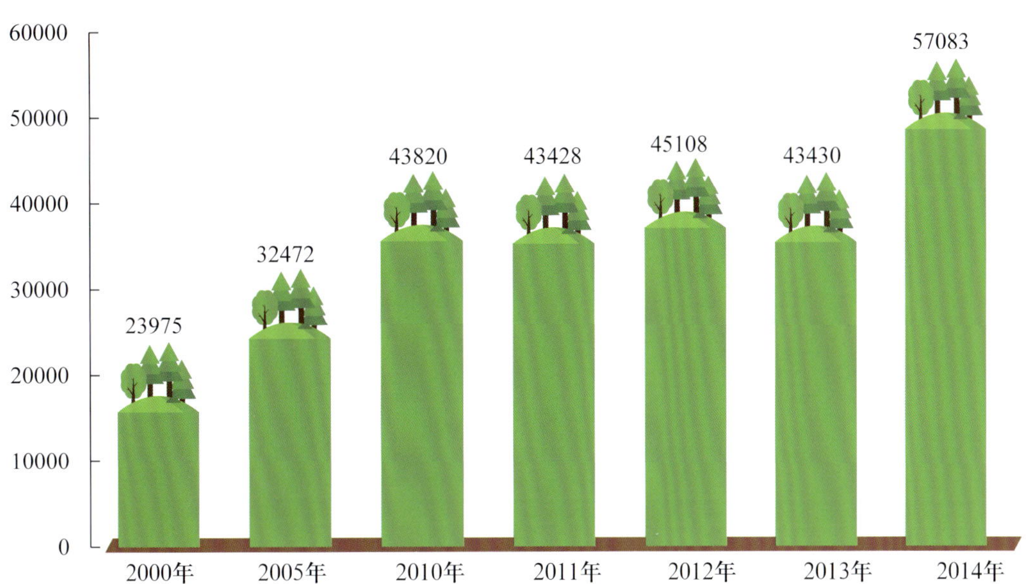

城市自来水普及率（%）

Percentage of Population with Acces to Tap Water in City (%)

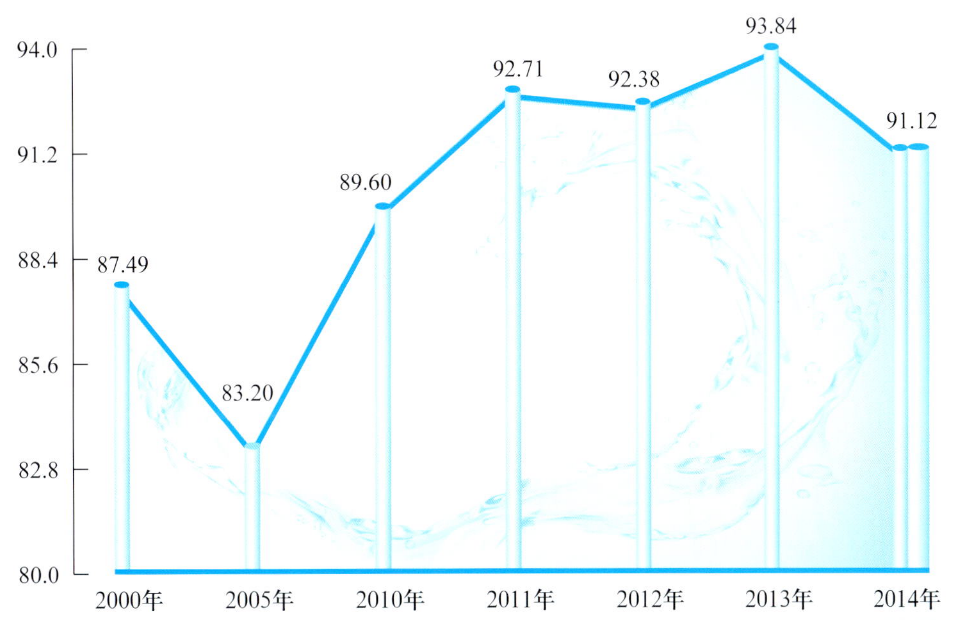

主要农作物产量（万吨）

Output of Major Farm Crops（Output 10000 tons）

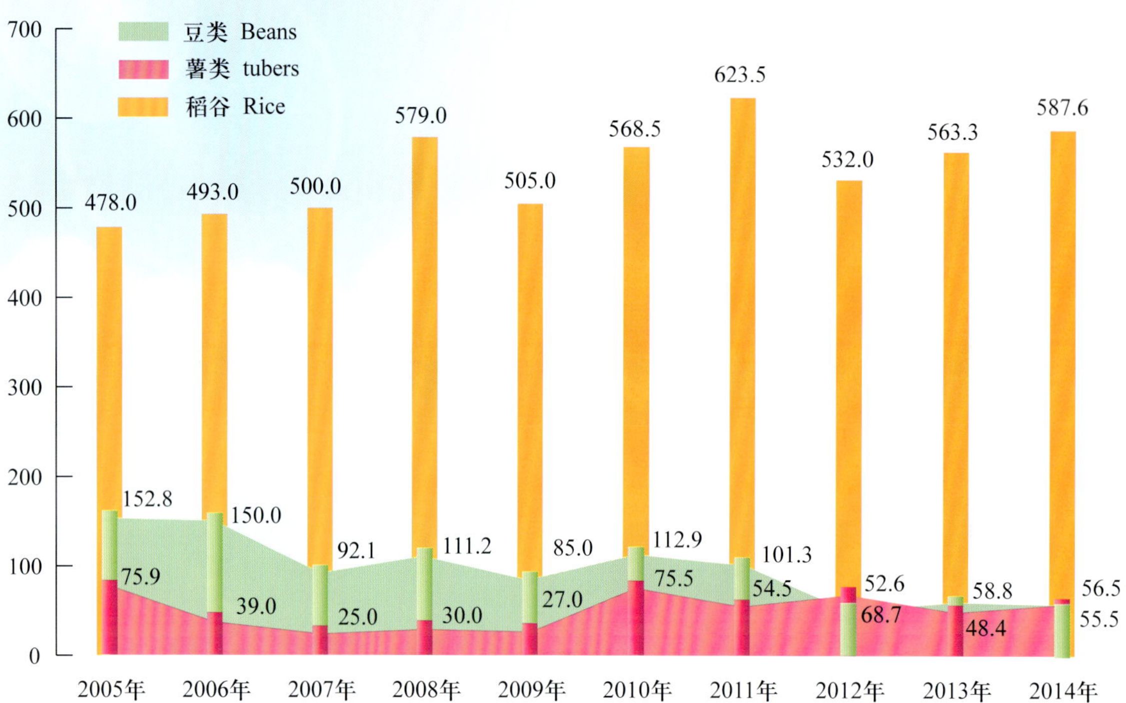

主要畜产品产量（万吨）

Output of Major Livestock Production（Output 10000 tons）

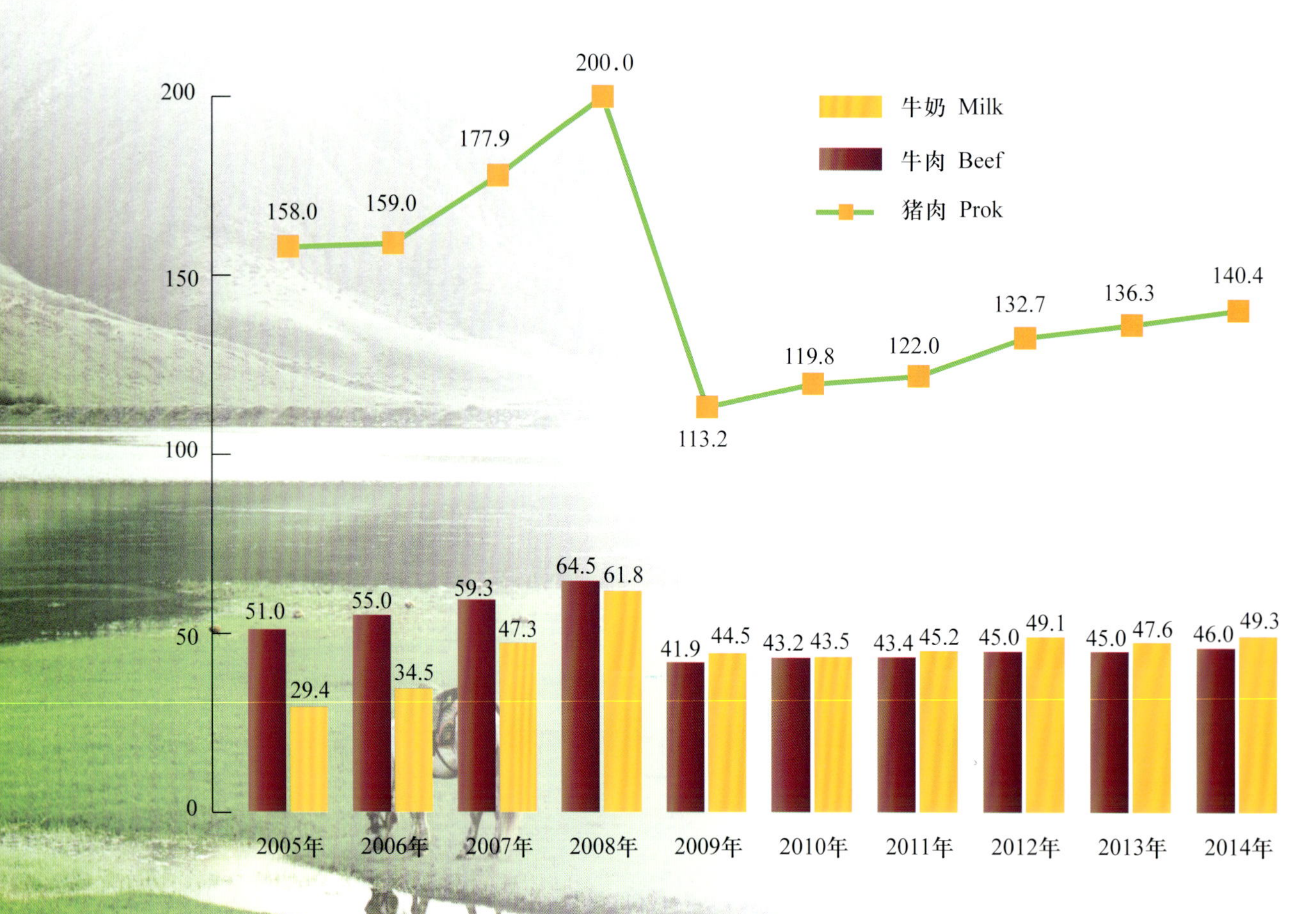

畜牧业产值占农、林、牧、渔业的比重（%）

Output Value of Animal Husbandry and its Proportion of Agriculture, Forestry, Animal Husbandry and Fishery (%)

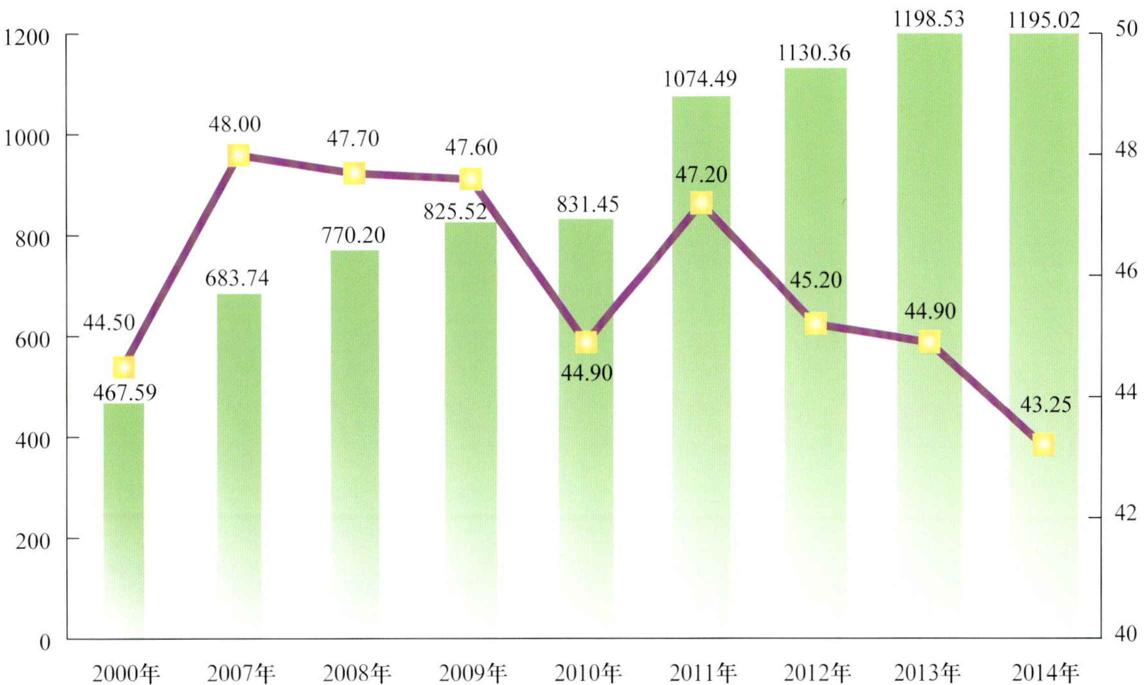

粮食产量（万吨）

Output of Grain (10000 tons)

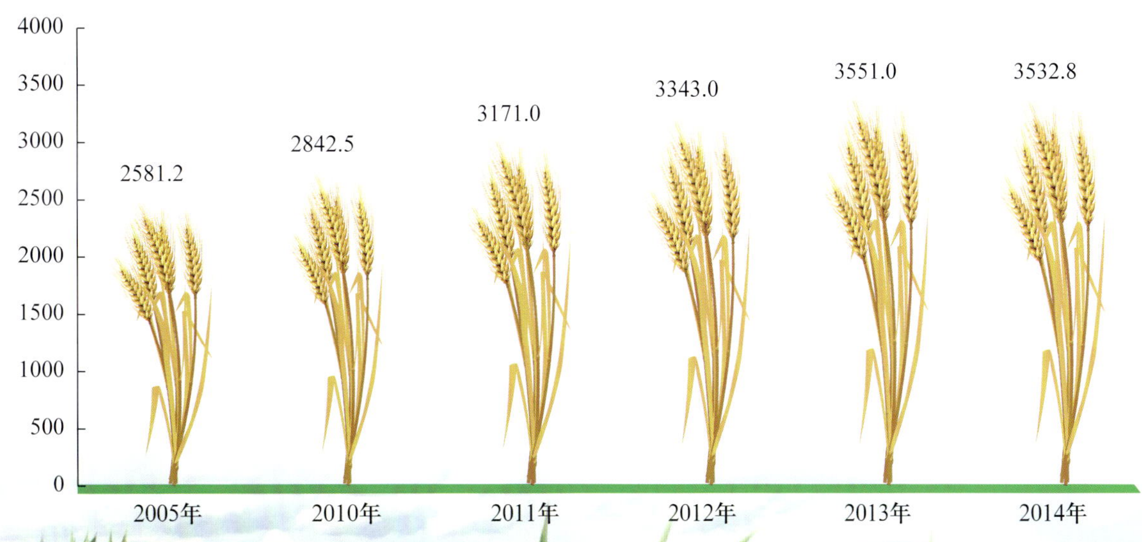

客运量和货运量

Passenger Traffic and Freight Traffic

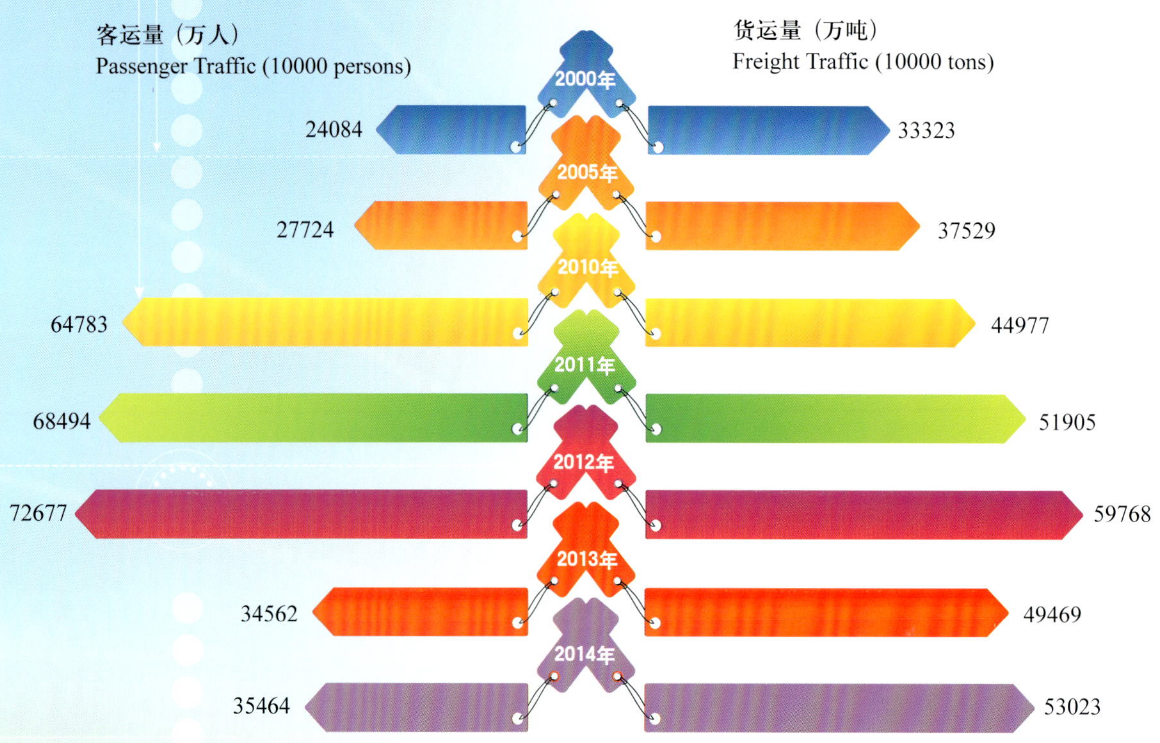

邮电业务总量（亿元）

Business Volume of Post and Telecommunications (100 million yuan)

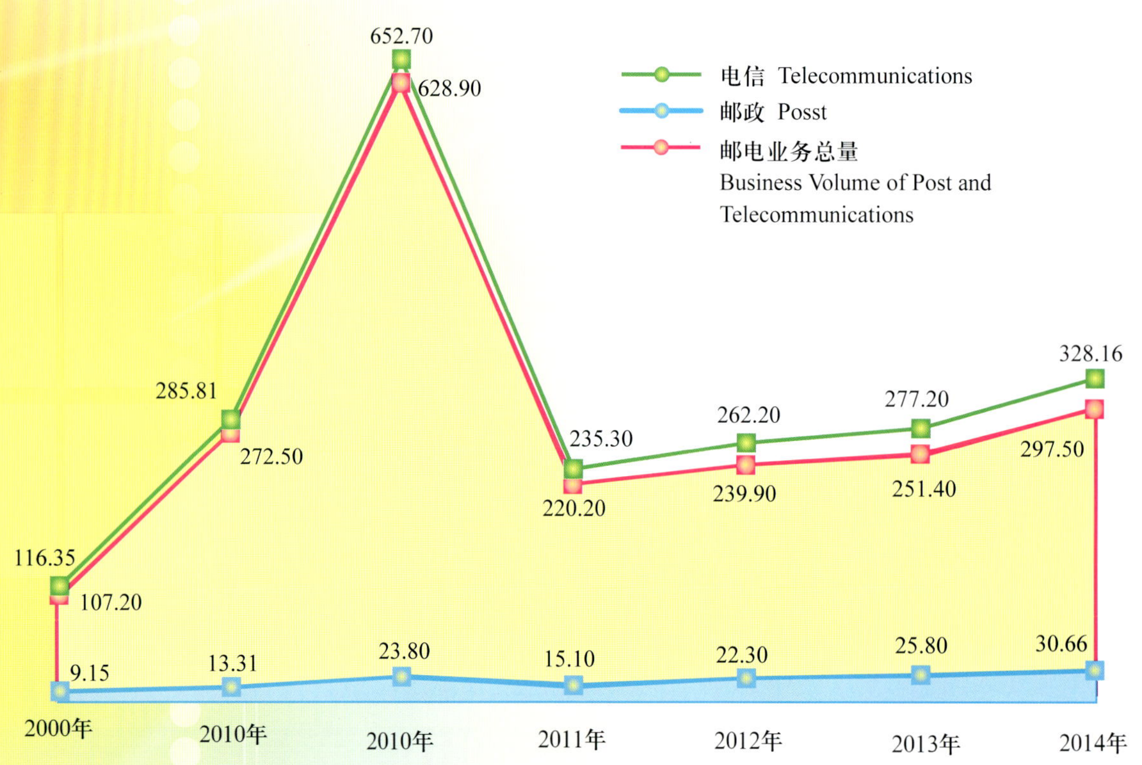

建筑业企业增加值（亿元）

Total Valueadded of Construction Enterprises (100 million yuan)

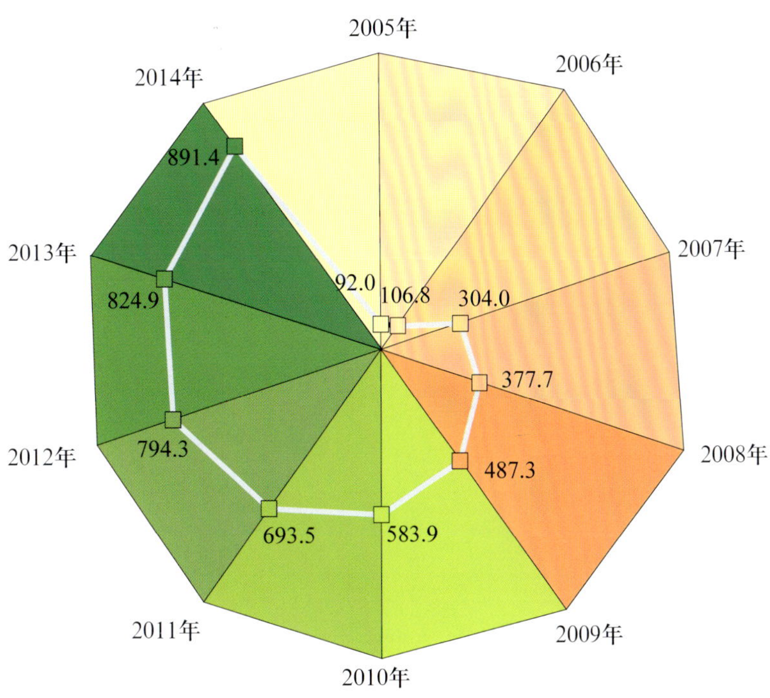

建筑业企业房屋竣工价值（亿元）

The Cost of Building Construction (100 million yuan)

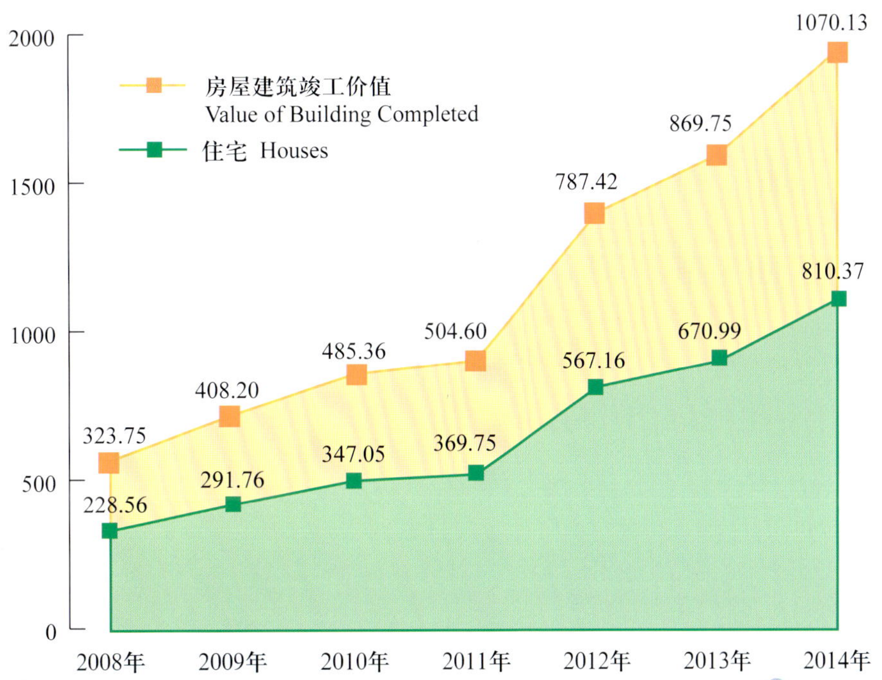

社会消费品零售总额（亿元）

Retail Sales of Social Consumer Goods (100 million yuan)

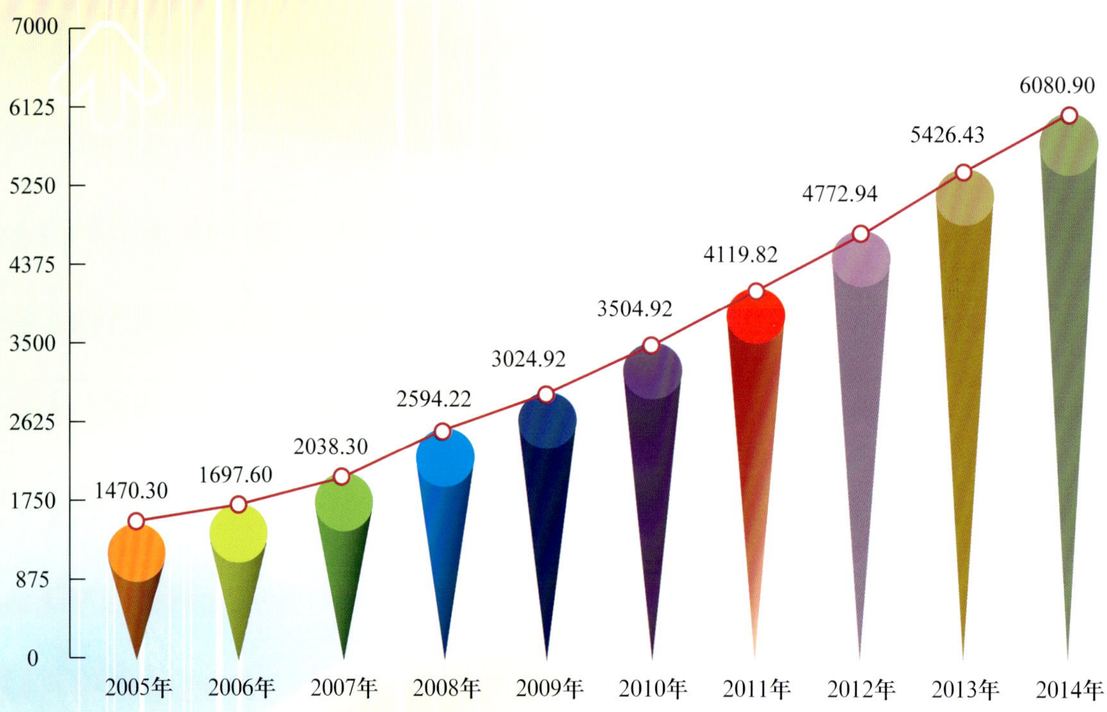

乡村和城镇社会消费品零售总额（亿元）

Rural and Urban Retail Sales of Social Consumer Goods (100 million yuan)

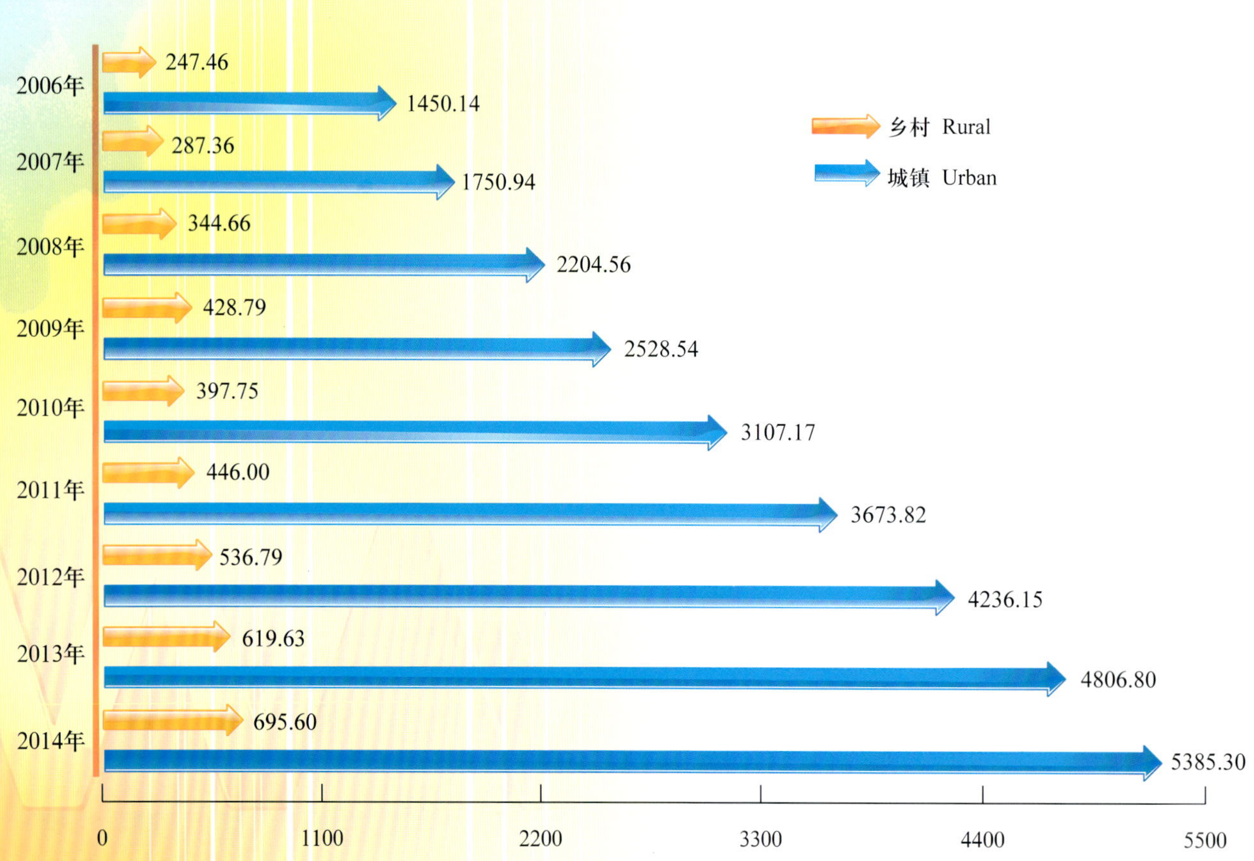

进出口总额(亿美元)

Total Value of Imports and Exports (100 million Dollars)

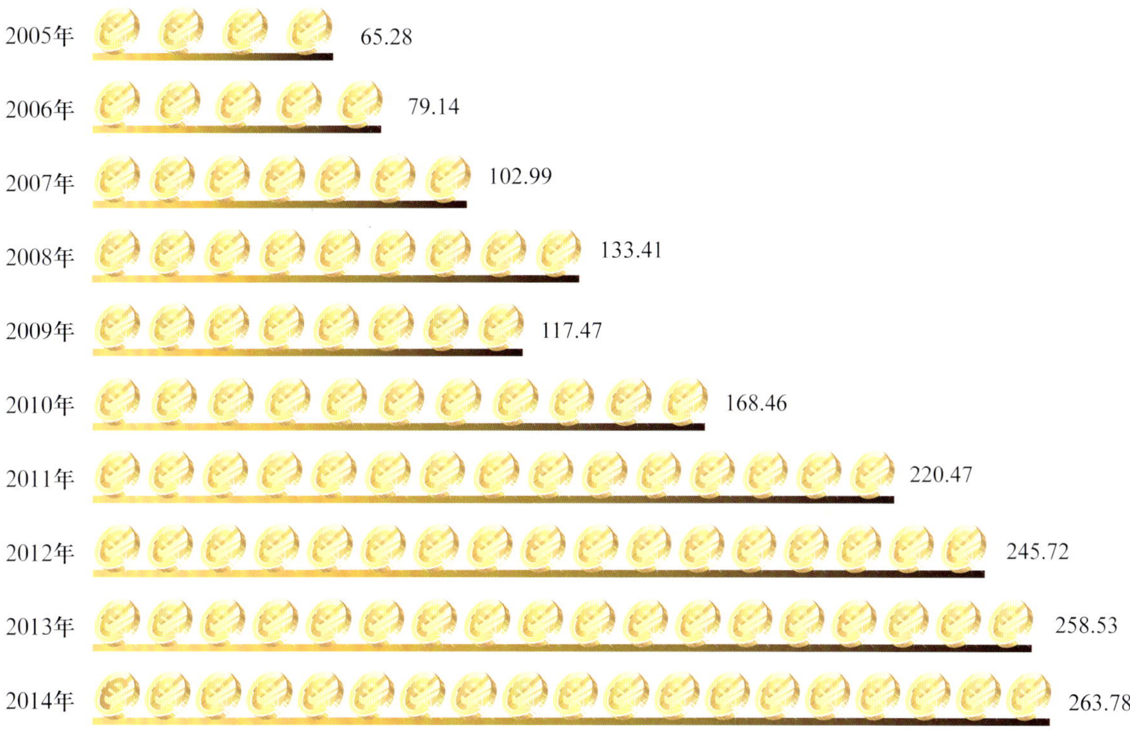

进出口总额构成 (%)

Compositions of Total Value of Imports and Exports (%)

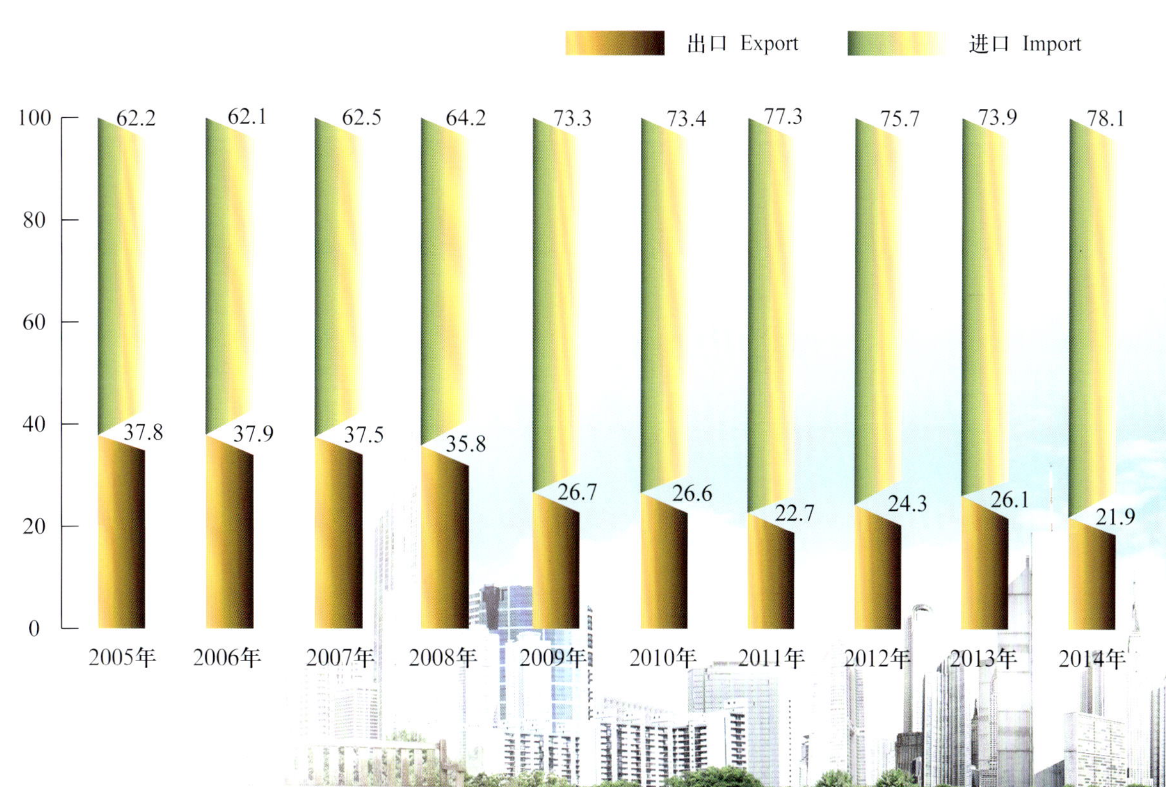

国内旅游人数（万人次）

Number of Domestic Tourists（10000 person - times）

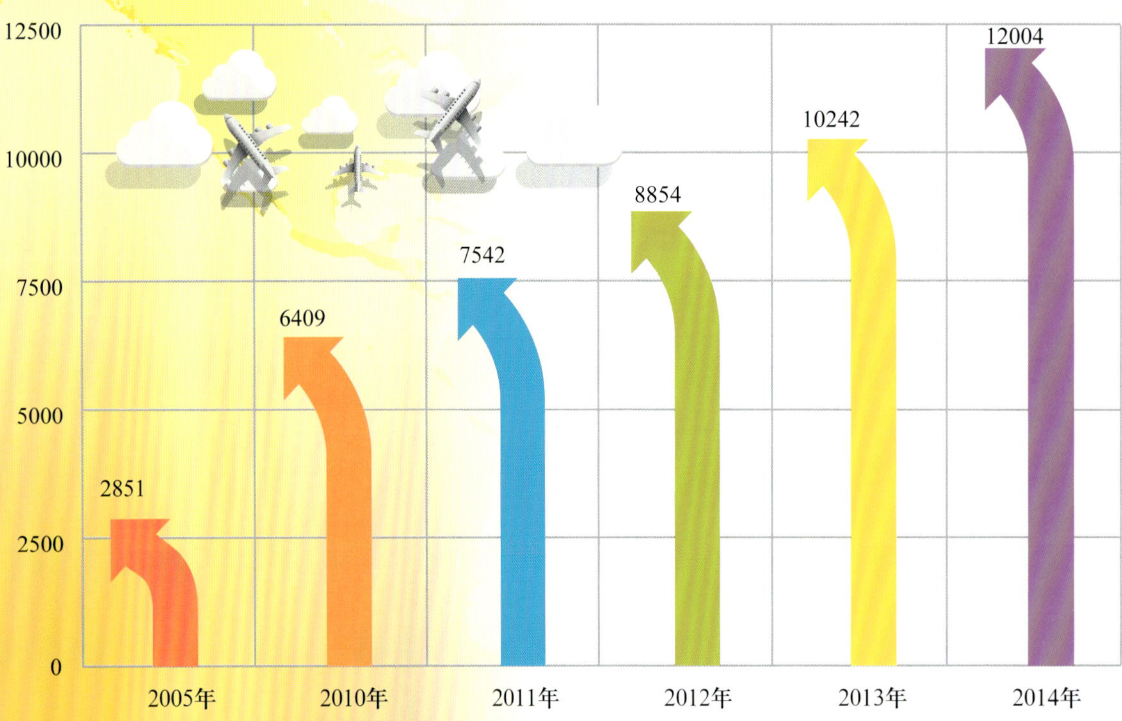

国内旅游收入（亿元）

Income from Domestic Tourism（100 million yuan）

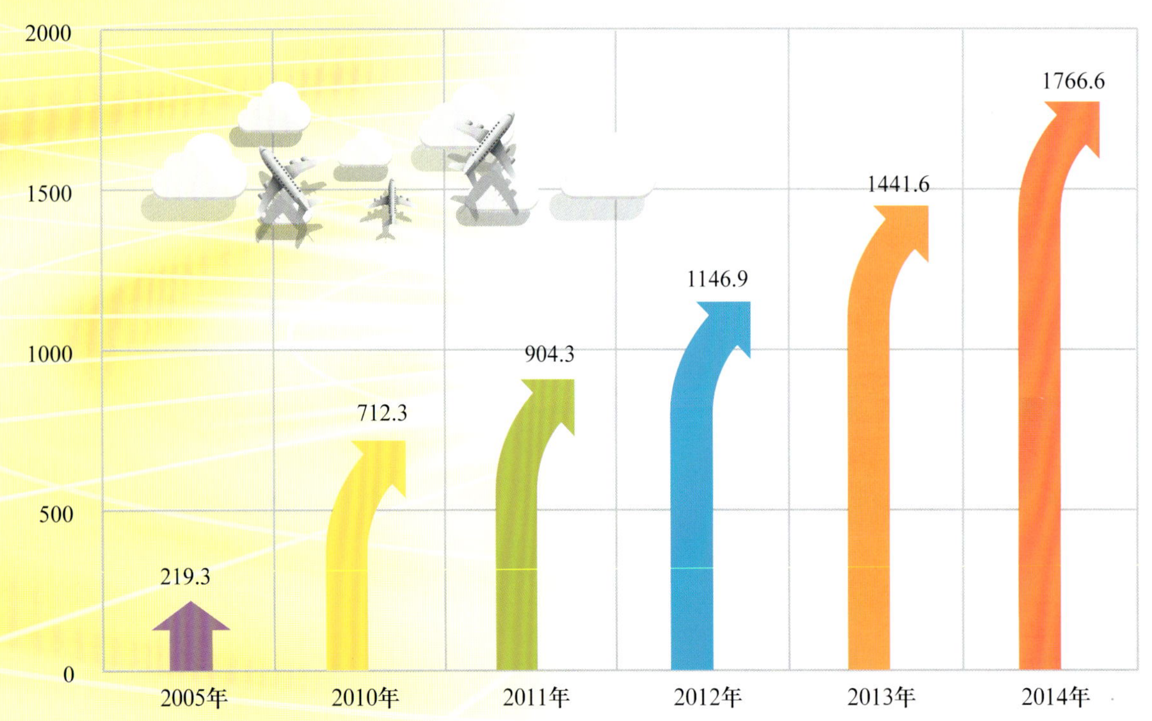

高等教育毕业生数（人）

Postgraduate of Higher Education (person)

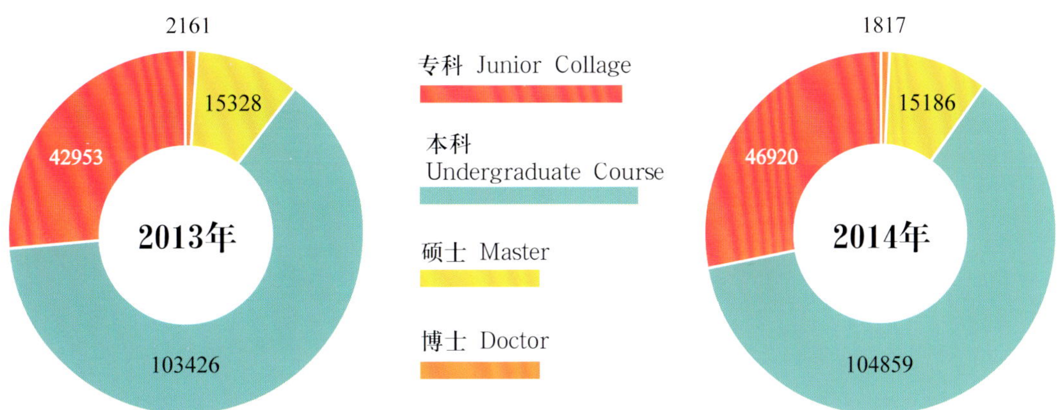

小学学龄儿童入学率（%）

Percentage of School-age Children Enrolled (%)

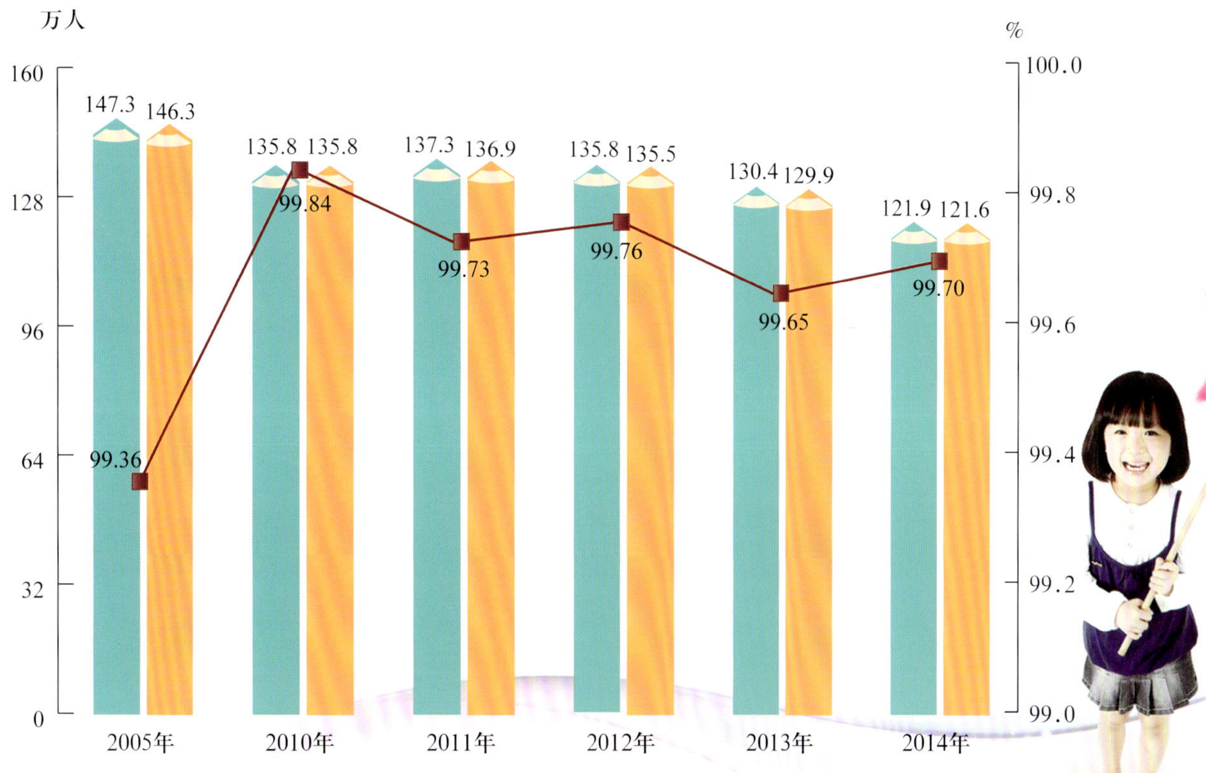

等级运动员（人）

Number of Athletes in Grades (person)

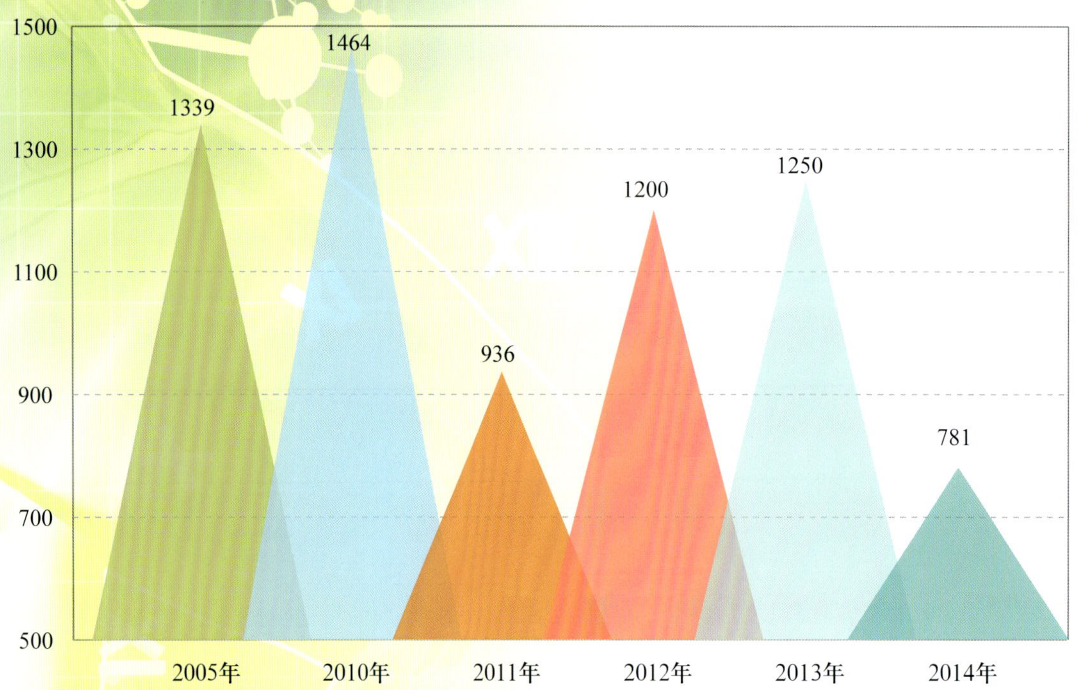

医院、卫生院和执业医师

Hospital and Health Centers and Certified Doctors

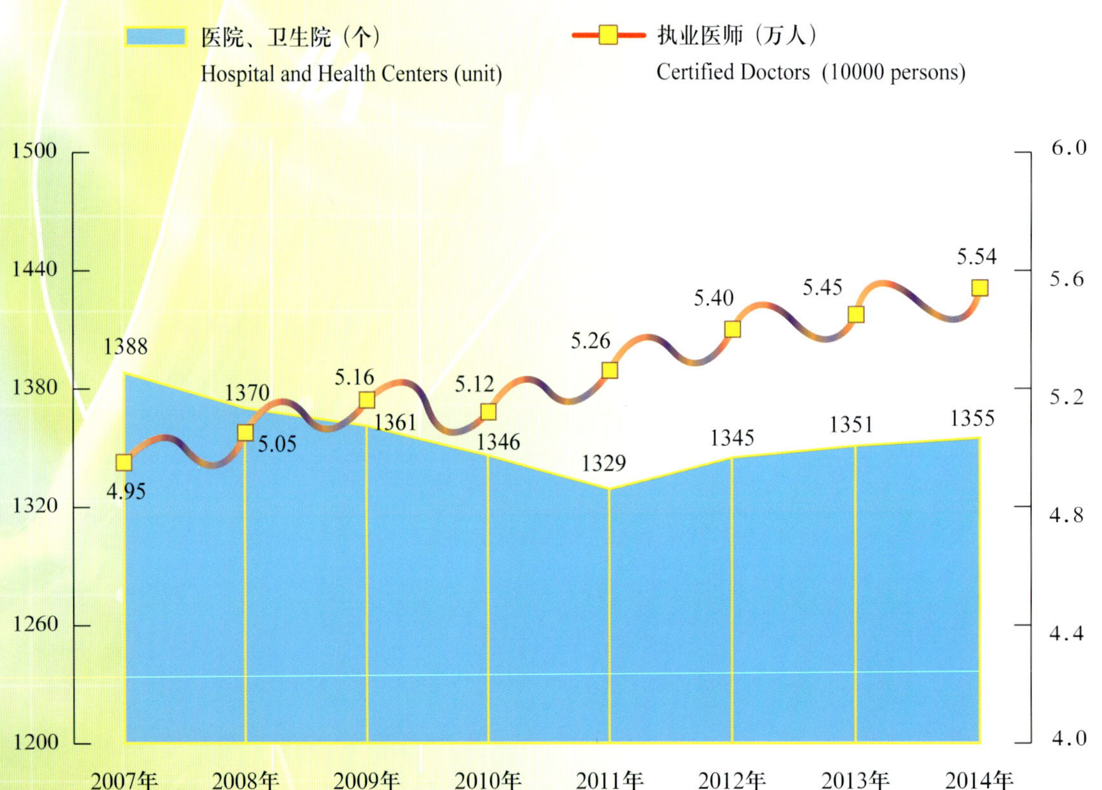

CONTENTS
目录 >>>

统计资料
STATISTICAL DATA

【第一篇】 综合 SYNTHESIS

1－1 行政区划（2014年末）……………………………………………………（5）
Divisions of Administrative Areas（end of 2014）

1－2 自然资源状况（2014年）……………………………………………………（6）
Natural Resources and Conditions（2014）

1－3 主要城市平均气温（2014年）……………………………………………………（7）
Average Temperature of Major Cities（2014）

1－4 主要城市降水量（2014年）……………………………………………………（8）
Precipitation of Major Cities（2014）

1－5 按国民经济行业大类分组的法人单位、产业活动单位及就业人数（2014年）……………………（9）
According to the National Elonomic Industry Category of Group Corporation and Industrial Activity Units（2014）

1－6 按地区、机构类型分组的全部法人单位数（2014年）……………………………………（12）
Number of Corparations by Region and Type （2014）

1－7 按登记注册类型分组的法人、产业活动单位及就业人数（2014年）……………………………（14）
Corporative Units Corporations and Industrial Active Units Grouped by Type of Registration （2014）

1－8 按三次产业、行业分组的全部法人单位数……………………………………………（15）
According to the three Industry,Industry grouping in all the Number of Corporate Units

1－9 国民经济和社会发展总量与速度指标……………………………………………（16）
Principal Aggregate Indicators on National Economic and Social Development and Growth Rates

1－10 吉林的一天……………………………………………………………（22）
A Day of Jilin

1－11 国民经济主要比例关系……………………………………………………（24）
Proportions of National Economic Indicators

1－12 民营经济主要指标……………………………………………………（25）
Civilian Battalion Economy Main Index Historical Account

【第二篇】 国民经济核算 NATIONAL ECONOMIC ACCOUNTING

2－1 历年地区生产总值……………………………………………………（29）
Gross Domestic Products

2－2 历年地区生产总值指数……………………………………………………（30）
Indices of Gross Domestic Product

2－3 历年地区生产总值指数(上年=100）……………………………………………（31）
Indices of Gross Domestic Product(preceding 100)

2－4 地区生产总值……………………………………………………………（32）
Gross Domestic Product

2－5 三次产业贡献率……………………………………………………………（33）

Share of the Contributions of the Three Strata of Industries to the Increase of the GDP
2－6 三次产业拉动率 ……（33）
Pull Rate of the Three Strata of Industry to GDP Growth
2－7 地区生产总值项目构成（2014年）……（34）
Components of Gross Domestic Product（2014）
2－8 历年支出法生产总值 ……（36）
Gross Domestic Products by Expenditure Approach over the Years
2－9 1978-2014年支出法生产总值构成 ……（37）
1978-2014 Componests of Gross Domestic Product by Expenditure Approach
2－10 支出法地区生产总值及构成 ……（38）
Gross Domestic Product by Expenditure Approach and Its Components
2－11 1978-2014年最终消费和资本形成总额指数（上年=100）……（39）
1978-2014 Indices of Final Consumption Expenditure and Gross Capital Formation （preceding year = 100）
2－12 第三产业增加值构成 ……（40）
The added value of the tertiary industry
2－13 第三产业增加值 ……（40）
The added value of the tertiary industry

【第三篇】人口 POPULATION

3－1 历年全省人口数及构成 ……（43）
Over the Years the Population and Composition of Jilin
3－2 全省人口情况 ……（44）
Basic Statistics on Population of Jilin

【第四篇】从业人员和职工工资 EMPLOYMENT AND WAGE

4－1 历年全部从业人员数 ……（46）
Number of Employed Persons
4－2 单位从业人员（2014年末）……（47）
Number of Employed Persons of Units （end of 2014）
4－3 分细行业从业人员人数（2014年）……（48）
Number of Staff and Workers by Sector in Detail （2014）
4－4 各地区年底从业人员人数（2014年）……（52）
Number of Employees at the Year-end by Region （2014）
4－5 城镇登记失业人员情况 ……（52）
Registered Unemployment Persons in Urban
4－6 历年职工工资总额、平均工资和指数 ……（53）
Total Wages and Average Wages of Staff and Workers and Related Indices
4－7 单位从业人员劳动报酬和生活费（2014年）……（54）
Earning of Employed Persons and Living Expenses in Units（2014）
4－8 分行业从业人员工资总额（2014年）……（56）
Total Wages of Employees in the Sorted Industry （2014）
4－9 分细行业从业人员平均工资（2014年）……（57）
Average wages of Employees In the Industry（2014）

【第五篇】 固定资产投资 INVESTMENT IN FIXED ASSETS

5－1　历年全社会固定资产投资额 …………………………………………（62）
Total Investment in Fixed Assets in the Whole Country

5－2　历年全社会住宅投资和房屋建筑面积 …………………………………（63）
Society as a Whole Calendar Year of ResidentialBuilding Investment and Construction Area

5－3　全社会固定资产投资主要指标 …………………………………………（64）
Main Indicators of Total Investment in Fixed Assets in the Whole Country

5－4　固定资产投资和房屋建筑面积（不含农户）……………………………（65）
Fixed Asset Investment and Housing Construction Area

5－5　各行业按建设性质和构成分固定资产项目投资（2014年）……………（66）
Industry by the Nature of Construction and Composition of Fixed Asset Investment Projects（2014）

5－6　各行业按隶属关系、登记注册类型和控股情况分固定资产项目投资（2014年）……（72）
Each Industry by the Subordinate Relationship the type of Registration and the Holding of Fixed asset Investment Projects（2014）

5－7　分行业固定资产投资施工投产项目个数（2014年）……………………（78）
Number of Investment in Fixed Assets Projects Under Construction and Put into Use by Sector (2014)

5－8　能源工业固定资产投资额 ……………………………………………（81）
Total Investment in Fixed Assets of Energy Industry

5－9　基础设施固定资产投资额 ……………………………………………（81）
Total Investment in Fixed Assets of Basic Construction

5－10　房地产开发投资主要指标 ……………………………………………（82）
Main Indicators of Investment for Real Estate Development

5－11　房地产开发企业从业人员数 …………………………………………（83）
Numer of Employed Persons in Enterprises for Real Estate Development

5－12　房地产开发完成投资额 ………………………………………………（83）
Actually Completed Investment for Real Estate Development

5－13　房地产开发建设按工程用途分的投资额和新增固定资产 ……………（84）
Actually Completed Investment for Real Estate Development by Use and Newly Increased Fixed Assets

5－14　房地产开发建设房屋施工面积 ………………………………………（84）
Floor Space of Buildings under Construction for Real Estate Development

5－15　房地产开发建设房屋建筑面积和造价 ………………………………（85）
Floor Space and Cost of Buildings Developed for Real Estate Development

5－16　商品房屋销售情况 ……………………………………………………（85）
Selling of Commercial Buildings

【第六篇】 对外经济贸易和旅游业 FOREIGN ECONOMY TRADE AND INTERNATIONAL TOURISM

6－1　历年进出口贸易总额 …………………………………………………（88）
Total Value of Imports and Exports

6－2　海关主要商品出口总值（2014年）……………………………………（89）
Total Value of Main Exports Commodities（2014）

6－3　海关主要商品进口总值（2014年）……………………………………（90）
Total Value of Main Imports Commodities（2014）

6－4　全部企业按贸易方式分进出口总值表（2014年）……………………（91）
Total Value of Imports and Exports by Trade Mode（2014）

6－5　全部企业按主要国家（地区）分进出口总值表（2014年）…………（92）
Total Value of Imports and Exports of All Enterprises by Major Countries（regions）（2014）

6－6　实际利用外资情况 ……………………………………………………（94）
Actually Utilization of Foreign Capital

6－7 国外经济合作情况 ……………………………………………………………………………（94）
Economic Cooperation with Foreign County
6－8 旅游事业发展情况（一）…………………………………………………………………（95）
Development of Tourism（One）
6－9 旅游事业发展情况（二）…………………………………………………………………（96）
Development of Tourism（Two）
6－10 各地区旅游情况 ……………………………………………………………………………（96）
Tourism Situation in Various Regions
6－11 各地区实际利用外商直接投资 ……………………………………………………………（97）
Foreign Direct Investment Actually Used by Region
6－12 接待外国旅游人数 …………………………………………………………………………（97）
Reception Number of Oversea Travelling
6－13 国内游客出游方式构成表 …………………………………………………………………（98）
Table of Domestic Tourists Travel Mode

【第七篇】能源生产和消费 PRODUCTION AND CONSUMPTION OF ENERGY

7－1 1978-2014年能源生产总量及构成 …………………………………………………………（101）
1978-2014 Total Production of Energy and Its Composition
7－2 1978-2014年能源消费总量及构成…………………………………………………………（102）
1978-2014 Total Consumption of Energy and Its Composition
7－3 2005-2014年单位GDP电耗及降低率 ……………………………………………………（103）
2005-2014 Unit of Electricity Consumption and Reducing the Rate for GDP
7－4 2005-2014年单位GDP能耗及降低率 ……………………………………………………（103）
2005-2014 Unit of Energy Consumption and Reducing the Rate for GDP
7－5 分行业能源品种消费（实物量）（2014年）………………………………………………（104）
Total Consumption of Energy by Sector（Physical Quantity）（2014）
7－6 地区能源平衡表（实物量）（2014年）……………………………………………………（112）
Energy Balance Sheet（Physical Quantity）（2014）
7－7 地区能源平衡表（标准量）（2014年）……………………………………………………（116）
Energy Balance Sheet（Standard Quantity）（2014）
7－8 分行业能源终端消费（实物量）（2014年）………………………………………………（120）
Industry Energy Consumption（Phy sical Quantity）（2014）
7－9 分行业能源终端消费（标准量）（2014年）………………………………………………（128）
Industry Energy Consumption（Standard Quantity）（2014）
7－10 综合能源平衡表（标准量）………………………………………………………………（136）
Overall Energy Balance Sheet（Standard Quantity）
7－11 煤炭能源平衡表 ……………………………………………………………………………（137）
Coal Balance Sheet
7－12 石油能源平衡表 ……………………………………………………………………………（138）
Petroleum Balance Sheet
7－13 电力能源平衡表（等价值）………………………………………………………………（139）
Electrical Energy Balance Sheet(equivalent)

【第八篇】财政、金融和保险 PUBLIC FINANCE BANKING AND INSURANCE

8－1 历年财政收支额 ……………………………………………………………………………（143）

Government Revenue and Expenditure
8－2　历年银行各项存款和各项贷款余额 …… (144)
Balance of Deposits and Loans of National Banking System
8－3　分项目财政收入 …… (145)
Local Government Revenue by Item
8－4　地方项目公共财政支出 …… (146)
Local Covernment Expenditure Item
8－5　分级地方公共财政收入 …… (147)
Government Budgetary Revenue by Level
8－6　分级公共财政支出 …… (148)
Public Finance Expenditure
8－7　农合机构本外币存贷款年末余额 …… (149)
Cooperation in Agriculture Institution on Blanle of Foreign Currency Deposit and Loan at end of the Year
8－8　保险业务主要指标 …… (149)
Main Indicators of Insurance Business
8－9　金融机构人员数 …… (150)
Number of personnel in Financial institutions
8－10　保险公司机构数（2014年） …… (151)
Number of Institutions of Insurance Company （2014）

【第九篇】物价 PRICE

9－1　各种价格指数 …… (155)
Various Price Indices
9－2　商品零售价格分类指数（上年=100） …… (156)
Retail Price Indices by Category (preceding year=100)
9－3　全省居民生活消费价格指数 …… (158)
Consumer price index of residents living in the province
9－4　固定资产投资价格指数（上年=100） …… (159)
Price Indices of Investment in Fixed Assets (preceding year=100)
9－5　主要原材料、然料、动力购进价格指数 …… (159)
Main Purchasing Price Indices of Raw Materials、Fuels and Power
9－6　工业生产者出厂价格指数 …… (160)
Ex-Factory Price Indices of Industrial Products
9－7　工业生产者购进价格指数 …… (162)
Industrial Producer Price Index
9－8　农业生产资料价格分类指数 …… (162)
Agricultural Production Data Price Classification Index
9－9　农产品生产者价格指数 …… (163)
Agricultural Product Producer Price Index

【第十篇】人民生活 PEOPLE' S LIVELIHOOD

10－1　人民生活基本情况（一） …… (166)
Basic situation of people's life（一）
10－2　人民生活基本情况（二） …… (167)
Basic situation of people's life（二）

10－3 居民消费水平及增长速度 ……（168）
Indices of Residents Consumption Level
10－4 城镇居民家庭基本情况 ……（169）
The Basic Situation of Urban Households
10－5 城镇居民家庭人均现金收支（2014年）……（169）
Per Capita Cash Income and Expenditure of Urban Families（2014）
10－6 城镇居民家庭人均消费总支出和借贷支出（2014年）……（170）
Urban residents per capita consumption expenditure and borrowing costs（2014）
10－7 城镇居民家庭人均消费支出（2014年）……（172）
Per capita consumption expenditure of urban Households（2014）
10－8 城镇居民家庭平均每人购买的主要商品数量（2014年）……（174）
Average Number of Major Commodities per Capita of Urban Households（2014）
10－9 城镇居民家庭平均每百户年末耐用消费品拥有量（2014年）……（175）
Ownership of Major Durable Consumer Goods Per 100 Urban Households at Year-end（2014）
10－10 城镇居民家庭居住情况（2014年）……（176）
Residential Situation of Urban Residents（2014）
10－11 各地区城镇常住居民人均可支配收入 ……（178）
Per Capita Disposable Income of Urban Residents in the Regions
10－12 各地区城镇常住居民人均消费支出 ……（178）
Per Capita Consumption of Urban Residents in Different Regions
10－13 农民家庭基本情况 ……（179）
Basic Situation of Rural Households
10－14 农民家庭平均每人可支配收入（2014年）……（180）
The Average Income per Household of Farmers（2014）
10－15 农村家庭平均每人消费总支出（2014年）……（182）
The Average Per Capita Consumption Expenditure of Rural Households（2014）
10－16 农民家庭平均每人生活消费支出（2014年）……（183）
Average Expenditure Per Capita of Rural Households（2014）
10－17 农民家庭平均每人现金支出（2014年）……（185）
Average Expenditure Per Capita of Rural Households（2014）
10－18 农民家庭平均每人现金收入（2014年）……（186）
Per Capita Cash Income of Household（2014）
10－19 各地区农村常住居民人均可支配收入 ……（187）
Per Capita Disposable Income of Rural Residents in Various Regions
10－20 各地区农村常住居民人均生活消费支出 ……（187）
Per Capita Living Consumption Expenditure of Rural Residents in Various Regions
10－21 农民家庭平均每百户年末耐用消费品拥有量（2014年）……（188）
Number of durable consumer goods owned of rural household at the yearend（2014）
10－22 农民家庭平均每人主要消费品消费量（2014年）……（189）
The Average Household Consumption Per Capita of the Rural Households（2014）
10－23 农村居民家庭每百户拥有主要农业生产性固定资产数量（2014年）……（190）
Rural Households Have the Number of Major Productive Fixed Assets（2014）
10－24 农村居民家庭居住情况（2014年）……（190）
Rural Residents Living Situation（2014）

【第十一篇】市政公用事业和环境保护
URBAN PUBLIC UTILITIES AND ENVIRONMENT

11－1 市政公用事业基本情况 ……（193）
Basic Statistics on Municipal Public Utilities
11－2 城市建设用地（2014年）……（194）

Land Constraction Land（2014）
11－3 城市供水（2014年）……（195）
Tap Water Supply in City（2014）
11－4 城市天燃气（2014年）……（196）
Basic Statisticson Supply of Gas in Cities（2014）
11－5 城市集中供热（2014年）……（197）
Basic Statisics on Heating in Cities（2014）
11－6 城市市政设施（2014年）……（198）
Level of Public Facilities in City（2014）
11－7 城市绿地和园林（2014年）……（199）
Basic Statistics on Parlcs and Green Aress in Citics（2014）
11－8 城市市容环境卫生（2014年）……（200）
Basic Statistics on Urban Sanitation in Cities（2014）
11－9 城市设施水平（2014年）……（201）
Level of Public Facilities in City（2014）
11－10 城市集中供热情况……（202）
Basic Statistics on Heating in City
11－11 城市燃气设备能力……（202）
Capacity of City Gas Facilities
11－12 城市燃气用气户数和供气总量……（203）
number of city gas users and total gas supply
11－13 城市环境卫生情况……（203）
Basic Statistics on Urban Sanitation
11－14 城市固体废物处理利用情况（2014年）……（204）
Disposal and Utilization of Municipal Solid Waste（2014）
11－15 企事业污染治理情况……（204）
Treatment of Pollution by Enterprises and Institutions
11－16 城市废水中主要污染物排放情况（2014年）……（205）
Urban Wastewater Emission of Major Pollutants（2014）
11－17 城市废气中主要污染物排放情况（2014年）……（205）
Urban Wast Emissions of Major Pollutants（2014）

【第十二篇】农业 AGRICULTURE

12－1 农村基层组织情况……（209）
Rural grassroots organization
12－2 农业生产条件……（210）
Agricultural production conditions
12－3 各地区设施农业生产情况（2014年）……（211）
Regional facilities for agricultural production（2014）
12－3(续) 特种作物生产情况……（211）
Special crop production
12－4 农村基本情况和农村劳动力资源……（212）
Rural basic situation and rural labor resources
12－5 历年农林牧渔业总产值和指数……（213）
Total output value and index of forestry and animal husbandry and fishery over the years
12－6 农林牧渔业分项产值……（214）
Agricultural and Forestry and Animal Husbandry and fishery sub production value
12－7 农林牧渔业中间消耗……（215）
Intermediate Consumption of Agriculture，Forestry，Animal Husbandry and Fishery

12－8 农业生产主要条件和农用化肥施用量 ……（216）
Effective Irrigation Area and Application of Agricultural Chemical Fertilizer
12－9 农作物播种面积 ……（217）
Crop sown area
12－10 主要农产品产量（一） ……（218）
Main farm output（one）
12－10 主要农产品产量（二） ……（219）
Main farm output（two）
12－11 主要农业产品产量和大牲畜饲养量 ……（220）
Output of Major Agricultural Products Over the Years and Lorge Number of Liestock Raised
12－12 主要农作物播种面积和产量 ……（221）
Main Crop Acreage and Yield
12－13 林业、渔业和其他畜牧业生产情况 ……（222）
Output of Forestry、Fishery and Other Livestock Production
12－14 畜牧业生产情况 ……（223）
Livestock Production
12－15 农业事业机构和气象台站 ……（224）
Agricultural Institution and Meteorological Station
12－16 农业自然灾害受灾情况 ……（224）
Agricultural Natural Disaster Disaster Situation
12－17 商品粮基地县基本情况（2014年） ……（225）
Basic Conditions for Commodity Grain County（2014）
12－18 乡镇企业基本情况 ……（226）
Basic Situation of Township Enterprise
12－19 全省乡镇企业主要经济指标（2014年） ……（227）
The Main Economic Indicators of Township Enterprises in the Province (2014)

【第十三篇】工业 INDUSTRY

13－1 规模以上工业企业主要指标（2014年） ……（230）
Main Indicators of Industrial Enterprises above Designated Size（2014）
13－2 按行业规模以上工业企业主要指标（2014年） ……（242）
Main Indicators of Industrial Enterpriscs above Designated size by Industrial Sector（2014）
13－3 按行业分大中型工业企业主要指标（2014年） ……（248）
According to the Industry of Carge and mediumsized Industrial Enterprises of the main Indicators（2014）
13－4 按行业分国有及国有控股工业企业主要指标（2014年） ……（254）
The main Indicators of Stato-owned and State holding Industrial Enterprises in the Industry（2014）
13－5 按行业分私营工业企业主要指标（2014年） ……（260）
Main Indicators of Private Industrial Enterprises by Industry（2014）
13－6 按行业分外商投资和港澳台商投资工业企业主要指标（2014年） ……（266）
The main Indicators of Industrial enterprises by foreign Investment and Hongkong、Macao and Taiwan Investment by Industry（2014）
13－7 按行业分集体工业企业主要指标（2014年） ……（272）
By the Industry Main Indicators of Collective Industrial Enterpvises（2014）
13－8 工业企业产品产量（2014年） ……（278）
Industrial Enterprises Major Products Outputs（2014）
13－9 各地区主要工业产品产量（2014年） ……（284）
Output of Major Industrial Products by Region（2014）

【第十四篇】 建筑业 CONSTRUCTION

14－1　1978–2014年建筑业企业主要指标 ……………………………………………………（287）
1978–2014 Main Indicators on Construction Enterprises
14－2　建筑施工企业生产情况（2014年）……………………………………………………（288）
Production situation of construction enterprises （2014）
14－3　建筑施工企业财务状况（2014年）……………………………………………………（292）
Building Construction Company Financial Position（2014）
14－4　各地区建筑业基本情况（2014年）……………………………………………………（296）
Regional construction basic situation（2014）
14－5　各地区的建筑业企业房屋竣工价值（2014年）………………………………………（297）
various regions of construction industry enterprises in As built housing value（2014）
14－6　各地区建筑企业财务情况（2014年）…………………………………………………（297）
Regional construction enterprise financial situation（2014）

【第十五篇】 交通运输和邮电通信业 TRANSPORTATION POSTAL AND TELECOMMUNICATIONS SERVICES

15－1　历年交通运输基本情况 ……………………………………………………………（301）
Basic Conditions of Transportation
15－2　历年旅客周转量和货物周转量 ……………………………………………………（302）
Passenger－kilometers and Freight Ton－kilometers
15－3　交通运输里程 ……………………………………………………………………（303）
Length of Transportation Routes
15－4　客运量及旅客周转量 ……………………………………………………………（303）
Passenger Traffic and Passenger－kilometers
15－5　货运量及货物周转量 ……………………………………………………………（304）
Freight Traffic and Freight Ton－kilometers
15－6　各地区公路客货运输量 …………………………………………………………（304）
Passenger and Freight Traffic by Region
15－7　民用汽车拥有量 …………………………………………………………………（305）
Possession of Civil Vehicles
15－8　民用车辆拥有量细分组（2014年）……………………………………………（305）
Civil Vehicles Segments of the Group（2014）
15－9　公路按货物种类分的货运量和货物周转量 ……………………………………（306）
Highway Freight Traffic and Freight－kilometers by Category of Cargo
15－10　各地区民用汽车拥有量（2014年）……………………………………………（306）
Passession of Civil Vehicles by Region（2014）
15－11　历年邮电通信业务情况 …………………………………………………………（307）
Postal and Telecommunication Services over the Years
15－12　邮电业务总量 ……………………………………………………………………（308）
Business Volume of Postal and Telecommunication Services

【第十六篇】 批发零售贸易和餐饮业 WHOLESALE，RETAIL TRADE AND CATERING SERVICES

16－1　历年社会消费品零售总额 …………………………………………………………（310）
Total Retail Sales of Consumer Goods

16－2　社会消费品零售总额 ……………………………………………………………………………………（311）
Total Retail Sales of Consumer Goods
16－3　各地区社会消费品零售总额 ……………………………………………………………………………（311）
Total Retail Sales of Consumer Goods by Region
16－4　限额以上批发零售贸易业商品购进、销售、库存总额（2014年）………………………………………（312）
Total Purchases、Sales and Inventory of Enterprises aboveDesignated Size of Wholesale and Retail Trade（2014）
16－5　限额以上批发零售企业财务状况（2014年）………………………………………………………………（316）
Main Financial Indicators of Enterprises Above Designated Size of Wholesale and Retail Trades（2014）
16－6　限额以上餐饮企业主要财务状况（2014年）………………………………………………………………（324）
Main Financial Indicators of Enterprises above Designated Size of Catering and Hotels（2014）
16－7　限额以上批发零售贸易业、星级住宿业和限额以上餐饮业基本情况 ……………………………………（328）
Basic Conditions of Wholesale、Retail Trades、Star－ranking Hotels and Catering Services above Designated Size
16－8　限额以上餐饮企业主要经营情况 ……………………………………………………………………………（329）
Main Business of Enterprises above Designated Size of Catering and Hotels
16－9　各地区限额以上批发零售贸易情况（1）……………………………………………………………………（330）
Basic Conditions on Wholesale and Retail Trades above Designated Size by Region（1）
16－10　各地区限额以上批发零售贸易情况（2）（2014年）……………………………………………………（330）
Basic Conditions on Wholesale and Retail Trades above Designated Size by Region（2）（2014）
16－11　城乡个体工商户基本情况 …………………………………………………………………………………（331）
Basic Statistics on Urban and Rural Individual Economy
16－12　城乡私营企业基本情况 ……………………………………………………………………………………（332）
Basic Statistics on Urban and Rural Private Enterprises
16－13　各地区限额以上批发零售贸易企业按商品类别分社会消费品零售总额（2014年）……………………（333）
Total Retail Sales of Social Consumer Goods by Category of Enterprises above Designated Size（2014）
16－14　按登记注册类型分连锁零售企业基本情况（2014年）……………………………………………………（334）
The Basic Situation of Chain Retail Enterprises by the of Registration（2014）
16－15　按行业和业态分连锁零售企业基本情况（2014年）………………………………………………………（336）
Basic Situation of Retail Enterprises by Industry and Retail Industry（2014）
16－16　亿元以上商品交易市场基本情况（2014年）………………………………………………………………（338）
More than millions of the Basic Situation of Commodity Trading Market（2014）
16－17　亿元以上商品交易市场摊位分类情况（2014年）…………………………………………………………（340）
More than Millions of the Commodity exchange Market Stalls Classitication（2014）

【第十七篇】 教育、科技和文化事业 EDUCATION AND CULTURE

17－1　历年教育基本情况 ……………………………………………………………………………………………（342）
Basic Statistics on Education
17－2　各级各类教育基本情况（2014年）…………………………………………………………………………（343）
Basic Statistics on Education by Level and Type（2014）
17－3　普通高等教育基本情况（2014年）…………………………………………………………………………（344）
Basic Statistics on Institutions of Higher Education（2014）
17－4　各高等学校、科研机构培养研究生情况（2014年）………………………………………………………（348）
Basic Statistics on Postgraduates in Higher Schools and Research Institutions（2014）
17－5　各级各类成人学校基本情况 …………………………………………………………………………………（350）
Student Enrollment in Adult Schools by Level and Type
17－6　高等学校研究生情况 …………………………………………………………………………………………（352）
Basic Statistics on Postgraduates in Institutions of Higher Education
17－7　高等学校分学科研究生情况 …………………………………………………………………………………（352）
Basic Statistics on Postgraduates in Institution of Higher Education by Field of Study
17－8　幼儿园基本情况 ………………………………………………………………………………………………（353）

Basic Statistics on Kindergartens
17－9 特殊教育基本情况 …………（353）
Basic Statistics on Special Education
17－10 小学学龄儿童入学率 …………（353）
Percentage of School-age Children Enrolled
17－11 普通高等教育普通本科在校学生数 …………（354）
General Higher Education Undergraduate Students
17－12 普通高等教育分科专任教师数（2014年）…………（354）
Numbers o f Full Time Teacher by Field of Study in Regular Higher Educational Institutions（2014）
17－13 各级学校教师负担学生数 …………（355）
Student-teacher Ratio by Level of Schools
17－14 平均每万人口在校学生数 …………（355）
Student Enrollment per 10000 Population
17－15 职业技术培训机构情况（2014年）…………（356）
Vocational Technical Training Institutions（2014）
17－16 中等职业学校(机构)情况（2014年）…………（356）
Secondary Vocational school(Institutions)（2014）
17－17 中等职业学校分学科学生情况（2014年）…………（357）
Subject Students in Secondary Vocational school（2014）
17－18 研究机构情况（2014年）…………（358）
Research Institution Situations（2014）
17－19 科技活动人员情况 …………（362）
Technological Activities Human Resource Situation
17－20 研究与试验发展（R&D）人员情况（2014年）…………（364）
Research and Experiment Development（R&D）Human Resource Situation（2014）
17－21 研究与试验发展（R&D）经费情况（2014年）…………（368）
Research and Experiment Development（R&D）Expenditure Situation（2014）
17－22 研究与试验发展（R&D）产出情况（2014年）…………（372）
Research and Experiment Development（R&D）Output Situation（2014）
17－23 研究与试验发展（R&D）项目（课题）情况 …………（376）
Research and Experiment Development（R&D）Project (topic) Situation
17－24 科技事业发展情况 …………（379）
Development of Science and Technology
17－25 全部规模以上工业企业限额以上R&D项目情况 …………（380）
Industrial Enterprises R&D Projects Situation
17－26 工业企业R&D人员情况（2014年）…………（382）
Industrial Enterprises R&D Human Resource Situation（2014）
17－27 工业企业R&D经费情况（2014）…………（386）
Industrial Enterprises R&D Expenditure Situation（2014）
17－28 工业企业办科技机构情况（2014年）…………（390）
Industrial Enterprises Science and Technology Agency Situation（2014）
17－29 工业企业全部R&D项目情况 …………（392）
Industrial Enterprises All R&D Projects Situations
17－30 工业企业自主知识产权保护情况（2014年）…………（394）
Industrial Interprise Independent Intellectual Property Rights Protection（2014）
17－31 工业企业新产品开发和经费支出情况 …………（396）
Expenditures for new product development and fanding of industrial enterprises
17－32 工业企业技术获取和技术改造情况 …………（397）
Industrial Enterprises Technology Acquiring and Technology Transforming Situation
17－33 工业企业政府相关政策落实情况 …………（398）
Industrial Enterprises Government Related Policies Committing Situations
17－34 群众文化事业基本情况 …………（399）
Basic Statistics on Mass Culture

17－35 公共图书馆、博物馆和文物保护单位基本情况 …………（399）
Basic Statistics on Public Libraries、Museums and Cultural Relic Agencies
17－36 电影事业基本情况 …………（400）
Basic Statistics on Film
17－37 图书出版 …………（400）
Books Published
17－38 期刊出版 …………（401）
Magazines Published
17－39 报纸出版 …………（401）
Newspapers Published
17－40 工会基本情况 …………（402）
Basic Statistics on Trade Union

【第十八篇】 体育、卫生和其他事业 SPORTS、PUBLIC HEALTH AND OTHERS

18－1 体委系统体育工作者 …………（405）
Personnel of Physical Culture and Sports Commissions
18－2 运动员获奖情况（2014年）…………（405）
Players Awards （2014）
18－3 裁判员、运动员发展人数 …………（406）
Athletes and Referees in Grades by Type of Sports
18－4 历年卫生事业基本情况 …………（407）
Basic Statistics on Health
18－5 卫生机构、床位、技术人员情况（2014年）…………（408）
Health Institution、Beds、Teachnical Pevsonnel（2014）
18－6 各地区卫生机构情况（2014年）…………（410）
Basic Statistics on Health Institutions by Region（2014）
18－7 各地区卫生床位、人员情况（2014年）…………（410）
Beds and Employed Personnel by Region（2014）
18－8 各地区医疗卫生机构住院服务情况（2014年）…………（411）
Medical and Health Institutions in Various Regions of Hospital Sewices（2014）
18－9 医疗机构运营情况（2014年）…………（411）
Operation of medial Institutions（2014）
18－10 残疾人事业基本情况 …………（412）
Basic Information of Person with Disabilities
18－11 律师、调解工作基本情况 …………（414）
Basic Statistics on Lawyers and Mediation
18－12 婚姻登记情况（2014年）…………（414）
Basic Statistics on Marriage Registrations and Divorces（2014）
18－13 公证工作基本情况 …………（415）
Basic Statistics on Notarization
18－14 妇联组织情况 …………（415）
Basic Statistics for the Women's Federation Organization
18－15 社会救助情况（2014年）…………（415）
Basic Statistics on Social Assistance（2014）
18－16 火灾情况 …………（416）
Basic Statistics on Fire
18－17 交通事故情况 …………（416）
Basic Statistics on Traffic Auidents

18－18 人民法院审理刑事一审案件收结案情况 …………………………………………………………………（417）
First Trial Criminal Cases Accepted and Concluded by Courts
18－19 人民法院审理婚姻家庭、继承一审案件收结案情况（2014年）…………………………………………（417）
First Trial Civil Cases of Marriages,Family Affairs and Inheritance Accepted and Concluded by Courts（2014）
18－20 人民法院审理合同纠纷一审案件收结案情况（2014年）……………………………………………………（418）
First Trial Cases of Contracts Disputes Accepted and Concluded by Courts（2014）
18－21 人民法院审理权属、侵权纠纷及其他民事一审案件收结案情况（2014）…………………………………（418）
First Trial Cases of Disputes of Right,Infringement of Right and Other Civil Affairs Accepted and Concluded by Courts（2014）

【第十九篇】市（州）和县（市）情况 GENERAL SURVEY OF CITY（STATE）AND COUNTY（CITY）

19－1 城市社会经济基本情况（2014年）………………………………………………………………………（420）
Basic Statistics Urban Social and Economical Indicators（2014）
19－2 各市县生产总值（2014年）……………………………………………………………………………（444）
Gross Domestic Product by City and County（2014）
19－3 各市县生产总值指数（2014年）………………………………………………………………………（448）
Gross Domestic Product and Indices by City and County（2014）
19－4 各市县户数和人口数（2014年末）……………………………………………………………………（452）
Households and Population by City and County（end of 2014）
19－5 各市县分年龄人口情况（2014年末）…………………………………………………………………（454）
Age Composition of Population by City and County（end of 2014）
19－6 各市县人口自然变动情况（2014年末）………………………………………………………………（456）
Basic Statistics on Natural Population Changes by City and County（end of 2014）
19－7 各市县单位从业人员（2014年）………………………………………………………………………（458）
Number of Employed Persons by City and County（2014）
19－8 各市县单位从业人员工资（2014年）…………………………………………………………………（462）
Earning of Employed Persons LivingExpenses by City and County（2014）
19－9 各市县固定资产投资（不含农户）（2014年）………………………………………………………（464）
City and County of Investment in Fixed Assets (Exduding Rural)（2014）
19－10 各市县地方公共财政收入（2014年）…………………………………………………………………（466）
Local Pablic Finance Revenue in cities and counties（2014）
19－11 各市县公共财政支出（2014年）………………………………………………………………………（468）
Local Government Expenditure by City and County（2014）
19－12 各市县农村基层组织和乡村建设情况（2014年）……………………………………………………（470）
The situation of rural primary organizations and rural construction in the cities and counties（2014）
19－13 各市县农林牧渔总产值（2014年）……………………………………………………………………（472）
Output Value of Agriculture、Forestry、Animal Husbandry and Fishery by City and County（2014）
19－14 各市县主要农业机械拥有量（2014年）………………………………………………………………（474）
Possession of Major Agricultural Machinery by City and County（2014）
19－15 各市县农业现代化水平（2014年）……………………………………………………………………（476）
Agricultural Modernizing Level of the City and County（2014）
19－16 各市县总播种面积和产量（2014年）…………………………………………………………………（478）
Total Sown Areas and Output of Major Farm Crops by City and County（2014）
19－17 各市县畜牧业生产情况（2014年）……………………………………………………………………（486）
Production of Livestock in Various Cities and Counties (2014)
19－18 各市县规模以上工业企业主要指标（2014年）………………………………………………………（488）
Main Indicators of Industrial Enterprises above Designated Size by City and County（2014）
19－19 各市县社会消费品零售总额（2014年）………………………………………………………………（500）
Total Retail Sales of Consumer Goods by City and County（2014）
19－20 各市县各级各类教育基本情况（2014年）……………………………………………………………（502）

Basic Statistics on Education by Type of City and County (2014)
19－21 县市（卡）社会经济基本情况（2014年）…………………………………………（508）
Basic Statistics on Social and Economy by County (city) (2014)

附录－1 东北三省国民经济主要指标（2014年）…………………………………………（523）
Main National Economic and Social Development Indicators of Liaoning, Jilin, Inner Mongolia and Heilongjiang Province (2014)
附录－2 企业"一套表"…………………………………………（525）
THE ENTERPRISE TABLE
附录－3 主要统计指标解释…………………………………………（530）
EXPLANATORY NOTES ON MAIN STATISTICAL INDICATORS

TONGJIZILIAO ▶

统计资料

STATISTICAL DATA

CHAPTER ▶ 01

第一篇

综　合

SYNTHESIS

1-1 行政区划(2014年末)

Divisions of Administrative Areas (end of 2014)

单位:个 (unit)

地区	Region	县级合计 County total	县级市 Cities at County Level	县 Counties	自治县 Autonomous Counties	市辖区 Districts under the Jurisdiction of Cities
全省	**Total**	**40**	**21**	**16**	**3**	**20**
长春	Changchun	4	3	1		6
吉林	Jilin	5	4	1		4
四平	Siping	4	2	1	1	2
辽源	Liaoyuan	2		2		2
通化	Tonghua	5	2	3		2
白山	Baishan	4	1	2	1	2
松原	Songyuan	4	1	2	1	1
白城	Baicheng	4	2	2		1
延边	Yanbian	8	6	2		

地区	Region	乡镇级合计 County total	镇 Towns	乡 Township	街道办事处 Subdistrict Office	村民委员会 Villagers Committee
全省	**Total**	**900**	**433**	**185**	**282**	**9302**
长春	Changchun	165	67	30	68	1666
吉林	Jilin	142	56	20	66	1382
四平	Siping	102	56	17	29	1160
辽源	Liaoyuan	44	23	7	14	519
通化	Tonghua	97	59	19	19	987
白山	Baishan	65	40	7	18	508
松原	Songyuan	100	43	35	22	1118
白城	Baicheng	97	38	35	24	910
延边	Yanbian	88	51	15	22	1052

1－2 自然资源状况
Natural Resources and Conditions

项目	Item	2012	2013	2014
一、自然状况	**Natural Conditions**			
1.土地面积(万平方公里)	Land Area (10000 sq.km)	18.7	18.7	18.7
各类土地所占比重（%）	Composition of all Type Land (%)			
山地	Mountains	36.0	36.0	36.0
丘陵	Hills	5.8	5.8	5.8
平原	Plains	30.0	30.0	30.0
台地及其他	Mesa and Others	28.2	28.2	28.2
2.气候	Climate			
全年平均气温（摄氏度）	Annual Average Temperature (℃)	4.9	5.1	5.9
年降水量（毫米）	Annual Precipitation (mm)	739.4	763.3	521.6
二、自然资源	**Natural Resources**			
1.林地	Forest Area			
林业用地面积（万公顷）	Area of Afforested Land (10000 hectares)	929.9	929.9	933.9
森林面积（万公顷）	Forest Area (10000 hectares)	828.8	827.0	822.5
灌木林地面积（万公顷）	Shrub Land (10000 hectares)		18.2	16.3
活立木总蓄积量（亿立方米）	Standiny Stock Volume (100 milion cu.m)	9.6	9.7	9.8
森林覆盖率（%）	Forest－coverage Rate (%)	43.8	43.9	43.9
2.水利	Water Resources			
水资源总量（亿立方米）	Total Water Resource Volume (100 milion cu.m)	460.5	607.4	306.0
人均水资源量（立方米/人）	Per Capita Water Resources (milion cu.m/person)	1674.5	2208.0	1111.9
地表水资源量（亿立方米）	Surface Water Volume (100 milion cu.m)	387.3	535.2	251.0
地下水资源量（亿立方米）	Ground Water Volume (100 milion cu.m)	147.0	160.2	120.2
松花江流域（亿立方米）	Songhua River Basin (100 milion cu.m)	359.8	497.8	265.5
辽河流域（亿立方米）	Liao River Basin (100 milion cu.m)	100.7	109.6	40.5

1-3 主要城市平均气温（2014年）
Average Temperature of Major Cities（2014）

单位: 摄氏度 (℃)

月份 Month		长春市 Changchun	吉林市 Jilin	四平市 Siping	辽源市 Liaoyuan	通化市 Tonghua	白山市 Baishan	松原市 Songyuan	白城市 Baicheng	延吉市 Yanji
1月	Jan.	-13.0	-13.1	-11.2	-13.0	-11.1	-13.1	-14.5	-14.0	-12.4
2月	Feb.	-9.1	-10.7	-7.5	-9.9	-8.3	-10.3	-11.1	-11.7	-10.4
3月	Mar.	1.2	0.8	2.5	1.0	0.9	-0.8	0.8	0.3	0.8
4月	Apr.	11.4	10.7	12.1	10.4	10.3	8.9	11.5	11.5	9.5
5月	May	15.2	14.2	16.0	14.9	14.4	12.8	15.2	15.1	13.9
6月	June	22.4	21.5	22.3	21.1	19.8	18.6	23.4	23.1	18.8
7月	July	23.5	22.9	23.7	23.1	22.5	21.2	23.8	23.3	22.4
8月	Aug.	22.5	22.7	22.9	21.9	21.7	20.6	22.6	22.0	21.1
9月	Sept.	15.9	15.6	16.1	14.5	14.8	13.4	16.3	15.4	15.3
10月	Oct.	8.6	8.3	9.5	8.0	8.8	7.3	7.9	6.9	7.7
11月	Nov.	0.3	0.3	1.3	-0.5	0.6	-1.1	-0.8	-2	-0.1
12月	Dec.	-13.2	-13.2	-11.7	-13.5	-12.4	-13.8	-14.3	-14.5	-11.4

1-4 主要城市降水量（2014年）
Precipitation of Major Cities（2014）

单位：毫米 unit:（Millimeters）

月份 Month		长春市 Changchun	吉林市 Jilin	四平市 Siping	辽源市 Liaoyuan	通化市 Tonghua	白山市 Baishan	松原市 Songyuan	白城市 Baicheng	延吉市 Yanji
1月	Jan.	4.1	8.9	3.8	6.5	5.7	9.9	1.0	0.8	0.8
2月	Feb.	2.1	2.4	4.2	3.5	4.0	11.3		0.2	2.0
3月	Mar.	27.7	37.6	14.9	16.5	25.3	23.4	13.2	2.6	11.9
4月	Apr.	1.8	21.4	2.8	3.0	6.6	18.1	0.4		13.1
5月	May	79.2	139.8	90.3	79.1	98.6	120.8	88.7	116.8	94.3
6月	June	78.6	180.8	135.1	144.6	153.2	163.8	72.1	141.3	57.6
7月	July	116.7	154.8	84.4	113.2	123.6	79.1	129.9	72.4	101.5
8月	Aug.	49.5	34.2	84.7	88.3	84.9	97.6	91.1	67.2	100.5
9月	Sept.	62.1	72.4	43.6	58.5	28.4	38.5	85.6	98.3	28.6
10月	Oct.	5.7	29.0	15.2	33.9	33.4	31.2	2.4	0.1	37.9
11月	Nov.	6.7	12.1	5.4	8.8	20.6	19.6	1.3	0.3	3.9
12月	Dec.	11.8	14.8	9.4	11.8	15.7	19.8	6.4	5.3	6.8

1－5 按国民经济行业大类分组的法人单位、产业活动单位及就业人数（2014年）

According to the National Elonomic Industry Category of Group Corporation and Industrial Activity Units（2014）

指　　标	Item	法人单位数（个） Number of Corporative Units(unit)			产业活动单位数（个） Number of Economic Active Units(unit)	法人单位就业人数（人） Legal person units employment（person）
		合计 Total	单产业法人单位 Single Units	多产业法人单位 Multiple Units		
合计	**Total**	**172127**	**167635**	**4492**	**202842**	**5764704**
农、林、牧、渔业	**Agriculture、Forestry、Animal Husbandry and Fishery**	**20467**	**20395**	**72**	**21064**	**478121**
农业	Farming	6440	6423	17	6511	170380
林业	Forestry	855	829	26	1156	75748
畜牧业	Animal Husbandry	4948	4937	11	4954	78036
渔业	Fishery	419	419		421	6905
农、林、牧、渔服务业	Agriculture,Forestry,Animal Husbandry and Fishery Services	7805	7787	18	8022	147052
采矿业	**Mining**	**1452**	**1430**	**22**	**1514**	**229188**
煤炭开采和洗选业	Mining and Washing of Coal	252	244	8	267	98555
石油和天然气开采业	Extraction of Petroleum and Natural Gas	80	79	1	98	40961
黑色金属矿采选业	Mining and Processing of Ferrous Metal Ores	189	186	3	195	21601
有色金属矿采选业	Mining and Processing of Non-ferrous Metal Ores	144	138	6	150	19805
非金属矿采选业	Mining and Processing of Nonmetal Ores	663	661	2	674	19908
开采辅助活动	Mining Auxiliary Activities	84	82	2	90	27434
其他采矿业	Mining of Other Ores	40	40		40	924
制造业	**Manufacturing**	**24865**	**24623**	**242**	**25142**	**1750748**
农副食品加工业	Processing of Food from Agricultural Products	3493	3447	46	3517	202726
食品制造业	Manufacture of Foods	941	922	19	942	48531
酒、饮料和精制茶制造业	Wine, Beverage and Refined Tea Manufacturing	968	957	11	972	59041
烟草制品业	Manufacture of Tobacco	18	17	1	19	4601
纺织业	Manufacture of Textile	209	207	2	210	41149
纺织服装、服饰业	Manufacture of Textile Wearing Apparel,Footwear and Caps	414	407	7	420	26798
皮革、毛皮、羽毛及其制品和制鞋业	Manufacture of Leather,Fur,Feather and Related Products	106	106		107	6863
木材加工和木、竹、藤、棕、草制品业	Processing of Timber,Manfacture of Wood, Bamboo,Rattan,Palm and Straw Products	1738	1722	16	1778	108734
家具制造业	Manufacture of Furniture	407	403	4	412	16313
造纸和纸制品业	Manufacture of Paper and Paper Produts	351	349	2	352	20138
印刷和记录媒介复制业	Prnting Peproduction of Recording Meida	940	930	10	961	22436
文教、工美、体育和娱乐用品制造业	Manufacture of Articles for Culture, Education and Sport Activities	261	258	3	263	8551
石油加工、炼焦和核燃料加工业	Processing of Petroleum,Coking, Processing of Nuclear Fuel	121	119	2	124	10717
化学原料和化学制品制造业	Manufacture of Raw Chemical Materials and Chemical Products	1328	1317	11	1342	112684
医药制造业	Manufacture of Medicines	856	844	12	858	151377
化学纤维制造业	Manufacture of Chemical Fibers	32	32		32	9270
橡胶和塑料制品业	Ruber and Plastic Products Industry	1020	1018	2	1027	40233
非金属矿物制品业	Manufacture of Non-metallic Mineral Products	3033	3017	16	3063	155564
黑色金属冶炼和压延加工业	Simelting and Pressing of Ferrous Metals	307	305	2	311	51076
有色金属冶炼和压延加工业	Smelting and Pressing of Non-ferrous Metals	148	145	3	149	14964
金属制品业	Manufacture of Metal Products	1295	1291	4	1305	41957

1－5 续表 1 continued

指　　标	Item	法人单位数（个）Number of Corporative Units(unit)			产业活动单位数（个）Number of Economic Active Units(unit)	法人单位就业人数（人）Legal person units employment (person)
		合计 Total	单产业法人单位 Single Units	多产业法人单位 Multiple Units		
通用设备制造业	Manufacure of General PurPose Machinery	1622	1611	11	1643	62431
专用设备制造业	Manufacture of Special Purpose Machinery	1507	1496	11	1525	64570
汽车制造业	Automobile Manufacturing Industry	1763	1734	29	1793	361998
铁路、船舶、航空航天和其他运输设备制造业	Railway, Marine, Aerospace and other Transportation Equipment Manufacturing Industry	159	157	2	161	28402
电气机械和器材制造业	Manufacture of Electrical Machinery and Equipment	765	760	5	778	39868
计算机、通信和其他电子设备制造业	Computer, Communications and other Electronic Equipment Manufacturing Industry	232	227	5	236	15086
仪器仪表制造业	Instrument Manufacturing Industry	261	258	3	262	8831
其他制造业	Other Manufacturing	308	308		310	7395
废弃资源综合利用业	Comprehensive Utilization of Waste Resources	124	122	2	126	5221
金属制品、机械和设备修理业	Metal Products, Machinery and Equipment Repair Industry	138	137	1	144	3223
电力、热力、燃气及水生产和供应业	**Production and Supply of Electricity,Gas and Water**	**1441**	**1355**	**86**	**2390**	**161061**
电力、热力生产和供应业	Production and Supply of Electric Power and Heat Power	1015	946	69	1917	130288
燃气生产和供应业	Production and Supply of Gas	190	182	8	200	10411
水的生产和供应业	Production and Supply of Water	236	227	9	273	20362
建筑业	**Construction**	**6485**	**6348**	**137**	**6887**	**562097**
房屋建筑业	Housing Construction Industry	1644	1594	50	1774	285629
土木工程建筑业	Civil Engineering Construction Industry	1279	1242	37	1373	148193
建筑安装业	Construction Installation	1382	1352	30	1467	69392
建筑装饰和其他建筑业	Architectural Decoration and other Construction Industry	2180	2160	20	2273	58883
批发和零售业	**Wholesale and Retail Trades**	**36877**	**36245**	**632**	**42003**	**467156**
批发业	Wholesale Trade	17616	17383	233	18826	223793
零售业	Retail Trade	19261	18862	399	23177	243363
交通运输、仓储和邮政业	**Transport,Storage and Post**	**4290**	**4136**	**154**	**5608**	**151121**
铁路运输业	Railway Transport	111	105	6	195	5222
道路运输业	Road Transport	2211	2142	69	2410	84365
水上运输业	Water Transport	16	16		18	200
航空运输业	Air Transport	39	35	4	45	5980
管道运输业	Transport Via Pipeline	4	4		8	31
装卸搬运和运输代理业	Handling and Transportation Agency	501	487	14	554	7146
仓储业	Warehousing Industry	1103	1090	13	1158	28676
邮政业	Post Industry	305	257	48	1220	19501
住宿和餐饮业	**Accommodation and Catering Industry**	**2019**	**1973**	**46**	**2307**	**62553**
住宿业	Accommodation Industry	944	927	17	1034	34016
餐饮业	Catering Industry	1075	1046	29	1273	28537
信息传输、软件和信息技术服务业	**Information Transmission, Software and Information Technology Services**	**2933**	**2847**	**86**	**4082**	**86634**
电信、广播电视和卫星传输服务	Information Broadcast Television and Satellite Transmission Services	396	340	56	1367	58172
互联网和相关服务	Internet and Related Services	432	427	5	524	3128
软件和信息技术服务业	Software and Information Technology Services	2105	2080	25	2191	25334
金融业	**Financial Intermediation**	**1430**	**1078**	**352**	**7776**	**127660**

1－5 续表 2 continued

指标	Item	法人单位数（个） Number of Corporative Units(unit)			产业活动单位数（个） Number of Economic Active Units(unit)	法人单位就业人数（人） Legal person units employment (person)
		合计 Total	单产业法人单位 Single Units	多产业法人单位 Multiple Units		
货币金融服务	Monetary and Financial Services	879	701	178	5714	98008
资本市场服务	Capital Market Service	157	149	8	329	3839
保险业	Insurance Industry	308	145	163	1565	24887
其他金融业	Other Finance	86	83	3	168	926
房地产业	**Real Estate**	**5400**	**5291**	**109**	**5666**	**124275**
房地产业	Real Estate	5400	5291	109	5666	124275
租赁和商务服务业	**Leasing and Business Services**	**10231**	**10034**	**197**	**11177**	**135188**
租赁业	Leasing	1038	1032	6	1067	11599
商务服务业	Business Services	9193	9002	191	10110	123589
科学研究和技术服务业	**Scientific Research,Technical Service and Geologic Prospecting**	**5601**	**5508**	**93**	**6300**	**103486**
研究和试验发展	Research and Experimental Development	660	653	7	678	15602
专业技术服务业	Professional Technical Services	2983	2911	72	3324	62547
科技推广和应用服务业	Technology Promotion and Application Service Industry	1958	1944	14	2298	25337
水利、环境和公共设施管理业	**Management of Water Conservany, Environment and Public Facilities**	**1606**	**1584**	**22**	**1960**	**64067**
水利管理业	Management of Water Conservancy	705	690	15	963	15666
生态保护和环境治理业	Ecological Protection and Environmental Governance	123	122	1	150	2055
公共设施管理业	Managment of Public Facilities	778	772	6	847	46346
居民服务、修理和其他服务业	**Services to Households and Other Services**	**3528**	**3498**	**30**	**3656**	**45462**
居民服务业	Services to Households	1504	1489	15	1571	20136
机动车、电子产品和日用产品修理业	Motor Vehicle, Electronic Products and Daily Necessities Repair Industry	1075	1070	5	1112	12008
其他服务业	Others Services	949	939	10	973	13318
教育	**Education**	**6313**	**5713**	**600**	**9959**	**390353**
教育	Education	6313	5713	600	9959	390353
卫生和社会工作	**Health and Social Work**	**3874**	**3764**	**110**	**4750**	**194439**
卫生	Health	2596	2494	102	3431	180118
社会工作	Social Work	1278	1270	8	1319	14321
文化、体育和娱乐业	**Culture,Sports and Entertai-nment**	**3142**	**3101**	**41**	**3619**	**50772**
新闻和出版业	Journalism and Publishing Activities	204	197	7	213	7615
广播、电视、电影和影视录音制作业	Broadcasting,Televisions,Movies and Audiovisual Activities	369	355	14	479	14001
文化艺术业	Culture and Art Activities	1010	1001	9	1309	16608
体育	Sports Activites	192	189	3	199	3612
娱乐业	Entertainments	1367	1359	8	1419	8936
公共管理、社会保障和社会组织	**Public Management Social Security and Social Organization**	**30173**	**28712**	**1461**	**36982**	**580323**
中国共产党机关	Organs of Communist Party of China	600	558	42	646	11249
国家机构	Government Agencies	12181	10874	1307	18581	376419
人民政协、民主党派	People' s Political Consultative Conference and Democratic Parties	154	151	3	165	2143
社会保障	Social security	263	260	3	367	5172
群众团体、社会团体和其他成员组织	Non-govenmental Organizations,Social Orga-nizations and Religion Organizations	5168	5139	29	5383	97405
基层群众自治组织	Grass Roots Self-governing Organi-zations	11807	11730	77	11840	87935

1-6 按地区、机构类型分组的全部法人单位数（2014年）

Number of Corparations by Region and Type （2014）

单位: 个 (unit)

地区	Region	总计 Total	企业 Enterprises	事业 Institutions	机关 Agencies and Organizations	社会团体 Social Group	其他 Others
吉林省	**Total**	**172127**	**113983**	**19409**	**5886**	**4360**	**28489**
长春市	**Changchun**	**73338**	**57436**	**4268**	**1166**	**1627**	**8841**
南关区	Nanguan	6976	5863	463	153	170	327
宽城区	Kuancheng	8033	7244	243	118	54	374
朝阳区	Chaoyang	8729	7159	447	105	603	415
二道区	Erdao	7776	6715	205	83	62	711
绿园区	Lvyuan	5413	4702	289	85	77	260
双阳区	Shuangyang	3028	2309	296	82	44	297
九台市	Jiutai	4236	2156	491	111	143	1335
农安县	Nong' an	5303	2827	321	88	137	1930
长春经济技术开发区	Economic-Technological Development Are	4987	4576	143	28	38	202
长春净月高新技术产业开发区	Jingyue High Techntlagy Industrial Development Zone	2443	2126	101	15	52	149
长春高新技术产业开发区	High Techntlagy Industrial Development Zone	3237	3025	56	13	20	123
长春汽车经济技术开发区	Automobile Economic and Technological Development Zone	3043	2889	59	14	8	73
榆树市	Yushu	5986	2996	799	189	191	1811
德惠市	Dehui	4148	2849	355	82	28	834
吉林市	**Jilin**	**22689**	**14887**	**2429**	**779**	**511**	**4083**
昌邑区	Changyi	3245	2445	265	86	44	405
龙潭区	Longtan	1863	1246	140	67	32	378
船营区	Chuanying	3986	2922	363	160	120	421
丰满区	Fengman	1363	899	145	71	47	201
永吉县	Yongji	1761	912	201	66	34	548
吉林经济开发区	Economic Development Zone	593	516	30	3	3	41
吉林高新技术产业开发区	High Techntlagy Industrial Development Zone	1381	1211	56	21	27	66
吉林中国新加坡食品区	Singapore Food Area	335	241	23	4	5	62
蛟河市	Jiaohe	1768	889	268	71	70	470
桦甸市	Huadian	2115	1353	303	78	40	341
舒兰市	Shulan	2151	1100	312	80	61	598
磐石市	Panshi	2128	1153	323	72	28	552
四平市	**Siping**	**17860**	**9933**	**2720**	**719**	**401**	**4087**
铁西区	Tiexi	2492	1575	441	141	146	189
铁东区	Tiedong	1991	1472	207	91	48	173
梨树县	Lishu	3783	2260	740	138	37	608
伊通满族自治县	Yitong	1731	885	391	89	40	326
公主岭市	Gongzhuling	6188	2729	687	188	117	2467
双辽市	Shuangliao	1675	1012	254	72	13	324
辽源市	**Liaoyuan**	**5854**	**2759**	**1196**	**394**	**106**	**1399**
龙山区	Longshan	2051	1281	381	175	57	157
西安区	Xi' an	385	200	86	51	20	28
东丰县	Dongfeng	1831	829	360	96	11	535
东辽县	Dongliao	1587	449	369	72	18	679

1－6 续表 continued

单位: 个 (unit)

地　区	Region	总计 Total	企业 Enterprises	事业 Institutions	机关 Agencies and Organizations	社会团体 Social Group	其他 Others
通化市	**Tonghua**	**12236**	**7229**	**2075**	**581**	**408**	**1943**
东昌区	Dongchang	2597	1692	453	152	159	141
二道江区	Erdaojiang	899	639	85	51	44	80
通化县	Tonghua	1888	1204	311	65	34	274
辉南县	Huinan	1725	1028	322	68	47	260
柳河县	Liuhe	1547	630	322	78	30	487
梅河口市	Meihekou	2360	1343	389	95	29	504
集安市	Ji' an	1220	693	193	72	65	197
白山市	**Baishan**	**7449**	**3832**	**1266**	**488**	**322**	**1541**
浑江区	Badaojiang	1804	1010	343	131	147	173
江源区	Jiangyuan	1021	557	196	84	18	166
抚松县	Fusong	1621	977	151	83	43	367
靖宇县	Jingyu	1164	552	185	50	47	330
长白朝鲜族自治县	Changbai	624	267	110	63	11	173
临江市	Linjiang	1215	469	281	77	56	332
松原市	**Songyuan**	**9748**	**4766**	**1903**	**513**	**204**	**2362**
宁江区	Ningjiang	1947	1017	290	147	121	372
前郭尔罗斯蒙古族自治县	Qianguo	1823	813	399	76	14	521
长岭县	Changling	2313	1214	571	97	20	411
乾安县	Qian' an	1295	700	246	65	30	254
吉林松原经济开发区	Songyuan Economic Development Zone of JiLin	453	368	25	26	5	29
扶余市	Fuyun	1917	654	372	102	14	775
白城市	**Baicheng**	**7405**	**3555**	**1699**	**501**	**236**	**1414**
洮北区	Taobei	2075	1052	427	135	74	387
镇赉县	Zhenlai	1206	550	339	85	21	211
通榆县	Tongyu	1049	365	320	76	78	210
吉林白城经济开发区	Baicheng Economic Development Zone of JiLin	721	462	119	54	27	59
洮南市	Taonan	1114	522	244	73	21	254
大安市	Da' an	1240	604	250	78	15	293
延边朝鲜族自治州	**Yanbian**	**15548**	**9586**	**1853**	**745**	**545**	**2819**
延吉市	Yanji	4894	3539	414	162	229	550
图们市	Tumen	810	396	112	64	31	207
敦化市	Dunhua	2393	1621	197	84	13	478
珲春市	Hunchun	2139	1449	161	101	53	375
龙井市	Longjing	1041	480	160	69	55	277
和龙市	Helong	1024	469	170	65	26	294
汪清县	Wangqing	1306	515	316	84	50	341
安图县	Antu	1941	1117	323	116	88	297

1-7 按登记注册类型分组的法人、产业活动单位及就业人数（2014年）

Corporative Units Corporations and Industrial Active Units Grouped by Type of Registration（2014）

指　标	Item	法人单位数（个）Number of Corporative Units(unit)			产业活动单位数（个）Number of Economic Active Units (unit)	法人单位就业人数（人）Legal person units employment (person)
		合计 Total	单产业法人单位 Single Units	多产业法人单位 Multiple Units		
总　计	**Total**	**172127**	**167635**	**4492**	**202842**	**5764704**
内资企业	**Domestic Investment Enterprises**	**171082**	**166656**	**4426**	**201184**	**5561800**
国有企业	State-owned Enterprises	28233	25896	2337	45422	1483228
集体企业	Collective -owned Enterprises	2163	2065	98	3277	80897
股份合作企业	Share Holding	664	637	27	1257	24159
联营企业	Joint Ownership Enterprises	306	299	7	455	6908
国有联营企业	State Joint Ownership Enterprises	54	52	2	90	1628
集体联营企业	Collective Joint Ownership Enterpises	130	125	5	204	2996
国有与集体联营企业	Joint State-collective Enterprises	16	16		29	516
其他联营企业	Other Joint Owned Enterprises	106	106		132	1768
有限责任公司	Limited Liability Corporations	27659	26991	668	30021	1277055
国有独资公司	State Sole Funded Corporations	437	369	68	585	207007
其他有限责任公司	Other Limited Liability Corporations	27222	26622	600	29436	1070048
股份有限公司	Share-holding Corporations Limited	3272	2986	286	7010	472506
私营企业	Private Enterprises	64540	63770	770	67413	1443598
私营独资企业	Private Funded Enterprises	22058	21926	132	22814	341771
私营合伙企业	Private Partnership Enterprises	1443	1429	14	1497	23205
私营有限责任公司	Private Limited Liability Corporations	38491	37920	571	40353	1000399
私营股份有限公司	Private State-holding Corportations Ltd	2548	2495	53	2749	78223
其他内资	Other Domestic	44245	44012	233	46329	773449
港、澳、台商投资企业	**Enterprises with Funds from Hongkong, Maocao and Taiwan**	**263**	**242**	**21**	**492**	**63620**
合资经营企业（港或澳、台资）	Jointventure Enterprises	122	113	9	157	26199
合作经营企业（港或澳、台资）	Cooperative Enterprises	12	10	2	31	2986
港、澳、台商独资经营企业	Hongkong, Maocao and Taiwan Funded Enterprise	114	105	9	276	32231
港、澳、台商投资股份有限公司	Hongkong, Maocao and Taiwan Funded Share-holding Corporations Ltd	8	8		19	1248
其他港、澳、台商投资	Other Hongkong,Macao and Taiwan Investment	7	6	1	9	956
外商投资企业	**Foreign Funded Enterprises**	**782**	**737**	**45**	**1166**	**139284**
中外合资经营企业	Jointventure Enterprises	307	286	21	383	78970
中外合作经营企业	Cooperation Enterprises	34	31	3	45	6190
外资企业	Foreign Funded Enterprises	380	360	20	653	45103
外商投资股份有限公司	Share-holding Corporations Ltd with Foreign Investment	26	25	1	49	6818
其他外商投资	Other Foreign Investment	35	35		36	2203

1-8 按三次产业、行业分组的全部法人单位数

According to the three Industry,Industry grouping in all the Number of Corporate Units

单位: 个 (unit)

指 标	Item	2013	2014
总 计	**Total**	**132686**	**172127**
第一产业	**Primary Industry**	**5391**	**12662**
农、林、牧、渔业	Agriculture,Forestry,Animal Husbandry and Fisher	5391	12662
第二产业	**Secondary Industry**	**31281**	**34021**
采矿业	Mining	1445	1368
制造业	Manufacturing	22946	24727
电力、燃气及水的生产和供应业	Production and Supply of Electricity,Gas and Water	1254	1441
建筑业	Construction	5636	6485
第三产业	**Tertiary Industry**	**96014**	**125444**
农、林、牧、渔服务业	Agriculture, Forestry, Animal Husbardry and Fisher Services	1338	7805
开采辅助活动	Mining Auxiliary Activities		84
金属制品、机械和设备修理业	Metal Products,Machinery and Equipment Repair		138
批发和零售业	Wholesale Sale and Retail Trades	29549	36877
交通运输、仓储和邮政业	Transport,Storage and Post	2980	4290
住宿和餐饮业	Hotels and Catering Services	1695	2019
信息传输、计算机服务和软件业	Information Transmission,Computer Services and Software	2282	2933
金融业	Financial Intermediation	1102	1430
房地产业	Real Estate	4610	5400
租赁和商务服务业	Leasing and Business Services	7746	10231
科学研究、技术服务和地质勘查业	Scientific Research,Technical Services and Geologic Prospecting	4977	5601
水利、环境和公共设施管理业	Management of Water Conservancy,Enviroment and Public Facilities	1332	1606
居民服务和其他服务业	Services to Households and Other Services	2194	3528
教育	Education	5123	6313
卫生、社会保障和社会福利业	Health,Social Security and Social Welfare	3226	3874
文化、体育和娱乐业	Culture,Sports and Entertainment	1836	3142
公共管理和社会组织	Public Management and Social Organization	26024	30173

1－9 国民经济和社会发展总量与速度指标

指 标	Item	总量指标 Aggregate Data		
		1995	2000	2005
人口与就业（万人）	**Population and Employment(10000persons)**			
年底总人口	Population at Year-end	2550.87	2681.70	2716.00
男性人口	Male Population	1302.78	1372.80	1386.90
女性人口	Female Population	948.09	1308.90	1329.10
城镇人口	Town Population		1331.80	1426.50
乡村人口	Township Population		1349.90	1289.50
就业人员数	Number of Employed Persons	1270.77	1164.02	1238.9
# 城镇就业	Urban Employment	622.70	523.00	553.70
职工人数	Staffs and Workers	520.38	329.91	257.94
城镇失业人数	Unemployment in Urban Areas	7.76	23.00	27.60
宏观经济	**Macroeconomic Indicator**			
国民核算（亿元）	National Accounting(100 million yuan)			
地区生产总值	Gross Domestic Product	1137.23	1951.51	3620.27
第一产业	Primary Industry	303.99	398.73	625.61
第二产业	Secondary Industry	475.22	768.89	1580.83
第三产业	Tertiary Industry	358.02	783.89	1413.83
人均地区生产总值（元）	GDP Per Capita(yuan)	4402	7351	13348
固定资产投资（亿元）	**Investment in Fixed Assets(100 million yuan)**			
全社会固定资产投资	Total Investment in Fixed Assets(Excluding Famers)	341.85	586.86	1802.41
# 固定资产投资（不含农户）	Investment in Fixed Assets	311.55	554.11	1699.33
房地产开发投资	Investment in Real Estate Development	35.64	63.52	195.73
住宅投资	Residential Investment	21.36	39.98	145.49
财政（亿元）	**Public Finance(100 million yuan)**			
一般预算全口径财政收入	Total Government Revenue	117.50	184.00	418.60
#地方财政收入	Local Government Revenue	63.28	103.83	207.10
财政支出	Government Expenditure	120.9	260.67	631.10
物价总指数（上年=100）	**Price Indices(Preceding year=100)**			
商品零售价格总指数	General Retail Price Index	114.2	98.0	101.1
居民消费价格总指数	General Consumer Price Index	115.2	98.6	101.5
工业生产者购进价格指数	Industrial Producer Price Index		106.8	107.0
工业生产者购出价格指数	Industrial Producer Price Index		105.1	104.3
能源（万吨标准煤）	**Energy(10000 Tons of SCE)**			
能源生产总量	Total Energy Production	2512.9	1885.6	2574.3
能源消费总量	Total Energy Consumption	3954.2	3527.7	5258.5
利用外资（亿美元）	**Utilization of Foreign Capital(100 million USD)**			
签订利用外资协议额	Amount of Signed Contracts	17.58	8.54	9.42
实际利用外资额	Amount of Actually Utilization	9.02	4.94	11.51

注：1. 1995年底总人口为公安部门数字，其他年份为抽样调查人口数。
2. 1998年以后从业人员和职工人数不包括离开本单位仍保留劳动关系的职工。

Note：1.Data ni 1995were from the reports of public security department,Data in other years were from the sample surveys on population.
2.Data since 1998 on workers and ataff refer to fully employed workers and staff.

Principal Aggregate Indicators on National Economic and Social Development and Growth Rates

			速度指标（%）Indices and Growth Rates（%）								
			指数（2014年以下列各年为100）Index（2014 as percentage of the following years=100）					平均增长速度 Average Annual Growth Rate			
2010	2013	2014	1995	2000	2005	2010	2013	1996–2000	2001–2005	2006–2010	2011–2014
2746.60	2751.28	2752.38	107.9	102.6	101.3	100.2	100.0	1.0	0.3	0.2	0.05
1391.39	1406.18	1391.05	106.8	101.3	100.3	100.0	98.9	1.1	0.2	0.06	
1355.21	1345.10	1361.33	143.6	104.0	102.4	100.5	101.2	6.6	0.3	0.4	0.1
1465.58	1491.20	1508.58		113.3	105.8	102.9	101.2		1.4	0.5	0.7
1281.02	1260.08	1243.80		92.1	96.5	97.1	98.7		-0.9	-0.1	-0.7
1311.60	1415.41	1447.17	113.9	124.3	116.8	110.3	102.2	-1.7	1.2	1.1	2.5
577.80	658.50	689.20	110.7	131.8	124.5	119.3	104.7	-3.4	1.1	0.9	4.5
259.51	320.63	315.64	60.7	95.7	122.4	121.6	98.4	-8.7	-4.8	0.1	5.0
22.65	22.60	23.20	299.0	100.9	84.1	102.4	102.7	24.3	3.7	-3.9	0.6
8667.58	13046.40	13803.14	778.5	488.1	294.3	147.0	106.5	9.8	10.7	14.9	10.1
1050.15	1466.74	1524.01	267.8	207.1	148.2	120.4	104.6	5.3	6.9	4.2	4.7
4506.31	6871.96	7286.59	1263.0	654.6	363.5	155.6	106.6	14.0	12.5	18.5	11.7
3111.12	4707.70	4992.54	808.0	468.0	283.2	143.7	106.9	11.5	10.6	14.5	9.5
31599	47428	50160	730.9	471.0	289.9	146.4	106.4	9.2	10.2	14.6	10.0
9621.77	9979.26	11339.62	3317.1	1932.3	629.1	117.9	113.6				
9447.00	9725.76	11107.94	3565.4	2004.6	653.7	117.6	114.2				
921.01	1252.43	1030.13	2890.4	1621.7	526.3	111.8	82.3				
731.73	911.45	732.47	3429.2	1832.1	503.5	100.1	80.4				
1206.03	2086.60	2188.55	1862.6	1189.4	522.8	181.5	104.9	9.4	17.9	23.6	16.1
602.41	1156.96	1203.38	1901.7	1159.0	581.1	199.8	104.0	10.4	14.8	23.8	18.9
1787.25	2744.81	2193.25	1814.1	841.4	347.5	122.7	79.9	16.6	19.3	23.1	5.3
104.1	101.6	101.2									
103.7	102.9	102.0									
108.6	99.4	99.2									
105.2	98.7	99.1									
4790.8	3448.3	3364.8	133.9	178.4	130.7	70.2	97.6	-5.6	6.4	13.2	-8.5
8172.8	8546.2	8483.4	214.5	240.5	161.3	103.8	99.3	-2.3	8.3	9.2	0.9
14.06	7.34	15.55	88.5	182.1	165.1	110.6	211.9	-13.4	2	8.3	2.6
41.65	67.64	76.53	848.4	1549.2	664.9	183.7	113.1	-11.5	18.4	29.3	16.4

1－9 续表 1

指　　标	Item	总量指标 Aggregate Data		
		1995	2000	2005
农业	**Agriculture**			
乡村劳动力（万人）	Rural Labor(10000 persons)	631.11	641.0 0	685.20
农林牧渔业总产值（亿元）	Gross Output Value of Agriculture,Forestry,Animal Husbandry and Fishery(100 million yuan)	490.28	609.40	1050.50
主要农产品产量（万吨）	Output of Major Farm Products(10000 tons)			
粮食	Grain	1992.40	1638.00	2581.20
玉米	Corn	1478.50	993.20	1815.00
水稻	Rice	296.90	374.80	478.00
大豆	Soya	63.08	120.30	130.20
薯类	Potato	34.80	49.10	75.89
油料	Oil	25.55	38.96	54.45
水果	Fruits	27.97	48.62	66.20
肉类总产量	Total Meat Production	134.54	247.94	310.00
奶类	Milk	11.32	15.00	30.00
水产品	Aquatic Products(10000 tons)	11.06	14.01	11.89
工业	**Industry**			
工业总产值（亿元）	Output of Major Industrial Products(100 million yuan)	1434.16	1679.91	3791.96
轻工业	Light Industry	472.08	368.62	783.43
重工业	Heavy Industry	962.08	1311.29	3008.53
利税总额（亿元）	Profits and Tax(100 million yuan)	79.50	205.46	346.65
#利润总额	Total Profit	-1.93	85.58	141.00
主要工业产品产量	Output of Major Industrial Products			
汽车（万辆）	Vehicles(10000 units)	18.92	32.52	52.24
原煤（万吨）	Coal(10000 tons)	2644.31	1636.71	2487.23
原油（万吨）	Crude Oil(10000 tons)	342.73	348.46	522.52
天然气（亿立方米）	Natural Gas(100 million cu.m)	1.83	2.05	5.40
发电量（亿千瓦小时）	Electricity(100 million kwh)	284.60	313.50	412.08
钢（万吨）	Steel(10000 tons)	115.93	159.31	459.97
成品钢材（万吨）	Steel Products(10000 tons)	88.21	141.70	478.62
水泥（万吨）	Cement(10000 tons)	678.46	758.90	1598.50
建筑业	**Construction Industry**			
建筑业总产值（亿元）	Total Output Value of Construction Industry(100 million yuan)	39.05	64.83	91.97
房屋建筑施工面积（万平方米）	Housing Construction Area(sq.m)	1311	2209	3166
房屋建筑竣工面积（万平方米）	Housing Construction Area(sq.m)	755	1440	1745
交通运输	**Transportation**			
货物周转量（亿吨公里）	Freight Ton-kilometers(100 millionton-km)	497.31	612.04	708.25
# 铁路	Railways	420.23	406.21	506.68
公路	Highways	76.00	85.64	98.75
水运	Waterways	1.07	0.27	0.43
旅客周转量（亿人公里）	Passenger-kilometers(100 million passerger.km)	177.11	206.67	266.02
# 铁路	Railways	125.52	129.82	151.85
公路	Highways	51.48	76.79	92.79
水运	Waterways	0.11	0.06	0.09
邮电通信业	**Post and Telecommunication Services**			
邮电业务总量（亿元）	Total Business Volume of Postal and Telecommunication Services (100 million yuan)	21.22	116.35	285.81
函件（万件）	Number of Letters (10000 Dcs)	15333	9500	6300
报刊期发数（万份）	Number of Newspapers and Magazines Distributed(10000copies)	473	443	190
固定电话用户（万户）	Subscribers of Local Telephonc (10000 Sabschbers)	107.8	260.0	769.0
移动电话用户（万户）	Number of Mobile Telephone Subscribers (10000subscribers)	8	203	916
国内贸易	**Domestic Trade**			
社会消费品零售总额（亿元）	Total Retail Sales of Consumer Goods(100 million yuan)	494.82	833.52	1470.26
对外经济贸易和旅游	**Foreign Economy Trade and Tourism**			
进出口总额（亿美元）	Total Value of Exports and Imports(USD100 million)	27.14	25.54	65.28

continued

			速度指标（%）Indices and Growth Rates（%）								
2010	2013	2014	指数（2014年以下列各年为100）Index（2014 as percentage of the following years=100）					平均增长速度 Average Annual Growth Rate			
			1995	2000	2005	2010	2013	1996–2000	2001–2005	2006–2010	2011–2014
733.80	756.33	757.95	120.1	118.2	110.6	103.3	100.2	–0.1	–0.6	–8.4	0.8
1850.28	2670.60	2763.01	354.5	273.0	163.6	120.7	104.1	5.4	10.7	6.3	4.8
2842.50	3551.02	3532.80	177.3	215.7	136.9	124.3	99.5	–3.8	9.5	1.9	5.6
2004.00	2775.74	2733.50	184.9	275.2	150.6	136.4	98.5	–7.6	12.8	2.0	–2.3
568.50	563.27	587.60	197.9	156.8	122.9	103.4	104.3	4.8	5.0	3.5	0.8
86.57	45.39	37.40	59.3	31.1	28.7	43.2	82.4	13.8	1.6	–7.8	–18.9
75.49	48.44	55.70	160.1	113.4	73.4	73.8	115.0	7.1	9.1	–0.1	–7.3
70.44	84.01	79.70	311.9	204.6	146.4	113.1	94.9	8.8	6.9	5.3	3.1
65.08	61.24	58.90	210.6	121.1	89.0	90.5	96.2	11.7	6.4	–0.3	–2.5
238.90	262.60	261.94	194.7	105.6	84.5	109.6	99.7	13.0	4.6	–5.1	2.3
44.60	48.34	49.31	435.6	328.7	164.4	110.6	102.0	5.8	14.9	8.3	2.5
16.60	18.58	19.01	171.9	135.7	159.9	114.5	102.3	4.8	–3.2	6.9	3.4
13098.35	22061.37	23540.95	1641.4	1401.3	620.8	179.7	106.7	3.2	17.7	28.1	15.8
3405.16	6566.08	7214.64	1528.3	1957.2	920.9	211.9	109.9	–4.8	16.3	34.2	20.6
9693.19	15495.29	16326.31	1697.0	1245.1	542.7	168.4	105.4	6.4	18.1	26.4	13.9
1565.65	2408.09	2642.91	3324.4	1286.3	762.4	168.8	109.8	20.9	11.0	35.2	14.0
843.21	1278.39	1445.89		1689.5	1025.5	171.5	113.1		10.5	43.0	14.4
167.42	234.23	255.03	1347.9	784.2	488.2	152.3	108.9	11.4	9.9	26.2	11.1
5190.02	3156.70	3099.43	117.2	189.4	124.6	59.7	98.2	–9.1	8.7	15.8	–12.1
702.33	620.29	663.93	193.7	190.5	127.1	94.5	107.0	0.3	8.4	6.1	–1.4
13.67	23.70	22.28	1217.5	1086.8	412.6	163.0	94.0	2.3	21.4	20.4	13.0
594.40	751.31	753.93	264.9	240.5	183.0	126.8	100.3	2.0	5.6	7.6	6.1
827.17	1285.26	1264.77	1091.0	793.9	275.0	152.9	98.4	6.6	23.6	12.5	11.2
875.80	1510.11	1412.21	1601.0	996.6	295.1	161.2	93.5	9.9	27.6	12.8	12.7
3974.60	4502.92	4663.70	687.4	614.5	291.8	117.3	103.6	2.3	16.1	20.0	4.1
583.87	824.88	891.40	2282.7	1375.0	969.2	168.1	108.1	10.7	7.2	44.7	11.2
5901	12519	13993	1067.4	633.5	442.0	237.1	111.8	11.0	7.5	13.3	24.1
4273	6344	7372	976.4	511.9	422.5	172.5	116.2	13.8	3.9	19.6	14.6
1391.94	1813.56	1861.54	374.3	304.2	262.8	133.7	102.6	4.2	3.0	14.5	7.5
595.90	577.30	509.81	121.3	125.5	100.6	85.6	88.3	–0.7	4.5	3.3	–3.8
683.14	1100.00	1190.78	1566.8	1390.4	1205.9	174.3	108.3	2.4	2.9	47.2	14.9
1.27	1.34	1.38	129.0	511.1	320.9	105.5	103.0	–24.1	9.8	24.2	1.4
511.31	455.16	472.63	266.9	228.7	177.7	92.4	103.8	3.1	5.2	14.0	–1.9
205.93	244.76	250.95	199.9	193.3	165.3	121.9	102.5	0.7	3.2	6.3	5.1
269.58	168.69	173.27	336.6	225.6	186.7	64.3	102.7	8.3	3.9	23.8	–10.5
0.20	0.25	0.25	227.3	416.7	277.8	125.0	100.0	–11.4	8.4	17.3	5.7
652.70	277.20	328.16	1546.5	282.0	114.8	50.3	118.4	40.5	19.7	18.0	–15.8
9319	4369	3034	19.8	31.9	48.2	32.6	69.4	–9.1	–7.9	8.1	–24.5
186	202	197	41.6	44.5	103.7	105.9	97.5	–1.3	–15.6	–0.4	1.4
595.2	579.0	575.0	533.4	221.2	74.8	96.6	99.3	19.3	24.2	–5.0	–0.9
1805	2372	2612	32650.0	1286.7	285.2	144.7	110.1	90.9	35.2	14.5	9.7
3504.92	5426.43	6080.9	1228.9	729.5	413.6	173.5	112.1	11.0	11.9	19.0	14.8
168.46	258.53	263.78	971.9	1032.8	404.1	156.6	102.0	–1.2	20.6	20.9	11.9

1－9 续表 2

指　标	Item	总量指标 Aggregate Data		
		1995	2000	2005
进口额	Total Imports	12.96	13.12	40.61
出口额	Total Exports	14.19	12.42	24.67
接待入境旅游人数（万人次）	Number of Tourists(10000person-times)	15.61	27.27	37.32
教育、文化	**Education and Culture**			
教育	Education			
专任教师数（万人）	Full-time Teachers(10000 persons)			
普通高等学校	Institutions of Higher Education	1.50	1.75	2.81
高中阶段	High School			2.43
初中阶段	Junior			7.14
小学	Primary Schools	15.27	15.03	13.77
在校学生数（万人）	Students Enrollment(10000 persons)			
普通高等学校	Institutions of Higher Education	10.08	17.53	40.73
高中阶段	High School			67.23
初中阶段	Junior			109.20
小学	Primary Schools	269.03	241.59	162.52
文化	Culture			
出版数量	Publications			
图书（亿册）	Number of Books Published(100 million copies)	1.16	0.81	1.28
杂志（亿册）	Number of Magazines Issued(100 million copies)	0.52	0.55	0.69
报纸（亿份）	Number of Newspapers Issued(100 million copies)	4.79	5.53	9.73
科技	**Science and Technology**			
授权专利数（件）	Authorized patent number(piece)			
技术市场成交额（亿元）	Technology market turnover(100 million yuan)			
家庭、生活、卫生	**Family,People' s Livelihood and Health**			
城镇居民家庭平均每户人口（人）	Average Household Size in Urban Area(person)	3.21	3.12	2.94
农村居民家庭平均每户人口（人）	Average Household Size in Rural Area(person)	4.02	3.90	3.68
居住	Housing			
城镇人均居住面积（平方米）	Per Capita Floor Space of Urban Residents(sq.m)	8.92	11.24	19.07
农村人均居住面积（平方米）	Per Capita Floor Space of Rural Residents(Sq.m)	16.07	17.72	20.10
生活	People，s Livelihold			
城镇常住居民人均可支配收入（元）	Per Capita Annual Disposable Income of Urban Household(yuan)	3174.84	4810.00	8690.62
农村常住居民人均可支配收入（元）	Per Capita Annual Disposable Income of Rural Household(yuan)	1609.6	2022.5	3263.99
城乡居民储蓄存款余额（亿元）	Outstanding Amount of Saving Deposits in Urban and Rural Areas(100 million yuan)	726.28	1515.85	2798.06
职工工资总额（亿元）	Total Wages(100 million yuan)	221	265	377
从业人员平均工资（元）	Average Wages of Staff and Workers(yuan)	4430	7924	14409
卫生	Health Care			
卫生机构（个）	Health Organization(unit)	3891	3323	8755
医院与卫生院（个）	Number of Hospitals(unit)	1415	1392	1380
卫生技术人员（万人）	Medical and Technical Personnel(10000persons)	13.42	13.2	12.57
# 医生	Doctors	5.61	5.97	5.64
医疗床位数（万张）	Number of Hospital and Clinic Beds(10000beds)	9.66	8.93	8.77
# 医院	Number of Hospital Beds	8.77	8.34	6.99
城市市政建设、灾害	Urban Municipal Construction and Disaster			
自来水全年供水总量（万立方米）	Total Annual Water Supply(10000 cu.m)	146139	150924	154409
城市排水管道长度（公里）	Urban Drainage Pipeline Length(km)	2962	3935	5086
人工煤气供气量（万立方米）	Artificial Gas Supply(10000 cu.m)	28768	15508	13755
生活清运垃圾（万吨）	Living Garbage Removal(10000 tons)	594	640	580
火灾发生数（起）	Number of Fire Disasters(unit)	3216	13420	17164
火灾损失（万元）	Fire Loss(10000yuan)	2332	4519	4042
交通事故发生数（起）	Number of Traffic Accidents(unit)	5117	14091	9659
交通事故损失（万元）	Loss of Traffic Accidents(10000yuan)	1947	4548	4468
农业受灾面积（万公顷）	Area of Agricultural Disaster(10000hectares)	233.0	366.2	176.5

continued

			速度指标（%）Indices and Growth Rates（%）								
			指数（2014年以下列各年为100）Index（2014 as percentage of the following years=100）					平均增长速度 Average Annual Growth Rate			
2010	2013	2014	1995	2000	2005	2010	2013	1996−2000	2001−2005	2006−2010	2011−2014
123.70	190.96	206.00	1589.5	1570.1	507.3	166.5	107.9	0.2	25.4	25.0	13.6
44.76	67.57	57.78	407.2	465.2	234.2	129.1	85.5	−2.6	14.7	12.7	6.6
82.01	127.36	137.69	882.1	504.9	368.9	167.9	108.1	11.8	6.5	17.1	13.8
3.40	3.80	3.85	256.7	220.0	137.0	113.2	101.3	3.1	9.9	3.9	3.2
4.70	5.04	5.11			210.3	108.7	101.4			14.1	2.1
6.77	7.41	7.44			104.2	109.9	100.4			−1.1	2.4
12.45	10.30	10.01	65.6	66.6	72.7	80.4	97.2	−0.3	−1.7	−2.0	−5.3
54.43	59.95	61.83	613.4	352.7	151.8	113.6	103.1	11.7	18.4	6.0	3.2
76.53	64.58	56.58			84.2	73.9	87.6			2.6	−7.3
82.50	64.50	62.29			57.0	75.5	96.6			−5.5	−6.8
144.46	136.19	126.88	47.2	52.5	78.1	87.8	93.2	−2.1	−7.6	−2.3	−3.2
2.26	4.13	2.55	219.8	314.8	199.2	112.8	61.7	−6.9	9.6	12.0	3.1
1.11	3.81	0.95	182.7	172.7	137.7	85.6	24.9	1.1	4.6	10.0	−3.8
9.91	18.00	9.26	193.3	167.5	95.2	93.4	51.4	2.9	12.0	−0.4	−1.7
4343	6219	6696				154.2	107.7				11.4
18.8	34.7	28.2				150.0	81.3				10.7
2.82	2.62	2.67	83.2	85.6	90.8	94.7	101.9	−0.6	−1.2	−0.8	−1.4
3.46	3.34	3.19	79.4	81.8	86.7	92.2	95.5	−0.6	−1.2	−1.2	−2.0
28.41	28.27	28.15	315.6	250.4	147.6	99.1	99.6	5.8	16.3	8.3	−0.2
22.88	23.47	26.20	163.0	147.9	130.3	114.5	111.6	2.0	2.6	2.6	3.4
15411.47	22274.60	23217.82	731.3	482.7	267.2	150.7	104.2	8.7	12.6	12.1	10.8
6237.44	9621.21	10780.12	669.7	533.0	330.3	172.8	112.0	4.7	10.0	13.8	14.7
5147.26	7803.80	8556.71	1178.2	564.5	305.8	166.2	109.6	15.9	13.0	13.0	13.5
763	1477	1590	719.5	600.0	421.8	208.4	107.7	3.7	7.3	15.1	20.1
29399	42846	46516	1050.0	587.0	322.8	158.2	108.6	12.3	12.7	15.3	12.2
9532	19913	19891	511.2	598.6	227.2	208.7	99.9	−3.1	21.4	1.7	20.2
1346	1351	1355	95.8	97.3	98.2	100.7	100.3	−0.3	−0.2	−0.5	−0.2
13.84	14.60	15.14	112.8	114.7	120.4	109.4	103.7	−0.3	−1	1.9	2.3
6.21	6.20	6.32	112.7	105.9	112.1	101.8	101.9	1.3	−1.1	1.9	0.4
11.51	13.32	13.20	136.6	147.8	150.5	114.7	99.1	−1.6	−0.4	5.6	3.5
8.93	10.63	11.40	130.0	136.7	163.1	127.7	107.2	−1.0	−3.5	5.0	6.3
100743	107418	117377	80.3	77.8	76.0	116.5	109.3	0.6	0.5	−8.2	3.9
7738	9607	11255	380.0	286.0	221.3	145.5	117.2	30.6	5.3	8.8	9.8
16727	16575	12827	44.6	82.7	93.3	76.7	77.4	−14.9	−3.7	−1.4	−6.4
499	485	601	101.2	93.9	103.6	120.4	123.9	−1.5	−1.9	−3.0	4.8
7862	12489	13237	411.6	98.6	77.1	168.4	106.0	33.0	5.0	−14.5	13.9
7129	24355	5418	232.3	119.9	134.0	76.0	22.2	14.1	−2.2	12.0	−6.6
4438	2456	2792	105.9	38.5	56.1	122.1	220.6	22.5	−7.3	−14.4	−10.9
2666	3118	3447	177.0	75.8	77.1	129.3	110.6	18.5	−0.4	−9.8	6.6
85.2	66.1	195.6	83.9	53.4	110.8	229.6	295.9	9.5	−13.6	−13.6	23.1

1－10 吉林的一天
A Day of Jilin

指　　标	Item	2000	2005	2010	2013	2014
每天创造的财富	**Daily Production**					
全省生产总值（亿元）	Gross Domestic Product（100 million yuan）	5.35	9.92	23.75	35.74	37.82
第一产业	Primary Industry	1.09	1.71	2.88	4.02	4.18
第二产业	Secondary Industry	2.11	4.33	12.35	18.83	19.96
#工业	#Industry	1.80	3.74	10.77	16.60	17.60
建筑业	Construction	0.31	0.59	1.58	2.30	2.44
第三产业	Tertiary Industry	2.15	3.87	8.52	12.90	13.68
全口径财政收入（亿元）	Full Bore Financial Revenue（100 million yuan）	0.50	1.15	3.30	5.72	6.00
地方财政收入	Government Revenue	0.28	0.57	1.65	3.17	3.30
财政支出（亿元）	Government Expenditure （100 million yuan）	0.71	1.73	4.90	7.52	7.96
粮豆薯（万吨）	Grain （10000 tons）					
水稻	#Rice	1.03	1.31	1.56	1.54	1.61
玉米	Corn	2.72	4.97	5.49	7.60	7.49
大豆	Soybean	0.33	0.36	0.24	0.12	0.10
高粱	Durra	0.13	0.18	0.18	0.23	0.23
薯类	Potato	0.13	0.21	0.21	0.13	0.15
#马铃薯	Potato					0.15
油料（万吨）	Oil-bearing Crops （10000 tons）	0.11	0.15	0.19	0.23	0.22
园参（吨）	Garden Ginseng （ton）	45.21	87.67	77.26	87.94	79.18
肉类（万吨）	Meat （10000 tons）	0.68	0.85	0.65	0.72	0.73
牛奶（万吨）	Milk （10000 tons）	0.04	0.08	0.12	0.13	0.14
水产品（万吨）	Aquatic Products （10000 tons）	0.04	0.03	0.05	0.05	0.05
原煤（万吨）	Coal （10000 tons）	4.48	6.81	14.22	8.65	8.49
原油（万吨）	Crude Oil （10000 tons）	0.95	1.43	1.92	1.70	1.82
水泥（万吨）	Cement （10000 tons）	2.08	4.38	10.89	12.34	12.78
钢（万吨）	Steel （10000 tons）	0.44	1.26	2.27	3.52	3.47
成品钢材（万吨）	Steel Products （10000 tons）	0.39	1.31	2.40	4.14	3.97
汽车（辆）	Motor Vehicles （set）	891.02	1431.23	4586.85	6417.26	6987.12
天然气（万立方米）	Natural Gas（10000 cu.m）		147.95	374.64	649.36	610.35
发电量（亿千瓦时）	Electricity （100 million kwh）	0.86	1.13	1.63	2.06	2.07

1－10 续表 continued

指　　标	Item	2000	2005	2010	2013	2014
每天消费量	**Daily consumption**					
最终消费（亿元）	Daily Consumption（100 million yuan）	3.13	5.26	10.29	15.07	14.82
居民消费	Resident Consumption	2.32	3.86	6.88	10.31	10.30
政府消费	Government Consumption Expenditure	0.81	1.41	3.41	4.76	4.52
社会消费品零售总额（亿元）	Total Retail Sales of Consumer Goods（100 million yuan）	2.28	4.00	9.60	14.87	16.66
每天其他经济活动	**Other Daily Economic Activities**					
全社会固定资产投资总额（亿元）	Total Investment in Fixed Assets of the of Society(100 million yuan)	1.61	4.94	26.36	27.30	31.67
房地产开发投资（亿元）	Investment in Real Estate Development(100 million yuan)	0.17	0.54	2.52	3.43	2.82
#住宅（亿元）	Residential（100 million yuan）	0.11	0.40	2.00	2.5	2.01
能源生产总量（万吨标准煤）	Total Energy Production（10000 tons of SCE）	5.17	7.05	13.13	9.45	9.22
能源消费总量（万吨标准煤）	Total Energy Consumption（10000 tons of SCE）	10.83	9.66	14.41	23.41	23.24
客运量（万人）	Passenger Traffic （10000 persons）	65.98	75.96	177.49	94.69	97.16
货运量（万吨）	Freight Traffic （10000 persons）	91.30	102.82	123.22	135.53	145.27
邮电业务总量（万元）	Postal and Telecommunication Services(10000 yuan)	3187.67	7830.41	17882.19	7594.52	8990.68
进出口额（万美元）	Total Value of Imports and Exports （USD 10000）	700	1789	4615	7083	7227
出口	Total Exports	340	676	1226	1851	1583
进口	Total Imports	360	1113	3389	5232	5644
实际利用外资额（万美元）	Foreign Capital Actually Used （USD 10000）	135	315	1141	1853	2106
国内旅游收入（亿元）	Income from Domestic Tourism（100 million yuan）	0.14	0.60	1.95	3.95	4.84
国际旅游外汇收入（万美元）	Foreign Exchange Earnings（USD 10000）	15.9	32.75	83.54	156.31	185.04
人口和社会活动	**Population and Social Activities**					
出生人口（人）	Birth Population （person）	699	586	595	404	499
死亡人口（人）	Death Population（person）	395	395	442	380	472
结婚（对）	Marriages （couple）	500	461	611	696	685
离婚（对）	Divorces （couple）	70	142	211	296	301
公共图书馆流通人次（万人次）	Circulation of Public Libraries （10000 person-times）	1.12	1.38	1.38	1.48	0.87
印刷图书（万册）	Printed Copies of Books （10000 copies）	22.16	35.01	61.97	113.17	69.86
印刷杂志（万册）	Printed Copies of Magazines （10000 copies）	15.17	18.88	30.41	104.38	26.03
印刷报纸（万份）	Printed Copies of Newspapers （10000 copies）	151.57	266.45	271.43	493.16	253.70
工业废水排放量（万吨）	Volume of Industry Waste Water Discharged（10000 tons）	102.43	112.85	105.91	116.87	115.60
工业固体废物产生量（万吨）	Volume of Industrial Solid Wastes Product（10000 tons）	4.40	6.73	12.72	12.58	13.55
生活清运垃圾（万吨）	Living Garbage Removal（10000 tons）	1.75	1.59	1.37	1.33	1.65

1－11 国民经济主要比例关系
Proportions of National Economic Indicators

指　　标	Item	2013		2014	
		绝对数 AbsoluteFigures	构成(%) Composition (%)	绝对数 Value	构成(%) Composition (%)
全部从业人员（万人）	Employment（10000 persons）	1415.30	100.0	1447.20	100.0
第一产业	Primary Industry	551.40	39.0	533.60	36.9
第二产业	Secondary Industry	321.80	22.7	344.30	23.8
第三产业	Tertiary Industry	542.10	38.3	569.30	39.2
地区生产总值（亿元）	Gross Domestic Products（100 million yuan）	13046.40	100.0	13803.14	100.0
第一产业	Primary Industry	1466.74	11.2	1524.01	11.0
第二产业	Secondary Industry	6871.96	52.7	7286.59	52.8
第三产业	Tertiary Industry	4707.70	36.1	4992.54	36.2
全社会固定资产投资（亿元）	Investment in Fixed Assets（100 million yuan）	9979.26	100.0	11339.62	100.0
建筑安装工程	Constructin and Installation	5914.11	59.3	6692.80	59.0
设备、工器具购置	Purchase Equipment and Tools	3251.79	32.6	3790.05	33.4
其他费用	Others	813.36	8.1	856.77	7.6
工业总产值（亿元）	Gross Industrial Output Value（100 million yuan）	22061.37	100.0	23540.95	100.0
轻工业	Light Industry	6566.08	29.8	7214.64	30.6
重工业	Heavy Industry	15495.29	70.2	16326.31	69.4
农林牧渔业总产值（亿元）	Gross Output Value of Agricultre, Forestry,Animal Husbandry and Fishery（100 million yuan）	2670.60	100.0	2763.01	100.0
#农业	Farming	1261.68	47.0	1343.54	48.6
林业	Forestry	98.12	3.7	104.43	3.8
牧业	Animal Husbandry	1198.53	44.9	1195.02	43.3
渔业	Fishery	36.74	1.4	40.13	1.4
货运量（万吨）	Freight Transportation（10000 tons）	49469	100.0	53023	100.0
#铁路	Railways	6202	12.5	5761	10.9
公路	Highways	38063	76.9	41830	78.9
水运	Waterways	232	0.5	407	0.8
客运量（万人）	Passenger Traffic（10000 persons）	34562	100.0	35464	100.0
#铁路	Railways	6628	19.2	6935	19.6
公路	Highways	27403	79.3	27866	78.6
民航	Civil Aviation	415	1.2	461	1.3
水运	Waterways	116	0.3	202	0.6
社会消费品零售总额（亿元）	Total Retail Sales of Consumer Goods（100 million yuan）	5426.43	100.0	6080.90	100.0
城镇	Urban	4806.80	88.6	5385.30	88.6
乡村	Rural	619.63	11.4	695.60	11.4
地方财政收入占地区生产总值的比重（%）	Proportion of Local Government Revenue to GDP（%）		8.9		8.7
全社会固定资产投资占地区生产总值的比重（%）	Proportion of Investment in Fixed Assets to GDP（%）		76.9		82.2

1－12 民营经济主要指标
Civilian Battalion Economy Main Index Historical Account

地区	Region	主营业务收入（亿元）Main Basiness Income （100 million yuan）						
		2008	2009	2010	2011	2012	2013	2014
全 省	**Total**	**8135**	**10269**	**13956**	**18860**	**23012**	**26728**	**30008**
长 春	Changchun	3605	4525	6031	7716	9148	10466	10301
吉 林	Jilin	1461	1831	2447	3326	4061	4718	5493
四 平	Siping	574	735	1030	1428	1735	2040	2518
辽 源	Liaoyuan	302	381	525	837	1107	1378	1715
通 化	Tonghua	579	737	1049	1477	1863	2224	2831
白 山	Baishan	299	390	567	832	1033	1174	1692
松 原	Songyuan	488	630	884	1280	1569	1788	2307
白 城	Baicheng	261	335	480	661	818	980	1072
延 边	Yanbian	565	704	951	1303	1619	1924	2040
长白山管委会	Changbai Mountain Management Committee			20	25	31	36	40

地区	Region	“三上”企业户数（户）"Three Top" Number of Enterprises						
		2008	2009	2010	2011	2012	2013	2014
全 省	**Total**	**6447**	**8039**	**10334**	**10354**	**11542**	**12408**	**12530**
长 春	Changchun	1841	2240	2575	2178	2702	2993	3220
吉 林	Jilin	1162	1578	1879	2049	2446	2670	2681
四 平	Siping	504	685	1032	1030	974	1009	1018
辽 源	Liaoyuan	400	470	517	568	638	606	575
通 化	Tonghua	671	808	1099	1013	1089	1193	1173
白 山	Baishan	385	468	656	689	728	807	751
松 原	Songyuan	479	684	1235	1249	1235	1319	1299
白 城	Baicheng	281	320	410	594	605	627	550
延 边	Yanbian	730	791	936	990	1119	1168	1248
长白山管委会	Changbai Mountain Management Committee			56	32	29	37	39

注：2011年“三上”企业中，规上工业统计口径从年主营业务收入500万元提高到2000万元，因此2011年数据与以前年度数据不可比。
Note: Year 2011 Within "Three Top"enterprises,Scale above Industry Statistic Caliber from the main basiness income 5 million yuan increase to 20 million yuan,thus year 2011 data is not comparable with the Previous Year data.

1－12 续表 continued

地 区	Region	个体经营户数（万户）The Self-employed Households（1000 Subscribers）						
		2008	2009	2010	2011	2012	2013	2014
全 省	**Total**	**97.6**	**108.8**	**122.8**	**130.9**	**135.4**	**146.1**	**156.1**
长 春	Changchun	31.5	35.5	40.6	42.6	38.9	41.9	46.5
吉 林	Jilin	17.1	19.1	20.1	22.4	24.0	25.1	25.6
四 平	Siping	8.8	10.2	11.0	12.6	13.9	14.3	14.3
辽 源	Liaoyuan	3.6	3.8	3.7	4.3	4.8	5.5	5.9
通 化	Tonghua	9.3	10.5	12.2	13.9	14.5	15.2	15.7
白 山	Baishan	4.0	4.3	4.6	5.0	5.8	6.2	6.9
松 原	Songyuan	8.4	9.3	13.5	11.7	13.9	16.9	18.9
白 城	Baicheng	5.9	6.3	6.3	6.9	7.5	8.2	9.0
延 边	Yanbian	9.3	9.9	10.6	11.5	11.8	12.5	13.5
长白山管委会	Changbai Mountain Management Committee			0.5	0.6	0.6	0.6	0.7

地 区	Region	全部从业人员（万人）All Practitioners（10000 Persons）						
		2008	2009	2010	2011	2012	2013	2014
全 省	**Total**	**404.1**	**443.9**	**505.5**	**552.7**	**602.6**	**646.2**	**688.6**
长 春	Changchun	142.4	154.1	172.2	182.0	191.9	199.3	208.5
吉 林	Jilin	71.1	78.4	85.7	96.4	103.6	110.5	114.4
四 平	Siping	33.1	37.9	44.3	47.6	51.0	54.5	53.6
辽 源	Liaoyuan	16.9	18.2	19.9	23.3	26.8	30.8	34.2
通 化	Tonghua	31.8	35.1	42.7	48.8	56.7	61.9	71.9
白 山	Baishan	21.3	24.2	26.1	28.5	31.3	33.3	35.0
松 原	Songyuan	32.0	36.0	48.5	53.7	59.5	68.5	79.8
白 城	Baicheng	18.6	20.0	19.6	22.5	24.2	27.2	28.2
延 边	Yanbian	36.9	40.0	46.7	50.2	55.7	58.2	60.8
长白山管委会	Changbai Mountain Management Committee			1.6	1.8	1.9	2.0	2.1

地 区	Region	民营经济增加值（亿元）Civilian Battalion Economic increased Value(100 million yuan)		民营经济增加值占GDP比重(%) Proportion of GDP for Civilian Battalion Economy Increased(%)		主营业务收入亿元以上企业户数（个）Basiness Number of Main Business Income above 100 million Yuan(unit)	
		2013	2014	2013	2014	2013	2014
全 省	**Total**	**6607.6**	**7053.7**	**50.9**	**51.1**	**3579**	**3562**
长 春	Changchun	2066.3	2222.8	41.3	41.3	767	802
吉 林	Jilin	1230.0	1285.9	47.0	47.1	751	694
四 平	Siping	645.0	688.3	53.3	53.4	319	301
辽 源	Liaoyuan	402.6	438.5	57.5	57.7	221	211
通 化	Tonghua	531.8	570.7	53.0	53.3	342	364
白 山	Baishan	350.3	373.6	52.0	52.2	259	260
松 原	Songyuan	775.7	819.5	47.0	47.1	475	464
白 城	Baicheng	288.0	307.1	41.6	41.8	189	188
延 边	Yanbian	431.1	459.4	50.7	51.0	255	277
长白山管委会	Changbai Mountain Management Committee	16.5	17.5	58.9	58.9		

CHAPTER ▶ 02

第二篇

国民经济核算

NATIONAL ECONOMIC ACCOUNTING

2-1 历年地区生产总值

Gross Domestic Products

(按当年价格计算 Calculated at the current prices)

单位: 亿元 unit: 100 million yuan

年份 Year	地区生产总值 Gross Domestic Product	第一产业 Primary Industry	第二产业 Secondary Industry	工业 Industry	建筑业 Construction	第三产业 Tertiary Industry	人均生产总值(元) Per Capita GDP (yuan)
1978	81.98	23.98	42.96	40.34	2.62	15.04	381
1979	91.12	25.34	49.22	44.56	4.66	16.56	417
1980	98.59	27.24	52.24	47.42	4.82	19.11	445
1981	111.16	34.31	56.53	51.29	5.24	20.32	496
1982	121.67	38.40	60.36	54.21	6.15	22.91	538
1983	150.14	56.74	65.38	58.75	6.63	28.02	658
1984	174.39	60.04	80.46	72.10	8.36	33.89	760
1985	200.44	55.74	97.21	85.29	11.92	47.49	868
1986	227.15	64.35	104.30	91.28	13.02	58.50	977
1987	297.49	80.57	139.36	123.49	15.87	77.56	1269
1988	368.67	92.59	173.57	155.12	18.45	102.51	1559
1989	391.65	80.53	181.02	164.09	16.93	130.10	1636
1990	425.28	124.99	182.15	163.82	18.33	118.14	1746
1991	463.47	120.47	203.02	181.71	21.31	139.98	1878
1992	558.06	130.82	257.01	227.17	29.84	170.23	2246
1993	718.58	156.05	351.03	308.10	42.93	211.50	2826
1994	937.73	259.40	396.91	354.70	42.21	281.42	3657
1995	1137.23	303.99	475.22	413.85	61.37	358.02	4402
1996	1346.79	376.01	537.05	471.34	65.71	433.73	5178
1997	1464.34	368.16	566.97	495.10	71.87	529.21	5591
1998	1577.05	429.50	585.65	504.12	81.53	561.90	5983
1999	1682.07	423.48	654.52	552.34	102.18	604.07	6382
2000	1951.51	398.73	768.89	655.68	113.21	783.89	7351
2001	2120.35	409.10	852.51	724.73	127.78	858.74	7893
2002	2348.54	446.17	943.49	803.53	139.96	958.88	8714
2003	2662.08	488.15	1098.44	930.81	167.63	1075.49	9854
2004	3122.01	568.69	1329.68	1143.95	185.73	1223.64	11537
2005	3620.27	625.61	1580.83	1363.94	216.89	1413.83	13348
2006	4275.12	672.76	1915.29	1659.29	256.00	1687.07	15720
2007	5284.69	783.80	2475.45	2170.74	304.71	2025.44	19383
2008	6426.10	916.72	3097.12	2688.37	408.75	2412.26	23521
2009	7278.75	980.57	3541.92	3054.60	487.32	2756.26	26595
2010	8667.58	1050.15	4506.31	3929.31	577.00	3111.12	31599
2011	10568.83	1277.44	5611.48	4917.95	693.53	3679.91	38460
2012	11939.24	1412.11	6376.77	5582.48	794.29	4150.36	43415
2013	13046.40	1466.74	6871.96	6059.28	840.75	4707.70	47428
2014	13803.14	1524.01	7286.59	6424.88	891.40	4992.54	50160

注：自2013年起，三次产业分类执行《三次产业划分规定2012》。产业分类和行业分类的关系：第一产业是指农、林、牧、渔业（不含农、林、牧、渔服务业）；第二产业是指采矿业（不含开采辅助活动），制造业（不含金属制品、机械和设备修理业），电力、热力、燃气及水生产和供应业，建筑业；第三产业是指除第一产业、第二产业以外的其他行业。

Note: since 2013, three industry classification implementation "three industrial classification regulation 2012". The relationship between industry and occupation Classification: the first industry refers to agriculture, forestry, animal husbandry, fishery (not including agriculture, forestry, animal husbandry, fishery services); the second industry refers to mining industry (excluding mining auxiliary activities), manufacturing (excluding metal products, machinery and equipment repair industry), electric power, thermal, gas and water production and supply industry, construction industry; third industry refers to the other industries except the first industry and the second industry.

2-2 历年地区生产总值指数

Indices of Gross Domestic Product

(按可比价格计算，以1952年为100 Calculated at price,1952 = 100)

年 份 Year	地区生产总值 Gross Domestic Product	第一产业 Primary Industry	第二产业 Secondary Industry	工 业 Industry	建筑业 Construction	第三产业 Tertiary Industry	人均生产总值 Per Capita GDP
1978	425.6	148.1	1091.9	1110.0	785.6	469.3	212.1
1979	449.3	136.2	1207.9	1182.6	1394.6	517.6	220.5
1980	478.3	134.5	1305.7	1283.1	1446.3	574.3	231.7
1981	506.1	154.3	1330.1	1309.8	1440.3	598.5	242.7
1982	544.8	172.5	1389.9	1356.7	1649.0	658.7	258.7
1983	663.0	254.2	1487.2	1450.7	1776.1	786.4	312.1
1984	745.8	265.1	1748.9	1697.8	2187.6	917.4	349.1
1985	796.7	232.2	1972.2	1880.0	2880.5	1163.8	370.6
1986	854.7	242.2	2049.1	1962.7	2880.5	1376.5	394.5
1987	1015.6	279.2	2434.4	2349.2	3213.4	1688.9	465.5
1988	1177.4	288.5	2947.2	2910.3	3095.4	2016.5	534.9
1989	1147.9	238.8	2829.5	2845.8	2351.0	2285.9	514.9
1990	1187.5	326.3	2769.5	2775.4	2420.6	2073.2	523.4
1991	1258.1	326.3	2931.3	2929.2	2627.6	2342.0	547.3
1992	1411.2	332.2	3465.7	3440.1	3286.8	2669.6	609.7
1993	1590.4	357.8	4065.3	4024.9	3934.3	2944.6	680.9
1994	1744.7	393.6	4292.9	4318.7	3717.9	3403.9	740.6
1995	1913.9	413.2	4790.9	4824.0	4112.0	3774.9	806.7
1996	2172.3	481.4	5418.5	5513.9	4264.2	4220.4	909.2
1997	2367.8	479.5	5895.3	6103.8	3965.7	4925.2	984.4
1998	2583.3	543.3	6349.3	6531.1	4548.6	5324.1	1067.0
1999	2795.1	550.9	7035.0	7164.6	5494.7	5835.3	1154.7
2000	3052.3	534.3	9244.0	8081.7	6527.7	6518.0	1251.9
2001	3336.1	558.9	10270.1	9059.6	6867.2	7163.3	1352.2
2002	3653.1	594.1	11348.4	9992.7	7663.8	7886.8	1475.8
2003	4025.7	629.2	12948.6	11311.8	9173.5	8541.4	1622.5
2004	4516.8	679.5	14916.7	13234.8	9623.0	9480.9	1817.4
2005	5063.3	746.8	16647.1	14730.3	10960.6	10770.3	2033.7
2006	5822.8	778.2	19477.1	17293.4	12560.8	12644.3	2332.7
2007	6760.3	787.5	23606.2	21167.1	14206.3	14718.0	2701.3
2008	7841.9	862.3	27949.7	24998.3	17203.8	16969.9	3125.4
2009	8908.4	886.4	32729.1	29173.0	20592.9	19176.0	3544.2
2010	10137.8	919.2	38882.2	34861.7	23620.1	21227.8	4026.2
2011	11536.8	966.1	45764.3	41380.8	26194.7	23562.9	4569.7
2012	12918.1	1017.3	52171.3	47215.5	29704.8	26225.6	5113.5
2013	13990.3	1058.0	56762.4	51701.0	30714.8	28533.5	5541.5
2014	14899.7	1106.7	60508.7	55113.3	32649.8	30502.3	5896.2

2-3 历年地区生产总值指数(上年=100)

Indices of Gross Domestic Product(preceding 100)

年份 Year	地区生产总值 Gross Domestic Product	第一产业 Primary Industry	第二产业 Secondary Industry	工业 Industry	建筑业 Construction	第三产业 Tertiary Industry	人均生产总值 Per Capita GDP
1978	112.8	119.7	111.6	110.9	123.4	107.2	111.5
1979	105.6	92.0	110.6	106.5	177.5	110.3	104.0
1980	106.5	98.8	108.1	108.5	103.7	111.0	105.1
1981	105.8	114.7	101.9	102.1	99.6	104.2	104.7
1982	107.7	111.8	104.5	103.6	114.5	110.1	106.6
1983	121.7	147.4	107.0	106.9	107.7	119.4	120.7
1984	112.5	104.3	117.6	117.0	123.2	116.7	111.8
1985	106.8	87.6	112.8	110.7	131.7	126.9	106.2
1986	107.3	104.3	103.9	104.4	100.0	118.3	106.5
1987	118.8	115.3	118.8	119.7	111.6	122.7	118.0
1988	115.9	103.3	121.1	123.9	96.3	119.4	114.9
1989	97.5	82.7	96.0	97.8	76.0	113.4	96.3
1990	103.4	136.7	97.9	97.5	103.0	90.7	101.6
1991	105.9	100.0	105.8	105.5	108.6	113.0	104.6
1992	112.2	101.8	118.2	117.4	125.1	114.0	111.4
1993	112.7	107.7	117.3	117.0	119.7	110.3	111.7
1994	109.7	110.0	105.6	107.3	94.5	115.6	108.8
1995	109.7	105.0	111.6	111.7	110.6	110.9	108.9
1996	113.5	116.5	113.1	114.3	103.7	111.8	112.7
1997	109.0	99.6	108.8	110.7	93.0	116.7	108.3
1998	109.1	113.3	107.7	107.0	114.7	108.1	108.4
1999	108.2	101.4	110.8	109.7	120.8	109.6	108.2
2000	109.2	97.0	113.4	112.8	118.8	111.7	108.4
2001	109.3	104.6	111.1	112.1	105.2	109.9	108.0
2002	109.5	106.3	110.5	110.3	111.6	110.1	109.1
2003	110.2	105.9	114.1	113.2	119.7	108.3	109.9
2004	112.2	108.0	115.2	117.0	104.9	111.0	112.0
2005	112.1	109.9	111.6	111.3	113.9	113.6	111.9
2006	115.0	104.2	117.0	117.4	114.6	117.4	114.7
2007	116.1	101.2	121.2	122.4	113.1	116.4	115.8
2008	116.0	109.5	117.2	118.0	111.9	116.7	115.7
2009	113.6	102.8	117.1	116.7	119.7	113.0	113.4
2010	113.8	103.7	118.8	119.5	114.7	110.7	113.6
2011	113.8	105.1	117.7	118.7	110.9	111.0	113.5
2012	112.0	105.3	114.0	114.1	113.4	111.3	111.9
2013	108.3	104.0	108.8	109.5	103.4	108.8	108.3
2014	106.5	104.6	106.6	106.6	106.3	106.9	106.4

2-4 地区生产总值
Gross Domestic Product

单位: 亿元　　　　unit: 100 million yuan

指　　标	Item	2013	2014	2014年为2013年的%(按可比价计算) 2014 as precentage of 2013 (calculated at constant price)
地区生产总值（当年价格）	**Gross Domestic Products(Current Price)**	**13046.40**	**13803.14**	**106.5**
农、林、牧、渔业	Agriculture、Forestry、Animal Husbandry and Fishery	1509.34	1570.01	104.6
农业	Farming	835.10	889.01	106.6
林业	Forestry	61.39	65.00	104.0
畜牧业	Animal Husbandry and Fishery	547.73	546.00	101.2
渔业	Fishery	22.52	24.00	112.6
农、林、牧、渔业服务业	Agriculture、Forestry、Animal Husbandry and Fishery Services	42.60	46.00	105.0
工业	Industry	6059.28	6424.88	106.6
建筑业	Construction	840.75	891.40	106.3
批发和零售业	Wholesale and Retail Trade	1011.33	1059.66	106.4
交通运输、仓储和邮政业	Transport,Storage and Post	498.52	518.05	103.8
住宿和餐饮业	Hotels and Catering Services	268.88	283.79	106.2
金融业	Financial Intermediation	399.54	464.96	115.8
房地产业	Real Estate	431.88	432.85	100.4
营利性服务业	Profitable Services	776.47	841.75	110.7
非营利性服务业	Unprofitable Services	1250.41	1315.79	105.8
第一产业	**Primary Industry**	**1466.74**	**1524.01**	**104.6**
第二产业	**Secondary Industry**	**6871.96**	**7286.59**	**106.6**
第三产业	**Tertiary Industry**	**4707.70**	**4992.54**	**106.9**
人均生产总值(元)	**Per Captia GDP(yuan)**	**47428**	**50160**	**106.4**

2-5 三次产业贡献率

Share of the Contributions of the Three Strata of Industries to the Increase of the GDP

单位: %　　　　unit: (%)

年 份 Year	地区生产总值 Cross Domestic Product	第一产业 Primary Industry	第二产业 Secondary Industry	# 工业 Industry	第三产业 Tertiary Industry
2001	100.0	10.1	47.0	43.7	42.9
2002	100.0	12.9	44.3	37.5	42.8
2003	100.0	11.0	55.9	44.9	33.1
2004	100.0	12.0	52.2	49.7	35.8
2005	100.0	14.5	41.4	34.7	44.1
2006	100.0	4.9	49.6	43.8	45.5
2007	100.0	1.2	58.3	53.5	40.5
2008	100.0	8.1	53.6	45.9	38.3
2009	100.0	2.7	59.4	50.7	37.9
2010	100.0	3.1	66.4	59.6	30.5
2011	100.0	4.5	66.8	61.6	28.7
2012	100.0	5.6	61.9	54.7	32.5
2013	100.0	4.9	57.4	54.8	37.7
2014	100.0	6.9	55.2	49.1	37.9

注：本表按可比价格计算。产业贡献率是各产业增加值增量与地区生产总值增量之比。

Note：Data in this table are calculated at constant prices.share of the three industries refers to the proportion of the increment of every industrial value added to the increment of GDP.

2-6 三次产业拉动率

Pull Rate of the Three Strata of Industry to GDP Growth

单位: 百分点　　　　unit: (Percen tgogt point)

年 份 Year	地区生产总值 Cross Domestic Product	第一产业 Primary Industry	第二产业 Secondary Industry	# 工业 Industry	第三产业 Tertiary Industry
2001	9.3	0.9	4.4	4.1	4.0
2002	9.5	1.2	4.2	3.6	4.1
2003	10.2	1.1	5.7	4.6	3.4
2004	12.2	1.5	6.3	6.1	4.4
2005	12.1	1.8	5.0	4.2	5.3
2006	15.0	0.7	7.4	6.6	6.9
2007	16.1	0.2	9.4	8.6	6.5
2008	16.0	1.3	8.6	7.3	6.1
2009	13.6	0.4	8.1	6.9	5.1
2010	13.8	0.4	9.2	8.2	4.2
2011	13.8	0.6	9.2	8.5	4.0
2012	12.0	0.7	7.4	6.6	3.9
2013	8.3	0.4	4.8	4.5	3.1
2014	6.5	0.4	3.6	3.2	2.5

注：本表按可比价格计算。产业拉动率指地区生产总值增长速度与各产业贡献率之乘积。

Note：Data in this table are calculated at constant prices.Contribution of the three industries to GDP growth refers to the growth rate of GDP multiplying the industrial shares.

2－7 地区生产总值项目构成（2014年）

Components of Gross Domestic Product（2014）

单位：亿元 unit: 100 million yuan

项目	Item	增加值 Value -added	劳动者报酬 Compensation of Employees	生产税净额 Net Taxes on Production	固定资产折旧 Depreciation of Fixed Assets	营业盈余 Orerating Surplus
地区生产总值	**Gross Domestic Products by Region**	**13803.14**	**5682.25**	**2094.65**	**2313.71**	**3712.53**
农、林、牧、渔业	**Agriculture、Forestry、Animal Husbandry and Fishery**	**1570.01**	**1467.24**	**−63.82**	**166.59**	
农业	Farming	889.01	830.85	−28.31	86.47	
林业	Forestry	65.00	58.20	−0.97	7.77	
畜牧业	Animal Husbandry	546.00	514.61	−33.2	64.59	
渔业	Fishery	24.00	22.07	−0.75	2.68	
农、林、牧、渔服务业	Agriculture、Forestry、Animal Husbandry and Fishery Services	46.00	41.51	−0.59	5.08	
工业	**Industry**	**6424.88**	**1625.70**	**1459.85**	**1229.65**	**2109.68**
采矿业	Mining	784.29	235.13	130.74	151.67	266.75
#开采辅助活动	Mining Auxiliary Activities	25.67	4.84	3.21	6.14	11.48
制造业	Manufacturing	5364.21	1316.21	1288.42	950.87	1808.71
#金属制品、机械和设备修理业	Metal Products,Machinery and Equipment Repair	4.02	0.96	0.95	0.73	1.38
电力、燃气及水的生产和供应业	Production and Supply of Electricity Gas and Water	276.38	74.36	40.69	127.11	34.22
建筑业	**Construction**	**891.40**	**428.90**	**183.48**	**49.89**	**229.13**
房屋建筑业	Construction of Buliding	503.98	269.68	107.4	11.6	115.3
土木工程建筑业	Construction of Civil Engineering	234.59	81.51	47.81	30.61	74.66
建筑安装业	Installation	99.01	48.72	20.13	5.33	24.83
建筑装饰和其他建筑业	Construction Decoration and other Constraction	53.82	28.99	8.14	2.35	14.34
批发和零售业	**Wholesale and Retail Trades**	**1059.66**	**507.48**	**197.39**	**47.72**	**307.07**
批发业	Wholesale Trade	419.04	126.91	139.25	15.81	137.07
零售业	Retail Trade	640.62	380.57	58.14	31.91	170.00
交通运输、仓储和邮政业	**Transport, Storage, and Post**	**518.05**	**127.61**	**75.75**	**88.27**	**226.42**
铁路运输业	Railway Transport	78.09	30.74	10.38	11.97	25.00
道路运输业	Highway Transport	380.89	67.40	59.29	62.7	191.5
水上运输业	Waterway Transport	3.20	0.39	0.11	2.30	0.40
航空运输业	Air Transport	7.16	2.46	1.60	0.69	2.41
管道运输业	Pipeling Transport					
装卸搬运和运输代理业	Handing and Other Transport Services	12.24	2.79	1.78	0.84	6.83
仓储业	Storage	16.11	9.56	0.86	5.56	0.13
邮政业	Post	20.36	14.27	1.73	4.21	0.15
住宿和餐饮业	**Hotels and Catering Services**	**283.79**	**61.24**	**20.89**	**28.15**	**173.51**
住宿业	Hotels	32.76	11.11	4.09	13.96	3.60
餐饮业	Catering Services	251.03	50.13	16.80	14.19	169.91
信息传输、软件和信息技术服务业	**Information Transrission,Software and Information Technologh Services**	**277.44**	**48.61**	**31.94**	**129.07**	**67.82**
电信、广播电视和卫星传输服务	Telecommuricutions,Broadcasting Television and Satelite Transmission Services	230.24	38.25	28.09	124.22	39.68
互联网和相关服务	Internet and Relatsd Services	9.58	1.97	0.85	1.09	5.67
软件和信息技术服务业	Software and Infomation Technology Services	37.62	8.39	3.00	3.76	22.47
金融业	**Financial Intermediation**	**464.96**	**141.77**	**62.93**	**15.36**	**244.90**
货币金融服务	Monetary and Financial Services	382.46	121.6	37.26	12.21	211.39
资本市场服务	Capital Market Services	35.16	5.67	20.14	1.01	8.34
保险业	Insurance	38.4	12.96	4.91	0.8	19.73
其他金融业	Other Financial Activities	8.94	1.54	0.62	1.34	5.44
房地产业	**Real Estate**	**432.85**	**49.05**	**62.11**	**288.09**	**33.60**
房地产开发经营业	Development and Managment of Real Estate	113.46	23.78	56.19	7.24	26.25

2-7 续表 continued

单位: 亿元 unit: 100 million yuan

项目	Item	增加值 Value-added	劳动者报酬 Compensation of Employees	生产税净额 Net Taxes on Production	固定资产折旧 Depreciation of Fixed Assets	营业盈余 Orerating Surplus
物业管理业	Realty Management	29.15	16.72	4.15	5.12	3.16
房地产中介服务业	Intermediary Service for Real Estate	10.16	3.36	0.84	1.44	4.52
自有房地产经营活动	Theirown real estate Business Activities	271.59			271.59	
其他房地产业	Others	8.49	5.19	0.93	2.70	-0.33
租赁和商务服务业	**Leasing and Business Services**	**209.34**	**67.13**	**20.02**	**32.06**	**90.13**
租赁业	Leasing	7.82	3.07	0.59	2.87	1.29
商务服务业	Business Services	201.52	64.06	19.43	29.19	88.84
科学研究和技术服务业	**Scientific Research and Technical Service**	**98.89**	**73.66**	**5.8**	**8.91**	**10.52**
研究和试验发展	Research and Experiment	28.13	31.50	0.29	2.39	-6.05
专业技术服务业	Special Technological Services	53.61	33.43	4.31	4.72	11.15
科技推广和应用服务业	Services of Science and Technology Exchanges and Promotion	17.15	8.73	1.20	1.8	5.42
水利、环境和公共设施管理业	**Water Conservancy、Environment and Public Facilities Management**	**42.62**	**23.22**	**0.66**	**9.79**	**8.95**
水利管理业	Water Conservancy	10.17	4.33	0.16	3.88	1.80
生态保护和环境治理业	Ecological Protection and Environmentel Treatment Services	16.76	11.56	0.11	1.15	3.94
公共设施管理业	Public Utilities Management	15.69	7.33	0.39	4.76	3.21
居民服务、修理和其他服务业	**Resident Services and Other Services**	**268.46**	**85.71**	**22.22**	**19.43**	**141.1**
居民服务业	Resdent Services	170.25	50.48	15.15	12.69	91.93
机动车、电子产品和日用产品修理业	Motor Vehicle,Electronic Products and Household Products Repair Services	32.83	10.45	1.97	2.31	18.10
其他服务业	Other Services	65.38	24.78	5.10	4.43	31.07
教育	**Education**	**427.69**	**334.27**	**1.53**	**72.39**	**19.5**
卫生和社会工作	**Health Care and Social Work**	**187.29**	**118.48**	**3.99**	**16.45**	**48.37**
卫生	Health Care	177.19	112.17	3.79	14.64	46.59
社会工作	Social Work	10.10	6.31	0.20	1.81	1.78
文化、体育和娱乐业	**Culture、Sports and Entertainment**	**86.51**	**39.51**	**7.63**	**10.13**	**29.24**
新闻和出版业	Journalism and Publishing Activities	12.18	7.58	2.04	2.33	0.23
广播、电视、电影和影视录音制作业	Broadcast、TV、Movies and Audiovisual Activities	19.66	12.51	1.71	3.04	2.4
文化艺术业	Culture and Art Activities	12.12	10.38	0.12	1.46	0.16
体育	Sports	3.52	3.30	0.09	0.59	-0.46
娱乐业	Entertainment	39.03	5.74	3.67	2.71	26.91
公共管理、社会保障和社会组织	**Public management and Social Organizations**	**559.30**	**482.67**	**2.28**	**101.76**	**-27.41**
第一产业	**Primary Industry**	**1524.01**	**1425.73**	**-63.23**	**161.51**	
第二产业	**Secordary Industry**	**7286.59**	**2048.8**	**1639.17**	**1272.67**	**2325.95**
第三产业	**Tertiary Industry**	**4992.54**	**2207.72**	**518.71**	**879.53**	**1386.58**

2－8 历年支出法生产总值

Gross Domestic Products by Expenditure Approach over the Years

单位：亿元　　　　unit:（100 million yuan）

年份 Year	支出法地区生产总值 Gross Domestic Product by Expenditure Approach	最终消费支出 Final Consumption Expenditure	居民消费支出 Household Consumption Expenditures	农村居民 Rural Households	城镇居民 Urban Households	政府消费支出 Government Consumption Expenditures	资本形成总额 Gross Capital Formation	固定资本形成 Fixed Capital	存货增加 Changes in Inventories	货物和服务净出口 Net Export of Goods and Services
1978	82.0	57.9	53.0	24.47	28.55	4.9	32.8	18.2	14.6	-8.7
1979	91.1	69.5	61.9	29.85	32.01	7.7	26.7	19.5	7.1	-5.1
1980	98.6	76.9	67.8	31.84	35.92	9.2	29.0	20.8	8.2	-7.3
1981	111.2	85.1	75.1	36.41	38.72	10.0	28.0	21.0	7.0	-2.0
1982	121.7	94.8	83.5	39.76	43.73	11.3	35.7	27.7	8.0	-8.8
1983	150.1	112.2	96.7	49.28	47.38	15.6	38.6	29.3	9.3	-0.7
1984	174.4	131.6	111.8	55.81	55.95	19.9	57.2	40.9	16.2	-14.4
1985	200.4	145.0	120.5	56.42	64.11	24.5	81.2	62.4	18.8	-25.7
1986	227.2	165.3	137.9	61.35	76.51	27.4	86.8	63.4	23.4	-25.0
1987	297.5	196.2	161.5	69.36	92.13	34.7	111.9	76.7	35.2	-10.6
1988	368.7	242.4	203.5	83.21	120.26	38.9	134.6	92.9	41.8	-8.3
1989	391.7	266.9	223.3	91.47	131.82	43.7	148.3	81.7	66.5	-23.6
1990	425.3	279.7	232.7	95.86	136.87	47.0	182.7	94.0	88.7	-37.1
1991	463.5	308.4	255.9	101.03	154.82	52.6	193.1	117.4	75.6	-38.0
1992	558.1	364.6	306.3	111.67	194.65	58.2	213.1	152.6	60.2	-19.6
1993	718.0	436.1	364.9	125.93	238.98	71.2	287.1	252.9	34.1	-5.2
1994	944.4	577.6	473.6	156.13	317.50	104.0	389.9	320.5	69.5	-1.6
1995	1139.4	703.4	586.2	191.08	395.09	117.2	474.3	358.1	116.2	-38.3
1996	1340.1	811.4	684.5	220.07	464.43	126.9	600.8	412.8	187.9	-72.2
1997	1468.3	928.4	772.8	238.80	534.00	155.5	552.3	386.4	165.9	-12.4
1998	1553.9	951.9	777.1	234.50	542.60	174.8	613.9	442.3	171.6	-11.9
1999	1638.3	988.7	783.0	225.50	557.70	205.7	658.7	525.0	133.7	-9.1
2000	1820.4	1140.7	845.1	253.40	591.70	295.6	686.6	627.8	58.8	-6.9
2001	2023.4	1266.8	906.7	268.50	638.20	360.1	791.0	699.7	91.3	-34.4
2002	2252.4	1379.4	977.5	269.90	707.60	401.9	898.5	824.2	74.3	-25.5
2003	2570.1	1539.9	1115.7	256.30	859.40	424.2	1062.9	998.1	64.8	-182.7
2004	3012.3	1693.3	1244.8	277.60	967.20	448.5	1347.9	1291.9	56.0	-28.9
2005	3761.6	1921.6	1407.9	323.21	1084.66	513.8	1872.1	1802.4	69.7	-32.2
2006	4964.9	2137.6	1552.9	381.48	1171.42	584.7	2874.3	2804.3	70.0	-47.0
2007	5601.1	2588.4	1819.8	431.12	1388.68	768.6	3880.0	4003.2	-123.1	-867.3
2008	6783.4	3049.2	2075.7	493.10	1582.55	973.5	5415.3	5608.3	-193.0	-1681.1
2009	7633.1	3384.3	2304.0	562.77	1761.82	1080.3	6074.5	6280.5	-206.0	-1825.7
2010	9128.6	3754.5	2510.6	595.58	1915.02	1243.9	7192.1	7618.1	-426.0	-1818.0
2011	11162.2	4423.7	2970.8	799.28	2171.53	1452.9	8206.9	8355.5	-148.7	-1468.3
2012	12688.4	4942.0	3375.9	891.16	2484.70	1566.2	9136.2	9235.0	-98.8	-1389.9
2013	13946.8	5500.5	3762.0	984.66	2777.33	1738.5	9708.1	9751.5	-43.4	-1261.8
2014	14631.4	5408.0	3759.9	977.80	2782.10	1648.1	10330.1	10372.7	-42.6	-1106.7

注：本表按当年价格计算。支出法地区生产总值不等于地区生产总值是由于计算误差的影响。

Note: Data in this table are calculated at current prices.The gross regional production by expenditure approach is not equal to gross regional product due to statistical discrepancies.

2-9 1978–2014年支出法生产总值构成

1978–2014 Componests of Gross Domestic Product by Expenditure Approach

单位：% unit: %

年份 Year	全省生产总值 Gross Domestic Product by Expenditure Approach	#最终消费 Final Consumption Expenditure	居民消费 Household Consumption Expenditure	农村居民 Rural Households	城镇居民 Urban Households	政府消费 Government Consumption Expenditure	#资本形成总额 Gross Capital Formation	固定资本形成总额 Gross Fixed Capital Formation	存货增加 Changes in Inventories
1978	100.0	70.6	64.7	29.8	34.8	6.0	40.0	22.2	17.8
1979	100.0	76.3	67.9	32.8	35.1	8.4	29.3	21.4	7.8
1980	100.0	78.0	68.7	32.3	36.4	9.3	29.4	21.1	8.3
1981	100.0	76.6	67.6	32.8	34.8	9.0	25.2	18.9	6.3
1982	100.0	77.9	68.6	32.7	35.9	9.3	29.3	22.7	6.6
1983	100.0	74.7	64.4	32.8	31.6	10.4	25.7	19.5	6.2
1984	100.0	75.5	64.1	32.0	32.1	11.4	32.8	23.5	9.3
1985	100.0	72.4	60.1	28.1	32.0	12.2	40.5	31.1	9.4
1986	100.0	72.8	60.7	27.0	33.7	12.1	38.2	27.9	10.3
1987	100.0	65.9	54.3	23.3	31.0	11.7	37.6	25.8	11.8
1988	100.0	65.7	55.2	22.6	32.6	10.6	36.5	25.2	11.3
1989	100.0	68.2	57.0	23.4	33.7	11.1	37.9	20.9	17.0
1990	100.0	65.8	54.7	22.5	32.2	11.1	43.0	22.1	20.9
1991	100.0	66.5	55.2	21.8	33.4	11.3	41.7	25.3	16.3
1992	100.0	65.3	54.9	20.0	34.9	10.4	38.2	27.3	10.8
1993	100.0	60.7	50.8	17.5	33.3	9.9	40.0	35.2	4.8
1994	100.0	61.2	50.1	16.5	33.6	11.0	41.3	33.9	7.4
1995	100.0	61.7	51.4	16.8	34.7	10.3	41.6	31.4	10.2
1996	100.0	60.6	51.1	16.4	34.7	9.5	44.8	30.8	14.0
1997	100.0	63.2	52.6	16.3	36.4	10.6	37.6	26.3	11.3
1998	100.0	61.3	50.0	15.1	34.9	11.2	39.5	28.5	11.0
1999	100.0	60.3	47.8	13.8	34.0	12.6	40.2	32.0	8.2
2000	100.0	62.7	46.4	13.9	32.5	16.2	37.7	34.5	3.2
2001	100.0	62.6	44.8	13.3	31.5	17.8	39.1	34.6	4.5
2002	100.0	61.2	43.4	12.0	31.4	17.8	39.9	36.6	3.3
2003	100.0	59.9	43.4	10.0	33.4	16.5	41.4	38.8	2.5
2004	100.0	56.2	41.3	9.2	32.1	14.9	44.7	42.9	1.9
2005	100.0	51.1	37.4	8.6	28.8	13.7	49.8	47.9	1.8
2006	100.0	43.0	31.3	7.7	23.6	11.8	57.9	56.5	1.4
2007	100.0	46.2	32.5	7.7	24.8	13.7	69.3	71.5	−2.2
2008	100.0	45.5	31.0	7.4	23.6	14.5	79.6	82.4	−2.9
2009	100.0	44.3	30.2	7.1	23.1	14.2	79.6	82.3	−2.7
2010	100.0	41.1	27.5	6.5	21.0	13.6	78.8	83.5	−4.7
2011	100.0	39.6	26.6	7.2	19.4	13.0	73.5	74.8	−1.3
2012	100.0	39.0	26.6	7.0	19.6	12.4	72.0	72.8	−0.8
2013	100.0	39.4	27.0	7.1	19.9	12.5	69.6	69.9	−0.3
2014	100.0	37.0	25.7	6.7	19.0	11.3	70.6	70.9	−0.3

2-10 支出法地区生产总值及构成

Gross Domestic Product by Expenditure Approach and Its Components

项目	Item	2012	2013	2014
支出法地区生产总值(亿元)	**Gross Domestic Product by Expenditure Approach(100 million yuan)**	**12688.4**	**13945.8**	**14631.4**
最终消费	Final Consumption Expenditure	4942.0	5500.5	5408.0
居民消费	Household Consumption Expenditure	3375.9	3762.0	3759.9
政府消费	Government Consumption Expenditure	1566.2	1738.5	1648.1
资本形成总额	Gross Capital Formation	9136.2	9708.1	10330.1
固定资本形成总额	Gross Fixed Capital Formation	9235.0	9751.5	10372.7
存货增加	Changes in Inventories	-98.8	-43.4	-42.6
货物和服务净出口	Net Export of Goods and Services	-1389.9	-1261.8	-1106.7
资本形成率(投资率)(%)	Capital Formation Rate(%)	72.0	69.6	70.6
最终消费率(消费率)(%)	Final Consumption Rate(%)	39.0	39.4	37.0
支出法国内生产总值构成(%)	**Components of GDP by Expenditure Approach(%)**	**100.0**	**100.0**	**100.0**
最终消费	Final Consumption Expenditure	39.0	39.4	37.0
居民消费	Household Consumption Expenditure	26.6	27.0	25.7
政府消费	Government Consumption Expenditure	12.4	12.5	11.3
资本形成总额	Gross Capital Formation	72.0	69.6	70.6
固定资本形成总额	Gross Fixed Capital Formation	72.8	69.9	70.9
存货增加	Changes in Inventories	-0.8	-0.3	-0.3
货物和服务净出口	Net Export of Goods and Services	-11.0	-9.0	-7.6

2-11 1978-2014年最终消费和资本形成总额指数(上年=100)

1978-2014 Indices of Final Consumption Expenditure and Gross Capital Formation (preceding year = 100)

年 份 Year	最终消费 Final Consumption Expenditure	居民消费 Household Consumption Expenditure	农村居民 Rural Households	城镇居民 Urban Households	政府消费 Government Consumption Expenditure	#资本形成总额 Gross Capital Formation	固定资本形成总额 Gross Fixed Capital Formation
1978	106.8	107.9	110.0	106.2	94.0	167.6	154.5
1979	111.1	109.3	110.7	108.1	135.8	86.5	106.7
1980	109.5	109.4	106.1	112.0	109.4	107.8	106.4
1981	107.9	107.4	107.6	107.2	91.9	92.0	94.3
1982	110.8	109.6	110.0	109.4	122.2	122.3	129.0
1983	112.6	110.0	119.6	101.3	106.2	106.0	104.7
1984	85.9	78.8	112.9	113.2	140.0	139.6	127.0
1985	140.6	147.5	96.7	109.5	132.5	132.8	142.1
1986	107.6	105.9	100.8	110.6	101.9	101.6	96.3
1987	110.0	109.3	108.8	109.5	110.9	125.0	117.8
1988	106.6	104.7	101.2	107.8	110.9	111.0	110.1
1989	94.4	93.9	91.3	96.0	95.4	97.0	74.8
1990	101.3	100.9	98.4	102.8	121.6	122.1	113.1
1991	104.3	104.1	99.4	107.4	105.3	104.7	123.6
1992	106.4	106.8	103.0	109.3	104.3	100.3	115.2
1993	107.2	106.5	103.1	108.6	110.7	116.2	144.0
1994	120.0	118.8	107.4	115.9	125.5	120.7	104.3
1995	107.9	109.1	107.6	109.9	102.2	113.0	104.4
1996	108.3	109.4	108.9	109.7	103.0	119.5	109.1
1997	111.3	110.6	104.8	113.4	115.1	93.8	92.6
1998	106.7	105.0	100.4	107.1	115.0	112.2	114.1
1999	108.8	106.1	98.9	109.1	121.2	106.8	116.2
2000	112.4	106.7	99.2	109.5	135.3	100.2	116.2
2001	106.3	101.3	100.7	101.6	120.6	113.9	110.2
2002	107.6	106.6	103.8	107.8	109.8	112.9	117.1
2003	112.7	116.3	94.9	125.0	104.4	117.1	119.8
2004	106.4	108.2	102.6	109.9	101.7	119.7	122.6
2005	110.5	110.3	112.8	109.6	111.0	130.5	130.9
2006	109.7	108.8	115.7	106.7	112.2	147.1	148.9
2007	115.0	111.1	106.5	112.6	125.4	129.9	137.4
2008	111.7	108.5	108.6	108.4	119.3	130.0	130.8
2009	112.5	110.9	109.2	111.4	116.0	113.5	113.6
2010	106.4	104.2	102.1	104.8	111.0	113.5	115.0
2011	111.0	111.0	121.0	107.8	111.0	106.7	105.1
2012	108.9	110.7	108.8	111.5	105.1	110.7	110.1
2013	111.9	112.6	115.9	111.4	110.4	110.9	110.4
2014	103.5	105.5	102.3	106.7	99.1	105.9	105.9

2－12 第三产业增加值构成
The added value of the tertiary industry

单位: %　　　　unit: (%)

年 份 Year	第三产业 Tertiary Industry	交通运输仓储和邮政业 Transport, Storage and Post	批发和零售业 Wholesale and Retail Trades	住宿和餐饮业 Hotels and Catering Services	金融业 Financial Intermediation	房地产业 Real Estate	其他 Other
2001	100.0				9.3	8.0	31.6
2002	100.0				7.9	7.9	34.3
2003	100.0				6.8	8.6	34.1
2004	100.0	15.7	26.1	5.3	6.3	8.0	38.6
2005	100.0	14.7	24.4	5.9	5.9	7.9	41.1
2006	100.0	14.0	23.9	5.8	6.0	7.8	42.6
2007	100.0	13.6	24.0	5.8	6.2	7.6	42.8
2008	100.0	13.1	24.1	5.7	6.1	7.6	43.4
2009	100.0	12.4	24.4	5.7	6.6	7.3	43.6
2010	100.0	12.0	24.2	5.8	6.1	6.8	45.0
2011	100.0	11.4	23.4	5.6	5.6	6.5	47.5
2012	100.0	11.1	23.8	5.8	5.9	5.8	47.6
2013	100.0	10.6	21.5	5.7	8.5	9.2	43.1
2014	100.0	10.4	21.2	5.7	9.3	8.7	43.2

2－13 第三产业增加值
The added value of the tertiary industry

单位: 亿元　　　　unit:100 million yuan

年 份 Year	第三产业 Tertiary Industry	交通运输仓储和邮政业 Transport, Storage and Post	批发和零售业 Wholesale and Retail Trades	住宿和餐饮业 Hotels and Catering Services	金融业 Financial Intermediation	房地产业 Real Estate	其他 Other
2001	858.74				79.50	69.03	271.06
2002	958.88				75.45	76.11	328.67
2003	1075.49				73.15	91.99	366.70
2004	1223.64	192.26	319.04	64.93	77.17	97.93	472.31
2005	1413.83	208.10	345.02	83.39	83.63	112.29	581.40
2006	1687.07	236.82	402.37	97.39	100.75	131.01	718.73
2007	2025.44	275.76	485.96	117.35	126.03	153.03	867.31
2008	2412.26	317.06	580.37	137.69	147.24	182.70	1047.20
2009	2756.26	341.76	673.12	157.73	180.83	200.14	1202.68
2010	3111.12	373.93	753.37	180.01	190.12	212.32	1401.37
2011	3679.91	420.98	860.47	205.69	207.65	238.61	1746.51
2012	4150.36	462.13	986.46	240.70	244.63	240.86	1975.58
2013	4707.70	498.52	1011.33	268.88	399.54	431.88	2026.88
2014	4992.54	518.05	1059.66	283.79	464.96	432.85	2157.54

CHAPTER ▶ 03

第三篇

人　口

POPULATION

3-1 历年全省人口数及构成

Over the Years the Population and Composition of Jilin

单位：万人 unit: 10000 persons

年 份 Year	年底总人口 Population	按性别分 By Sex		按农业、非农业分 By Agriculture and Non-agriculture		占总人口的比重（%） Percentage to Total Population(%)	
		男 Male	女 Female	农业人口 Agriculture	非农业人口 Non-agriculture	男性人口 Male Population	非农业人口 Non-agriculture
1978	2149.3	1102.3	1047.0	1489.8	659.5	51.3	30.7
1979	2184.6	1119.0	1065.6	1483.4	701.2	51.2	32.1
1980	2210.7	1132.1	1078.6	1487.4	723.3	51.2	32.7
1981	2230.9	1141.4	1089.5	1485.2	745.7	51.2	33.4
1982	2257.6	1155.1	1102.5	1493.9	763.7	51.2	33.8
1983	2269.5	1162.3	1107.2	1487.4	782.1	51.2	34.5
1984	2284.5	1170.7	1113.8	1481.9	802.6	51.2	35.1
1985	2298.0	1177.4	1120.6	1461.0	837.0	51.2	36.4
1986	2315.3	1186.4	1128.9	1458.3	857.0	51.2	37.0
1987	2336.4	1196.9	1139.5	1452.9	883.5	51.2	37.8
1988	2357.4	1208.3	1149.1	1448.7	908.7	51.3	38.5
1989	2395.4	1228.2	1167.2	1464.6	930.8	51.3	38.9
1990	2440.2	1248.1	1192.1	1488.3	951.9	51.1	39.0
1991	2459.7	1258.5	1201.2	1493.5	966.2	51.2	39.3
1992	2474.0	1265.3	1208.7	1488.6	985.4	51.1	39.8
1993	2496.1	1276.0	1220.1	1474.9	1021.2	51.1	40.9
1994	2515.6	1285.9	1229.7	1465.2	1050.4	51.1	41.8
1995	2550.9	1302.8	1248.1	1473.1	1077.8	51.1	42.3
1996	2579.1	1315.5	1263.6	1484.6	1094.5	51.0	42.4
1997	2600.1	1324.6	1275.5	1484.2	1115.9	50.9	42.9
1998	2603.2	1325.6	1277.6	1480.3	1122.9	50.9	43.1
1999	2616.1	1331.6	1284.5	1484.2	1131.9	50.9	43.3
2000	2627.3	1336.5	1290.8	1484.3	1143.0	50.9	43.5
2001	2637.1	1340.8	1296.3	1482.4	1154.7	50.8	43.8
2002	2649.4	1346.9	1302.5	1471.6	1177.8	50.8	44.5
2003	2658.6	1350.5	1308.1	1463.2	1195.4	50.8	45.0
2004	2661.9	1352.0	1309.9	1459.5	1202.4	50.8	45.2
2005	2669.4	1355.0	1314.4	1463.1	1206.3	50.8	45.2
2006	2679.5	1359.1	1320.4	1470.7	1208.8	50.7	45.1
2007	2696.1	1366.0	1330.1	1480.2	1215.9	50.7	45.1
2008	2710.5	1372.8	1337.7	1485.7	1224.8	50.6	45.2
2009	2719.5	1376.1	1343.4	1492.7	1226.8	50.6	45.1
2010	2723.8	1377.7	1346.1	1481.7	1242.1	50.6	45.6
2011	2726.5	1377.9	1348.6	1417.4	1309.1	50.5	48.0
2012	2701.5	1363.4	1338.1	1434.8	1266.7	50.5	46.9
2013	2678.5	1352.2	1326.3	1420.1	1258.4	50.5	47.0
2014	2671.3	1346.5	1324.8	1423.5	1247.8	50.4	46.7

注：本表是公安部门年报数字。
Note:There are annual numbers from police departments in this chart.

3-2 全省人口情况

Basic Statistics on Population of Jilin

指　　标	Item	2000	2005	2010	2011	2012	2013	2014
总户数（万户）	Total Households(10000 households)	795.80	851.00	900.16	944.81	958.33	989.68	1000.86
户均人口（人/户）	Average Population(person/household)	3.32	3.16	2.94	2.91	2.87	2.78	2.75
总人口（万人）	Total Population(10000 Persons)	2681.70	2716.00	2746.60	2749.41	2750.40	2751.28	2752.38
男	Male	1372.80	1386.90	1391.39	1392.88	1403.53	1406.18	1391.05
女	Female	1308.90	1329.10	1355.21	1356.53	1346.87	1345.10	1361.33
性别比（女=100）	Sex Ratio(female=100)	104.90	104.35	102.67	102.68	104.19	104.55	102.19
城镇人口（万人）	Urban Population(10000 Persons)	1331.80	1426.50	1465.58	1468.19	1476.96	1491.20	1508.58
占总人口比重（%）	Percentage of the Total Population	49.66	52.52	53.36	53.36	53.70	54.20	54.81
乡村人口（万人）	Rural Population(10000 Persons)	1349.90	1289.50	1281.02	1281.22	1273.44	1260.08	1243.80
占总人口比重（%）	Percentage of the Total Popu lation	50.34	47.48	46.64	46.64	46.30	45.80	45.19
出生人口（万人）	Birth Population(10000 Persons)	25.50	21.40	21.73	17.95	15.76	14.75	18.22
人口出生率（‰）	Birth Rate	9.53	7.89	7.91	6.53	5.73	5.36	6.62
死亡人口（万人）	Death Population(10000 Persons)	14.40	15.20	16.15	15.15	14.77	13.87	17.12
人口死亡率（‰）	Death Rate	5.38	5.32	5.88	5.51	5.37	5.04	6.22
自然增长人口（万人）	Natural Growth Population(10000 Persons)	11.10	7.00	5.58	2.80	0.99	0.88	1.10
人口自然增长率（‰）	Natural Growth Rate	4.15	2.57	2.03	1.02	0.36	0.32	0.40

注：表内数据为年度人口变动情况抽样调查推算数据。2010年末常住人口为吉林省第六次全国人口普查初步机器汇总推算数据。

Note:Data were calculated from the annual sample surveys on population changes.At the end of 2010 The Resident Population of Jilin Provinle for the sixth national Population census aggregated by preliminary machine.

CHAPTER ▶ 04

第四篇

从业人员和职工工资

EMPLOYMENT AND WAGE

4-1 历年全部从业人员数
Number of Employed Persons

单位: 万人 unit:10000 persons

年 份 Year	全部从业人员数 Total	按经济类型分 Grouped By Ownership					按三次产业分 By Three Industries			城镇登记失业人员 Number of Registered Unemployed Persons in Urban Areas	城镇登记失业率(%) Registered Unemployment Rate in Urban Areas(%)
		职工人数 Staff and Workers	国有单位 State-owned Units	集体单位 Collective-owned Units	城镇个体劳动者 Self-employed Individual in Urban	乡村劳动者 Rural Employed Persons	第一产业 Primary Industry	第二产业 Secondary Industry	第三产业 Tertiary Industry		
1978	645.38	324.92	250.02	74.90		320.46	318.1	205.0	122.3		
1979	671.29	348.59	257.50	91.09	0.81	321.89	318.4	216.3	136.6	33.9	8.8
1980	715.30	373.88	270.50	103.38	3.37	338.05	329.3	231.7	154.3	22.0	5.5
1981	754.52	396.48	282.81	113.67	5.57	352.47	349.8	242.0	162.7	21.3	5.0
1982	849.62	411.24	292.30	118.94	7.58	430.80	413.8	248.0	187.8	24.4	5.5
1983	847.50	421.88	296.87	125.01	10.60	415.02	410.8	256.9	179.8	19.7	4.4
1984	867.25	431.34	293.07	138.18	15.91	410.99	401.1	258.6	207.6	11.5	2.5
1985	930.20	449.51	304.43	144.91	21.37	450.01	421.9	286.2	222.1	10.5	2.2
1986	987.95	470.90	320.78	149.95	21.17	486.50	432.5	302.6	252.9	10.7	2.1
1987	1032.75	486.11	331.87	154.03	22.96	541.75	465.8	313.9	253.0	8.7	1.7
1988	1106.22	497.48	343.69	153.54	28.53	571.55	511.6	324.9	269.7	8.8	1.6
1989	1142.19	509.45	352.74	156.19	29.25	594.92	549.0	329.7	263.5	9.4	1.8
1990	1169.41	517.31	361.98	154.44	29.50	614.43	564.8	334.4	270.2	10.5	2.3
1991	1194.69	533.44	371.80	160.03	31.52	620.94	572.4	339.2	283.2	10.3	1.8
1992	1235.02	541.53	379.27	157.83	38.51	646.63	590.2	352.6	292.2	9.1	2.3
1993	1237.67	542.99	379.86	152.44	46.68	638.82	572.5	352.5	312.7	7.7	2.3
1994	1250.24	530.13	384.60	130.19	67.70	643.56	570.7	343.3	336.2	7.5	2.5
1995	1270.77	520.38	386.65	115.71	94.12	647.99	572.1	339.2	359.4	7.8	2.3
1996	1257.14	513.31	385.81	107.97	107.99	629.05	562.3	329.3	365.5	9.3	2.3
1997	1237.73	500.89	375.88	100.19	113.52	616.17	551.0	315.5	371.2	8.8	2.8
1998	1130.85	374.12	286.44	56.45	134.08	616.28	545.1	229.9	355.8	18.3	3.1
1999	1120.00	352.61	265.75	48.37	134.70	627.38	551.1	224.0	344.9	21.5	3.3
2000	1164.02	329.91	247.04	42.26	188.60	640.97	584.3	222.3	357.4	23.0	3.7
2001	1167.41	313.26	230.24	38.41	209.92	640.03	585.8	216.0	365.6	20.2	3.2
2002	1186.60	298.26	216.40	31.49	227.84	656.00	587.3	219.0	380.3	23.8	3.6
2003	1202.50	286.80	204.40	27.62	241.63	669.02	592.2	209.5	400.8	28.4	4.3
2004	1222.00	279.38	195.40	25.08	266.30	670.94	563.3	227.3	431.4	28.2	4.2
2005	1238.90	257.94	176.34	20.44	291.81	685.16	565.8	231.7	441.4	27.6	4.2
2006	1250.50	259.94	171.14	19.18	292.70	691.90	565.2	237.6	447.7	26.3	4.2
2007	1266.10	256.52	165.94	15.86	303.10	700.86	564.6	243.2	458.3	23.9	3.9
2008	1281.40	255.83	164.94	14.34	307.86	711.52	564.0	251.7	465.7	24.3	4.0
2009	1297.30	257.90	160.19	13.85	308.82	723.15	568.8	261.8	466.7	23.5	4.0
2010	1311.60	259.51	161.25	13.36	310.20	733.78	567.4	263.0	481.2	22.7	3.8
2011	1337.78	267.57	163.45	9.09	311.42	748.50	573.9	270.2	493.7	22.2	3.7
2012	1355.90	274.33	163.30	8.59	319.02	751.40	557.0	283.1	515.8	22.3	3.7
2013	1415.43	320.63	166.60	6.90	320.10	756.90	551.4	321.8	542.2	22.6	3.7
2014	1447.17	315.64	160.71	6.07	354.80	757.95	533.6	344.3	569.3	23.2	3.4

注：1998年以后不包括离岗职工。
Note:Data since 1998 were not included workers laid-off.

4-2 单位从业人员（2014年末）
Number of Employed Persons of Units（end of 2014）

单位: 人 unit:person

指 标	Item	单位从业人员 Number of Employed Persons	#女性 Female	在岗职工 Staff and Workers	其他从业人员 Other Type of Employed Persons
全 省	**Total**	**3344162**	**1187659**	**3156389**	**187773**
按经济类型分	Grouped by Ownership				
国有经济	State-owned Units	1690308	650258	1607084	83224
集体经济	Collective-owned Units	66499	27887	60701	5798
其他经济	Others	1587355	509514	1488604	98751
内资	Domestic Investment	1423015	452624	1328000	95015
股份合作	Stock Cooperative	9901	4406	8826	1075
联营	Joint Operation	783	191	765	18
有限责任公司	Limited Liability Corprations	950098	270940	877365	72733
股份有限公司	Joint Stock Corporations	394310	150501	375555	18755
其他	Others	67923	26586	65489	2434
港澳台投资	Investment Hongkong,Macao and Taiwan	52624	17560	51203	1421
外商投资	Foreign Investment	111716	39330	109401	2315
按企业、事业、机关分	Grouped by Enterprises,Institutions and Agencies				
企业	Enterprises	2227674	672563	2106777	120897
事业	Institutions	827704	423958	778206	49498
机关	Agencies and Organizations	279228	85224	262520	16708
按国民经济行业分	Grouped by Sector				
农、林、牧、渔业	Agriculture,Forestry,Animal Husbandry and Fishery	133150	43885	124411	8739
采矿业	Mining	142788	29748	141602	1186
制造业	Manufacturing	866905	271971	850133	16772
电力、热力、燃气及水的生产和供应业	Production and Supply of Power,Heat, Gas and Water	134514	29860	132255	2259
建筑业	Construction	331902	42042	271027	60875
批发和零售业	Wholesale and Retail Trades	125417	62907	121447	3970
交通运输、仓储和邮政业	Transport,Storage and Post	164287	34594	159118	5169
住宿和餐饮业	Hotels and Catering Services	30126	17835	29189	937
信息传输、软件和信息技术服务业	Information Transmission,Computer Services and Software	65783	27072	63420	2363
金融业	Financial Intermediation	114768	59035	104334	10434
房地产业	Real Estate	63078	27617	60315	2763
租赁和商务服务业	Leasing and Business Services	57830	19708	50640	7190
科学研究、技术服务业	Scientific Research and Technical Services	78792	24320	76575	2217
水利、环境和公共设施管理业	Management of Water Conservancy,Environment and Public Facilities	81597	32718	66546	15051
居民服务、修理和其他服务业	Neighborhood Services,Repair and other Services	17057	7280	16582	475
教育	Education	366065	212805	357738	8327
卫生和社会工作	Health and Social Work	179470	115175	172295	7175
文化、体育和娱乐业	Culture,Sports and Entertainment	34867	15407	33402	1465
公共管理、社会保障和社会组织	Public Management,Social Secarities and Social Organizations	355766	113680	325360	30406
按产业分	Grouped by Industries				
第一产业	Primary Industry	111617	36474	103003	8614
第二产业	Secondary Industry	1450403	364028	1370023	80380
第三产业	Tertiary Industry	1782142	787157	1683363	98779

4－3　分细行业从业人员人数（2014年）

Number of Staff and Workers by Sector in Detail （2014）

单位：人　　unit:person

项　目	Iten	合计 Total	国有单位 State-owned Units	城镇集体单位 Urban Collective-owned Units	其他类型单位 Units of Other Types of Ownership
总 计	**Total**	**3344162**	**1690308**	**66499**	**1587355**
一、企业、事业、机关分组	**Grouped by Enterprises, Institutions and Agencies**				
企业	Enterprises	2227674	598563	51484	1577627
事业	Institutions	827704	809225	14786	3693
机关	Agencies and Organizations	279228	279008	198	22
二、按国民经济行业分组	**Grouped by Sector**				
(一)农、林、牧、渔业	**Agriculture,Forestry,Animal Husbandry and Fishery**	**133150**	**128596**	**2998**	**1556**
农 业	Farming	26979	26297	17	665
林 业	Forestry	75752	73101	2646	5
畜牧业	Animal Husbandry	6421	5980		441
渔 业	Fishery	2465	2281	144	40
农、林、牧、渔服务业	Agriculture,Forestry,Animal Husbandry and Fishery	21533	20937	191	405
(二)采 矿 业	**Mining**	**142788**	**17363**	**2237**	**123188**
煤炭开采和洗选业	Mining and Washing of Coal	69298	13717	763	54818
石油和天然气开采业	Petroleum and Natural Gas Extraction	32309	312		31997
黑色金属矿采选业	Mining of Ferrous Metal Ores	8495		65	8430
有色金属矿采选业	Mining of Non-ferrous Metal Ores	8854	3108		5746
非金属矿采选业	Mining Processing of Non-metal Ores	1488	89	109	1290
开采辅助活动	Mining Auxiliary Activities	22207		1300	20907
其他采矿业	Mining of Others Ores	137	137		
(三)制 造 业	**Manufacturing**	**866905**	**182858**	**10049**	**673998**
农副食品加工业	Processing of Food from Agricultural Products	57628	287	381	56960
食品制造业	Manufacture of Foods	13994	451	37	13506
酒、饮料	Liquor,Soft Drink	19122		4	19118
烟草制品业	Manufacture of Tobacco	4344	1791		2553
纺织业	Manufacture of Textile	29847		19	29828
纺织服装、服饰业	Textile and Clothing Apparel Industry	8222	48	553	7621
皮革、毛皮、羽毛及其制品和制鞋业	Leather,Fur,Feathers and its Products and Footwear	771	32	125	614
木材加工和木、竹、藤、棕、草制品	Processing of Timber,Manufacture of Wood Bamboo Rattan,Palm and Straw Products	50856	5197	605	45054
家具制造业	Manufacture of Furniture	2703		1	2702
造纸和纸制品业	Manufacture of Paper and Paper Products	7548		70	7478
印刷和记录媒介复制业	Printing and Reproduction of Recording Media	7271	373	953	5945

单位: 人

4－3 续表 1 continued

unit:person

项 目	Iten	合 计 Total	国有单位 State-owned Units	城镇单位 Urban Collective-owned Units	其他类型单位 Units of Other Types of Ownership
文教、工美、体育和娱乐用品制造业	Culture,Art,Sportsand Entertainment Goods Manufacturing	1916		114	1802
石油加工、炼焦和核燃料加工业	Petroleum Processing and Coking ,Processing of Nuclear Fuel	4464			4464
化学原料和化学制品制造业	Chemical Raw Material and Chemical Products	71563	17847	1638	52078
医药制造业	Manufacture of Medicines	120912	587	113	120212
化学纤维制造业	Manufacture of Chemical Fiber	7949			7949
橡胶和塑料制品业	Manufacture of Rubber and Plastic	12236	471	681	11084
非金属矿物制品业	Manufacture of Non-metallic Mineral Products	38085	777	2177	35131
黑色金属冶炼和压延加工业	Smelting and Pressing of Ferrous Metals	29310	103	507	28700
有色金属冶炼和压延加工业	Smelting and Pressing of Non-ferrous Metals	9766		28	9738
金属制品业	Manufacture of Metal Products	10499	532	84	9883
通用设备制造业	Manufacture of General Purpose Machinery	18080	1899	369	15812
专用设备制造业	Manufacture of Special Purpose Machinery	20856	5688	357	14811
汽车制造业	Auto Vehicle manufacturing	263340	143256	499	119585
铁路、船舶、航空航天和其他运输设备制造业	Railroads,Ships,Aerospase and other Transportation Facities	24849	686	440	23723
电气机械和器材制造业	Manufacture of Electrical Machinery and Equipment	10637	120	162	10355
计算机、通信和其他电子设备制造业	Manufacture of Communication Equipment, Computer and Other Electronic Equipment	7432	261	4	7167
仪器仪表制造业	Instrument Manufacting Industry	7390		34	7356
其他制造业	Other Manufacting Industry	308			308
废弃资源综合利用业	Compre Hensive Utilization of Waste Resources	1508	7	54	1447
金属制品、机械和设备修理业	Metal Products,Machinery and Equipment Repair	3499	2445	40	1014
(四)电力、热力、燃气及水生产和供应业	**Production and Supply of Power Heat,Gas and Water**	**134514**	**42469**	**532**	**91513**
电力、热力生产和供应业	Production and Supply of Electricity and Heat Power	111482	29197	280	82005
燃气生产和供应业	Production and Supply of Gas	5589	979	132	4478
水的生产和供应业	Production and Supply of Water	17443	12293	120	5030
(五) 建筑业	**Construction**	**331902**	**29668**	**11014**	**291220**
房屋建筑业	Construction of Buliding	180594	11731	6738	162125
土木工程建筑业	Construction of Civil Engineering	89436	12176	1842	75418
建筑安装业	Construction Installation	38238	5464	2254	30520
建筑装饰和其他建筑业	Construction Decoration and other Constraction	23634	297	180	23157
(六)批发和零售业	**Wholesale and Retail Trades**	**125417**	**23524**	**2416**	**99477**
批发业	Wholesale Trade	43110	20989	1265	20856
零售业	Retail Trade	82307	2535	1151	78621

4－3 续表 2 continued

单位: 人 unit:person

项 目	Iten	合 计 Total	国有单位 State-owned Units	城镇单位 Urban Collective-owned Units	其他类型单位 Units of Other Types of Ownership
(七) 交通运输、仓储和邮政业	**Transport, Storage and Post**	**164287**	**118710**	**726**	**44851**
铁路运输业	Railway Transport	67959	67275	63	621
道路运输业	Road Transport	54719	22150	558	32011
水上运输业	Water Transport	123	123		
航空运输业	Air Transport	5491	5370		121
管道运输业	Transport Via Pipeline	1104	30		1074
装卸搬运和运输代理业	Loading, Unlooding, Portage and Other Transport Services	1201	256	50	895
仓储业	Storage	14181	9482	55	4644
邮政业	Post	19509	14024		5485
(八)住宿和餐饮业	**Hotels and Catering Serrvices**	**30126**	**10804**	**804**	**18518**
住宿业	Hotels	20507	9275	495	10737
餐饮业	Catering Services	9619	1529	309	7781
(九)信息传输、软件和信息技术服务业	**Information Transmission,Software and Information Technologh Services**	**65783**	**13462**	**8**	**52313**
电信、广播电视和卫星传输服务	Telecommunications,Broadcasting Television and Satelite Transmission Services	54848	12651		42197
互联网和相关服务	Internet and Relatsd Services	1292	451		841
软件和信息技术服务业	Software and Infomation Technology Services	9643	360	8	9275
(十)金融业	**Financial Intermediation**	**114768**	**45261**	**15582**	**53925**
货币金融服务业	Monetary and Financial Services	90550	38944	15262	36344
资本市场服务业	Capital Market Services	3091	1014		2077
保险业	Insurance	20636	5154	320	15162
其他金融业	Other Financial Activities	491	149		342
(十一)房地产业	**Real Estate**	**63078**	**9093**	**164**	**53821**
其中：房地产开发经营	Development and Managment of Real Estate	32705	842	11	31852
物业管理	Property Management	23501	2895	140	20466
房地产中介服务	Agency Services for Real Estate	1831	868	13	950
(十二)租赁和商务服务业	**Leasing and Business Services**	**57830**	**24567**	**1621**	**31642**
租赁业	Leasing	617	40		577
商务服务业	Business Services	57213	24527	1621	31065
(十三) 科学研究、技术服务业	**Scientific Research and Technical Service**	**78792**	**62734**	**476**	**15582**
研究和试验发展	Research and Experimental Development	12661	12041	14	606
专业技术服务业	Professional Technical Services	56036	41455	462	14119

单位: 人 unit:person

项目	Iten	合计 Total	国有单位 State-owned Units	城镇单位 Urban Collective-owned Units	其他类型单位 Units of Other Types of Ownership
科技推广和应用服务业	Services of Science and Technology Exchangs and Promotion	10095	9238		857
(十四)水利、环境和公共设施管理业	**Water Conservancy, Environment and Public Facilities Management**	**81597**	**66414**	**8860**	**6323**
水利管理业	Water Conservancy Management	17880	17387	230	263
生态保护和环境治理业	Ecological Protection and Environmentel Treatment Services	3184	2913		271
公共设施管理业	Puplic Facility Mangagement	60533	46114	8630	5789
(十五)居民服务、修理和其他服务业	**Household Services,Repairing and other Services**	**17057**	**7541**	**1571**	**7945**
居民服务业	Service to Households	10366	6313	542	3511
机动车、电子产品和日用产品修理业	Motor Vehicle,Electronic Products and Household Products Repair Services	1536	286	125	1125
其他服务业	Other Services	5155	942	904	3309
(十六)教育	**Education**	**366065**	**357751**	**98**	**8216**
其中:初等教育	Primary Education	134002	133402	66	534
中等教育	Secondary Education	148271	146057	1	2213
高等教育	Higher Senion Education	61648	57964		3684
(十七)卫生和社会工作	**Health Care and Social Work**	**179470**	**164634**	**7034**	**7802**
卫生	Health Care	174529	160364	6576	7589
社会工作	Social Work	4941	4270	458	213
(十八)文化、体育和娱乐业	**Culture,Sports and Entertainment**	**34867**	**29360**	**94**	**5413**
新闻和出版业	Journmalism and Publishing Activities	8670	5610	31	3029
广播、电视、电影和影视录音制作业	Broad Casting、TV, Movies and Audiovisual Activities	10651	9558	18	1075
文化艺术业	Culture and Activities	11983	11404	26	553
体育	Sports	2293	2056		237
娱乐业	Entertainment	1270	732	19	519
(十九)公共管理、社会保障和社会组织	**Public Management,Social Securities and Social Organization**	**355766**	**355499**	**215**	**52**
其中:中国共产党机关	Organs of Communist Party of China	13291	13291		
国家机构	Government Agencies	326289	326074	215	
人民政协、民主党派	People' s Political Consultative and Conference and Democratic Parties	2030	2030		
社会保障	Social Securities	7988	7988		
群众社团、社会团体和其他成	Non-goverment Multitude Organization,Social Organizations and other	6168	6116		52

4-4 各地区年底从业人员人数（2014年）
Number of Employees at the Year-end by Region （2014）

单位: 人 unit:person

地 区	Region	合 计 Total	国有单位 State-owned Units	城镇集体单位 Urban Collective-owned Units	其他单位合 计 Units of Other Types of Ownership
全 省	**Total**	**3344162**	**1690308**	**66499**	**1587355**
长 春	Changchun	1268415	561352	19605	687458
吉 林	Jilin	431965	214958	10600	206407
四 平	Siping	217848	127103	4545	86200
辽 源	Liaoyuan	130211	52382	1951	75878
通 化	Tonghua	289585	107663	9113	172809
白 山	Baishan	183081	113352	2373	67356
松 原	Songyuan	265151	131646	7586	125919
白 城	Baicheng	215924	153137	5783	57004
延 边	Yanbian	265621	152354	4943	108324

注：各地区相加不等于全省总计。
Note:The Sum of the data by region is not equal to the total.

4-5 城镇登记失业人员情况
Registered Unemployment Persons in Urban

单位: 人 unit:person

指 标	Item	2012	2013	2014
本期新登记的失业人数	Registered Unemployed Persons This Year	342070	372434	338326
# 女性	Female	169209	175706	156658
# 由就业转失业人数	Unemployed Persons from Employment	112009	128523	115078
本期登记失业人员就业人数	Reemployed Persons This Year	335059	354000	322738
期末实有登记失业人数	Actual Number of Registered Unemployed Persons	222986	226133	231816
# 女性	Female	100408	103115	98641
# 长期失业者	Unemployed Persons in Long－term	35613	33690	30187
登记失业率（%）	Registered Unemployment Rate(%)	3.65	3.70	3.37

4-6 历年职工工资总额、平均工资和指数

Total Wages and Average Wages of Staff and Workers and Related Indices

年 份 Year	工资总额 (万元) Total Wages (10000yuan)	#国有单位 State-owned Unis	#城镇集体单位 Urban Collective -owned Units	平均工资 (元) Average Wages (yuan)	#国有单位 State-owned Units	#城镇集体单位 Urban Collective -owned Units	平均实际工资指数 (以上年100) Average Real Wages Index (perceeding year=100)	#国有单位 State-owned Units
1978	214393	176392	38001	651	712	467		104.6
1979	234639	189914	44725	700	753	539	105.7	104.0
1980	275684	219028	56656	763	827	588	103.2	104.0
1981	298349	232138	66211	770	840	611	99.3	100.0
1982	323142	250121	73021	799	863	637	99.6	98.6
1983	340615	259049	81566	823	881	680	98.6	97.7
1984	393211	292467	100635	927	1008	751	108.8	110.5
1985	474432	352057	122217	1081	1175	880	105.7	105.7
1986	556845	417486	139173	1221	1333	974	106.6	107.0
1987	644136	484259	159616	1366	1491	1088	104.0	104.0
1988	789012	595701	192919	1630	1771	1311	99.2	98.7
1989	870776	662084	207837	1755	1914	1388	91.9	99.2
1990	951989	734882	215591	1888	2068	1456	102.6	103.0
1991	1063309	816534	243947	2045	2233	1596	101.4	101.1
1992	1220550	945410	264870	2308	2526	1759	104.2	105.7
1993	1423561	1109906	281071	2701	2974	1952	103.4	104.0
1994	1887916	1509813	314723	3666	3997	2568	110.2	109.1
1995	2210027	1809128	318902	4430	4803	3032	104.9	104.3
1996	2636962	2164775	364074	5370	5765	3752	112.6	111.9
1997	2745277	2214025	353209	5664	6017	3813	101.7	100.6
1998	2465545	1967822	268404	6551	6814	4778	116.6	114.1
1999	2532839	1969551	242057	7158	7368	5000	111.5	110.3
2000	2649607	2037696	234537	7924	8121	5501	112.2	111.8
2001	2775443	2102269	222532	8771	9043	5765	109.3	109.9
2002	3005549	2251039	209872	9990	10369	6411	114.5	115.2
2003	3215531	2298500	224936	11081	11124	8018	109.6	106.0
2004	3500716	2460166	192450	12431	12540	7504	107.8	108.3
2005	3774008	2597306	183772	14409	14566	8735	114.2	114.4
2006	4310888	2916500	192231	16583	17118	9787	113.5	115.9
2007	5287046	3612104	178673	20513	21688	11135	118.0	120.9
2008	6014107	4067347	186024	23486	24754	12761	108.9	108.6
2009	6781647	4406877	204827	26230	27523	14443	111.6	111.1
2010	7626800	4922713	228316	29399	30661	17060	108.1	107.4
2011	9190240	5721524	236846	34197	35216	25718	110.6	109.2
2012	11072962	6686141	273291	38407	39335	29506	109.6	109.0
2013	14766085	7900621	252572	42846	45618	34570	108.4	112.7
2014	15899035	8348348	250681	46516	49267	37351	106.4	105.9

注：①1998年以后为在岗职工情况。
②从2012年以后在岗职工平均工资调整为单位从业人员平均工资。

Note:①Data on total wages since 1998 refers to wages of fully employed staff and workers.
②Since 2012 the average wage of workers,the average wage for Personnel Unit adjustment.

4-7 单位从业人员劳动报酬和生活费（2014年）

项　　目	Iten	单位从业人员工资总额（万元）Earning of Employed Persons (10000 yuan)
总计	**Total**	**15899035**
按经济类型分	Grouped by Ownership	
国有经济	State-owned Units	8348348
城镇集体经济	Urban Collective-owned Units	250681
其他经济	Others	7300007
内资	Domestic Investment	6443791
股份合作	Stock Cooperative	40425
联营	Joint Operation	2911
有限责任公司	Limited Liability Corporations	3942936
股份有限公司	Joint Stock Corporations	2095672
其他	Others	361848
港澳台商投资	Investment HongKong,Macao and Taiwan	249598
外商投资	Foreign Investment	606618
按企业、事业、机关分	Grouped by Enterprises,Institutions and Agencies	
企业	Enterprises	11164611
事业	Instiutions	3507889
机关	Agencies and Organizations	1184214
按国民经济行业分	Grouped by Sector	
农、林、牧、渔业	Agrculture,Forestry,Animal Husbandry and Fishery	341953
采矿业	Mining	784118
制造业	Manufacturing	4528468
电力、热力、燃气及水的生产和供应业	Production and Supply of Electricity,Heat,Gas and Water	793319
建筑业	Construction	1476799
批发和零售业	Wholesale and Retail Trades	471023
交通运输、仓储和邮政业	Transportation,Storage and Post	889275
住宿和餐饮业	Hotels and Catering Services	92448
信息传输、软件和信息技术服务业	Information Transmission,Software and Information Technology Services	373190
金融业	Financial Intermediation	826152
房地产业	Real Estate	255927
租赁和商务服务业	Leasing and Business Services	210295
科学研究、技术服务业	Scientific Research,Techrical Services	421956
水利、环境和公共设施管理业	Management of Water Conservancy,Environment and Public Facilities	227172
居民服务、修理和其他服务业	Household Services Repairing and other Services	54691
教育	Education	1748662
卫生和社会工作	Health Care and Social Work	824194
文化、体育和娱乐业	Culture,Sports and Entertainment	141657
公共管理、社会保障和社会组织	Public magement,Social Security and Social Organization	1437738

Earning of Employed Persons and Living Expenses in Units (2014)

在岗职工工资总额 Total Wages of Staff and Workers	其他从业人员工资总额 Others	单位从业人员平均工资(元) Average Earning of Employed Persons (yuan)	#在岗职工平均工资 Average Wages of Staff and Workers
15348252	**550784**	**46516**	**47683**
8134334	214013	49267	50511
236542	14140	37351	38540
6977376	322631	44072	45101
6136027	307764	43249	44312
38535	1889	40965	43905
2888	23	37079	37263
3722603	220333	39974	40994
2020076	75596	49414	50400
351925	9923	52587	53095
246091	3507	45589	46014
595258	11360	54312	54683
10740723	423888	48553	49562
3411241	96648	42348	43792
1156253	27961	42331	43961
323870	18083	25610	26023
780452	3666	53814	54106
4424529	103939	52057	51951
787197	6123	59153	59717
1274558	202241	37119	38862
460401	10622	37522	37885
880064	9211	54654	55846
89763	2685	30091	30272
364449	8742	56439	57223
794879	31272	71894	75560
247277	8650	39308	40050
192122	18174	36692	38385
414392	7564	53062	53645
199019	28153	27992	30223
53882	810	32385	32835
1726892	21770	47658	48153
802693	21502	46127	46807
137775	3881	40313	40916
1394038	43700	40366	42772

4－8 分行业从业人员工资总额（2014年）

Total Wages of Employees in the Sorted Industry （2014）

单位: 万元　　unit:10000 yuan

行　　业	Iten	合　计 Total	国有单位 State -owned Units	集体单位 Collective -owned Units	其他单位 Others
总 计	**Total**	**15899035**	**8348348**	**250681**	**7300007**
农、林、牧、渔业	Agriculture,Forestry,Animal Husbandry and Fishery	341953	327002	9161	5790
采矿业	Mining	784118	68494	7964	707661
制造业	Manufacturing	4528468	1588367	31318	2908784
电力、热力、燃气及水的生产和供应业	Production and Supply of Electricity,Heat,Gas and Water	793319	259555	1452	532312
建筑业	Construction	1476799	143523	38237	1295039
批发和零售业	Wholesale and Retail Trades	471023	124214	5572	341237
交通运输、仓储和邮政业	Transport,Storage and Post	889275	724962	1590	162723
住宿和餐饮业	Hotels and Catering Services	92448	32254	2209	57985
信息传输、软件和信息技术服务业	Information Transmission,Software and Information Technology Services	373190	64816	32	308342
金融业	Financial Intermediation	826152	311553	93815	420784
房地产业	Real Estate	255927	34807	455	220665
租赁和商务服务业	Leasing and Business Services	210295	83484	4929	121883
科学研究、技术服务业	Scientific Research,Techrical Services	421956	321565	2783	97609
水利、环境和公共设施管理业	Management of Water Conservancy, Environment Protection and Public Facilities	227172	187388	20696	19089
居民服务、修理和其他服务业	Household Services Repairing and other Services	54691	29143	3886	21662
教育	Education	1748662	1713922	466	34274
卫生和社会工作	Health Care and Social Work	824194	773583	24731	25880
文化、体育和娱乐业	Culture, Sports and Entertainment	141657	123224	289	18145
公共管理、社会保障和社会组织	Public maragement,Social Security and Social Organization	1437738	1436494	1100	144

4－9 分细行业从业人员平均工资（2014年）

Average wages of Employees In the Industry（2014）

单位: 元 unit:yuan

项目	Iten	从业人员 Employees	国有单位 State-owned Units	城镇单位 Urban Collective-owned Units	其他类型单位 Units of Other Types of Ownership
总 计	**Total**	**46516**	**49267**	**37351**	**44072**
一、企业、事业、机关分组	**Grouped by Enterprises, Institutions and Agencies**				
企业	Enterprises	48553	61494	39372	44115
事业	Institutions	42348	42580	30232	39341
机关	Agencies and Organizations	42331	42340	30296	33409
二、按国民经济行业分组	**Grouped by Sector**				
(一)农、林、牧、渔业	**Agriculture,Forestry,Animal Husbandry and Fishery**	**25610**	**25347**	**30546**	**38296**
农 业	Farming	18594	18063	28059	39894
林 业	Forestry	26305	26125	31305	12200
畜牧业	Animal Husbandry	20243	19759		27063
渔 业	Fishery	19088	18771	17021	44625
农、林、牧、渔服务业	Agriculture,Forestry,Animal Husbandry and Fishery	34283	34070	30440	47524
(二)采 矿 业	**Mining**	**53814**	**38636**	**35825**	**56272**
煤炭开采和洗选业	Mining and Washing of Coal	46139	39269	41821	47950
石油和天然气开采业	Petroleum and Natural Gas Extraction	73034	37710		73416
黑色金属矿采选业	Mining of Ferrous Metal Ores	41007		14723	41201
有色金属矿采选业	Mining of Non-ferrous Metal Ores	38201	35610		39588
非金属矿采选业	Mining Processing of Non-metal Ores	29829	37088	38919	28555
开采辅助活动	Mining Auxiliary Activities	62209		33170	63961
其他采矿业	Mining of Others Ores	76261	76261		
(三)制 造 业	**Manufacturing**	**52057**	**86455**	**29612**	**43054**
农副食品加工业	Processing of Food from Agricultural Products	32914	29721	14839	33038
食品制造业	Manufacture of Foods	32979	20580	29108	33395
酒、饮料和	Liquor,Soft Drink	35555		75750	35546
烟草制品业	Manufacture of Tobacco	131216	124401		136460
纺织业	Manufacture of Textile	32023		24368	32028
纺织服装、服饰业	Textile and Clothing Apparel Industry	26441	28694	20567	26854
皮革、毛皮、羽毛及其制品和制鞋业	Leather,Fur,Feathers and its Products and Footwear	28729	34394	27344	28707
木材加工和木、竹、藤、棕、草制品	Processing of Timber,Manufacture of Wood Bamboo Rattan,Palm and Straw Products	31619	32832	21728	31618
家具制造业	Manufacture of Furniture	30238		13000	30245
造纸和纸制品业	Manufacture of Paper and Paper Products	33611		19471	33733
印刷和记录媒介复制业	Printing and Reproduction of Recording Media	31475	25141	38326	30805

4－9 续表 1 continued

项目	Iten	从业人员 Employees	国有单位 State-owned Units	城镇单位 Urban Collective-Owned Units	其他类型单位 Units of Other Types of Ownership
文教、工美、体育和娱乐用品制造业	Culture,Art,Sportsand Entertainment Goods Manufacturing	27976		26379	28104
石油加工、炼焦和核燃料加工业	Petroleum Processing and Coking ,Processing of Nuclear Fuel	37696			37696
化学原料和化学制品制造业	Chemical Raw Material and Chemical Products	58800	46261	51988	63288
医药制造业	Manufacture of Medicines	37615	30429	28943	37658
化学纤维制造业	Manufacture of Chemical Fiber	30951			30951
橡胶和塑料制品业	Manufacture of Rubber and Plastic	34884	34915	21390	35713
非金属矿物制品业	Manufacture of Non-metallic Mineral Products	33354	50333	20062	33923
黑色金属冶炼和压延加工业	Smelting and Pressing of Ferrous Metals	40710	23113	23265	41089
有色金属冶炼和压延加工业	Smelting and Pressing of Non-ferrous Metals	42021		13692	42099
金属制品业	Manufacture of Metal Products	34679	38489	24940	34551
通用设备制造业	Manufacture of General Purpose Machinery	38933	36796	27092	39470
专用设备制造业	Manufacture of Special Purpose Machinery	34618	37531	25191	33793
汽车制造业	Auto Vehicle manufacturing	78296	97897	26365	54902
铁路、船舶、航空航天和其他运输设	Railroads,Ships,Aerospase and other Transportation Facities	77672	53285	54657	78878
电气机械和器材制造业	Manufacture of Electrical Machinery and Equipment	41855	33187	20083	42395
计算机、通信和其他电子设备制造业	Manufacture of Communication Equipment, Computer and Other Electronic Equipment	44037	89973	18000	42388
仪器仪表制造业	Instrument Manufacting Industry	49927		54167	49906
其他制造业	Other Manufacting Industry	27300			27300
废弃资源综合利用业	Compre Hensive Utilization of Waste Resources	28486	28571	25241	28605
金属制品、机械和设备修理业	Metal Products,Machinery and Equipment Repair	30306	32988	24000	23850
(四)电力、热力、燃气及水生产和供应业	**Production and Supply of Power Heat,Gas and Water**	**59153**	**61589**	**26548**	**58225**
电力、热力生产和供应业	Production and Supply of Electricity and Heat Power	63928	73845	36419	60528
燃气生产和供应业	Production and Supply of Gas	43090	33703	17442	45966
水的生产和供应业	Production and Sypply of Water	33659	34843	13250	31262
(五) 建筑业	**Construction**	**37119**	**45945**	**33689**	**36453**
房屋建筑业	Construction of Buliding	37136	49720	32567	36543
土木工程建筑业	Construction of Civil Engineering	34495	37631	29799	34124
建筑安装业	Construction Installation	43986	55995	40590	42041
建筑装饰和其他建筑业	Construction Decoration and other Constraction	36069	34657	32901	36116
(六)批发和零售业	**Wholesale and Retail Trades**	**37522**	**52961**	**23138**	**34237**
批发业	Wholesale Trade	46982	54603	25191	40763
零售业	Retail Trade	32489	38871	20888	32460

4－9 续表 2 continued

项目	Iten	从业人员 Employees	国有单位 State-owned Units	城镇单位 Urban Collective-owned Units	其他类型单位 Units of Other Types of Ownership
(七) 交通运输、仓储和邮政业	**Transport, Storage and Post**	**54654**	**61294**	**21835**	**37232**
铁路运输业	Railway Transport	73755	74023	41938	48556
道路运输业	Road Transport	35937	37432	19121	35181
水上运输业	Water Transport	49967	49967		
航空运输业	Air Transport	91303	92553		37573
管道运输业	Transport Via Pipeline	75040	33667		76263
装卸搬运和运输代理业	Loading, Unlooding, Portage and Other Transport Services	31715	17680	22923	36370
仓储业	Storage	34475	35123	24491	33243
邮政业	Post	44583	45021		43404
(八)住宿和餐饮业	**Hotels and Catering Serrvices**	**30091**	**29719**	**27040**	**30433**
住宿业	Hotels	30363	29408	26693	31335
餐饮业	Catering Services	29504	31677	27612	29171
(九)信息传输、软件和信息技术服务业	**Information Transrission,Software and Information Technologh Services**	**56439**	**48001**	**39875**	**58607**
电信、广播电视和卫星传输服务	Telecommuricutions,Broadcasting Television and Satelite Transmission Services	56715	47776		59385
互联网和相关服务	Internet and Relatsd Services	49094	57901		44386
软件和信息技术服务业	Software and Infomation Technology Services	55856	43397	39875	56353
(十)金融业	**Financial Intermediation**	**71894**	**68541**	**60354**	**78047**
货币金融服务业	Monetary and Financial Services	78510	72838	61145	91643
资本市场服务业	Capital Market Services	73020	52551		82406
保险业	Insurance	40791	38028	22753	42183
其他金融业	Other Financial Activities	89974	99167		85942
(十一)房地产业	**Real Estate**	**39308**	**38487**	**27726**	**39475**
其中：房地产开发经营	Development and Managment of Real Estate	42405	36414	24091	42565
物业管理	Property Management	34150	32444	27379	34444
房地产中介服务	Agency Services for Real Estate	30332	32187	34538	28831
(十二)租赁和商务服务业	**Leasing and Business Services**	**36692**	**33943**	**31273**	**39136**
租赁业	Leasing	34093	48125		33135
商务服务业	Business Services	36721	33920	31273	39252
(十三) 科学研究、技术服务业	**Scientific Research and Technical Service**	**53062**	**50688**	**57136**	**62594**
研究和试验发展	Research and Experimental Development	63426	64567	27214	41433
专业技术服务业	Professional Technical Services	53317	49389	58021	64800

4－9 续表 3 continued

项目	Iten	从业人员 Employees	国有单位 State-owned Units	城镇单位 Urban Collective-owned Units	其他类型单位 Units of Other Types of Ownership
科技推广和应用服务业	Services of Science and Technology Exchangs and Promotion	38390	38167		40862
(十四)水利、环境和公共设施管理业	**Water Conservancy, Environment and Public Facilities Management**	**27992**	**28314**	**23808**	**30386**
水利管理业	Water Conservancy Management	30528	30577	24206	32878
生态保护和环境治理业	Ecological Protection and Environmentel Treatment Services	26464	25719		34221
公共设施管理业	Puplic Facility Mangagement	27317	27620	23797	30085
(十五)居民服务、修理和其他服务业	**Household Services,Repairing and other Services**	**32385**	**39013**	**24426**	**27676**
居民服务业	Service to Households	35796	39223	37114	29242
机动车、电子产品和日用产品修理业	Motor Vehicle,Electronic Products and Household Products Repair Services	33587	32098	17434	35689
其他服务业	Other Services	25314	39721	17547	23327
(十六)教育	**Education**	**47658**	**47770**	**47030**	**42672**
其中:初等教育	Primary Education	42722	42668	45851	55708
中等教育	Secondary Education	45561	45592	37000	43409
高等教育	Higher Senion Education	64551	65982		41829
(十七)卫生和社会工作	**Health Care and Social Work**	**46127**	**47148**	**35370**	**34008**
卫生	Health Care	46440	47407	36620	34233
社会工作	Social Work	35142	37473	17501	26224
(十八)文化、体育和娱乐业	**Culture,Sports and Entertainment**	**40313**	**41606**	**30052**	**33440**
新闻和出版业	Journmalism and Publishing Activities	40578	44652	19968	33143
广播、电视、电影和影视录音制作业	Broad Casting、TV, Movies and Audiovisual Activities	39933	40483	67778	34249
文化艺术业	Culture and Activities	40694	40955	12231	36608
体育	Sports	40715	41928		30039
娱乐业	Entertainment	37383	41620	34667	31850
(十九)公共管理、社会保障和社会组织	**Public Management,Social Securities and Social Organization**	**40366**	**40360**	**50673**	**35975**
其中：中国共产党机关	Organs of Communist Party of China	47645	47645		
国家机构	Government Agencies	40192	40185	50673	
人民政协、民主党派	People's Political Consultative and Conference and Democratic Parties	54002	54002		
社会保障	Social Securities	27407	27407		
群众社团、社会团体和其他成	Non-goverment Multitude Organization,Social Organizations and other	46120	46186		35975

CHAPTER ▶ 05

第五篇

固定资产投资

INVESTMENT IN FIXED ASSETS

5-1 历年全社会固定资产投资额
Total Investment in Fixed Assets in the Whole Country

单位: 亿元　　　　unit:100 million yuan

年份 Year	投资总额 Total Investment	国有经济 State-owned Units	集体经济 Collective-owned Units	个体经济 Self-employed Individual Units	其他经济 Others	#城镇投资 Urban Investment	#房地产投资 Real Estate Investment	#农村投资 Rural Investment
1978	18.2	15.6	1.9	0.7		16.2		2.0
1979	19.5	17.2	1.6	0.8		17.9		1.7
1980	20.9	17.7	2.0	1.3		18.6		2.2
1981	21.0	17.1	2.3	1.7		18.4		2.6
1982	27.5	22.1	2.4	3.1		23.7		3.8
1983	29.3	22.0	3.4	4.0		24.2		5.1
1984	40.9	25.5	2.2	13.3		28.3		12.7
1985	62.2	37.4	4.4	20.4		41.5		20.7
1986	63.4	42.1	4.4	16.9		47.2		16.2
1987	77.0	54.0	6.4	16.7		59.8		17.2
1988	93.0	67.8	7.3	18.0		76.3		16.8
1989	80.1	58.1	4.3	17.7		65.1		15.0
1990	93.5	66.9	2.8	23.8		72.8	6.5	20.7
1991	114.0	85.6	6.0	22.4		92.0	7.7	21.9
1992	151.1	121.7	12.2	17.2		129.1	14.3	22.0
1993	253.6	207.7	23.4	22.6		223.8	29.6	29.8
1994	302.5	249.5	25.7	27.3		268.8	42.5	33.7
1995	341.9	279.8	21.2	40.9		294.9	35.6	46.9
1996	394.6	321.8	24.6	48.1		338.4	30.2	56.2
1997	364.5	295.1	32.9	36.5		311.4	25.3	53.2
1998	420.9	350.3	38.6	32.0		369.2	36.4	51.7
1999	498.8	414.6	42.5	41.7		437.9	53.0	60.9
2000	586.9	308.4	43.5	52.1	182.9	514.4	63.5	72.5
2001	679.7	373.5	26.2	70.8	209.2	606.7	93.0	73.0
2002	808.0	349.8	25.8	79.2	353.2	724.5	116.8	83.5
2003	969.0	416.4	32.1	87.4	433.1	872.9	139.2	96.1
2004	1171.6	452.3	51.8	87.4	579.9	1061.9	162.5	109.7
2005	1802.4	892.3	85.4	117.8	706.9	1642.6	195.7	159.8
2006	2804.3	1176.8	28.5	113.5	1485.5	2366.1	310.2	438.2
2007	4003.2	1129.1	70.2	153.4	2650.5	3340.2	490.1	663.0
2008	5608.2	1804.4	88.7	184.7	3530.4	4592.5	640.8	1015.7
2009	7259.5	1927.1	100.5	212.2	5019.7	5959.0	756.7	1300.5
2010	9621.8	2820.1	141.8	252.8	6407.1	7925.7	921.0	1696.1
2011	7441.7	1752.4	62.2	1263.2	4363.9	6507.3	1195.4	934.4
2012	9511.6	2191.0	82.2	367.0	6871.4	8354.4	1310.0	1157.2
2013	9979.3	2478.7	59.9	382.4	7058.3	8607.4	1252.4	1371.8
2014	11339.6	2616.4	87.5	401.6	8234.1		1030.1	

注：从2011年开始，固定资产投资统计的起点标准，从计划总投资50万元提高到500万元，因此，2011年全社会固定资产投资额与以前年度不可比。
Note: From the beginning of 2011,Fixed assets investment statistics starting from the standard plans,Which from total investment of fifty thousand yuan to 5 million yuan.Therefore,in 2011 there is not comparable with other years on the total social fixed assets investment over the absolute number.

5－2 历年全社会住宅投资和房屋建筑面积

Society as a Whole Calendar Year of Residential Building Investment and Construction Area

年 份 Year	全社会住宅投资(万元) Total Investment in Residential Buildings(10000yuan)				房屋建筑面积(万平方米) Floor Space of Buildings(10000sq.m)		
	总计 Total	国有、其他类型 State-owned, Others	集体经济 Collective -owned Units	个体经济 Self-employed Individual Units	施工面积 Floor Spoce under Construcion	竣工面积 Floor Space Completed	#住宅 Residential Buidings
1978	19754	12147	440	7167		864.0	248.5
1979	34264	26298	292	7674		664.5	326.0
1980	49115	36152	202	12761		773.9	505.0
1981	57153	39003	1467	16683		1135.0	623.1
1982	82136	50244	1383	30509		1495.4	1203.0
1983	74796	37531	4201	33064		1671.6	1131.8
1984	118432	40699	5369	72364		1862.5	1484.8
1985	172342	70802	8078	93462		2007.7	1476.6
1986	182512	64113	4139	114260		2352.8	1973.6
1987	220034	49538	16019	154477		1933.3	1536.1
1988	203785	92348	5090	106347		1463.5	1059.4
1989	190408	69363	2867	118178	1512.4	1356.3	930.2
1990	241290	88078	8579	144633	1462.6	1096.1	917.2
1991	275610	136689	4809	134112	1824.8	1074.2	761.6
1992	368529	220075	7006	141448	1956.6	1380.0	834.4
1993	740171	503732	75582	160857	2583.1	1833.6	1183.9
1994	797648	508561	53914	235173	2867.8	2011.7	1162.9
1995	842257	426009	39362	376886	2013.3	2007.6	1423.1
1996	808848	443593	43689	321566	2004.9	1923.0	1505.5
1997	820149	372063	83113	364973	1843.3	1798.8	1370.0
1998	870310	518165	32037	320108	2427.1	1954.4	1112.3
1999	1119595	685868	27135	406592	2744.8	1928.6	1300.3
2000	1584539	811784	298644	474111	3500.4	2616.9	1720.4
2001	1867332	1169351	243141	454840	4449.5	3106.5	1997.3
2002	1608617	1197583	138363	272671	4856.6	3349.0	1988.8
2003	1728015	1452431	85458	191126	4913.1	3367.3	1990.1
2004	1608043	1430143	44073	133827	3967.5	2017.5	957.8
2005	2175201	1891700	56609	226892	5110.6	2633.2	946.3
2006	3520595	3191143	25225	304227	6888.4	3409.4	1192.7
2007	5293696	4907428	25130	361138	9487.9	4302.4	1629.5
2008	6415919	5983445	54707	377767	11594.0	5655.2	2521.9
2009	7915956	7261667	14402	639887	13286.9	5906.3	2626.8
2010	9046137	8384024	12027	650086	16322.2	6316.0	3228.8
2011	10593873	9899094	14455	680324	15645.3	4876.9	2978.6
2012	11097180	10425862	195865	475453	16960.0	4573.9	2173.5
2013	10404829	9787259	45471	572099	19551.1	5458.8	2451.0
2014	8414182	7802594	300	611288	18426.0	5119.8	2076.1

5-3 全社会固定资产投资主要指标
Main Indicators of Total Investment in Fixed Assets in the Whole Country

指　　标	Item	2013	2014
全社会投资额(亿元)	**Total Social Investment (100 million yuan)**	**9979.26**	**11339.62**
固定资产投资额(不含农户)(亿元)	Fixed Asset Investment(Excluding Farmers)(100 million yuan))	9725.76	11107.94
按登记注册类型分	**Type of Registration**		
内资企业	Domestic Funds	9418.76	10767.11
#国有企业	Stute-owned	2375.78	2457.94
集体企业	Collective	53.78	69.24
股份合作企业	Cooperative units	4.47	17.30
联营企业	Joint Ownership	18.55	36.24
国有独资公司	State Owned company	94.22	127.78
其他有限责任公司	Others Limited Liability Corprations	3538.78	3547.03
股份有限公司	Share-holding Corporations Lted	519.90	546.14
港澳台商投资企业	Funds from Hongkong，Macao and Taiwan	71.51	88.14
外商投资企业	Foreign Fundece	106.64	82.76
个体投资	Personal Investment	382.35	401.61
按隶属关系分	**Grouped by Jurisdiction of Management**		
中央项目	Gentral Investment	726.17	756.44
地方项目	Local Investment	9253.09	10583.18
按控股情况分	**Grouped by Hdding Situation**		
国有控股	State Holding	2703.21	1899.57
集体控股	Collective holding	92.33	126.37
私人控股	Private holding	6303.18	7461.11
港澳台商控股	Hongkong Macao and Taiwan Holdings	63.50	79.96
外商控股	Foreign holding	72.48	55.15
其他控股	Other holding	744.56	717.46
按构成分	**Grouped by structure**		
建筑安装工程	Construcion and Installtion	5914.11	6692.80
设备、工器具购置	Parchase of Equipment and Instruments	3251.79	3790.05
其他费用	Others	813.36	856.77
按产业分	**Grouped by Industry**		
#住宅	Residental Buildings	1040.48	841.42
第一产业	Pirmary Industry	472.45	608.51
第二产业	Secondary Industry	5390.23	6306.61
第三产业	Tertiary Industry	4116.58	4424.50

注：自筹投资中含发行债券部分（下同）。
Note:Fund raising includes bond publishing(so did follows).

5-4 固定资产投资和房屋建筑面积（不含农户）
Fixed Asset Investment and Housing Construction Area

单位：亿元　　　　unit：100 million yuan

指　标	Item	2013	2014
施工建设项目个数（个）	**Number of Constraction Projects (Unit)**	**10062**	**12705**
新开工	New	8170	11198
全部建成投产项目	Total Projects Completed and Put into Use	8146	10944
建成项目投产率（%）	Rate of Construction Projects Completed and Put into Use(%)	81.0	86.1
投资完成额	**Investment Completion**	**9725.76**	**11107.94**
按资金实际到位情况分	**By Funding the Actual Place Situation**		
国家预算内资金	National Budget	298.40	290.77
国内贷款	Domestic Loans	583.54	530.73
利用外资	Foreign Investment	27.90	11.43
自筹资金	Self-raising Funds	8427.19	9653.26
其他投资	Others	388.73	621.75
新增固定资产	New Fixed Assets	7433.10	9644.99
固定资产交付使用率（%）	Fixed Asset Delivery (%)	76.4	86.8
房屋建筑面积（万平方米）	**Floor Space of Buildings(10000 sq.m)**		
施工面积	Floor Space under Construction	18948.48	17916.33
# 住宅	Residential Housing	9920.79	9628.16
竣工面积	Floor Space Completed	4877.62	4615.79
# 住宅	Residential Housing	1946.83	1665.25
商品房销售面积	Commercial Housing Sales Areas	2214.96	1581.72

5－5　各行业按建设性质和构成分固定资产项目投资（2014年）

单位：万元

市、县	City, County	投资额 Investment	#新 建 New Construction
全　省　总　计	**National Total**	**100778125**	**41033890**
农、林、牧、渔业	**Agriculture,Forestry,Animal Husbandry and Fishery**	**4319898**	**2300355**
农业	Farming	848746	467203
林业	Forestry	190395	98405
畜牧业	Animal Husbandry	2203595	1417588
渔业	Fishery	57435	18352
农、林、牧、渔服务业	Agriculture, Forestry, Animal Husbandry and Fishery Services	1019727	298807
采矿业	**Mining**	**5055016**	**1256580**
煤炭开采和洗选业	Mining and Washing Coal	400879	48758
石油和天然气开采业	Extraction of Petroleum Natural Gas	2537289	973100
黑色金属矿采选业	Mining and Processing Ferrous Metal Ores	469063	3470
有色金属矿采选业	Mining and Processing of Non-ferrous Metal Ores	715568	72241
非金属矿采选业	Mining and Processing of Nonmetal Ores	791736	112672
开采辅助活动	Mining Auxiliary Activities	134181	46339
其他采矿业	Mining of Other Ores	6300	
制造业	**Manufacturing**	**51028452**	**14927656**
农副食品加工业	Processing of Food from Agricultural Products	5675196	1789848
食品制造业	Manufacture of Foods	2028400	488785
酒、饮料和精制茶制造业	Liquor,Soft Drinle and Refined Tea Manufacturing	2167365	854630
烟草制品业	Manufacture of Tobacco	72262	
纺织业	Manufacture of Textile	333841	71042
纺织服装、服饰业	Textile and Clothing Apparel Industry	548459	327011
皮革、毛皮、羽毛及其制品和制鞋业	Manufacture of Leather,Fur,Feather and Related Products	89819	13940
木材加工和木、竹、藤、棕、草制品业	Processing of Timber,Manfacture of Wood,Bamboo,Rattan, Palm and Straw Products	2094086	480129
家具制造业	Manufacture of Furniture	578856	136314
造纸和纸制品业	Manufacture of Paper and Paper Produts	743274	265903
印刷和记录媒介复制业	Prnting Peproduction of Recording Meida	467513	100601
文教、工美、体育和娱乐用品制造业	Culture,Art,Sports and Entertainment Goods Manufacturing	300984	98250
石油加工、炼焦和核燃料加工业	Processing of Petroleum,Coking,Processing of Nuclear Fuel	299991	31642
化学原料和化学制品制造业	Manufacture of Raw Chemical Materials and Chemical Products	3454582	630823
医药制造业	Manufacture of Medicines	3501230	1158905
化学纤维制造业	Manufacture of Chemical Fibers	67557	
橡胶和塑料制品业	Manufacture of Rubber and Plastic	1313832	344025
非金属矿物制品业	Manufacture of Non-metallic Mineral Products	5608672	1183846
黑色金属冶炼和压延加工业	Simelting and Pressing of Ferrous Metals	724951	162030
有色金属冶炼和压延加工业	Smelting and Pressing of Non-ferrous Metals	596546	200458
金属制品业	Manufacture of Metal Products	1378110	398096
通用设备制造业	Manufacure of General PurPose Machinery	2407396	592477
专用设备制造业	Manufacture of Special Purpose Machinery	3199309	863127
汽车制造业	Auto Vehide Manufacturing	9690926	3675921
铁路、船舶、航空航天和其他运输设备制造业	Railroads,Ships,Aerospase and other Transportation Facities	585894	186715
电气机械和器材制造业	Manufacture of Electrical Machinery and Equipment	1592091	338889

注：本表不含房地产投资、农户投资。
Note: This table does not contain real estate investment, investment farmers.

Industry by the Nature of Construction and Composition of Fixed Asset Investment Projects（2014）

unit:10000 yuan

#扩 建 Expansion	#改建和技术改造 Reconstruction and Technical Transformation	建筑安装工程投资 Construction and Instaccation	设备工器具购置 Purchase of Equipment and Instruments	其他费用 Others
18332659	**34828660**	**58022672**	**36335380**	**6420073**
1194660	**572107**	**2866237**	**1072981**	**380680**
181057	152590	524936	241311	82499
78940	8500	130244	23310	36841
463136	236461	1534139	491129	178327
19100	10157	30987	17519	8929
452427	164399	645931	299712	74084
922736	**2804020**	**3481330**	**1292777**	**280909**
67972	284149	257835	140624	2420
567096	993093	2094489	318486	124314
22300	443293	246423	194051	28589
21460	619267	421506	211609	82453
190960	437224	370314	380949	40473
48948	24694	86763	45458	1960
4000	2300	4000	1600	700
8166680	**24527078**	**22934271**	**25256826**	**2837355**
1427044	2139273	3022595	2222749	429852
473140	929513	920661	948635	159104
292712	924056	1073875	981482	112008
5000	67262	49652	15510	7100
40820	213119	124488	182166	27187
24950	191218	278209	251545	18705
17285	58594	37506	36413	15900
443149	1098680	1121456	863384	109246
142837	281611	288742	216166	73948
124529	262561	335689	356959	50626
73546	280386	209768	229609	28136
19910	169318	163944	123157	13883
160746	83787	134318	136623	29050
302081	1764009	1510424	1787561	156597
598759	1691036	1733769	1575158	192303
	67557	31374	35783	400
352676	534296	665082	584437	64313
1184156	2930011	2629538	2561574	417560
30850	345975	356506	353846	14599
1000	387366	251890	323656	21000
214020	667829	638516	607460	132134
325568	1303240	1073831	1186995	146570
451848	1734092	1580922	1443372	175015
894439	4660991	2800438	6601454	289034
33073	258716	288347	269266	28281
385059	823635	810491	707960	73640

单位：万元

5－5 续表1

市、县	City, County	投资额 Investment	#新 建 New Construction
计算机、通信和其他电子设备制造业	Manufacture of Communication Equipment, Computer and Other Electronic Equipment	571533	154378
仪器仪表制造业	Instrument Manufacting Industry	325801	34795
其他制造业	Other Manufacturing Industry	320432	171561
废弃资源综合利用业	Compre Hensive Utilization of Waste Resouras	219575	159985
金属制品、机械和设备修理业	Metal Products,Machinery and Equipment Repair	69969	13530
电力、热力、燃气及水生产和供应业	**Production and Supply of Electricity,Gas and Water**	**4849374**	**2051023**
电力、热力生产和供应业	Production and Supply of Eletric Power and Heat Power	3505208	1308284
燃气生产和供应业	Prduction and Supply of Gas	833470	475728
水的生产和供应业	Prduction and Supply of Water	510696	267011
建筑业	**Construction**	**2131512**	**1339722**
房屋建筑业	Constraction of Buliding	366892	234173
土木工程建筑业	Constraction of Civil Engineering	1300802	876321
建筑安装业	Construction Installation	148252	86445
建筑装饰和其他建筑业	Constraction Decoration and other Constraction	315566	142783
批发和零售业	**Wholesale and Retail Trades**	**5018009**	**2344415**
批发业	Wholesale Trade	2535469	1058060
零售业	Retail Trade	2482540	1286355
交通运输、仓储和邮政业	**Transport,Storage and Post**	**7789703**	**4346054**
铁路运输业	Railway Transport	1177224	1095230
道路运输业	Road Transport	3899138	1986010
水上运输业	Water Transport	10100	10100
航空运输业	Air Transport	40500	40500
管道运输业	Transport Via Pipeline	40405	6000
装卸搬运和运输代理业	Loading, Unlooding, Portage and Other Transport Services	362664	229522
仓储业	Storage	2184219	909519
邮政业	Post	75453	69173
住宿和餐饮业	**Hotels and Catering Services**	**1010534**	**523130**
住宿业	Hotels	637818	350960
餐饮业	Catering Services	372716	172170
信息传输、软件和信息技术服务业	**Information Transmission,Software and Information Technologh Services**	**1126734**	**692195**
电信、广播电视和卫星传输服务	Telecommurications,Broadcasting Television and Satelite Transmission	365458	162018
互联网和相关服务	Internet and Relatsd Services	151526	88861
软件和信息技术服务业	Software and Infomation Technology Services	609750	441316
金融业	**Finacial Intermediation**	**566846**	**365831**
货币金融服务	Monetary and Financial Services	144428	61654
资本市场服务	Capital Market Services	402478	299197
保险业	Insurance	14960	
其他金融业	Other Financial Activities	4980	4980
房地产业	**Real Estate**	**2135538**	1606417
房地产业	Real Estate	2135538	1606417
租赁和商务服务业	**Leasing and Business Services**	**1164263**	**764223**
租赁业	Leasing	148485	45498

continued

unit:10000 yuan

#扩 建 Expansion	#改建和技术改造 Reconstruction and Technical Transformation	建筑安装工程投资 Construction and Instaccation	设备工器具购置 Purchase of Equipment and Instruments	其他费用 Others
61629	296574	283571	274753	13209
22905	216581	159546	151053	15202
43629	76522	173103	133609	13720
11840	39750	142907	69723	6945
7480	29520	43113	24768	2088
1201426	**1323939**	**2678126**	**1938973**	**232275**
870197	1119339	1814917	1514187	176104
194193	107451	492214	300980	40276
137036	97149	370995	123806	15895
348341	**246905**	**1751625**	**297011**	**82876**
48281	25143	282866	52384	31642
225910	135080	1184282	91671	24849
19060	33247	87770	55206	5276
55090	53435	196707	97750	21109
1006347	**1158305**	**3091437**	**1498954**	**427618**
595175	604796	1572487	762373	200609
411172	553509	1518950	736581	227009
1772333	**951768**	**5365156**	**1480045**	**944502**
	70020	1120538	36884	19802
901739	537276	2645839	598306	654993
		8144	1956	
		24500	11000	5000
9650	24755	20747	18746	912
61800	47010	266203	71304	25157
795664	269907	1221241	725253	237725
3480	2800	57944	16596	913
178081	**279945**	**690618**	**226523**	**93393**
145478	120536	463459	122000	52359
32603	159409	227159	104523	41034
82275	**249636**	**549162**	**544131**	**33441**
57280	132111	163497	196772	5189
12860	40786	57109	74350	20067
12135	76739	328556	273009	8185
6510	**153398**	**409626**	**139874**	**17346**
6510	42849	69927	68915	5586
	95589	334499	57109	10870
	14960	1720	12350	890
		3480	1500	
349901	**142004**	**1867380**	**129218**	**138940**
349901	142004	1867380	129218	138940
128869	**138733**	**821937**	**301335**	**40991**
25850	33443	67058	71259	10168

单位：万元

5－5 续表2

市、县	City, County	投资额 Investment	#新 建 New Construction
商务服务业	Business Services	1015778	718725
科学研究和技术服务业	**Scientific Research and Technical Services**	**1238334**	**718351**
研究和试验发展	Research and Experimental Development	367459	220729
专业技术服务业	Professional Technical Services	404889	160037
科技推广和应用服务业	Services of Science and Technology Exchangs and Promotion	465986	337585
水利、环境和公共设施管理业	**Water Conservancy,Environment and Public Facilities Management**	**8198140**	**5081021**
水利管理业	Water Conservancy Management	1025288	409903
生态保护和环境治理业	Ecological Protection and Environmentel Treatment Services	240829	94985
公共设施管理业	Managment of Public Facilities	6932023	4576133
居民服务、修理和其他服务业	**Services to Households and Other Services**	**766335**	**265629**
居民服务业	Services to Households	453225	175587
机动车、电子产品和日用产品修理业	Motor Vehicle,Electronic Products and Household Products Repair Services	226395	54800
其他服务业	Other Services	86715	35242
教育	**Education**	**1160074**	**554197**
教育	Education	1160074	554197
卫生和社会工作	**Health,Social Security and Social Welfare**	**843679**	**402638**
卫生	Health	653415	281499
社会工作	Social Work	190264	121139
文化、体育和娱乐业	**Culture,Sports and Entertainment**	**806956**	**545008**
新闻和出版业	Journalism and Publishing Activities	31412	28184
广播、电视、电影和影视录音制作业	Broadcasting,TV,Movies and Audiovisual Activities	66560	16640
文化艺术业	Culture and Art Activities	239204	173469
体育	Sports Activities	284754	228153
娱乐业	Entertainments	185026	98562
公共管理、社会保障和社会组织	**Public Management,Social Securities and Social Organization**	**1568728**	**949445**
中国共产党机关	Organs of Communist Party of China		
国家机构	Government Agencies	1248076	694493
人民政协、民主党派	People' s Political Consultative Conference and Democratic Parties		
社会保障	Social Securities	9820	9820
群众团体、社会团体和其他成员组织	Non-governmental Organizations Social Organizations and Religious Organizations	271655	215755
基层群众自治组织	Grass Roots Self-governing Organizations	39177	29377

continued

unit:10000 yuan

#扩 建 Expansion	#改建和技术改造 Reconstruction and Technical Transformation	建筑安装工程投资 Construction and Instaccation	设备工器具购置 Purchase of Equipment and Instruments	其他费用 Others
103019	105290	754879	230076	30823
87410	**222456**	**702346**	**495337**	**40651**
3200	77673	171050	189544	6865
73050	76661	185176	195003	24710
11160	68122	346120	110790	9076
1821000	**1220066**	**7043418**	**689329**	**465393**
406817	199761	879885	93582	51821
58508	85164	134473	71799	34557
1355675	935141	6029060	523948	379015
234170	**134788**	**500698**	**216186**	**49451**
207318	58480	352288	59128	41809
21057	59960	91500	127373	7522
5795	16348	56910	29685	120
257529	**194653**	**831616**	**206582**	**121876**
257529	194653	831616	206582	121876
146138	**147843**	**525072**	**275702**	**42905**
106725	118131	362961	263608	26846
39413	29712	162111	12094	16059
88268	**122896**	**622517**	**142482**	**41957**
		28184	3228	
19048	12870	30850	34188	1522
27500	18943	206023	27215	5966
12728	43873	230814	26762	27178
28992	47210	126646	51089	7291
339985	**238120**	**1290100**	**131114**	**147514**
311385	201020	1017177	114601	116298
		9220		600
22400	33500	231944	13129	26582
6200	3600	31759	3384	4034

5－6 各行业按隶属关系、登记注册类型和控股情况分固定资产项目投资（2014年）

单位：亿元

市、县	City, County	投资额 Investment	中 央 Contral
全 省 总 计	**National Total**	**10077.81**	**745.81**
农、林、牧、渔业	**Agriculture,Forestry,Animal Husbandry and Fishery**	**431.99**	**27.52**
农业	Farming	84.87	0.60
林业	Forestry	19.04	
畜牧业	Animal Husbandry	220.36	26.30
渔业	Fishery	5.74	
农、林、牧、渔服务业	Agriculture, Forestry, Animal Husbandry and Fishery Services	101.97	0.62
采矿业	**Mining**	**505.50**	**89.61**
煤炭开采和洗选业	Mining and Washing Coal	40.09	
石油和天然气开采业	Extraction of Petroleum Natural Gas	253.73	78.87
黑色金属矿采选业	Mining and Processing Ferrous Metal Ores	46.91	
有色金属矿采选业	Mining and Processing of Non-ferrous Metal Ores	71.56	7.67
非金属矿采选业	Mining and Processing of Nonmetal Ores	79.17	
开采辅助活动	Mining Auxiliary Activities	13.42	3.07
其他采矿业	Mining of Other Ores	0.63	
制造业	**Manufacturing**	**5102.85**	**350.28**
农副食品加工业	Processing of Food from Agricultural Products	567.52	2.73
食品制造业	Manufacture of Foods	202.84	
酒、饮料和精制茶制造业	Liquor,Soft Drinle and Refined Tea Manufacturing	216.74	
烟草制品业	Manufacture of Tobacco	7.23	0.93
纺织业	Manufacture of Textile	33.38	
纺织服装、服饰业	Textile and Clothing Apparel Industry	54.85	
皮革、毛皮、羽毛及其制品和制鞋业	Manufacture of Leather,Fur,Feather and Related Products	8.98	
木材加工和木、竹、藤、棕、草制品业	Processing of Timber,Manfacture of Wood,Bamboo,Rattan, Palm and Straw Products	209.41	
家具制造业	Manufacture of Furniture	57.89	
造纸和纸制品业	Manufacture of Paper and Paper Produts	74.33	
印刷和记录媒介复制业	Prnting Peproduction of Recording Meida	46.75	0.50
文教、工美、体育和娱乐用品制造业	Culture,Art,Sports and Entertainment Goods Manufacturing	30.10	
石油加工、炼焦和核燃料加工业	Processing of Petroleum,Coking,Processing of Nuclear Fuel	30.00	13.71
化学原料和化学制品制造业	Manufacture of Raw Chemical Materials and Chemical Products	345.46	
医药制造业	Manufacture of Medicines	350.12	
化学纤维制造业	Manufacture of Chemical Fibers	6.76	
橡胶和塑料制品业	Manufacture of Rubber and Plastic	131.38	
非金属矿物制品业	Manufacture of Non-metallic Mineral Products	560.87	3.20
黑色金属冶炼和压延加工业	Simelting and Pressing of Ferrous Metals	72.50	
有色金属冶炼和压延加工业	Smelting and Pressing of Non-ferrous Metals	59.65	0.43
金属制品业	Manufacture of Metal Products	137.81	
通用设备制造业	Manufacure of General PurPose Machinery	240.74	1.46
专用设备制造业	Manufacture of Special Purpose Machinery	319.93	
汽车制造业	Auto Vehide Manufacturing	969.09	325.31
铁路、船舶、航空航天和其他运输设备制造业	Railroads,Ships,Aerospase and other Transportation Facities	58.59	1.72
电气机械和器材制造业	Manufacture of Electrical Machinery and Equipment	159.21	

注：本表不含房地产投资、农户投资。
Note: This table does not contain real estate investment, investment farmers.

Each Industry by the Subordinate Relationship the type of Registration and the Holding of Fixed asset Investment Projects（2014）

unit:100 million yuan

地 方 Place	内 资 Domestic Investment	港澳台商投资 Hongkong Macao and Taiwan Funds from	外商投资 Foreign Funded Enterprises	国有控股 State Holding	集体控股 Collective Holding	私人控股 Private Holding
9332.00	**9798.07**	**31.73**	**78.08**	**2808.18**	**111.67**	**6644.93**
404.47	**387.22**	**1.50**	**3.94**	**91.40**	**12.73**	**279.96**
84.27	73.58		1.02	4.67	6.18	67.60
19.04	17.65		0.26	12.27	1.44	5.07
194.06	207.07		2.66	32.79	3.21	157.19
5.74	5.34				1.09	4.25
101.35	83.57	1.50		41.67	0.81	45.84
415.89	**493.94**	**7.60**	**1.33**	**187.65**	**10.55**	**288.26**
40.09	39.59			5.13	0.48	33.60
174.86	246.02	7.60	0.11	160.18	7.00	78.00
46.91	46.91			1.82		43.16
63.89	71.29		0.27	14.00	0.27	52.11
79.17	76.47		0.95	1.00	2.80	72.86
10.35	13.04			5.52		7.90
0.63	0.63					0.63
4752.56	**4969.08**	**13.31**	**68.99**	**507.19**	**27.68**	**4290.45**
564.79	551.12	0.14	2.37	24.41	2.35	521.69
202.84	198.48	0.98	2.92	7.97	1.34	181.76
216.74	208.26	3.55	2.43	5.75		205.48
6.29	7.23			6.73		0.50
33.38	32.49		0.89	2.94		29.55
54.85	52.26		2.09	6.98	0.29	45.20
8.98	8.98			1.13		7.32
209.41	204.97			4.76	0.30	202.13
57.89	55.45					57.60
74.33	74.11			0.23		72.47
46.25	44.65	1.81		0.50		43.82
30.10	29.80			0.54		29.56
16.28	30.00			13.71		15.19
345.46	338.72	1.24	4.95	7.92		323.26
350.12	345.18	2.27	2.68	5.30	9.37	317.21
6.76	6.76					6.76
131.38	128.13	0.63	0.70		0.88	128.72
557.67	542.44	0.72	0.77	10.68	7.22	526.38
72.50	71.77		0.73	0.50		69.47
59.23	46.92		12.73	9.18		36.74
137.81	133.47			0.98	1.08	131.34
239.28	238.65		0.70	5.52	0.29	231.86
319.93	317.84	1.00	0.86	7.66	1.35	304.08
643.78	938.27	0.21	30.61	344.85	0.75	493.93
56.87	58.59			19.40	0.28	33.39
159.21	157.34		1.87	16.26	2.19	138.05

单位：亿元

5-6 续表1

市、县	City, County	投资额 Investment	中央 Contral
计算机、通信和其他电子设备制造业	Manufacture of Communication Equipment, Computer and Other Electronic Equipment	57.15	
仪器仪表制造业	Instrument Manufacting Industry	32.58	
其他制造业	Other Manufacturing Industry	32.04	
废弃资源综合利用业	Compre Hensive Utilization of Waste Resouras	21.96	
金属制品、机械和设备修理业	Metal Products,Machinery and Equipment Repair	7.00	0.29
电力、热力、燃气及水生产和供应业	**Production and Supply of Electricity,Gas and Water**	**484.94**	**94.15**
电力、热力生产和供应业	Production and Supply of Eletric Power and Heat Power	350.52	90.81
燃气生产和供应业	Prduction and Supply of Gas	83.35	3.34
水的生产和供应业	Prduction and Supply of Water	51.07	
建筑业	**Construction**	**213.15**	**4.08**
房屋建筑业	Constraction of Buliding	36.69	
土木工程建筑业	Constraction of Civil Engineering	130.08	1.91
建筑安装业	Construction Installation	14.83	1.58
建筑装饰和其他建筑业	Constraction Decoration and other Constraction	31.56	0.59
批发和零售业	**Wholesale and Retail Trades**	**501.80**	**3.45**
批发业	Wholesale Trade	253.55	3.06
零售业	Retail Trade	248.25	0.39
交通运输、仓储和邮政业	**Transport,Storage and Post**	**778.97**	**87.22**
铁路运输业	Railway Transport	117.72	80.89
道路运输业	Road Transport	389.91	2.39
水上运输业	Water Transport	1.01	
航空运输业	Air Transport	4.05	
管道运输业	Transport Via Pipeline	4.04	
装卸搬运和运输代理业	Loading, Unlooding, Portage and Other Transport Services	36.27	0.40
仓储业	Storage	218.42	2.88
邮政业	Post	7.55	0.67
住宿和餐饮业	**Hotels and Catering Services**	**101.05**	**0.59**
住宿业	Hotels	63.78	0.59
餐饮业	Catering Services	37.27	
信息传输、软件和信息技术服务业	**Information Transmission,Software and Information Technologh Services**	**112.67**	**11.78**
电信、广播电视和卫星传输服务	Telecommurications,Broadcasting Television and Satelite Transmission	36.55	10.07
互联网和相关服务	Internet and Relatsd Services	15.15	
软件和信息技术服务业	Software and Infomation Technology Services	60.98	1.71
金融业	**Finacial Intermediation**	**56.68**	**2.15**
货币金融服务	Monetary and Financial Services	14.44	2.15
资本市场服务	Capital Market Services	40.25	
保险业	Insurance	1.50	
其他金融业	Other Financial Activities	0.50	
房地产业	**Real Estate**	**213.55**	**8.53**
房地产业	Real Estate	213.55	8.53
租赁和商务服务业	**Leasing and Business Services**	**116.43**	**0.84**
租赁业	Leasing	14.85	

continued

unit:100 million yuan

地 方 Place	内 资 Domestic Investment	港澳台商投资 Hongkong Macao and Taiwan Funds from	外商投资 Foreign Funded Exterprises	国有控股 State Holding	集体控股 Collective Holding	私人控股 Private Holding
57.15	54.13	0.77	1.69	2.30		48.56
32.58	32.58					31.50
32.04	31.54					30.12
21.96	21.96					21.76
6.71	7.00			0.99		5.07
390.79	**479.26**	**2.30**		**253.33**	**17.75**	**186.65**
259.71	346.58	1.83		203.64	16.78	112.82
80.01	81.90	0.47		16.71	0.34	57.22
51.07	50.78			32.98	0.63	16.61
209.07	**212.68**			**119.38**	**1.77**	**73.23**
36.69	36.69			18.62	0.12	15.63
128.18	130.08			90.63	1.65	29.84
13.24	14.83			3.11		9.10
30.97	31.08			7.02		18.66
498.35	**482.66**	**2.57**		**17.29**	**6.05**	**462.12**
250.49	248.84	0.28		9.77		235.91
247.86	233.82	2.29		7.52	6.05	226.21
691.75	**770.08**		**1.23**	**474.27**	**5.19**	**276.62**
36.84	117.72			112.23		3.13
387.52	388.06			304.65	4.60	72.76
1.01	1.01					1.01
4.05	4.05			4.05		
4.04	4.04			1.20		2.84
35.87	34.82			4.10		31.67
215.55	212.83		1.23	45.96	0.59	159.75
6.88	7.55			2.09		5.46
100.46	**86.03**	**2.12**	**0.50**	**10.58**	**1.53**	**84.38**
63.19	55.99	2.03		2.80	1.53	56.41
37.27	30.04	0.09	0.50	7.78		27.97
100.89	**110.36**	**1.08**	**0.86**	**36.81**	**0.55**	**72.10**
26.48	36.55			26.19		9.68
15.15	13.80	1.08		7.06		8.09
59.26	60.02		0.86	3.56	0.55	54.32
54.53	**56.68**			**16.46**		**39.75**
12.29	14.44			10.03		3.94
40.25	40.25			6.15		34.10
1.50	1.50			0.29		1.21
0.50	0.50					0.50
205.03	**189.94**			**90.18**		**122.34**
205.03	189.94			90.18		122.34
115.58	**115.94**		**0.37**	**14.40**		**98.52**
14.85	14.85		0.00	1.94		12.44

单位：亿元

5－6 续表2

市、县	City, County	投资额 Investment	中 央 Contral
商务服务业	Business Services	101.58	0.84
科学研究和技术服务业	**Scientific Research and Technical Services**	**123.83**	**11.41**
研究和试验发展	Research and Experimental Development	36.75	10.44
专业技术服务业	Professional Technical Services	40.49	0.96
科技推广和应用服务业	Services of Science and Technology Exchangs and Promotion	46.60	
水利、环境和公共设施管理业	**Water Conservancy,Environment and Public Facilities Management**	**819.81**	**44.24**
水利管理业	Water Conservancy Management	102.53	4.17
生态保护和环境治理业	Ecological Protection and Environmentel Treatment Services	24.08	
公共设施管理业	Managment of Public Facilities	693.20	40.07
居民服务、修理和其他服务业	**Services to Households and Other Services**	**76.63**	**2.58**
居民服务业	Services to Households	45.32	2.58
机动车、电子产品和日用产品修理业	Motor Vehicle,Electronic Products and Household Products Repair Services	22.64	
其他服务业	Other Services	8.67	
教育	**Education**	**116.01**	**1.78**
教育	Education	116.01	1.78
卫生和社会工作	**Health,Social Security and Social Welfare**	**84.37**	**3.63**
卫生	Health	65.34	3.63
社会工作	Social Work	19.03	
文化、体育和娱乐业	**Culture,Sports and Entertainment**	**80.70**	**0.49**
新闻和出版业	Journalism and Publishing Activities	3.14	
广播、电视、电影和影视录音制作业	Broadcasting,TV,Movies and Audiovisual Activities	6.66	0.49
文化艺术业	Culture and Art Activities	23.92	
体育	Sports Activities	28.48	
娱乐业	Entertainments	18.50	
公共管理、社会保障和社会组织	**Public Management,Social Securities and Social Organization**	**156.87**	**1.49**
中国共产党机关	Organs of Communist Party of China		
国家机构	Government Agencies	124.81	0.80
人民政协、民主党派	People' s Political Consultative Conference and Democratic Parties	0.00	
社会保障	Social Securities	0.98	
群众团体、社会团体和其他成员组织	Non-governmental Organizations Social Organizations and Religious Organizations	27.17	0.69
基层群众自治组织	Grass Roots Self-governing Organizations	3.92	

continued

unit:100 million yuan

地 方 Place	内 资 Domestic Investment	港澳台商投资 Hongkong Macao and Taiwan Funds from	外商投资 Foreign Funded Exterprises	国有控股 State Holding	集体控股 Collective Holding	私人控股 Private Holding
100.73	101.09		0.37	12.45		86.08
112.43	**123.06**		**0.57**	**23.66**	**0.80**	**87.34**
26.30	36.75			11.02		21.78
39.53	39.92		0.57	10.81	0.80	23.58
46.60	46.40			1.84		41.98
775.57	**817.63**	**0.96**		**650.20**	**19.53**	**106.24**
98.36	101.31			96.00	2.54	2.45
24.08	24.08			12.42	0.84	6.91
653.13	692.24	0.96		541.79	16.15	96.89
74.05	**70.97**		**0.30**	**17.40**	**0.98**	**57.28**
42.74	42.95			14.55	0.98	29.79
22.64	19.40		0.30			21.67
8.67	8.62			2.85		5.82
114.23	**115.56**			**70.70**	**1.03**	**43.05**
114.23	115.56			70.70	1.03	43.05
80.74	**81.89**	**0.29**		**49.28**	**0.23**	**30.76**
61.71	62.86	0.29		44.11	0.23	17.70
19.03	19.03			5.17		13.06
80.21	**78.61**			**40.21**	**1.15**	**34.36**
3.14	3.14					3.14
6.17	6.66			3.03	0.65	2.98
23.92	23.92			10.24		10.78
28.48	27.72			25.39		2.85
18.50	17.17			1.55	0.50	14.60
155.38	**156.49**			**137.80**	**4.15**	**11.51**
124.01	124.81			113.71	2.01	7.06
0.98	0.98			0.98		
26.48	26.78			21.95		3.84
3.92	3.92			1.16	2.14	0.62

5-7 分行业固定资产投资施工投产项目个数（2014年）

Number of Investment in Fixed Assets Projects Under Construction and Put into Use by Sector (2014)

行业	Sector	施工项目(个) Number of Projects under Construction (unit)	#新开工 Started this Year	本年投产项目个数(个) Number of Projects Completed and Put into Use (unit)	项目建成投产率(%) Rate of Projects Completed and Put into Use (%)
全省总计	**National Total**	**12705**	**11198**	**10944**	**86.1**
(一)农、林、牧、渔业	**Agriculture,Forestry,Animal Husbandry and Fishery**	**739**	**693**	**680**	**92.0**
农业	Farming	183	173	166	90.7
林业	Forestry	45	45	37	82.2
畜牧业	Animal Husbandry	319	302	295	92.5
渔业	Fishery	16	15	16	100.0
农、林、牧、渔业	Agriculture, Forestry, Animal Husbandry and Fishery Services	176	158	166	94.3
(二)采矿业	**Mining**	**459**	**381**	**388**	**84.5**
煤炭开采和洗选业	Mining and Washing Coal	67	47	64	95.5
石油和天然气开采业	Extraction of Petroleum Natural Gas	110	95	92	83.6
黑色金属矿采选业	Mining and Processing Ferrous Metal Ores	70	59	47	67.1
有色金属矿采选业	Mining and Processing of Non-ferrous Metal Ores	73	49	61	83.6
非金属矿采选业	Mining and Processing of Nonmetal Ores	121	115	108	89.3
开采辅助活动	Mining Auxiliary Activities	16	16	14	87.5
其他采矿业	Mining of Other Ores	2		2	100.0
(三)制造业	**Manufacturing**	**6495**	**5801**	**5697**	**87.7**
农副食品加工业	Processing of Food from Agricultural Products	833	755	733	88.0
食品制造业	Manufacture of Foods	286	256	252	88.1
酒、饮料和精制茶制造业	Liquor,Soft Drinle and Refined Tea Manufacturing	245	218	209	85.3
烟草制造业	Manufacture of Tobacco	6	4	4	66.7
纺织业	Manufacture of Textile	54	50	47	87.0
纺织服装、服饰业	Textile and Clothing Apparel Industry	71	68	63	88.7
皮革、毛皮、羽毛(绒)及其制品业	Manufacture of Leather,Fur,Feather and Related Products	15	13	14	93.3
木材加工及木、竹、藤、棕、草制品业	Processing of Timber,Manfacture of Wood,Bamboo,Rattan, Palm and Straw Products	375	356	348	92.8
家具制造业	Manufacture of Furniture	94	86	85	90.4
造纸及纸制品业	Manufacture of Paper and Paper Produts	91	78	77	84.6
印刷业和记录媒介的复制	Prnting Peproduction of Recording Meida	72	67	64	88.9
文教、工美、体育和娱乐用品制造业	Culture,Art,Sports and Entertainment Goods Manufacturing	54	51	53	98.1
石油加工、炼焦及核燃料加工业	Processing of Petroleum,Coking,Processing of Nuclear Fuel	28	19	26	92.9
化学原料及化学制品制造业	Manufacture of Raw Chemical Materials and Chemical Products	480	426	429	89.4
医药制造业	Manufacture of Medicines	385	306	278	72.2
化学纤维制造业	Manufacture of Chemical Fibers	10	9	10	100.0
橡胶和塑料制品业	Manufacture of Rubber and Plastic	211	191	185	87.7
非金属矿物制品业	Manufacture of Non-metallic Mineral Products	825	739	744	90.2
黑色金属冶炼及压延加工业	Simelting and Pressing of Ferrous Metals	65	59	49	75.4
有色金属冶炼及压延加工业	Smelting and Pressing of Non-ferrous Metals	40	29	28	70.0
金属制品业	Manufacture of Metal Products	218	199	195	89.4
通用设备制造业	Manufacure of General PurPose Machinery	362	343	338	93.4
专用设备制造业	Manufacture of Special Purpose Machinery	491	440	435	88.6
汽车制造业	Auto Vehide Manufacturing	707	629	605	85.6
铁路、船舶、航空航天和其他运输设备制造业	Railroads,Ships,Aerospase and other Transportation Facities	62	57	57	91.9
电气机械及器材制造业	Manufacture of Electrical Machinery and Equipment	206	174	184	89.3
计算机、通信和其他电子设备制造业	Manufacture of Communication Equipment, Computer and Other Electronic Equipment	77	60	64	83.1

注：本表不含房地产开发投资和农户投资。
Note:Real estate development investment and farmer investment is not included in the table.

5－7 续表1 continued

行　　业	Sector	施工项目(个) Number of Projects under Construction (unit)	#新开工 Started this Year	本年投产项目个数(个) Number of Projects completed and Put into use (unit)	项目建成投产率(%) Rate of Projects Completed and Put into use (%)
仪器仪表制造业	Instrument Manufacting Industry	54	47	51	94.4
其他制造业	Other Manufacturing Industry	38	35	37	97.4
废弃资源综合利用业	Compre Hensive Utilization of Waste Resouras	29	27	25	86.2
金属制品、机械和设备修理业	Metal Products,Machinery and Equipment Repair	11	10	8	72.7
(四)电力、燃气及水的生产和供应业	**Production and Supply of Electricity,Gas and Water**	**436**	**351**	**337**	**77.3**
电力、热力的生产和供应业	Production and Supply of Eletric Power and Heat Power	286	229	215	75.2
燃气生产和供应业	Prduction and Supply of Gas	89	79	79	88.8
水的生产和供应业	Prduction and Supply of Water	61	43	43	70.5
(五)建筑业	**Construction**	**342**	**309**	**299**	**87.4**
房屋建筑业	Constraction of Buliding	69	54	56	81.2
土木工程建筑业	Constraction of Civil Engineering	198	182	176	88.9
建筑安装业	Construction Installation	28	28	25	89.3
建筑装饰业和其他建筑业	Constraction Decoration and other Constraction	47	45	42	89.4
(六)批发和零售业	**Wholesale and Retail Trades**	**766**	**696**	**690**	**90.1**
批发业	Wholesale Trade	382	350	345	90.3
零售业	Retail Trade	384	346	345	89.8
(七)交通运输、仓储和邮政业	**Transport,Storage and Post**	**699**	**582**	**550**	**78.7**
铁路运输业	Railway Transport	28	13	9	32.1
道路运输业	Road Transport	307	247	238	77.5
水上运输业	Water Transport	2		1	50.0
航空运输业	Air Transport	2	1	1	50.0
管道运输业	Transport Via Pipeline	9	8	9	100.0
装卸搬运和运输代理业	Loading, Unlooding, Portage and Other Transport Services	43	34	32	74.4
仓储业	Storage	299	271	252	84.3
邮政业	Post	9	8	8	88.9
(八)住宿和餐饮业	**Hotels and Catering Services**	**161**	**142**	**142**	**88.2**
住宿业	Hotels	87	72	72	82.8
餐饮业	Catering Services	74	70	70	94.6
(九)信息传输、软件和信息技术服务业	**Information Transmission,Software and Information Technologh Services**	**131**	**119**	**116**	**88.5**
电信、广播电视和卫星传输服务	Telecommurications,Broadcasting Television and Satelite Transmission	61	55	56	91.8
互联网和相关服务	Internet and Relatsd Services	14	14	10	71.4
软件和信息技术服务业	Software and Infomation Technology Services	56	50	50	89.3
(十)金融业	**Finacial Intermediation**	**48**	**45**	**41**	**85.4**
货币金融服务	Monetary and Financial Services	23	20	21	91.3
资本市场服务	Capital Market Services	21	21	16	76.2
保险业	Insurance	3	3	3	100.0
其他金融活动	Other Financial Activities	1	1	1	100.0
(十一)房地产业	**Real Estate**	**188**	**151**	**166**	**88.3**

5－7 续表 2 continued

行　　业	Sector	施工项目(个) Number of Projects under Construction (unit)	#新开工 Started this Year	本年投产项目个数(个) Number of Projects completedand Put into Use (unit)	项目建成投产率(%) Rate of Projects Completed and Put into Use (%)
(十二)租赁和商务服务业	**Leasing and Business Services**	**132**	**120**	**96**	**72.7**
租赁业	Leasing	17	17	10	58.8
商务服务业	Business Services	115	103	86	74.8
(十三)科学研究和技术服务业	**Scientific Research and Technical Services**	**138**	**130**	**129**	**93.5**
研究与试验发展	Research and Experimental Development	30	30	28	93.3
专业技术服务业	Professional Technical Services	56	48	50	89.3
科技推广和应用服务业	Services of Science and Technology Exchangs and Promotion	52	52	51	98.1
(十四)水利、环境和公共设施管理业	**Water Conservancy,Environment and Public Facilities Management**	**1163**	**984**	**951**	**81.8**
水利管理业	Water Conservancy Management	217	179	185	85.3
生态保护和环境治理业	Ecological Protection and Environmentel Treatment Services	42	34	28	66.7
公共设施管理业	Managment of Public Facilities	904	771	738	81.6
(十五)居民服务和其他服务业	**Services to Households and Other Services**	**119**	**107**	**109**	**91.6**
居民服务业	Services to Households	64	55	56	87.5
机动车、电子产品和日用产品修理业	Motor Vehicle,Electronic Products and Household Products Repair Services	41	40	39	95.1
其他服务业	Other Services	14	12	14	100.0
(十六)教育	**Education**	**181**	**162**	**155**	**85.6**
教育	Education	181	162	155	85.6
(十七)卫生、社会保障和社会福利业	**Health,Social Security and Social Welfare**	**123**	**108**	**101**	**82.1**
卫生	Health	83	74	67	80.7
社会工作	Social Work	40	34	34	85.0
(十八)文化、体育和娱乐业	**Culture,Sports and Entertainment**	**123**	**101**	**98**	**79.7**
新闻出版业	Journalism and Publishing Activities	3	3	3	100.0
广播、电视、电影和音像业	Broadcasting,TV,Movies and Audiovisual Activities	14	13	14	100.0
文化艺术业	Culture and Art Activities	37	24	23	62.2
体育	Sports Activities	33	29	26	78.8
娱乐业	Entertainments	36	32	32	88.9
(十九)公共管理、社会保障和社会组织	**Public Management,Social Securities and Social Organization**	**262**	**216**	**199**	**76.0**
中国共产党机关	Organs of Communist Party of China				
国家机构	Government Agencies	215	179	155	72.1
人民政协和民主党派	People' s Political Consultative Conference and Democratic Parties				
社会保障	Social Securities	3	3	2	66.7
群众团体、社会团体和宗教组织	Non-governmental Organizations Social Organizations and Religious Organizations	34	25	32	94.1
基层群众自治组织	Grass Roots Self-governing Organizations	10	9	10	100.0

5－8　能源工业固定资产投资额
Total Investment in Fixed Assets of Energy Industry

单位：万元　　unit:10000 yuan

项　目	Item	2008	2009	2010	2011	2012	2013	2014
总计	**Total**	**6151914**	**5721397**	**10772896**	**6939719**	**7391205**	**6627099**	**7576837**
煤炭开采和洗选业	Mining and Washing of Coal	526003	575161	1151167	881140	976546	563118	400879
石油和天然气开采业	Extraction of Petroleum and Natural Gas	1755206	2062276	3226532	1601332	2284882	1778972	2537289
电力、蒸汽、热水的生产和供应业	Production and Supply of Power and Hot Water	3567855	2834085	5594955	3868786	3453162	3484549	3505208
石油加工、炼焦及核燃料加工业	Processing of Petroleum,Coking and Processing of Nuclear Fuel	122527	90032	356257	215587	306009	205732	299991
燃气生产和供应业	Production and Supply of Gas	180323	159843	443985	372874	370606	594728	833470
能源投资占全社会固定资产投资比重(%)	Energy Investment Account for Percentage of Investment in Fixed Assets	11.0	11.0	11.2	9.3	7.8	6.6	6.7

5－9　基础设施固定资产投资额
Total Investment in Fixed Assets of Basic Construction

单位：万元　　unit:10000 yuan

项　目	Item	2008	2009	2010	2011	2012	2013	2014
总计	**Total**	**9712491**	**11821713**	**19888060**	**11886730**	**15928295**	**17406614**	**19571100**
交通运输、仓储及邮电通信业	Transport, Storage and Post	2600979	3969592	7906879	4832225	5282772	5848165	7789703
# 铁路	Railway Transport	282227	554727	1860640	1146530	1077022	1518596	1177224
道路	Road Transport	1612682	2442275	4219725	2354768	2773016	2632501	3899138
航空	Air Transport	34015	9020	24954	7688	28550	21187	40500
仓储业	Storage	469368	564856	1090465	679286	1073028	1321693	2184219
邮电通信	Post	371621	13122	38990	19322	27360	6800	75453
电力、热力的生产和供应业	Production and Supply of Power and Heat	3258560	2834085	5594955	3086849	3453162	3484549	3505208
燃气生产和供应业	Production and Supply of Gas	180323	159843	443985	372874	370606	594728	833470
水的生产和供应业	Production and Supply of Water	309295	393946	579116	409063	315204	396998	510696
公共设施管理业	Management of Public Facilities	3363334	4464247	5363125	3185719	6506551	7082174	6932023
基础设施投资占全社会固定资产投资比重(%)	Basic Construction Account for Percentage of Fixed Assets	17.3	22.7	20.7	16.0	16.7	17.5	17.3

5－10　房地产开发投资主要指标

Main Indicators of Investment for Real Estate Development

指　标	Item	2012	2013	2014
企业个数（个）	**Number of Enterprises(unit)**	**1709**	**1700**	**1681**
内资	Domestic Investment Enterprises	1677	1671	1652
#国有	State-owned Enterprises	22	6	24
集体	Collective-owned Enterprises	5	1	1
股份有限公司	Joint Stock Corporations	94	96	823
港澳台投资	Investment Hong Kong,Macao and Taiwan	23	21	21
外商投资	Foreign Investment	9	9	8
投资完成额（亿元）	**Total Value of Investment Completed(100 million yuan)**	**1310.03**	**1252.43**	**1030.13**
#住宅	Residential Buildings	987.74	911.45	732.47
按构成分	**Grouped by Use of Funds**			
#建筑安装工程	Construction and Installation	925.06	998.24	821.95
设备工器具购置	Purchase of Equipment and Instruments	10.73	12.15	12.81
本年实际到位资金（亿元）	**Actual Funds in Place this Year(100 million yuan)**			**1229.42**
国内贷款	Domestic Loans			126.19
利用外资	Foreign Investment			0.50
自筹资金	Self-raising Funds			658.92
其他投资	Others			443.81
本年购置土地面积（万平方米）	**Land Space Purchased This Year**	**1539.01**	**1143.95**	**928.40**
商品房销售情况	**Selling of Commercial Houses**			
房屋销售面积（万平方米）	Floor Space Commercial Buildings Sold(10000 sq.m)	2452.42	2214.96	1581.72
#住宅	Residential Buildings	2159.43	1985.95	1387.87
商品房销售额（亿元）	Total Sales of Commercial Buildings(100 million yuan)	1016.95	993.04	808.58

5-11 房地产开发企业从业人员数
Numer of Employed Persons in Enterprises for Real Estate Development

单位: 人 unit:Person

年 份 Year	合计 Total	国有 State-owned Enterprises	集体 Collective-owned Enterprises	股份有限公司 Share-holding Corporations Ltd	港澳台商投资 Funds from Hong Kong, Macao and Taiwan	外商投资 Foreign Funded Enterprises	其他 Others
2001	14465	4263	659	7565	367	128	1483
2002	14392	2263	390	1454	342	265	9678
2003	15331	2191	82	1748	389	372	10549
2004	24708	6034	55	2732	600	785	14502
2005	22332	1865	77	2202	643	714	16831
2006	27223	1689	84	2174	762	702	21812
2007	30527	1338	153	2249	834	636	25317
2008	30590	1554	194	2109	700	412	25621
2009	29080	652	178	2237	633	257	25123
2010	29837	477	187	1793	651	265	26464
2011	39452	1087	256	18207	1157	297	18448
2012	39288	1003	117	20353	1249	286	16280
2013	38831	2453	322	20825	1263	306	13662
2014	40977	459	34	2310	1233	327	36614

5-12 房地产开发完成投资额
Actually Completed Investment for Real Estate Development

单位: 万元 unit:10000 yuan

年 份 Year	本年完成投资额 Investment Completed This Year	按构成分 By Use of Funds			
		建筑安装工程 Construction and Installation	设备、工器具购置 Purchase of Equipment and Instruments	其他费用 Others	#土地购置 Land Purchase
2001	929705	772558	8363	148784	31445
2002	1167724	953827	8810	205087	79155
2003	1392394	1056394	15690	320310	188938
2004	1624782	1191700	16900	416182	246472
2005	1957345	1468893	14843	473609	243325
2006	3101571	2336393	8446	756732	386437
2007	4900844	3741480	18736	1140628	587676
2008	6408364	5141808	63314	1203242	608292
2009	7566737	6179246	36572	1350919	712958
2010	9210117	7434156	14156	1761805	1252993
2011	11953911	9245197	40122	2668592	1868331
2012	13100259	9942288	107268	3050703	2255877
2013	12524257	9982382	121506	2420369	1735697
2014	10301285	8219491	128112	1953682	1552022

5-13 房地产开发建设按工程用途分的投资额和新增固定资产
Actually Completed Investment for Real Estate Development by Use and Newly Increased Fixed Assets

单位:万元　　unit:10000 yuan

年份 Year	按工程用途分的投资额 By Use of Projects				新增固定资产 Newly Increased Fixed Assets
	住宅 Residential Buildings	办公楼 Office Buildings	商品营业用房 Houses for Business Use	其他 Others	
2001	678293	29180	167848	54384	803155
2002	798763	36066	249163	83732	943180
2003	977740	60698	291525	62431	967027
2004	1139836	63859	308426	112661	966120
2005	1454869	70410	330340	101726	834971
2006	2414788	90449	406237	190097	1462109
2007	3980067	72409	623715	224653	2147816
2008	5343926	93880	717163	253395	2783928
2009	6052327	153008	962807	398595	3220217
2010	7317269	138718	1160245	593885	5865131
2011	9208055	201628	1600637	943591	5907332
2012	9877438	313270	1789054	1120497	5655047
2013	9114450	418277	1935594	1055936	7635088
2014	7324687	301565	1867173	807860	5140347

5-14 房地产开发建设房屋施工面积
Floor Space of Buildings under Construction for Real Estate Development

单位:平方米　　unit:sq.m

年份 Year	施工房屋建筑面积 Floor Space of Buildings under Construction	#新开工 Started This Year	住宅 Residential Buidings	办公楼 Office Buildings	商业营业用房 Houses for Business Use	其他 Others
2001	12572972	9952115	10047457	338612	1902865	284038
2002	14638817	10087551	10965950	403507	2845360	424000
2003	14377363	9602758	10807109	582667	2608218	379369
2004	15430259	10071186	11576669	745914	2626151	481525
2005	18899925	12861393	15252107	532375	2565886	549557
2006	28467199	21179229	23851539	611179	3343419	661062
2007	43700329	29328026	36559660	608497	5007037	1525135
2008	49213978	29449187	41488335	851454	4996421	1877768
2009	53693369	32623532	44389103	972208	5753849	2578209
2010	70694709	35253007	57588659	1046684	8104733	3954633
2011	91234149	49914466	72651099	1661309	11318643	5603098
2012	109357999	48267557	85125959	2072196	14708706	7451138
2013	121812769	37462431	93177664	3027171	16275329	9332605
2014	122684388	32575990	90670951	3497798	17593493	10922146

5-15 房地产开发建设房屋建筑面积和造价
Floor Space and Cost of Buildings Developed for Real Estate Development

年 份 Year	竣工房屋建筑面积(平方米) Floor Space of Buildings under Completed (sq.m)	住 宅 Residential Buildings	办公楼 Office Buildings	商业营业用 房 Houses for Business Use	其 他 Others	竣工房屋造价(元/平方米) Cost of Buildings Completed (yuan/sq.m)	#住 宅 Residential Buidings
2001	6286898	4980687	109414	1029711	167086	1084	1046
2002	7558510	5935498	211244	1224620	187148	1149	1065
2003	7109851	5383728	189393	1350399	186331	1154	1073
2004	7102486	5724869	253866	932166	191585	1112	1005
2005	6227590	4961164	168280	945772	152374	1086	994
2006	9348495	7859107	351082	952419	185887	1201	1124
2007	12917989	11474601	159565	932381	351442	1155	1122
2008	15419556	13432087	238090	1363988	385391	1379	1342
2009	14696419	12935916	99233	1280236	381034	1442	1385
2010	20305160	16949615	127446	2245284	982815	1675	1622
2011	18789327	15482168	194511	2072842	1039806	2032	1979
2012	19278702	16135936	164300	2230670	747796	2002	1945
2013	22536496	17699470	256054	3075023	1505949	2225	2148
2014	15738605	13092601	112706	1725400	807898	2081	2038

5-16 商品房屋销售情况
Selling of Commercial Buildings

年 份 Year	实际销售商品房屋面积(平方米) Floor Space Commercial Buildings Sold (sq.m)	住 宅 Residential Buidings	办公楼 Office Buildings	商业营业用 房 Houses for Business Use	其他 Others	商品房屋销售额(万元) Total Sale of Commercial Buildings (10000 yuan)	#住 宅 Residential Buidings
2001	3851320	3378449	23162	437003	12706	597880	490070
2002	5182828	4326747	83260	724105	48716	862852	648388
2003	5011405	4363248	122582	460298	65277	788764	631448
2004	7016498	6010273	137436	774344	94445	1189469	930730
2005	7659092	6809214	147879	634788	67211	1443915	1184503
2006	9749103	8792384	214703	639662	102354	1959171	1634000
2007	12923870	11843969	94916	841107	143878	2955579	257830
2008	15838707	14357309	156715	1055241	269442	3971105	3444370
2009	19442978	17583736	97054	1391315	370873	5671879	4902250
2010	23821025	21053282	77461	2203046	487236	8686946	7359079
2011	24325555	21223389	99698	2390368	612100	10615628	8831622
2012	24524245	21594307	147547	2194900	587491	10169480	8368014
2013	22149634	19859455	212501	1573075	504603	9930394	8397317
2014	15817211	13878655	118308	1380355	439893	8085844	6676190

CHAPTER ▶ 06

第六篇

对外经济贸易和旅游业

FOREIGN ECONOMY TRADE AND INTERNATIONAL TOURISM

6－1　历年进出口贸易总额

Total Value of Imports and Exports

年　份 Year	进出口总额（万美元） Total Imports and Exports (USD 10000)	出口总额 Total Exports	进口总额 Total Imports	进出口总额（万元） Total Imports and Exports (10000yuan)	出口总额 Total Exports	进口总额 Total Imports
1978	3704	2357	1347	6372	4055	2317
1979	6067	4413	1654	9683	6840	2843
1980	11108	6625	4483	16024	9344	6680
1981	17196	12896	4300	30093	22568	7525
1982	17753	13207	4546	34172	25422	8750
1983	21884	16661	5223	42833	32610	10223
1984	34046	24972	9074	75048	55046	20002
1985	55072	42712	12360	176295	136731	39564
1986	71716	52515	19201	266855	195408	71447
1987	63946	46766	17180	237981	174044	63937
1988	70766	53214	17552	263363	198041	65322
1989	94459	68447	26012	351538	254732	96806
1990	95272	75172	20100	449821	354920	94901
1991	134933	102707	32226	716204	545154	171050
1992	192278	130678	61600	1095985	744865	351120
1993	298100	161649	136451	2592173	1405643	1186530
1994	361209	202247	158962	3052216	1708987	1343229
1995	271474	141932	129542	2266997	1185231	1081766
1996	283725	150440	133285	2354918	1248652	1106266
1997	185442	93293	92149	1535460	772466	762994
1998	165282	74904	90378	1368204	620075	748149
1999	221698	101956	119742	1835549	844145	991404
2000	255396	124164	131232	2114168	1027830	1086338
2001	313330	146343	166987	2593307	1211222	1382085
2002	370724	176815	193909	3068394	1463351	1605043
2003	617230	216199	401031	5108627	1789414	3319213
2004	679326	171504	507822	5622442	1419453	4202989
2005	652837	246688	406149	5268525	1990821	3277704
2006	791407	299668	491739	6179860	2340018	3839842
2007	1029943	385819	644124	7523322	2818254	4705068
2008	1334065	477159	856906	9265215	3313917	5951298
2009	1174744	313154	861590	8024676	2139155	5885521
2010	1684637	447640	1236997	11404150	3030299	8373851
2011	2204742	499848	1704894	14239988	3228418	11011570
2012	2457171	598269	1858902	15510892	3776573	11734319
2013	2585254	675701	1909553	16010995	4184751	11826244
2014	2637817	577771	2060045	16248195	3549578	12698617

注：本表1978－1996年为外贸部门统计数，进出口总额中未包括口岸代理进口数。从1997年开始为海关统计数。

Note: Data were obtained from the minstry of foreign trade during 1978 – 1996, and data have been obtain from the costoms since 1997.

6－2 海关主要商品出口总值（2014年）

Total Value of Main Exports Commodities（2014）

单位: 万美元　　　　unit:10000 dollars

品　　名	Item	数量 Amount	金额 Sum
出口贸易总值	**Total Exports Value**		**577771**
肉及杂碎（吨）	Meat and Fried minced（tons）	5708	2031
水海产品（吨）	Aquatic and Seawater Products（ton）	26667	8054
填充用羽毛.羽绒（吨）	Feathers and Down for Stuffing（ton）	60	764
中药材及中式成药（吨）	Chinese Herbal medicine and Chinese Medicine（ton）	4783	9850
蔬菜（吨）	Vegetables（ton）	28787	8977
鲜、干水果及坚果（吨）	Fresh、Dry Fruits and Nuts（ton）	10308	14412
粮食（万吨）	Grain（10000tons）	18	16571
食用油籽（吨）	Edible Oil（ton）	40435	4654
煤（万吨）	Cool（10000 tons）	10	1306
医药品（吨）	Pharmaceutical Products（ton）	15623	14580
肥料（吨）	Fertilizer（ton）	412232	11802
塑料制品（吨）	Plastic Products（ton）	17161	6300
新的充气橡胶轮胎	New Rubber Tyres		11408
箱包及类似容器	Suitcase and Similar Packages		2567
锯材（吨）	Aluminum（ton）	8043	1423
胶合板及类似多层板(吨）	Veneer and Similar Products（ton）	137801	39542
家用或装饰用木制品（吨）	Wood for Household and Decoration（ton）	6556	1647
纸及纸板(未切成形的)（吨）	Paper and Newspaper(not cut)（ton）	7814	895
纺织纱线、织物及制品	Textile Yarn,Fabircs and Products		22751
服装及衣着附件	Clothing and Garniture		44303
鞋（万双）	Shoes（pairs）	145	1527
生铁及镜铁（吨）	Pig Iron and Spiegeleisen（ton）	55183	1979
钢材（吨）	Steels（ton）	529041	27811
未锻造的铝及铝材（吨）	Unwrought Aluminum and Rolled Aluminum（ton）	2089	1090
手用或机用工具（吨）	Hand Tools or Machine（ton）	3605	3440
金属加工机床（台）	Metal Processing machine tool（unit）	241	894
录.放像机（台）	Video recorder（set）	22177	790
通断保护电路装置及零件	Electrical Apparatus for Switching or Protecting Electrical		3878
二极管及类似半导体器件（万个）	Cricuits Diode and Similar Semiconductor（10000 units）	94855	4959
集成电路（万个）	Integrated Circuit（million）	9025	641
电线和电缆（吨）	Wire and Cable（ton）	1393	2218
汽车（辆）	Car（coach）	21970	24987
装有引擎的汽车底盘（台）	Car chassis with engine（set）	253	581
汽车零件	Parts of Motor Vehicles		27972
摩托车（辆）	Motorcycle（coach）	38849	1608
家具及其零件	Furniture and Parts		10608
床垫、寝具及类似品	Mattress,Bedclothing and Similar Products		624
灯具、照明装置及其零件	Lamps, Lighting Equipment and Its Parts		1895

6－3 海关主要商品进口总值（2014年）

Total Value of Main Imports Commodities（2014）

单位：万美元 unit:10000 dollars

品 名	Item	数量 Amount	金额 Sum
进口贸易总值	**Total Value of Imports**		**2060045**
水海产品(吨)	Seefood	87260	14676
冻鱼.冻鱼片（吨）	Frozen Fish Frozen Fish Fillet	14570	2194
鲜.干水果及坚果（吨）	Fresh Dry Fruits and Nuts	32868	15221
粮食（吨）	Grain and Grist	860016	46861
铁矿砂及其精矿（吨）	Iron Ores and Refined Ores	3581628	29732
锰矿砂及其精矿（吨）	Manganses Sand and Refined Ores	221844	4062
铜矿砂及其精矿（吨）	Copper Sand and Refined Ores	27691	1368
铬矿砂及其精矿（吨）	Chrome Ore and Refined Ores	82682	1805
煤（吨）	Coal	1172826	11104
成品油（吨）	Refined oil	6036	1294
初级形状的塑料（吨）	Primary Shape Plastic	49138	11745
塑料制品（吨）	Plastic Products	2548	5957
非泡沫塑料的板.片.膜.箔（吨）	Unfoam Board,Fflake,Diaphragm,Foil	1499	1445
天然橡胶(包括乳胶)（吨）	Natural Rubber (Including latex)	11284	2120
合成橡胶(包括乳胶)（吨）	Synthetic Rubber (Including latex)	18635	4168
原木（吨）	Timberlog	100998	1697
锯材（吨）	Sawn Timber	71625	3667
纸浆（吨）	Palp	20261	1639
纺织纱线.织物及制品	Textile Yarn,Fabrics and Proclucts		9588
钢材（吨）	Steel	173035	29444
钢铁制标准坚固件（吨）	Iron and Steel Fasteners Standard	24504	21339
未锻造的铝及铝材（吨）	Aluminum and Aluminum without forging	1816	1441
活塞式内燃机的零件（吨）	Piston Type Internal Combustion Engine Parts	3122	11551
液泵及液体提升机（台）	Liquid Pump and Liquid Hoist	2727762	9653
制冷设备用压缩机（台）	Compressors for Refrigerating Equipment	409925	7059
空气调节器（台）	Air Conditioners	250804	6888
机械提升搬运装卸设备及零件	Mechanical Handling Equipment and Parts		7409
金属加工机床（台）	Metal Processing Machine Tool	391	24386
橡胶或塑料加工机械及零件	Rubber or Plastic Processing Machinery and Parts		3924
型模及金属铸造用型箱（吨）	Mold and Metal Casting Type Box	227	1713
阀门（万套）	Valve	510	2659
电动机及发电机（万台）	Motors and Generators	956	10607
变压.整流.电感器及零件	Transformer,Rectifier, Inductors and Parts		15464
蓄电池（万个）	Battery	53	9772
电视摄像机.数字照相机及视频摄录一体机（台）	Television Cameras,Digital Camers and a complete of Spare Parts	79811	1308
无线电导航雷达及遥控设备（台）	Wireless Navigation Radar and Control Equipments	4623532	2067
收音设备(包括收录音组合机及整套散件)	Radio Equipment		20576
电视.收音机及无线电讯装置的零附件（吨）	Television,Radiogram and Wireless Radiotelephone Equipment	669	43774
电容器（吨）	Capacitor	101	1427
印刷电路（万块）	Printed Circait	982	1559
通断保护电路装置及零件	Protection Devices and Electrical Parts		42908
二极管及类似半导体器件（百万个）	Diode and Similar Semiconductor	679	2116
集成电路（百万个）	Integrated Circuit	211	12406
电线和电缆（吨）	Wire and Cable	2413	6011
汽车（辆）	Auto (included complete set of pieces)	88401	500444
汽车零配件	Parts of Motor Vehicles		730159
医疗仪器及器械	Medical Instruments and Appliances		5518
计量检测分析自控仪器及器具	Measurement Analysis of the Control Instrument and Appliances		104445

6－4　全部企业按贸易方式分进出口总值表（2014年）
Total Value of Imports and Exports by Trade Mode（2014）

单位：万美元　　　　unit:10000 dollars

指　　标	Item	进出口总值 Total Imports and Exports	出口总值 Total Exports	进口总值 Total Imports
进出口贸易总值	**Total Value of Imports and Exports**	**2637817**	**577771**	**2060045**
一般贸易	General Trade	2351628	388900	1962728
国家间、国际组织无偿援助和赠送的物资	Ponation of Tnternational Associations	841	841	
华侨、港澳同胞、外籍华人捐赠物资	Donation of Overseas Chinese			
加工贸易	Processing Trade	179723	121667	58056
补偿贸易	Compensation Trade			
来料加工装配贸易	Processing and Assembly Trade	20266	14252	6015
进料加工贸易	Processing Trade for Imported Material	159457	107415	52042
寄售、代销贸易	Sale by Consignment			
边境小额贸易（边民互市贸易除外）	Small Trade on Border	35669	17333	18335
加工贸易进口设备	Imported Equipment for Processing Trade			
对外承包工程出口货物	Exported Goods on Contracted Projects	12311	12311	
租赁贸易	Leasehold Trade	218	218	
外商投资企业作为投资进口的设备、物品	Imported Equipment used as Investment by Foreign Funded Enterprises	3027		3027
出料加工贸易	Prossing Trade for Exported Materials	532	251	281
易货贸易	Dicker Trade	127	61	66
免税外汇商品	Tax-free Foreign Exchange Commodities			
保税监管场所进出境货物	Importing Goods in Bonded Supervision Places	13386	6170	7216
海关特殊监管区域物流货物	Goods in the Areas under Special Customs Supervision	11462	1692	9770
海关特殊监管区域进口设备	Imported Equipment in the Areas under Special Customs Supervision	4		4
其它	Others	28890	28329	561

6－5 全部企业按主要国家（地区）分进出口总值表（2014年）

Total Value of Imports and Exports of All Enterprises by Major Countries（regions）（2014）

单位：万美元　　unit:10000 dollars

国　别（地区）	Region	进出口总值 Total Exports and Imports	出口总额 Total Exports	进口总额 Total Imports
进出口贸易总值	**Total Value of Imports and Exports**	**2637817**	**577771**	**2060045**
亚洲	**Asia**	**711715**	**331108**	**380606**
#柬埔寨	Kampuchea	262	262	
香港	Hongkong	20286	19843	443
印度	India	25217	22215	3003
印度尼西亚	Indonesia	7543	5850	1694
伊朗	Iran	17784	17705	79
伊拉克	Iraq	1142	1142	
以色列	Israel	2433	1809	623
日本	Japan	304699	64733	239967
约旦	Jordan	542	542	
马来西亚	Malayqia	32728	22760	9967
巴基斯坦	Pakistan	12242	10484	1758
菲律宾	The Philippines	16697	11070	5627
沙特阿拉伯	Saudi Arabia	5480	4667	814
新加坡	Singapore	24829	20811	4018
韩国	South Korea	71948	44812	27136
叙利亚	Syria	54	54	
泰国	Thailand	17970	10239	7731
土耳其	Turkey	8935	4826	4109
阿拉伯联合酋长国	United Arab Emirates	3301	2468	832
越南	Vietnam	13098	12178	920
中国台湾	Taiwan,China	15787	7456	8330
哈萨克	Kazakstan	2772	899	1873
非洲	**Africa**	**47185**	**29145**	**18040**
#阿尔及利亚	Algeria	1846	1846	
埃及	Egypt	676	588	88
埃塞俄比亚	Ehtiopia	1471	1186	285
加纳	Chana	617	617	
尼日利亚	Nigeria	3295	3295	
南非（阿扎尼亚）	South Africa	21559	8257	13302
苏丹	Sudan	1278	1019	259

单位: 万美元　　　　6－5　续表　　　　unit:10000 dollars

国　　别（地区）	Region	进出口总值 Total Exports and Imports	出口总额 Total Exports	进口总额 Total Imports
欧洲	**Europe**	**1664715**	**130167**	**1534548**
# 比利时	Belgium	64638	8257	56380
丹麦	Denmark	3359	1098	2260
英国	UK	12437	8386	4050
德国	Germany	1025422	24712	1000710
法国	France	19128	2055	17074
爱尔兰	Ireland	895	313	582
意大利	Italy	36459	9605	26854
卢森堡	Luxemburg	1261		1261
荷兰	Netherland	19898	11434	8465
西班牙	Spain	26746	3781	22965
奥地利	Austria	21431	865	20566
匈牙利	Hungary	99144	754	98389
挪威	Norway	2484	647	1837
波兰	Poland	9785	1174	8611
瑞典	Sueden	10518	4529	5989
瑞士	Switzerland	10972	97	10875
俄罗斯	Russia	57745	44839	12905
乌克兰	UKraine	2028	1557	470
捷克共和国	Czech Rep	54339	2073	52265
拉丁美洲	**Latin America**	**62072**	**23561**	**38512**
# 阿根廷	Argentina	5356	490	4866
巴西	Brazil	33548	6641	26907
墨西哥	Mexico	8054	5195	2859
委内瑞拉	Venezuela	1021	1021	
北美洲	**North America**	**108215**	**54432**	**53783**
加拿大	Canada	13213	7585	5628
美国	USA	95003	46848	48155
大洋洲	**Oceanic and Pacific Islands**	**43902**	**9358**	**34544**
# 澳大利亚	Austrialia	35315	8919	26395
国别不详的或联合国组织	**U.N.Organization**	**13**		**13**
东盟组织	**The Association of Southest Asian**	**114341**	**84382**	**29959**
欧盟组织	**European Economic Community**	**1587906**	**82339**	**1505567**

6－6 实际利用外资情况
Actually Utilization of Foreign Capital

单位: 万美元 unit: 10000 dollars

指　　标	Item	2012	2013	2014
签订合同数（个）	**Number of Signed Contracts**	**107**	**101**	**108**
签订利用外资协议合同额	**Total Value of Foreign Capital Through Signed Contracts and Agreements**	**138964**	**73435**	**155506**
对外借款	Foreign Loans			
外商直接投资	Direct Foreign Investment	138964	73435	155506
外商其他投资	Other Foreign Investment			
实际利用外资额	**Total Amount of Foreign Capital Actually Used**	**581597**	**676415**	**768552**
对外借款	Foreign Loans	237395	6537	11385
外商直接投资	Direct Foreign Investment	164865	181949	199943
外商其他投资	Other Foreign Investment	179337	487929	557224

6－7 国外经济合作情况
Economic Cooperation with Foreign County

指　　标	Item	新签合同（万美元） New Contracted (10000 USD)			实际完成（万美元） Actual Finish (10000 USD)		
		2012	2013	2014	2012	2013	2014
合计	**Total**	**46138**	**47903**	**26383**	**84180**	**92754**	**86886**
对外承包工程	Contracted Projects	23077	33226	8490	46653	51318	56481
对外劳务工程	Labor Cooperation	23061	14677	17893	37527	41436	30405

6－8 旅游事业发展情况（一）

Development of Tourism (One)

年份 Year	星级饭店总数（个）Total Number of Star-ranked Holels (unit)	入境旅游人数（万人次）Number of International Tourists (10 000 person – times)	#外国人 Foreigners	国际旅游外汇收入（万美元）Foreign Exchange Earning From Tourism (10 000 USD)	国内旅游人次（万人次）Number of Domestic Tourists (10 000 person – times)	国内旅游收入（万元）Income from Domestic Tourism (10 000yuan)	国内旅游人均花费（元）Domestic Tourism Spending Per Capita (yuan)
1981	135						
1982	130						
1983	130						
1984	156						
1985		2.4	1.0	165		1261	
1986		3.1	1.6	235		1203	
1987		3.6	1.5	255		1995	
1988		4.2	1.8	380		3174	
1989	23	2.5	1.2	335		3293	
1990	27	4.6	3.0	610		4353	
1991	33	6.2	3.6	859		7848	
1992	35	8.4	5.3	1106		25492	
1993	38	7.9	5.6	1110		27606	
1994	48	10.7	9.3	2488			
1995	52	15.6	14.5	4148			
1996	72	18.8	17.6	5310			
1997	73	20.0	18.1	5935	1240	167100	134.8
1998	86	13.1	11.6	3783	1317	266100	202.1
1999	95	15.9	14.1	4483	1463	349000	238.6
2000	151	22.3	19.2	5804	1809	519400	287.1
2001	151	27.2	23.7	7579	2225	773900	347.8
2002	172	29.4	25.9	8700	2455	1081700	440.6
2003	182	21.2	18.5	6638	2331	1362200	584.3
2004	176	32.4	27.7	9600	2588	1759200	679.8
2005	198	37.3	30.7	11953	2851	2193400	769.4
2006	210	44.9	36.8	14244	3193	2640000	826.9
2007	216	54.4	44.2	17931	3704	3365100	908.6
2008	236	61.7	52.5	21144	4497	4361000	969.8
2009	231	68.1	58.3	24294	5433	5641000	1038.3
2010	223	82.0	72.2	30492	6409	7123900	1111.6
2011	208	99.3	85.5	38528	7542	9042900	1199.0
2012	228	118.3	100.9	49477	8854	11468900	1295.3
2013	223	127.4	110.5	57053	10242	14416400	1407.6
2014	218	137.7	119.9	67538	12004	17665500	1471.7

6－9 旅游事业发展情况（二）

Development of Tourism（Two）

指　　标	Item	2012	2013	2014
入境旅游者人数（人次）	Total Number of International Tourists (person－time)	1182689	1273559	1376852
外国人	Foreigners	1009035	1104519	1199413
港澳同胞	Compatriots from HongKong and Macao	96960	93368	96366
台湾同胞	Compatriots from Taiwan	76694	75672	81073
海外旅游者人天数（人天）	Intenational Tourists for One Day(person－day)	2739903	3054323	3268452
外国人	Foreigners	2300471	2623039	2820818
港澳同胞	Compatriots from HongKong and Macao	242778	245620	246742
台湾同胞	Compatriots from Taiwan	196654	185664	200891
国际旅游外汇收入（万美元）	Foreign Exchange Earnings from Tourism(10000 USD)	49477	57053	67538
国内旅游人数（万人次）	Total Number of Domestic Tourists(10000 person－times)	8854.28	10241.93	12003.55
国内旅游收入（亿元）	Income from Domestic Tourism(100 million yuan)	1146.89	1441.64	1766.55
旅游接待总人数（万人次）	Total Number of Tourists(10000 person－times)	8972.55	10369.28	12141.24
旅游业总收入（亿元）	Total Income of Tourism(100 million yuan)	1178.06	1477.08	1807.71

注：海外旅游者人数及人天数中的外国人包括华侨数。
Note：The dafa of international tourists include overseas Chinese.

6－10 各地区旅游情况

Tourism Situation in Various Regions

地　区	Region	2013				2014			
		国内旅游人数（万人次）Number of Domestic Tourists(10000 Person－time)	入境人数（人次）Number of Tourists (Person－time)	国内旅游收入（亿元）Income from Domestic Tourism(100 million yuan)	旅游外汇收入（万美元）Exchange Earnings from Tourism (10000 USD)	国内旅游人数（万人次）Number of Domestic Tourists(10000 Person－time)	入境人数（人次）Number of Tourists (Person－time)	国内旅游收入（亿元）Income from Domestic Tourism(100 million yuan)	旅游外汇收入（万美元）Exchange Earnings from Tourism (10000 USD)
全　省	**Total**	**10241.93**	**1273559**	**1441.64**	**57052.70**	**12003.55**	**1376852**	**1766.55**	**67538.16**
长　春	Changchun	4191.67	378261	667.72	24305.89	4908.86	394540	818.28	28901.84
吉　林	Jilin	2761.59	95962	340.95	3557.52	3242.38	97658	421.93	3808.65
四　平	Siping	195.02	2816	24.72	92.93	228.47	3880	30.23	112.52
辽　源	Liaoyuan	159.38	407	20.30	15.33	186.57	408	24.80	16.86
通　化	Tonghua	630.95	134391	76.05	3034.65	739.54	168661	93.22	3541.88
白　山	Baishan	561.22	42275	62.74	1711.37	658.59	44989	77.27	1985.19
松　原	Songyuan	397.93	22760	59.92	1144.42	466.06	23800	69.68	1154.81
白　城	Baicheng	234.71	14254	30.67	304.59	274.68	14704	37.37	363.05
延　边	Yanbian	1109.46	582433	158.57	22886.00	1298.40	628212	193.77	27653.36
全省中:长白山	Changbai	231.90	137010	19.20	4532.88	261.73	153000	22.13	4935.23

6－11　各地区实际利用外商直接投资

Foreign Direct Investment Actually Used by Region

单位: 万美元　　　　unit:10000 dollars

地　区	Region	2013			2014		
		签订合同数（个）Number of Signed Contracts (unit)	签订利用外资协议合同额 Foreign Capital Amount of the Contract	实际利用外商直接投资 Foreign Direct investment	签订合同数（个）Number of Signed Contracts (unit)	签订利用外资协议合同额 Foreign Capital Amount of the Contract	实际利用外商直接投资 Foreign Direct investment
全　省	**Total**	**101**	**73435**	**181949**	**108**	**155506**	**196643**
长　春	Changchun	20	27831	93794	34	40610	106031
吉　林	Jilin	9	-338	19621	6	2557	23668
四　平	Siping	2	888	8870	1	257	9652
辽　源	Liaoyuan	1	19	14532	1	7285	7720
通　化	Tonghua	5	4837	7423	4	1564	8113
白　山	Baishan	2	5550	9552	5	11166	10324
松　原	Songyuan	3	3910	9630	1	240	10459
白　城	Baicheng	2	402	4350		4392	4769
延　边	Yanbian	31		13616	31	16513	15302
长白山管委会	Changbai		5737	561	1		605
省　直	Shengzhi	26	24599		24	70922	

6－12　接待外国旅游人数

Reception Number of Oversea Travelling

国　家	Countries	2008	2009	2010	2011	2012	2013	2014
旅游人数（万人次）	**Total Number of Tourists(10000 person－times)**	**4558.65**	**5501.08**	**6490.9**	**7641.32**	**8972.55**	**10369.28**	**12141.24**
入境旅游人数（人次）	**Number of Oversea Visitor Arrivals(person－time)**	**617303**	**680528**	**820062**	**993204**	**1182689**	**1273559**	**1376852**
外国人	Foreigners	524625	582861	721590	854940	1009035	1104519	1199413
# 日本	Japan	69598	70263	73564	74650	55125	52925	45768
韩国	South Korea	219533	247767	314931	377940	443453	524902	612304
菲律宾	Philippines	879	886	932	871	4426	5116	4557
新加坡	Singapore	7216	7426	8414	9568	9921	19955	40266
英国	United Kingdom	1324	1368	1396	1524	3310	6855	9774
德国	Germany	14425	15532	17692	21406	33747	52627	52736
俄罗斯	Russia	176044	199837	259765	317054	319743	341880	290728
加拿大	Canada	1410	1488	1522	1608	7182	5853	8653
美国	United States	5798	5849	6586	7364	23391	19235	14325
港澳同胞	Chinese Compatriots form Hong Kong, Macao	56879	65201	65903	83354	96960	93368	96366
台湾同胞	Chinese Compatriots from Taiwan Province	35799	32466	32569	54910	76694	75672	81073

6-13 国内游客出游方式构成表
Table of Domestic Tourists Travel Mode

单位: % unit:%

年份 year	单位组织 Organization	家庭或与亲朋结伴 Family or Friends	旅行社组织 Travel Agency	个人旅行 Persanal Travel	其他 Others
2001	25.13	23.26	7.35	19.85	24.41
2002	24.52	23.84	8.56	18.51	24.57
2003	24.98	23.67	8.69	21.19	21.47
2004	23.86	22.50	5.69	22.29	25.66
2005	25.46	24.32	11.73	20.97	17.52
2006	22.81	26.71	9.73	22.96	17.79
2007	19.00	25.70	7.80	24.50	23.00
2008	18.70	26.30	6.60	26.70	21.70
2009	19.00	26.00	6.00	22.00	27.00
2010	22.00	27.00	5.00	22.00	24.00
2011	20.00	27.00	7.00	24.00	22.00
2012	22.00	28.00	11.00	18.00	21.00
2013	21.00	28.90	12.50	19.90	17.70
2014	20.70	37.60	9.90	16.70	15.10

CHAPTER ▶ 07

第七篇

能源生产和消费

PRODUCTION AND CONSUMPTION OF ENERGY

7－1　1978-2014年能源生产总量及构成

1978-2014 Total Production of Energy and Its Composition

年　份 Year	能源生产总量 （万吨标准煤） Total Energy Production (10 000 tons of SCE)	占能源生产总量的比重（%） As Percentage of Total Energy Production			
		原　煤 Coal	原　油 Crude Oil	天然气 Natural Gas	一次电力 Once power
1978	1635.6	81.0	16.2		2.8
1979	1689.4	79.2	15.8	1.2	3.9
1980	1530.3	75.9	16.5	2.0	5.6
1981	1493.2	74.4	15.6	0.8	9.1
1982	1538.5	79.1	15.8	0.7	4.3
1983	1637.2	77.8	15.5	0.7	6.0
1984	1787.6	76.9	15.3	0.5	7.3
1985	1947.2	76.3	15.6	0.5	7.5
1986	2142.2	71.0	15.8	0.6	12.6
1987	2201.6	68.4	18.6	0.6	12.4
1988	2292.4	69.4	19.6	0.6	10.4
1989	2369.9	73.5	20.6	0.6	5.3
1990	2572.3	72.5	19.8	0.5	7.2
1991	2593.3	70.5	18.9	0.6	10.0
1992	2259.4	71.2	21.8	1.0	6.0
1993	2248.7	69.3	21.5	1.2	8.0
1994	2311.1	68.8	20.5	1.0	9.6
1995	2512.9	67.6	19.5	0.9	12.0
1996	2452.0	68.2	21.8	1.0	9.0
1997	2499.5	68.8	23.2	1.4	6.6
1998	2134.6	64.2	26.6	1.6	2.3
1999	1969.9	62.9	26.0	1.9	9.2
2000	1885.6	61.4	26.4	2.0	10.3
2001	1956.7	57.8	28.4	1.9	11.9
2002	2109.5	61.5	28.6	1.4	8.5
2003	2205.3	65.6	30.9	1.4	2.1
2004	2458.9	67.3	28.0	1.9	2.9
2005	2574.3	62.7	30.6	2.8	3.8
2006	2879.2	65.0	30.8	1.1	2.3
2007	3146.9	67.9	28.2	1.0	2.5
2008	3584.8	67.4	26.9	2.5	2.2
2009	4192.9	70.2	21.5	5.0	2.5
2010	4790.8	70.0	20.9	4.9	3.5
2011	5083.7	70.7	20.8	5.1	2.8
2012	5710.8	71.2	20.3	5.3	2.7
2013	3471.9	57.7	25.5	9.3	6.5
2014	3364.8	53.8	28.2	8.8	5.3

注：2013年根据三经普数据重新进行了调整，其它历史数据尚未调整。
Note: Year 2013，According to the data of Third economic Census Re-carried out adjustment，other historical data has not been adjusted.

7-2 1978-2014年能源消费总量及构成
1978-2014 Total Consumption of Energy and Its Composition

年 份 Year	能源消费总量（万吨标准煤） Total Energy Consumption (10 000 tons of SCE)	占能源消费总量的比重（%） As Percentage of Total Energy Consumption			
		煤品燃料 Coal fuel	油品燃料 Oil fuel	天然气 Natural Gas	一次电力 Once power
1978	1661.4	70.4	26.7		2.9
1979	1741.2	72.5	25.5		3.9
1980	1930.2	73.4	21.3	1.9	3.9
1981	1819.6	72.7	22.1	0.5	5.4
1982	2117.3	76.2	18.4	0.6	3.0
1983	2313.0	73.0	18.5	0.5	4.0
1984	2495.5	74.0	20.9	0.4	5.0
1985	2658.8	74.1	19.3	0.4	5.2
1986	2772.1	71.5	19.4	0.4	9.0
1987	3080.9	71.9	17.2	0.4	8.3
1988	3283.8	74.0	18.1	0.4	6.7
1989	3392.7	77.1	18.3	0.4	3.5
1990	3523.4	63.5	16.8	0.3	19.3
1991	3572.8	64.4	15.5	0.4	19.7
1992	3614.6	63.6	15.8	0.5	20.1
1993	3793.8	65.1	15.1	0.6	19.3
1994	3856.5	64.4	13.8	0.6	21.2
1995	3954.2	62.2	14.7	0.5	22.6
1996	4032.7	62.6	15.0	0.5	21.9
1997	4177.2	58.8	18.1	0.7	22.4
1998	3626.8	54.9	20.7	0.9	23.6
1999	3693.2	53.2	21.1	0.8	24.9
2000	3527.7	53.0	20.9	0.8	25.3
2001	3712.7	53.7	19.9	0.7	25.6
2002	4209.0	56.2	18.5	0.7	24.7
2003	4468.8	73.8	22.4	2.1	1.0
2004	4778.7	75.6	20.5	2.2	1.5
2005	5258.5	76.5	20.9	1.9	1.8
2006	5871.5	77.7	19.3	1.7	1.1
2007	6465.9	76.1	19.4	2.0	1.2
2008	7100.1	77.7	16.9	2.5	1.1
2009	7553.4	78.7	16.0	2.8	1.4
2010	8172.8	77.9	17.8	2.9	2.1
2011	8886.9	78.2	16.6	2.9	1.6
2012	9028.3	77.3	15.9	3.4	1.7
2013	8546.2	72.7	17.1	3.7	2.5
2014	8483.4	72.4	17.2	3.5	2.1

注：2013年根据三经普数据重新进行了调整，其它历史数据尚未调整。
Note: Year 2013，According to the data of Third economic Census Re-carried out adjustment，other historical data has not been adjusted.

7－3　2005–2014年单位GDP电耗及降低率
2005–2014 Unit of Electricity Consumption and Reducing the Rate for GDP

年份 Year	电力消费总量 （万千瓦时） Total Electricity Consumption （Million Kw.h）	万元GDP电耗 (千瓦时) Million Yuan GDP Electricity Consumption （Kw.h）	环比降低率（%） Reduce the Rate of Chain （%）	累计降低率（%） Reduce the Rate of Camulative （%）
按2005年不变价GDP计算 GDP by 2005 Calculated at Constant Price				
2005	3782271	1044.75		
2006	4124577	990.91	5.15	5.15
2007	4626384	957.23	3.39	8.37
2008	4964888	885.93	7.45	15.20
2009	5152544	811.13	8.67	22.55
2010	5769749	795.90	1.60	23.75
按2010年不变价GDP计算 GDP by 2010 Calculated at Constant Price				
2011	6301527	638.87	4.03	28.74
2012	6369979	576.86	9.74	35.68
2013	6538451	546.50	5.22	39.04
2014	6678144	520.80	4.12	41.55

注：因2011年不变价GDP有调整，所以2011年单位GDP电耗数据有变化。
Note:Since 2011 prices have not been changed, GDP has adjusted; there were changes in 2011 unit GDP energy consumption data.

7－4　2005–2014年单位GDP能耗及降低率
2005–2014 Unit of Energy Consumption and Reducing the Rate for GDP

年份 Year	能源消费总量 (等价值,万吨标准煤) Total Energy Consumption (10 000 tons of SCE)	万元GDP综合能耗 (吨标准煤) Million Yuan GDP Comprehensive Energy Consumption （ton of SCE）	环比降低率（%） Reduce the Rate of Chain （%）	累计降低率（%） Reduce the Rate of Camulative （%）
按2005年不变价GDP计算 GDP by 2005 Calculated at Constant Price				
2005	5315.40	1.47		
2006	5908.21	1.42	3.32	3.32
2007	6557.34	1.36	4.41	7.59
2008	7221.41	1.29	5.02	12.24
2009	7697.77	1.21	6.19	17.67
2010	8297.31	1.15	5.31	22.04
按2010年不变价GDP计算 GDP by 2010 Calculated at Constant Price				
2011	9103.04	0.91	3.59	24.83
2012	9443.04	0.84	7.36	30.36
2013	8645.40	0.72	6.03	34.56
2014	8559.79	0.67	7.05	39.18

注：因2011年不变价GDP有调整，所以2011年单位能耗数据有变化。
Note: Because 2011 prices were changed, GDP has adjusted, there were changes in 2011 unit energy consumption data.

7－5 分行业能源品种消费（实物量）（2014年）

行业	Item	原煤（万吨）Raw Coal (10000tons)
消费总计	**Total Consumption**	**10453.85**
一、农、林、牧、渔业	Agriculture,Forestry,Animal Husbandry and Fishery	37.16
二、工业合计	Industry	9726.84
轻工业	Light Industry	990.65
重工业	Heavy Industry	8736.19
（一）采矿业	Mining	1439.99
煤炭开采和洗选业	Mining and Washing of Coal	1334.93
石油和天然气开采业	Extraction of Petroleum and Natural Gas	3.09
黑色金属矿采选业	Mining and Processing of Ferrous Metal Ores	7.39
有色金属矿采选业	Mining and Processing of Non-ferrous Metal Ores	11.96
非金属矿采选业	Mining and Processing of Nonmetal Ores	39.85
开采辅助活动	Mining Support Activities	42.56
其他采矿业	Mining of Other Ores	0.21
（二）制造业	Manufacturing	2688.67
农副食品加工业	Processing of Food from Agricultural Produsts	403.01
食品制造业	Manufacture of Foods	67.78
酒、饮料和精制茶制造业	Manufacture of Wine,Beverages and Tea	138.79
烟草制品业	Manufacture of Tobacco	1.56
纺织业	Manufacture of Textile	38.60
纺织服装、服饰业	Manufacture of Textile and Apparel	5.33
皮革、毛皮、羽毛及其制品和制鞋业	Leather,Fur,Feathers and Footwear Industry	1.29
木材加工及木、竹、藤、棕、草制品业	Processing of Timber,Manfacture of Wood,Bamboo,Rattan,Palm and Straw Products	107.73
家具制造业	Manufacture of Furniture	2.75
造纸及纸制品业	Manufacture of Paper and Paper Products	58.81
印刷和记录媒介复制业	Printing,Reproduction of Recording Media	2.37
文教、工美、体育和娱乐用品制造业	Calture Education,Art,Sports and Entertainment Goods Industry	2.27
石油加工、炼焦和核燃料加工业	Processing of Petroleum,Coking,Processing of Nuclear Fuel	192.27
化学原料和化学制品制造业	Manufacture of Raw Chemical Materials and Chemical Products	361.11
医药制造业	Manufacture of Medicines	169.77
化学纤维制造业	Manufacture Chemical Fibers	82.58
橡胶和塑料制品业	Manufacture of Rubber and Plastic	9.32
非金属矿物制品业	Manufacture of Non－metallic Mineral Products	657.04
黑色金属冶炼和压延加工业	Smelting and Pressing of Ferrous Metals	164.50

Total Consumption of Energy by Sector (Physical Quantity) (2014)

洗精煤 (万吨) Washed Coal (10000tons)	煤制品 (万吨) Coal Products (10000tons)	焦 炭 (万吨) Coke (10000tons)	焦炉煤气 (亿立方米) Coal Oven Gas (100 million cu.m)	原 油 (万吨) Crude Oil (10000tons)	汽 油 (万吨) Gasoline (10000tons)	煤 油 (万吨) Kerosene (10000tons)
677.49	**7.71**	**664.72**	**13.71**	**999.37**	**193.36**	**1.71**
		6.72			21.78	0.03
676.90	2.63	657.46	12.63	999.37	36.78	0.37
0.07	0.37	0.02			10.35	
676.83	2.26	657.44	12.63	999.37	26.43	0.37
4.68	0.08	22.47		14.59	4.22	0.06
		0.01			0.34	
	0.08			13.94	0.81	
4.56		22.46			0.60	
0.12					0.30	0.06
					1.23	
				0.65	0.94	
610.96	2.55	634.99	11.55	984.74	30.36	0.26
	0.11				5.19	
0.07					0.99	
					1.26	
					0.01	
	0.15				0.07	
					0.07	
					0.01	
				0.14	2.42	
		0.02			0.87	
					0.39	
					0.17	
					0.13	
138.17			0.04	149.33	0.29	
44.86	0.18			835.23	2.50	0.05
	0.11				1.14	
					0.01	
					0.77	
9.92	0.94	6.79	1.64	0.04	3.70	
417.90		614.47	9.87		0.69	

7－5 续表 1

行 业	Item	原 煤 (万吨) Raw Coal (10000tons)
有色金属冶炼和压延加工业	Smelting and Pressing of Non-ferrous Metals	31.98
金属制品业	Manufacture of Metal Products	6.82
通用设备制造业	Manufacture of General Purpose Machinery	18.85
专用设备制造业	Manufacture of Special Purpose Machinery	21.84
汽车制造业	Manufacture of Automotive	93.25
铁路、船舶、航空航天和其他运输设备制造业	Manufacture of Railway,Ship,Aerospace and Other Transport Equipment	19.18
电气机械和器材制造业	Manufacture of Electrical Machinery and Equipment	8.50
通信设备、计算机和其他电子设备制造业	Manufacture of Communication Equipment,Computers and Other Electronic Equipment	2.65
仪器仪表制造业	Manufacture of Instrument	2.11
其他制造业	Other Manufacturing	15.74
废弃资源综合利用业	Wast Resources Utilization Industry	0.43
金属制品、机械和设备修理业	Metal Products,Machinery and Equipment Repair Industry	0.44
（三）电力、燃气及水的生产和供应业	Production and Supply of Electricity,Gas and Water	5598.18
电力、热力的生产和供应业	Production and Supply of Electric Power and Heat Power	5579.37
燃气生产和供应业	Production and Supply of Gas	14.62
水的生产和供应业	Production and Supply of Water	4.19
三、建筑业	Construction	14.36
房屋和土木工程建筑业	Construction of Building and Civil Engineering	5.16
建筑安装业	Construction Installation	8.01
建筑装饰业	Construction Decoration	0.87
其它建筑业	Other Construction	0.32
四、交通运输储运业和邮政业	Transport,Storage and Post	249.62
铁路运输业	Railway Transport	75.60
道路运输业	Road Transport	41.32
水上运输业	Water Transport	
航空运输业	Air Transport	2.90
管道运输业	Transport Via Pipeline	
装卸搬运及其他运输服务业	Loading,Unloading,Portage and Other Transport Services	1.15
仓储业	Storage	128.31
邮政业	Post	0.34
五、批发、零售业和住宿、餐饮业	Wholesale,Retail Trades,Hotels and Catering Services	78.15
六、其他行业	Others	143.92
七、城乡居民生活	Residential Comsumption	203.80

continued

洗精煤 (万吨) Washed Coal (10000tons)	煤制品 (万吨) Coal Products (10000tons)	焦 炭 (万吨) Coke (10000tons)	焦炉煤气 (亿立方米) Coal Oven Gas (100 million cu.m)	原 油 (万吨) Crude Oil (10000tons)	汽 油 (万吨) Gasoline (10000tons)	煤 油 (万吨) Kerosene (10000tons)
		7.56			0.13	
	0.47	2.93			1.09	
		0.12			1.62	
		0.62			2.03	
0.04	0.56	2.41			2.74	0.21
					0.24	
	0.03	0.07			1.11	
					0.17	
					0.21	
					0.04	
					0.26	
					0.04	
61.26			1.08	0.04	2.20	0.05
		5579.37		0.04	1.82	0.05
61.26		75.88	1.08		0.19	
		4.19			0.19	
0.16		0.07			18.02	0.40
0.16		0.06			12.57	0.04
		0.01			2.45	0.20
					2.02	0.16
					0.98	
0.43					39.06	0.25
0.43					0.31	0.01
					33.18	0.05
					0.08	
					0.04	0.02
					0.10	
					0.95	0.12
					4.40	0.05
		0.36			13.14	0.51
		0.11			44.03	0.15
	5.08		1.08		20.55	

7－5 续表 2

行　　业	Item	柴　油（万吨）Diesel Oil (10000tons)
消费总计	**Total Consumption**	**378.42**
一、农、林、牧、渔业	Agriculture,Forestry,Animal Husbandry and Fishery	49.17
二、工业合计	Industry	54.32
轻工业	Light Industry	10.93
重工业	Heavy Industry	43.39
（一）采矿业	Mining	14.58
煤炭开采和洗选业	Mining and Washing of Coal	1.75
石油和天然气开采业	Extraction of Petroleum and Natural Gas	1.79
黑色金属矿采选业	Mining and Processing of Ferrous Metal Ores	3.65
有色金属矿采选业	Mining and Processing of Non–ferrous Metal Ores	1.06
非金属矿采选业	Mining and Processing of Nonmetal Ores	3.65
开采辅助活动	Mining Support Activities	2.68
其他采矿业	Mining of Other Ores	
（二）制造业	Manufacturing	38.82
农副食品加工业	Processing of Food from Agricultural Produsts	6.82
食品制造业	Manufacture of Foods	0.72
酒、饮料和精制茶制造业	Manufacture of Wine,Beverages and Tea	1.26
烟草制品业	Manufacture of Tobacco	0.05
纺织业	Manufacture of Textile	0.04
纺织服装、服饰业	Manufacture of Textile and Apparel	0.06
皮革、毛皮、羽毛及其制品和制鞋业	Leather,Fur,Feathers and Footwear Industry	0.01
木材加工及木、竹、藤、棕、草制品业	Processing of Timber,Manfacture of Wood,Bamboo,Rattan,Palm and Straw Products	2.75
家具制造业	Manufacture of Furniture	0.64
造纸及纸制品业	Manufacture of Paper and Paper Products	0.58
印刷和记录媒介复制业	Printing,Reproduction of Recording Media	0.09
文教、工美、体育和娱乐用品制造业	Calture Education,Art,Sports and Entertainment Goods Industry	0.04
石油加工、炼焦和核燃料加工业	Processing of Petroleum,Coking,Processing of Nuclear Fuel	1.02
化学原料和化学制品制造业	Manufacture of Raw Chemical Materials and Chemical Products	3.12
医药制造业	Manufacture of Medicines	0.48
化学纤维制造业	Manufacture Chemical Fibers	0.1
橡胶和塑料制品业	Manufacture of Rubber and Plastic	0.57
非金属矿物制品业	Manufacture of Non – metallic Mineral Products	9.38
黑色金属冶炼和压延加工业	Smelting and Pressing of Ferrous Metals	0.86

continued

燃料油（万吨）Fuel Oil (10000tons)	液化石油气（万吨）Liquefied Petroleum Gas (10000tons)	炼厂干气（万吨）Refinery Dry Gas (10000tons)	天然气（亿立方米）Natural Gas (100 million cu.m)	其它石油制品（万吨）Other Petroleum Products (10000tons)	热力（万百万千焦）Heat Power (10 billion kilo-joule)	电力（亿千瓦时）Electric Power (100 million kwh)
31.91	**48.02**	**31.79**	**22.33**	**137.77**	**23456.80**	**667.81**
0.05	0.20		0.03			10.82
23.54	28.59	31.79	19.81	137.77	16796.29	440.61
0.02	8.26	3.66	0.57	0.03	4326.04	38.31
23.52	20.33	28.13	19.24	137.74	12470.25	402.30
			8.87		2363.27	48.02
					1154.43	11.07
			5.11		193.51	21.34
					0.41	5.33
					1.30	7.35
					0.04	2.40
			3.76		1013.58	0.52
						0.01
23.38	28.59	31.79	10.76	137.77	13277.77	246.32
			0.01	0.03	903.66	11.37
			0.18		52.74	1.99
			0.06		1276.44	5.71
			0.09			0.78
					123.36	2.79
					94.69	0.48
						0.03
					11.49	4.06
					1.36	1.31
			0.09		12.85	3.51
	8.26				7.32	0.58
		3.66			0.46	0.08
	10.39	27.98			5.22	7.54
23.26		0.15	4.05	136.72	5478.84	37.59
0.02			0.14		108.49	5.81
					1744.67	2.90
			0.35		6.13	5.13
			1.73	1.02	253.35	38.92
					6.29	57.91

7－5 续表 3

行　业	Item	柴　油 （万吨） Diesel Oil1 (10000tons)
有色金属冶炼和压延加工业	Smelting and Pressing of Non-ferrous Metals	0.57
金属制品业	Manufacture of Metal Products	0.64
通用设备制造业	Manufacture of General Purpose Machinery	0.65
专用设备制造业	Manufacture of Special Purpose Machinery	1.17
汽车制造业	Manufacture of Automotive	5.63
铁路、船舶、航空航天和其他运输设备制造业	Manufacture of Railway,Ship,Aerospace and Other Transport Equipment	0.26
电气机械和器材制造业	Manufacture of Electrical Machinery and Equipment	0.57
通信设备、计算机和其他电子设备制造业	Manufacture of Communication Equipment,Computers and Other Electronic Equipment	0.04
仪器仪表制造业	Manufacture of Instrument	0.12
其他制造业	Other Manufacturing	0.04
废弃资源综合利用业	Wast Resources Utilization Industry	0.52
金属制品、机械和设备修理业	Metal Products,Machinery and Equipment Repair Industry	0.02
（三）电力、燃气及水的生产和供应业	Production and Supply of Electricity,Gas and Water	0.92
电力、热力的生产和供应业	Production and Supply of Electric Power and Heat Power	0.73
燃气生产和供应业	Production and Supply of Gas	0.14
水的生产和供应业	Production and Supply of Water	0.05
三、建筑业	Construction	43.52
房屋和土木工程建筑业	Construction of Building and Civil Engineering	2.45
建筑安装业	Construction Installation	26.05
建筑装饰业	Construction Decoration	2.24
其它建筑业	Other Construction	12.78
四、交通运输储运业和邮政业	Transport,Storage and Post	216.33
铁路运输业	Railway Transport	25.75
道路运输业	Road Transport	178.59
水上运输业	Water Transport	0.02
航空运输业	Air Transport	0.05
管道运输业	Transport Via Pipeline	
装卸搬运及其他运输服务业	Loading,Unloading,Portage and Other Transport Services	1.89
仓储业	Storage	6.11
邮政业	Post	3.92
五、批发、零售业和住宿、餐饮业	Wholesale,Retail Trades,Hotels and Catering Services	1.34
六、其他行业	Others	3.63
七、城乡居民生活	Residential Comsumption	10.11

continued

燃料油（万吨）Fuel Oil (10000tons)	液化石油气（万吨）Liquified Petroleum Gas (10000tons)	炼厂干气（万吨）Refinery Dry Gas (10000tons)	天然气（亿立方米）Natural Gas (100 million cu.m)	其它石油制品（万吨）Other Petroleum Products (10000tons)	热力（万百万千焦）Heat Power (10 billion kilo-joule)	电力（亿千瓦时）Electric Power (100 million kwh)
			0.30		0.05	6.65
			0.10		49.05	7.56
			0.01		17.76	2.02
			0.01		16.01	5.24
			3.54		2257.07	30.06
			0.10		59.97	1.18
0.02	9.94				3.09	2.30
					782.66	1.28
					0.75	0.23
						0.97
					1.15	0.26
0.08					2.85	0.08
0.16			0.18		1155.25	146.27
0.16					1108.81	135.46
			0.18		0.11	1.91
					46.33	8.90
1.80	0.43				118.86	10.67
0.01	0.11				11.09	5.29
1.59	0.05				7.54	3.53
0.00	0.22				88.85	0.28
0.20	0.05				11.38	1.57
5.16	0.83		0.04		303.41	17.87
	0.10				103.92	2.16
5.16	0.40		0.04		73.25	4.35
					2.06	0.52
					17.26	0.91
					51.45	2.32
					14.63	3.26
	0.20				39.98	4.03
	0.13				0.86	0.32
1.09	2.35		0.13		356.18	32.47
0.27	1.11		0.06		851.01	53.97
	14.51		2.26		5031.05	101.40

7-6　地区能源平衡表（实物量）（2014年）

指　标	Item	原　煤（万吨）Raw Coal (10000tons)
一、可供本地区消费能源量	Total Energy Available for Consumption	10453.85
（一）年初库存量	Beginning Inventory	819.62
（二）一次能源生产量	Primary Energy Output	3100.20
（三）外省（区、市）调入量	Allocation from Outside	7543.24
（四）进口量	Imports	117.28
（五）我轮机在外国加油量	Refuelling Abroad for Our Ships and Planes	
（六）本省（区、市）调出量（-）	Allocation from Inside	-211.36
（七）出口量（-）	Exports	-10.00
（八）外轮、机在我国加油量（-）	Refuelling in China for Foreign Ships and Planes	
（九）年末库存量（-）	Inventories at the end	-905.13
二、加工转换投入（-）产出（+）量	Output and Input in Processing and Transformation	-6994.57
（一）火力发电	Thermal Power	-3824.97
（二）供热	Heating	-1686.57
（三）煤炭洗选	Washing-dressing Coal	-1472.87
（四）炼焦	Coking	
（五）炼油及煤制油	Petroleum Refining	
其中：油品再投入量（-）	Reinput for Oil	
（六）制气	Gas Production	-3.88
其中：焦炭再投入量（-）	Reinput for Coke	
（七）天然气液化	Natural Gas Liquefaction	
（八）煤制品加工	Coal Produts Processing	-6.28
（九）回收能	Recovery of Energy	
三、损失量	Energy Losses	
其中：运输和输配损失	Losses for Transportation and Transmission	
四、终端消费量	End-use Consumption	3459.28
（一）第一产业	Primary Industry	37.16
1. 农、林、牧、渔业	Agriculture,Forestry,Animal Husbandry and Fishery	37.16
（二）第二产业	Secondary Industry	2746.63
1. 工业	Industry	2732.27
#用作原料.材料	Material	143.84
2.建筑业	Construction	14.36
（三）第三产业	Tertiary Industry	471.69
1. 交通运输、仓储及邮政业	Transport,Storage and Post	249.62
2. 批发、零售和住宿、餐饮业	Wholesale,Retail Trade,Hotels and Catering Services	78.15
3. 其他	Others	143.92
（四）生活消费	Residential Consumption	203.80
1. 城镇	Urban	46.85
2.乡村	Rural	156.95
五、平衡差额（+、-）	Balance	
六、消费量合计	Total Comsumption	10453.85

注：本表数据与GDP统计口径相同。
Note:The data of table are as sameas that of GDP.

Energy Balance Sheet (Physical Quantity) (2014)

洗精煤 (万吨) Washed Coal (10000tons)	煤制品 (万吨) Coal Products (10000tons)	焦炭 (万吨) Coke (10000tons)	焦炉煤气 (万吨) Coal Oven Gas (10000tons)	原油 (万吨) Crude Oil (10000tons)	汽油 (万吨) Gasoline (10000tons)	煤油 (万吨) Kerosene (10000tons)
-19.17	-0.02	216.40		999.37	-14.87	-7.09
72.33	0.04	31.49		37.30	9.21	0.01
				663.93		
21.02		210.04		323.81		
						0.60
-77.83					-13.25	-7.62
		-0.34			-0.02	-0.06
-34.69	-0.06	-24.79		-25.67	-10.81	-0.02
55.97	7.73	448.32	13.02	-982.44	208.20	8.80
-6.41			-0.69			
-14.95					-0.03	
696.66						
-558.07		406.07	11.94			
				-982.44	208.23	8.80
-61.26		42.25	1.77			
	7.73					
36.80	7.71	664.72	13.02	16.93	193.33	1.71
		6.72			21.78	0.03
		6.72			21.78	0.03
36.37	2.63	657.53	11.94	16.93	54.77	0.77
36.21	2.63	657.46	11.94	16.93	36.75	0.37
6.28	0.10	3.98		0.10	0.18	0.04
0.16		0.07			18.02	0.40
0.43		0.47			96.23	0.91
0.43					39.06	0.25
		0.36			13.14	0.51
		0.11			44.03	0.15
	5.08		1.08		20.55	
	2.06		1.08		13.95	
	3.02				6.60	
677.49	7.71	664.72	13.71	999.37	193.36	1.71

7－6 续表

指　　标	Item	柴　油 （万吨） Diesel Oil (10000tons)
一、可供本地区消费能源量	Total Energy Available for Consumption	-3.68
（一）年初库存量	Beginning Inventory	16.73
（二）一次能源生产量	Primary Energy Output	
（三）外省（区、市）调入量	Allocation from Outside	
（四）进口量	Imports	
（五）我轮机在外国加油量	Refuelling Abroad for Our Ships and Planes	
（六）本省（区、市）调出量（-）	Allocation from Inside	-4.27
（七）出口量（-）	Exports	-0.02
（八）外轮、机在我国加油量（-）	Refuelling in China for Foreign Ships and Planes	
（九）年末库存量（-）	Inventories at the end	-16.12
二、加工转换投入（-）产出（+）量	Output and Input in Processing and Transformation	381.82
（一）火力发电	Thermal Power	-0.21
（二）供热	Heating	-0.07
（三）煤炭洗选	Washing-dressing Coal	
（四）炼焦	Coking	
（五）炼油及煤制油	Petroleum Refining	382.10
其中：油品再投入量（-）	Reinput for Oil	
（六）制气	Gas Production	
其中：焦炭再投入量（-）	Reinput for Coke	
（七）天然气液化	Natural Gas Liquefaction	
（八）煤制品加工	Cocal Produts Processing	
（九）回收能	Recovery of Energy	
三、损失量	Energy Losses	
其中：运输和输配损失	Losses for Transportation and Transmission	
四、终端消费量	End-use Consumption	378.14
（一）第一产业	Primary Industry	49.17
1. 农、林、牧、渔业	Agriculture,Forestry,Animal Husbandry and Fishery	49.17
（二）第二产业	Secondary Industry	97.56
1. 工业	Industry	54.04
其中：用作原料、材料	Material	0.87
2.建筑业	Construction	43.52
（三）第三产业	Tertiary Industry	221.30
1. 交通运输、仓储及邮政业	Transport,Storage and Post	216.33
2. 批发、零售和住宿、餐饮业	Wholesale,Retail Trade,Hotels and Catering Services	1.34
3. 其他	Others	3.63
（四）生活消费	Residential Consumption	10.11
1. 城镇	Urban	1.73
2. 乡村	Rural	8.38
五、平衡差额（+、-）	Balance	
六、消费量合计	Total Comsumption	378.42

continued

燃料油（万吨）Fuel Oil (10000tons)	液化石油气（万吨）Liquefied Petroleum Gas (10000tons)	炼厂干气（万吨）Refinery Dry Gas (10000tons)	其它石油制品（万吨）Other Pertroleum Products (10000tons)	天然气（万吨）Natural Gas (10000tons)	热力（万百万千焦）Heat Power (10 billion kilo-joule)	电力（亿千瓦时）Electric Power (1000 million kw.h)
9.41	0.42	4.37	1.50	22.33		54.91
2.45	0.46		0.01	0.03		
				22.30		145.00
9.10		4.37	1.50			164.57
	0.34					
						−254.66
−2.14	−0.38		−0.01			
21.87	47.60	27.42	136.27	−2.92	23282.33	626.70
−0.25				−1.31	−174.47	626.70
−0.38				−1.61	22519.33	
22.50	47.60	27.42	136.27			
					937.47	
					2843.56	
					61.59	
31.28	48.02	31.79	137.77	19.41	20438.77	667.81
0.05	0.20			0.03		10.82
0.05	0.20			0.03		10.82
24.71	29.02	31.79	137.77	16.89	13958.71	451.28
22.91	28.59	31.79	137.77	16.89	13839.85	440.61
20.01			135.79	0.06		
1.80	0.43				118.86	10.67
6.52	4.29			0.23	1449.01	104.31
5.16	0.83			0.04	241.82	17.87
1.09	2.35			0.13	356.18	32.47
0.27	1.11			0.06	851.01	53.97
	14.51			2.26	5031.05	101.40
	11.52			2.26	5031.05	65.51
	2.99					35.89
						13.80
31.91	48.02	31.79	137.77	22.33	23456.80	667.81

7－7 地区能源平衡表（标准量）（2014年）

单位：万吨标准煤

指　　标	Item	原　煤 Raw Coal
一、可供本地区消费能源量	Total Energy Available for Consumption	5974.16
（一）年初库存量	Beginning Inventory	475.62
（二）一次能源生产量	Primary Energy Output	1808.58
（三）外省（区、市）调入量	Allocation from Outside	4223.75
（四）进口量	Imports	83.77
（五）我轮机在外国加油量	Refuelling Abroad for Our Ships and Planes	
（六）本省（区、市）调出量（－）	Allocation from Inside	-95.32
（七）出口量（－）	Exports	-9.43
（八）外轮、机在我国加油量（－）	Refuelling in China for Foreign Ships and Planes	
（九）年末库存量（－）	Inventories at the end	-512.82
二、加工转换投入（－）产出（＋）量	Output and Input in Processing and Transformation	-3802.95
（一）火力发电	Thermal Power	-1803.11
（二）供热	Heating	-943.39
（三）煤炭洗选	Washing-dressing Coal	-1049.33
（四）炼焦	Coking	
（五）炼油及煤制油	Petroleum Refining	
其中：油品再投入量（－）	Reinput for Oil	
（六）制气	Gas Production	-2.64
其中：焦炭再投入量（－）	Reinput for Coke	
（七）天然气液化	Natural Gas Liquefaction	
（八）煤制品加工	Coal Products Processing	-4.49
（九）回收能	Recovery of Energy	
三、损失量	Energy Losses	
其中：运输和输配损失	Losses for Transportation and Transmission	
四、终端消费量	End-use Consumption	2171.21
（一）第一产业	Primary Industry	16.59
1.农、林、牧、渔业	Agriculture,Forestry,Animal Husbandry and Fishery	16.59
（二）第二产业	Secondary Industry	1853.10
1.工业	Industry	1846.69
其中：用作原料、材料	Material	81.91
2.建筑业	Construction	6.41
（三）第三产业	Tertiary Industry	210.55
1.交通运输、仓储及邮政业	Transport,Storage and Post	111.42
2.批发、零售和住宿、餐饮业	Wholesale,Retail Trade,Hotels and Catering Services	34.88
3.其他	Others	64.24
（四）生活消费	Residential Consumption	90.97
1.城镇	Urban	20.91
2.乡村	Rural	70.06
五、平衡差额（＋、－）	Balance	
六、消费量合计	Total Comsumption	

注：本表数据与GDP统计口径相同。
Note:The data of table are as sameas that of GDP.

Energy Balance Sheet (Standard Quantity) (2014)

unit:10000tons of SCE

洗精煤 Washed Coal	煤制品 Coal Products	焦 炭 Coke	焦炉煤气 Coal Oven Gas	原 油 Crude Oil	汽 油 Gasoline	煤 油 Kerosene
-17.01	-0.01	210.21		1427.70	-21.88	-10.43
65.48	0.02	30.59		53.29	13.55	0.01
				948.49		
18.96		204.03		462.59		
						0.88
-70.05					-19.50	-11.21
		-0.33			-0.03	-0.09
-31.40	-0.03	-24.08		-36.67	-15.91	-0.03
50.62	4.09	425.14	74.51	-1403.51	306.34	12.95
-5.89			-3.94			
-13.74					-0.05	
628.87						
-503.49		384.10	68.23			
				-1403.51	306.39	12.95
-55.13		41.04	10.23			
	4.09					
33.60	4.08	635.35	74.51	24.19	284.46	2.52
		6.42			32.05	0.04
		6.42			32.05	0.04
33.21	1.39	628.48	68.33	24.19	80.59	1.13
33.07	1.39	628.41	68.33	24.19	54.07	0.54
5.73	0.05	3.80		0.14	0.26	0.06
0.15		0.07			26.51	0.59
0.39		0.45			141.59	1.34
0.39					57.47	0.37
		0.34			19.33	0.75
		0.11			64.78	0.22
	2.69		6.18		30.24	
	1.09		6.18		20.53	
	1.60				9.71	

7－7 续表

单位: 万吨标准煤

指　　标	Item	柴 油 Diesel Oil
一、可供本地区消费能源量	Total Energy Available for Consumption	-5.36
（一）年初库存量	Beginning Inventory	24.38
（二）一次能源生产量	Primary Energy Output	
（三）外省（区、市）调入量	Allocation from Outside	
（四）进口量	Imports	
（五）我轮机在外国加油量	Refuelling Abroad for Our Ships and Planes	
（六）本省（区、市）调出量（-）	Allocation from Inside	-6.22
（七）出口量（-）	Exports	-0.03
（八）外轮、机在我国加油量（-）	Refuelling in China for Foreign Ships and Planes	
（九）年末库存量（-）	Inventories at the end	-23.49
二、加工转换投入（-）产出（+）量	Output and Input in Processing and Transformation	556.36
（一）火力发电	Thermal Power	-0.30
（二）供热	Heating	-0.10
（三）煤炭洗选	Washing-dressing Coal	
（四）炼焦	Coking	
（五）炼油及煤制油	Petroleum Refining	556.76
其中：油品再投入量(-)	Reinput for Oil	
（六）制气	Gas Production	
其中：焦炭再投入量（-）	Reinput for Coke	
（七）天然气液化	Natural Gas Liquefaction	
（八）煤制品加工	Coal Products Processing	
（九）回收能	Recovery of Energy	
三、损失量	Energy Losses	
其中：运输和输配损失	Losses for Transportation and Transmission	
四、终端消费量	End-use Consumption	551.00
（一）第一产业	Primary Industry	71.65
1. 农、林、牧、渔业	Agriculture,Forestry,Animal Husbandry and Fishery	71.65
（二）第二产业	Secondary Industry	142.16
1. 工业	Industry	78.74
其中：用作原料、材料	Material	1.27
2.建筑业	Construction	63.41
（三）第三产业	Tertiary Industry	322.46
1. 交通运输、仓储及邮政业	Transport,Storage and Post	315.22
2. 批发、零售和住宿、餐饮业	Wholesale,Retail Trade,Hotels and Catering Services	1.95
3. 其他	Others	5.29
（四）生活消费	Residential Consumption	14.73
1. 城镇	Urban	2.52
2. 乡村	Rural	12.21
五、平衡差额（+、-）	Balance	
六、消费量合计	Total Comsumption	

continued

unit:10000tons of SCE

燃料油 Fuel Oil	液化石油气 Liquefied Petroleum Gas	炼厂干气 Refinery Dry Gas	其它石油制品 Other Pertroleum Products	天然气 Natural Gas	热力 Heat Power	电力Electric Power
						当量值 Equivalent Value
13.44	0.72	6.87	2.10	296.99		67.48
3.50	0.79		0.01	0.40		
				296.59		178.21
13.00		6.87	2.10			202.26
	0.58					
						−312.98
−3.06	−0.65		−0.01			
31.25	81.60	43.09	190.68	−38.85	793.93	770.21
−0.35				−17.44	−5.95	770.21
−0.55				−21.41	767.91	
32.14	81.60	43.09	190.68			
					31.97	
					96.97	
					2.10	
44.69	82.32	49.95	192.78	258.14	696.96	820.74
0.07	0.34			0.40		13.30
0.07	0.34			0.40		13.30
35.30	49.75	49.95	192.78	224.63	475.99	554.62
32.73	49.01	49.95	192.78	224.63	471.94	541.51
28.59			190.01	0.80		
2.57	0.74				4.05	13.11
9.31	7.35			3.06	49.41	128.20
7.37	1.42			0.53	8.25	21.96
1.56	4.03			1.73	12.15	39.91
0.39	1.90			0.80	29.02	66.33
	24.87			30.06	171.56	124.62
	19.75			30.06	171.56	80.51
	5.13					44.11
						16.96

7－8　分行业能源终端消费（实物量）（2014年）

行　　业	Item	原　煤 (万吨) Raw Coal (10000tons)
消费总计	**Total Consumption**	**3459.28**
一、农、林、牧、渔业	Agriculture,Forestry,Animal Husbandry and Fishery	37.16
二、工业合计	Industry	2732.27
轻工业	Light Industry	822.09
重工业	Heavy Industry	1910.18
（一）采矿业	Mining	113.26
煤炭开采和洗选业	Mining and Washing of Coal	44.70
石油和天然气开采业	Extraction of Petroleum and Natural Gas	3.09
黑色金属矿采选业	Mining and Processing of Ferrous Metal Ores	7.39
有色金属矿采选业	Mining and Processing of Non-ferrous Metal Ores	11.96
非金属矿采选业	Mining and Processing of Nonmetal Ores	39.85
开采辅助活动	Mining Support Activities	6.06
其他采矿业	Mining of Other Ores	0.21
（二）制造业	Manufacturing	2011.38
农副食品加工业	Processing of Food from Agricultural Produsts	354.93
食品制造业	Manufacture of Foods	67.78
酒、饮料和精制茶制造业	Manufacture of Wine,Beverages and Tea	133.62
烟草制品业	Manufacture of Tobacco	1.56
纺织业	Manufacture of Textile	38.60
纺织服装、服饰业	Manufacture of Textile and Apparel	5.33
皮革、毛皮、羽毛及其制品和制鞋业	Leather,Fur,Feathers and Footwear Industry	1.29
木材加工及木、竹、藤、棕、草制品业	Processing of Timber,Manfacture of Wood,Bamboo,Rattan,Palm and Straw Products	94.41
家具制造业	Manufacture of Furniture	2.75
造纸及纸制品业	Manufacture of Paper and Paper Products	40.75
印刷和记录媒介复制业	Printing,Reproduction of Recording Media	2.37
文教、工美、体育和娱乐用品制造业	Calture Education,Art,Sports and Entertainment Goods Industry	2.27
石油加工、炼焦和核燃料加工业	Processing of Petroleum,Coking,Processing of Nuclear Fuel	25.03
化学原料和化学制品制造业	Manufacture of Raw Chemical Materials and Chemical Products	162.52
医药制造业	Manufacture of Medicines	169.77
化学纤维制造业	Manufacture Chemical Fibers	0.64
橡胶和塑料制品业	Manufacture of Rubber and Plastic	9.32
非金属矿物制品业	Manufacture of Non－metallic Mineral Products	588.75
黑色金属冶炼和压延加工业	Smelting and Pressing of Ferrous Metals	164.50

Industry Energy Consumption (Phy sical Quantity) (2014)

洗精煤 (万吨) Washed Coal (10000tons)	煤制品 (万吨) Coal Products (10000tons)	焦　炭 (万吨) Coke (10000tons)	焦炉煤气 (亿立方米) Coal Oven Gas (100 million cu.m)	原　油 (万吨) Crude Oil (10000tons)	汽　油 (万吨) Gasoline (10000tons)	煤　油 (万吨) Kerosene (10000tons)
36.80	**7.71**	**664.72**	**13.02**	**16.93**	**193.33**	**1.71**
		6.72			21.78	0.03
36.21	2.63	657.46	11.94	16.93	36.75	0.37
0.07	0.37	0.02			10.57	
36.14	2.26	657.44	11.94	16.93	26.18	0.37
4.68	0.08	22.47		14.59	4.22	0.06
		0.01			0.34	
	0.08			13.94	0.81	
4.56		22.46			0.60	
0.12					0.30	0.06
					1.23	
				0.65	0.94	
31.53	2.55	634.99	10.86	2.30	30.36	0.26
	0.11				5.19	
0.07					0.99	
					1.26	
					0.01	
	0.15				0.07	
					0.07	
					0.01	
				0.14	2.42	
		0.02			0.87	
					0.39	
					0.17	
					0.13	
3.51			0.04		0.29	
23.50	0.18			2.12	2.50	0.05
	0.11				1.14	
					0.01	
					0.77	
0.04	0.94	6.79	1.64	0.04	3.70	
4.37		614.47	9.18		0.69	

7－8 续表 1

行　业	Item	原　煤 (万吨) Raw Coal (10000tons)
有色金属冶炼和压延加工业	Smelting and Pressing of Non-ferrous Metals	31.98
金属制品业	Manufacture of Metal Products	6.82
通用设备制造业	Manufacture of General Purpose Machinery	18.85
专用设备制造业	Manufacture of Special Purpose Machinery	21.84
汽车制造业	Manufacture of Automotive	22.93
铁路、船舶、航空航天和其他运输设备制造业	Manufacture of Railway,Ship,Aerospace and Other Transport Equipment	19.18
电气机械和器材制造业	Manufacture of Electrical Machinery and Equipment	8.50
通信设备、计算机和其他电子设备制造业	Manufacture of Communication Equipment,Computers and Other Electronic Equipment	2.65
仪器仪表制造业	Manufacture of Instrument	2.11
其他制造业	Other Manufacturing	9.46
废弃资源综合利用业	Wast Resources Utilization Industry	0.43
金属制品、机械和设备修理业	Metal Products,Machinery and Equipment Repair Industry	0.44
（三）电力、燃气及水的生产和供应业	Production and Supply of Electricity,Gas and Water	607.63
电力、热力的生产和供应业	Production and Supply of Electric Power and Heat Power	592.70
燃气生产和供应业	Production and Supply of Gas	10.74
水的生产和供应业	Production and Supply of Water	4.19
三、建筑业	Construction	14.36
房屋和土木工程建筑业	Construction of Building and Civil Engineering	5.16
建筑安装业	Construction Installation	8.01
建筑装饰业	Construction Decoration	0.87
其它建筑业	Other Construction	0.32
四、交通运输储运业和邮政业	Transport,Storage and Post	249.62
铁路运输业	Railway Transport	75.60
道路运输业	Road Transport	41.32
水上运输业	Water Transport	
航空运输业	Air Transport	2.90
管道运输业	Transport Via Pipeline	
装卸搬运及其他运输服务业	Loading,Unloading,Portage and Other Transport Services	1.15
仓储业	Storage	128.31
邮政业	Post	0.34
五、批发、零售业和住宿、餐饮业	Wholesale,Retail Trades,Hotels and Catering Services	78.15
六、其他行业	Others	143.92
七、城乡居民生活	Residential Comsumption	203.80

continued

洗精煤 (万吨) Washed Coal (10000tons)	煤制品 (万吨) Coal Products (10000tons)	焦 炭 (万吨) Coke (10000tons)	焦炉煤气 (亿立方米) Coal Oven Gas (100 million cu.m)	原 油 (万吨) Crude Oil (10000tons)	汽 油 (万吨) Gasoline (10000tons)	煤 油 (万吨) Kerosene (10000tons)
		7.56			0.13	
	0.47	2.93			1.09	
		0.12			1.62	
		0.62			2.03	
0.04	0.56	2.41			2.74	0.21
					0.24	
	0.03	0.07			1.11	
					0.17	
					0.21	
					0.04	
					0.26	
					0.04	
			1.08	0.04	2.17	0.05
				0.04	1.79	0.05
			1.08		0.19	
					0.19	
0.16		0.07			18.02	0.40
0.16		0.06			12.57	0.04
		0.01			2.45	0.20
					2.02	0.16
					0.98	
0.43					39.06	0.25
0.43					0.31	0.01
					33.18	0.05
					0.08	
					0.04	0.02
					0.10	
					0.95	0.12
					4.40	0.05
		0.36			13.14	0.51
		0.11			44.03	0.15
	5.08		1.08		20.55	

7－8 续表 2

行　　业	Item	柴 油（万吨）Diesel Oil (10000tons)
消费总计	**Total Consumption**	**378.14**
一、农、林、牧、渔业	Agriculture,Forestry,Animal Husbandry and Fishery	49.17
二、工业合计	Industry	54.04
轻工业	Light Industry	11.41
重工业	Heavy Industry	42.63
（一）采矿业	Mining	14.58
煤炭开采和洗选业	Mining and Washing of Coal	1.75
石油和天然气开采业	Extraction of Petroleum and Natural Gas	1.79
黑色金属矿采选业	Mining and Processing of Ferrous Metal Ores	3.65
有色金属矿采选业	Mining and Processing of Non-ferrous Metal Ores	1.06
非金属矿采选业	Mining and Processing of Nonmetal Ores	3.65
开采辅助活动	Mining Support Activities	2.68
其他采矿业	Mining of Other Ores	
（二）制造业	Manufacturing	38.75
农副食品加工业	Processing of Food from Agricultural Produsts	6.82
食品制造业	Manufacture of Foods	0.72
酒、饮料和精制茶制造业	Manufacture of Wine,Beverages and Tea	1.26
烟草制品业	Manufacture of Tobacco	0.05
纺织业	Manufacture of Textile	0.04
纺织服装、服饰业	Manufacture of Textile and Apparel	0.06
皮革、毛皮、羽毛及其制品和制鞋业	Leather,Fur,Feathers and Footwear Industry	0.01
木材加工及木、竹、藤、棕、草制品业	Processing of Timber,Manfacture of Wood,Bamboo,Rattan,Palm and Straw Products	2.75
家具制造业	Manufacture of Furniture	0.64
造纸及纸制品业	Manufacture of Paper and Paper Products	0.58
印刷和记录媒介复制业	Printing,Reproduction of Recording Media	0.09
文教、工美、体育和娱乐用品制造业	Calture Education,Art,Sports and Entertainment Goods Industry	0.04
石油加工、炼焦和核燃料加工业	Processing of Petroleum,Coking,Processing of Nuclear Fuel	1.02
化学原料和化学制品制造业	Manufacture of Raw Chemical Materials and Chemical Products	3.05
医药制造业	Manufacture of Medicines	0.48
化学纤维制造业	Manufacture Chemical Fibers	0.10
橡胶和塑料制品业	Manufacture of Rubber and Plastic	0.57
非金属矿物制品业	Manufacture of Non－metallic Mineral Products	9.38
黑色金属冶炼和压延加工业	Smelting and Pressing of Ferrous Metals	0.86

continued

燃料油（万吨）Fuel Oil (10000tons)	液化石油气（万吨）Liquefied Petroleum Gas (10000tons)	炼厂干气（万吨）Refinery Dry Gas (10000tons)	其它石油制品（万吨）Other Petroleum Products (10000tons)	天然气（亿立方米）Natural Gas (100 million cu.m)	热力（万百万千焦）Heat Power (10 billion kilo-joule)	电力（亿千瓦时）Electric Power (100 million kwh)
31.28	**48.02**	**31.79**	**137.77**	**19.41**	**20438.77**	**667.81**
0.05	0.20			0.03		10.82
22.91	28.59	31.79	137.77	16.89	13839.85	440.61
0.02	8.26	3.66	0.03	0.57	3396.08	37.60
22.89	20.33	28.13	137.74	16.32	10443.77	403.01
				6.08	1195.22	48.02
					3.30	11.07
				5.11	176.59	21.34
					0.41	5.33
					1.30	7.35
					0.04	2.40
				0.97	1013.58	0.52
						0.01
22.88	28.59	31.79	137.77	10.63	11931.77	246.32
			0.03	0.01	52.21	11.37
				0.18	52.74	1.99
				0.06	1270.65	5.71
				0.09		0.78
					123.36	2.79
					94.69	0.48
						0.03
					11.49	4.06
					1.36	1.31
				0.09	0.63	3.51
	8.26				7.32	0.58
		3.66			0.46	0.08
	10.39	27.98			5.22	7.54
22.76		0.15	136.72	3.93	5286.19	37.59
0.02				0.14	108.49	5.81
				0.00	1683.02	2.90
				0.35	6.13	5.13
			1.02	1.73	78.88	38.92
					2.87	57.91

7－8 续表 3

行　　业	Item	柴 油（万吨）Diesel Oil1 (10000tons)
有色金属冶炼和压延加工业	Smelting and Pressing of Non-ferrous Metals	0.57
金属制品业	Manufacture of Metal Products	0.64
通用设备制造业	Manufacture of General Purpose Machinery	0.65
专用设备制造业	Manufacture of Special Purpose Machinery	1.17
汽车制造业	Manufacture of Automotive	5.63
铁路、船舶、航空航天和其他运输设备制造业	Manufacture of Railway,Ship,Aerospace and Other Transport Equipment	0.26
电气机械和器材制造业	Manufacture of Electrical Machinery and Equipment	0.57
通信设备、计算机和其他电子设备制造业	Manufacture of Communication Equipment,Computers and Other Electronic Equipment	0.04
仪器仪表制造业	Manufacture of Instrument	0.12
其他制造业	Other Manufacturing	0.04
废弃资源综合利用业	Wast Resources Utilization Industry	0.52
金属制品、机械和设备修理业	Metal Products,Machinery and Equipment Repair Industry	0.02
（三）电力、燃气及水的生产和供应业	Production and Supply of Electricity,Gas and Water	0.71
电力、热力的生产和供应业	Production and Supply of Electric Power and Heat Power	0.52
燃气生产和供应业	Production and Supply of Gas	0.14
水的生产和供应业	Production and Supply of Water	0.05
三、建筑业	Construction	43.52
房屋和土木工程建筑业	Construction of Building and Civil Engineering	2.45
建筑安装业	Construction Installation	26.05
建筑装饰业	Construction Decoration	2.24
其它建筑业	Other Construction	12.78
四、交通运输储运业和邮政业	Transport,Storage and Post	216.33
铁路运输业	Railway Transport	25.75
道路运输业	Road Transport	178.59
水上运输业	Water Transport	0.02
航空运输业	Air Transport	0.05
管道运输业	Transport Via Pipeline	
装卸搬运及其他运输服务业	Loading,Unloading,Portage and Other Transport Services	1.89
仓储业	Storage	6.11
邮政业	Post	3.92
五、批发、零售业和住宿、餐饮业	Wholesale,Retail Trades,Hotels and Catering Services	1.34
六、其他行业	Others	3.63
七、城乡居民生活	Residential Comsumption	10.11

continued

燃料油（万吨） Fuel Oil (10000tons)	液化石油气（万吨） Liquified Petroleum Gas (10000tons)	炼厂干气（万吨） Refinery Dry Gas (10000tons)	其它石油制品（万吨） Other Petroleum Products (10000tons)	天然气（亿立方米） Natural Gas (100 million cu.m)	热力（万百万千焦） Heat Power (10 billion kilo-joule)	电力（亿千瓦时） Electric Power (100 million kwh)
				0.30	0.05	6.65
				0.10	49.05	7.56
				0.01	17.76	2.02
				0.01	16.01	5.24
				3.53	2257.07	30.06
				0.10	15.62	1.18
0.02	9.94				3.09	2.30
					782.66	1.28
					0.75	0.23
						0.97
					1.15	0.26
0.08					2.85	0.08
0.03				0.18	712.86	146.27
0.03					666.42	135.46
				0.18	0.11	1.91
					46.33	8.90
1.80	0.43				118.86	10.67
0.01	0.11				11.09	5.29
1.59	0.05				7.54	3.53
0.00	0.22				88.85	0.28
0.20	0.05				11.38	1.57
5.16	0.83			0.04	241.82	17.87
	0.10				94.34	2.16
5.16	0.40			0.04	69.96	4.35
						0.52
					15.20	0.91
					10.10	2.32
					14.63	3.26
	0.20				37.59	4.03
	0.13					0.32
1.09	2.35			0.13	356.18	32.47
0.27	1.11			0.06	851.01	53.97
	14.51			2.26	5031.05	101.40

7－9 分行业能源终端消费（标准量）（2014年）

行业	Item	原煤（万吨） Raw Coal (10000tons)
消费总计	**Total Consumption**	**2,171.21**
一、农、林、牧、渔业	Agriculture,Forestry,Animal Husbandry and Fishery	16.59
二、工业合计	Industry	1,846.69
轻工业	Light Industry	515.20
重工业	Heavy Industry	1,331.49
（一）采矿业	Mining	76.91
煤炭开采和洗选业	Mining and Washing of Coal	28.46
石油和天然气开采业	Extraction of Petroleum and Natural Gas	2.20
黑色金属矿采选业	Mining and Processing of Ferrous Metal Ores	5.29
有色金属矿采选业	Mining and Processing of Non-ferrous Metal Ores	8.22
非金属矿采选业	Mining and Processing of Nonmetal Ores	28.27
开采辅助活动	Mining Support Activities	4.33
其他采矿业	Mining of Other Ores	0.15
（二）制造业	Manufacturing	1,347.31
农副食品加工业	Processing of Food from Agricultural Produsts	205.04
食品制造业	Manufacture of Foods	47.86
酒、饮料和精制茶制造业	Manufacture of Wine,Beverages and Tea	76.36
烟草制品业	Manufacture of Tobacco	1.11
纺织业	Manufacture of Textile	27.52
纺织服装、服饰业	Manufacture of Textile and Apparel	3.64
皮革、毛皮、羽毛及其制品和制鞋业	Leather,Fur,Feathers and Footwear Industry	0.89
木材加工及木、竹、藤、棕、草制品业	Processing of Timber,Manfacture of Wood,Bamboo,Rattan,Palm and Straw Products	67.16
家具制造业	Manufacture of Furniture	1.94
造纸及纸制品业	Manufacture of Paper and Paper Products	26.92
印刷和记录媒介复制业	Printing,Reproduction of Recording Media	1.69
文教、工美、体育和娱乐用品制造业	Calture Education,Art,Sports and Entertainment Goods Industry	1.62
石油加工、炼焦和核燃料加工业	Processing of Petroleum,Coking,Processing of Nuclear Fuel	18.22
化学原料和化学制品制造业	Manufacture of Raw Chemical Materials and Chemical Products	88.68
医药制造业	Manufacture of Medicines	119.84
化学纤维制造业	Manufacture Chemical Fibers	0.46
橡胶和塑料制品业	Manufacture of Rubber and Plastic	6.59
非金属矿物制品业	Manufacture of Non－metallic Mineral Products	420.31
黑色金属冶炼和压延加工业	Smelting and Pressing of Ferrous Metals	132.89

Industry Energy Consumption (Standard Quantity) (2014)

洗精煤 (万吨) Washed Coal (10000tons)	煤制品 (万吨) Coal Products (10000tons)	焦 炭 (万吨) Coke (10000tons)	焦炉煤气 (亿立方米) Coal Oven Gas (100 million cu.m)	原 油 (万吨) Crude Oil (10000tons)	汽 油 (万吨) Gasoline (10000tons)	煤 油 (万吨) Kerosene (10000tons)
33.60	**4.08**	**635.35**	**74.51**	**24.19**	**284.46**	**2.52**
		6.42			32.05	0.04
33.07	1.39	628.41	68.33	24.19	54.07	0.54
0.06	0.20	0.02			15.55	
33.00	1.20	628.40	68.33	24.19	38.52	0.54
4.27	0.04	21.48		20.84	6.21	0.09
		0.01			0.50	
	0.04			19.91	1.19	
4.16		21.47			0.88	
0.11					0.44	0.09
					1.81	
				0.93	1.38	
28.79	1.35	606.94	62.15	3.29	44.67	0.38
	0.06				7.64	
0.06					1.46	
					1.85	
					0.01	
	0.08				0.10	
					0.10	
					0.01	
				0.20	3.56	
		0.02			1.28	
					0.57	
					0.25	
					0.19	
3.21			0.23		0.43	
21.46	0.10			3.03	3.68	0.07
	0.06				1.68	
					0.01	
					1.13	
0.04	0.50	6.49	9.39	0.06	5.44	
3.99		587.32	52.53		1.02	

行　　业	Item	原　煤 (万吨) Raw Coal (10000tons)
有色金属冶炼和压延加工业	Smelting and Pressing of Non–ferrous Metals	22.85
金属制品业	Manufacture of Metal Products	4.79
通用设备制造业	Manufacture of General Purpose Machinery	13.58
专用设备制造业	Manufacture of Special Purpose Machinery	15.63
汽车制造业	Manufacture of Automotive	16.56
铁路、船舶、航空航天和其他运输设备制造业	Manufacture of Railway,Ship,Aerospace and Other Transport Equipment	8.81
电气机械和器材制造业	Manufacture of Electrical Machinery and Equipment	6.06
通信设备、计算机和其他电子设备制造业	Manufacture of Communication Equipment,Computers and Other Electronic Equipment	1.89
仪器仪表制造业	Manufacture of Instrument	1.42
其他制造业	Other Manufacturing	6.34
废弃资源综合利用业	Wast Resources Utilization Industry	0.31
金属制品、机械和设备修理业	Metal Products,Machinery and Equipment Repair Industry	0.31
（三）电力、燃气及水的生产和供应业	Production and Supply of Electricity,Gas and Water	422.47
电力、热力的生产和供应业	Production and Supply of Electric Power and Heat Power	411.81
燃气生产和供应业	Production and Supply of Gas	7.68
水的生产和供应业	Production and Supply of Water	2.99
三、建筑业	Construction	6.41
房屋和土木工程建筑业	Construction of Building and Civil Engineering	2.30
建筑安装业	Construction Installation	3.58
建筑装饰业	Construction Decoration	0.39
其它建筑业	Other Construction	0.14
四、交通运输储运业和邮政业	Transport,Storage and Post	111.42
铁路运输业	Railway Transport	33.75
道路运输业	Road Transport	18.44
水上运输业	Water Transport	
航空运输业	Air Transport	1.29
管道运输业	Transport Via Pipeline	
装卸搬运及其他运输服务业	Loading,Unloading,Portage and Other Transport Services	0.51
仓储业	Storage	57.27
邮政业	Post	0.15
五、批发、零售业和住宿、餐饮业	Wholesale,Retail Trades,Hotels and Catering Services	34.88
六、其他行业	Others	64.24
七、城乡居民生活	Residential Comsumption	90.97

continued

洗精煤 (万吨) Washed Coal (10000tons)	煤制品 (万吨) Coal Products (10000tons)	焦　炭 (万吨) Coke (10000tons)	焦炉煤气 (亿立方米) Coal Oven Gas (100 million cu.m)	原　油 (万吨) Crude Oil (10000tons)	汽　油 (万吨) Gasoline (10000tons)	煤　油 (万吨) Kerosene (10000tons)
		7.23			0.19	
	0.25	2.80			1.60	
		0.11			2.38	
		0.59			2.99	
0.04	0.30	2.30			4.03	0.31
					0.35	
	0.02	0.07			1.63	
					0.25	
					0.31	
					0.06	
					0.38	
					0.06	
			6.18	0.06	3.19	0.07
				0.06	2.63	0.07
			6.18		0.28	
					0.28	
0.15		0.07			26.51	0.59
0.15		0.06			18.50	0.06
		0.01			3.60	0.29
					2.97	0.24
					1.44	
0.39					57.47	0.37
0.39					0.46	0.01
					48.82	0.07
					0.12	
					0.06	0.03
					0.15	
					1.40	0.18
					6.47	0.07
		0.34			19.33	0.75
		0.11			64.78	0.22
	2.69		6.18		30.24	

7－9 续表 2

行　　业	Item	柴　油 （万吨） Diesel Oil (10000tons)
消费总计	**Total Consumption**	**551.00**
一、农、林、牧、渔业	Agriculture,Forestry,Animal Husbandry and Fishery	71.65
二、工业合计	Industry	78.74
轻工业	Light Industry	16.63
重工业	Heavy Industry	62.12
（一）采矿业	Mining	21.24
煤炭开采和洗选业	Mining and Washing of Coal	2.55
石油和天然气开采业	Extraction of Petroleum and Natural Gas	2.61
黑色金属矿采选业	Mining and Processing of Ferrous Metal Ores	5.32
有色金属矿采选业	Mining and Processing of Non-ferrous Metal Ores	1.54
非金属矿采选业	Mining and Processing of Nonmetal Ores	5.32
开采辅助活动	Mining Support Activities	3.91
其他采矿业	Mining of Other Ores	
（二）制造业	Manufacturing	56.46
农副食品加工业	Processing of Food from Agricultural Produsts	9.94
食品制造业	Manufacture of Foods	1.05
酒、饮料和精制茶制造业	Manufacture of Wine,Beverages and Tea	1.84
烟草制品业	Manufacture of Tobacco	0.07
纺织业	Manufacture of Textile	0.06
纺织服装、服饰业	Manufacture of Textile and Apparel	0.09
皮革、毛皮、羽毛及其制品和制鞋业	Leather,Fur,Feathers and Footwear Industry	0.01
木材加工及木、竹、藤、棕、草制品业	Processing of Timber,Manfacture of Wood,Bamboo,Rattan,Palm and Straw Products	4.01
家具制造业	Manufacture of Furniture	0.93
造纸及纸制品业	Manufacture of Paper and Paper Products	0.85
印刷和记录媒介复制业	Printing,Reproduction of Recording Media	0.13
文教、工美、体育和娱乐用品制造业	Calture Education,Art,Sports and Entertainment Goods Industry	0.06
石油加工、炼焦和核燃料加工业	Processing of Petroleum,Coking,Processing of Nuclear Fuel	1.49
化学原料和化学制品制造业	Manufacture of Raw Chemical Materials and Chemical Products	4.44
医药制造业	Manufacture of Medicines	0.70
化学纤维制造业	Manufacture Chemical Fibers	0.15
橡胶和塑料制品业	Manufacture of Rubber and Plastic	0.83
非金属矿物制品业	Manufacture of Non－metallic Mineral Products	13.67
黑色金属冶炼和压延加工业	Smelting and Pressing of Ferrous Metals	1.25

continued

燃料油（万吨）Fuel Oil (10000tons)	液化石油气（万吨）Liquefied Petroleum Gas (10000tons)	炼厂干气（万吨）Refinery Dry Gas (10000tons)	其它石油制品（万吨）Other Petroleum Products (10000tons)	天然气（亿立方米）Natural Gas (100 million cu.m)	热力（万百万千焦）Heat Power (10 billion kilo-joule)	电力（亿千瓦时）Electric Power (100 million kwh)
44.69	**48.02**	**31.79**	**137.77**	**19.41**	**20,438.77**	**667.81**
0.07	0.20			0.03		10.82
32.73	28.59	31.79	137.77	16.89	13,839.85	440.61
0.03	8.26	3.66	0.03	0.57	3,396.08	37.60
32.70	20.33	28.13	137.74	16.32	10,443.77	403.01
				6.08	1,195.22	48.02
					3.30	11.07
				5.11	176.59	21.34
					0.41	5.33
					1.30	7.35
					0.04	2.40
				0.97	1,013.58	0.52
						0.01
32.69	28.59	31.79	137.77	10.63	11,931.77	246.32
			0.03	0.01	52.21	11.37
				0.18	52.74	1.99
				0.06	1,270.65	5.71
				0.09		0.78
					123.36	2.79
					94.69	0.48
						0.03
					11.49	4.06
					1.36	1.31
				0.09	0.63	3.51
	8.26				7.32	0.58
		3.66			0.46	0.08
	10.39	27.98			5.22	7.54
32.52		0.15	136.72	3.93	5,286.19	37.59
0.03				0.14	108.49	5.81
					1,683.02	2.90
				0.35	6.13	5.13
			1.02	1.73	78.88	38.92
					2.87	57.91

7－9 续表 3

行　　业	Item	柴　油 （万吨） Diesel Oil1 (10000tons)
有色金属冶炼和压延加工业	Smelting and Pressing of Non-ferrous Metals	0.83
金属制品业	Manufacture of Metal Products	0.93
通用设备制造业	Manufacture of General Purpose Machinery	0.95
专用设备制造业	Manufacture of Special Purpose Machinery	1.70
汽车制造业	Manufacture of Automotive	8.20
铁路、船舶、航空航天和其他运输设备制造业	Manufacture of Railway,Ship,Aerospace and Other Transport Equipment	0.38
电气机械和器材制造业	Manufacture of Electrical Machinery and Equipment	0.83
通信设备、计算机和其他电子设备制造业	Manufacture of Communication Equipment,Computers and Other Electronic Equipment	0.06
仪器仪表制造业	Manufacture of Instrument	0.17
其他制造业	Other Manufacturing	0.06
废弃资源综合利用业	Wast Resources Utilization Industry	0.76
金属制品、机械和设备修理业	Metal Products,Machinery and Equipment Repair Industry	0.03
（三）电力、燃气及水的生产和供应业	Production and Supply of Electricity,Gas and Water	1.03
电力、热力的生产和供应业	Production and Supply of Electric Power and Heat Power	0.76
燃气生产和供应业	Production and Supply of Gas	0.20
水的生产和供应业	Production and Supply of Water	0.07
三、建筑业	Construction	63.41
房屋和土木工程建筑业	Construction of Building and Civil Engineering	3.57
建筑安装业	Construction Installation	37.96
建筑装饰业	Construction Decoration	3.26
其它建筑业	Other Construction	18.62
四、交通运输储运业和邮政业	Transport,Storage and Post	315.22
铁路运输业	Railway Transport	37.52
道路运输业	Road Transport	260.23
水上运输业	Water Transport	0.03
航空运输业	Air Transport	0.07
管道运输业	Transport Via Pipeline	
装卸搬运及其他运输服务业	Loading,Unloading,Portage and Other Transport Services	2.75
仓储业	Storage	8.90
邮政业	Post	5.71
五、批发、零售业和住宿、餐饮业	Wholesale,Retail Trades,Hotels and Catering Services	1.95
六、其他行业	Others	5.29
七、城乡居民生活	Residential Consumption	14.73

continued

燃料油（万吨）Fuel Oil (10000tons)	液化石油气（万吨）Liquified Petroleum Gas (10000tons)	炼厂干气（万吨）Refinery Dry Gas (10000tons)	其它石油制品（万吨）Other Petroleum Products (10000tons)	天然气（亿立方米）Natural Gas (100 million cu.m)	热力（万百万千焦）Heat Power (10 billion kilo-joule)	电力（亿千瓦时）Electric Power (100 million kwh)
				0.30	0.05	6.65
				0.10	49.05	7.56
				0.01	17.76	2.02
				0.01	16.01	5.24
				3.53	2,257.07	30.06
				0.10	15.62	1.18
0.03	9.94				3.09	2.30
					782.66	1.28
					0.75	0.23
						0.97
					1.15	0.26
0.11					2.85	0.08
0.04				0.18	712.86	146.27
0.04					666.42	135.46
				0.18	0.11	1.91
					46.33	8.90
2.57	0.43				118.86	10.67
0.01	0.11				11.09	5.29
2.27	0.05				7.54	3.53
	0.22				88.85	0.28
0.29	0.05				11.38	1.57
7.37	0.83			0.04	241.82	17.87
	0.10				94.34	2.16
7.37	0.40			0.04	69.96	4.35
						0.52
					15.20	0.91
					10.10	2.32
					14.63	3.26
	0.20				37.59	4.03
	0.13					0.32
1.56	2.35			0.13	356.18	32.47
0.39	1.11			0.06	851.01	53.97
	14.51			2.26	5,031.05	101.40

7-10 综合能源平衡表（标准量）

Overall Energy Balance Sheet（Standard Quantity）

单位: 万吨标准煤 unit:10000tons of SCE

指标	Item	2013（当量值）Equivalent Value	2013（等价值）Equipollence	2014（当量值）Equivalent Value	2014（等价值）Equipollence
一、可供本地区消费能源量	Total Energy Available for Consumption	8612.58	8711.82	8500.40	8602.39
（一）年初库存量	Beginning Inventory	711.89	711.89	681.60	681.60
（二）一次能源生产量	Primary Energy Output	3448.25	3768.88	3364.78	3634.10
（三）外省（区、市）调入量	Allocation from Outside	5677.56	5929.66	5627.55	5933.22
（四）进口量	Imports	48.61	48.61	85.24	85.24
（五）我轮机在外国加油量	Refuelling Abroad for Our Ships and Planes				
（六）本省（区、市）调出量（-）	Allocation from Inside	-608.64	-1082.13	-584.74	-1057.74
（七）出口量（-）	Exports	-3.04	-3.04	-9.91	-9.91
（八）外轮、机在我国加油量（-）	Refuelling in China for Foreign Ships and Planes				
（九）年末库存量（-）	Inventories at the end	-662.05	-662.05	-664.12	-664.12
二、加工转换投入（-）产出（+）量	Output and Input in Processing and Transformation	-1285.79	-159.88	-1277.28	-113.24
（一）火力发电	Thermal Power	-1125.91		-1164.03	
（二）供热	Heating	-219.28	-219.28	-213.50	-213.50
（三）煤炭洗选	Washing-dressing Coal	-95.14	-95.14	-99.54	-99.54
（四）炼焦	Coking	-39.45	-39.45	-36.75	-36.75
（五）炼油及煤制油	Petroleum Refining	-47.06	-47.06	-42.23	-42.23
其中：油品再投入量(-)	Reinput for Oil				
（六）制气	Gas Production	-5.56	-5.56	-5.54	-5.54
其中：焦炭再投入量（-）	Reinput for Coke				
（七）天然气液化	Natural Gas Liquefaction				
（八）煤制品加工	Coal Products Processing	-0.59	-0.59	-0.39	-0.39
（九）回收能	Recovery of Energy	247.19	247.19	284.71	284.71
三、损失量	Energy Losses	97.03	97.03	96.97	96.97
其中：运输和输配损失	Losses for Transportation and Transmission	2.14	2.14	2.10	2.10
四、终端消费量	End-use Consumption	7163.34	8388.48	7109.20	8349.59
（一）第一产业	Primary Industry	138.33	155.68	158.12	178.22
1. 农、林、牧、渔业	Agriculture,Forestry,Animal Husbandry and Fishery	138.33	155.68	158.12	178.22
（二）第二产业	Secondary Industry	5413.98	6258.92	5259.06	6097.26
1. 工业	Industry	5295.67	6120.35	5141.15	5959.54
其中：用作原料、材料	Material	487.41	487.41	497.29	497.29
2.建筑业	Construction	118.31	138.57	117.90	137.72
（三）第三产业	Tertiary Industry	1065.40	1245.55	1134.18	1327.93
1. 交通运输、仓储及邮政业	Transport,Storage and Post	616.03	648.41	635.02	668.21
2. 批发、零售和住宿、餐饮业	Wholesale,Retail Trade,Hotels and Catering Services	169.87	225.28	171.62	231.93
3. 其他	Others	279.50	371.86	327.55	427.79
（四）生活消费	Residential Consumption	545.63	728.33	557.83	746.17
1. 城镇	Urban	379.71	496.31	390.38	512.06
2. 乡村	Rural	165.92	232.02	167.45	234.11
五、平衡差额（+、-）	Balance	66.42	66.42	16.96	42.59
六、消费量合计	Total Comsumption	8546.16	8645.40	8483.44	8559.79

注：本表数据与GDP统计口径相同。
Note: The data of table are as same as that of GDD.

7-11　煤炭能源平衡表

Coal Balance Sheet

单位：（实物量）万吨、（标准量）万吨标准煤　　unit:(Physical Quantity)10000tons、(Standard Quantity)10000tons of SCE

指　　标	Item	2013（实物量）Physical Quantity	2013（标准量）Standard Quantity	2014（实物量）Physical Quantity	2014（标准量）Standard Quantity
一、可供本地区消费能源量	Total Energy Available for Consumption	10595.55	6056.63	10379.34	5931.49
（一）年初库存量	Beginning Inventory	1018.94	602.86	902.95	546.03
（二）一次能源生产量	Primary Energy Output	3059.7	1802.15	3100.2	1808.58
（三）外省（区、市）调入量	Allocation from Outside	7731.96	4357.73	7564.26	4242.71
（四）进口量	Imports	51.31	48.38	117.28	83.77
（五）我轮机在外国加油量	Refuelling Abroad for Our Ships and Planes				
（六）本省（区、市）调出量（-）	Allocation from Inside	-374.04	-201.33	-342.05	-189.91
（七）出口量（-）	Exports	-3	-2.70	-10	-9.43
（八）外轮、机在我国加油量（-）	Refuelling in China for Foreign Ships and Planes				
（九）年末库存量（-）	Inventories at the end	-889.32	-550.45	-953.3	-550.26
二、加工转换投入（-）产出（+）量	Output and Input in Processing and Transformation	-6171.84	-3417.95	-6237.23	-3427.36
（一）火力发电	Thermal Power	-3694.44	-1746.51	-3831.38	-1809.00
（二）供热	Heating	-1701.77	-967.84	-1701.52	-957.13
（三）煤炭洗选	Washing-dressing Coal	-110.19	-105.39	-82.57	-99.58
（四）炼焦	Coking	-602.37	-539.64	-558.07	-503.49
（五）炼油及煤制油	Petroleum Refining				
其中：油品再投入量(-)	Reinput for Oil				
（六）制气	Gas Production	-65.28	-57.98	-65.14	-57.77
其中：焦炭再投入量（-）	Reinput for Coke				
（七）天然气液化	Natural Gas Liquefaction				
（八）煤制品加工	Coal Products Processing	2.21	-0.59	1.45	-0.39
（九）回收能	Recovery of Energy				
三、损失量	Energy Losses				
其中：运输和输配损失	Losses for Transportation and Transmission				
四、终端消费量	End-use Consumption	4278.72	2572.26	4142.11	2504.13
（一）第一产业	Primary Industry	40.27	18.02	39.72	17.77
1. 农、林、牧、渔业	Agriculture,Forestry,Animal Husbandry and Fishery	40.27	18.02	39.72	17.77
（二）第二产业	Secondary Industry	2918.14	1956.65	2795.66	1892.34
1. 工业	Industry	2903.22	1949.91	2780.52	1885.50
其中：用作原料、材料	Material	122.67	80.37	150.22	87.69
2.建筑业	Construction	14.92	6.74	15.14	6.84
（三）第三产业	Tertiary Industry	1032.24	467.33	1022.47	465.49
1. 交通运输、仓储及邮政业	Transport,Storage and Post	510.13	232.69	489.13	222.39
2. 批发、零售和住宿、餐饮业	Wholesale,Retail Trade,Hotels and Catering Services	210.19	95.01	185.17	84.38
3. 其他	Others	311.92	139.64	348.17	158.71
（四）生活消费	Residential Consumption	288.07	130.25	284.26	128.52
1. 城镇	Urban	97.53	44.46	93.59	42.67
2. 乡村	Rural	190.54	85.80	190.67	85.86
五、平衡差额（+、-）	Balance	144.99	66.42		-9.24
六、消费量合计	Total Comsumption	10450.56		10379.34	

注：本表数据与GDP统计口径相同。
Note: The data of table are as same as that of GDD.

7－12　石油能源平衡表

Petroleum Balance Sheet

单位：（实物量）万吨、（标准量）万吨标准煤　　unit:(Physical Quantity)10000tons、(Standard Quantity)10000tons of SCE

指　　标	Item	2013		2014	
		（实物量）Physical Quantity	（标准量）Standard Quantity	（实物量）Physical Quantity	（标准量）Standard Quantity
一、可供本地区消费能源量	Total Energy Available for Consumption	1014.07	1459.68	1013.50	1457.60
（一）年初库存量	Beginning Inventory	61.40	88.79	69.14	99.85
（二）一次能源生产量	Primary Energy Output	703.70	1005.31	663.93	948.49
（三）外省（区、市）调入量	Allocation from Outside	369.10	532.11	383.32	551.37
（四）进口量	Imports	0.16	0.24	0.94	1.47
（五）我轮机在外国加油量	Refuelling Abroad for Our Ships and Planes				
（六）本省（区、市）调出量（-）	Allocation from Inside	-64.13	-85.84		-59.25
（七）出口量（-）	Exports	-0.01	-0.01		-0.15
（八）外轮、机在我国加油量（-）	Refuelling in China for Foreign Ships and Planes				
（九）年末库存量（-）	Inventories at the end	-56.15	-80.91		-84.19
二、加工转换投入（-）产出（+）量	Output and Input in Processing and Transformation	-55.30	-49.76		-43.58
（一）火力发电	Thermal Power	-0.81	-1.13		-0.65
（二）供热	Heating	-1.10	-1.58		-0.70
（三）煤炭洗选	Washing-dressing Coal				
（四）炼焦	Coking				
（五）炼油及煤制油	Petroleum Refining	-53.39	-47.06		-42.23
其中：油品再投入量(-)	Reinput for Oil				
（六）制气	Gas Production				
其中：焦炭再投入量（-）	Reinput for Coke				
（七）天然气液化	Natural Gas Liquefaction				
（八）煤制品加工	Coal Products Processing				
（九）回收能	Recovery of Energy				
三、损失量	Energy Losses				
其中：运输和输配损失	Losses for Transportation and Transmission				
四、终端消费量	End-use Consumption	958.77	1409.91	960.39	1414.02
（一）第一产业	Primary Industry	69.99	102.33	71.23	104.15
1. 农、林、牧、渔业	Agriculture,Forestry,Animal Husbandry and Fishery	69.99	102.33	71.23	104.15
（二）第二产业	Secondary Industry	551.01	809.50	514.74	757.97
1. 工业	Industry	486.98	715.86	450.57	664.14
其中：用作原料、材料	Material	276.32	400.08	278.34	402.35
2.建筑业	Construction	64.03	93.64	64.17	93.83
（三）第三产业	Tertiary Industry	295.42	432.41	329.25	482.06
1. 交通运输、仓储及邮政业	Transport,Storage and Post	243.51	355.30	261.63	381.86
2. 批发、零售和住宿、餐饮业	Wholesale,Retail Trade,Hotels and Catering Services	15.68	23.58	18.43	27.62
3. 其他	Others	36.23	53.53	49.19	72.58
（四）生活消费	Residential Consumption	42.35	65.67	45.17	69.84
1. 城镇	Urban	25.11	39.70	27.20	42.80
2. 乡村	Rural	17.24	25.97	17.97	27.05
五、平衡差额（+、-）	Balance				
六、消费量合计	Total Comsumption	1014.07		1013.50	

注：本表数据与GDP统计口径相同。
Note: The data of table are as same as that of GDD.

7－13　电力能源平衡表（等价值）

Electrical Energy Balance Shect(equivalent)

单位：（实物量）万吨、（标准量）万吨标准煤　　unit:(Physical Quantity)10000tons、(Standard Quantity)10000tons of SCE

指　标	Item	2013		2014	
		（实物量）Physical Quantity	（标准量）Standard Quantity	（实物量）Physical Quantity	（标准量）Standard Quantity
一、可供本地区消费能源量	Total Energy Available for Consumption	53.42	164.89	54.91	169.47
（一）年初库存量	Beginning Inventory				
（二）一次能源生产量	Primary Energy Output	172.60	532.75	145.00	447.53
（三）外省（区、市）调入量	Allocation from Outside	135.71	418.89	164.57	507.93
（四）进口量	Imports				
（五）我轮机在外国加油量	Refuelling Abroad for Our Ships and Planes				
（六）本省（区、市）调出量（-）	Allocation from Inside	-254.89	-786.75	-254.66	-785.98
（七）出口量（-）	Exports				
（八）外轮、机在我国加油量（-）	Refuelling in China for Foreign Ships and Planes				
（九）年末库存量（-）	Inventories at the end				
二、加工转换投入（-）产出（+）量	Output and Input in Processing and Transformation	606.10	1870.81	626.70	1934.25
（一）火力发电	Thermal Power	606.10	1870.81	626.70	1934.25
（二）供热	Heating				
（三）煤炭洗选	Washing-dressing Coal				
（四）炼焦	Coking				
（五）炼油及煤制油	Petroleum Refining				
其中：油品再投入量(-)	Reinput for Oil				
（六）制气	Gas Production				
其中：焦炭再投入量（-）	Reinput for Coke				
（七）天然气液化	Natural Gas Liquefaction				
（八）煤制品加工	Coal Products Processing				
（九）回收能	Recovery of Energy				
三、损失量	Energy Losses				
其中：运输和输配损失	Losses for Transportation and Transmission				
四、终端消费量	End-use Consumption	659.52	2035.69	667.81	2061.13
（一）第一产业	Primary Industry	9.34	28.83	10.82	33.39
1. 农、林、牧、渔业	Agriculture,Forestry,Animal Husbandry and Fishery	9.34	28.83	10.82	33.39
（二）第二产业	Secondary Industry	454.85	1403.95	451.28	1392.83
1. 工业	Industry	443.94	1370.28	440.61	1359.90
其中：用作原料、材料	Material				
2.建筑业	Construction	10.91	33.68	10.67	32.93
（三）第三产业	Tertiary Industry	96.98	299.34	104.31	321.94
1. 交通运输、仓储及邮政业	Transport,Storage and Post	17.43	53.80	17.87	55.15
2. 批发、零售和住宿、餐饮业	Wholesale,Retail Trade,Hotels and Catering Services	29.83	92.07	32.47	100.22
3. 其他	Others	49.72	153.47	53.97	166.57
（四）生活消费	Residential Consumption	98.35	303.57	101.40	312.96
1. 城镇	Urban	62.77	193.75	65.51	202.19
2. 乡村	Rural	35.58	109.82	35.89	110.77
五、平衡差额（+、-）	Balance			13.80	42.59
六、消费量合计	Total Comsumption	659.52		667.81	

注：本表数据与GDP统计口径相同。
Note: The data of table are as same as that of GDD.

CHAPTER ▶ 08

第八篇

财政、金融和保险

PUBLIC FINANCE、BANKING AND INSURANCE

8-1 历年财政收支额

Government Revenue and Expenditure

单位：亿元 unit:100 million yuan

年份 Year	一般预算收入 General Budgetary Revenue	#增值税 Value-added Tax	#营业税 Operation Tax	#企业所得税 Enterprises' Income Tax	一般预算支出 General Budgetary Expenditure	#农业支出 Agriculture	#文教科卫事业费 Culture, Education Science & Public Health	#行政管理费 Administration Expenditure	#社会保障补助支出 Subsidies to Social Security Programs
1978	16.41				16.35	1.89	3.02	1.25	
1979	12.65				17.88	2.36	3.40	1.50	
1980	14.39				17.32	2.45	4.32	1.70	
1981	10.72				15.87	2.18	4.94	1.76	
1982	11.97				17.30	2.35	5.72	2.06	
1983	14.12				19.41	2.31	6.51	2.44	
1984	15.22				23.34	2.66	7.56	3.09	
1985	21.67				34.50	3.03	9.15	2.99	
1986	29.52				50.12	4.24	11.02	3.69	
1987	37.52				53.23	3.71	11.25	4.22	
1988	43.32				61.26	3.95	13.36	4.99	
1989	49.40				67.14	5.22	15.02	5.81	
1990	50.68				71.67	4.94	16.25	6.50	
1991	62.46				79.12	5.12	17.43	5.77	
1992	56.99				80.02	5.82	20.10	7.33	
1993	79.82				103.11	6.89	23.56	9.06	
1994	51.27				104.59	7.86	31.89	10.87	
1995	63.28				120.90	9.16	35.04	12.04	
1996	76.40				145.53	8.90	40.48	14.05	
1997	82.85	17.43	20.92	8.10	167.75	10.86	43.15	14.65	
1998	93.64	18.31	23.51	7.20	190.10	15.34	43.15	14.72	9.11
1999	101.28	18.89	23.84	10.41	234.62	13.07	49.67	15.76	19.27
2000	103.83	20.41	25.55	14.28	260.67	16.59	53.04	18.01	19.26
2001	121.10	24.20	28.03	20.68	326.43	19.63	64.52	22.38	28.91
2002	131.49	27.44	30.54	14.22	362.62	22.73	73.72	26.52	38.77
2003	154.00	30.69	35.02	11.80	409.23	22.76	82.39	31.23	49.56
2004	166.28	32.19	40.78	12.36	507.78	37.00	93.23	36.75	79.34
2005	207.15	39.53	47.59	13.91	631.12	42.60	112.44	45.13	104.89
2006	245.20	42.97	59.69	17.88	718.36	54.36	139.53	56.71	81.82
2007	320.69	52.92	75.86	29.41	883.76	80.07	144.41	141.66	154.37
2008	422.80	63.58	93.96	42.59	1180.12	107.34	188.03	174.25	199.86
2009	487.09	66.57	117.41	49.20	1479.21	204.45	216.99	182.67	250.44
2010	602.41	78.15	145.97	60.82	1787.25	238.94	250.20	198.04	253.36
2011	850.10	92.78	189.30	90.59	2201.74	255.57	529.12	231.40	298.99
2012	1041.25	102.68	218.12	111.21	2471.20	291.30	683.85	249.38	304.00
2013	1156.96	119.58	245.09	121.86	2744.81	318.26	697.37	267.31	360.13
2014	1203.38	139.78	228.78	1473.22	2913.25	308.68	711.15	253.50	390.20

8-2 历年银行各项存款和各项贷款余额

Balance of Deposits and Loans of National Banking System

单位: 亿元 unit:100 million yuan

年 份 Year	各项存款合计 Total Deposits	#单位存款 Corporate Deposits	#个人储蓄存款 Personal savings Deposits	各项贷款合计 Total Loans	#短期贷款 Short-term Loans	#中长期贷款 Medium and long Term Loans
1978	24.94	5.95	5.86	61.16		
1979	23.97	7.95	7.62	66.15		
1980	30.87	10.28	10.64	75.70		
1981	36.98	10.97	14.56	92.68		
1982	42.62	12.88	18.91	107.05		
1983	56.63	16.26	25.28	124.31		
1984	71.65	23.37	34.23	154.79		
1985	86.42	32.45	43.97	159.79		
1986	118.07	41.91	58.36	246.30		
1987	147.43	50.85	83.20	285.52		
1988	178.27	54.91	109.49	331.69		
1989	203.75	47.08	141.26	384.41		
1990	252.15	53.79	196.59	507.01		
1991	315.13	67.37	253.28	629.01		
1992	408.87	98.35	315.42	762.00		
1993	494.57	112.91	389.44	934.88		
1994	611.26	152.61	535.56	1099.77		
1995	791.15	180.78	726.28	1302.76		
1996	1037.83	241.38	955.48	1608.84		
1997	1206.82	322.94	1071.33	1913.61		
1998	1345.52	304.60	1211.83	2118.79		
1999	1928.25	419.92	1328.91	2580.41		
2000	2236.71	535.41	1515.84	2651.19		
2001	2484.23	589.21	1796.90	2828.25		
2002	2878.28	693.79	2019.40	3057.70		
2003	3307.25	760.50	2161.40	3288.87		
2004	3683.50	804.94	2405.60	3435.03		
2005	4270.49	877.66	2798.10	3332.93		
2006	4963.71	1039.56	3107.50	3870.33		
2007	5318.59	1342.70	3186.80	4306.01		
2008	6362.48	1528.21	3923.14	4835.89		
2009	8318.00	2327.78	4614.39	6234.66		
2010	9606.70	2753.18	5147.26	7205.94	2809.74	4283.63
2011	10874.19	4524.72	5835.32	8126.17	2913.34	5024.79
2012	12706.13	5204.67	6875.10	9155.60	3288.59	5614.24
2013	14781.42	6192.36	7745.33	10696.52	3946.28	6486.06
2014	16400.10	6982.72	8556.71	12587.26	4844.84	7417.34

注：1.自2011年起取消“企业存款”、“城乡居民储蓄存款”数据，新增“单位存款”以及“个人储蓄存款”数据；
自2010年起取消“工业企业”、“商业企业”、“农业贷款”的贷款余额数据。
2.银行各项存款和各项贷款均不含外币。
3.从2013年起个人储蓄存款不含外币。

Note:①Since 2011 the abolition of the "enterprise deposits","saving deposits of arban and rural residents"data,adding"Corporate deposites"and "Personal savings deposits".
Since 2011 the abolition of the "industrial enterprises","business",and "agricultural loan",which are balance data of the loan.
②All bank deposits and Loans exdluding foreign currency.
③Personal savings deposits exclading foreign currency.

8-3 分项目财政收入
Local Government Revenue by Item

单位: 万元　　unit:10000 yuan

项　目	Item	2012	2013	2014
全口径财政收入	**Total Revenue**	**19100740**	**20866439**	**21885505**
地方级财政收入	**Local Revenue**	**10412514**	**11569616**	**12033843**
一、税收收入	**Tax Revenue**	**7605681**	**8564084**	**8844028**
增值税	Value Added Tax	1026819	1195806	1397805
营业税	Business Tax	2181247	2450939	2287794
企业所得税	Corporate Income Tax	1112119	1218580	1432180
个人所得税	Individual Income Tax	268489	280592	349236
资源税	Resources Tax	153164	147811	133869
城市维护建设税	Urban Maintenance and Construction Tax	572449	665748	596705
房产税	Real Estates Tax	199710	228925	239608
印花税	Stamp Tax	100835	117963	118836
城镇土地使用税	Urban Land Use Tax	316080	276401	330732
土地增值税	Land Appreciation Tax	358791	404120	484745
车船使用税	Tax on Vehicles and Boat Operation	80820	94400	111312
耕地占用税	Farm Land Occupation Tax	596346	661320	569779
契税	Deed Tax	625917	808148	780034
烟叶税	Tabacoo Leaf Tax	12895	13331	11311
其他税收收入	Others			82
二、非税收入	**Non-tax Revenue**	**2806833**	**3005532**	**3189815**
国有资产经营收益	State-owned Assets Profit	205532	221882	240335
行政性收费收入	Income from Administrative Fees	862678	849676	863739
罚没收入	Penalty and Confiscate Income	432736	408702	345718
专项收入	Expert Project Income	494180	514009	476290
国有资源(资产)有偿使用收入	Income from Use of Seate-owned Resources(Assets)	652069	866279	1129627
其他收入	Other Income	159638	144984	134106

8-4 地方项目公共财政支出
Local Covernment Expenditure Item

单位: 万元 unit:10000 yuan

项　目	Item	2012	2013	2014
支出总计	**Total Expenditure**	**24711956**	**27448114**	**29132468**
一般公共服务	Expenditure for General Pablic Services	2493754	2673093	2535001
国防	Expenditure for National Defense	53774	60791	51842
公共安全	Expenditure for Public Security	1356676	1477974	1546255
教育	Expenditure for Education	4510537	4220946	4071041
科学技术	Expenditure for Science and Technology	249624	372231	364479
文化体育与传媒	Expenditure for Culture,Sport and the Media	474757	565462	611571
社会保障和就业	Expenditure for Social Security and Employment	3040037	3601343	3901986
医疗卫生与计划生育	Health and family planning	1603586	1815110	2064415
节能环保	Energ/saving and Environmental protection	1138468	1268326	1403017
城乡社区事务	Expenditure for Uran and Rural Community Affairs	1662941	2142460	2732923
农林水事务	Expenditure for Agriculture,Forestry,Water Affairs	2913003	3182647	3086795
交通运输	Expenditure for Transportation	1281597	1700467	2291050
资源勘探电力信息等事务	Resource Exploration Power Information	743071	1010144	995793
商业服务业等事务	Basiness serviles	233849	244507	282960
金融监管等事务支出	Expenditure on financial supervision	46191	104723	186163
援助其他地区支出	Aid in other areas	17144	22167	25872
国土资源气象等事务	Land resouvces Meteorology	237806	297882	297671
住房保障支出	Housing secarity expenditure	1451894	1391355	1372994
粮油物资储备事务	Grain and oil material reserve	551569	498702	552772
国债还本付息支出	Debt servicing Expenses	552167	574024	601232
其他支出	Other Expenditures	99511	223760	156636

8-5 分级地方公共财政收入

Government Budgetary Revenue by Level

单位: 万元 unit:10000 yuan

项　目	Item	2012	2013	2014
收入合计	**Total Revenue**	**10412514**	**11569616**	**12033843**
省　级	Province	2333305	2493329	2672244
地　级	Prefecture	3976437	4425639	4536693
县　级	County	3544470	4017110	4406333
乡镇级	Township	558302	633538	418573
一、税收收入	**Tax Revenue**	**7605681**	**8564084**	**8844028**
省　级	Province	1796036	2071287	2238366
地　级	Prefecture	2846996	3183248	3267444
县　级	County	2421460	2692333	2934558
乡镇级	Township	541189	617216	403660
增值税	**Value Added Tax**	**1026819**	**1195806**	**1397805**
省　级	Province	377693	469284	555455
地　级	Prefecture	330532	415353	463359
县　级	County	262699	255532	317351
乡镇级	Township	55895	55637	61640
营业税	**Business Tax**	**2181247**	**2450939**	**2287794**
省　级	Province	956634	1093208	1074573
地　级	Prefecture	420772	458850	402807
县　级	County	663874	718987	714938
乡镇级	Township	139967	179894	95476
企业所得税	**Corporate Income Tax**	**1112119**	**1218580**	**1432180**
省　级	Province	371494	413241	485937
地　级	Prefecture	417638	474638	576454
县　级	County	272797	281328	330709
乡镇级	Township	50190	49373	39080
个人所得税	**Individual Income Tax**	**268489**	**280593**	**349236**
省　级	Province	79664	86118	112071
地　级	Prefecture	86565	96513	130782
县　级	County	82328	79159	95797
乡镇级	Township	19932	18803	10586
二、非税收入	**Non - tax Revenue**	**2806833**	**3005532**	**3189815**
省　级	Province	537269	422042	433878
地　级	Prefecture	1129441	1242391	1269249
县　级	County	1123010	1324777	1471775
乡镇级	Township	17113	16322	14913

8-6 分级公共财政支出
Public Finance Expenditure

单位: 万元 unit:10000 yuan

项　目	Item	2012	2013	2014
支出合计	**Total Expenditure**	**24711956**	**27448114**	**29132468**
省　级	Province	5464674	6036294	6547798
地　级	Prefecture	6878782	7630247	8151918
县　级	County	11493486	12776299	13446505
乡镇级	Township	875014	1005274	986247
# **一般公共服务**	**Expenditure for General Public Services**	**2493754**	**2673093**	**2535001**
省　级	Province	528076	555971	548741
地　级	Prefecture	703790	705083	630515
县　级	County	1032889	1166534	1101208
乡镇级	Township	228999	245505	254537
# **教　育**	**Education**	**4510537**	**4220946**	**4071041**
省　级	Province	891084	862133	839965
地　级	Prefecture	957250	843480	637170
县　级	County	2619999	2471762	2527273
乡镇级	Township	42204	43571	66633
# **科学技术**	**Sxience and Technology**	**249624**	**372231**	**364479**
省　级	Province	91032	122839	128194
地　级	Prefecture	80455	147830	144948
县　级	County	77224	100889	88744
乡镇级	Township	913	673	2593
# **社会保障和就业**	**Social Security and Employment**	**3040037**	**3601899**	**3901986**
省　级	Province	346209	489826	421002
地　级	Prefecture	915419	1058868	1172638
县　级	County	1723794	1987770	2236848
乡镇级	Township	54615	65435	71498
# **医疗卫生与计划生育**	**Health and family Planning**	**1603586**	**1815110**	**2064415**
省级	Province	155941	176351	227391
地级	Prefecture	395040	438915	446142
县级	County	1043276	1195297	1375793
乡镇级	Township	9329	4547	15089
# **节能环保**	**Energy Saving and environmental protection**	**1138468**	**1268326**	**1403017**
省级	Province	144500	115732	214972
地级	Prefecture	428909	477854	505869
县级	County	548350	657701	663352
乡镇级	Township	16709	17039	18824
# **农林水**	**Agricultural and forestry water**	**2913003**	**3182647**	**3086795**
省级	Province	1047373	1006063	838272
地级	Prefecture	268862	308413	272093
县级	County	1301634	1537645	1627731
乡镇级	Township	295134	330526	348699

8－7　农合机构本外币存贷款年末余额

Cooperation in Agriculture Institution on Blanle of Foreign Currency Deposit and Loan at end of the Year

单位: 亿元　　unit:100 million yuan

项　　目	Item	2012	2013	2014
各项存款	Total Deposits	1772.99	2093.44	2508.37
企事业单位存款	Deposits of Enterprises	465.00	566.10	730.76
储蓄存款	Saving Deposits	1307.96	1526.01	1766.02
各项贷款	Total Loans	1149.04	1346.51	1627.42
#短期贷款	Short-term Loans	584.91	482.11	649.70
中长期贷款	Medium and Long Term Loans	502.13	803.97	950.99

注：本表为金融机构可比口径。
Note:The statistics coverage in according to financial institutions.

8－8　保险业务主要指标

Main Indicators of Insurance Business

单位: 万元　　unit:10000 yuan

项　　目	Item	2008	2009	2010	2011	2012	2013	2014
保费收入	**Premium Income**	**1589185**	**1848669**	**2392486**	**2233582**	**3956604**	**2664427**	**3300005**
企业财产保险	Enterprise Property Insurance	22546	26792	39322	45530	51850	51475	57352
家庭财产保险	Family Property Insurance	2723	2853	3166	4914	4947	7655	5982
机动车辆保险	Motor Vehicle Insurance	211989	288400	449538	498074	563240	665703	795798
货物运输保险	Freight Transport Insurance	6941	9850	16107	23736	26410	23819	30048
工程保险	Engineering Insurance	3354	6577	5050	8876	2802	9855	8048
责任保险	Liability Insurance	7779	8287	8982	13545	16838	23896	29865
保证保险	Guarantee Insurance	389	1367	4980	14229	25289	31630	53183
农业保险	Agriculture Insurance	65780	58996	80250	80068	88330	92694	92122
人寿保险	Life Insurance	1186644	1342905	1659264	1408462	1382348	1506753	1918905
意外伤害险	Accident Injury Insurance	19603	22198	28479	35144	39744	44840	52620
健康险	Health Insurance	60683	78981	95881	99949	122193	201891	251847
其他	Others	754	1463	1467	1055	1632614	4217	4235
赔款与给付	**Compensation and Payment**	**529799**	**560878**	**562721**	**599700**	**714504**	**1006039**	**1120247**
企业财产保险	Enterprise Property Insurance	24371	17863	31815	16249	19541	20693	18938
家庭财产保险	Family Property Insurance	2078	1971	1408	1245	1744	2246	2837
机动车辆保险	Motor Vehicle Insurance	164699	189288	197158	231279	301786	399754	422926
货物运输保险	Freight Transport Insurance	6639	6110	6536	11199	14980	17435	19689
工程保险	Engineering Insurance	1196	3078	3892	3159	1634	2202	2146
责任保险	Liability Insurance	7092	5655	4934	5886	7737	9072	10687
保证保险	Guarantee Insurance	4281	634	495	658	1409	2929	6277
农业保险	Agriculture Insurance	30096	47680	40854	38267	50179	47473	56523
人寿保险	Life Insurance	254497	251461	233351	244659	260654	414012	467294
意外伤害险	Accident Injury Insurance	9924	7696	7228	8884	10279	10287	11859
健康险	Health Insurance	24671	29006	34942	36560	44256	77601	99123
其他	Others	254	436	108	1655	305	2336	1947

8－9 金融机构人员数

Number of personnel in Financial institutions

单位: 人 unit:person

项　目	Item	2012	2013	2014
金融机构合计	**Total Financial Institutions**	**88955**	**91480**	**94873**
国有商业银行	**State – owned Commercial Bank**	**44545**	**44790**	**44404**
工商银行	Industrial and commercial Bank	13406	13347	13411
农业银行	Agricultural Bank	13808	13834	13829
中国银行	Bank of China	6129	6346	6369
建设银行	Construction Bank	9284	9333	8904
交通银行	Bank of Communications	1918	1930	1891
政策性银行及国家开发银行合计	**Policy Banks and National Development Bank**	**1902**	**1557**	**1831**
国家开发银行	National Development Bank	161	161	167
中国进出口银行	The Export–Import Bank of china			42
中国农业发展银行	Agricultural Development Bank	1741	1396	1622
股股份制商业银行合计	**Shareholding Bank**	**2244**	**2852**	**3283**
中信银行	China Citic Bank	234	356	461
中国光大银行	China Ever bright Bank	599	658	709
招商银行	China Merchants Ban	307	379	448
上海浦东发展银行	ShangHai Pudong Development Bank	321	353	362
中国民生银行	China Minsheng Bank	358	513	596
华夏银行	Huaxia Bank	136	163	218
兴业银行	Industrial Bank	289	430	489
城市商业银行	**City Commercial Bank**	**7353**	**8348**	**8670**
农村金融机构合计	**Rural Finanical Institutions**	**22931**	**23464**	**25584**
农村信用社	Rural Credit Coorpertive	15862	13394	10426
农村商业银行	Rural Commercial Bank	4962	7380	11572
农村合作银行	Rural Cooperative Bank	687	679	791
村镇银行	Village Bank	1357	1924	2680
贷款公司	Loan Company	10	12	11
农村资金互助社	Rural Mutual Cooperatives	53	75	104
非银行金融机构合计	**Non–bank Financial Institutions**	**648**	**737**	**771**
企业集团财务公司	Financial Enterprise Group Company	162	137	170
信托公司	Trust Company	125	193	198
汽车金融公司	Auto Finance Company	361	407	403
邮政储蓄银行	**Postal Savings Bank**	**9099**	**9487**	**10078**
资产管理公司	**Assets Supervision Corporation**	**205**	**216**	**206**
外资金融机构	**Foreign Financial Institutions**	**28**	**29**	**46**

8－10　保险公司机构数（2014年）

Number of Institutions of Insurance Company （2014）

项　　目	Item	保险公司机构数(个) Number of Institutions (uint)	总公司 Head Offices	省级分公司 Branch Company of Province Level	地市级中心支公司 City Center Branch	地市级以下支公司 Branch Company of Prefecture and City Level	营销服务部 Services Department of Marketing
合 计	**Total**	**1825**	**3**	**29**	**180**	**603**	**1010**
中国人民财产保险股份有限公司吉林省分公司	Branch Company of Jilin Province of PICC Property and Casualty Co.Ltd.	554		1	9	77	467
中国太平洋财产保险股份有限公司吉林省分公司	Jilin Branch of China Pacific Property Insurance Co.Ltd.	56		1	9	46	
中国平安财产股份有限公司吉林分公司	Jilin Branch of Ping An Property and Casualty Insurance Company of China,Ltd.	39		1	9	24	5
天安财产保险股份有限公司吉林省分公司	Jilin Branch of Tian An Insurance Company Co.Ltd.	39		1	7	5	26
安华农业保险股份有限公司吉林省分公司	Jilin Branch of Anhua Agricultural Insurance Co.Ltd.	74	1	1	9	42	21
中国大地财产保险股份有限公司吉林分公司	Jilin Branch of China Continent Property & Casualty Insurance Co.Ltd.	50		1	9	19	21
安邦人寿保险股份有限公司吉林分公司	Jilin Branch of Anbang Life Insurance Co.Ltd.	4		1	3		
安邦财产保险股份有限公司吉林分公司	Jilin Branch of AB Property and Casualty Co.Ltd.	52		1	9	12	30
都邦财产保险股份有限公司吉林分公司	Jilin Branch of Dubang Insurance Co.Ltd.	6	1	1	3		1
阳光财产保险股份有限公司吉林省分公司	Jilin Branch of sunshine Province and casualty Co.Ltd.	57		1	10	46	
华安财产保险股份有限公司吉林分公司	Jilin Branch of Huaan Province and Casualty Co.Ltd.	2		1	1		
中航安盟财产保险有限公司吉林省分公司	Jilin Branch of Groupama AvicInsurance Co.Ltd.	40		1	4	16	19
中国人寿保险股份有限公司吉林省分公司	Branch Company of Jilin Province of China Life Insurance Co.Ltd.	367		1	9	68	289
中国人寿财产保险股份有限公司吉林省分公司	Branch Company of Jilin Province of China Life Estate Insurance Co.Ltd.	19		1	6	12	
鑫安汽车保险股份有限公司	Xin An Auto Insurance Company Co.Ltd.	2	1			1	
中国太平洋人寿保险股份有限公司吉林省分公司	Jilin Branch of China Pacific Life Insurance Co,Ltd.	55		1	9	38	7
中国平安人寿保险股份有限公司吉林分公司	Jilin Branch of Ping An Life Insurance Company of China,Ltd.	70		1	8	21	40
新华人寿保险股份有限公司吉林分公司	Jilin Branch of New China Life Insurance Company of China,Ltd.	45		1	9	28	7
泰康人寿保险股份有限公司吉林分公司	Jilin Branch of Taikang Life Insurance Company of China,Ltd.	109		1	8	36	64
中国人民人寿保险股份有限公司吉林省分公司	Jilin Branch of PICC Life Insurance Company of China,Ltd.	61		1	9	48	3
太平人寿保险股份有限公司吉林分公司	Jilin Branch Taiping Life Insurance Co,Ltd.	27		1	8	17	1
富德生命人寿保险股份有限公司吉林分公司	Jilin Branch Funde Sino Life Insurance Co.Ltd.	35		1	9	23	2
平安养老保险股份有限公司吉林分公司	Jilin Branch of Ping An Annuity Insurance Co,Ltd.	3		1	2		
合众人寿保险股份有限公司吉林分公司	Jilin Branch of Union Life Insuranle Co.Ltd.	10		1	5	3	1
中国人民健康保险股份有限公司吉林分公司	Jilin Branch of PICC Health Insurance Company Limited	3		1	2		
英大泰和人寿保险股份有限公司吉林分公司	Jilin Branch of YingDa Taihe Life Insurance Co.Ltd.	10		1	3		6
阳光人寿保险股份有限公司吉林分公司	Jilin Branch of Yangguang Life Insurance Co.Ltd.	24		1	7	16	
百年人寿保险股份有限公司吉林分公司	Century Life Insurance Co.Ltd.	9		1	3	5	
天安人寿保险股份有限公司吉林分公司	Jilin Branch Tianan Life Insurance Co.Ltd.	2		1	1		
泰康养老保险股份有限公司吉林分公司	Jilin Branch Taikang Pension Insurance Co.Ltd.	1		1			

CHAPTER ▶ 09

第九篇

物　价

PRICE

9-1 各种价格指数

Various Price Indices

（上年=100） （Preceding year=100）

年 份 Year	居民消费价格指数 Consumer Price Index	城市居民 Urban Areas	农村居民 Rural Areas	商品零售价格指数 Retail Price Index	工业生产者出厂价格指数 Producer Price Index for Manufac-tured Goods	工业生产者购进价格指数 Industrial Producer Price Index	农业生产资料价格指数 Price Index of Agriculturat Production Data	固定资产投资价格指数 Investrment in Fixed Assets Price Index	建筑安装工程总价格指数 Construction and Installation Price Index
1978	100.1	100.1	100.3	100.2					
1979	101.7	101.7	101.1	101.2					
1980	105.6	108.6	104.9	106.3					
1981	101.6	101.6	101.2	101.7					
1982	104.2	104.2	101.9	103.0					
1983	104.5	103.0	101.7	102.6					
1984	103.5	103.6	103.3	104.2					
1985	110.3	110.3	107.9	109.7					
1986	106.0	106.0	105.1	105.4					
1987	107.6	108.0	105.3	107.5					
1988	120.3	121.6	117.1	119.9					
1989	117.2	116.9	119.3	116.9					
1990	104.9	103.9	108.2	103.9					
1991	106.8	107.1	105.2	105.1					
1992	108.0	109.3	103.9	107.1				116.4	
1993	112.6	113.2	108.8	111.3				128.8	
1994	120.6	123.2	117.1	119.9				107.3	
1995	115.2	115.1	115.6	114.2				109.6	
1996	107.2	107.7	105.8	105.1				102.9	
1997	103.7	103.7	103.7	101.8	101.4	103.9		104.4	106.4
1998	99.2	99.3	99.0	97.9	96.9	96.6		100.8	101.2
1999	98.0	97.9	98.6	96.7	100.1	97.7		102.2	106.1
2000	98.6	98.3	99.6	98.0	105.1	106.8		102.0	103.2
2001	101.3	101.5	100.5	100.9	100.3	101.8		101.1	102.6
2002	99.5	99.2	100.3	99.0	98.6	97.8		101.2	101.9
2003	101.2	101.1	101.5	100.5	102.5	104.8	101.0	101.1	102.3
2004	104.1	103.6	105.1	103.5	105.0	110.5	106.3	104.1	105.6
2005	101.5	101.4	101.9	101.1	104.3	107.0	109.2	102.0	102.5
2006	101.4	101.2	102.0	101.5	101.7	103.8	97.2	102.2	103.0
2007	104.8	104.4	106.1	103.3	102.7	105.2	106.0	103.9	105.2
2008	105.1	105.1	105.3	106.2	104.9	111.3	127.3	107.3	110.7
2009	100.1	99.9	100.7	99.3	96.1	95.3	96.4	99.4	99.4
2010	103.7	103.4	104.1	104.1	105.2	108.6	99.1	102.4	103.4
2011	105.2	105.2	105.4	104.9	105.4	106.1	111.4	105.6	105.6
2012	102.5	102.5	102.4	101.7	99.1	99.3	106.8	100.4	100.4
2013	102.9	102.9	102.9	101.6	98.7	99.4	100.8	100.0	100.0
2014	102.0	102.1	101.5	101.2	99.1	99.2	95.1	100.2	100.4

9－2 商品零售价格分类指数（上年=100）

Retail Price Indices by Category（preceding year=100）

类别	Item	全省 Total			城市 Urban			农村 Rural		
		2012	2013	2014	2012	2013	2014	2012	2013	2014
商品零售价格总指数	**General Retail Price Index**	**101.7**	**101.6**	**101.2**	**101.6**	**101.6**	**101.2**	**101.9**	**102.2**	**101.0**
食品类	**Food**	**104.8**	**105.6**	**103.2**	**104.9**	**105.4**	**103.3**	**104.0**	**107.0**	**102.8**
粮 食	Grain	104.5	106.1	103.5	104.8	105.8	103.7	103.2	107.1	102.6
淀粉及薯类	Starches and Tubers	98.7	99.5	100.8	97.6	99.0	100.4	106.1	102.1	103.0
干豆类及豆制品	Bean and Bean Products	103.2	104.3	101.7	102.9	104.6	101.3	105.2	102.8	104.0
油 脂	Oil or Fat	106.5	98.2	97.5	106.8	97.9	97.0	104.4	100.5	100.4
肉禽及其制品	Meal,Poultry and Processed Products	104.0	107.0	100.3	104.4	106.8	100.1	100.8	108.7	101.6
蛋	Eggs	95.2	106.1	115.0	95.1	105.9	115.6	95.9	107.6	109.1
水产品	Aquatic Products	108.8	101.9	105.6	108.9	102.1	105.6	107.7	100.4	105.8
菜	Vegetables	109.5	112.6	95.3	109.8	111.9	95.2	107.5	117.6	96.0
调味品	Falvoring	103.0	102.0	106.2	102.5	102.3	105.5	107.4	100.1	111.7
糖	Sugar Carbohydrate	100.9	99.4	101.0	100.9	99.3	101.1	101.0	100.3	100.3
干鲜瓜果	Dried and Fresh Melons and Fruits	106.0	104.9	111.9	106.1	104.4	112.2	105.3	108.7	109.6
糕点饼干面包	Cake,Biscuit and Bread	102.0	102.8	102.3	102.2	103.1	102.1	100.6	100.4	103.7
液体乳及乳制品	Milk and Its Products	103.0	103.6	108.9	103.1	103.9	109.3	100.5	99.6	102.7
在外用膳食品	Dining Out	105.5	105.0	104.2	105.2	105.0	104.2	111.2	104.4	103.1
其它食品	Other Food Products	99.9	100.9	101.8	99.8	100.9	102.0	100.5	100.6	100.3
饮料、烟酒	**Beverage,Tobacco and Liquor**	**101.5**	**100.5**	**100.0**	**101.4**	**100.5**	**99.9**	**102.0**	**100.8**	**100.6**
茶及饮料	Tea and Beverage	101.8	100.5	100.5	101.4	100.3	100.3	103.2	101.2	101.1
烟 草	Tobacco	100.0	100.4	99.9	100.0	100.4	99.9	100.4	100.3	100.0
酒	Liquor	102.9	100.7	99.9	102.9	100.6	99.8	102.7	100.9	100.7
服装、鞋帽类	**Garments,Shoes and Hats**	**100.9**	**102.0**	**102.7**	**100.9**	**102.1**	**102.7**	**101.1**	**100.6**	**102.8**
服 装	Garments	101.1	101.8	103.0	101.1	101.8	103.0	101.6	101.4	103.3
鞋袜帽	Footgear and Hats	100.7	102.6	101.9	100.8	103.1	102.0	100.3	99.4	101.5
其 它	Others	98.4	100.1	101.4	98.0	100.6	100.1	100.0	98.5	106.0
纺织品类	**Textiles**	**103.4**	**100.6**	**101.3**	**103.8**	**100.6**	**101.5**	**101.1**	**100.6**	**100.5**
衣着材料	Clothing Materials	103.3	99.8	101.5	103.6	99.5	101.6	102.2	101.1	101.0
床上用品	Bed Articles	103.5	101.3	101.2	103.9	101.5	101.4	99.5	99.7	100.0

9－2 续表 Continued

		全省 Total			城市 Urban			农村 Rural		
		2012	2013	2014	2012	2013	2014	2012	2013	2014
家用电器及音像器材	**Household Appliances and Music and Video Equipment**	**97.9**	**99.1**	**99.9**	**98.1**	**99.1**	**100.0**	**96.9**	**98.7**	**99.0**
家庭设备	Household Facilities	98.9	100.1	100.5	98.9	100.0	100.5	99.3	100.4	100.3
文娱用耐用消费品	Durable Consumer Goods for Recreational Use	96.3	97.5	99.0	96.7	97.7	99.3	93.5	96.3	97.2
专业音像器材类	Sound and Video Equipment	99.5	99.8	98.7	99.5	99.9	98.7	99.2	99.3	98.8
文化办公用品	**Cultural and Office Appliances**	**98.7**	**98.9**	**98.9**	**98.7**	**98.8**	**98.7**	**98.9**	**99.8**	**99.9**
日用品	**Articles for Daily Use**	**100.7**	**100.5**	**100.6**	**100.7**	**100.5**	**100.6**	**100.8**	**100.7**	**100.6**
日用百货	General Merchandise for Daily Use	100.9	101.1	100.4	101.1	101.2	100.3	99.7	101.0	100.9
日用杂品	Miscellaneous for Daily Use	100.5	99.9	100.3	100.5	99.9	100.4	100.2	100.0	100.2
洗涤用品	Things for Washing	101.2	100.7	101.2	100.9	100.7	101.4	103.1	100.8	100.2
其它日用品	Others	100.1	100.1	100.2	100.1	100.0	100.2	100.1	100.7	101.1
体育娱乐用品	**Sports and Recreation Articles**	**100.4**	**99.1**	**100.1**	**100.2**	**98.9**	**100.2**	**101.4**	**100.0**	**100.0**
体育用品	Sports Goods	99.6	99.3	99.7	99.3	99.1	99.7	100.6	100.2	99.6
娱乐用品	Amusement Goods	101.0	99.0	100.4	100.8	98.9	100.4	102.0	99.8	100.4
交通、通信用品	**Transportation and Communication Articles**	**94.3**	**95.7**	**99.4**	**93.9**	**95.5**	**99.5**	**98.0**	**97.1**	**98.5**
交通运输机械	Transportation Facility	97.9	96.5	99.5	97.8	96.5	99.5	99.3	96.9	99.4
通讯器材类	Communication Faciliy	88.9	94.3	99.2	87.9	93.8	99.5	96.4	97.3	97.4
家具	**Furniture**	**101.6**	**100.9**	**100.4**	**101.6**	**100.9**	**100.5**	**101.6**	**100.8**	**99.8**
化妆品类	**Cosmetics**	**101.1**	**101.6**	**100.2**	**101.2**	**101.7**	**100.1**	**100.4**	**101.1**	**100.8**
金银珠宝类	**Gold,Sivle and Jewelry**	**100.4**	**89.1**	**89.2**	**100.4**	**88.7**	**88.9**	**100.8**	**94.1**	**93.2**
中西药品及医疗保健用品	**Traditional Chinese and Western Medicines and Health Care Articles**	**102.1**	**101.5**	**100.8**	**102.0**	**101.4**	**100.8**	**102.8**	**102.9**	**100.6**
医疗器具及用品	Medical Apparatus and Articles	98.9	102.2	100.7	98.9	102.2	100.7	99.4	102.0	100.2
中药材及中成药	Traditional Chinese Medical Materials and Medicines	107.2	102.1	100.4	107.1	101.5	100.3	107.7	106.0	100.9
西 药	Westrn Medicine	99.7	101.2	101.1	99.8	101.2	101.2	99.6	100.5	100.6
保健器具及用品	Health Care Appliances and Articles	101.3	101.4	100.6	101.6	101.5	100.7	99.4	100.2	100.0
书报杂志及电子出版物	**Books,Newspapers,Magazines and Electronic Publications**	**100.3**	**100.3**	**101.1**	**100.3**	**100.4**	**101.2**	**100.1**	**100.0**	**100.0**
教材及参考书	Teaching Materials and Reference Books	100.1	100.5	102.0	100.0	100.5	102.2	100.2	100.0	99.9
书报杂志	Books, Newspapers and Magazines	100.9	100.5	100.6	101.0	100.6	100.6	100.1	100.0	100.9
电子音像制品	Electronic Audio-visual Products	99.7	99.7	99.8	99.7	99.6	99.9	99.9	99.9	99.2
燃料类	**Fuels**	**103.6**	**101.6**	**99.8**	**103.5**	**101.7**	**99.8**	**104.5**	**101.0**	**99.9**
煤炭及制品类	Coal and Related Products	102.5	100.7	98.9	102.6	101.0	99.3	101.7	98.8	97.0
石油及制品类	Petroleum and Related Products	103.9	101.8	100.0	103.7	101.8	99.9	105.6	101.7	101.0
建筑材料及五金电料类	**Building Materials and Hardware**	**102.4**	**100.9**	**101.1**	**102.5**	**101.1**	**101.3**	**102.0**	**99.9**	**100.3**
建筑装潢材料	Building Decoration Materials	102.7	101.0	100.7	102.8	101.3	100.8	102.3	99.2	100.1
五金电料类	Hardware	101.5	100.7	102.4	101.5	100.5	102.8	101.4	101.6	100.8

9-3 全省居民生活消费价格指数

Consumer price index of residents living in the province

（上年=100） （preceding year=100）

类别	Item	全省 Total			城市 Urban Indices			农村 Rural Indices		
		2012	2013	2014	2012	2013	2014	2012	2013	2014
居民消费价格总指数	**General Consumer Price Index**	**102.5**	**102.9**	**102.0**	**102.5**	**102.9**	**102.1**	**102.4**	**102.9**	**101.5**
服务项目价格指数	**Services Pirce Index**	**101.9**	**102.3**	**101.9**	**101.7**	**102.3**	**102.0**	**102.6**	**102.2**	**101.5**
一、食品	Food	104.9	105.7	103.0	105.1	105.4	103.0	104.2	106.8	102.8
粮食	Grain	104.2	105.9	104.0	104.8	105.7	104.1	103.2	106.2	103.8
肉禽及其制品	Meat, Poultry and Processed Products	103.7	107.9	100.6	105.1	107.4	100.5	99.6	109.1	101.0
水产品	Aquatic Products	108.5	101.9	105.9	108.5	102.2	105.6	108.5	101.1	107.0
鲜　菜	Fresh Vegetables	113.2	111.9	93.7	112.8	111.4	93.4	114.7	113.5	94.4
鲜 瓜 果	Fresh Fruits	105.4	106.1	113.4	105.6	104.7	113.8	104.5	111.8	112.2
其他食品	Other Food Products	100.1	100.7	101.7	100.1	100.8	102.0	100.3	100.4	100.5
二、烟酒	Tobacco and Liquor	102.1	100.7	100.1	101.8	100.6	99.9	102.5	100.9	100.3
三、衣着	Clothing	101.2	102.1	103.1	101.1	102.3	103.2	101.3	101.2	103.0
四、家庭设备用品及维修服务	Household Facilities and Repair Servile	100.7	100.6	100.8	101.1	100.7	100.9	99.8	100.3	100.4
耐用消费品	Durable Consumer Goods	99.4	100.1	100.0	99.4	99.9	100.0	99.4	100.4	100.0
家　具	Furniture	101.2	100.9	100.1	101.6	100.9	100.4	100.6	100.8	99.7
家庭设备	Household Facilities	98.5	99.7	99.9	98.5	99.6	99.8	98.6	100.1	100.1
室内装饰品	Interior Decorations	100.0	99.8	99.8	99.9	99.4	99.4	100.3	101.9	101.4
床上用品	Bed Articles	101.9	101.0	100.8	102.9	101.2	101.1	99.2	100.6	100.0
家庭日用杂品	Daily Use Household Articles	101.2	100.5	100.5	101.5	100.6	100.4	100.4	100.1	100.9
五、医疗保健和个人用品	Health Care and Personal Articles	102.2	101.3	100.6	102.2	101.3	100.7	102.1	101.4	100.2
医疗保健服务	Health Care Services	100.0	100.1	100.3	99.9	100.1	100.2	100.1	100.0	100.5
个人用品及服务	Personal Articles and Personal Service	103.5	101.7	100.5	103.8	102.0	100.7	102.7	100.7	99.8
六、交通和通信	Transportation and Communication	100.2	99.5	100.2	100.0	99.3	100.3	100.9	100.0	99.9
交通	Transportation	101.6	99.9	100.3	101.3	99.7	100.3	102.6	100.7	100.5
车辆修理服务费	Motor Vehide Repairing Services	107.5	106.0	100.3	108.1	106.5	100.3	104.2	103.1	100.0
通信服务	Communication Services	100.1	100.0	100.1	100.1	99.9	100.1	100.0	100.0	100.1
七、娱乐教育文化用品及服务	Entertainment,Cultucal goods and Services	101.0	102.3	101.8	100.9	102.8	102.3	101.3	100.8	100.0
学前教育	Preprimary Education	109.9	113.5	108.3	106.1	114.6	110.6	122.5	110.4	101.6
文娱费	Expending on Culture and Recreation	100.5	100.9	100.6	100.7	101.1	100.4	99.7	100.1	101.0
八、居住	Household	101.8	102.4	102.0	101.7	102.7	102.2	102.2	101.5	101.6
建房及装修材料	Building and Decoration Materials	102.7	100.2	101.0	102.6	100.7	101.4	102.8	99.5	100.3
住房租金	Housing Rental Fees	104.5	103.1	102.6	104.8	103.3	102.6	101.5	101.7	102.7
自有住房	Private Housing	101.0	102.4	102.6	100.6	102.0	102.1	102.4	103.9	104.8
水、电、燃料	Water, Electricity and Fuels	101.9	103.5	101.7	102.0	104.4	102.5	101.6	100.8	99.4

9－4 固定资产投资价格指数（上年=100）
Price Indices of Investment in Fixed Assets (preceding year=100)

年 份 Year	总指数 General Index	建筑安装工程 Construction and Installation	设备、工器具购置 Purchase of Equipments and Instruments	其他费用 Other Expenses
1992	116.4	119.4	110.1	110.1
1993	128.8	141.7	116.2	116.2
1994	107.3	108.0	109.3	109.3
1995	109.6	106.8	112.1	112.1
1996	102.9	105.7	98.4	98.4
1997	104.4	106.4	101.1	101.1
1998	100.8	101.2	100.1	100.1
1999	102.2	106.1	100.1	100.1
2000	102.0	103.2	99.4	99.4
2001	101.1	102.6	98.5	98.5
2002	101.2	101.9	98.6	98.6
2003	101.1	102.3	98.1	98.1
2004	104.1	105.6	101.1	101.1
2005	102.0	102.5	100.1	100.1
2006	102.2	103.0	100.5	100.5
2007	103.9	105.2	99.9	99.9
2008	107.3	110.7	100.4	100.4
2009	99.4	99.4	98.1	101.7
2010	102.4	103.4	99.9	104.8
2011	105.6	105.6	100.9	104.2
2012	100.4	100.4	99.0	102.4
2013	100.0	100.0	99.1	100.6
2014	100.2	100.4	99.7	100.6

9－5 主要原材料、燃料、动力购进价格指数
Main Purchasing Price Indices of Raw Materials、Fuels and Power

（上年=100） (preceding year=100)

类 别	Item	2012	2013	2014
全部原材料	**General Price Indices**	**99.3**	**99.4**	**99.2**
燃料、动力类	Fuel and Power	98.5	98.3	98.5
黑色金属材料类	Ferrous Metals	94.9	97.6	97.7
# 钢材	Steel	95.9	97.8	98.2
其它	Others	89.4	96.4	94.7
有色金属材料和电线类	Nonferrous Metals and Wire	98.6	97.2	97.9
化工原料类	Raw Chemical Materials	99.4	99.9	99.1
木材及纸浆类	Timber and Paper Pulp	102.6	100.8	100.5
建筑材料及非金属矿类	Buiding Materials and Nonmetal Minerals	104.2	99.8	99.7
其它工业原料及半成品类	Other Industrial Materials and Semi-finished Products	99.4	99.9	99.6
农副产品类	Agricultural Products	100.3	99.9	99.8
纺织原料类	Textile Materials	100.7	100.3	100.3

9－6 工业生产者出厂价格指数
Ex-Factory Price Indices of Industrial Products

（上年=100） （preceding year=100）

类　　别	Item	2012	2013	2014
全部工业品	**Total Industry Products**	**99.1**	**98.7**	**99.1**
轻工业	Light Industry	100.6	99.3	100.2
以农产品为原料	Using Farm Products as Raw Materials	101.0	99.4	100.4
以非农产品为原料	Using Non-farm Products as Raw Matericals	97.4	99.0	98.4
重工业	Heavy Industry	98.6	98.6	98.8
采掘	Mining and Quarrying	97.8	96.4	99.0
原料	Raw Materials	97.9	98.5	98.1
加工	Processing	99.0	98.9	99.0
生产资料	Means of Production	98.1	98.0	98.4
采掘	Mining and Quarrying	97.8	96.4	99
原料	Raw Materials	97.2	98.1	98.2
加工	Processing	98.7	98.3	98.3
生活资料	Consumer Goods	100.4	99.8	100.1
食品	Food	101.6	99.6	100.5
衣着	Clothing	100.3	100.5	101.4
一般日用品	Articles for Daily Use	100.2	100.8	98.3
耐用消费品	Durable Consumer Goods	99.4	99.8	100.0
按工业部门分	Grouped by Sector			
冶金工业	Meatllurgical Industry	91.12	93.3	93.3
电力工业	Power Industry	103.2	100.0	99.8
煤炭及炼焦工业	Coal and Coke Industry	99.7	96.5	95.8
石油工业	Petroleum Industry	99.2	97.2	100.1
化学工业	Chemical Industry	96.5	98.7	98.2
机械工业	Machine Manufacturing Industry	99.1	99.6	99.9
建筑材料工业	Building Materials Industry	105.0	99.1	99.6
森林工业	Timber Industry	101.9	100.0	101.0
食品工业	Food Industry	101.6	99.6	100.4
纺织工业	Textile Industry	94.4	99.0	98.9
缝纫工业	Tailoring Industry	100.2	100.6	101.3
皮革工业	Leather Industry	101.5	103.0	102.1
造纸工业	Paper Industry	102.6	99.5	99.6
文教艺术用品工业	Cultural, Educational and Handicraft Articles	100.7	99.9	100.0
其它工业	Others	97.8	99.4	99.6

9－6 续表 continued

（上年=100） (preceding year=100)

类　　别	Item	2012	2013	2014
按工业行业分	Grouped by Sector			
煤炭开采和洗选业	Mining and Washing of Coal	100.0	96.6	96.6
石油和天然气开采业	Extraction of Petroleum and Natural Gas	98.4	97.2	101.7
黑色金属矿采选业	Mining and Processing of Ferrous Metal Ores	88.6	92.0	94.0
有色金属矿采选业	Mining and Processing of Non-ferrous Metal Ores	96.7	92.1	95.0
非金属矿采选业	Mining and Processing of Nonmetal Ores	99.5	99.3	100.0
农副食品加工业	Processing of Food from Agriculture Products	101.3	99.4	100.3
食品制造业	Manufacture of Foods	103.3	101.5	97.8
饮料制造业	Manufacture of Bevrages	100.7	98.0	100.9
烟草制造业	Manufacture of Tobacco	101.2	97.8	99.5
纺织业	Manufacture of Textile	95.7	99.2	100.0
纺织服装、鞋、帽制造业	Manufacture of Textile Wearing Apparel, Footware and Caps	100.7	100.9	100.8
皮革、毛皮、羽毛（绒）及其制品业	Manufacture of Leather Furs,Feather and Ralated Products	100.9	102.9	101.0
木材加工及木、竹、藤、棕、草制品业	Processing of Timber,Manfacture of Wood,Bamboo,Rattan,Palm and Straw Products	101.8	99.9	101.0
家具制造业	Manufacture of Furniture	102.9	101.0	100.4
造纸及纸制品业	Manufacture of Paper and Paper Produts	102.6	99.5	99.6
印刷业和记录媒介的复制	Printing,Reproduction of Recording Media	100.1	101.6	101.3
文教体育用品制造业	Manufacture of Articles for Culture,Education and Sport Activities	102.8	100.4	100.1
石油加工、炼焦及核燃料加工业	Processing of Petroleum,Coking,Processing of Nuclear Fuel	100.3	96.1	94.4
化学原料及化学制品制造业	Manufacture of Raw Chemical Materials and Chemical Products	94.7	97.9	97.2
医药制造业	Manufacture of Medicines	101.1	101.3	100.0
化学纤维制造业	Manufacture of Chemical Fiber	79.1	93.6	100.3
橡胶制品业	Manufacture of Rubber	102.9	99.3	99.7
塑料制品业	Manufacture of Plastic	99.7	100.0	99.9
非金属矿物制品业	Manufacture of Non-metallic Mineral Products	104.5	99.1	99.5
黑色金属冶炼及压延加工业	Smelting and Pressing of Ferrous Metals	86.3	90.3	89.8
有色金属冶炼及压延加工业	Smelting and Pressing of Non-ferrous Metals	98.9	98.3	96.9
金属制品业	Manufacture of Metal Products	100.3	99.3	99.6
通用设备制造业	Manufacture of General Purpose Machinery	100.4	99.6	99.5
专用设备制造业	Manufacture of Special Purpose Machinery	100.4	100.2	99.9
交通运输设备制造业	Manufacture of Transport Equipment	99.0	99.5	99.9
电气机械及器材制造业	Manufacture of Electrical Machinery and Equipment	99.1	98.8	100.4
通信、计算机及其他电子设备制造业	Manufacture of Communitcation Equipment,Computers and Other Electronic Equipment	99.5	100.2	99.3
仪器仪表及文化、办公用机械制造业	Manufacture of Instrumentation and Culture and Office Machinery	97.8	98.5	100.6
工艺品及其他制造业	Manufacture of Artwork and Other Manufacturing	102.2	99.8	100.3
电力、热力的生产和供应业	Production and Supply of Power and Heat	103.2	100.0	99.8
燃气生产和供应业	Production and Supply of Gas	100.7	105.6	103.6
水的生产和供应业	Production and Supply of Water	100.4	100.1	100.6

9－7 工业生产者购进价格指数
Industrial Producer Price Index

（上年=100） （preceding year=100）

年 份 Year	总指数 General Index	燃料、动力类 Fael、Power	黑色金属材料类 Black Metal Material	有色金属材料及电线类 Non ferrous Metals and wires	化 工 原料类 Chemical Row Material	木材及纸浆类 Wood and up	建筑材料及非金属类 Bailding Materials and Non metals	农 副 产品类 Agricaltural Products	纺 织 原料类 Spin
2003	104.8	105.9	105.2	103.0	102.9	101.8	97.4	106.1	106.4
2004	110.5	107.5	120.3	112.6	111.2	105.7	101.4	111.0	108.7
2005	107.0	115.1	108.8	108.1	106.1	107.1	101.2	101.4	99.5
2006	103.8	108.9	98.8	118.5	101.8	102.3	101.3	101.1	100.9
2007	105.2	103.9	103.7	111.6	109.1	103.1	102.8	108.0	101.5
2008	111.3	112.4	116.2	100.2	109.1	103.1	106.6	113.4	104.5
2009	95.3	95.5	91.3	88.6	90.8	93.0	102.2	97.2	100.1
2010	108.6	113.5	105.0	113.9	114.1	105.6	103.9	106.4	105.2
2011	106.1	111.4	105.7	103.5	106.8	108.0	102.4	109.3	106.5
2012	99.3	98.5	94.9	98.6	99.4	102.6	104.2	100.3	100.7
2013	99.4	98.3	97.6	97.2	99.9	100.8	99.8	99.9	100.3
2014	99.2	98.5	97.7	97.9	99.1	100.5	99.7	99.8	100.3

9－8 农业生产资料价格分类指数
Agricultural Production Data Price Classification Index

（上年=100） （preceding year=100）

年 份 Year	总指数 General Index	农用手工工具 Farm hand tools	饲 料 Feeding	产品畜 Livestock	半机械化农具 Semi mechanized farm	机械化农具 Mechanized farm	化学肥料 Chemical Fertilized	农药及农药械 Pesticide	农用机油 Agricultural Oil	其他农业生产资料 Other Agricultural Production Data	农业生产服务 Agricaltural Production Service
2003	101.0	101.0	100.8	99.2	94.7	93.3	104.1	98.0	111.3	89.5	
2004	106.3	102.8	102.1	115.2	97.1	98.7	107.0	100.6	102.1	109.8	
2005	109.2	98.8	107.2	104.9	107.8	104.2	115.4	103.5	105.4	104.9	
2006	97.2	106.1	94.8	84.0	105.7	100.3	95.7	97.1	110.7	106.3	100.0
2007	106.0	99.1	115.6	142.0	112.6	100.4	102.8	102.2	106.0	101.5	115.0
2008	127.3	101.2	111.0	154.0	105.2	107.3	145.8	106.4	111.9	115.9	103.4
2009	96.4	106.7	101.5	86.9	104.9	104.0	87.7	95.6	98.5	110.2	113.4
2010	99.1	100.9	103.9	97.9	99.8	99.8	92.8	98.4	110.4	101.8	112.8
2011	111.4	109.3	108.8	124.8	100.6	103.9	115.3	99.7	113.0	107.6	107.1
2012	106.8	104.7	107.8	106.9	99.8	102.4	107.6	107.9	103.3	101.7	117.0
2013	100.8	101.9	105.7	102.5	100.7	100.7	96.3	104.7	101.9	101.3	105.8
2014	95.1	100.0	102.8	93.0	100.1	100.3	87.3	100.8	96.8	96.4	103.0

9－9 农产品生产者价格指数
Agricultural Product Producer Price Index

（上年=100） （preceding year=100）

指 标	Item	2012	2013	2014
农产品生产价格指数	Agricultural Product Production Price Index	105.1	100.4	102.9
种植业产品	Planting Products	107.6	98.9	104.7
谷物	Grain	108.8	97.5	105.1
#稻谷	Rice	101.4	102.5	102.7
玉米	Corn	110.9	95.4	105.9
大豆	Soybean	111.1	107.5	99.2
油料	Oil	105.5	99.2	105.6
蔬菜	Vegetables	119.1	110.1	86.9
水果	Fruits	119.4	102.8	93.6
林业产品	Agricultural Products	107.8	92.3	104.9
畜牧业产品	Animal Hasbandrg Products	97.4	105.0	97.4
猪(毛重)	Pig	89.2	99.4	89.5
牛(毛重)	Cattle	118.8	119.9	109.5
羊(毛重)	Sheep	118.6	109.3	94.0
家禽(毛重)	Poultry	95.0	103.7	101.4
蛋类	Egg	94.2	104.7	108.4
奶类	Milk	100.0	113.6	112.9
渔业产品	Fishery Products	110.5	103.5	96.4
淡水养殖产品	Freshwater Aguaculture Products	110.5	103.5	96.4

CHAPTER ▶ 10

第十篇

人民生活

PEOPLE'S LIVELIHOOD

10－1 人民生活基本情况（一）

Basic situation of people´s life（一）

单位：元 unit: yuan

年 份 Year	城镇居民家庭平均每人全年 Unbarn Households Per Capita Annual				农村居民家庭平均每人全年 Rural Households Per Capita Annual				城镇居民家庭恩格尔系数(%) Engle´s Coefficient of Urban Households (%)	农村居民家庭恩格尔系数(%) Engle´s Coefficient of Rural Households (%)
	可支配收入 Disposable Income		消费支出 Living Expenditure	#食品 Food	可支配收入 Disposable Income		生活性消费支出 Living Expenditure	#食品 Food		
	绝对数 Absolute Figures	指数 Index (1978=100)			绝对数 Absolute Figures	指数 Index (1978=100)				
1978	290.20				181.65	100.0			59.3	
1979					222.50	122.5	193.83	130.90		67.5
1980	369.50				237.20	130.5	216.25	140.07	59.2	65.3
1981	401.00				293.34	161.5	246.08	152.40		61.9
1982	431.00				333.09	183.4	253.44	159.37		62.9
1983	451.31	155.5	392.40	224.71	462.50	254.6	274.98	174.23		63.4
1984	499.15	172.0	424.99	244.21	486.80	268.0	320.81	203.09		63.3
1985	607.50	209.3	554.15	303.19	413.74	227.7	364.47	199.48	54.7	56.5
1986	755.46	206.3	661.92	355.44	456.70	251.4	388.77	214.66		55.2
1987	851.64	293.5	715.20	390.00	523.09	288.0	441.60	239.54		54.2
1988	987.12	340.2	901.08	455.16	627.54	345.5	516.36	275.63		53.4
1989	1109.34	382.3	967.44	511.20	623.96	343.5	562.78	313.59		55.7
1990	1230.10	423.9	1053.96	552.60	717.30	394.8	585.71	332.27	52.4	56.7
1991	1395.36	480.8	1193.88	638.16	.748.33	411.8	648.41	366.51	53.4	56.5
1992	1636.92	564.1	1374.72	690.72	807.41	444.4	643.13	381.53	50.2	59.3
1993	1953.12	673.0	1596.00	780.24	891.61	490.8	670.02	406.24	48.9	60.6
1994	2561.04	882.5	2096.40	1034.52	1271.63	699.8	853.73	532.47	49.3	62.4
1995	3174.84	1094.0	2598.00	1330.44	1609.61	885.8	1494.62	841.85	51.2	56.3
1996	3805.61	1311.4	3037.32	1438.92	2125.56	1169.8	1513.19	803.38	47.4	53.1
1997	4190.61	1444.0	3408.00	1600.68	2186.29	1203.2	1623.83	895.12	47.0	57.0
1998	4206.64	1449.6	3449.76	1585.44	2383.60	1311.8	1471.46	799.69	46.0	54.0
1999	4480.00	1543.8	3661.68	1561.92	2260.60	1244.1	1347.91	719.27	42.7	53.0
2000	4810.00	1657.7	4020.84	1582.68	2022.50	1113.1	1553.35	705.39	39.4	45.0
2001	5340.50	1840.3	4337.28	1650.96	2182.20	1201.0	1661.69	757.90	38.1	45.0
2002	6260.20	2157.2	4973.88	1809.48	2360.80	1299.3	1685.74	743.07	36.4	44.1
2003	7005.12	2413.9	5492.04	1957.92	2530.40	1392.6	1815.57	799.16	35.7	44.0
2004	7840.60	2701.8	6068.99	2180.09	3000.40	1652.1	1971.21	899.00	35.9	45.6
2005	8690.62	2995.1	6794.71	2356.00	3263.99	1796.9	2305.98	1003.22	34.7	43.5
2006	9775.07	3368.4	7352.64	2457.21	3641.13	2004.5	2700.66	1082.28	33.4	40.1
2007	11285.52	3888.9	8560.30	2842.68	4189.90	2306.0	3064.38	1240.50	33.2	40.0
2008	12829.45	4420.9	9729.05	3307.14	4932.74	2715.5	3443.24	1362.44	34.0	39.6
2009	14006.27	4826.4	10914.44	3637.32	5265.91	2898.9	3902.90	1371.12	33.3	35.1
2010	15411.47	5310.6	11679.04	3767.85	6237.44	3433.9	4147.36	1523.32	32.3	36.7
2011	17796.57	6132.5	13010.63	4252.85	7509.95	4134.3	5305.80	1872.10	32.7	35.3
2012	20208.04	6963.5	14613.53	4635.27	8598.17	4733.4	6186.17	2268.76	31.7	36.7
2013	22274.60	7675.6	15932.31	4658.13	9621.21	5296.6	7379.71	2438.49	29.2	33.0
2014	23217.82	8000.6	17156.14	4478.53	10780.12	5934.6	8139.82	2411.25	26.1	29.6

注：2014年城乡消费支出中食品包含烟酒。
从2013年起，农村居民人均纯收入改为农村居民人均可支配收入（以下同）。

notes：The food in 2014 urban and rural consumer spending contains alcohol and tobacco.
Since 2013,the Per Capita net Income of Rural Residents has Changed to the Per Capita Disposable(The following).

10－2 人民生活基本情况（二）

Basic situation of people´s life（二）

年 份 Year	人均居住面积（平方米） Per Capita Living Space (sq.m)		职工平均工资 Average Wages of Staff and Workers		个人储蓄存款（含外币）(亿元) Personal Savings Deposits（Including foreign currency） (100 million yuan)	人均储蓄余额(元) Per Capita Savings Deposit(yuan)
	城镇 Urban	农村 Rural	绝对数(元) Value (yuan)	指数 Index(1978=100)		
1978		7.80	651	100.0	5.86	27
1979		9.17	700	107.5	7.62	35
1980		9.00	763	117.2	10.64	48
1981		9.89	770	118.3	14.56	65
1982		10.05	799	122.7	18.91	84
1983		9.93	823	126.4	25.28	111
1984		12.42	927	142.4	34.23	150
1985	4.60	11.42	1081	166.1	43.96	191
1986	4.90	11.99	1221	187.6	58.36	252
1987	5.20	12.87	1366	209.8	83.20	356
1988	5.30	13.04	1630	250.4	109.49	464
1989	5.50	13.12	1755	269.6	141.26	590
1990	5.60	13.42	1888	290.0	196.59	806
1991	5.70	13.87	2045	314.1	253.28	1030
1992	5.95	14.19	2308	354.5	315.42	1275
1993	6.20	15.96	2701	414.9	389.44	1560
1994	6.50	16.06	3666	563.1	535.55	2129
1995	6.90	16.07	4430	680.5	726.28	2847
1996	7.21	16.51	5370	824.9	955.48	3705
1997	7.70	18.64	5664	870.0	1071.33	4077
1998	8.10	17.52	6551	1006.3	1211.83	4584
1999	8.71	18.47	7158	1099.5	1328.90	5000
2000	9.14	17.72	7924	1217.2	1515.80	5652
2001	13.41	17.10	8771	1347.3	1797.00	6652
2002	15.88	17.57	9990	1534.6	2019.40	7481
2003	16.27	19.75	11081	1702.2	2161.40	8007
2004	18.55	19.78	12431	1909.5	2405.60	8882
2005	19.47	20.10	14409	2213.4	2798.06	10302
2006	19.88	20.68	16583	2547.3	3107.50	11427
2007	21.13	21.21	20513	3151.0	3186.80	11689
2008	27.22	21.94	23486	3607.7	3923.10	14359
2009	28.06	22.79	26230	4029.2	4614.40	16860
2010	29.03	22.88	29399	4516.0	5147.26	18767
2011	29.31	24.40	34197	5253.0	5835.32	21234
2012	29.09	24.71	38407	5899.7	6875.10	25460
2013	28.27	23.47	42846	6581.6	7803.80	28369
2014	28.15	26.20	46516	7145.3	8618.85	31321

注：①2011年以前为城市人均居住面积，2012年以后为城镇人均居住面积。
②从2012年职工平均工资为从业人员平均工资。
③个人储蓄存款，从2013年起含外币。

notes：①Before 2011, per capita living area is urban per capita living area.
②From 2012,the average wage of workers is the average wages of employees.
③Personal savings deposits, from 2013 onwards with foreign currency.

10－3 居民消费水平及增长速度

Indices of Residents Consumption Level

年 份 Year	居民消费水平（元） Level of Households Consumption (yuan)	农村居民 Rural Households	城镇居民 Urban Households	居民消费增长速度（上年=100） Indices of Consumption (preceding Year=100)	农村居民 Rural Households	城镇居民 Urban Households
1978	246	165	427	6.3	8.5	4.0
1979	283	203	449	7.7	11.8	1.4
1980	305	214	491	7.5	5.3	9.0
1981	335	245	513	6.3	7.2	3.9
1982	369	267	564	8.9	10.1	6.5
1983	424	331	599	9.3	19.5	–0.7
1984	487	376	691	12.3	13.1	10.7
1985	522	384	765	2.3	–2.3	5.8
1986	593	420	884	4.9	1.4	7.0
1987	689	476	1038	8.3	9.1	6.7
1988	860	573	1316	3.7	1.6	4.8
1989	933	628	1405	–7.2	–9.0	–6.4
1990	955	649	1427	–1.0	–3.1	0.4
1991	1037	678	1585	2.8	–1.5	5.5
1992	1233	749	1958	6.0	3.0	7.4
1993	1458	850	2341	5.8	3.8	5.8
1994	1872	1062	2995	11.7	8.2	11.7
1995	2292	1291	3665	8.0	6.9	8.0
1996	2643	1488	4180	8.1	9.0	6.4
1997	2940	1609	4665	9.0	4.5	10.1
1998	2949	1582	4707	4.8	0.6	6.3
1999	2974	1519	4853	6.2	–1.2	9.5
2000	3178	1707	5034	5.6	–0.8	7.0
2001	3409	1810	5422	7.7	6.6	8.1
2002	3627	1820	5835	7.0	3.9	7.1
2003	4123	1949	6198	16.2	7.0	9.4
2004	4601	2139	6869	9.6	7.9	9.0
2005	5191	2504	7630	10.0	13.3	8.5
2006	5710	2969	8166	8.5	16.2	5.8
2007	6675	3369	9598	10.9	7.0	11.7
2008	7591	3854	10878	13.7	14.4	13.3
2009	8410	4239	12061	10.8	10.0	10.9
2010	9141	4663	13032	7.7	6.0	8.1
2011	10811	6239	14804	17.0	28.9	13.1
2012	12276	6977	16873	13.6	11.8	14.0
2013	13676	7773	18714	11.4	11.4	10.9
2014	13663	7810	18549	–0.1	0.5	–0.9

10－4 城镇居民家庭基本情况
The Basic Situation of Urban Households

指　　标	Item	2012	2013	2014
调查户数（户）	Number of Households Surveyed (Household)	1450	2048	2660
平均每户家庭人口数（人）	The Average Family Population (person)	2.72	2.62	2.67
平均每户就业人口数（人）	The Average Employment Population (person)	1.45	1.39	1.51
平均每户就业面%	Average Employment per Household (%)	53.30	53.05	56.55
平均每一就业者负担人数（含就业者本人）（人）	The Average Number of Employees per Job (including the employed person) (person)	1.88	1.88	1.77
平均每人可支配收入（元）	Average Disposable Income Per person (yuan)	20208.04	22274.60	23217.82
平均每人消费支出（元）	Per Capita Consumption Expenditure (yuan)	14613.53	15932.31	17156.14

10－5 城镇居民家庭人均现金收支（2014年）
Per Capita Cash Income and Expenditure of Urban Families（2014）

单位：元　　　　unit: yuan

指　　标	Item	2014
一、可支配收入	Disposable Income	23217.82
（一）工资性收入	Wage Income	13658.22
（二）经营净收入	Net Operating Income	2628.49
（三）财产净收入	Net Income of Property	1238.05
（四）转移净收入	Transfer Net Income	5693.06
二、非收入所得	Non Income	836.96
三、借贷性所得	Borrowing Income	877.01
四、总支出	Total Expenditure	23308.75
（一）消费支出	Consumption Expenditure	17156.14
（二）生产经营费用支出	Production and Operating Expenses	1458.06
（三）财产性支出	Property Expenses	25.40
（四）转移性支出	Transfer Expenditure	950.89
（五）部分商业保险支出	Part of the Commercial Insurance Expenditure	100.68
（六）购置资产及非经常性转移支出	Acquisition of Assets and Non Recurrent Transfer Expenses	3006.38
（七）借贷性支出	Borrowing Expenses	611.20

10－6 城镇居民家庭人均消费总支出和借贷支出（2014年）

单位：元

指　　标	Item	总平均 Average
总支出	Total Expenditure	**23308.75**
一、消费支出	Consumption Expenditure	17156.14
二、生产经营费用支出	Production and Operating Expenses	1458.06
（一）第一产业经营费用支出	First Industry Operating Expenses	392.57
（二）第二产业经营费用支出	Second Industry Operating Expenses	61.72
（三）第三产业经营费用支出	Third Industry Operating Expenses	1003.77
三、财产性支出	Property Expenses	25.40
（一）生活贷款利息支出	Interest Expense of Living Loan	23.95
（二）其他财产性支出	Other Property Expenses	1.45
四、转移性支出	Transfer Expenditure	950.89
（一）个人所得税	Individual Income Tax	38.90
（二）社会保障支出	Social Security Expenditure	683.70
1.个人缴纳的养老保险	Personal Payment of Pension Insurance	473.60
2.个人缴纳的医疗保险	Personal Payment of Medical Insurance	167.87
3.个人缴纳的失业保险	Unemployment Insurance for Individuals	34.27
4.其他社会保障支出	Other Social Security Expenses	7.97
1.城镇外来从业人员寄给家人的支出	Urban Migrant Workers Sent to the Family Expenses	
2.农村外来从业人员寄给家人的支出	Rural Migrant Workers Sent to the FamilyExpenses	
（三）外来从业人员寄给家人的支出	Employees Sent to the Family Expenses	
（四）赡养支出	Maintenance Expenses	156.68
（五）其他转移性支出	Other Transfer Expenditure	71.61
五、部分商业保险支出	Part of the Commercial Insurance Expenses	100.68
（一）意外伤害保险	Accident Insurance	8.74
（二）商业医疗保险（含大病保险）	Commercial Health Insurance(Including Serious illness Insurance)	46.21
（三）其他非储蓄性商业保险	Other Non Savings Commercial Insurance	8.96
（四）其他储蓄性商业保险	Other Savings Commercial Insurance	36.77
六、购置资产及非经常性转移支出	Purchase of Assets and Transfer of Non-recurring Expenses	3006.38
（一）购置资产支出	Asset Acquisition Expenses	810.56
（二）非经常性转移支出	Non-recurrent Expenditure Transfers	2195.82
七、借贷性支出	Loan Expenditures	611.20
（一）存入储蓄款	Saving Deposit	165.98
（二）借出款	Loan	28.86
（三）归还借款	Return Loan	75.62
（四）购买有价证券	Purchase of Securities	3.84
（五）其他投资支出	Other Investment Spending	0.57
（六）归还住房贷款	Return of Housing Loan	295.38
（七）归还汽车贷款	Return of Auto Loan	16.78
（八）归还教育贷款	Return of Education Loan	0.49
（九）归还其他贷款	Return other Loan	20.85
（十）其他借贷支出	Other Borrowing Cost	2.84

注：2014年新口径指标含义和归类与前几年有变动和调整。（以下同）
note： meaning of indicators and classification of 2014 are changed and adjusted with the previous years.

Urban residents per capita consumption expenditure and borrowing costs (2014)

unit: yuan

低收入户 Low Income Households	中低收入户 Low and Middle Income Households	中等收入户 Middle Income Households	中高收入户 Middle and High Income Households	高收入户 High Income Households
13475.25	**18359.09**	**20900.22**	**24561.46**	**43933.69**
9243.40	13367.63	16422.66	19468.99	30681.03
1958.62	1111.09	756.84	837.50	2733.72
624.37	280.70	163.88	95.19	819.47
0.60	20.75	101.49	21.58	189.97
1333.65	809.64	491.46	720.73	1724.28
3.61	19.03	14.71	40.83	58.00
3.07	16.16	13.82	40.65	55.10
0.54	2.87	0.89	0.18	2.90
586.56	739.98	849.07	991.20	1771.10
0.31	3.39	2.85	15.07	202.45
388.31	545.23	647.42	734.10	1234.10
304.05	407.98	477.23	477.07	770.70
69.59	115.18	145.26	216.70	337.15
3.87	17.30	19.99	35.83	110.67
10.80	4.77	4.94	4.49	15.58
117.14	125.47	155.38	199.52	203.17
80.79	65.88	43.41	42.51	131.38
53.69	91.62	65.73	118.09	196.18
3.52	15.50	8.09	1.53	15.63
32.30	42.63	30.54	46.73	86.87
3.11	8.08	3.12	24.98	7.34
14.75	25.40	23.98	44.85	86.34
1397.07	2737.00	2211.72	2546.81	6889.46
161.51	1136.67	268.35	26.84	2735.68
1235.57	1600.32	1943.37	2519.97	4153.79
232.31	292.74	579.49	558.04	1604.20
24.21	46.95	99.17	71.88	682.15
23.49	45.33	61.39		7.97
97.46	74.09	51.86	50.80	103.63
0.07			0.14	22.13
		0.06	0.22	2.98
59.66	86.30	300.31	418.59	729.34
17.76	13.76	15.40		39.03
	1.37		1.06	
9.66	24.95	51.30	14.69	1.13
			0.66	15.85

10－7　城镇居民家庭人均消费支出（2014年）

单位：元

指　　标	Item	总平均 Average
消费支出	Consumer Spending	**17156.14**
一、食品烟酒	Food、Alcohol and Tobacco	**4478.53**
（一）食品	Food	3225.41
1.谷物	Corn	510.65
2.薯类	Potato	49.18
3.豆类	Beans	65.90
4.食用油	Edible Oil	145.31
5.蔬菜和食用菌	Vegetables and Edible Fungi	433.96
6.肉类	Meat	656.90
7.禽类	Poultry	94.85
8.水产品	Aquatic Product	195.51
9.蛋类	Eggs	102.28
10.奶类	Milk	164.08
11.干鲜瓜果类	Dry and Fresh Fruits	495.18
12.糖果糕点类	Confectionery	101.27
13.其他食品	Other Foods	210.36
（二）烟酒	Tobacco and Wine	318.53
（三）饮料	Beverage	81.12
（四）饮食服务	Catering Services Industry	853.47
二、衣着	Clothing	**1800.62**
三、居住	Reside	**3330.81**
（一）租赁房房租	Rental Housing Rent	131.20
（二）住房维修及管理	Housing Maintenance and Management	463.13
（三）水电燃料及其他	Water and Electricity of Fuel and Others	1119.70
（四）自有住房折算租金	Converted Rent of its Own	1616.78
四、生活用品及服务	Supplies and Services	**971.60**
（一）家具及室内装饰品	Furniture and Interior Decorations	138.57
（二）家用器具	Home Appliances	206.40
（三）家用纺织品	Home Textile	97.26
（四）家庭日用杂品	The Family Daily Sundry Goods	265.54
（五）个人用品	Personal Belongings	226.67
（六）家庭服务	Domestic Service	37.17
五、交通通信	Transportation Communication	**2232.25**
（一）交通	Transportation	1521.78
（二）通信	Communication	710.47
六、教育文化娱乐	Educational Entertainment	**1980.76**
（一）教育	Education	1122.26
（二）文化娱乐	Entertainment	858.50
七医疗保健	Medical Care	**1838.38**
（一）医疗器具及药品	Medical Equipment and Drugs	778.34
（二）医疗服务	Medical Service	1060.04
八、其他用品和服务	Other Goods and Services	**523.19**
（一）其他用品	Other Goods	293.36
（二）其他服务	Other Services	229.83

Per capita consumption expenditure of urban Households (2014)

unit: yuan

低收入户 Low Income Households	中低收入户 Low and Middle Income Households	中等收入户 Middle Income Households	中高收入户 Middle and High Income Households	高收入户 High Income Households
9243.40	**13367.63**	**16422.66**	**19468.99**	**30681.03**
2696.04	**3596.28**	**4570.38**	**5402.89**	**6823.60**
2144.16	2727.12	3333.56	3796.15	4528.87
464.58	470.81	501.63	539.39	600.89
34.68	41.96	52.88	59.22	62.13
51.12	59.54	68.77	70.47	85.00
124.88	136.48	150.87	153.05	168.32
288.02	380.10	467.33	508.21	573.91
394.65	558.79	698.61	802.46	918.45
56.48	78.16	109.18	114.39	128.29
98.23	133.61	204.47	241.45	341.00
73.41	86.52	100.05	120.75	142.71
90.17	121.92	141.02	206.21	295.87
265.49	382.55	497.95	618.50	802.15
58.02	75.04	104.58	131.08	154.98
144.44	201.64	236.21	230.97	255.17
217.29	261.04	332.29	387.17	433.53
43.62	64.46	83.01	104.32	124.07
290.97	543.66	821.51	1115.25	1737.13
754.64	**1218.77**	**1767.41**	**2093.28**	**3629.58**
1860.97	**2570.12**	**3247.80**	**3814.84**	**5793.48**
113.82	151.48	162.91	92.85	132.46
211.54	306.83	370.77	454.02	1108.80
722.20	957.86	1160.33	1273.43	1631.49
813.41	1153.94	1553.80	1994.53	2920.74
399.05	**679.00**	**1008.06**	**1117.65**	**1890.99**
28.81	103.63	101.29	166.26	340.67
86.40	146.20	168.30	254.78	432.38
37.64	66.38	84.35	115.00	210.44
158.02	214.20	270.31	305.84	422.24
80.12	138.50	369.71	236.71	350.67
8.06	10.09	14.11	39.06	134.60
1360.30	**2082.89**	**1657.53**	**2238.05**	**4235.44**
947.01	1517.98	990.61	1363.32	3077.55
413.29	564.91	666.93	874.73	1157.89
1067.31	**1751.21**	**2040.42**	**2066.16**	**3306.18**
726.24	1241.64	1411.75	1077.91	1198.36
341.08	509.57	628.68	988.25	2107.82
889.73	**1183.34**	**1617.31**	**2062.14**	**3927.41**
396.29	581.69	738.68	972.72	1364.43
493.44	601.66	878.63	1089.43	2562.98
215.37	**286.01**	**513.75**	**673.98**	**1074.36**
131.89	151.90	260.29	357.76	652.94
83.48	134.11	253.47	316.22	421.41

10－8　城镇居民家庭平均每人购买的主要商品数量（2014年）

Average Number of Major Commodities per Capita of Urban Households（2014 ）

单位：千克　　　　unit: kg

指　　标	Item	2014
谷　物	Corn	87.84
薯　类	Potato	16.26
豆　类	Beans	8.88
食用油	Edible Oil	11.81
蔬菜和食用菌	Vegetables and Edible Fungi	100.03
猪　肉	Pork	15.13
牛　肉	Beef	2.31
羊　肉	Mutton	0.69
禽　类	Poultry	4.18
水产品	Aquatic Product	8.91
蛋　类	Eggs	9.74
奶　类	Milk	13.66
干鲜瓜果类	Dry and Fresh Fruits	60.00
糖果糕点类	Confectionery	5.46

10－9 城镇居民家庭平均每百户年末耐用消费品拥有量（2014年）
Ownership of Major Durable Consumer Goods Per 100 Urban Households at Year-end（2014）

指　　标	Item	2014
家用汽车（辆）	Automobile(unit)	17
消毒碗柜（台）	Disinfection Cupboard(set)	2
洗碗机（台）	Dishwasher(set)	1
固定电话（部）	Telephone(unit)	50
移动电话（部）	Mobile Telephone(unit)	212
其中：接入互联网	Internet Access	62
计算机	Computer	65
其中：接入互联网	Internet Access	59
电冰箱（柜）（台）	Refrigerator(set)	92
彩色电视机（台）	Color TV set(set)	107
中高档乐器（架）	Other Mediun and High Grade Masical Instrument(set)	4
照相机（架）	Camera(set)	26
摄像机（架）	Video Camera(set)	7
洗衣机（台）	Washing Machine(set)	95

10－10 城镇居民家庭居住情况（2014年）
Residential Situation of Urban Residents（2014）

项　　目	Item	2014
现住房建筑面积（平方米）	**Housing Construction Area (sq.m)**	**28.15**
使用面积（平方米）	Use of Area (sq.m)	21.11
本住户居住空间样式(%)	The Style of Residential Space (%)	100.00
1.单栋楼房	Pavilions Buildings	3.30
2.单栋平房	Pavilions Bungalow	16.1
3.四居室及以上单元房	Four Bedrooms and More than Four Bedrooms	0.3
4.三居室单元房	Three-bedroom Units	12.3
5.二居室单元房	Two Bedroom Flat	53.5
6.一居室单元房	One bedroom flat	9.9
7.筒子楼或连片平房	Tube-shaped Apartment or Shall Bungalow	4.4
8.其他	Other	0.1
现住房房屋来源(%)	**Housing Source of Housing (%)**	**100.00**
1.租赁公房	Public House Leasing	1.24
2.租赁私房	Rent of Privately Owned Houses	6.52
3.自建住房	Spontaneous Housing	12.26
4.购买商品房	Purchase of Commercial Housing	53.55
5.购买房改住房	Reform House Buying	11.52
6.购买保障性住房	Affordable House Buying	1.06
7.拆迁安置房	Resettlement Housing	8.76
8.继承或获赠住房	Inheriting or Receiving House	1.66
9.免费借用房	Free Housing	1.95
10.雇主提供免费住房	Employer Free Housing	0.06
11.其他来源	Other Sources	1.42
住宅有管道供水情况(%)	**Residential Pipe Water Supply (%)**	**100.00**
1.管道供水入户	Pipe Water Supply	94.16
2.管道供水至公共取水点	Pipe Water Supply to Public Water Intake Point	0.19

10－10 续表 continued

指　　标	Item	2014
3.没有管道设施	No Pipeline Facilities	5.66
住户厕所类型(%)	**Household Toilet Type (%)**	**100.00**
1.水冲式卫生厕所	Water Flush Toilet	77.93
2.水冲式非卫生厕所	Non Sanitary Water Flush Toilet	0.29
3.卫生旱厕	Sanitary Dry Lavatory	3.91
4.普通旱厕	General Dry Lavatory	15.05
5.无厕所	No Toilet	2.82
住户厕所使用情况(%)	**Household Toilet Usage (%)**	**100.00**
1.本住户独用	The Sole Use of this Household	94.97
2.几户合用	Several Households Apply	0.40
3.公用厕所	Communal Lavatories	4.63
住户洗澡设施情况(%)	**Household Bathing Facilities (%)**	**100.00**
1.统一供热水	Unified Supply of Hot Water	4.33
2.家庭自装热水器	Home Self Heater	47.57
3.其他	Other	0.84
4.无洗澡设施	No Bathing Facilities	47.26
住户主要取暖设备状况(%)	**Household Main Heating Equipment Status (%)**	**100.00**
1.由市政或小区集中供暖	Central Heating by Municipal or District	80.69
2.自行供暖	Self Heating	18.60
3.无取暖设备	No Heating Equipment	0.72
主要炊用能源状况(%)	**The Main Cooking Energy Status (%)**	**100.00**
1.柴草	Firewood	7.27
2.煤炭	Coal	4.37
3.罐装液化石油气	Liquefied Petroleum Gas	30.36
4.管道液化石油气	Pipeline Liquefied Petroleum Gas	0.28
5.管道煤气	Pipe-line Coal Gas	8.34
6.管道天然气	Pipeline Gas	27.03
7.电	Electricity	21.16
8.燃料用油	Fuel Used Oil	
9.沼气	Methane	
10.其他	Other	1.12
11.无炊用行为	No Cooking Behavior	0.06

10－11　各地区城镇常住居民人均可支配收入
Per Capita Disposable Income of Urban Residents in the Regions

单位：元　　　　unit：yuan

地　区	Region	2008	2009	2010	2011	2012	2013	2014
全　省	**Total**	**12829.45**	**14006.27**	**15411.47**	**17796.57**	**20208.04**	**22274.60**	**23217.82**
长　春	Changchun	15002.51	16072.14	17921.86	20487.30	22969.68	26033.88	23908.00
吉　林	Jilin	14000.03	15540.60	16935.74	19559.62	22067.56	25937.07	22437.00
四　平	Siping	13604.31	15100.44	16458.96	18482.92	21387.28	25529.89	20894.00
辽　源	Liaoyuan	13645.45	15247.80	16665.02	18757.39	21251.75	25378.75	20780.00
通　化	Tonghua	13944.70	15252.82	16703.81	18903.81	21627.28	25635.60	20857.00
白　山	Baishan	13522.99	15035.27	16356.04	18482.87	21282.00	25554.52	18288.00
松　原	Songyuan	13954.05	15276.79	16800.00	19226.97	21703.51	25933.41	20810.00
白　城	Baicheng	13519.84	15005.75	15904.24	17813.61	20154.31	24290.61	18150.00
延　边	Yanbian	14965.12	16148.12	17456.26	19557.71	22013.35	25810.63	19830.00

注：2014年城镇居民人均可支配收入数据口径调整（以下同）。
Note:2014 per Capita Disposable Income of Urban Residents Caliber Adjustment Data.

10－12　各地区城镇常住居民人均消费支出
Per Capita Consumption of Urban Residents in Different Regions

单位：元　　　　unit：yuan

地　区	Region	2008	2009	2010	2011	2012	2013	2014
全　省	**Total**	**9729.05**	**10914.44**	**11679.04**	**13010.63**	**14613.53**	**15932.31**	**17156.14**
长　春	Changchun	12719.70	13409.28	14400.40	16328.45	17863.01	21928.87	19204.07
吉　林	Jilin	10449.34	12266.07	13223.21	13506.18	14856.23	17659.63	15885.23
四　平	Siping	9797.66	10593.81	10830.85	11290.75	12712.50	14924.81	14015.51
辽　源	Liaoyuan	8527.86	10943.17	11608.13	12854.95	14077.28	19790.62	14901.86
通　化	Tonghua	9497.43	10868.32	10940.48	12460.14	13746.75	16240.42	15285.46
白　山	Baishan	9446.03	11322.78	10722.41	11739.30	13344.87	15995.33	10691.06
松　原	Songyuan	10123.43	11983.35	12500.98	14481.49	15672.40	18268.46	14754.49
白　城	Baicheng	9265.95	11763.37	10509.21	12389.88	13080.74	17570.17	11883.05
延　边	Yanbian	11561.65	13616.09	14663.41	15527.95	17946.14	21951.50	14452.72

注：2014年为新口径数据。
Note: 2014 is the new caliber data.

10－13　农民家庭基本情况
Basic Situation of Rural Households

指　　标	Item	2013	2014
调查户数（户）	Number of Houeholds Survey(household)	2534	2140
常住人口（人）	Permanent Population in the Household Surveyed(person)	8464	6827
平均每户常住人口（人）	Average Permanent Resident Population per Household(person)	3.34	3.19
平均每户整、半劳动力（人）	Average Full/Semi Labour Force per Households(person)	2.42	2.30
平均每个劳动力负担人口（人）	Average Number of Dependents per Laborer Force(person)	1.38	1.39
人均可支配收入	Disposable income	9621.21	10780.12
总收入（人均）	Total Revenue	16161.80	18598.53
人均住房面积（平方米）	Per Capita Floor Space of Houses(sq.m)	23.47	25.91
年末住房价值（人均）（元）	Value of Building at the Year－end(Per capita)(yuan)	23021.98	23954.48
新建（购）住房面积（人均）（平方米）	Floor Space of Newly Built(Per capita)(sq.m)	0.33	0.37

注：①农民人均纯收入指标，从2014年起改名为农民人均可支配收入。（以下同）
②2014年为新口径指标，总收未扣除生产费用。
Note: ①Rural Per Capital Net Income Indicators From 2014 Renamed the per Capita Disposable Income for Farmers.
②2014 is the New Standard Indicators，Gross Income Before Deducting Production Costs.

10－14 农民家庭平均每人可支配收入（2014年）
The Average Income per Household of Farmers （2014 ）

单位：元 unit: yuan

指 标	Item	2014
可支配收入	**Disposable Income**	**10780.12**
一、工资性收入	**Wage Income**	**1937.65**
二、经营净收入	**Net Income From Operations**	**7445.63**
（一）第一产业经营净收入	Net Income of the First Industry Operation	7109.25
1.农业	Agriculture	6372.58
2.林业	Forestry	300.90
3.牧业	Animal Husbandry	433.56
4.渔业	Fishery Industry	2.21
（二）第二产业经营净收入	Second net Income of Industry Operation	62.91
1.采矿业	Mining	39.94
2.制造业	Manufacturing Industry	17.21
3.电力、热力、燃气及水生产和供应业	Electricity, Heat, Gas and Water Production and Supply Industry	
4.建筑业	Construction Industry	5.76
（三）第三产业经营净收入	Third net Income of Industry Operation	273.47
1.批发和零售业	Wholesale and Retail	66.40
2.交通运输、仓储和邮政业	Transportation, Storage and Postal Services	51.55
3.住宿和餐饮业	Accommodation and Catering	11.01
4.房地产业	Realty Industry	−2.55
5.租赁和商务服务业	Leasing and Business Services	1.75
6.居民服务、修理和其他服务业	Resident Services, Repairs and Other Services	18.58
7.其他	Other	17.73

注：2014年指标有变动和调整。（以下同）
Note: 2014 new caliber indicators are changed and adjusted.

10－14 续表 continued

单位：元 unit: yuan

指　　标	Item	2014
8.农林牧渔服务业	Agricultural Services Industry	109.01
三、财产净收入	**Net income of property**	**181.84**
（一）利息净收入	Net Interest Income	28.82
（二）红利收入	Dividend Income	0.50
（三）储蓄性保险净收益	Net Income of Savings Insurance	0.05
（四）转让承包土地经营权租金净收入	Net Income of the Transfer of Contracted Land Management Right	113.03
（五）出租房屋财产性收入	Rental Housing Property Income	8.14
（六）出租机械、专利、版权等资产的收入	Rental Machinery, Patents, Copyright and Other Assets of the Revenue	9.83
（七）其他财产净收入	Other Property net Income	21.47
（八）房屋虚拟租金	Virtual House Rent	
四、转移净收入	**Net Transfer Income**	**1215.01**
（一）转移性收入	Transfer Income	1435.93
1.养老金或离退休金	Pensions	204.20
2.社会救济和补助	Social Relief and Subsidies	32.57
3.政策性生活补贴	Policy Oriented Living Subsidy	15.60
4.报销医疗费	Reimbursement of Medical Expenses	129.48
5.家庭外出从业人员寄回带回收入	The Income of Sending Back and Bring Back From Family Goes Out Worker	399.55
6.赡养收入	Support Income	114.29
7.其他经常转移收入	Other Often Transfer Income	13.11
8.从政府和组织得到的实物产品和服务折价	Discounts on Physical Products and Services Received from the Government and Organizations	6.16
9.现金政策性惠农补贴	The Policy of Agricultural Subsidies Cash	520.97
（二）转移性支出	Transfer Expenditure	220.92
1.个人所得税	Personal Income Tax	0.17
2.社会保障支出	Social Security Contribution	148.77
3.外来从业人员寄给家人的支出	Spending by Foreign Employees	
4.赡养支出	Maintenance Expenses	47.42
5.其他转移性支出	Other Transfer Expenses	24.56

10－15　农村家庭平均每人消费总支出（2014年）

The Average Per Capita Consumption Expenditure of Rural Households（2014）

单位：元　　　　unit: yuan

指　　标	Item	2014
总支出	**Aggregate Expenditure**	**19655.93**
一、消费支出	**Consumer Expenditure**	**8139.82**
（一）食品烟酒	Food Alcohol and Tobacco	2411.25
（二）衣着	Dress	552.60
（三）居住	Living	1650.88
（四）生活用品及服务	Daily Necessities and Services	355.67
（五）交通通信	Traffic Communication	931.21
（六）教育文化娱乐	Educational Entertainment	1042.19
（七）医疗保健	Medical Care	1008.05
（八）其他用品和服务	Other Supplies and Services	187.98
二、生产经营费用支出	**Production and Operating Expenses**	**6757.14**
（一）第一产业经营费用支出	First Industry Operating Expenses	6180.64
1.农业	Agriculture	4517.96
2.林业	Forestry	54.39
3.牧业	Animal Husbandry	1598.47
4.渔业	Fishery Industry	9.82
（二）第二产业经营费用支出	Second Industrial Operating Expenses	78.18
1.采矿业	Mining	30.23
2.制造业	Manufacturing Industry	46.84
3.电力、热力、燃气及水生产和供应业	Electricity, Heat, Gas and Water Production and Supply Industry	
4.建筑业	Construction Industry	1.10
（三）第三产业经营费用支出	Third Industrial Operating Expenses	498.32
1.批发和零售业	Wholesale and Retail	261.51
2.交通运输、仓储和邮政业	Transportation, Storage and Postal Services	79.54
3.住宿和餐饮业	Accommodation and Catering	19.78
4.房地产业	Realty Industry	2.55
5.租赁和商务服务业	Leasing and Business Services	0.50
6.居民服务、修理和其他服务业	Resident Services, Repairs and Other Services	31.11
7.其他	Other	17.39
8.农林牧渔服务业	Agricultural Services Industry	85.94
三、财产性支出	**Property Expenses**	**10.76**
三、转移性支出	**transfer Expenditure**	**221.50**
四、部分商业保险支出	**Part of Commercial Insurance Expenses**	**40.05**
五、购置资产及非经常性转移支出	**Acquisition of Assets and Non Recurrent Transfer Expenses**	**3428.46**
六、借贷性支出	**Borrowing Expenses**	**1058.20**

10－16 农民家庭平均每人生活消费支出（2014年）
Average Expenditure Per Capita of Rural Households（2014）

单位：元 unit: yuan

指 标	Item	2014
生活消费支出	**Consumer Spending**	**8139.82**
一、食品烟酒	**Food、Alcohol and Tobacco**	**2411.25**
（一）食品	Food	1846.80
1.谷物	Corn	438.27
2.薯类	Potato	28.67
3.豆类	Beans	50.08
4.食用油	Edible Oil	107.63
5.蔬菜和食用菌	Vegetables and Edible Fungi	187.27
6.肉类	Meat	408.38
7.禽类	Poultry	50.23
8.水产品	Aquatic Product	69.35
9.蛋类	Eggs	67.73
10.奶类	Milk	63.02
11.干鲜瓜果类	Dry and Fresh Fruits	192.09
12.糖果糕点类	Confectionery	33.61
13.其他食品	Other Foods	150.45
（二）烟酒	Tobacco and Wine	337.91
1.烟草	Tobacco	213.98
2.酒类	Wine	123.92
（三）饮料	Beverage	33.71
（四）饮食服务	Catering Services Industry	192.83
1.食堂用餐	Canteen	8.75
2.其他在外饮食	Others Outside the Diet	175.52
3.食品加工服务费	Food Processing Service Charge	8.57
二、衣着	**Clothing**	**552.60**
（一）衣类	Clothing	407.33
（二）鞋类	Footwear	145.26
三、居住	**Reside**	**1650.88**
（一）租赁房房租	Rental Housing Rent	22.46
（二）住房维修及管理	Housing Maintenance and Management	379.70
（三）水电燃料及其他	Water and Electricity of Fuel and Others	550.75
（四）自有住房折算租金	Converted Rent of its Own	697.96
四、生活用品及服务	**Supplies and Services**	**355.67**
（一）家具及室内装饰品	Furniture and Interior Decorations	52.18
（二）家用器具	Home Appliances	87.14

10－16 续表 1 continued

单位：元 unit: yuan

指　　标	Item	2014
（三）家用纺织品	Home Textile	36.83
（四）家庭日用杂品	The Family Daily Sundry Goods	134.41
（五）个人用品	Personal Belongings	39.92
（六）家庭服务	Domestic Service	5.19
五、交通通信	**Transportation Communication**	**931.21**
（一）交通	Transportation	604.36
1.交通工具	Transportation	174.41
2.交通费	Transportation Costs	149.44
3.交通工具用燃料	Fuel for Transportation	161.27
4.交通工具使用及维修	Transportation and Maintenance	119.25
#车辆保险支出	Among of Them: Vehicle Insurance Expenses	16.63
（二）通信	Communication	326.85
1.通信工具	Communication Tools	101.51
2.通信服务	Communication Services	225.34
六、教育文化娱乐	**Educational Entertainment**	**1042.19**
（一）教育	Education	789.63
1.学前教育	Preschool Education	56.80
2.小学教育	Primary Education	130.42
3.初中教育	Junior High School Education	128.71
4.高中教育	senior High School Education	153.28
5.中专职高教育	Secondary Vocational Education	16.02
6.大专及以上教育	Tertiary Education and Above	271.68
7.成人教育	Adult Education	32.73
（二）文化娱乐	Entertainment	252.56
1.文娱耐用消费品	Entertainment Consumer Goods	99.55
2.其他文娱用品	Other Recreational Articles	66.74
3.文化娱乐服务	Cultural Entertainment Service	86.27
七、医疗保健	**Medical Care**	**1008.05**
（一）医疗器具及药品	Medical Equipment and Drugs	364.15
（二）医疗服务	Medical Service	643.90
1.门诊总费用	Total Outpatient Service	269.15
2.住院总费用	Total Hospitalization Expenses	374.75
八、其他用品和服务	**Other Goods and Services**	**187.98**
（一）其他用品	Other Goods	127.34
（二）其他服务	Other Services	60.64

10－17　农民家庭平均每人现金支出（2014年）

Average Expenditure Per Capita of Rural Households（2014）

单位：元　　unit: yuan

指　　标	Item	2014
现金支出	**Cash Expense**	**18065.82**
一、现金消费支出	**Cash Expense**	**6750.45**
二、生产经营现金费用支出	**Production and Operating Cash Expense**	**6556.40**
（一）第一产业经营现金费用支出	First Industry Operating Cash Expense	5979.90
1.农业	Agriculture	4491.80
2.林业	Forestry	54.39
3.牧业	Animal Husbandry	1423.88
4.渔业	Fishery Industry	9.82
（二）第二产业经营现金费用支出	Second Industry Operating Cash Expense	78.18
1.采矿业	Mining	30.23
2.制造业	Manufacturing Industry	46.84
3.电力、热力、燃气及水生产和供应业	Electricity, Heat, Gas and Water Production and Supply Industry	
4.建筑业	Construction Industry	1.10
（三）第三产业经营现金费用支出	Third Industry Operating Cash Expense	498.32
1.批发和零售业	Wholesale and Retail	261.51
2.交通运输、仓储和邮政业	Transportation, Storage and Postal Services	79.54
3.住宿和餐饮业	Accommodation and Catering	19.78
4.房地产业	Realty Industry	2.55
5.租赁和商务服务业	Leasing and Business Services	0.50
6.居民服务、修理和其他服务业	Resident Services, Repairs and Other Services	31.11
7.其他	Other	17.39
8.农林牧渔服务业	Agricultural Services Industry	85.94
三、现金财产性支出	**Cash and Property Expenses**	**10.76**
（一）生活贷款利息支出	Interest Expense of Life Loan	9.23
（二）其他财产性支出	Other Property Expenses	1.53
四、现金转移性支出	**Cash Transfer Expenses**	**221.50**
（一）个人所得税	Personal Income Tax	0.17
（二）社会保障支出	Social Security Contribution	148.77
（三）外来从业人员寄给家人的支出	Spending by Foreign Employees	
（四）赡养支出	Maintenance Expenses	47.42
（五）其他转移性支出	Other transfer Expenses	25.14
五、部分商业保险支出	**Part of Commercial Insurance Expenses**	**40.05**
（一）意外伤害保险	Accident Insurance	3.88
（二）商业医疗保险（含大病保险）	Commercial Medical Insurance (Including Serious Illness Insurance)	13.11
（三）其他非储蓄性商业保险	Other Non Savings Commercial Insurance	15.48
（四）其他储蓄性商业保险	Other Savings Commercial Insurance	7.59
六、购置资产及非经常性转移支出	**Acquisition of Assets and Non Recurrent Transfer Expenses**	**3428.46**
（一）购置资产支出	Purchase of Assets	1619.30
（二）非经常性转移支出	Non Recurrent Expenditure	1809.16
七、借贷性支出	**Borrowing Expenses**	**1058.20**
（一）存入储蓄款	Deposit Savings	220.81
（二）借出款	Loan	22.77
（三）归还借款	Return of Borrowing	557.06
（四）购买有价证券	Purchase of Securities	6.54
（五）其他投资支出	Other Investment Expenses	0.82
（六）归还住房贷款	Repayment of Housing Loans	18.71
（七）归还汽车贷款	Repayment of Auto Loan	5.27
（八）归还教育贷款	Repayment of Educational Loans	
（九）归还其他贷款	Repayment of Other Loans	218.40
（十）其他借贷支出	Other Borrowing Expenses	7.82

10－18 农民家庭平均每人现金收入（2014年）
Per Capita Cash Income of Household （2014）

单位：元　　unit: yuan

指　　标	Item	2014
现金收入（未扣除生产费用）	**Part Five the Cash Income (Excluding Production Costs)**	**16374.00**
一、现金工资性收入	**Cash Wage Income**	**1935.16**
二、现金经营性收入	**Cash Operating Income**	**12945.91**
（一）第一产业现金经营收入	First Industry Cash Operating Income	11965.66
1.农业	Agriculture	9813.57
2.林业	Forestry	64.75
3.牧业	Animal Husbandry	2075.29
4.渔业	Fishery Industry	12.05
（二）第二产业现金经营收入	Second Industrial Cash Operating Income	147.11
1.采矿业	Mining	72.51
2.制造业	Manufacturing Industry	67.33
3.电力、热力、燃气及水生产和供应业	Electricity, Heat, Gas and Water Production and Supply Industry	
4.建筑业	Construction Industry	7.27
（三）第三产业现金经营收入	Third Industrial Cash Operating Income	833.14
1.批发和零售业	Wholesale and Retail	343.17
2.交通运输、仓储和邮政业	Transportation, Storage and Postal Services	158.28
3.住宿和餐饮业	Accommodation and Catering	36.83
4.房地产业	Realty Industry	
5.租赁和商务服务业	Leasing and Business Services	2.25
6.居民服务、修理和其他服务业	Resident Services, Repairs and Other Services	60.82
7.其他行业	Other	36.85
8.农林牧渔服务业	Agricultural Services Industry	194.94
三、现金财产性收入	**Cash and Property Income**	**192.64**
（一）利息收入	Interest Income	38.05
（二）红利收入	Dividend Income	0.50
（三）储蓄性保险收益	Income of Savings Insurance	0.05
（四）转让承包土地经营权租金收入	Income of the Transfer of Contracted Land Management Right	113.03
（五）出租房屋财产性净收入	Rental Housing Property Income	8.14
（六）出租机械、专利、版权等资产的净收入	Rental Machinery, Patents, Copyright and Other Assets of the Revenue	9.87
（七）其他财产性收入	Other Property Income	22.99
四、现金转移性收入	**Cash Transfer Income**	**1300.29**
（一）养老金或离退休金	Pensions	204.20
（二）社会救济和补助	Social Relief and Subsidies	32.57
（三）政策性生活补贴	Policy Oriented Living Subsidy	15.60
（四）家庭外出从业人员寄回带回收入	The Income of Sending Back and Bring Back from Family Goes Out Worker	399.55
（五）赡养收入	Support Income	114.29
（六）其他转移性收入	Other Transfer Income	13.11
（七）现金政策性惠农补贴	The Policy of Agricultural Subsidies Cash	520.97

10－19 各地区农村常住居民人均可支配收入

Per Capita Disposable Income of Rural Residents in Various Regions

单位：元　　　　　　　　　　　　　　　　　　　　　　unit：yuan

地　区	Region	2008	2009	2010	2011	2012	2013	2014
全　省	**Total**	**4933**	**5266**	**6237**	**7510**	**8598**	**9621**	**10780**
长　春	Changchun	5292	5657	6665	7965	9064	10060	11286
吉　林	Jilin	5281	5607	6594	7952	8977	10288	11000
四　平	Siping	5045	5436	6586	7718	8760	9960	10723
辽　源	Liaoyuan	5011	5368	6324	7557	8524	9845	10500
通　化	Tonghua	5127	5512	6572	7716	8959	9935	9700
白　山	Baishan	4990	5312	6134	7334	8134	9231	8600
松　原	Songyuan	4839	5149	6167	7597	8562	9373	8708
白　城	Baicheng	3519	3521	4504	5513	6191	6743	7312
延　边	Yanbian	4392	4735	5416	6250	7350	8351	8466

注：2014年农民人均纯收入改为农村常住居民人均可支配收入。
Note: the per capita net income of the farmers in 2014 is the disposable income of the rural residents.

10－20 各地区农村常住居民人均生活消费支出

Per Capita Living Consumption Expenditure of Rural Residents in Various Regions

单位：元　　　　　　　　　　　　　　　　　　　　　　unit：yuan

地　区	Region	2008	2009	2011	2012	2013	2014
全　省	**Total**	**3443**	**3903**	**5306**	**6186**	**7380**	**8140**
长　春	Changchun	3124	3533	5245	5855	6798	7752
吉　林	Jilin	3965	4441	5054	6014	7402	8376
四　平	Siping	3606	4256	5467	6328	6964	7776
辽　源	Liaoyuan	4150	3892	5459	6750	6514	8555
通　化	Tonghua	3176	3506	5061	6186	5993	8536
白　山	Baishan	3022	2826	4525	4786	5959	5973
松　原	Songyuan	3050	3528	4945	5720	6491	8085
白　城	Baicheng	3257	3400	4666	5761	5875	7367
延　边	Yanbian	3663	4289	4361	6193	5765	7501

10－21　农民家庭平均每百户年末耐用消费品拥有量（2014年）

Number of durable consumer goods owned of rural household at the yearend（2014）

指　　标	Item	2014
家用汽车(辆）	Home Car (Unit)	12.81
摩托车（辆）	Motorcycle (Unit)	73.99
助力车（台）	Booster Car (Unit)	11.77
洗衣机（台）	Washing Machine (set)	85.61
电冰箱（柜）（台）	Refrigerator (set)	84.89
微波炉（台）	Microwave Oven (Set)	6.90
彩色电视机（台）	Color TV Sets (Set)	111.18
其中：接入有线电视（台）	Access to Cable TV (Set)	79.36
空调（台）	Air Conditioning (Set)	0.85
热水器（台）	Water Heater (Set)	9.91
其中：太阳能热水器（台）	Solar Water Heater (Set)	4.88
消毒碗柜（台）	Disinfection Cabinet	0.38
洗碗机（台）	Dishwasher (Set)	0.26
排油烟机（台）	Range Hood	7.93
固定电话（部）	Telephone(Set)	36.02
移动电话（部）	Mobile Phone (Set)	226.61
其中：接入互联网（部）	Access to the Internet(Set)	35.25
计算机（台）	Computer (Set)	29.03
其中：接入互联网（台）	Access to the Internet (Set)	22.27
摄像机（台）	Video Camera (Set)	0.48
照相机（台）	Camera (Set)	4.22
中高档乐器（架）	Middle Grade Musical Instruments (Set)	0.25
健身器材（台）	Fitness Equipment (Set)	0.29
组合音响（套）	Combination Audio (Set)	2.15

10－22 农民家庭平均每人主要消费品消费量（2014年）

The Average Household Consumption Per Capita of the Rural Households（2014）

指　标	Item	2014
谷物(公斤）	Corn(kg.)	73.98
薯类（公斤）	Potato(kg.)	7.17
豆类（公斤）	Beans(kg.)	6.55
食用油（公斤）	Edible oil(kg.)	10.17
蔬菜和食用菌（公斤）	Vegetables and Edible Fungi(kg.)	35.62
肉类（公斤）	Meet(kg.)	13.98
猪肉	Pork	11.96
牛肉	Beef	0.46
羊肉	Mutton	0.11
其他肉类及制品	Other Meats and Products	1.45
禽类（公斤）	Poultry(kg.)	1.72
水产品（公斤）	Aquatic Product(kg.)	4.67
蛋类（公斤）	Eggs(kg.)	3.72
奶类（公斤）	Milk(kg.)	4.56
干鲜瓜果类（公斤）	Dry and Fresh Fruits(kg.)	35.62
糖果糕点类（公斤）	Confectionery(kg.)	2.56
其他食品（元）	Other Food (yuan)	138.78
饮料	Drinks	33.71
烟酒	Alcohol	337.91
饮食服务	Food Service	191.28

10－23 农村居民家庭每百户拥有主要农业生产性固定资产数量（2014年）
Rural Households Have the Number of Major Productive Fixed Assets（2014 ）

项　　目	Item	2014
大中型农用拖拉机（台）	Large and Medium Sized Agricultural Tractors(unit)	19.61
小型农用拖拉机（台）	Small Farm Tractor(unit)	64.46
农用排灌动力机械（台）	Agricultural Irrigation Drainage Machinery(unit)	3.47
插秧机（台）	Rice Transplanter(unit)	4.38
收割机（台）	Harvester(unit)	4.12
脱粒机（台）	Threshing Machine	7.27
役畜（头）	Draft Animal(head)	13.10
产品畜（头）	Animal Products(head)	362.62

注：2014年样本调整。
Note: sample adjustment in 2014.

10－24 农村居民家庭居住情况（2014年）
Rural Residents Living Situation（2014）

项　　目	Item	2014
现住房建筑面积(平方米)	**Housing Construction Area(sq.m)**	**26.20**
期末拥有房屋情况	The end of the housing situation	
期末拥有房屋面积（平方米）	The End of the House Area(sq.m)	26.50
期末拥有房屋价值（万元）	The End of the Term Has a House Value(1000yuan)	2.40
期末拥有房屋市场价月租金（元）	The End of the Month With the Housing Market Price（yuan)	59.50
期内新购住房情况	Period of New Housing Purchase	
期内新购住房建筑面积（平方米）	Period of New Housing Construction Area(sq.m)	0.08
新购住房总金额（万元）	Total Amount of New Housing Purchase(1000yuan)	0.02
期内新建住房情况	Period of New Housing Situation	
期内新建住房竣工建筑面积（平方米）	Period of New Housing Construction Area(sq.m)	0.29
新建住房总费用（元）	Total Cost of New Housing(1000yuan)	300

CHAPTER ▶ 11

第十一篇

市政公用事业和环境保护

URBAN PUBLIC UTILITIES AND ENVIRONMENT

11－1 市政公用事业基本情况
Basic Statistics on Municipal Public Utilities

指　　标	Item	2012	2013	2014
自来水全年供水总量（万立方米）	Annual Volume of Tap Water Supply(10000 cu.m)	106530	107418	117377
# 居民家庭用水量	Water Consumption for Residential Use	27262	29276	35893
人均日生活用水（升）	Per Capita Daily Consumption of Tap Water for Residential Use(unit)	111.6	119.3	120.44
用水普及率（%）	Percetage of Population with Access to Tap Water(%)	92.38	93.84	91.12
年末实有道路长度（公里）	Length of Paved Roads at Year-end(km)	8056	8388	10019
年末实有道路面积（万平方米）	Area of Paved Roads(10000 sq.m)	14362	15344	18617
排水管道长度（公里）	Length of Sewage Pipelines(km)	8910	9607	11255
人工煤气全年供气量（万立方米）	Annual Gaswork Supply(10000 cu.m)	17086	16575	12827
# 家庭用量	Consumption of Gaswork for Residential Use	9173	9554	9200
煤气管道长度（公里）	Length of Gas Pipelines(km)	1813	1858	1881
液化气全年供气量（吨）	Annual Supply of LPG(ton)	220873	181419	209938
# 家庭用量	Residential Consumption of Liquefied Petorleum Gas for Residential Use	107059	114193	131308
燃气普及率（%）	Percentage of Population with Access to Gas(%)	89.46	91.43	89.79
集中供热总量（万吉焦）	Total Volume of Centralized Heating(10000 gigajoules)	20609	22047	26316
集中供热面积（万平方米）	Area of Centralized Heating(10000 sq.m)	38296	42823	50423
绿化覆盖面积（公顷）	Green Coverage Areas(hectare)	45108	43430	57082
公园、动物园个数（个）	Number of Parks and Zoos(unit)	161	173	220
公园、动物园面积（公顷）	Area of Parks and Zoos(hectare)	5093	5280	7467
生活垃圾清运量（万吨）	Volume of Garbage Disposal(10000 ton)	475	485	601
清运粪便（万吨）	Volume of Disposal of Excrement and Urine(10000 ton)	88.78	66.79	75.44

11－2 城市建设用地（2014年）
Land Constraction Land（2014）

单位：平方公里 unit: sq.km

城 市	City	建成区面积 Area of Built Districts(sq.km)	城市建设用地面积 Area of Land Used for Urban Construction(sq.km)	本年征用土地面积 Requistition Land Area (sq.km)
全 省	**Total**	**1580.17**	**1483.86**	**37.61**
长春市	Changchun	469.72	440.10	23.91
九台市	Jiutai	24.71	24.11	
榆树市	Yushu	23.10	18.94	
德惠市	Dehui	30.90	29.35	0.66
吉林市	Jilin	172.31	167.81	
蛟河市	Jiaohe	18.50	18.45	
桦甸市	Huadian	19.50	19.50	0.67
舒兰市	Shulan	25.00	24.30	1.00
磐石市	Panshi	23.80	21.12	0.46
四平市	Siping	54.20	54.00	1.43
双辽市	Shuangliao	20.81	19.83	
辽源市	Liaoyuan	46.30	46.30	
通化市	Tonghua	51.46	51.27	0.25
集安市	Ji' an	6.49	6.88	
白山市	Baishan	46.89	39.78	
临江市	Linjiang	9.17	8.68	
松原市	Songyuan	48.80	48.59	1.38
扶余市	Fuyu	10.60	8.53	2.42
白城市	Baicheng	49.20	42.19	2.03
洮南市	Taonan	22.50	21.30	
大安市	Da' an	15.20	15.20	
延吉市	Yanji	35.38	33.91	1.19
图们市	Tumen	10.00	9.98	
敦化市	Dunhua	30.80	24.70	
珲春市	Hunchun	17.89	15.89	
龙井市	Longjing	10.40	10.10	
和龙市	Helong	12.55	10.88	
公主岭市	Gongzhuling	32.58	28.67	0.71
梅河口市	Meihekou	24.03	21.46	

11－3 城市供水（2014年）
Tap Water Supply in City（2014）

城 市	City	综合生产能力（万立方米/日）Production Capacity of Tap Water Supply（10000cu.m/day）	供水管道长度（公里）Length of Water Supply Pipelines (km)	全年供水总量(万立方米) Annual Volume of Tap Water Supply（10000cu.m）	#生活用水 For Produtive Use	#生产用水 Residential	用水人口（万人）Number of Residents with Access to Tap Water (10000 persons)	人均日生活用水量(升) Per Capita Daily Consumption of Tap Water for Residential Use（litre）
全 省	**Total**	**730.72**	**14060.70**	**117377.43**	**35893.88**	**30589.65**	**1226.28**	**120.44**
长春市	Changchun	124.42	2233.00	36586.75	9974.00	5767.00	368.47	139.41
九台市	Jiutai	5.40	279.93	1128.00	458.00	115.00	21.90	97.33
榆树市	Yushu	3.23	228.31	1087.90	446.55	30.47	22.90	71.26
德惠市	Dehui	7.84	1467.33	1730.74	570.80	886.18	22.08	87.63
吉林市	Jilin	314.00	1264.72	20834.00	4752.00	10901.00	125.73	123.49
蛟河市	Jiaohe	2.90	61.50	891.28	313.12	35.13	13.90	82.60
桦甸市	Huadian	6.68	230.00	725.76	268.47	77.67	15.58	77.39
舒兰市	Shulan	4.00	130.20	980.60	390.00	400.00	11.00	111.58
磐石市	Panshi	2.50	130.10	754.00	359.00	95.00	11.30	107.16
四平市	Siping	23.99	976.45	3920.46	1148.00	1274.56	47.80	98.58
双辽市	Shuangliao	2.05	77.05	666.00	230.00	242.30	11.20	92.27
辽源市	Liaoyuan	21.00	562.00	3545.00	760.00	1032.00	46.50	78.77
通化市	Tonghua	15.30	538.17	4001.01	1222.77	54.38	43.56	121.09
集安市	Ji' an	3.00	139.80	972.01	135.62	127.45	8.00	83.36
白山市	Baishan	17.01	389.46	4040.59	812.27	1911.55	32.99	79.00
临江市	Linjiang	3.10	94.22	540.00	158.00	57.00	9.70	70.89
松原市	Songyuan	18.90	425.00	5323.00	2127.00	1635.00	46.50	159.91
扶余市	Fuyu	2.39	49.50	531.20	258.00	88.00	6.63	160.33
白城市	Baicheng	11.00	378.00	1807.00	800.00	230.00	27.80	119.94
洮南市	Taonan	2.05	110.00	451.90	297.80	60.50	16.23	60.42
大安市	Da' an	2.10	84.00	746.50	544.00	79.50	14.21	111.25
延吉市	Yanji	18.11	454.22	5277.00	1610.00	100.00	49.71	141.34
图们市	Tumen	1.49	105.69	508.48	150.63	35.07	5.03	104.06
敦化市	Dunhua	21.17	230.38	2251.99	615.02	1122.88	23.12	96.17
珲春市	Hunchun	7.30	139.50	2084.60	814.60	464.40	16.50	239.30
龙井市	Longjing	4.50	111.73	812.44	286.50	212.84	10.98	88.60
和龙市	Helong	5.70	344.14	848.00	616.00	68.00	9.50	192.65
公主岭市	Gongzhuling	20.25	322.81	2177.29	1058.06	674.17	25.10	142.77
梅河口市	Meihekou	8.80	206.91	1589.00	475.00	320.00	19.30	128.19

11－4 城市天燃气（2014年）
Basic Statisticson Supply of Gas in Cities（2014）

城　市	City	供气管道长度（公里）Length of Gas Pipelines(km)	供气总量合计（万立方米）Total Gas Suppy（10000cu.m）	用气人口（万人）Gas Popula ton (10000 Persons)	用气户数（户）With the Number of Gas (Persons)	家庭用户 Domestic Consumer
全　省	**Total**	**6978.50**	**119593.84**	**574.22**	**2334393**	**2013772**
长春市	Changchun	2587.85	53058.26	261.22	1040491	964066
九台市	Jiutai	174.53	643.91	8.40	27727	27460
榆树市	Yushu	107.00	806.00	10.02	23500	22000
德惠市	Dehui	91.53	2128.50	4.51	12901	12858
吉林市	Jilin	899.05	31774.69	95.05	343674	343021
蛟河市	Jiaohe	8.76	252.16		327	
桦甸市	Huadian	13.73	49.92			
磐石市	Panshi	56.00	549.00	5.90	19683	19565
四平市	Siping	600.00	3332.00	44.80	140000	139990
双辽市	Shuangliao	132.19	3636.31	2.14	6470	6460
辽源市	Liaoyuan	97.00	1515.00	7.60	32053	32000
白山市	Baishan	176.90	242.00	10.00	29631	29610
松原市	Songyuan	329.70	7965.00	30.20	112630	109200
扶余市	Fuyu	7.50	390.00	0.08	625	170
白城市	Baicheng	41.36	2193.00	6.00	23505	20000
洮南市	Taonan		408.20		360	
大安市	Da' an	63.00	1700.00	5.27	16900	16740
延吉市	Yanji	296.00	3094.00	16.10	51458	51203
图们市	Tumen	77.00	160.69	3.00	14822	14686
敦化市	Dunhua	60.52	75.00	2.80	7501	7500
珲春市	Hunchun	17.70	26.50	0.20	670	660
龙井市	Longjing	44.00	85.44	1.35	4670	4620
和龙市	Helong	31.20	46.05	1.19	4380	4230
公主岭市	Gongzhuling	279.83	800.00	17.00	58351	56866
梅河口市	Meihekou	138.01	472.00	5.80	23500	23000

11－5 城市集中供热（2014年）
Basic Statisics on Heating in Cities（2014）

城　市	City	供热能力 Heating Capatity		供热总量 Quantity of Heat Supplied		管道长度 Length pipelines		供热面积(万平方米) Area of Centralized Heating (10000sq.m)
		蒸汽(吨/小时) Steam(ton/h)	热水(兆瓦) Hot Water(mw)	蒸汽(万吉焦) Steam(10000 gigioules)	热水(万吉焦) Hot Water(10000 gigioules)	蒸汽(公里) Steam(km)	热水(公里) Hot Water(km)	
吉　林	**Total**	**1597.50**	**47218.17**	**457.49**	**25859.83**	**293.61**	**19687.35**	**50423.48**
长春市	Changchun	116.00	17905.80	108.50	8145.25	35.00	5209.55	16407.23
九台市	Jiutai		431.00		284.50		181.48	609.00
榆树市	Yushu		773.00		531.50		188.00	1063.00
德惠市	Dehui		992.00		480.00		756.04	712.00
吉林市	Jilin	620.00	3118.20	33.50	2627.26	12.06	1739.67	6318.32
蛟河市	Jiaohe		616.70		290.00		257.40	618.14
桦甸市	Huadian	136.50	422.20	70.00	161.20	32.50	241.64	484.67
舒兰市	Shulan		239.20		139.89		230.90	312.50
磐石市	Panshi		613.00		348.00		96.00	530.00
四平市	Siping		860.00		772.00		914.00	1781.00
双辽市	Shuangliao		1129.00		185.60		61.87	375.82
辽源市	Liaoyuan	300.00	1509.60		704.95	9.55	1472.36	1534.40
通化市	Tonghua		1430.00		1010.00		1227.00	1610.00
集安市	Ji' an		396.00		166.00		159.70	298.00
白山市	Baishan		1820.00		963.00		646.39	1587.00
临江市	Linjiang		416.50		300.00		128.92	433.00
松原市	Songyuan		1828.00		1046.00		705.00	1559.00
扶余市	Fuyu		180.00		155.00		160.00	240.00
白城市	Baicheng		1450.00		668.20		603.94	1285.00
洮南市	Taonan	275.00		222.00		166.50	63.50	355.00
大安市	Da' an		546.00		89.00		81.90	288.00
延吉市	Yanji		2292.85		1369.45		1169.00	3066.00
图们市	Tumen		525.00		200.00		140.00	329.00
敦化市	Dunhua	150.00	574.00	23.42	295.00	38.00	145.16	847.00
珲春市	Hunchun		280.00		296.00		170.77	544.00
龙井市	Longjing		278.00		138.00		135.05	248.92
和龙市	Helong		160.00		140.00		56.00	210.00
公主岭市	Gongzhuling		843.50		563.80		258.58	820.20
梅河口市	Meihekou		350.00		380.00		108.80	540.00

11－6 城市市政设施（2014年）

Level of Public Facilities in City（2014）

城　市	City	年末实有道路长度(公里) Length of Paved Roads at Year-end(km)	年末实有道路面积(万平方米) Area of Paved Roads (10000sq.m)	城市桥梁(座) Number of Bridges(unit)	城市排水管道长度(公里) Lengtn of Sewer Pipelines(km)	城市污水日处理能力(万立方米) Sewage Disposal Capacity (10000cu.m)	城市道路照明灯(盏) Urban Road Lights (zhan)
全　省	**Total**	**10019.07**	**18617.77**	**847**	**11254.97**	**289.4**	**603927**
长春市	Changchun	3125.23	7113.21	264	4962.26	89.3	130683
九台市	Jiutai	130.04	295.39	10	119.92	3.0	1931
榆树市	Yushu	164.22	381.34		132.14	3.0	1027
德惠市	Dehui	196.94	247.31	3	118.05	2.1	5626
吉林市	Jilin	1012.84	1371.42	76	933.00	54.0	46625
蛟河市	Jiaohe	167.15	151.14	15	101.41	1.5	7825
桦甸市	Huadian	77.45	216.72	14	90.38	3.0	6308
舒兰市	Shulan	120.60	120.20	31	36.00	2.0	7938
磐石市	Panshi	100.90	217.00		110.00	3.0	6500
四平市	Siping	664.26	1298.26	11	214.00	9.0	14502
双辽市	Shuangliao	83.82	80.95	3	74.13	1.2	2496
辽源市	Liaoyuan	220.89	525.30	50	93.12	2.5	19157
通化市	Tonghua	295.79	409.35	62	32.00	1.0	87570
集安市	Ji' an	26.99	34.69	4	26.55	1.0	1475
白山市	Baishan	322.23	412.51	34	59.71	2.0	15399
临江市	Linjiang	56.22	78.09	14	49.00	2.0	6248
松原市	Songyuan	256.35	875.40	8	86.15	2.5	28891
扶余市	Fuyu	83.67	171.49	6	79.36	3.0	3326
白城市	Baicheng	209.70	318.22	10	308.30	5.0	10005
洮南市	Taonan	133.00	121.70	2	135.00	1.5	5865
大安市	Da' an	123.90	228.90	1	148.70	2.0	4124
延吉市	Yanji	204.50	498.30	19	309.37	10.0	10845
图们市	Tumen	40.49	69.25	8	64.00	2.0	3804
敦化市	Dunhua	254.41	334.09	9	216.72	5.0	12693
珲春市	Hunchun	252.19	305.68	8	182.10	3.0	9306
龙井市	Longjing	86.98	98.08	5	76.66	1.5	6020
和龙市	Helong	47.10	72.10	12	102.58	4.0	11347
公主岭市	Gongzhuling	283.40	439.22	48	343.68	5.0	12828
梅河口市	Meihekou	180.40	401.40	23	108.00	3.5	20310

11－7　城市绿地和园林（2014年）

Basic Statistics on Parlcs and Green Aress in Citics（2014）

城　市	City	绿地面积(公顷) Area of Green Land (hectare)	#公园绿地 Park Green Areas	公园(个) Number of Parks(unit)	公园面积(公顷) Area of Parks (hectare)	建成区绿化面积(公顷) Developed (hectare)
全　省	**Total**	**57082.65**	**15414.59**	**220**	**7467.93**	**54296.59**
长春市	Changchun	19156.00	5118.81	51	1719.72	18244.00
九台市	Jiutai	699.00	172.24	3	87.24	690.00
榆树市	Yushu	507.00	233.00	2	32.00	465.00
德惠市	Dehui	660.38	208.05	4	65.02	594.34
吉林市	Jilin	8538.00	1537.00	8	489.00	8038.00
蛟河市	Jiaohe	432.00	182.00	6	175.00	432.00
桦甸市	Huadian	683.00	274.00	3	16.90	683.00
舒兰市	Shulan	412.00	155.00	1	14.00	390.00
磐石市	Panshi	591.00	120.00	2	117.00	591.00
四平市	Siping	1842.00	551.00	7	424.00	1827.00
双辽市	Shuangliao	326.10	94.00	1	94.00	326.10
辽源市	Liaoyuan	1852.82	451.02	11	322.98	1852.82
通化市	Tonghua	1803.00	550.00	7	381.00	1803.00
集安市	Ji' an	243.13	85.20	6	81.12	243.13
白山市	Baishan	1299.78	404.54	9	147.00	1276.78
临江市	Linjiang	370.00	217.00	4	137.00	351.00
松原市	Songyuan	2129.00	854.00	13	413.00	2104.00
扶余市	Fuyu	185.00	55.00			185.00
白城市	Baicheng	1375.50	365.50	5	233.50	1343.00
洮南市	Taonan	696.00	145.00	1	17.00	686.00
大安市	Da' an	464.10	233.70	1	143.00	434.10
延吉市	Yanji	1500.00	490.00	4	148.00	1412.00
图们市	Tumen	333.60	91.00	4	73.00	333.60
敦化市	Dunhua	1611.00	527.00	12	326.00	1435.00
珲春市	Hunchun	722.00	173.00	2	150.00	722.00
龙井市	Longjing	502.00	130.00	7	8.00	470.00
和龙市	Helong	258.46	53.24	1	2.00	258.46
公主岭市	Gongzhuling	617.00	196.50	2	40.00	607.00
梅河口市	Meihekou	1100.00	245.00	6	375.00	1024.00

11－8 城市市容环境卫生（2014年）

Basic Statistics on Urban Sanitation in Cities（2014）

城　市	City	清扫保洁面积（万平方米）Area Under Cleaning Program (10000 sq.m)	生活垃圾清运量（万吨）Volume of Garbage Disposal (10000tons)	粪便清运量（万吨）Volume of Excrement and Urine Disposal (10000 tons)	市容环卫专用车辆设备总数（台）Number of Special Vehicles for Environmental Sanitation(unit)	公厕数量（座）Number of Public Lavatories (unit)	#三级以上 Third Grade and Above
全　省	**Total**	**16935**	**601.72**	**75.44**	**6439**	**4344**	**1175**
长春市	Changchun	5064	120.34	2.56	3802	956	535
九台市	Jiutai	260	12.60	1.80	66	154	6
榆树市	Yushu	202	12.54	3.20	95	42	4
德惠市	Dehui	290	12.59	0.41	88	89	15
吉林市	Jilin	1634	36.97	5.63	619	303	74
蛟河市	Jiaohe	190	8.40	0.90	25	62	
桦甸市	Huadian	226	10.04	2.19	36	37	9
舒兰市	Shulan	114	9.76	3.15	16	34	
磐石市	Panshi	135	6.00	0.50	42	32	
四平市	Siping	672	18.33	3.65	39	195	38
双辽市	Shuangliao	200	5.36	1.52	25	60	
辽源市	Liaoyuan	395	34.00	4.00	59	192	70
通化市	Tonghua	601	26.17	2.91	185	176	13
集安市	Ji' an	65	6.21	1.62	20	44	39
白山市	Baishan	342	19.34	8.07	111	197	28
临江市	Linjiang	131	7.20	3.00	38	7	3
松原市	Songyuan	848	21.20	1.60	85	129	44
扶余市	Fuyu	110	8.80	3.00	42	39	
白城市	Baicheng	292	19.00		42	88	
洮南市	Taonan	312	6.30		23	48	22
大安市	Da' an	159	6.82	0.33	40	160	
延吉市	Yanji	618	35.00	4.50	175	125	72
图们市	Tumen	80	5.20	1.30	23	74	6
敦化市	Dunhua	310	11.00	3.00	70	115	35
珲春市	Hunchun	250	11.31	1.55	42	97	17
龙井市	Longjing	75	5.61	0.30	24	92	3
和龙市	Helong	90	4.30	1.20	20	62	3
公主岭市	Gongzhuling	305	12.23	2.79	68	30	0
梅河口市	Meihekou	534	12.00	0.40	53	90	25

11－9 城市设施水平（2014年）
Level of Public Facilities in City（2014）

城 市	City	用水普及率(%) Urban Water Penetration (%)	燃气普及率(%) City Gas Penetration (%)	建成区供水管道密度(公里/平方公里) Density of Sewer Pipelines (km/sq.km)	人均城市道路面积(平方米) Per Capita Area of Paved Roads (sq.m)	人均公园绿地面积(平方米) Per Capita Public Green Areas (sq.m)	建成区绿地率(%) Bailit-up Area Green Space Rate (%)
全 省	**Total**	**91.12**	**89.79**	**8.90**	**13.83**	**11.45**	**30.65**
长春市	Changchun	99.40	98.60	4.75	19.19	13.81	34.16
九台市	Jiutai	95.09	97.26	11.33	12.83	7.48	25.22
榆树市	Yushu	78.97	93.17	9.88	13.15	8.03	19.98
德惠市	Dehui	76.83	54.66	47.49	8.61	7.24	21.37
吉林市	Jilin	98.50	97.19	7.34	10.74	12.04	39.51
蛟河市	Jiaohe	96.53	87.50	3.32	10.50	12.64	19.78
桦甸市	Huadian	96.11	80.20	11.79	13.37	16.90	34.88
舒兰市	Shulan	82.71	90.23	5.21	9.04	11.65	14.16
磐石市	Panshi	84.33	79.85	5.47	16.19	8.96	23.45
四平市	Siping	77.10	83.55	18.02	20.94	8.89	33.23
双辽市	Shuangliao	84.46	38.76	3.70	6.10	7.09	12.98
辽源市	Liaoyuan	97.18	89.03	12.14	10.98	9.43	39.08
通化市	Tonghua	91.21	96.11	10.46	8.57	11.52	30.39
集安市	Ji' an	96.74	96.74	21.54	4.19	10.30	31.48
白山市	Baishan	83.65	83.67	8.31	10.46	10.26	22.33
临江市	Linjiang	93.72	96.62	10.27	7.54	20.97	33.81
松原市	Songyuan	95.48	96.92	8.71	17.98	17.54	42.11
扶余市	Fuyu	69.79	85.05	4.67	18.05	5.79	15.85
白城市	Baicheng	98.13	95.31	7.68	11.23	12.90	24.05
洮南市	Taonan	99.57	36.20	4.89	7.47	8.90	27.51
大安市	Da' an	89.99	96.71	5.53	14.50	14.80	24.39
延吉市	Yanji	99.02	99.80	12.84	9.93	9.76	36.26
图们市	Tumen	59.88	95.24	10.57	8.24	10.83	28.90
敦化市	Dunhua	95.85	98.67	7.48	13.85	21.85	43.96
珲春市	Hunchun	82.09	80.60	7.80	15.21	8.61	39.80
龙井市	Longjing	89.78	84.63	10.74	8.02	10.63	40.48
和龙市	Helong	92.50	89.48	27.42	7.02	5.18	18.09
公主岭市	Gongzhuling	97.21	85.21	9.91	17.01	7.61	16.12
梅河口市	Meihekou	97.08	99.60	8.61	20.19	12.32	47.36

11-10 城市集中供热情况
Basic Statistics on Heating in City

指　标	Item	2012	2013	2014
供热能力	**Heating Capacity**			
蒸汽(吨/小时)	Steam (ton/hour)	1537	1536	1597
热水（兆瓦）	Hot Water(mw)	36536	40576	47218
供热总量	**Quantity of Heat Supplied**	20609	22047	26316
蒸汽（万吉焦）	Steam(10000 gigajoules)	420	387	457
热水（万吉焦）	Hot Water(10000 gigajoules)	20189	21660	25859
管道长度	**Length of Pipelines**			
蒸汽（公里）	Steam(km)	208	230	293
热水（公里）	Hot Water(km)	15019	16425	19687
供热面积（万平方米）	**Area of Centralized Heating(10000 sq.m)**	38296	42823	50423

11-11 城市燃气设备能力
Capacity of City Gas Facilities

指　标	Item	2012	2013	2014
液化石油气	**Liquefied Petroleum Gas**			
储气能力(吨)	Capacity of Gas Tank(ton)	19425	20521	22737
天然气	**Natural Gas**			
储气能力（万立方米）	Capacity of Gas Tank(10000 cu.m)	119	146	268
管道长度（公里）	Length of Pipelines(km)	5169	5872	6978
煤气	**Coal Gas**			
储气能力（万立方米）	Capacity of Gas Tank(10000 cu.m)	28	28	28
管道长度（公里）	Length of Pipelines(km)	1813	1858	1881

11－12 城市燃气用气户数和供气总量
Number of City Gas Users and Total Gas Supply

指 标	Item	用气户数（户）Gas Users（household）			供气总量（万立方米）Total Gas Supply（10000cu.m）		
		2012	2013	2014	2012	2013	2014
液化石油气	Liquefied Petroleum Gas	1299420	1347119	1569531	220873	181419	209939
# 家庭用量	Residential Use	1103099	1247146	1378684	107059	114193	131308
天然气	Natural Gas	1256690	1390421	2334393	69696	85833	119594
# 家庭用量	Residential Use	1240379	1358143	2013772	19276	21523	29897
煤气	Coal Gas	646947	601266	389445	17086	16575	12827
# 家庭用量	Residential Use	631745	600675	380301	9173	9554	9200

11－13 城市环境卫生情况
Basic Statistics on Urban Sanitation

指 标	Item	2012	2013	2014
清运垃圾粪便工作量	**Volume of Garbage, Excrement and Crine Disposal**			
实际清扫面积(万平方米）	Actually Cleaning Areas(10000 sq.m)	13287	13831	16935
生活垃圾清运量（万吨）	Volume of Garbage Disposal(10000 ton)	508.5	485.4	601.7
清运粪便（万吨）	Volume of Excrement and Urine Disposal(10000 ton)	88.78	66.79	75.44
环境卫生设施	**Environment Sanitation Equipment**			
公共厕所（座）	Public Lavatories(unit)	4184	3959	4344
垃圾无害化处理厂（座）	Garbage Innocuous Disposal Plant(unit)	14	16	26
垃圾无害化处理能力（吨/日）	Capacity of Garbage Innocuous Disposal(ton/day)	9695	10123	12389
粪便无害化处理量（万吨）	Volume of Excrement and Urine Disposal(10000 ton)	57	37	47

11－14 城市固体废物处理利用情况（2014年）
Disposal and Utilization of Municipal Solid Waste（2014）

单位：万吨　　unit: 10000tons

地　区 Region		一般工业固体废物产生量 General Industrial solid Waste Generation	一般工业固体废物综合利用量 General Industrial Solid Waste Comprehensive Utilizatio	一般工业固体废物处置量 General Industrial Solid Waste Disposal	一般工业固体废物贮存量 General Industrial Solid Waste Storage
全 省	**Total**	**4944.11**	**3477.91**	**1115.57**	**592.51**
长 春	Changchun	582.86	582.42	0.44	
吉 林	Jilin	1216.29	1042.55	82.42	330.37
四 平	Siping	236.93	220.83	16.10	
辽 源	Liaoyuan	130.77	111.63	19.12	0.02
通 化	Tonghua	609.74	521.49	32.40	55.86
白 山	Baishan	541.20	283.80	193.75	63.79
松 原	Songyuan	205.04	189.65	2.69	12.71
白 城	Baicheng	100.15	94.30	4.57	2.48
延 边	Yanbian	1318.17	428.28	764.09	127.29

11－15 企事业污染治理情况
Treatment of Pollution by Enterprises and Institutions

指　标	Item	2012	2013	2014
工业企业数（个）	**Number of Industrial Enterprises(Unit)**	**66**	**61**	**61**
本年施工项目（个）	**Projects of Pollution Treated(Unit)**	**36**	**44**	**85**
治理废水	Treament of Waste Water	7	13	10
治理废气	Treament of Waste Gas	20	25	63
治理固体废物	Treament of Solid Waste	2		2
治理噪声	Treament of Noise Pollution	1	1	5
治理其他	Others	6	5	5
污染治理项目本年完成投资（万元）	**Investment Completed of Pollution Treated Projects(10000 yuan)**	**60661**	**213719**	**163706.97**
治理废水	Treament of Waste Water	15202	9485	2795
治理废气	Treament of Waste Gas	33233	201631	153382
治理固体废物	Treament of Solid Waste	1175	988	1058
治理噪声	Treament of Noise Pollution	350	9	299
治理其他	Others	10701	1606	6174

11－16　城市废水中主要污染物排放情况（2014年）
Urban Wastewater Emission of Major Pollutants（2014）

地　区 Region		工业废水排放量（万吨） Volume of Industrial Waste Water Emission (10000tons)	工业化学需氧量排放量(吨) Industrial Chemical Oxygen Demand Emissions(ton)	工业氨氮排放量(吨) Industrial Oxygen Ammonia Emissions(ton)	城镇生活污水排放量(万吨) Urban Sewage Emissions (10000 tons)	生活化学需氧量排放量(吨) Chemcial Oxygen Demand Emission(ton)	生活氨氮排放量(吨) Oxygen Living Ammonia Emission (ton)
全 省	**Total**	**42192.44**	**66488.22**	**4083.04**	**79912.64**	**181599.01**	**31329.75**
长 春	Changchun	5564.10	11968.17	1405.85	21589.62	31659.30	7143.70
吉 林	Jilin	10491.10	11976.20	890.74	16816.12	29623.71	5447.67
四 平	Siping	3224.56	7249.17	296.35	7615.48	18825.76	3490.69
辽 源	Liaoyuan	1788.28	2691.36	53.33	3364.36	6325.93	1240.25
通 化	Tonghua	10144.87	7841.23	334.30	5592.00	19699.61	2827.40
白 山	Baishan	1526.18	3046.79	212.26	5712.61	21303.03	2940.65
松 原	Songyuan	2173.57	3704.61	476.31	6368.24	17611.29	2663.01
白 城	Baicheng	1885.28	3070.28	128.46	4227.23	16313.35	2159.12
延 边	Yanbian	5378.81	14827.21	284.77	8325.96	19132.39	3264.38

注：全省总计中未含长白山管委会。（以下同）
Note:Changbai Mountain Administrative Committee of the Province not In Cluded in Statistics.

11－17　城市废气中主要污染物排放情况（2014年）
Urban Wast Emissions of Major Pollutants（2014）

单位：吨　　　　unit: ton

地　区 Region		工业二氧化硫排放量 Industrial Sulful Emissions	工业氮氧化物排放量 Industrial Nitrogen Oxide Emissions	工业烟(粉)尘排放量 Industrial Soot Emissions	生活二氧化硫排放量 Industrial Sulfur Dioxide Emissions	生活氮氧化物排放量 Life Nitrogen Oxide Emissions	生活烟尘排放量 Life Soot Emissions
全 省	**Total**	**319643.39**	**363499.05**	**368031.83**	**52611.64**	**11993.16**	**89539.45**
长 春	Changchun	56210.39	96024.73	70943.76	7344.00	1600.00	17800.00
吉 林	Jilin	68005.13	84047.95	67644.86	7221.87	1896.65	15614.96
四 平	Siping	42980.21	53979.13	59744.87	6256.05	1504.14	12725.10
辽 源	Liaoyuan	20458.40	15386.14	23999.48	1994.60	170.56	5936.40
通 化	Tonghua	38151.44	31723.87	42104.96	2494.00	374.00	8328.50
白 山	Baishan	19253.42	17469.69	23602.68	9520.58	2013.50	9050.00
松 原	Songyuan	34614.52	21972.39	31606.60	7076.48	1910.11	7573.99
白 城	Baicheng	15571.39	14996.88	11919.13	3117.59	733.55	2424.65
延 边	Yanbian	23789.17	27640.11	35684.93	7372.48	1734.70	9806.15

CHAPTER ▶ 12

第十二篇

农 业

AGRICULTURE

12－1　农村基层组织情况

Rural grassroots organization

年　份 Year	乡政府（个） Township Governments (unit)	镇政府（个） Town Governments (unit)	村民委员会（个） Number of Village' s Committes(unit)	乡村总户数（万户） Number of Rural Households (10000 households)	乡村人口数（万人） Rural Population (10000 persons)
1978	898		9733	295.20	1481.50
1979	902		9907	299.65	1477.64
1980	928		10104	303.90	1477.70
1981	932		10146	310.10	1480.40
1982	930		10163	315.00	1479.50
1983	936		10126	314.20	1477.50
1984	933		10162	317.10	1479.30
1985	656	263	10144	317.84	1464.15
1986	646	265	10163	317.70	1449.97
1987	640	294	10190	320.58	1446.91
1988	641	290	10299	325.26	1447.35
1989	641	288	10273	331.46	1453.58
1990	641	288	10300	340.93	1465.79
1991	638	289	10297	344.02	1475.71
1992	560	366	10288	347.76	1477.36
1993	530	396	10305	348.35	1466.15
1994	482	438	10299	348.40	1445.04
1995	475	443	10234	348.82	1434.54
1996	468	444	10139	351.10	1436.90
1997	466	445	10112	353.99	1430.00
1998	453	445	10121	357.82	1433.05
1999	433	454	10133	364.35	1442.03
2000	398	458	10107	370.01	1440.47
2001	354	452	10005	369.80	1433.00
2002	326	460	9850	376.05	1443.46
2003	315	456	9569	377.91	1439.40
2004	311	454	9365	381.84	1440.08
2005	198	426	9375	383.69	1443.62
2006	198	425	9335	390.67	1443.31
2007	198	423	9317	394.79	1454.96
2008	198	423	9321	399.08	1460.28
2009	196	426	9316	402.84	1470.82
2010	196	425	9319	411.31	1476.02
2011	196	425	9314	416.91	1489.82
2012	194	426	9314	420.42	1491.76
2013	187	431	9313	422.59	1495.78
2014	185	433	9302	426.86	1497.38

12－2 农业生产条件
Agricultural production conditions

项　　目	Item	2012	2013	2014
一、主要农业机械拥有量	Main agricultural machinery			
农业机械总动力（万千瓦）	Total agricultural machinery (Million kilowatts)	2554.7	2726.6	2919.1
大中型拖拉机（混合台）	Large and medium tractors (mixed platform)	395904	440503	480824
小型拖拉机（台）	Small tractors (set)	660702	670853	660819
大中型机引农具（台）	Large and medium-sized machine dragger (set)	747938	778553	811032
联合收割机（台）	combine harvesters(set)	30729	35511	46677
机动脱粒机（台）	Motorized threshing machine (set)	168929	168338	170462
机动水稻插秧机(台)	The automatic rice transplanter (set)	28792	38105	43695
粮食加工机械（台）	Grain processing machinery (set)	119195	121386	121549
油料加工机械（台）	Oil processing machinery (set)	17081	9726	9777
农用载重汽车（辆）	Farm truck (set)	157097	156191	154358
二、农业机械作业面积	Agricultural machinery operating area			
机耕面积（千公顷）	Plowing area (1000 hectares)	4999.3	4921.2	4980.1
占耕地面积比重（%）	Accounting for the proportion of arable land area (%)	86.2	84.9	88.6
机播面积（千公顷）	Sowing area (1000 hectares)	4703.5	4900.3	5004.6
占播种面积比重（%）	Percentage of sown area (%)	88.5	84.5	89.1
机收面积(千公顷)	Machine area (1000 hectares)	2089.4	2463.1	2917.0
占播种面积比重（%）	Percentage of sown area (%)	39.3	42.5	51.9
三、农村用电量	rural power consumption			
农村用电量（万千瓦小时）	Rural power consumption (million kilowatt hours)	461174	482056	487526
每公顷用电量（千瓦时）	Electricity per hectare (KWH)	712.0	724.8	820.9
四、农田水利	irrigation and water conservancy			
农用排灌机械（台）	Agricultural irrigation and drainage machinery (set)	467039	462914	461169
农用水泵(台)	Farm water pump (stage)	467688	594580	594761
有效灌溉面积(千公顷)	Effective irrigation area (thousand HA)	1851.9	1853.7	1628.8
占耕地面积比重（%）	Accounting for the proportion of arable land area (%)	28.6	27.9	27.4
机电灌溉面积(千公顷)	Electromechanical irrigation area (thousand hectares)	969.9	990.8	1048.3
占有效灌溉面积(%)	Account for effective irrigation area (%)	52.4	53.4	64.3

12－3　各地区设施农业生产情况（2014年）
Regional facilities for agricultural production（2014）

单位：公顷、吨　　　　unit:ha.ton

市、州 Cities		一、蔬菜 Vegetables		二、瓜果类 Fruits		三、花卉苗木 Flowers and Trees	四、食用菌 Edible Fungus		五、其他作物 Others
		种植面积 Sown Area	产量 Output	种植面积 Sown Area	产量 Output	种植面积 Sown Area	种植面积 Sown Area	产量 Output	种植面积 Sown Area
全　省	**Total**	**27219**	**1085559**	**5140**	**141081**	**239**	**1431**	**15591**	**2486**
长　春	Changchun	6939	344851	752	25934	87	18	173	139
吉　林	Jilin	2880	135842	335	14757	124	108	6383	399
四　平	Siping	4756	197077	530	5856	2	37	765	
辽　源	Liaoyuan	357	14073	70	2655		530	2078	
通　化	Tonghua	1369	37751	165	3170	3	83	1131	16
白　山	Baishan	1120	46306	211	5284	2	119	2802	26
松　原	Songyuan	5885	151857	1482	36771		5	225	110
白　城	Baicheng	2391	106535	1468	44331		2	0.2	1796
延　边	Yanbian	1522	51267	127	2323	21	529	2034	

12－3（续）　特种作物生产情况
Special crop production

指 标	Item	播种面积（公顷） Seeded area(ha)			产量（吨） Yield(ton)		
		2012	2013	2014	2012	2013	2014
人参	Ginseng	3046	3442	6523	32813	32198	28924
甘草	Licorice		1	59	6	0.1	135
枸杞	Chinese wolfberry		327	195	520	166	274

指 标	Item	产量（吨）Yield(ton)		
		2012	2013	2014
食用菌	Edible fungus	97520	95058	101228
黑木耳	Black fungus	64136	68717	67941
香菇	Mushrooms	1665	1466	2843
蘑菇类	Mushroom	29163	22443	26272

12－4 农村基本情况和农村劳动力资源
Rural basic situation and rural labor resources

指　　标	Item	2012	2013	2014
一、农村基层组织情况	**Rural grassroots organization**			
乡镇个数（个）	Number of towns (piece)	620	618	618
乡	township	194	187	185
镇	town	426	431	433
村民委员会（个）	Villagers committee (piece)	9314	9313	9302
二、农村社会基础设施	**Rural social infrastructure**			
自来水受益村（个）	Tap water benefit Village (piece)	5974	6110	6269
通有线电视村（个）	Cable TV village (piece)			8670
通宽带村（个）	Broadband Village (piece)			8616
三、农村人口	**rural population**			
乡村户数（万户）	Rural Households (10000 Subscribers)	420.4	422.6	426.9
乡村人口数（万人）	Rural population (10000 Person)	1491.8	1495.8	1497.4
四、农村劳动力资源	**Rural labor resources**			
乡村劳动力资源数（万人）	Rural labor resources (10000 Person)	846.16	853.37	855.96
乡村劳动力（万人）	Rural labor force (10000 Person)	751.41	756.33	757.95
按性别分	By gender			
男劳动力	Male labor force	417.9	419.9	422.3
女劳动力	female labor force	333.5	336.4	335.6

12－5 历年农林牧渔业总产值和指数

Total output value and index of forestry and animal husbandry and fishery over the years

年 份 Year	农林牧渔总产值（亿元） Gross Output Value of Agriculture, Forestry, Animal Husbandry and Fishery（100million yuan）					指数（1949=100） Indices of Agriculture, Forestry Animal Husbandry and Fishery（1949=100）				
	总产值 Total	农业 Farming	林业 Forestry	畜牧业 Animal Husbandry	渔业 Fishery	总产值 Total	农业 Farming	林业 Forestry	牧业 Animal Husbandry	渔业 Fishery
1978	37.78	32.23	0.87	4.61	0.08	289.2	293.8	4225.7	190.9	288.6
1979	42.02	34.99	1.13	5.80	0.08	279.5	276.4	4703.3	214.0	234.6
1980	47.47	35.56	2.47	9.39	0.05	290.8	277.8	7851.3	241.3	246.5
1981	56.89	44.81	0.20	9.97	0.15	311.2	299.8	8486.6	245.4	383.6
1982	60.58	48.95	2.54	8.83	0.26	329.2	314.6	9022.4	268.9	449.8
1983	78.11	65.42	2.10	10.28	0.31	425.2	433.4	9070.9	260.1	521.4
1984	88.99	72.81	3.55	12.23	0.39	469.7	476.3	10585.0	291.1	625.1
1985	85.89	63.91	3.32	18.12	0.55	432.2	407.4	10760.2	385.1	862.8
1986	98.43	76.07	2.94	18.58	0.84	451.0	433.8	9360.2	382.2	1104.9
1987	120.81	93.14	2.93	23.45	1.28	516.1	515.4	8891.9	374.1	1333.3
1988	140.91	106.41	2.84	29.50	2.17	543.8	534.9	8928.8	429.9	1719.5
1989	133.79	91.52	3.46	36.25	2.56	480.4	447.8	8914.9	469.5	1920.4
1990	189.09	140.67	4.19	41.42	2.81	608.4	599.8	7682.6	497.2	2108.7
1991	188.38	135.74	4.42	45.16	3.06	605.1	580.1	7781.2	540.9	2336.9
1992	204.39	146.00	5.10	50.02	3.27	622.8	588.1	7782.7	586.1	2458.2
1993	243.95	174.63	5.10	60.35	3.86	685.2	640.8	7547.9	671.8	2859.0
1994	405.48	270.81	8.54	120.14	5.99	755.3	664.3	7994.5	876.6	3061.3
1995	490.28	301.44	8.28	173.32	7.24	800.2	646.9	7421.2	1117.0	3229.4
1996	581.04	363.68	7.57	201.99	7.80	953.2	760.9	7010.5	1382.8	3544.5
1997	565.54	315.45	7.99	233.39	8.71	932.8	656.4	7564.2	1616.7	3869.7
1998	666.48	394.86	8.08	254.11	9.43	1080.0	825.4	7870.2	1680.4	4150.2
1999	675.30	388.40	10.45	266.84	9.61	1101.0	818.1	9993.9	1766.7	4231.6
2000	609.37	320.27	11.38	268.72	9.00	1039.4	705.2	10243.8	1869.8	4150.2
2001	691.83	405.40	13.83	263.24	9.36	1195.7	787.1	12742.2	2194.6	6184.6
2002	734.21	410.22	33.91	271.13	10.83	1352.8	892.0	29981.7	2276.1	7242.5
2003	792.14	438.34	33.77	298.44	13.56	1438.0	936.4	30731.3	2471.5	7649.4
2004	940.67	486.23	32.85	399.06	13.44	1551.6	1015.3	28232.8	2666.8	7974.9
2005	1050.49	518.13	39.90	467.59	14.87	1733.1	1077.8	33110.5	3151.9	8777.2
2006	1155.50	597.02	44.35	483.46	16.98	1863.1	1181.7	32481.4	3314.2	10007.8
2007	1418.90	653.03	48.79	683.74	18.29	1960.0	1133.3	29135.8	3910.8	10588.2
2008	1614.80	749.20	54.97	770.21	22.52	2156.0	1305.6	28145.2	4137.6	11763.5
2009	1734.26	777.45	58.91	825.52	23.47	2270.3	1280.8	31353.8	4576.2	13163.4
2010	1850.28	866.94	68.34	831.45	25.35	2352.0	1361.5	32890.1	4599.1	13255.5
2011	2275.15	1020.44	81.85	1074.49	31.12	2474.3	1460.9	34830.6	4718.7	13944.8
2012	2502.02	1166.58	98.10	1130.36	34.14	2620.3	1528.1	35910.3	5053.7	14530.5
2013	2670.60	1261.68	98.12	1198.53	36.74	2712.6	1619.8	38179.5	5094.1	14965.8
2014	2763.01	1342.54	104.43	1195.02	40.13	2823.8	1726.7	39706.7	5155.2	16941.3

12－6 农林牧渔业分项产值

Agricultural and Forestry and Animal Husbandry and fishery sub production value

单位：万元　　unit: 10000yuan

指　标	Item	2012	2013	2014	2014年为2013年的% Increase Rate(%)
农林牧渔业总产值	**Gross output value of agriculture , Forestry, Animal Husbandry and fishery**	**25020176**	**26705985**	**27630091**	**104.1**
一、农业产值	total value of agriculture production	11665775	12616759	13425364	106.6
（一）谷物及其他作物	Cereals and other crops	8924305	8527531	8909010	99.6
1. 谷物		7288593	7436171	7389031	99.4
2. 薯类	potato	504374	103738	339254	327.0
3. 油料	oil plants	571519	522581	581913	111.4
4. 豆类	beans	352619	291337	346964	119.1
5. 棉花	cotton	9989	6901	1112	16.1
6. 麻类	bast fibre plants	9	8	1	12.5
7. 糖料	Sugar	13532	7129	22248	312.1
8. 烟草	tobacco	84560	96429	104276	108.1
9. 其他农作物	Other crops	99110	63237	125012	197.7
（二）蔬菜园艺作物	Vegetable horticultural crops	2116871	3062368	3333235	120.0
（三）水果、坚果、饮料作物	Fruit, nuts, beverage crops	586299	823671	900219	122.5
（四）中药材	traditional Chinese medicinal materials	38300	203189	282100	131.9
二、林业产值	Forestry output value	981014	981154	1044278	104.0
（一）林木的培育和种植	Cultivation and cultivation of forest trees	225756	265270	324718	113.1
（二）竹木采运	Wood harvesting	574102	518426	323806	61.0
（三）林产品	forest product	181156	197458	395754	204.6
三、畜牧业产值	Animal husbandry output value	11303639	11985289	11950174	101.2
（一）牲畜饲养	livestock breeding	4055669	5182562	4840571	97.7
（二）猪的饲养	swine rearing	3663882	3672020	3886169	118.2
（三）家禽饲养	poultry rearing	3424004	3071855	3103331	85.1
（四）狩猎和捕捉动物	Hunting and catching animals	25586			
（五）其他畜牧业	Other animal husbandry	134498	58852	120104	194.5
四、渔业产值	Fishery output value	341436	367419	401280	113.2
五、农林牧渔服务业产值	Animal husbandry and Fishery Services Industry	728312	755364	808995	105.0

12－7 农林牧渔业中间消耗
Intermediate Consumption of Agriculture, Forestry, Animal Husbandry and Fishery

单位：万元　　unit: 10000yuan

项　　目	Item	2012	2013	2014
农林牧渔业中间消耗总计	**Total of Intermediate Consumption of Agriculture, Forestry, Animal Husbandry and Fishery**	**10899046**	**11612551**	**11928154**
农业中间消耗	Intermediate Consumption of Agriculture	3944190	4265726	4539115
中间物质消耗	Intermediate Substance Consumption	3619236	3914281	4078328
对非物质生产部门劳务支出	Labor Expenses for the Non Material Production Department	324954	351445	460787
林业中间消耗	Forest Intermediate Consumption	367207	367246	390873
中间物质消耗	Intermediate Substance Consumption	298301	298333	319346
对非物质生产部门劳务支出	Labor Expenses for the Non Material Production Department	68906	68913	71527
牧业中间消耗	Animal Husbandry Intermediate Consumption	6137932	6508012	6488944
中间物质消耗	Intermediate Substance Consumption	6003869	6365866	6347210
对非物质生产部门劳务支出	Labor Expenses for the Non Material Production Department	134063	142146	141734
渔业中间消耗	Intermediate Consumption of Fishery	132178	142228	156499
中间物质消耗	Intermediate Substance Consumption	108621	116879	130185
对非物质生产部门劳务支出	Labor Expenses for the Non Material Production Department	23557	25349	26314
农林牧渔服务业中间消耗	Intermediate Cunsumption of Agriculture, Forestry, Manimal Husbandry and Fishery	317539	329339	352722
中间物质消耗	Intermediate Substance Consumption	218995	227133	229012
对非物质生产部门劳务支出	Labor Expenses for the Non Material Production Department	98544	102206	123710

12－8　农业生产主要条件和农用化肥施用量

Effective Irrigation Area and Application of Agricultural Chemical Fertilizer

年 份 Year	农业机械总动力（万千瓦） Total Power of Agricultural Machinery (10000kw)	有效灌溉面积（千公顷） Irrigation Area (1000 hextares)	农村用电量（亿千瓦小时） Electricity Consumption in Rural Area(100 Million kw.h)	化肥施用量（实物量）（万吨） Consumption of Chemical Fertilizer(10000tons)	氮肥 Nitrogenous Fertilizer	磷肥 Phosphatic Fertilizer	钾肥 Potassic Fertilizer	复合肥 Compound Fertilizer	每公顷化肥施用量（公斤） Fertilizer Application per Hectare(kg)
1978	284.1	598.6	8.1	66.7					
1979	303.1	570.8	8.8	91.3					
1980	367.5	730.7	9.7	120.2					
1981	395.8	744.9	11.2	144.9					
1982	396.1	733.5	12.3	135.3					
1983	417.7	716.1	12.4	152.2					
1984	452.7	711.4	12.4	180.5					
1985	476.3	696.3	11.9	159.2					
1986	528.5	717.5	13.9	179.1					
1987	534.9	752.9	14.9	195.8					
1988	552.6	774.5	15.8	190.7					
1989	590.5	836.0	16.2	201.2					
1990	629.0	881.9	16.8	233.1					
1991	587.5	923.3	18.2	248.1					
1992	591.4	914.8	19.0	245.0					
1993	607.1	908.9	19.8	236.9					
1994	598.8	910.1	21.5	245.1					
1995	661.4	904.4	21.5	266.6					
1996	718.7	936.0	22.1	283.9	196.1	34.0	12.1	41.8	717.0
1997	773.2	1078.0	22.7	282.7	192.1	34.5	13.1	43.0	709.0
1998	827.5	1250.9	22.5	289.3	195.5	33.9	15.1	44.8	722.0
1999	897.3	1293.2	23.3	293.6	193.6	35.5	17.1	47.4	732.0
2000	1015.4	1315.0	23.8	281.3	181.5	34.5	17.0	48.4	704.0
2001	1096.5	1383.0	24.1	280.6	176.6	34.6	17.0	52.4	694.0
2002	1150.7	1499.0	23.9	283.3	170.1	38.7	17.8	56.6	604.0
2003	1230.6	1546.0	23.1	287.3	164.6	39.2	18.4	65.1	628.0
2004	1319.8	1595.0	26.2	304.7	162.9	44.3	19.5	78.0	708.0
2005	1471.3	1613.7	28.7	306.0	159.3	38.8	20.0	87.9	711.0
2006	1572.3	1636.4	30.2	317.8	159.6	38.9	20.9	98.4	635.8
2007	1678.3	1640.6	32.6	331.9	161.7	40.7	22.1	107.4	663.5
2008	1800.0	1678.9	34.7	343.8	160.4	41.7	23.9	117.9	685.5
2009	2001.2	1683.7	37.5	359.0	162.8	41.4	24.0	130.8	672.6
2010	2144.7	1726.8	39.5	371.7	165.2	41.4	24.0	140.7	666.4
2011	2355.0	1831.7	42.5	391.9	169.5	42.6	26.0	153.3	634.8
2012	2554.7	1851.9	46.1	410.5	172.4	43.6	28.8	165.8	634.0
2013	2726.6	1853.7	48.2	425.8	173.2	44.3	29.3	179.2	640.3
2014	2919.1	1628.8	48.8	440.1	170.6	44.8	31.3	193.4	741.0

12－9 农作物播种面积

Crop sown area

单位：千公顷 unit: 1000ha

年 份 Year	农作物总播种面积（千公顷）Total Sown Area of Crops(1000ha)	粮食播种面积 Grain Sown Area	谷物 Grain	水稻 Rice	玉米 Corn	高粱 Sorghum	#大豆 Soybean	薯类 Potato	马铃薯 Potato	#油料 Oil
1978	4053.1	3603.1	3019.1	278.1	1520.1	281.9	584.4			106.2
1979	4060.5	3600.1	3023.5	260.5	1595.6	281.9	576.5			118.9
1980	4057.0	3524.3	2967.8	252.5	1681.9	234.0	556.5			186.3
1981	4074.8	3509.3	2904.0	253.7	1551.3	275.5	605.3			232.3
1982	4065.6	3555.2	2968.2	260.4	1605.5	313.1	587.0			192.5
1983	4069.6	3586.5	3086.7	266.4	1714.9	302.7	499.7			175.3
1984	4079.8	3501.7	3104.6	284.7	1854.8	276.2	397.1			288.1
1985	4063.9	3283.5	2805.3	322.5	1679.6	199.8	478.1			437.4
1986	4036.8	3469.5	2980.4	348.5	1989.9	163.9	489.1			272.8
1987	4036.9	3485.7	2999.6	367.5	2122.2	135.4	486.1			241.4
1988	4035.2	3422.5	2877.6	379.6	1987.3	152.5	544.9			248.7
1989	4021.4	3430.9	2893.6	389.7	1983.1	150.3	537.3			232.7
1990	4039.8	3525.9	3062.1	418.4	2219.1	124.3	463.8			200.9
1991	4065.9	3542.0	3110.8	433.4	2280.1	107.5	431.2			187.5
1992	4048.7	3536.9	3099.4	442.4	2234.0	118.3	437.5			154.1
1993	4050.7	3526.7	2832.1	427.7	2039.0	140.6	543.6			153.0
1994	4059.6	3566.7	2870.1	416.5	2100.2	159.9	504.9			154.0
1995	4059.8	3576.9	3051.3	424.1	2344.1	128.4	378.6			151.0
1996	4063.0	3624.5	3198.5	434.1	2481.3	150.3	296.1			119.0
1997	4067.4	3592.1	3133.1	453.1	2454.2	111.5	309.6			112.4
1998	4061.6	3567.2	3104.7	459.0	2421.3	99.9	304.3			121.9
1999	4064.3	3513.4	3074.6	465.2	2375.5	113.6	278.3			165.8
2000	4065.6	3357.1	2567.2	483.9	1821.1	121.8	538.9	123.4		271.9
2001	4045.7	3357.2	2614.2	465.4	1927.2	99.0	476.8	112.5		234
2002	4687.7	4037.6	3385.5	666.1	2579.5	90.0	415.0			257.8
2003	4717.1	4013.8	3318.5	541.0	2627.2	95.2	430.0			301.8
2004	4904.0	4312.1	3562.0	600.1	2901.5	53.6	525.9			222.1
2005	4953.1	4294.5	3554.4	654.0	2775.2	85.2	504.8			288.5
2006	4984.6	4325.5	3582.0	664.0	2805.9	80.2	448.4			287.8
2007	5040.3	4334.7	3618.2	669.9	2853.7	62.3	355.9			305.6
2008	4998.2	4391.2	3777.7	658.7	2922.5	72.9	373.4			212.3
2009	5077.6	4427.7	3747.3	660.4	2957.2	89.3	437.4			243.0
2010	5221.4	4492.2	3865.0	673.5	3046.7	95.6	376.8			303.1
2011	5222.3	4545.1	3977.0	691.3	3134.2	100.8	304.8			245.1
2012	5315.1	4610.3	4161.6	701.2	3284.3	126.8	230.0	81.9	76.4	266.6
2013	5413.1	4789.9	4375.7	726.7	3499.1	115.0	214.5	79.6	74.1	276.6
2014	5615.3	5000.7	4595.0	747.1	3696.6	115.9	213.6	74.1	66.8	266.3

12－10 主要农产品产量（一）
Main farm output（one）

单位：万吨 unit:

年份 Year	粮食 Grain	谷物 Grain	#稻谷 Unhusked Rice	#小麦 Wheat	#玉米 Corn	豆类 Beans	薯类 Potato
1978	914.70		121.15	19.89	489.49		
1980	859.60		107.40	16.80	506.90		
1985	1225.26		183.66	10.33	793.13		
1990	2046.52		289.42	12.75	1529.55		
1995	1992.40	1867.90	296.90	19.10	1478.50	89.70	34.80
1996	2326.60	2211.90	347.40	20.60	1753.40	74.90	39.80
1997	1808.30	1707.20	376.20	13.00	1260.30	73.70	27.40
1998	2506.00	2368.60	385.50	10.60	1924.70	88.10	49.30
1999	2305.60	2184.20	405.90	16.10	1692.60	74.20	47.20
2000	1638.00	1448.30	374.80	16.30	993.20	140.60	49.10
2001	1953.40	1775.57	371.20	11.58	1328.40	134.18	43.65
2002	2214.80	1988.12	370.00	7.94	1540.00	184.96	41.72
2003	2259.60	2015.60	318.20	6.00	1615.30	191.10	52.90
2004	2510.00	2285.36	437.62	3.37	1810.00	166.91	57.73
2005	2581.21	2371.48	478.00	2.68	1815.00	152.83	75.89
2006	2720.00	2531.00	493.00	3.00	1984.00	150.00	39.00
2007	2454.00	2337.00	500.00	1.55	1800.00	92.14	25.00
2008	2840.00	2698.82	579.00	3.22	2083.00	111.18	30.00
2009	2460.00	2348.00	505.00	1.00	1810.00	85.00	27.00
2010	2842.50	2654.11	568.50	1.24	2004.00	112.90	75.49
2011	3171.00	3015.24	623.50	1.30	2339.00	101.26	54.50
2012	3343.00	3221.73	532.03	0.99	2578.78	52.57	68.69
2013	3551.00	3443.80	563.27	0.91	2775.74	58.78	48.44
2014	3532.80	3420.80	587.60	0.10	2733.50	55.45	55.70

12－10 主要农产品产量（二）

Main farm output（two）

单位：万吨 unit:

年份 Year	油料 Oil plants	麻类 Hemp	甜菜 Beet	烟叶 Tobacco	园参 Ginseng	蔬菜 Vegetables	水果 Fruits
1978	12.29	1.26	45.13	2.48	0.16	351.04	5.65
1980	26.60	1.56	117.66	1.54	0.22	302.94	4.45
1985	48.36	1.27	87.69	3.79	0.52	329.29	6.59
1990	46.74	0.38	116.40	5.41	1.92	450.16	13.33
1995	25.55	0.25	83.64	3.07	1.35	530.55	27.97
1996	21.70	0.18	70.21	5.79	1.41	587.59	31.06
1997	15.93	0.10	32.90	7.21	1.30	642.43	37.49
1998	21.28	0.05	55.56	4.26	1.37	736.87	45.54
1999	31.40	0.10	25.80	4.90	1.50	822.60	49.60
2000	38.96	0.12	44.39	5.99	1.65	836.43	48.62
2001	34.34	0.33	69.44	4.88	2.02	777.84	200.79
2002	46.12	0.83	76.18	5.13	1.99	859.44	80.27
2003	57.13	0.37	7.02	5.01	2.51	881.01	59.38
2004	38.10	0.30	3.55	5.40	2.51	699.89	68.30
2005	54.45	0.61	7.35	5.97	3.21	832.56	66.20
2006	58.37	0.12	11.08	7.04	2.87	814.00	67.95
2007	43.71	0.05	15.85	6.13	3.13	878.46	65.43
2008	51.84	0.25	24.27	6.53	3.58	857.60	66.29
2009	50.40	0.05	6.63	6.65	2.75	968.42	64.06
2010	70.44	0.02	7.75	7.23	2.82	1078.75	65.08
2011	69.56	0.02	16.27	7.23	3.69	971.38	60.63
2012	80.72	0.01	20.94	8.13	3.21	957.54	59.75
2013	84.02		6.20	6.06	3.22	939.21	61.25
2014	79.69		6.40	5.40	2.89	875.95	58.89

注：水果产量为园林水果产量。
Note: Fruit Production for garclen fruit production.

12－11 主要农业产品产量和大牲畜饲养量

Output of Major Agricultural Products Over the Years and Lorge Number of Liestock Raised

年份 Year	大牲畜年底头数(万头) End of the Head of large livestock (10000heads)	肉类(万吨) Meat (10000tons)				奶类(万吨) Milk (10000tons)	水产品(万吨) Aquatic Products (10000tons)
			猪肉 Pork	牛肉 Beef	羊肉 Mutton		
1978	231.62	15.64	15.13	0.34	0.17	2.02	1.03
1979	234.27	21.30				2.78	0.81
1980	236.76	24.57	23.63	0.76	0.18	3.07	0.84
1981	231.83	25.11				3.10	1.30
1982	234.44	28.29				3.47	1.54
1983	245.71	26.33				3.82	1.79
1984	279.59	26.22				4.91	2.14
1985	294.59	32.02	28.53	1.08	0.31	7.43	2.96
1986	284.89	37.46				8.01	3.83
1987	274.52	38.09				8.52	4.51
1988	281.90	41.02				9.47	5.81
1989	292.17	45.07				11.06	6.61
1990	309.07	51.79	38.94	3.63	0.81	12.11	7.09
1991	318.55	56.97				12.66	7.86
1992	341.12	64.04				11.32	8.49
1993	359.26	76.66				9.80	9.79
1994	424.03	101.00	61.75	11.62	1.40	10.89	10.50
1995	498.66	134.60	77.30	17.49	1.87	11.32	11.06
1996	572.20	184.50	102.52	25.74	2.59	8.63	12.08
1997	602.96	211.50	115.00	32.00	3.00	9.89	13.20
1998	494.80	223.71	117.20	28.30	2.60	13.35	14.20
1999	522.10	236.40	121.50	31.30	3.10	14.54	14.47
2000	539.80	247.90	127.10	33.50	3.20	15.00	14.01
2001	551.00	258.20	134.00	35.20	3.40	16.44	11.02
2002	560.39	263.50	134.90	37.00	3.50	18.89	10.51
2003	599.41	275.00	135.10	46.20	3.80	23.28	10.87
2004	615.20	288.00	143.00	49.00	4.00	26.00	11.98
2005	634.94	310.00	158.00	51.00	4.20	30.00	11.89
2006	684.37	315.00	159.00	55.00	4.30	35.00	13.07
2007	740.65	347.80	177.90	59.30	4.60	48.00	15.16
2008	800.90	384.50	200.00	64.50	5.00	65.00	15.50
2009	556.65	226.20	113.20	41.90	3.60	44.50	16.50
2010	537.60	238.90	119.80	43.20	3.80	44.60	16.60
2011	505.60	243.90	122.00	43.40	3.90	46.00	17.28
2012	504.30	260.00	132.70	45.00	4.10	49.76	18.21
2013	503.10	262.60	136.30	45.00	4.20	48.34	18.58
2014	490.65	261.94	140.40	46.00	4.50	49.31	19.01

12－12　主要农作物播种面积和产量
Main Crop Acreage and Yield

项　　目	Item	2012			2013			2014		
		播种面积（千公顷）Total Sown Area (1000 ha)	总产量（万吨）Output (10000 tons)	单产（公斤/公顷）Yield Per Unit Area (kg/ha)	播种面积（千公顷）Total Sown Area (1000 ha)	总产量（万吨）Output (10000 tons)	单产（公斤/公顷）Yield Per Unit Area (kg/ha)	播种面积（千公顷）Total Sown Area (1000 ha)	总产量（万吨）Output (10000 tons)	单产（公斤/公顷）Yield Per Unit Area (kg/ha)
农作物总播种面积	Sown Area	5315.14			5413.10			5615.30		
粮食作物合计	Total of Grain Crops	4610.30	3343.00	7251.00	4789.90	3551.02	7413.56	5000.72	3532.80	7064.67
谷物	Cereal	4161.60	3221.73	7741.00	4375.65	3443.80	7870.38	4595.00	3420.85	7444.70
# 水稻	Rice	701.19	532.03	7587.00	726.66	563.27	7751.43	747.10	587.60	7865.10
小麦	Wheat	3.21			2.73			0.40	0.10	2500.00
玉米	Corn	3284.34	2578.78	7851.00	3499.09	2775.74	7932.75	3696.60	2733.50	7394.60
高粱	Grain Sorghum	126.84	82.81	6529.00	115.00	85.43	7428.37	115.90	84.80	7616.60
豆类	Soy Beans	370.00	52.57	1421.00	337.40	58.78	1742.15	331.60	55.50	1673.70
# 大豆	Soy	229.97	40.83	1775.00	214.53	45.39	2115.79	213.60	37.40	1750.90
薯类	Potato							74.10	56.50	7624.80
# 马铃薯	Potato		68.69			48.44		66.80	55.70	8338.30
油料	Oil－bearing Crops	266.57	80.72	3028.00	276.55	84.01	3037.79	266.31	85.70	3218.16
# 葵花籽	Sunflower Seeds	104.91	29.69	2830.00	110.11	25.78	2341.30	96.64	23.76	2458.61
烟叶	Tobacco Crops	25.05	8.13	3246.00	22.49	6.06	2694.53	20.61	5.40	2620.09
# 烤烟	Flue－cured Tobacco	12.10	3.24	2678.00	11.99	3.01	2510.43	10.56	2.82	2670.45
园参	Garden Ginseng	3.55	3.28	9239.00	3.31	3.21	9697.89	6.52	2.89	4432.52
蔬菜	Vegetables	237.36	957.54	40337.00	215.12	938.97	43648.66	211.06	875.95	41502.42
水果	Fruits	51.09	157.72	30871.00	52.37	173.41	33112.47	51.20	170.85	33369.14

注：1.粮食作物、玉米、水稻播种面积和产量为抽样调查数。2.此表中水果为瓜果类，包含园林水果。
3.此表薯类为折粮产量。4.此表蔬菜产量含食用菌。

note：①The grain crop, corn, rice sown area and yield of the sample survey number. ②This table contains fruits and fruit, fruit garden.
③This table is folded grain Yield of potato. ④This table Vegetable production with edible fungus.

12－13 林业、渔业和其他畜牧业生产情况
Output of Forestry、Fishery and Other Livestock Production

项　　目	Item	2012	2013	2014
造林面积（千公顷）	Area of Afforestation(1000ha)	146.68	153.11	153.31
#用材林	Commercial Forest	4.14	8.26	58.30
经济林	Economic Forest	0.30	0.14	7.78
防护林	Shelter Forest	22.47	112.08	42.40
零星植树（万株）	Surrounding Tree of Planting(10000plants)	1605.33	1014.15	933.76
年末实有育苗面积（千公顷）	Areas Growing Seeding at End of the Year(1000ha)	14.32	13.12	12.99
水产品产量（吨）	Output of Aquatic Products(ton)	182100.00	185827.00	190100.00
#养殖产量	Output of Cultured	161974.00	164975.00	169468.00
养殖面积（千公顷）	Areas of Cultured(1000ha)	294.40	312.10	313.10
水果总产量（吨）	Output of Fruits(ton)	597485.00	612388.00	588991.00
年末实有水果面积（千公顷）	Actual Area of Fruits at End of the Year(1000ha)	53.78	52.65	52.87
蚕茧产量（吨）	Output of Silkworm Cocoons(ton)	3413	2668	3378
蜂蜜产量（吨）	Honey(ton)	15580	15255	14782
鹿茸产量（公斤）	Pilose Amtler(kg)	276498	285234	298679

12－14 畜牧业生产情况
Livestock Production

项　目	Item	2012	2013	2014
大牲畜年末头数(万头)	Large Animals(year－end)(10000 heads)	504.3	503.1	490.7
牛	Cattle and Buffaloes	431.4	437.6	430.9
# 奶牛	#Cows	24.0	23.2	24.5
马	Horses	37.1	34.7	30.1
驴	Donkeys	26.5	22.2	21.8
骡	Mules	9.3	8.5	7.9
肉类总产量(万吨)	Output of Meat(10000 tons)	260.0	262.6	261.9
# 猪 肉	#Prok	132.7	136.3	140.4
牛 肉	Beef	45.0	45.0	46.0
羊 肉	Mutton	4.1	4.2	4.5
肉猪出栏头数(万头)	Slaughtered Fattened Hogs(10000 heads)	1625.3	1669.1	1721.1
猪年末头数(万头)	Hogs(10000 heads)	1001.2	1001.2	1000.4
# 能繁殖母猪	#Sow	120.1	124.2	123.5
羊年末只数(万只)	Sheep and Coats(year－end) (10000 heads)	393.9	396.2	410.8
山 羊	Coats	69.4	55.1	54.4
绵 羊	Sheep	324.5	341.1	356.4
鹿年末只数(万只)	Deer (year－end)(10000 heads)	63.9	65.4	67.8
牛 奶(吨)	Cow Milk(ton)	491000.0	475803.8	493056.4
羊 奶(吨)	Goat Milk(ton)	6564.0	7611.0	5283.0
绵 羊 毛(吨)	Sheep Wool(ton)	20273.6	18972.0	14261.4
# 细羊毛	#Semi－fine Wool	11458.0	13376.0	7469.7
家 禽(万只)	Poultry(10000 units)	16282.1	15241.3	15018.0
禽 蛋(万吨)	Poultry Eggs(10000 tons)	100.2	97.7	98.5

12－15　农业事业机构和气象台站
Agricultural Institution and Meteorological Station

单位：个　　(unit)

指　标	Item	2012	2013	2014
农业技术推广站	Agricultural Technology Spreading Stations	753	748	733
畜牧兽医站	Veterinary Stations	683	672	672
气象台、站	Meterological Obsrvatories and Stations	66	66	66
气 象 台	Meterological Obsrvatories	10	11	11
气 象 站	Weather Stations	56	55	55

12－16　农业自然灾害受灾情况
Agricultural Natural Disaster Disaster Situation

指　标	Item	2012	2013	2014
受灾面积(万公顷)	**Disaster Areas (10000ha)**	**63.3**	**66.1**	**195.6**
#旱　灾	Drought	30.4		182.7
洪涝灾	Flood	7.0	47.2	2.4
风雹灾	Wind and Hail	5.2	19.8	8.9
绝收面积(万公顷)	**Areas Affected(10000ha)**	**1.6**	**176.5**	**27.5**
#旱　灾	Drought	1.0		25.3
洪涝灾	Flood	0.3	161.1	0.6
风雹灾	Wind and Hail	0.4	15.1	1.4
受灾人口(万人)	Disaster Population(10000persons)	498.4	907.3	575.0
转移安置人口(人)	Population Arranged(person)	20000	322243	11508
损坏房屋(间)	Houses Damaged(room)	19000	361902	19438
其中：倒塌房屋	Houses Collapsed	1000	17781	3524
直接经济损失(亿元)	Dircet Economic Losses (100million yuan)	36.4	58.4	123.5

12－17 商品粮基地县基本情况（2014年）
Basic Conditions for Commodity Grain County（2014）

市、县	City，County	农业人口（人）Agricltural Population (person)	耕地面积（公顷）Area of Cultivated Land (ha)	农林牧渔业总产值（现价、万元）Total Value of AFAF (Current price) (10000 yuan)	粮食播种面积（公顷）Grain Grops Sown Area (ha)	粮食总产量（吨）Output of Grain (ton)	每公顷粮食产量（公斤）Output of Grain per Hectare(kg)
农安县	Nong' an	866915	377510	1736256	353745	3000963	8483
九台市	Jiutai	523512	181827	773480	155640	1087480	6987
榆树市	Yushu	1071709	391035	1884308	355060	3349885	9435
德惠市	Dehui	682368	217259	1311938	200893	1510165	7517
永吉县	Yongji	306049	70737	413058	79740	538544	6754
蛟河市	Jiaohe	276253	112250	698658	103400	600253	5805
桦甸市	Huadian	258064	86640	817882	109120	685672	6284
舒兰市	Shulan	454442	140246	976625	132233	927465	7014
磐石市	Panshi	362411	104710	852672	107233	732752	6833
梨树县	Lishu	624791	213649	1649228	220447	2117456	9605
伊通满族自治县	Yitong	377596	124211	819194	117533	1018838	8669
公主岭市	Gongzhuling	490144	285912	1799999	304072	3061446	10068
双辽市	Shuangliao	272653	174436	780918	148293	1136312	7663
东丰县	Dongfeng	295156	130491	601186	112587	831227	7383
东辽县	Dongliao	277367	108277	375150	87339	589574	6750
通化县	Tonghua	155742	29093	167666	25413	156616	6163
辉南县	Huinan	185520	77222	349922	70845	501426	7078
梅河口市	Meihekou	357710	104000	487391	88189	547138	6204
前郭尔罗斯蒙古族自治县	Qianguo	429774	306825	1297593	240867	2026785	8415
长岭县	Changling	532619	332569	1352719	239400	1628982	6804
扶余市	Fuyu	652977	320942	1363100	241340	2112292	8752
镇赉县	Zhenlai	173377	193582	549955	149860	1017579	6790
洮南市	Taonan	284520	184630	558820	147987	903170	6103
大安市	Da' an	261763	105528	351276	111067	790317	7116
敦化市	Dunhua	212504	154100	539668	120136	493598	4109

注：农业人口为公安年报数。
Note: the agricultural population security annual report.

12－18　乡镇企业基本情况
Basic Situation of Township Enterprise

指　　标	Item	2008	2009	2010	2011	2012	2013	2014
企业单位数(个)	Number of Enterprises(unit)	679853	679896	680917	689802	689343	608559	610582
第一产业	Primary Industry	54388	54391	54473	55184	55148	48685	48847
第二产业	Secondary Industry	135970	135979	136184	136183	136092	120143	120529
#工业	Industry	115575	115582	115756	115755	115677	102121	102449
第三产业	Tertiary Industry	489495	489526	490260	498435	498103	439731	441206
年末从业人员(人)	Employment at Year－end(person)	2538903	2543839	2600815	2563807	2723175	2771475	2800813
第一产业	Primary Industry	177723	178068	182057	179466	190621	194001	196057
第二产业	Secondary Industry	1066339	1068412	1092343	1076799	1143735	1164021	1176341
#工业	Industry	906388	908150	928491	915279	972174	989417	999889
第三产业	Tertiary Industry	1294841	1297359	1326415	1307542	1388819	1413453	1428415
增加值(万元)	Value Added(10000yuan)	10112838	11360270	13157000	15130072	17470393	20101310	21847152
第一产业	Primary Industry	394513	438050	507331	577968	667368	743748	808345
第二产业	Secondary Industry	5949446	6683247	7740267	8902535	10279579	11833642	12861418
#工业	Industry	5413995	6081754	7043565	8101306	9354415	10814504	11753766
第三产业	Tertiary Industry	3768879	4238973	4909402	5649569	6523446	7523920	8177389
营业收入(万元)	Operating Revenue(10000yuan)	35093096	38558356	43858174	50436268	58956851	67221973	75601997
利润总额(万元)	Total Profits(10000yuan)	2242615	2717149	3090528	3445178	4113661	4428664	4725775
上交税金(实交)(万元)	Taxes Payable(10000yuan)	765434	835586	980600	1127060	1365926	1500750	1658585
劳动者报酬(万元)	Wages(10000yuan)	2203035	2295091	2621036	2805395	3351586	4043611	4451897
年末固定资产原值(万元)	Original Value of Fixed Assets at Year－end(10000yuan)	8577810	11678745	14035639	18105989	21419019	20303422	18245817

12-19 全省乡镇企业主要经济指标（2014年）

The Main Economic Indicators of Township Enterprises in the Province (2014)

地区 Region	企业个数（个）Number of Enterprises (unit)	从业人员（人）Employment (person)	营业收入（万元）Operating Revenue (10000yuan)	现价总产值（万元）Gross Value of Current Price (10000yuan)	利润总额（万元）Total Profits (10000yuan)	上交税金（万元）Taxes Payable (10000yuan)	增加值（万元）Value Added (10000yuan)
全 省 Total	**610582**	**2800813**	**75601997**	**79979353**	**4725775**	**1658585**	**21847152**
长 春 Changchun	220666	950012	28530026	30181915	1300110	458986	8367907
吉 林 Jilin	67329	302911	10476949	11083564	1011436	253742	2745459
四 平 Siping	79029	290781	7346402	7771758	366642	153338	2489430
辽 源 Liaoyuan	28812	176649	3589545	3797380	104690	98641	560025
通 化 Tonghua	44572	208994	4552857	4816467	531566	179057	1661644
白 山 Baishan	28035	221988	5989974	6336793	815286	210014	1889987
松 原 Songyuan	57097	332661	8118148	8588189	110175	171039	2373455
白 城 Baicheng	37200	150755	1540896	1630115	141962	36970	415997
延 边 Yanbian	47842	166062	5457200	5773172	343908	96798	1343248

CHAPTER ▶ 13

第十三篇

工业

INDUSTRY

13－1 规模以上工业企业主要指标（2014年）

单位：万元

项　　目	Item	企业单位数(个) Number of Enterprises (unit)	#亏损企业 Loss－making Enterprises
总计	**Total**	**5311**	**392**
一、按登记注册类型分组:	**Grouped by Status Registration**		
内资企业	Domestic Enterprises	4979	340
国有企业	State–owned Enterprises	68	24
中央企业	Central Enterprises	23	8
地方企业	Local Enterprises	45	16
集体企业	Collective–owned Enterprises	39	8
股份合作企业	Stock Cooperative	10	2
联营企业	Joint Venture Enterprises	1	
国有联营企业	State Joint Ownership Enterprises		
集体联营企业	Collective Joint Ownership Enterprises		
国有与集体联营企业	State–owned and Collective Joint Ownership Enterprises		
其他联营企业	Other Joint Ownership Enterprises	1	
有限责任公司	Limited Liability Corporations	1855	180
国有独资公司	State Sole Funded Corporations	73	18
其他有限责任公司	Other Limited Liability Corporations	1782	162
股份有限公司	Joint Stock Corporations	303	32
私营企业	Private Enterprises	2636	93
私营独资企业	Private–funded Enterprises	132	2
私营合伙企业	Private Partnership Enterprises	6	
私营有限责任公司	Private Limited Liability Corporations	2353	81
私营股份有限公司	Private Joint Stock Corporations	145	10
其他企业	Other Enterprises	67	1
港、澳、台商投资企业	Hong Kong,Macao and Taiwan Invesment Enterprises	69	13
合资经营企业(港或澳、台资)	Joint–venture Enterprises	32	5
合作经营企业(港或澳、台资)	Cooperative Enterprises	5	
港澳台商独资经营企业	Hong Kong,Macao and Taiwan Investment Enterprises	26	6
港澳台商投资股份有限公司	Hong Kong,Macao and Taiwan Investment Joint Stock Corporations	4	2
其他港澳台商投资企业	Other Hongkong,Macao and Taiwan Enterprises	2	
外商投资企业	Foreign Investment Enterprises	263	39
中外合资经营企业	Sino–foreign Joint Venture	144	18
中外合作经营企业	Sino–foreign Cooperative Operation Enterprises	12	1
外资企业	Foreign Invested Enterprises	102	19
外商投资股份有限公司	Foreign Investment Joint Stock Corporation	4	1
其他外商投资企业	Other Foreign Investment Enterprises	1	

Main Indicators of Industrial Enterprises above Designated Size（2014）

unit: 10000 yuan

工业总产值（当年价格）Gross Industrial Output Value（current price）	工业销售产值（当年价格）Sales Value of Industry（current price）	产成品 Finished Goods	资产总计 Total Assets	流动资产合计 Total Current Assets	应收帐款 Account Receivable	固定资产合计 Total Fixed Assets	固定资产原价 Original Value of Fixed Assets	负债合计 Total Liabilities
235409451	**229635139**	**5159053**	**166866027**	**72861058**	**12696467**	**76305928**	**160356672**	**91334045**
208363378	203154220	4489908	145734019	60853340	9422640	69107624	146847735	77686466
47792712	47096685	1700707	35627130	20933201	922632	14307837	17731658	18474587
46908062	46280583	1669782	34272561	20465935	848898	13490156	16352193	17526036
884650	816102	30925	1354569	467266	73734	817681	1379466	948551
648073	641868	9231	344260	164037	44765	153591	564191	168850
180658	174668	2843	53594	21328	7660	32265	93039	16410
12617	12011	711	21540	6445		8089	9216	9133
12617	12011	711	21540	6445		8089	9216	9133
55430723	53872620	1064887	43467746	14187948	3679347	22805127	48342722	25780431
6825851	6661354	103911	10107419	2510021	614484	6860541	12177932	7590344
48604872	47211266	960976	33360327	11677927	3064863	15944586	36164790	18190086
38027222	36623216	830950	34221462	14999428	2769505	13847373	27162986	19045116
62471340	60958526	847965	24279117	8975424	1952836	11890623	42547782	10748365
3340689	3274140	15766	872620	282821	38475	497184	3466280	290161
118500	116972	308	24507	10174	1035	12611	98399	11704
55262738	53906855	762899	21597942	7887450	1678845	10651444	37281155	9646138
3749413	3660559	68992	1784048	794979	234481	729384	1701949	800363
3800033	3774625	32615	7719170	1565528	45896	6062719	10396140	3443574
8343184	7902651	177289	4448906	1690433	517252	2403378	3878850	2809157
1849250	1836135	58943	1098476	504897	156812	532859	1319941	487772
421083	316764	13418	332081	168048	10958	79270	188023	234581
5494730	5207343	84875	2511907	812076	298121	1511220	2024774	1937746
144791	141475	19010	185154	147000	49162	17153	29603	58652
433331	400933	1043	321288	58412	2201	262876	316509	90407
18702889	18578268	491856	16683103	10317286	2756575	4794927	9630087	10838422
11568875	11438127	291388	11187297	7213896	1672329	2878632	4512685	7799340
658645	705771	5699	894125	298009	31252	481265	1140160	532811
5543018	5497424	157508	3641745	2129266	825420	1248663	3659460	2063446
766298	771238	22792	723055	495239	200655	136005	242253	278993
166053	165710	14469	236881	180877	26918	50361	75531	163833

单位：万元

13－1 续表 1

项　　目	Item	企业单位数(个) Number of Enterprises (unit)	#亏损企业 Loss－making Enterprises
二、按经济组织类型分组	**Grouped by Ownership**		
独资企业	Solely–invested Enterprise	367	59
国有企业	State–owned Enterprises	68	24
集体企业	Collective–owned Enterprises	39	8
私营独资企业	Private–funded Enterprises	132	2
港澳台商独资经营企业	Enterprises with Sole Investment form Hong Kong,Macao and Taiwan	26	6
外资企业	Enterprises with Sole Funds	102	19
合作、合伙企业	Cooperation and Partnership Enterprises	104	4
股份合作企业	Stock Cooperative	10	2
国有联营企业	State Joint Ownership Enterprises		
集体联营企业	Collective Joint Ownership Enterprises		
国有与集体联营企业	State–owned Collective Joint Ownership Enterprises		
其他联营企业	Other Joint Ownership Enterprises	1	
私营合伙企业	Private Partnership Enterprises	6	
合作经营企业(港或澳、台资)	Cooperative Enterprises	5	
中外合作经营企业	Sino–foreign Cooperative Enterprises	12	1
其他企业（内资）	Other Enterprises（domistic Investment）	67	1
其他港澳台商投资企业	Other Hongkong,Macao and Taiwan Enterprises	2	
其他外商投资企业	Other Foreign Funded Enterprises	1	
股份有限公司	Joint Stock Corporation	456	45
股份有限公司(内资)	Joint Stock Corporation（domistic Investment）	303	32
私营股份有限公司	Private Joint Stock Corporations	145	10
港澳台商投资股份有限公司	Hong Kong, Macao and Taiwan Investment Joint Stock Corporation	4	2
外商投资股份有限公司	Joint Stock Corporation Foreign Investment	4	1
有限责任公司	Limited Liability Corporations	4384	284
国有独资公司	State Sole Funded Corporations	73	18
私营有限责任公司	Private Limited Liability Corporations	2353	81
合资经营企业(港或澳、台资)	Joint–venture Entersprises	32	5
中外合资经营企业	Sino–foreign Equity Joint Venture	144	18
其他有限责任公司	Other Limited Liability Corporations	1782	162
三、在总计中:亏损企业	Loss–making Enterprises	392	392
在总计中:国有控股企业	State–owned Holding Enterprises	366	98
在总计中:农村工业	Village Industry	33	1
在总计中:轻工业	Light Industry	2133	134
重工业	Heavy Industry	3178	258
在总计中:大型企业	Large–sized Enterprise	111	27
中型企业	Mdeium–sized Enterprise	534	76
小型企业	Small–sized Enterprise	4666	289

contiued

unit: 10000 yuan

工业总产值（当年价格）Gross Industrial Output Value (current price)	工业销售产值（当年价格）Sales Value of Industry (current price)	产成品 Finished Goods	资产总计 Total Assets	流动资产合计 Total Current Assets	应收帐款 Account Receivable	固定资产合计 Total Fixed Assets	固定资产原价 Original Value of Fixed Assets	负债合计 Total Liabilities
62819221	61717460	1968086	42997662	24321401	2129412	17718495	27446363	22934790
47792712	47096685	1700707	35627130	20933201	922632	14307837	17731658	18474587
648073	641868	9231	344260	164037	44765	153591	564191	168850
3340689	3274140	15766	872620	282821	38475	497184	3466280	290161
5494730	5207343	84875	2511907	812076	298121	1511220	2024774	1937746
5543018	5497424	157508	3641745	2129266	825420	1248663	3659460	2063446
5790920	5667454	71105	9603185	2308821	125920	6989456	12317017	4502453
180658	174668	2843	53594	21328	7660	32265	93039	16410
12617	12011	711	21540	6445		8089	9216	9133
118500	116972	308	24507	10174	1035	12611	98399	11704
421083	316764	13418	332081	168048	10958	79270	188023	234581
658645	705771	5699	894125	298009	31252	481265	1140160	532811
3800033	3774625	32615	7719170	1565528	45896	6062719	10396140	3443574
433331	400933	1043	321288	58412	2201	262876	316509	90407
166053	165710	14469	236881	180877	26918	50361	75531	163833
42687724	41196488	941744	36913719	16436647	3253803	14729915	29136790	20183124
38027222	36623216	830950	34221462	14999428	2769505	13847373	27162986	19045116
3749413	3660559	68992	1784048	794979	234481	729384	1701949	800363
144791	141475	19010	185154	147000	49162	17153	29603	58652
766298	771238	22792	723055	495239	200655	136005	242253	278993
124111586	121053736	2178117	77351461	29794189	7187332	36868062	91456503	43713680
6825851	6661354	103911	10107419	2510021	614484	6860541	12177932	7590344
55262738	53906855	762899	21597942	7887450	1678845	10651444	37281155	9646138
1849250	1836135	58943	1098476	504897	156812	532859	1319941	487772
11568875	11438127	291388	11187297	7213896	1672329	2878632	4512685	7799340
48604872	47211266	960976	33360327	11677927	3064863	15944586	36164790	18190086
15715886	15086807	757964	27132613	11087721	2044351	12629080	22467998	21918427
83706989	82225335	2600689	87979045	41093425	4590596	41888684	65636245	53948294
489722	478902	11344	152852	88593	27541	49233	157328	51498
72146447	69537069	1478737	36081216	15956668	3230598	14465145	39131838	16728680
163263004	160098070	3680316	130784811	56904390	9465870	61840783	121224834	74605365
97985126	96191382	2615995	87332173	40287370	5284851	40386521	65025957	50866331
33335296	32355635	943012	28917855	11883054	3144681	12866508	28918005	15715499
104089028	101088122	1600045	50616000	20690634	4266935	23052900	66412711	24752216

单位：万元

13－1 续表 2

项　　目	Item	所有者权益合计 Total Owners' Equities	主营业务收入 Revenue from Principal Business
总计	**Total**	**74944690**	**233127704**
一、按登记注册类型分组：	**Grouped by Status Registration**		
内资企业	Domestic Enterprises	67560331	206066727
国有企业	State-owned Enterprises	17150932	55431720
中央企业	Central Enterprises	16744971	54582531
地方企业	Local Enterprises	405961	849189
集体企业	Collective-owned Enterprises	174638	613396
股份合作企业	Stock Cooperative	37494	179481
联营企业	Joint Venture Enterprises	12359	12011
国有联营企业	State Joint Ownership Enterprises		
集体联营企业	Collective Joint Ownership Enterprises		
国有与集体联营企业	State-owned and Collective Joint Ownership Enterprises		
其他联营企业	Other Joint Ownership Enterprises	12359	12011
有限责任公司	Limited Liability Corporations	17356747	52397321
国有独资公司	State Sole Funded Corporations	2472584	6865752
其他有限责任公司	Other Limited Liability Corporations	14884163	45531569
股份有限公司	Joint Stock Corporations	15510751	34471573
私营企业	Private Enterprises	13113603	59254222
私营独资企业	Private-funded Enterprises	543763	3176473
私营合伙企业	Private Partnership Enterprises	12268	116973
私营有限责任公司	Private Limited Liability Corporations	11615911	52382779
私营股份有限公司	Private Joint Stock Corporations	941662	3577997
其他企业	Other Enterprises	4203807	3707003
港、澳、台商投资企业	Hong Kong,Macao and Taiwan Invesment Enterprises	1634957	7542949
合资经营企业(港或澳、台资)	Joint-venture Enterprises	609666	1575062
合作经营企业(港或澳、台资)	Cooperative Enterprises	97088	316062
港澳台商独资经营企业	Hong Kong,Macao and Taiwan Investment Enterprises	570819	5089180
港澳台商投资股份有限公司	Hong Kong,Macao and Taiwan Investment Joint Stock Corporations	126502	134997
其他港澳台商投资企业	Other Hongkong,Macao and Taiwan Enterprises	230882	427648
外商投资企业	Foreign Investment Enterprises	5749402	19518028
中外合资经营企业	Sino-foreign Joint Venture	3393648	12324133
中外合作经营企业	Sino-foreign Cooperative Operation Enterprises	360871	692391
外资企业	Foreign Invested Enterprises	1582483	5465236
外商投资股份有限公司	Foreign Investment Joint Stock Corporation	339352	870559
其他外商投资企业	Other Foreign Investment Enterprises	73048	165710

contiued

unit: 10000 yuan

主营业务成本 Cost of Principal Business	营业税金及附加 Business Tax and Surcharge	主营业务税金及附加 Taxes and Other Charges on Principal Business	销售费用 Selling Cost	管理费用 Management Cost	财务费用 Finance Cost	利息支出 Interest Expense	利润总额 Total Profits	应交所得税 Income Tax Payable
194118538	**5417380**	**5395525**	**8997376**	**9806868**	**2382358**	**2351138**	**14458894**	**2541516**
171339430	4994983	4976887	8064630	8454572	2032483	2006141	12874718	2234781
43331215	2491788	2490529	2686216	1985599	−114423	181183	6609184	1652386
42675302	2396676	2395495	2662689	1915783	−131309	164118	6602247	1650887
655913	95112	95034	23527	69816	16887	17065	6937	1499
532621	5210	5208	12908	34540	2241	2059	25966	1490
160302	1272	1246	2847	3720	2513	1208	9037	210
10445	85	85	609	1391	1		62	
10445	85	85	609	1391	1		62	
45376853	819662	811903	1544313	2138027	845832	689331	2178441	222822
6675613	53970	51495	145866	292811	222064	215760	−223193	11858
38701240	765692	760408	1398447	1845216	623768	473572	2401635	210964
28369609	828176	824450	2228436	1648736	639234	591548	997835	166700
50971072	471406	466083	1525615	2405995	584992	438026	2776183	154540
2850014	22248	20655	49854	111706	19209	13988	117508	9458
104607	769	769	2923	2832	933	84	4121	167
44874605	427608	423927	1406375	2170406	533357	398501	2488911	137874
3141847	20781	20733	66463	121051	31493	25453	165644	7041
2587313	377384	377384	63687	236565	72093	102787	278009	36634
6824816	84614	84564	161186	254510	83101	79270	251738	43637
1284803	12648	12646	66558	87409	13534	10520	119385	15855
259583	5712	5712	9945	17799	10529	9835	5505	160
4818464	60030	59982	72222	125035	57410	57054	69987	23353
101584	801	801	5758	11292	808	770	15518	2961
360381	5424	5424	6702	12976	822	1092	41343	1309
15954292	337783	334073	771561	1097785	266773	265727	1332439	263099
10235526	256626	254049	369782	571192	209242	201909	771668	169136
495207	40510	40154	33980	33835	25405	23486	77719	13628
4281688	36243	35465	334196	373295	30486	37582	391090	68203
782658	3947	3947	31997	115251	−623	603	85215	11574
159213	458	458	1607	4212	2263	2147	6748	558

单位：万元

13－1 续表 3

项　　目	Item	所有者权益合计 Total Owners' Equities	主营业务收入 Revenue from Principal Business
二、按经济组织类型分组	**Grouped by Ownership**		
独资企业	Solely-invested Enterprise	20022634	69776005
国有企业	State-owned Enterprises	17150932	55431720
集体企业	Collective-owned Enterprises	174638	613396
私营独资企业	Private-funded Enterprises	543763	3176473
港澳台商独资经营企业	Enterprises with Sole Investment form Hong Kong,Macao and Taiwan	570819	5089180
外资企业	Enterprises with Sole Funds	1582483	5465236
合作、合伙企业	Cooperation and Partnership Enterprises	5027817	5617279
股份合作企业	Stock Cooperative	37494	179481
国有联营企业	State Joint Ownership Enterprises		
集体联营企业	Collective Joint Ownership Enterprises		
国有与集体联营企业	State-owned Collective Joint Ownership Enterprises		
其他联营企业	Other Joint Ownership Enterprises	12359	12011
私营合伙企业	Private Partnership Enterprises	12268	116973
合作经营企业(港或澳、台资)	Cooperative Enterprises	97088	316062
中外合作经营企业	Sino-foreign Cooperative Enterprises	360871	692391
其他企业（内资）	Other Enterprises（domistic Investment）	4203807	3707003
其他港澳台商投资企业	Other Hongkong,Macao and Taiwan Enterprises	230882	427648
其他外商投资企业	Other Foreign Funded Enterprises	73048	165710
股份有限公司	Joint Stock Corporation	16918266	39055125
股份有限公司(内资)	Joint Stock Corporation（domistic Investment）	15510751	34471573
私营股份有限公司	Private Joint Stock Corporations	941662	3577997
港澳台商投资股份有限公司	Hong Kong, Macao and Taiwan Investment Joint Stock Corporation	126502	134997
外商投资股份有限公司	Joint Stock Corporation Foreign Investment	339352	870559
有限责任公司	Limited Liability Corporations	32975972	118679295
国有独资公司	State Sole Funded Corporations	2472584	6865752
私营有限责任公司	Private Limited Liability Corporations	11615911	52382779
合资经营企业(港或澳、台资)	Joint-venture Entersprises	609666	1575062
中外合资经营企业	Sino-foreign Equity Joint Venture	3393648	12324133
其他有限责任公司	Other Limited Liability Corporations	14884163	45531569
三、在总计中:亏损企业	Loss-making Enterprises	5071752	15720754
在总计中:国有控股企业	State-owned Holding Enterprises	34316720	90647851
在总计中:农村工业	Village Industry	86209	490050
在总计中:轻工业	Light Industry	19020898	66991818
重工业	Heavy Industry	55923791	166135886
在总计中:大型企业	Large-sized Enterprise	36748826	104111897
中型企业	Mdeium-sized Enterprise	13156942	31551889
小型企业	Small-sized Enterprise	25038922	97463917

contiued

unit: 10000 yuan

主营业务成本 Cost of Principal Business	营业税金及附加 Business Tax and Surcharge	主营业务税金及附加 Taxes and Other Charges on Principal Business	销售费用 Selling Cost	管理费用 Management Cost	财务费用 Finance Cost	利息支出 Interest Expense	利润总额 Total Profits	应交所得税 Income Tax Payable
55814001	2615519	2611839	3155396	2630174	-5078	291866	7213735	1754889
43331215	2491788	2490529	2686216	1985599	-114423	181183	6609184	1652386
532621	5210	5208	12908	34540	2241	2059	25966	1490
2850014	22248	20655	49854	111706	19209	13988	117508	9458
4818464	60030	59982	72222	125035	57410	57054	69987	23353
4281688	36243	35465	334196	373295	30486	37582	391090	68203
4137052	431613	431232	122300	313328	114559	140639	422544	52666
160302	1272	1246	2847	3720	2513	1208	9037	210
10445	85	85	609	1391	1		62	
104607	769	769	2923	2832	933	84	4121	167
259583	5712	5712	9945	17799	10529	9835	5505	160
495207	40510	40154	33980	33835	25405	23486	77719	13628
2587313	377384	377384	63687	236565	72093	102787	278009	36634
360381	5424	5424	6702	12976	822	1092	41343	1309
159213	458	458	1607	4212	2263	2147	6748	558
32395698	853705	849930	2332653	1896330	670911	618373	1264211	188275
28369609	828176	824450	2228436	1648736	639234	591548	997835	166700
3141847	20781	20733	66463	121051	31493	25453	165644	7041
101584	801	801	5758	11292	808	770	15518	2961
782658	3947	3947	31997	115251	-623	603	85215	11574
101771786	1516543	1502524	3387028	4967035	1601965	1300260	5558405	545686
6675613	53970	51495	145866	292811	222064	215760	-223193	11858
44874605	427608	423927	1406375	2170406	533357	398501	2488911	137874
1284803	12648	12646	66558	87409	13534	10520	119385	15855
10235526	256626	254049	369782	571192	209242	201909	771668	169136
38701240	765692	760408	1398447	1845216	623768	473572	2401635	210964
14563586	758079	755704	317407	1104077	685926	598856	-1738293	-9144
73207573	4291906	4283411	3338170	3779541	1006597	1249384	7014277	1914647
445678	2501	2499	6747	9783	3439	2522	19627	1211
54760237	1150044	1148699	4025264	2975199	631007	528481	3434454	265214
139358300	4267335	4246826	4972113	6831668	1751350	1822657	11024440	2276302
84401483	4236424	4228033	4899914	4135052	706370	939439	7967750	1967520
25835520	400763	398146	1368589	1702157	482016	452867	1958634	243845
83881535	780193	769346	2728873	3969659	1193972	958832	4532511	330152

单位：万元

13－1 续表 4

项　　目	Item	亏损企业亏损总额 Total Loss	利税总额 Total Pre-tax Profits
总计	**Total**	**1738293**	**26429147**
一、按登记注册类型分组：	**Grouped by Status Registration**		
内资企业	Domestic Enterprises	1531918	23693796
国有企业	State-owned Enterprises	108226	11466817
中央企业	Central Enterprises	93764	11322449
地方企业	Local Enterprises	14462	144368
集体企业	Collective-owned Enterprises	4235	51921
股份合作企业	Stock Cooperative	525	12149
联营企业	Joint Venture Enterprises		147
国有联营企业	State Joint Ownership Enterprises		
集体联营企业	Collective Joint Ownership Enterprises		
国有与集体联营企业	State-owned and Collective Joint Ownership Enterprises		
其他联营企业	Other Joint Ownership Enterprises		147
有限责任公司	Limited Liability Corporations	563679	4187594
国有独资公司	State Sole Funded Corporations	336761	89604
其他有限责任公司	Other Limited Liability Corporations	226918	4097990
股份有限公司	Joint Stock Corporations	801810	2661567
私营企业	Private Enterprises	53186	4376607
私营独资企业	Private-funded Enterprises	109	191397
私营合伙企业	Private Partnership Enterprises		6757
私营有限责任公司	Private Limited Liability Corporations	45534	3909594
私营股份有限公司	Private Joint Stock Corporations	7542	268860
其他企业	Other Enterprises	259	936994
港、澳、台商投资企业	Hong Kong,Macao and Taiwan Invesment Enterprises	51466	445695
合资经营企业(港或澳、台资)	Joint-venture Enterprises	7592	174082
合作经营企业(港或澳、台资)	Cooperative Enterprises		15951
港澳台商独资经营企业	Hong Kong,Macao and Taiwan Investment Enterprises	42386	165769
港澳台商投资股份有限公司	Hong Kong,Macao and Taiwan Investment Joint Stock Corporations	1487	21526
其他港澳台商投资企业	Other Hongkong,Macao and Taiwan Enterprises		68368
外商投资企业	Foreign Investment Enterprises	154909	2289655
中外合资经营企业	Sino-foreign Joint Venture	111058	1368774
中外合作经营企业	Sino-foreign Cooperative Operation Enterprises	72	152737
外资企业	Foreign Invested Enterprises	43094	623376
外商投资股份有限公司	Foreign Investment Joint Stock Corporation	686	137499
其他外商投资企业	Other Foreign Investment Enterprises		7269

contiued

unit: 10000 yuan

应交税金及附加 Tax Payable and Surcharge	本年应付职工薪酬 The Year of Payable Employees	本年应交增值税 Value Added Tax Payable This Year	全部从业人员年平均人数（人） Annual Average Employed (person)	总资产贡献率（%） Total Assets Contribution Rate(%)	资产负债率（%） Assets-liability Ratio(%)	流动资产周转率（次/年） Current Assets Turnover (times/year)	成本费用利润率（%） Ratio of Pre-tax Profit to Cost(%)	产品销售率（%） Proportion of Products Sold (%)
15032241	**8635841**	**6552872**	**1475146**	**17.0**	**54.7**	**3.3**	**6.5**	**97.5**
13505491	7749609	5824096	1343080	17.4	53.3	3.5	6.6	97.5
6592796	1791945	2365845	192452	32.2	51.9	2.8	13.0	98.5
6450715	1690744	2323526	174314	33.0	51.1	2.8	13.2	98.7
142081	101201	42319	18138	11.9	70.0	1.8	0.9	92.3
28987	31097	20744	8135	15.7	49.0	3.8	4.4	99.0
3462	4576	1840	1393	24.9	30.6	8.4	5.3	96.7
245	540		148	0.7	42.4	1.9	0.5	95.2
245	540		148	0.7	42.4	1.9	0.5	95.2
2389969	2710959	1189491	490993	11.1	59.3	3.8	4.3	97.2
344305	1296041	258828	152387	2.9	75.1	2.9	-2.9	97.6
2045664	1414917	930663	338606	13.6	54.5	4.0	5.5	97.1
1909622	1683201	835556	271002	9.4	55.7	2.3	3.0	96.3
1868894	1148312	1129018	342109	19.8	44.3	6.6	5.0	97.6
86853	43556	51640	14494	23.5	33.3	11.2	3.9	98.0
2976	2190	1868	729	26.0	47.8	11.5	3.7	98.7
1660364	1035963	993076	305280	19.9	44.7	6.7	5.1	97.5
118700	66604	82435	21606	16.5	44.9	4.5	4.9	97.6
711516	378981	281601	36848	13.0	44.6	2.4	9.4	99.3
252394	162928	109344	32681	11.8	63.1	4.5	3.4	94.7
73322	54918	42049	11528	16.8	44.4	3.2	8.0	99.3
11222	9021	4734	2724	7.8	70.6	1.9	1.8	75.2
122018	88441	35752	16807	8.8	77.1	6.3	1.4	94.8
9433	5718	5208	801	11.9	31.7	0.9	13.0	97.7
36399	4830	21601	821	21.4	28.1	7.3	10.9	92.5
1274356	723304	619433	99385	15.0	65.0	1.9	7.1	99.3
798758	471385	340481	55244	13.6	69.7	1.7	6.5	98.9
92244	39065	34508	4171	19.7	59.6	2.3	13.2	107.2
317862	171087	196044	34594	17.9	56.7	2.6	7.7	99.2
64163	35148	48337	4189	19.0	38.6	1.8	9.2	100.6
1329	6619	64	1187	4.0	69.2	1.8	2.4	99.8

单位：万元

项　　目	Item	亏损企业亏损总额 Total Loss	利税总额 Total Pre-tax Profits
二、按经济组织类型分组	**Grouped by Ownership**		
独资企业	Solely-invested Enterprise	198049	12499280
国有企业	State-owned Enterprises	108226	11466817
集体企业	Collective-owned Enterprises	4235	51921
私营独资企业	Private-funded Enterprises	109	191397
港澳台商独资经营企业	Enterprises with Sole Investment form Hong Kong,Macao and Taiwan	42386	165769
外资企业	Enterprises with Sole Funds	43094	623376
合作、合伙企业	Cooperation and Partnership Enterprises	856	1200372
股份合作企业	Stock Cooperative	525	12149
国有联营企业	State Joint Ownership Enterprises		
集体联营企业	Collective Joint Ownership Enterprises		
国有与集体联营企业	State-owned Collective Joint Ownership Enterprises		
其他联营企业	Other Joint Ownership Enterprises		147
私营合伙企业	Private Partnership Enterprises		6757
合作经营企业(港或澳、台资)	Cooperative Enterprises		15951
中外合作经营企业	Sino-foreign Cooperative Enterprises	72	152737
其他企业（内资）	Other Enterprises（domistic Investment）	259	936994
其他港澳台商投资企业	Other Hongkong,Macao and Taiwan Enterprises		68368
其他外商投资企业	Other Foreign Funded Enterprises		7269
股份有限公司	Joint Stock Corporation	811525	3089451
股份有限公司(内资)	Joint Stock Corporation（domistic Investment）	801810	2661567
私营股份有限公司	Private Joint Stock Corporations	7542	268860
港澳台商投资股份有限公司	Hong Kong, Macao and Taiwan Investment Joint Stock Corporation	1487	21526
外商投资股份有限公司	Joint Stock Corporation Foreign Investment	686	137499
有限责任公司	Limited Liability Corporations	727863	9640045
国有独资公司	State Sole Funded Corporations	336761	89604
私营有限责任公司	Private Limited Liability Corporations	45534	3909594
合资经营企业(港或澳、台资)	Joint-venture Entersprises	7592	174082
中外合资经营企业	Sino-foreign Equity Joint Venture	111058	1368774
其他有限责任公司	Other Limited Liability Corporations	226918	4097990
三、在总计中:亏损企业	Loss-making Enterprises	1738293	-529130
在总计中:国有控股企业	State-owned Holding Enterprises	1291371	15015035
在总计中:农村工业	Village Industry	23	25327
在总计中:轻工业	Light Industry	170398	5984799
重工业	Heavy Industry	1567895	20444348
在总计中:大型企业	Large-sized Enterprise	1202449	16024363
中型企业	Mdeium-sized Enterprise	259696	3337519
小型企业	Small-sized Enterprise	276148	7067265

contiued

unit: 10000 yuan

应交税金及附加 Tax Payable and Surcharge	本年应付职工薪酬 The Year of Payable Employees	本年应交增值税 Value Added Tax Payable This Year	全部从业人员年平均人数（人） Annual Average Employed (person)	总资产贡献率（%） Total Assets Contribution Rate(%)	资产负债率（%） Assets-liability Ratio(%)	流动资产周转率（次/年） Current Assets Turnover (times/year)	成本费用利润率（%） Ratio of Pre-tax Profit to Cost(%)	产品销售率（%） Proportion of Products Sold (%)
7148517	2126126	2670026	266482	29.3	53.3	3.0	11.2	98.2
6592796	1791945	2365845	192452	32.2	51.9	2.8	13.0	98.5
28987	31097	20744	8135	15.7	49.0	3.8	4.4	99.0
86853	43556	51640	14494	23.5	33.3	11.2	3.9	98.0
122018	88441	35752	16807	8.8	77.1	6.3	1.4	94.8
317862	171087	196044	34594	17.9	56.7	2.6	7.7	99.2
859393	445821	346215	48021	13.6	46.9	2.5	8.8	97.9
3462	4576	1840	1393	24.9	30.6	8.4	5.3	96.7
245	540		148	0.7	42.4	1.9	0.5	95.2
2976	2190	1868	729	26.0	47.8	11.5	3.7	98.7
11222	9021	4734	2724	7.8	70.6	1.9	1.8	75.2
92244	39065	34508	4171	19.7	59.6	2.3	13.2	107.2
711516	378981	281601	36848	13.0	44.6	2.4	9.4	99.3
36399	4830	21601	821	21.4	28.1	7.3	10.9	92.5
1329	6619	64	1187	4.0	69.2	1.8	2.4	99.8
2101917	1790670	971535	297598	9.9	54.7	2.4	3.3	96.5
1909622	1683201	835556	271002	9.4	55.7	2.3	3.0	96.3
118700	66604	82435	21606	16.5	44.9	4.5	4.9	97.6
9433	5718	5208	801	11.9	31.7	0.9	13.0	97.7
64163	35148	48337	4189	19.0	38.6	1.8	9.2	100.6
4922414	4273224	2565097	863045	14.0	56.5	4.0	4.9	97.5
344305	1296041	258828	152387	2.9	75.1	2.9	-2.9	97.6
1660364	1035963	993076	305280	19.9	44.7	6.7	5.1	97.5
73322	54918	42049	11528	16.8	44.4	3.2	8.0	99.3
798758	471385	340481	55244	13.6	69.7	1.7	6.5	98.9
2045664	1414917	930663	338606	13.6	54.5	4.0	5.5	97.1
1290293	1696766	451085	242087	0.0	80.8	1.5	-10.0	96.0
10107201	5086447	3708851	557714	18.2	61.3	2.3	8.2	98.2
7109	8059	3200	2900	18.2	33.7	5.5	4.2	97.8
2954656	1786188	1400300	455090	18.0	46.4	4.2	5.4	96.4
12077586	6849653	5152572	1020056	16.8	57.0	3.0	7.0	98.1
10206514	5122210	3820189	640543	19.1	58.2	2.7	8.1	98.2
1746843	1472991	978123	302581	13.0	54.3	2.7	6.5	97.1
3078884	2040640	1754561	532022	15.8	48.9	4.8	4.9	97.1

13－2　按行业规模以上工业企业主要指标（2014年）

单位：万元

项　目	Iten	企业单位数(个) Number of Enterprises (unit)	#亏损企业 Loss－making Enterprises	工业总产值（当年价格）Gross Industrial Output Value (current price)
总计	**Total**	**5311**	**392**	**235409451**
煤炭开采和洗选业	Mining and Washing of Coal	91	25	2888836
石油和天然气开采业	Extraction of Petroleum and Natural Gas	46	14	4387954
黑色金属矿采选业	Mining and Procssing of Ferrous Metal Ores	85	6	2677341
有色金属矿采选业	Mining and Processing of Non-ferrous Metal Ores	47	3	1405910
非金属矿采选业	Mining and Processing of Nonmetal Ores	60	1	1113100
开采辅助活动	Mining Support Activities	21	3	817240
其他采矿业	Mining of Other Ores	1		22553
农副食品加工业	Processing of Food form Agricultural Products	900	38	32656546
食品制造业	Manufacture of Food	167	11	4188684
酒、饮料和精制茶制造业	Manufacture of Wine,Beverages and Tea	203	13	5050863
烟草制品业	Manufacture of Tobacco	5		1566886
纺织业	Manufacture of Textile	45	7	1582531
纺织服装、服饰业	Manufacture of Textile and Apparel	50	1	1106899
皮革、毛皮、羽毛及其制品和制鞋业	Leather,Fur,Feathers and Footwear Industry	11		255095
木材加工和木、竹、藤、棕、草制品业	Processing of Timber, Manufacture of Wood, Bamboo, Rattan, Palm and Straw Products	312	8	8857572
家具制造业	Manufacture of Furniture	71	2	1366822
造纸和纸制品业	Manufacture of Paper and Paper Products	74	7	1441023
印刷和记录媒介复制业	Printing, Reproduction of Recording Media	53	7	706123
文教、工美、体育和娱乐用品制造业	Calture Education ,Art,Sports and Entertainment Goods Industry	18		346825
石油加工、炼焦和核燃料加工业	Processing of Petroleum, Coking, Processing of Nuclear Fuel	34	4	2258169
化学原料和化学制品制造业	Manufacture of Raw Chemical Materials and Chemical Products	336	25	16690561
医药制造业	Manufacture of Medicines	321	30	16331385
化学纤维制造业	Manufacture of Chemical Fibers	10	1	604039
橡胶和塑料制品业	Manufacture of Rubber and Plastic	167	7	3068804
非金属矿物制品业	Manufacture of Non-metallic Mineral Products	528	21	16029574
黑色金属冶炼和压延加工业	Smelting and Pressing of Ferrous Metals	80	11	8956421
有色金属冶炼和压延加工业	Smelting and Pressing of Non- ferrous Metals	27	3	1837794
金属制品业	Manufacture of Metal Products	151	7	3039503
通用设备制造业	Manufacture of General Purpose Machinery	190	8	4451177
专用设备制造业	Manufacture of Special Purpose Machinery	223	13	6036615
汽车制造业	Manufacture of Automotive	450	39	64418424
铁路、船舶、航空航天和其他运输设备制造业	Manufacture of Railway,Ship,Aerospace and Other Transport Equipment	33	1	3472519
电气机械和器材制造业	Manufacture of Electrical Machinery and Equipment	131	15	3520964
计算机、通信和其他电子设备制造业	Manufacture of Compater,Communication and Other Electronic Equipment	31	2	815072
仪器仪表制造业	Manufacture of Instrument	26	1	424642
其他制造业	Other Manufacturing	21		379499
废弃资源综合利用业	Wast Resources Utilization Industry	13		243993
金属制品、机械和设备修理业	Metal Products,Machinery and Equipment Repair Industry	7	1	83689
电力、热力生产和供应业	Production and Supply of Electric Power and Heat Power	225	40	9281099
燃气生产和供应业	Production and Supply of Gas	27	5	708623
水的生产和供应业	Production and Supply of Water	20	12	318085

Main Indicators of Industrial Enterprises above Designated size by Industrial Sector (2014)

unit: 10000 yuan

工业销售产值（当年价格）Sales Value of Industry (current price)	产成品 Finished Goods	资产总计 Total Assets	流动资产合计 Total Current Assets	应收帐款 Account Receivable	固定资产合计 Total Fixed Assets	固定资产原价 Original Value of Fixed Assets
229635139	**5159053**	**166866027**	**72861058**	**12696467**	**76305928**	**160356672**
2783103	43033	3406261	1159573	175585	1811676	3841194
4391976	31430	9159138	1781676	127231	7201940	13246744
2651607	49322	2061613	533438	142041	864475	2826332
1386421	15647	1231295	261118	27492	677461	1058559
1091347	12704	332358	100547	18395	212301	521717
809179	21124	1959944	750123	354242	1107237	2072553
22553	963	9863	1452	635	8411	8925
31727901	575942	11268356	4654382	792854	5490525	15613624
3851214	88148	2295249	1002385	175783	935249	2190854
4942658	77765	3047490	1202987	194086	1480281	3175855
1554284	23397	1523220	1079017	175650	392260	573331
1524469	22552	980611	272930	138735	656766	2409245
1086773	43123	462423	273236	41036	131366	1559079
248437	5041	76414	27926	5497	40059	262503
8668256	187146	4080384	1224952	181751	1986028	5749543
1321575	15561	444489	140076	31495	241980	645412
1355919	15351	1285679	333607	55106	656405	961893
673544	9763	737573	202408	56357	142270	301880
334707	5815	85088	38334	8886	41377	205784
2190925	37169	766181	273787	39186	379740	1133577
16115384	281592	9195352	2780749	412872	5176597	13083309
15506239	461407	10962590	5687214	1345956	2728874	6692379
558247	51272	834960	314138	34919	391273	795169
3022999	60329	1495206	611290	215985	782253	1551568
15745245	261888	11385970	5600140	1025231	4331104	10749273
8837362	155383	7452149	1864164	207995	3793119	8630076
1807508	158175	6607102	4011939	658017	1915335	2546138
2971058	37571	1619891	721033	218881	749979	2261257
4312460	73603	1885793	923890	257296	743879	3613164
5826995	172174	2600094	1161446	353573	1116906	4835035
63355103	2030701	42285645	26446114	3208857	14172163	19783972
3456729	20031	4092481	2917214	983152	768304	1187063
3432917	58117	1830111	950600	287417	660384	2458409
794173	25676	881150	443800	94991	340430	671077
418061	15094	333248	156192	30191	86778	207087
371286	2217	105859	28129	8827	61335	211775
234986	4421	190279	89238	15281	62408	61335
82017	511	57752	18829	10124	25268	43203
9148912	5390	16856481	2524572	549645	13161509	21151210
708514	1702	357637	172615	26416	339053	647805
312100	805	622650	123800	8800	441172	817764

单位：万元

13－2 续表 1

项 目	Iten	负债合计 Total Liabilities	所有者权益合计 Total Owners' Equities	主营业务收入 Revenue from Principal Business
总计	**Total**	**91334045**	**74944690**	**233127704**
煤炭开采和洗选业	Mining and Washing of Coal	2566079	783055	2504200
石油和天然气开采业	Extraction of Petroleum and Natural Gas	3964346	5192935	4350137
黑色金属矿采选业	Mining and Procssing of Ferrous Metal Ores	1095726	950806	2500746
有色金属矿采选业	Mining and Processing of Non-ferrous Metal Ores	571317	656747	1354510
非金属矿采选业	Mining and Processing of Nonmetal Ores	104507	220035	1064299
开采辅助活动	Mining Support Activities	1662242	294624	1305430
其他采矿业	Mining of Other Ores	1236	8627	23753
农副食品加工业	Processing of Food form Agricultural Products	5968510	5155244	30755068
食品制造业	Manufacture of Food	1171099	1115448	3545043
酒、饮料和精制茶制造业	Manufacture of Wine,Beverages and Tea	1458914	1550223	4836798
烟草制品业	Manufacture of Tobacco	770936	752284	1532622
纺织业	Manufacture of Textile	485924	449779	1453011
纺织服装、服饰业	Manufacture of Textile and Apparel	251496	202121	1053078
皮革、毛皮、羽毛及其制品和制鞋业	Leather,Fur,Feathers and Footwear Industry	36315	38853	246812
木材加工和木、竹、藤、棕、草制品业	Processing of Timber，Manufacture of Wood，Bamboo，Rattan，Palm and Straw Products	1763337	2216344	8293875
家具制造业	Manufacture of Furniture	163139	285069	1284025
造纸和纸制品业	Manufacture of Paper and Paper Products	615159	661893	1266460
印刷和记录媒介复制业	Printing，Reproduction of Recording Media	275419	458285	657076
文教、工美、体育和娱乐用品制造业	Calture Education ,Art,Sports and Entertainment Goods Industry	39271	45408	334314
石油加工、炼焦和核燃料加工业	Processing of Petroleum，Coking，Processing of Nuclear Fuel	452660	307911	2301359
化学原料和化学制品制造业	Manufacture of Raw Chemical Materials and Chemical Products	4445228	4658309	16022013
医药制造业	Manufacture of Medicines	3929482	6972190	14804450
化学纤维制造业	Manufacture of Chemical Fibers	605708	229252	546013
橡胶和塑料制品业	Manufacture of Rubber and Plastic	671420	807669	2912225
非金属矿物制品业	Manufacture of Non-metallic Mineral Products	7002538	4331223	14980850
黑色金属冶炼和压延加工业	Smelting and Pressing of Ferrous Metals	5554446	1885244	7121848
有色金属冶炼和压延加工业	Smelting and Pressing of Non- ferrous Metals	5131170	1475808	2119132
金属制品业	Manufacture of Metal Products	790898	820542	2894363
通用设备制造业	Manufacture of General Purpose Machinery	930773	925933	4245782
专用设备制造业	Manufacture of Special Purpose Machinery	1145532	1401299	5669169
汽车制造业	Manufacture of Automotive	21136145	21028714	72272074
铁路、船舶、航空航天和其他运输设备制造业	Manufacture of Railway,Ship,Aerospace and Other Transport Equipment	2749326	1339364	3461199
电气机械和器材制造业	Manufacture of Electrical Machinery and Equipment	860100	964239	3387561
计算机、通信和其他电子设备制造业	Manufacture of Compater,Communication and Other Electronic Equipment	377948	498412	779530
仪器仪表制造业	Manufacture of Instrument	114579	215200	396505
其他制造业	Other Manufacturing	30753	73857	371502
废弃资源综合利用业	Wast Resources Utilization Industry	67604	122029	235509
金属制品、机械和设备修理业	Metal Products,Machinery and Equipment Repair Industry	42339	15413	78458
电力、热力生产和供应业	Production and Supply of Electric Power and Heat Power	11578600	5227690	9031201
燃气生产和供应业	Production and Supply of Gas	420797	316785	827929
水的生产和供应业	Production and Supply of Water	331031	289826	307777

contiued

unit: 10000 yuan

主营业务成本 Cost of Principal Business	营业税金及附加 Business Tax and Surcharge	主营业务税金及附加 Taxes and Other Charges on Principal Business	销售费用 Selling Cost	管理费用 Management Cost	财务费用 Finance Cost	利息支出 Interest Expense	利润总额 Total Profits
194118538	**5417380**	**5395525**	**8997376**	**9806868**	**2382358**	**2351138**	**14458894**
2264144	29494	28291	42006	212898	60420	52675	-45054
3097591	460566	460566	60625	207360	93566	123167	320772
2147135	25767	24909	46431	111483	58769	30307	115270
1086612	16291	15926	27953	108642	17592	10739	82863
912543	11862	11862	34446	44065	9220	4343	53240
1175369	56163	55805	16556	67857	64542	53865	-116920
14165	244	244	3563	3315	1526	825	941
27387043	160023	159781	651710	825468	230744	189875	1144607
3048383	18043	17995	161882	187774	70961	59518	196607
3970936	135634	135596	216309	227272	47071	36727	207615
511278	679883	679883	31349	106841	12131	13222	171314
1295481	4311	4287	28941	104145	8693	8079	42219
968356	2500	2481	25620	31936	6413	5700	23632
215823	1249	1249	7042	17195	1563	713	11260
7086550	45376	44393	247331	361085	102025	76988	403009
1073060	11648	11626	46584	52739	22336	19003	73503
1084249	5241	5225	39324	68648	17328	13754	47052
488072	29061	29058	27287	45446	26769	25955	68601
282058	2210	2114	9221	12772	5078	3200	17195
2027021	108895	108886	22119	69777	17349	13329	62788
13969185	719828	717356	308326	776514	156131	149731	24426
9940788	73553	73209	2620706	984428	106904	89300	1226272
506797	2606	2437	14834	24883	36797	31032	-4337
2513134	17885	16135	68286	135642	26764	23802	143651
13035940	128800	124605	410639	638014	317099	288821	646953
6749220	11202	11184	85792	166374	112482	57112	14245
1789491	9744	9744	40056	88675	212128	185819	57414
2472253	21839	21740	69919	131248	39217	29888	165900
3660242	20659	20528	97528	173939	33422	24502	254055
4902355	46729	45487	139010	266602	52396	40923	252379
57932605	2455159	2451662	2985323	2830424	-148230	152359	7933463
2719830	20757	20579	73137	222273	38353	37532	367188
2977684	16291	16075	85386	138791	28740	24439	142972
606748	5182	4321	26628	61755	7423	10944	87537
318676	2250	2031	11986	21506	3073	2489	38664
302157	6383	6240	16627	19836	7831	7552	17529
204582	1757	1757	4255	7302	1605	897	13104
70676	465	465	3492	6745	1405	464	1522
8342277	45535	43522	120387	175093	457296	436071	164064
708608	3814	3810	47106	30826	11555	9789	31459
259424	2485	2462	21657	39283	5872	5689	-77

单位：万元

13－2 续表 2

项 目	Iten	应交所得税 Income Tax Payable	亏损企业亏损总额 Total Loss	利税总额 Total Pre-tax Profits	应交税金及附加 Tax Payable and Surcharge
总计	**Total**	**2541516**	**1738293**	**26429147**	**15032241**
煤炭开采和洗选业	Mining and Washing of Coal	4750	137819	101313	156258
石油和天然气开采业	Extraction of Petroleum and Natural Gas	43026	22018	1109512	847158
黑色金属矿采选业	Mining and Procssing of Ferrous Metal Ores	9531	8442	211033	110804
有色金属矿采选业	Mining and Processing of Non-ferrous Metal Ores	14721	13006	135949	74267
非金属矿采选业	Mining and Processing of Nonmetal Ores	2579	73	92450	44428
开采辅助活动	Mining Support Activities	5550	166830	-19964	109796
其他采矿业	Mining of Other Ores			3214	2273
农副食品加工业	Processing of Food form Agricultural Products	40248	24503	1587433	515110
食品制造业	Manufacture of Food	16605	2371	295051	123697
酒、饮料和精制茶制造业	Manufacture of Wine,Beverages and Tea	20090	46715	453094	287662
烟草制品业	Manufacture of Tobacco	42836		1020392	895404
纺织业	Manufacture of Textile	1606	3307	65602	27976
纺织服装、服饰业	Manufacture of Textile and Apparel	2666	16	31737	11526
皮革、毛皮、羽毛及其制品和制鞋业	Leather,Fur,Feathers and Footwear Industry	1986		18045	8944
木材加工和木、竹、藤、棕、草制品业	Processing of Timber，Manufacture of Wood，Bamboo，Rattan，Palm and Straw Products	13981	1856	547527	174609
家具制造业	Manufacture of Furniture	3496	108	116900	48937
造纸和纸制品业	Manufacture of Paper and Paper Products	1001	25147	72884	34644
印刷和记录媒介复制业	Printing，Reproduction of Recording Media	6762	2561	120025	65254
文教、工美、体育和娱乐用品制造业	Calture Education ,Art,Sports and Entertainment Goods Industry	2056		29168	14448
石油加工、炼焦和核燃料加工业	Processing of Petroleum，Coking，Processing of Nuclear Fuel	5030	10872	215039	173703
化学原料和化学制品制造业	Manufacture of Raw Chemical Materials and Chemical Products	45752	536170	1076192	1171389
医药制造业	Manufacture of Medicines	108712	38006	1850217	771126
化学纤维制造业	Manufacture of Chemical Fibers	110	7638	6151	13641
橡胶和塑料制品业	Manufacture of Rubber and Plastic	15549	5104	207704	84760
非金属矿物制品业	Manufacture of Non-metallic Mineral Products	79062	63421	1113440	590385
黑色金属冶炼和压延加工业	Smelting and Pressing of Ferrous Metals	9007	147739	99360	116721
有色金属冶炼和压延加工业	Smelting and Pressing of Non- ferrous Metals	6488	32723	88679	42003
金属制品业	Manufacture of Metal Products	9026	6986	249439	97358
通用设备制造业	Manufacture of General Purpose Machinery	29147	8432	351622	136551
专用设备制造业	Manufacture of Special Purpose Machinery	24724	35664	408343	192244
汽车制造业	Manufacture of Automotive	1880958	190218	13173000	7227000
铁路、船舶、航空航天和其他运输设备制造业	Manufacture of Railway,Ship,Aerospace and Other Transport Equipment	51427	14662	543797	237599
电气机械和器材制造业	Manufacture of Electrical Machinery and Equipment	2320	23647	246829	112726
计算机、通信和其他电子设备制造业	Manufacture of Compater,Communication and Other Electronic Equipment	13857	77	110139	38553
仪器仪表制造业	Manufacture of Instrument	2396	10	48497	13020
其他制造业	Other Manufacturing	128		33461	16192
废弃资源综合利用业	Wast Resources Utilization Industry	598		24855	12428
金属制品、机械和设备修理业	Metal Products,Machinery and Equipment Repair Industry	68	307	4416	3044
电力、热力生产和供应业	Production and Supply of Electric Power and Heat Power	21296	146565	529998	398373
燃气生产和供应业	Production and Supply of Gas	1912	2406	44401	15256
水的生产和供应业	Production and Supply of Water	462	12875	12205	14973

contiued

unit: 10000 yuan

本年应付职工薪酬 The Year of Payable Employees	本年应交增值税 Value Added Tax Payable This Year	全部从业人员年平均人数（人） Annual Average Employed Persons (person)	总资产贡献率（%） Total Assets Contribution Rate (%)	资产负债率（%） Assets-liability Ratio (%)	流动资产周转率（次/年） Current Assets Turnover (times/year)	成本费用利润率（%） Ratio of Pre-tax Profit to Cost (%)	产品销售率（%） Proportion of Products Sold (%)
8635841	**6552872**	**1475146**	**17.0**	**54.7**	**3.3**	**6.5**	**97.5**
497708	116873	85921	4.3	75.3	2.4	-1.6	96.3
405600	328174	39278	13.1	43.3	2.4	9.3	100.1
79191	69996	18385	11.8	53.1	4.7	4.8	99.0
66521	36795	15460	11.9	46.4	5.2	6.7	98.6
25171	27349	6535	29.1	31.4	10.6	5.3	98.0
209482	40793	23229	1.1	84.8	1.8	-8.7	99.0
149	2030	50	41.0	12.5	16.4	4.2	100.0
457435	282804	126911	15.8	53.0	6.7	3.9	97.2
107560	80401	26545	15.4	51.0	3.5	5.7	91.9
164330	109845	39638	16.0	47.9	4.1	4.6	97.9
83828	169194	4362	67.8	50.6	1.4	24.4	99.2
79860	19072	32351	7.5	49.6	5.3	2.9	96.3
36927	5606	11811	8.1	54.4	3.9	2.3	98.2
7414	5536	1660	24.5	47.5	8.8	4.7	97.4
231633	99142	70757	15.3	43.2	6.8	5.2	97.9
35538	31749	9749	30.5	36.7	9.2	6.1	96.7
57774	20590	13704	6.7	47.8	3.8	3.9	94.1
22029	22363	6008	19.7	37.3	3.3	11.6	95.4
10268	9763	3097	38.0	46.2	8.7	5.5	96.5
29782	43357	8333	29.7	59.1	8.4	2.9	97.0
672001	331938	88406	13.2	48.3	5.9	0.2	96.6
530634	550392	134591	17.6	35.8	2.6	9.0	94.9
43147	7883	8176	4.4	72.5	1.8	-0.7	92.4
83061	46169	22574	15.4	44.9	4.8	5.2	98.5
419921	337687	75019	12.2	61.5	2.8	4.4	98.2
214326	73913	44398	2.0	74.5	3.9	0.2	98.7
60330	21520	11230	3.7	77.7	0.5	2.7	98.4
83903	61700	21271	17.2	48.8	4.0	6.1	97.7
118131	76908	27345	19.8	49.4	4.6	6.4	96.9
120718	109236	34024	17.2	44.1	4.9	4.7	96.5
2272766	2784378	284437	31.1	50.0	2.9	11.8	98.3
204821	155852	24595	14.1	67.2	1.2	11.9	99.5
82338	87566	19852	14.7	47.0	3.6	4.4	97.5
46910	17420	9445	13.2	42.9	1.8	12.4	97.4
18878	7584	4219	15.2	34.4	2.6	10.8	98.5
4865	9550	1798	38.7	29.1	13.2	5.1	97.8
7035	9994	2528	13.5	35.5	2.7	6.0	96.3
5551	2429	1341	7.1	73.3	4.2	1.8	98.0
948498	320399	99208	5.7	68.7	3.7	1.8	98.6
34304	9128	6146	15.1	117.7	4.8	3.9	100.0
55502	9796	10759	2.8	53.2	2.6		98.1

13－3 按行业分大中型工业企业主要指标（2014年）

单位：万元

项　　目	Item	企业单位数(个) Number of Enterprises (unit)	#亏损企业 Loss－making Enterprises	工业总产值（当年价格）Gross Industrial Output Value（current price）
总计	**Total**	**645**	**103**	**131320422**
煤炭开采和洗选业	Mining and Washing of Coal	24	13	1994788
石油和天然气开采业	Extraction of Petroleum and Natural Gas	9	1	3391304
黑色金属矿采选业	Mining and Procssing of Ferrous Metal Ores	14	3	812625
有色金属矿采选业	Mining and Processing of Non-ferrous Metal Ores	12	2	451568
非金属矿采选业	Mining and Processing of Nonmetal Ores	1		12028
开采辅助活动	Mining Support Activities	5	3	461623
其他采矿业	Mining of Other Ores			
农副食品加工业	Processing of Food form Agricultural Products	52	1	12405664
食品制造业	Manufacture of Food	13	1	1340082
酒、饮料和精制茶制造业	Manufacture of Wine,Beverages and Tea	27	3	1927929
烟草制品业	Manufacture of Tobacco	4		1561072
纺织业	Manufacture of Textile	10	2	836092
纺织服装、服饰业	Manufacture of Textile and Apparel	8		379415
皮革、毛皮、羽毛及其制品和制鞋业	Leather,Fur,Feathers and Footwear Industry	1		39738
木材加工和木、竹、藤、棕、草制品业	Processing of Timber，Manufacture of Wood，Bamboo，Rattan，Palm and Straw Products	40	3	2292146
家具制造业	Manufacture of Furniture	6		275319
造纸和纸制品业	Manufacture of Paper and Paper Products	10	5	375398
印刷和记录媒介复制业	Printing，Reproduction of Recording Media	4	1	45512
文教、工美、体育和娱乐用品制造业	Calture Education ,Art,Sports and Entertainment Goods Industry	1		22201
石油加工、炼焦和核燃料加工业	Processing of Petroleum，Coking，Processing of Nuclear Fuel	7	2	1427809
化学原料和化学制品制造业	Manufacture of Raw Chemical Materials and Chemical Products	31	7	8721839
医药制造业	Manufacture of Medicines	48	3	10148206
化学纤维制造业	Manufacture of Chemical Fibers	1	1	509504
橡胶和塑料制品业	Manufacture of Rubber and Plastic	11		600816
非金属矿物制品业	Manufacture of Non-metallic Mineral Products	39	3	1890066
黑色金属冶炼和压延加工业	Smelting and Pressing of Ferrous Metals	12	4	6321983
有色金属冶炼和压延加工业	Smelting and Pressing of Non- ferrous Metals	6	1	903409
金属制品业	Manufacture of Metal Products	10	2	311635
通用设备制造业	Manufacture of General Purpose Machinery	18	1	1062352
专用设备制造业	Manufacture of Special Purpose Machinery	13	4	644017
汽车制造业	Manufacture of Automotive	105	6	58453678
铁路、船舶、航空航天和其他运输设备制造业	Manufacture of Railway,Ship,Aerospace and Other Transport Equipment	9	1	3188875
电气机械和器材制造业	Manufacture of Electrical Machinery and Equipment	13	3	1070049
计算机、通信和其他电子设备制造业	Manufacture of Compater,Communication and Other Electronic Equipment	9		368215
仪器仪表制造业	Manufacture of Instrument	3		58209
其他制造业	Other Manufacturing			
废弃资源综合利用业	Wast Resources Utilization Industry	2		112448
金属制品、机械和设备修理业	Metal Products,Machinery and Equipment Repair Industry	2	1	31726
电力、热力生产和供应业	Production and Supply of Electric Power and Heat Power	52	15	6696073
燃气生产和供应业	Production and Supply of Gas	4	2	49119
水的生产和供应业	Production and Supply of Water	9	9	125891

According to the Industry of Carge and mediumsized Industrial Enterprises of the main Indicators（2014）

unit: 10000 yuan

工业销售产值（当年价格）Sales Value of Industry（current price）	产成品 Finished Goods	资产总计 Total Assets	流动资产合计 Total Current Assets	应收帐款 Account Receivable	固定资产合计 Total Fixed Assets	固定资产原价 Original Value of Fixed Assets
128547017	**3559008**	**116250028**	**52170424**	**8429532**	**53253028**	**93943962**
1898376	29054	2899326	936027	132615	1605533	3172545
3388740	26169	8639471	1618820	94257	7000195	12522769
799078	31760	1476208	324205	70468	572633	1298196
436131	8047	832692	169440	19860	445679	507660
9883	14	2558	1859	110	699	2095
461236	18490	1792973	723235	350065	981697	1934142
12128442	228377	4117774	1592367	313332	2447742	4981846
1065356	26224	961568	461643	88927	352334	752798
1873205	47942	1772368	762590	122524	905001	1487729
1548470	23397	1519073	1077010	174455	390120	569028
801190	17726	676801	173571	105561	495301	1691120
364514	30984	167726	118445	17917	37751	733027
39422	909	23866	8893	1011	14973	31435
2250429	106768	1804156	633260	80456	741564	2126050
264597	2806	124256	30668	6131	67875	166007
327875	6766	884318	239653	29528	399019	436250
42068	3365	452321	51831	4311	28690	93450
21661	105	8970	3593	635	5061	6570
1376155	27663	405022	146683	13178	208727	613206
8593710	150921	5275038	1235998	81681	3327172	7563930
9736400	317949	7159085	3590764	1026182	1512044	3346362
464106	48655	780262	289828	31777	364764	757407
564440	16751	479104	238520	113283	220930	341351
1857065	36483	1941610	902568	272949	906536	2307566
6275918	113677	6888400	1563576	117539	3590072	7189917
904173	138601	6298760	3871261	617985	1793779	1943749
295454	11773	614791	364099	127698	208525	184160
1023258	35780	817117	501692	143130	234650	1020877
636878	79816	610980	308720	76125	234004	549123
57527568	1907027	38917446	24762076	2633019	12991506	16704370
3181683	8283	3897246	2805722	941420	695944	1029095
1054718	25725	772025	481873	150943	178332	1018296
361471	18679	569385	307712	70921	194219	355003
56674	8141	202570	96965	14808	32544	49050
112448		86179	63792	11568	7374	11370
31726		42564	11629	6641	17501	30499
6599304	3956	11699019	1471735	341834	9512061	15515289
49119	208	154550	124382	22058	190948	290009
124079	21	482451	103724	2630	339531	610620

单位：万元

13－3 续表 1

项　　目	Item	负债合计 Total Liabilities	所有者权益合计 Total Owners' Equities	主营业务收入 Revenue from Principal Business
总计	**Total**	**66581829**	**49905768**	**135663787**
煤炭开采和洗选业	Mining and Washing of Coal	2273699	582677	1618822
石油和天然气开采业	Extraction of Petroleum and Natural Gas	3689007	4949810	3371209
黑色金属矿采选业	Mining and Procssing of Ferrous Metal Ores	884206	592001	697906
有色金属矿采选业	Mining and Processing of Non-ferrous Metal Ores	415668	416344	421627
非金属矿采选业	Mining and Processing of Nonmetal Ores	1492	1066	9883
开采辅助活动	Mining Support Activities	1643552	149421	961611
其他采矿业	Mining of Other Ores			
农副食品加工业	Processing of Food form Agricultural Products	2740160	1405913	11758356
食品制造业	Manufacture of Food	602927	358362	940143
酒、饮料和精制茶制造业	Manufacture of Wine,Beverages and Tea	1019154	751618	1877034
烟草制品业	Manufacture of Tobacco	768660	750412	1526808
纺织业	Manufacture of Textile	424645	252156	805477
纺织服装、服饰业	Manufacture of Textile and Apparel	87189	80537	348100
皮革、毛皮、羽毛及其制品和制鞋业	Leather,Fur,Feathers and Footwear Industry	14764	9102	39429
木材加工和木、竹、藤、棕、草制品业	Processing of Timber，Manufacture of Wood，Bamboo，Rattan，Palm and Straw Products	1105889	694178	2171577
家具制造业	Manufacture of Furniture	53102	71154	259174
造纸和纸制品业	Manufacture of Paper and Paper Products	485902	398416	257437
印刷和记录媒介复制业	Printing，Reproduction of Recording Media	168199	284122	43258
文教、工美、体育和娱乐用品制造业	Calture Education ,Art,Sports and Entertainment Goods Industry	3253	5718	21661
石油加工、炼焦和核燃料加工业	Processing of Petroleum，Coking，Processing of Nuclear Fuel	319453	84569	1498253
化学原料和化学制品制造业	Manufacture of Raw Chemical Materials and Chemical Products	2579761	2694209	8677674
医药制造业	Manufacture of Medicines	2151053	5007423	9399459
化学纤维制造业	Manufacture of Chemical Fibers	578399	201862	470796
橡胶和塑料制品业	Manufacture of Rubber and Plastic	259861	215900	490763
非金属矿物制品业	Manufacture of Non-metallic Mineral Products	1203940	735738	1857988
黑色金属冶炼和压延加工业	Smelting and Pressing of Ferrous Metals	5288893	1599845	4674620
有色金属冶炼和压延加工业	Smelting and Pressing of Non- ferrous Metals	4974179	1324582	1294971
金属制品业	Manufacture of Metal Products	423073	191718	285795
通用设备制造业	Manufacture of General Purpose Machinery	447699	369230	1050884
专用设备制造业	Manufacture of Special Purpose Machinery	325051	278038	622962
汽车制造业	Manufacture of Automotive	19436578	19384977	66540147
铁路、船舶、航空航天和其他运输设备制造业	Manufacture of Railway,Ship,Aerospace and Other Transport Equipment	2643338	1253908	3193808
电气机械和器材制造业	Manufacture of Electrical Machinery and Equipment	385972	386053	1050206
计算机、通信和其他电子设备制造业	Manufacture of Compater,Communication and Other Electronic Equipment	235619	328573	358069
仪器仪表制造业	Manufacture of Instrument	74767	126589	50716
其他制造业	Other Manufacturing			
废弃资源综合利用业	Wast Resources Utilization Industry	28222	57958	119275
金属制品、机械和设备修理业	Metal Products,Machinery and Equipment Repair Industry	36588	5976	31164
电力、热力生产和供应业	Production and Supply of Electric Power and Heat Power	8181081	3515243	6564548
燃气生产和供应业	Production and Supply of Gas	340180	196370	178713
水的生产和供应业	Production and Supply of Water	286658	194000	123466

contiued

unit: 10000 yuan

主营业务成本 Cost of Principal Business	营业税金及附加 Business Tax and Surcharge	主营业务税金及附加 Taxes and Other Charges on Principal Business	销售费用 Selling Cost	管理费用 Management Cost	财务费用 Finance Cost	利息支出 Interest Expense	利润总额 Total Profits
110237003	**4637187**	**4626179**	**6268503**	**5837209**	**1188386**	**1392306**	**9926384**
1448015	18968	17789	26631	190490	55019	49116	-63349
2281053	410217	410217	37235	166201	76627	110652	304615
548622	7100	7008	14229	58760	41211	20472	33792
281401	10851	10746	9825	61538	12755	7516	32086
7393	163	163	391	395	475		1275
937497	35141	34783	4209	51817	54320	43779	-151825
10808461	47042	47016	224423	260361	78343	75575	390636
810175	4802	4802	77947	82222	41862	41483	55156
1481241	75591	75562	118389	95964	28182	24550	65254
506890	679814	679814	31349	106234	12132	13222	170625
716777	1195	1193	19590	39482	5664	5710	31618
326471	473	473	6034	9436	2313	2197	7813
27211	8	8	3155	4730	70	70	4255
1882617	11709	10828	70520	113600	41056	31423	64342
215287	1892	1892	8696	7397	4813	4369	19258
210644	580	574	16208	36207	8543	7299	-20017
35174	958	958	1270	4102	5371	5387	29663
15129	102	102	1019	2153	124	147	2773
1311751	104672	104672	3512	49302	11489	8749	25889
7681636	671908	670077	89862	462084	73916	77246	-330712
5784393	41044	40728	2180702	617219	49868	54196	875318
440292	2350	2186	13988	21970	35468	30005	-7638
431865	1403	1360	6432	19300	6717	7056	19306
1538497	11771	11551	54775	104617	48512	41037	156420
4526956	2397	2387	57049	85847	102351	50995	-70634
1034181	7857	7857	27783	72444	207498	182307	24935
238376	672	652	8331	25495	9800	6115	7796
865366	5393	5310	28274	53458	6463	7694	95754
538557	2847	2847	20181	37289	12163	10268	3601
52986441	2418497	2415284	2868308	2552351	-202583	109156	7635147
2492149	18565	18400	65770	207876	35683	35490	353927
924464	3100	2951	34801	54943	6636	9115	33508
269527	3399	2904	15667	36602	3988	8040	35994
28995	429	429	2171	7271	980	1138	12402
109327	224	224	448	3337	212	50	7584
28551	369	369	2352	5132	838	36	-155
6222482	31528	29932	71361	86235	302594	303013	82026
136790	1236	1236	30164	11877	4188	4023	535
106348	922	899	15454	31470	2725	3614	-12587

单位：万元

项　　目	Item	应交所得税 Income Tax Payable	亏损企业亏损总额 Total Loss	利税总额 Total Pre-tax Profits	应交税金及附加 Tax Payable and Surcharge
总计	**Total**	**2211365**	**1462146**	**19361882**	**11953357**
煤炭开采和洗选业	Mining and Washing of Coal	2668	120306	51365	121813
石油和天然气开采业	Extraction of Petroleum and Natural Gas	38232	313	1011749	758513
黑色金属矿采选业	Mining and Procssing of Ferrous Metal Ores	4559	6335	74817	47336
有色金属矿采选业	Mining and Processing of Non-ferrous Metal Ores	11998	11299	53852	36903
非金属矿采选业	Mining and Processing of Nonmetal Ores			1551	278
开采辅助活动	Mining Support Activities	155	166830	-83530	75619
其他采矿业	Mining of Other Ores				
农副食品加工业	Processing of Food form Agricultural Products	11825	308	516575	145915
食品制造业	Manufacture of Food	5489	68	83420	36125
酒、饮料和精制茶制造业	Manufacture of Wine,Beverages and Tea	10433	41194	199394	159947
烟草制品业	Manufacture of Tobacco	42664		1019054	894584
纺织业	Manufacture of Textile	22	637	35509	6473
纺织服装、服饰业	Manufacture of Textile and Apparel	1194		9698	3400
皮革、毛皮、羽毛及其制品和制鞋业	Leather,Fur,Feathers and Footwear Industry	735		4263	743
木材加工和木、竹、藤、棕、草制品业	Processing of Timber，Manufacture of Wood，Bamboo，Rattan，Palm and Straw Products	4017	414	104669	51648
家具制造业	Manufacture of Furniture	291		30628	12341
造纸和纸制品业	Manufacture of Paper and Paper Products	-3666	24650	-15466	7584
印刷和记录媒介复制业	Printing，Reproduction of Recording Media	1441	522	33177	5523
文教、工美、体育和娱乐用品制造业	Calture Education ,Art,Sports and Entertainment Goods Industry	691		3885	2026
石油加工、炼焦和核燃料加工业	Processing of Petroleum，Coking，Processing of Nuclear Fuel	23	9680	151527	140776
化学原料和化学制品制造业	Manufacture of Raw Chemical Materials and Chemical Products	24807	515863	539258	940836
医药制造业	Manufacture of Medicines	76266	18692	1310795	534381
化学纤维制造业	Manufacture of Chemical Fibers	30	7638	1861	12522
橡胶和塑料制品业	Manufacture of Rubber and Plastic	2695	0	27634	11626
非金属矿物制品业	Manufacture of Non-metallic Mineral Products	27371	21616	230845	106762
黑色金属冶炼和压延加工业	Smelting and Pressing of Ferrous Metals	4449	143944	-29143	58012
有色金属冶炼和压延加工业	Smelting and Pressing of Non- ferrous Metals	4196	31814	48748	31676
金属制品业	Manufacture of Metal Products	34	4063	14181	7398
通用设备制造业	Manufacture of General Purpose Machinery	20323	7494	131806	58985
专用设备制造业	Manufacture of Special Purpose Machinery	1910	17036	20650	19887
汽车制造业	Manufacture of Automotive	1846338	172123	12728709	7032910
铁路、船舶、航空航天和其他运输设备制造业	Manufacture of Railway,Ship,Aerospace and Other Transport Equipment	49298	14662	519059	223905
电气机械和器材制造业	Manufacture of Electrical Machinery and Equipment	-754	12773	77230	45963
计算机、通信和其他电子设备制造业	Manufacture of Compater,Communication and Other Electronic Equipment	6569		49485	21818
仪器仪表制造业	Manufacture of Instrument	741		14122	2790
其他制造业	Other Manufacturing				
废弃资源综合利用业	Wast Resources Utilization Industry	342		14348	7125
金属制品、机械和设备修理业	Metal Products,Machinery and Equipment Repair Industry	16	307	1821	2062
电力、热力生产和供应业	Production and Supply of Electric Power and Heat Power	13369	97504	377707	315702
燃气生产和供应业	Production and Supply of Gas	628	1477	2701	2956
水的生产和供应业	Production and Supply of Water	-35	12587	-6072	8495

contiued

unit: 10000 yuan

本年应付职工薪酬 The Year of Payable Employees	本年应交增值税 Value Added Tax Payable This Year	全部从业人员年平均人数（人） Annual Average Employed Persons (person)	总资产贡献率（%） Total Assets Contribution Rate （%）	资产负债率（%） Assets-liability Ratio （%）	流动资产周转率（次/年） Current Assets Turnover (times/year)	成本费用利润率（%） Ratio of Pre-tax Profit to Cost（%）	产品销售率（%） Proportion of Products Sold（%）
6595201	**4798312**	**943124**	**17.6**	**57.3**	**2.7**	**7.7**	**97.9**
479098	95746	75832	3.2	78.4	2.0	-3.3	95.2
382801	296918	34884	12.6	42.7	2.1	11.9	99.9
52566	33925	10662	6.6	59.9	2.2	5.1	98.3
49618	10915	10275	7.3	49.9	2.5	8.7	96.6
1810	113	308	60.6	58.3	5.4	14.7	82.2
203446	33154	21243	-2.9	91.7	1.4	-14.3	99.9
174132	78898	43494	14.4	66.5	7.6	3.3	97.8
49104	23462	8552	13.0	62.7	2.0	5.4	79.5
89982	58549	20158	12.6	57.5	2.5	3.7	97.2
82119	168615	4262	67.9	50.6	1.4	24.5	99.2
63260	2696	27779	6.1	62.7	4.7	4.0	95.8
15249	1412	5545	7.1	52.0	2.9	2.3	96.1
1637		392	18.2	61.9	4.4	12.1	99.2
121311	28618	32529	7.5	61.3	3.5	3.0	98.2
14595	9478	3198	28.1	42.7	8.5	8.2	96.1
30766	3972	6503	-0.9	54.9	1.1	-7.4	87.3
7240	2556	1464	8.5	37.2	0.9	64.0	92.4
2517	1011	557	44.7	36.3	6.0	14.7	97.6
17643	20966	5153	39.5	78.9	10.2	1.9	96.4
533853	198061	53243	11.6	48.9	7.2	-3.9	98.5
426736	394433	100692	19.0	30.0	2.6	10.1	95.9
40216	7149	7137	4.0	74.1	1.7	-1.5	91.1
30428	6926	5536	7.0	54.2	2.2	3.9	93.9
84750	62654	20407	13.9	62.0	2.1	8.9	98.3
191490	39094	36382	0.2	76.8	3.0	-1.5	99.3
50683	15957	8422	3.2	79.0	0.3	1.9	100.1
35454	5714	6745	3.2	68.8	0.8	2.8	94.8
58419	30659	9775	16.7	54.8	2.1	10.0	96.3
33905	14202	8651	4.9	53.2	2.0	0.6	98.9
2097471	2675065	243815	32.5	49.9	2.8	12.4	98.4
192012	146567	21448	14.2	67.8	1.1	12.5	99.8
33843	40621	7052	10.9	50.0	2.2	3.2	98.6
30396	10093	6355	9.4	41.4	1.2	11.0	98.2
10285	1291	1680	7.4	36.9	0.5	31.5	97.4
3740	6540	1466	16.6	32.7	1.9	6.6	100.0
3920	1607	771	2.5	86.0	2.7	-0.4	100.0
826917	264153	78573	5.8	69.9	4.6	1.2	98.6
23439	930	3486	4.3	220.1	1.5	0.3	100.0
48350	5593	8698	-0.6	59.4	1.3	-7.3	98.6

13－4 按行业分国有及国有控股工业企业主要指标（2014年）

单位：万元

项目	Item	企业单位数(个) Number of Enterprises (unit)	#亏损企业 Loss－making Enterprises	工业总产值（当年价格） Gross Industrial Output Value (current price)
总计	**Total**	**366**	**98**	**83706989**
煤炭开采和洗选业	Mining and Washing of Coal	15	8	1174941
石油和天然气开采业	Extraction of Petroleum and Natural Gas	10		2324508
黑色金属矿采选业	Mining and Procssing of Ferrous Metal Ores	5	2	304992
有色金属矿采选业	Mining and Processing of Non-ferrous Metal Ores	7	2	195881
非金属矿采选业	Mining and Processing of Nonmetal Ores	2		8253
开采辅助活动	Mining Support Activities	3	2	432655
其他采矿业	Mining of Other Ores			
农副食品加工业	Processing of Food form Agricultural Products	16	2	1176931
食品制造业	Manufacture of Food			
酒、饮料和精制茶制造业	Manufacture of Wine,Beverages and Tea	4	1	157113
烟草制品业	Manufacture of Tobacco	5		1566886
纺织业	Manufacture of Textile			
纺织服装、服饰业	Manufacture of Textile and Apparel	1		30901
皮革、毛皮、羽毛及其制品和制鞋业	Leather,Fur,Feathers and Footwear Industry			
木材加工和木、竹、藤、棕、草制品业	Processing of Timber, Manufacture of Wood, Bamboo, Rattan, Palm and Straw Products	21	4	637338
家具制造业	Manufacture of Furniture			
造纸和纸制品业	Manufacture of Paper and Paper Products	2		112536
印刷和记录媒介复制业	Printing, Reproduction of Recording Media	2	2	11526
文教、工美、体育和娱乐用品制造业	Calture Education ,Art,Sports and Entertainment Goods Industry	1		5117
石油加工、炼焦和核燃料加工业	Processing of Petroleum, Coking, Processing of Nuclear Fuel	1		27775
化学原料和化学制品制造业	Manufacture of Raw Chemical Materials and Chemical Products	13	6	6826736
医药制造业	Manufacture of Medicines	14	2	318152
化学纤维制造业	Manufacture of Chemical Fibers	1	1	509504
橡胶和塑料制品业	Manufacture of Rubber and Plastic	5	1	50053
非金属矿物制品业	Manufacture of Non-metallic Mineral Products	27	2	5103362
黑色金属冶炼和压延加工业	Smelting and Pressing of Ferrous Metals	9	4	1841829
有色金属冶炼和压延加工业	Smelting and Pressing of Non- ferrous Metals	1	1	428526
金属制品业	Manufacture of Metal Products	3	1	98529
通用设备制造业	Manufacture of General Purpose Machinery	7	1	296914
专用设备制造业	Manufacture of Special Purpose Machinery	10	4	197354
汽车制造业	Manufacture of Automotive	27	5	48690297
铁路、船舶、航空航天和其他运输设备制造业	Manufacture of Railway,Ship,Aerospace and Other Transport Equipment	5	1	3112210
电气机械和器材制造业	Manufacture of Electrical Machinery and Equipment	5	2	128069
计算机、通信和其他电子设备制造业	Manufacture of Compater,Communication and Other Electronic Equipment	7	1	193183
仪器仪表制造业	Manufacture of Instrument	3		40175
其他制造业	Other Manufacturing			
废弃资源综合利用业	Wast Resources Utilization Industry			
金属制品、机械和设备修理业	Metal Products,Machinery and Equipment Repair Industry	1	1	8939
电力、热力生产和供应业	Production and Supply of Electric Power and Heat Power	118	30	7490252
燃气生产和供应业	Production and Supply of Gas	2	1	4032
水的生产和供应业	Production and Supply of Water	13	11	201521

The main Indicators of Stato-owned and State holding Industrial Enterprises in the Industry (2014)

unit: 10000 yuan

工业销售产值（当年价格）Sales Value of Industry (current price)	产成品 Finished Goods	资产总计 Total Assets	流动资产合计 Total Current Assets	应收帐款 Account Receivable	固定资产合计 Total Fixed Assets	固定资产原价 Original Value of Fixed Assets
82225335	**2600689**	**87979045**	**41093425**	**4590596**	**41888684**	**65636245**
1086792	23495	2105535	539244	98289	1274098	2654282
2327104	23752	7122043	1463813	26064	5656116	9401059
298744	3980	909321	142288	58001	413855	518166
190328	5355	544270	110477	17050	267931	261156
7942	532	15080	1511	277	13569	14608
432269	15399	1684405	659056	314890	957338	1901571
831334	132977	930944	749607	58717	165737	1126144
151513	4137	180200	89747	15	71303	81873
1554284	23397	1523220	1079017	175650	392260	573331
29139	1330	52074	43957	8648	8117	2572
620121	66800	870024	485376	53122	265446	528157
88771	2012	385166	91435	22081	274930	303427
11110	1909	41365	12211	3045	6989	24141
5391	373	4948	3778	409	954	1772
27775	56	31080	8521	5206	21092	30794
6781071	120034	3794133	782116	23440	2516478	6367642
305547	10710	487603	183329	34582	227846	383914
464106	48655	780262	289828	31777	364764	757407
48473	3528	64709	33819	17954	28143	15127
5093715	159725	6466114	3868951	546066	1778623	3155883
1805318	64445	2903001	1100196	68798	1568587	2480710
438700	115847	5024705	3300511	492145	1196870	1455891
104321	8502	225605	108814	41430	112869	105649
288364	9125	301877	159012	56356	111271	358188
209030	77113	353679	251878	52901	69113	131623
47908854	1645023	32584739	20578725	990321	11558352	12939971
3109362	5201	3786408	2728709	899868	681572	1006529
134513	10460	207000	136676	53772	36922	45952
180548	7485	216528	87049	18109	125463	160354
42375	4809	112765	72934	5598	23316	36971
8939		17625	6677	3235	6711	15577
7437470	4319	13656115	1717782	388696	11179009	17934030
4032	121	60283	105215	18006	134482	203538
197983	82	536221	101166	6079	378558	658237

单位：万元

13－4 续表 1

项 目	Item	负债合计 Total Liabilities	所有者权益合计 Total Owners' Equities	主营业务收入 Revenue from Principal Business
总计	**Total**	**53948294**	**34316720**	**90647851**
煤炭开采和洗选业	Mining and Washing of Coal	1700932	361864	788265
石油和天然气开采业	Extraction of Petroleum and Natural Gas	3294738	3826651	2338738
黑色金属矿采选业	Mining and Procssing of Ferrous Metal Ores	648057	261264	271594
有色金属矿采选业	Mining and Processing of Non-ferrous Metal Ores	308309	235961	190328
非金属矿采选业	Mining and Processing of Nonmetal Ores	6211	8869	8867
开采辅助活动	Mining Support Activities	1537706	146700	911405
其他采矿业	Mining of Other Ores			
农副食品加工业	Processing of Food form Agricultural Products	816254	114322	826195
食品制造业	Manufacture of Food			
酒、饮料和精制茶制造业	Manufacture of Wine,Beverages and Tea	102838	76186	151189
烟草制品业	Manufacture of Tobacco	770936	752284	1532622
纺织业	Manufacture of Textile			
纺织服装、服饰业	Manufacture of Textile and Apparel	25952	26122	29139
皮革、毛皮、羽毛及其制品和制鞋业	Leather,Fur,Feathers and Footwear Industry			
木材加工和木、竹、藤、棕、草制品业	Processing of Timber，Manufacture of Wood，Bamboo，Rattan，Palm and Straw Products	623024	246999	589403
家具制造业	Manufacture of Furniture			
造纸和纸制品业	Manufacture of Paper and Paper Products	234029	151136	90049
印刷和记录媒介复制业	Printing，Reproduction of Recording Media	31419	9946	11041
文教、工美、体育和娱乐用品制造业	Calture Education ,Art,Sports and Entertainment Goods Industry	1723	3225	5391
石油加工、炼焦和核燃料加工业	Processing of Petroleum，Coking，Processing of Nuclear Fuel	2883	28197	27768
化学原料和化学制品制造业	Manufacture of Raw Chemical Materials and Chemical Products	1919742	1874390	7000788
医药制造业	Manufacture of Medicines	226179	261295	298058
化学纤维制造业	Manufacture of Chemical Fibers	578399	201862	470796
橡胶和塑料制品业	Manufacture of Rubber and Plastic	20492	42664	32631
非金属矿物制品业	Manufacture of Non-metallic Mineral Products	4847953	1612423	4595183
黑色金属冶炼和压延加工业	Smelting and Pressing of Ferrous Metals	2474526	428457	1683795
有色金属冶炼和压延加工业	Smelting and Pressing of Non- ferrous Metals	4304042	720663	852174
金属制品业	Manufacture of Metal Products	205460	20145	101267
通用设备制造业	Manufacture of General Purpose Machinery	198199	103642	302874
专用设备制造业	Manufacture of Special Purpose Machinery	232317	121362	199430
汽车制造业	Manufacture of Automotive	15869454	16715130	56206722
铁路、船舶、航空航天和其他运输设备制造业	Manufacture of Railway,Ship,Aerospace and Other Transport Equipment	2572075	1214332	3118949
电气机械和器材制造业	Manufacture of Electrical Machinery and Equipment	186569	20430	132340
计算机、通信和其他电子设备制造业	Manufacture of Compater,Communication and Other Electronic Equipment	115638	95697	174529
仪器仪表制造业	Manufacture of Instrument	23779	87772	38353
其他制造业	Other Manufacturing			
废弃资源综合利用业	Wast Resources Utilization Industry			
金属制品、机械和设备修理业	Metal Products,Machinery and Equipment Repair Industry	12218	5408	8377
电力、热力生产和供应业	Production and Supply of Electric Power and Heat Power	9502748	4118103	7331104
燃气生产和供应业	Production and Supply of Gas	259217	183065	133627
水的生产和供应业	Production and Supply of Water	294274	240152	194863

contiued

unit: 10000 yuan

主营业务成本 Cost of Principal Business	营业税金及附加 Business Tax and Surcharge	主营业务税金及附加 Taxes and Other Charges on Principal Business	销售费用 Selling Cost	管理费用 Management Cost	财务费用 Finance Cost	利息支出 Interest Expense	利润总额 Total Profits
73207573	**4291906**	**4283411**	**3338170**	**3779541**	**1006597**	**1249384**	**7014277**
696152	15671	14492	21610	157731	44339	42861	-92731
1405063	380764	380764	25478	162414	59036	94030	210662
190985	7066	6973	3516	37083	31663	14449	6155
130702	8431	8431	721	25745	5631	5124	-5329
6408	53	53	480	1092	125	125	710
893843	34353	33995	4165	46075	53789	43779	-152019
775136	1901	1898	12423	11895	11622	11148	15092
129736	4341	4341	2742	8581	2815	3445	3870
511278	679883	679883	31349	106841	12131	13222	171314
23515	1	1	1092	1770	488	459	5401
499686	2990	2104	22459	38737	25112	22365	17866
82317	91	85	5901	8076	5	-121	1105
9829	162	162	525	2067	571	575	-845
3695	48	48	133	410	-1		1217
22498	145	145	273	537	175	142	4213
6256184	659467	657637	48319	387558	55274	57981	-427780
187987	2848	2837	33849	40316	6231	5593	32778
440292	2350	2186	13988	21970	35468	30005	-7638
27841	67	42	1301	1795	291	295	1479
4155719	37889	36626	129562	214538	206737	209912	56805
1684065	2660	2650	17820	53909	57996	23281	-121597
691779	6414	6414	16974	53018	180360	158920	-31814
80841	180	180	3836	14012	1258	1339	1784
265140	2065	1988	10377	21276	3202	3206	2869
162717	868	868	9546	19566	2477	3548	-4889
44034911	2380905	2380836	2704708	1980787	-229437	67617	6850591
2437641	18096	17930	64395	199694	34776	34689	343831
115601	1185	1036	1954	10417	4118	3933	-609
114244	1716	936	11397	26954	1052	1274	31879
22890	392	392	1354	6283	-271	118	8795
6064	221	221		2609	36	36	-307
6876418	36984	35584	94042	71986	393616	390441	97554
105750	584	584	24196	8129	1349	1216	-231
160647	1115	1092	17685	35672	4563	4377	-5903

单位：万元

13－4 续表 2

项　目	Item	应交所得税 Income Tax Payable	亏损企业亏损总额 Total Loss	利税总额 Total Pre-tax Profits	应交税金及附加 Tax Payable and Surcharge
总计	**Total**	**1914647**	**1291371**	**15015035**	**10107201**
煤炭开采和洗选业	Mining and Washing of Coal	2841	109841	-8121	91526
石油和天然气开采业	Extraction of Petroleum and Natural Gas	30416		850542	683338
黑色金属矿采选业	Mining and Procssing of Ferrous Metal Ores	2872	6287	37161	34706
有色金属矿采选业	Mining and Processing of Non-ferrous Metal Ores	4593	11299	10710	21228
非金属矿采选业	Mining and Processing of Nonmetal Ores			1016	316
开采辅助活动	Mining Support Activities	108	166688	-89962	69185
其他采矿业	Mining of Other Ores				
农副食品加工业	Processing of Food form Agricultural Products	443	3278	22116	8545
食品制造业	Manufacture of Food				
酒、饮料和精制茶制造业	Manufacture of Wine,Beverages and Tea		151	11892	8702
烟草制品业	Manufacture of Tobacco	42836		1020392	895404
纺织业	Manufacture of Textile				
纺织服装、服饰业	Manufacture of Textile and Apparel	901		5403	925
皮革、毛皮、羽毛及其制品和制鞋业	Leather,Fur,Feathers and Footwear Industry				
木材加工和木、竹、藤、棕、草制品业	Processing of Timber，Manufacture of Wood，Bamboo，Rattan，Palm and Straw Products	3138	1086	26131	13543
家具制造业	Manufacture of Furniture				
造纸和纸制品业	Manufacture of Paper and Paper Products	73		1549	1360
印刷和记录媒介复制业	Printing，Reproduction of Recording Media	3	845	339	1415
文教、工美、体育和娱乐用品制造业	Calture Education ,Art,Sports and Entertainment Goods Industry	305		1663	778
石油加工、炼焦和核燃料加工业	Processing of Petroleum，Coking，Processing of Nuclear Fuel	1036		5560	2444
化学原料和化学制品制造业	Manufacture of Raw Chemical Materials and Chemical Products	15869	479145	389145	863735
医药制造业	Manufacture of Medicines	5111	6164	46853	20762
化学纤维制造业	Manufacture of Chemical Fibers	30	7638	1861	12522
橡胶和塑料制品业	Manufacture of Rubber and Plastic	164	549	2433	1176
非金属矿物制品业	Manufacture of Non-metallic Mineral Products	30114	52170	197307	185419
黑色金属冶炼和压延加工业	Smelting and Pressing of Ferrous Metals	1209	140835	-102770	28034
有色金属冶炼和压延加工业	Smelting and Pressing of Non- ferrous Metals	-4391	31814	-16741	12549
金属制品业	Manufacture of Metal Products	13	1116	3918	2427
通用设备制造业	Manufacture of General Purpose Machinery	193	7494	10358	8567
专用设备制造业	Manufacture of Special Purpose Machinery	-721	10159	-1539	3433
汽车制造业	Manufacture of Automotive	1705994	110311	11589132	6520435
铁路、船舶、航空航天和其他运输设备制造业	Manufacture of Railway,Ship,Aerospace and Other Transport Equipment	47874	14662	506016	219204
电气机械和器材制造业	Manufacture of Electrical Machinery and Equipment	559	5737	2045	3748
计算机、通信和其他电子设备制造业	Manufacture of Compater,Communication and Other Electronic Equipment	7062	19	40971	17673
仪器仪表制造业	Manufacture of Instrument	954		10893	3300
其他制造业	Other Manufacturing				
废弃资源综合利用业	Wast Resources Utilization Industry				
金属制品、机械和设备修理业	Metal Products,Machinery and Equipment Repair Industry	16	307	292	685
电力、热力生产和供应业	Production and Supply of Electric Power and Heat Power	14911	110605	436325	359608
燃气生产和供应业	Production and Supply of Gas	157	453	594	982
水的生产和供应业	Production and Supply of Water	-35	12721	1553	9528

contiued

unit: 10000 yuan

本年应付职工薪酬 The Year of Payable Employees	本年应交增值税 Value Added Tax Payable This Year	全部从业人员年平均人数（人） Annual Average Employed Persons (person)	总资产贡献率（%） Total Assets Contribution Rate (%)	资产负债率（%） Assets-liability Ratio (%)	流动资产周转率（次/年） Current Assets Turnover (times/year)	成本费用利润率（%） Ratio of Pre-tax Profit to Cost (%)	产品销售率（%） Proportion of Products Sold (%)
5086447	**3708851**	**557714**	**18.2**	**61.3**	**2.3**	**8.2**	**98.2**
432993	68939	65517	1.3	80.8	1.9	-8.2	92.5
360981	259117	30160	12.8	46.3	1.6	12.8	100.1
29840	23940	6140	5.6	71.3	1.9	2.3	98.0
33482	7608	6811	2.8	56.6	1.7	-3.2	97.2
378	253	128	7.6	41.2	5.9	8.8	96.2
196009	27704	19497	-3.5	91.3	1.4	-15.1	99.9
17082	5123	4036	3.6	87.7	1.1	1.8	70.6
5841	3681	1604	8.1	57.1	1.7	2.7	96.4
83828	169194	4362	67.8	50.6	1.4	24.4	99.2
518		785	11.3	49.8	0.7	20.0	94.3
88228	5275	22555	5.5	71.6	1.2	3.0	97.3
9089	353	1999	0.3	60.8	1.0	1.1	78.9
3585	1021	735	2.2	76.0	1.0	-6.3	96.4
742	398	216	33.6	34.8	1.4	28.7	105.4
538	1202	75	18.3	9.3	3.3	17.9	100.0
491671	157458	43051	11.7	50.6	9.2	-6.1	99.3
26065	11227	4397	10.7	46.4	1.6	12.2	96.0
40216	7149	7137	4.0	74.1	1.7	-1.5	91.1
2417	887	672	4.2	31.7	1.0	4.7	96.8
196243	102613	7578	6.1	75.0	1.3	1.1	99.8
102148	16167	18768	-2.8	85.2	1.6	-6.5	98.0
40212	8659	4508	2.2	85.7	0.3	-3.4	102.4
25386	1954	3548	2.3	91.1	0.9	1.8	105.9
17738	5424	3303	4.4	65.7	1.9	1.0	97.1
24491	2483	5606	0.3	65.7	0.8	-2.5	105.9
1689519	2357637	176723	35.2	48.7	2.9	13.3	98.4
183953	144089	19620	14.2	67.9	1.2	12.5	99.9
6957	1468	1119	2.9	90.1	1.0	-0.4	105.0
16173	7376	2749	19.4	53.4	2.1	20.2	93.5
8680	1706	1291	9.6	21.1	0.5	28.1	105.5
698	378	350	1.9	69.3	1.3	-3.4	100.0
882276	301787	80893	6.0	69.6	4.4	1.3	99.3
18168	242	2451	2.9	430.0	1.3	-0.2	100.0
50302	6341	9330	1.0	54.9	2.0	-2.5	98.2

13－5 按行业分私营工业企业主要指标（2014年）

单位：万元

项目	Item	企业单位数(个) Number of Enterprises (unit)	#亏损企业 Loss－making Enterprises	工业总产值（当年价格）Gross Industrial Output Value (current price)
总计	**Total**	**2636**	**93**	**62471340**
煤炭开采和洗选业	Mining and Washing of Coal	39	5	532258
石油和天然气开采业	Extraction of Petroleum and Natural Gas	3		238066
黑色金属矿采选业	Mining and Procssing of Ferrous Metal Ores	50	3	1330043
有色金属矿采选业	Mining and Processing of Non-ferrous Metal Ores	21		650871
非金属矿采选业	Mining and Processing of Nonmetal Ores	39		743337
开采辅助活动	Mining Support Activities	3		27941
其他采矿业	Mining of Other Ores	1		22553
农副食品加工业	Processing of Food form Agricultural Products	548	16	12928554
食品制造业	Manufacture of Food	96	5	1845903
酒、饮料和精制茶制造业	Manufacture of Wine,Beverages and Tea	111	3	2565859
烟草制品业	Manufacture of Tobacco			
纺织业	Manufacture of Textile	21	3	563973
纺织服装、服饰业	Manufacture of Textile and Apparel	23	1	340161
皮革、毛皮、羽毛及其制品和制鞋业	Leather,Fur,Feathers and Footwear Industry	7		128116
木材加工和木、竹、藤、棕、草制品业	Processing of Timber, Manufacture of Wood, Bamboo, Rattan, Palm and Straw Products	164	2	3977797
家具制造业	Manufacture of Furniture	41		735046
造纸和纸制品业	Manufacture of Paper and Paper Products	49	1	755247
印刷和记录媒介复制业	Printing, Reproduction of Recording Media	15	2	205511
文教、工美、体育和娱乐用品制造业	Calture Education ,Art,Sports and Entertainment Goods Industry	10		202959
石油加工、炼焦和核燃料加工业	Processing of Petroleum, Coking, Processing of Nuclear Fuel	13	1	1008867
化学原料和化学制品制造业	Manufacture of Raw Chemical Materials and Chemical Products	161	4	4002208
医药制造业	Manufacture of Medicines	95	11	2803016
化学纤维制造业	Manufacture of Chemical Fibers	3		23132
橡胶和塑料制品业	Manufacture of Rubber and Plastic	74		1247715
非金属矿物制品业	Manufacture of Non-metallic Mineral Products	287	6	6336601
黑色金属冶炼和压延加工业	Smelting and Pressing of Ferrous Metals	42	2	2968712
有色金属冶炼和压延加工业	Smelting and Pressing of Non- ferrous Metals	6		226050
金属制品业	Manufacture of Metal Products	96	3	1989502
通用设备制造业	Manufacture of General Purpose Machinery	96	3	2086339
专用设备制造业	Manufacture of Special Purpose Machinery	112		3075004
汽车制造业	Manufacture of Automotive	222	13	4862077
铁路、船舶、航空航天和其他运输设备制造业	Manufacture of Railway,Ship,Aerospace and Other Transport Equipment	16		183214
电气机械和器材制造业	Manufacture of Electrical Machinery and Equipment	65	4	1770203
计算机、通信和其他电子设备制造业	Manufacture of Compater,Communication and Other Electronic Equipment	13		314507
仪器仪表制造业	Manufacture of Instrument	14	1	218084
其他制造业	Other Manufacturing	16		284894
废弃资源综合利用业	Wast Resources Utilization Industry	6		92301
金属制品、机械和设备修理业	Metal Products,Machinery and Equipment Repair Industry	2		13054
电力、热力生产和供应业	Production and Supply of Electric Power and Heat Power	41	3	727111
燃气生产和供应业	Production and Supply of Gas	13	1	400734
水的生产和供应业	Production and Supply of Water	2		43824

Main Indicators of Private Industrial Enterprises by Industry (2014)

unit: 10000 yuan

工业销售产值（当年价格）Sales Value of Industry (current price)	产成品 Finished Goods	资产总计 Total Assets	流动资产合计 Total Current Assets	应收帐款 Account Receivable	固定资产合计 Total Fixed Assets	固定资产原价 Original Value of Fixed Assets
60958526	**847965**	**24279117**	**8975424**	**1952836**	**11890623**	**42547782**
515964	8500	257311	119095	17552	90477	418510
232599	2961	114248	28560	1467	70945	154644
1318344	16184	440103	155435	28108	232747	1024133
648389	2081	243894	34561	5380	192003	418550
730274	6243	205601	62666	10206	134754	361370
26565	881	60719	35676	23047	15949	16701
22553	963	9863	1452	635	8411	8925
12739762	201926	4356956	1606028	283644	1942980	6504964
1793657	27269	666082	277136	42956	263643	747291
2507424	45404	1106451	439592	54879	580384	1674534
544119	5682	206922	69323	25013	99926	633106
336069	30999	244263	145430	11373	74394	322406
125781	3847	62183	21403	3560	35619	61519
3882853	53337	1566744	344019	72025	820102	2200640
704468	8380	274159	77299	15487	148180	297479
724351	7207	270866	69527	18010	164560	421109
202566	741	49734	22411	7987	19314	29575
198670	3134	41434	18312	4503	20022	158822
994221	7524	276102	96941	4286	140864	745159
3939363	78936	1408068	542347	96460	700444	3113828
2613119	48945	1258181	678077	146915	448850	1638039
23100	700	17173	4475	-1634	10774	22697
1220463	13930	471979	157674	38522	278237	634936
6209338	60982	2359802	804925	203762	1255993	4542286
2922437	31033	1354486	409100	91373	721654	4072811
219987	1880	87010	28125	6688	45189	420226
1921615	11835	817200	348886	102558	388318	1587696
1995872	21241	730832	275290	67792	378280	1633880
2966371	21975	945136	298066	52499	530853	2883830
4735246	93236	2177246	1024586	315365	879844	2639781
173939	4038	148484	81649	37350	50333	126545
1713712	11235	678232	260537	69100	378142	1324723
308755	3474	147533	99329	26803	45770	192442
216274	3578	61830	23550	6158	32364	130008
277229	1823	60887	20486	8041	28128	177513
87578	4173	65262	17463	2700	41472	35074
11479	394	6233	3134	1653	3099	6821
713124	491	898994	248881	48513	516727	958042
398498	799	106699	23481	1664	78348	142192
42400	5	24216	501	438	22533	64975

单位：万元

13－5 续表 1

项 目	Item	负债合计 Total Liabilities	所有者权益合计 Total Owners' Equities	主营业务收入 Revenue from Principal Business
总计	**Total**	**10748365**	**13113603**	**59254222**
煤炭开采和洗选业	Mining and Washing of Coal	143586	99110	519531
石油和天然气开采业	Extraction of Petroleum and Natural Gas	67051	46000	185639
黑色金属矿采选业	Mining and Procssing of Ferrous Metal Ores	165580	261950	1210824
有色金属矿采选业	Mining and Processing of Non-ferrous Metal Ores	91088	149999	627265
非金属矿采选业	Mining and Processing of Nonmetal Ores	61313	143037	700224
开采辅助活动	Mining Support Activities	49870	7771	52204
其他采矿业	Mining of Other Ores	1236	8627	23753
农副食品加工业	Processing of Food form Agricultural Products	1740061	2518228	12599321
食品制造业	Manufacture of Food	266711	396944	1649220
酒、饮料和精制茶制造业	Manufacture of Wine,Beverages and Tea	455922	639935	2433159
烟草制品业	Manufacture of Tobacco			
纺织业	Manufacture of Textile	42921	119093	472378
纺织服装、服饰业	Manufacture of Textile and Apparel	125060	117243	313497
皮革、毛皮、羽毛及其制品和制鞋业	Leather,Fur,Feathers and Footwear Industry	29116	32952	125769
木材加工和木、竹、藤、棕、草制品业	Processing of Timber， Manufacture of Wood， Bamboo， Rattan， Palm and Straw Products	707677	848001	3634764
家具制造业	Manufacture of Furniture	97692	172801	690472
造纸和纸制品业	Manufacture of Paper and Paper Products	107397	159548	703627
印刷和记录媒介复制业	Printing， Reproduction of Recording Media	25442	23715	201670
文教、工美、体育和娱乐用品制造业	Calture Education ,Art,Sports and Entertainment Goods Industry	18819	22207	197104
石油加工、炼焦和核燃料加工业	Processing of Petroleum， Coking， Processing of Nuclear Fuel	136381	135112	978837
化学原料和化学制品制造业	Manufacture of Raw Chemical Materials and Chemical Products	544104	821993	3877101
医药制造业	Manufacture of Medicines	633133	598091	2520852
化学纤维制造业	Manufacture of Chemical Fibers	8479	8694	29792
橡胶和塑料制品业	Manufacture of Rubber and Plastic	192788	275936	1176984
非金属矿物制品业	Manufacture of Non-metallic Mineral Products	933711	1400553	5982660
黑色金属冶炼和压延加工业	Smelting and Pressing of Ferrous Metals	895385	454515	2857540
有色金属冶炼和压延加工业	Smelting and Pressing of Non- ferrous Metals	30934	56076	223659
金属制品业	Manufacture of Metal Products	322924	487484	1875577
通用设备制造业	Manufacture of General Purpose Machinery	353115	360330	1948760
专用设备制造业	Manufacture of Special Purpose Machinery	326512	579473	2907203
汽车制造业	Manufacture of Automotive	1205341	955088	4644814
铁路、船舶、航空航天和其他运输设备制造业	Manufacture of Railway,Ship,Aerospace and Other Transport Equipment	90007	55725	167474
电气机械和器材制造业	Manufacture of Electrical Machinery and Equipment	274538	402231	1703017
计算机、通信和其他电子设备制造业	Manufacture of Compater,Communication and Other Electronic Equipment	52122	95411	297098
仪器仪表制造业	Manufacture of Instrument	27805	32686	207891
其他制造业	Other Manufacturing	22954	36684	277764
废弃资源综合利用业	Wast Resources Utilization Industry	34759	30316	74255
金属制品、机械和设备修理业	Metal Products,Machinery and Equipment Repair Industry	2877	3356	11483
电力、热力生产和供应业	Production and Supply of Electric Power and Heat Power	416484	475301	705399
燃气生产和供应业	Production and Supply of Gas	43993	60651	403242
水的生产和供应业	Production and Supply of Water	3480	20737	42400

contiued

unit: 10000 yuan

主营业务成本 Cost of Principal Business	营业税金及附加 Business Tax and Surcharge	主营业务税金及附加 Taxes and Other Charges on Principal Business	销售费用 Selling Cost	管理费用 Management Cost	财务费用 Finance Cost	利息支出 Interest Expense	利润总额 Total Profits
50971072	**471406**	**466083**	**1525615**	**2405995**	**584992**	**438026**	**2776183**
472095	7073	7055	8007	12566	2101	1974	14452
166122	1114	1114	3905	5649	3363	3363	5902
1023718	13246	13244	35906	52310	15631	8777	68238
527653	3458	3092	14870	41430	2766	2034	36826
599174	7551	7551	21661	29027	8245	3505	32176
44107	956	956	1504	3105	820	412	2014
14165	244	244	3563	3315	1526	825	941
10686686	82924	82713	329870	416715	112311	86128	571278
1410080	9845	9810	58650	68780	19602	12162	78725
2073543	54338	54301	77658	89049	26078	18622	121035
418846	2161	2161	7026	53037	2497	2302	5199
276513	1233	1214	11278	14698	4252	3846	7690
102224	592	592	5862	15723	762	559	8036
3074741	21081	20987	121912	167406	32661	22483	160241
576985	5162	5140	24100	27035	9618	7470	42235
606699	2562	2555	18423	27978	7524	5688	41089
146355	6685	6684	9781	15483	10624	9771	12220
164585	1225	1225	7765	10271	3498	1976	9209
860898	46654	46654	13515	14685	6383	5853	41051
3353446	24672	24388	102112	155785	27813	22241	165777
2201507	8671	8669	69757	108369	18719	11007	106646
25279	113	113	571	1867	280	47	1662
999910	8147	6522	24127	65769	9726	8659	61654
5047637	60248	58491	183143	281924	70494	49142	314819
2667461	5524	5524	22349	75372	20067	18242	60069
198553	613	613	5024	4194	1419	1401	12466
1588318	11427	11339	46964	78408	25477	21308	120150
1690864	8887	8861	45643	71848	20272	13272	106340
2512664	16119	16119	58122	133894	22728	15250	150698
4050604	33262	33066	101479	204489	49756	41230	203845
140237	1843	1831	5542	9353	2238	1628	7993
1506185	9302	9278	39045	54021	18363	13612	72849
252175	1182	1102	5180	12657	1870	2042	25819
171810	1371	1153	7324	8998	1529	973	14670
214446	6157	6015	14368	17710	7589	7387	16300
61383	1361	1361	2871	3048	864	828	3846
10164	64	64	208	255	92	95	625
625926	2437	2387	10591	42621	14231	10699	49283
369548	1378	1374	5542	6480	616	625	19678
37770	524	524	403	674	588	589	2441

13－5 续表 2

单位：万元

项　　目	Item	应交所得税 Income Tax Payable	亏损企业亏损总额 Total Loss	利税总额 Total Pre-tax Profits	应交税金及附加 Tax Payable and Surcharge
总计	**Total**	**154540**	**53186**	**4376607**	**1868894**
煤炭开采和洗选业	Mining and Washing of Coal	1177	7191	35893	22934
石油和天然气开采业	Extraction of Petroleum and Natural Gas	424		10261	4943
黑色金属矿采选业	Mining and Procssing of Ferrous Metal Ores	3602	2107	108279	47546
有色金属矿采选业	Mining and Processing of Non-ferrous Metal Ores	178		59619	25463
非金属矿采选业	Mining and Processing of Nonmetal Ores	1843		60915	33015
开采辅助活动	Mining Support Activities	47		3049	1082
其他采矿业	Mining of Other Ores			3214	2273
农副食品加工业	Processing of Food form Agricultural Products	16014	15310	832418	293719
食品制造业	Manufacture of Food	5365	847	128432	57637
酒、饮料和精制茶制造业	Manufacture of Wine,Beverages and Tea	7514	1305	221094	111706
烟草制品业	Manufacture of Tobacco				
纺织业	Manufacture of Textile	474	1927	16044	11756
纺织服装、服饰业	Manufacture of Textile and Apparel	900	16	12919	6534
皮革、毛皮、羽毛及其制品和制鞋业	Leather,Fur,Feathers and Footwear Industry	1654		13442	7169
木材加工和木、竹、藤、棕、草制品业	Processing of Timber，Manufacture of Wood，Bamboo，Rattan，Palm and Straw Products	5376	192	237689	89253
家具制造业	Manufacture of Furniture	2828		67637	29478
造纸和纸制品业	Manufacture of Paper and Paper Products	3662	276	58631	21932
印刷和记录媒介复制业	Printing，Reproduction of Recording Media	1950	61	25950	16167
文教、工美、体育和娱乐用品制造业	Calture Education ,Art,Sports and Entertainment Goods Industry	1739		15384	8142
石油加工、炼焦和核燃料加工业	Processing of Petroleum，Coking，Processing of Nuclear Fuel	3288	80	109153	71787
化学原料和化学制品制造业	Manufacture of Raw Chemical Materials and Chemical Products	5784	1348	247335	94550
医药制造业	Manufacture of Medicines	4249	4209	185047	89341
化学纤维制造业	Manufacture of Chemical Fibers			2358	738
橡胶和塑料制品业	Manufacture of Rubber and Plastic	4978		96162	42199
非金属矿物制品业	Manufacture of Non-metallic Mineral Products	25791	1973	514753	242954
黑色金属冶炼和压延加工业	Smelting and Pressing of Ferrous Metals	5837	3403	92737	48637
有色金属冶炼和压延加工业	Smelting and Pressing of Non- ferrous Metals	1746		15429	4937
金属制品业	Manufacture of Metal Products	5366	1065	171024	59053
通用设备制造业	Manufacture of General Purpose Machinery	8674	846	157662	64115
专用设备制造业	Manufacture of Special Purpose Machinery	11672		228121	91923
汽车制造业	Manufacture of Automotive	15720	6591	328875	151810
铁路、船舶、航空航天和其他运输设备制造业	Manufacture of Railway,Ship,Aerospace and Other Transport Equipment	1243		15036	8620
电气机械和器材制造业	Manufacture of Electrical Machinery and Equipment	1369	2835	118931	49836
计算机、通信和其他电子设备制造业	Manufacture of Compater,Communication and Other Electronic Equipment	1303		31838	7664
仪器仪表制造业	Manufacture of Instrument	1280	10	20856	7812
其他制造业	Other Manufacturing	128		31771	15685
废弃资源综合利用业	Wast Resources Utilization Industry			7985	4143
金属制品、机械和设备修理业	Metal Products,Machinery and Equipment Repair Industry	41		1347	768
电力、热力生产和供应业	Production and Supply of Electric Power and Heat Power	924	1417	59358	13127
燃气生产和供应业	Production and Supply of Gas	403	178	25094	5931
水的生产和供应业	Production and Supply of Water			4869	2515

contiued

unit: 10000 yuan

本年应付职工薪酬 The Year of Payable Employees	本年应交增值税 Value Added Tax Payable This Year	全部从业人员年平均人数（人） Annual Average Employed Persons（person）	总资产贡献率（%） Total Assets Contribution Rate（%）	资产负债率（%） Assets-liability Ratio（%）	流动资产周转率（次/年） Current Assets Turnover（times/year）	成本费用利润率（%） Ratio of Pre-tax Profit to Cost（%）	产品销售率（%） Proportion of Products Sold（%）
1148312	**1129018**	**342109**	**19.8**	**44.3**	**6.6**	**5.0**	**97.6**
14711	14368	5701	14.7	55.8	4.4	2.9	96.9
12103	3246	1596	11.9	58.7	6.5	3.3	97.7
27880	26796	7096	26.6	37.6	7.8	6.0	99.1
9111	19336	3259	25.3	37.3	18.1	6.3	99.6
14684	21188	4061	31.3	29.8	11.2	4.9	98.2
3233	80	506	5.7	82.1	1.5	4.1	95.1
149	2030	50	41.0	12.5	16.4	4.2	100.0
207210	178215	58923	21.1	39.9	7.9	4.9	98.5
34638	39862	11723	21.1	40.0	6.0	5.1	97.2
68551	45722	16954	21.7	41.2	5.6	5.3	97.7
10704	8685	3238	8.9	20.7	6.8	1.1	96.5
20758	3995	5680	6.9	51.2	2.2	2.5	98.8
4174	4814	1081	22.5	46.8	5.9	6.5	98.2
63140	56367	22480	16.6	45.2	10.6	4.7	97.6
23853	20240	6329	27.3	35.6	8.9	6.6	95.8
19473	14980	5947	23.7	39.6	10.1	6.2	95.9
4011	7045	1344	70.8	51.2	9.0	6.7	98.6
6199	4950	1759	41.8	45.4	10.8	4.9	97.9
6360	21448	2905	41.6	49.4	10.1	4.6	98.5
50183	56885	16828	19.1	38.6	7.1	4.6	98.4
43205	69730	13718	15.5	50.3	3.7	4.4	93.2
917	583	333	14.0	49.4	6.7	5.9	99.9
26587	26361	9038	22.1	40.8	7.6	5.5	97.8
112108	139685	34879	23.9	39.6	7.4	5.6	98.0
39787	27144	13008	8.2	66.1	7.0	2.1	98.4
2716	2350	997	19.3	35.6	8.0	6.0	97.3
34984	39448	10161	23.5	39.5	5.4	6.9	96.6
38258	42436	11252	23.4	48.3	7.1	5.8	95.7
47880	61303	14488	25.7	34.5	9.8	5.5	96.5
114346	91768	31737	17.0	55.4	4.5	4.6	97.4
9873	5200	2786	11.2	60.6	2.1	5.1	94.9
28687	36780	8738	19.5	40.5	6.5	4.5	96.8
11835	4837	2557	22.5	35.3	3.0	9.5	98.2
4135	4814	1451	35.3	45.0	8.8	7.7	99.2
3858	9315	1420	64.3	37.7	13.6	6.4	97.3
2040	2778	608	13.5	53.3	4.3	5.6	94.9
759	658	295	23.1	46.2	3.7	5.8	87.9
18748	7637	5474	7.8	46.3	2.9	7.1	98.1
5225	4038	1397	24.1	41.2	17.2	5.1	99.4
1242	1904	312	22.5	14.4	84.6	6.2	96.8

13－6 按行业分外商投资和港澳台商投资工业企业主要指标（2014年）

单位：万元

项　　目	Item	企业单位数(个) Number of Enterprises (unit)	#亏损企业 Loss－making Enterprises	工业总产值（当年价格） Gross Industrial Output Value (current price)
总计	**Total**	**332**	**52**	**27046073**
煤炭开采和洗选业	Mining and Washing of Coal			
石油和天然气开采业	Extraction of Petroleum and Natural Gas	2		167895
黑色金属矿采选业	Mining and Procssing of Ferrous Metal Ores			
有色金属矿采选业	Mining and Processing of Non-ferrous Metal Ores	1		56748
非金属矿采选业	Mining and Processing of Nonmetal Ores	4	1	55539
开采辅助活动	Mining Support Activities			
其他采矿业	Mining of Other Ores			
农副食品加工业	Processing of Food form Agricultural Products	30	6	6402973
食品制造业	Manufacture of Food	7	3	806156
酒、饮料和精制茶制造业	Manufacture of Wine,Beverages and Tea	23	7	670085
烟草制品业	Manufacture of Tobacco			
纺织业	Manufacture of Textile	5	1	153829
纺织服装、服饰业	Manufacture of Textile and Apparel	3		275487
皮革、毛皮、羽毛及其制品和制鞋业	Leather,Fur,Feathers and Footwear Industry	1		6428
木材加工和木、竹、藤、棕、草制品业	Processing of Timber，Manufacture of Wood，Bamboo，Rattan，Palm and Straw Products	21		1431100
家具制造业	Manufacture of Furniture	3	1	29182
造纸和纸制品业	Manufacture of Paper and Paper Products			
印刷和记录媒介复制业	Printing，Reproduction of Recording Media	2	1	81397
文教、工美、体育和娱乐用品制造业	Calture Education ,Art,Sports and Entertainment Goods Industry	1		71756
石油加工、炼焦和核燃料加工业	Processing of Petroleum，Coking，Processing of Nuclear Fuel	2	1	25478
化学原料和化学制品制造业	Manufacture of Raw Chemical Materials and Chemical Products	21	3	1361913
医药制造业	Manufacture of Medicines	34	6	1795717
化学纤维制造业	Manufacture of Chemical Fibers			
橡胶和塑料制品业	Manufacture of Rubber and Plastic	10	1	192195
非金属矿物制品业	Manufacture of Non-metallic Mineral Products	10		134031
黑色金属冶炼和压延加工业	Smelting and Pressing of Ferrous Metals	6	1	315547
有色金属冶炼和压延加工业	Smelting and Pressing of Non- ferrous Metals	5	2	658079
金属制品业	Manufacture of Metal Products	2		40790
通用设备制造业	Manufacture of General Purpose Machinery	5		285152
专用设备制造业	Manufacture of Special Purpose Machinery	12		688481
汽车制造业	Manufacture of Automotive	90	9	10471392
铁路、船舶、航空航天和其他运输设备制造业	Manufacture of Railway,Ship,Aerospace and Other Transport Equipment	2		135801
电气机械和器材制造业	Manufacture of Electrical Machinery and Equipment	10	3	402702
计算机、通信和其他电子设备制造业	Manufacture of Compater,Communication and Other Electronic Equipment	4	1	61534
仪器仪表制造业	Manufacture of Instrument	1		10711
其他制造业	Other Manufacturing			
废弃资源综合利用业	Wast Resources Utilization Industry			
金属制品、机械和设备修理业	Metal Products,Machinery and Equipment Repair Industry			
电力、热力生产和供应业	Production and Supply of Electric Power and Heat Power	12	4	187194
燃气生产和供应业	Production and Supply of Gas	3	1	70785
水的生产和供应业	Production and Supply of Water			

The main Indicators of Industrial enterprises by foreign Investment and Hongkong、Macao and Taiwan Investment by Industry（2014）

unit: 10000 yuan

工业销售产值（当年价格）Sales Value of Industry（current price）	产成品 Finished Goods	资产总计 Total Assets	流动资产合计 Total Current Assets	应收帐款 Account Receivable	固定资产合计 Total Fixed Assets	固定资产原价 Original Value of Fixed Assets
26480919	**669145**	**21132009**	**12007719**	**3273827**	**7198304**	**13508937**
167895		317238	51029	13352	265195	656045
56748		117636	19899		64415	96568
51957	477	15385	4142	1520	10917	13529
6291584	119287	2515383	1030999	221688	1470578	2297543
591119	33772	843251	448123	87567	258625	423099
634024	5215	654809	223751	54189	307583	538369
146373	1575	53241	17295	6946	29586	64250
263180	775	35030	12295	5661	13606	693536
6428		1386	108	5		
1414352	37957	405492	155229	19863	166807	1462652
28530	544	7458	3829	435	1285	4630
64802	1761	62270	48497	18207	13165	46314
70321		8563	2784	23	5780	6714
25478	208	67289	23145	10948	32007	36793
1370227	42386	961242	373208	100504	573709	934399
1757031	30715	1233657	724377	61517	335225	573577
187539	13256	258836	104512	61472	142999	234461
140737	3599	126847	35579	6116	81149	82301
314403	16721	113717	78154	29123	31432	55003
658043	135818	5554914	3563689	610304	1367153	1685874
41349	3309	28512	18660	5163	8694	18310
287754	8692	201453	166865	28908	9203	139362
665478	9266	248410	197258	86503	33617	106311
10388753	189285	6093138	4226917	1728461	1296034	2152259
115445	107	150535	144043	43145	4666	20432
412647	9562	216295	151077	44002	41557	206732
59862	4335	64622	33555	4485	29487	56029
10711		4984	3900	921	1082	2044
187194		673705	124672	20084	533725	812699
70957	525	96710	20127	2716	69025	89100

单位：万元

13－6 续表 1

项　　目	Item	负债合计 Total Liabilities	所有者权益合计 Total Owners' Equities	主营业务收入 Revenue from Principal Business
总计	**Total**	**13647579**	**7384359**	**27060977**
煤炭开采和洗选业	Mining and Washing of Coal			
石油和天然气开采业	Extraction of Petroleum and Natural Gas	317238		156814
黑色金属矿采选业	Mining and Procssing of Ferrous Metal Ores			
有色金属矿采选业	Mining and Processing of Non-ferrous Metal Ores	42909	74727	56748
非金属矿采选业	Mining and Processing of Nonmetal Ores	10048	5337	49456
开采辅助活动	Mining Support Activities			
其他采矿业	Mining of Other Ores			
农副食品加工业	Processing of Food form Agricultural Products	1970228	577349	6157949
食品制造业	Manufacture of Food	563377	279874	474120
酒、饮料和精制茶制造业	Manufacture of Wine,Beverages and Tea	429997	217515	610644
烟草制品业	Manufacture of Tobacco			
纺织业	Manufacture of Textile	28945	24296	151721
纺织服装、服饰业	Manufacture of Textile and Apparel	21862	13168	268546
皮革、毛皮、羽毛及其制品和制鞋业	Leather,Fur,Feathers and Footwear Industry	255		5528
木材加工和木、竹、藤、棕、草制品业	Processing of Timber，Manufacture of Wood，Bamboo，Rattan，Palm and Straw Products	186546	210111	1377173
家具制造业	Manufacture of Furniture	3313	4145	27894
造纸和纸制品业	Manufacture of Paper and Paper Products			
印刷和记录媒介复制业	Printing，Reproduction of Recording Media	13653	48617	64802
文教、工美、体育和娱乐用品制造业	Calture Education ,Art,Sports and Entertainment Goods Industry	5500	3063	70321
石油加工、炼焦和核燃料加工业	Processing of Petroleum，Coking，Processing of Nuclear Fuel	41813	25476	27482
化学原料和化学制品制造业	Manufacture of Raw Chemical Materials and Chemical Products	378683	579556	1296620
医药制造业	Manufacture of Medicines	592862	622543	1644106
化学纤维制造业	Manufacture of Chemical Fibers			
橡胶和塑料制品业	Manufacture of Rubber and Plastic	127975	125631	194553
非金属矿物制品业	Manufacture of Non-metallic Mineral Products	73721	52716	140591
黑色金属冶炼和压延加工业	Smelting and Pressing of Ferrous Metals	59372	54296	242110
有色金属冶炼和压延加工业	Smelting and Pressing of Non- ferrous Metals	4617339	937575	1059791
金属制品业	Manufacture of Metal Products	25406	3106	41349
通用设备制造业	Manufacture of General Purpose Machinery	63365	138087	285259
专用设备制造业	Manufacture of Special Purpose Machinery	85564	161761	626454
汽车制造业	Manufacture of Automotive	3284485	2721003	11176808
铁路、船舶、航空航天和其他运输设备制造业	Manufacture of Railway,Ship,Aerospace and Other Transport Equipment	113365	37170	115444
电气机械和器材制造业	Manufacture of Electrical Machinery and Equipment	90594	125601	409955
计算机、通信和其他电子设备制造业	Manufacture of Compater,Communication and Other Electronic Equipment	14108	51294	63425
仪器仪表制造业	Manufacture of Instrument	1571	3413	9719
其他制造业	Other Manufacturing			
废弃资源综合利用业	Wast Resources Utilization Industry			
金属制品、机械和设备修理业	Metal Products,Machinery and Equipment Repair Industry			
电力、热力生产和供应业	Production and Supply of Electric Power and Heat Power	409535	264170	183874
燃气生产和供应业	Production and Supply of Gas	73950	22760	71721
水的生产和供应业	Production and Supply of Water			

contiued

unit: 10000 yuan

主营业务成本 Cost of Principal Business	营业税金及附加 Business Tax and Surcharge	主营业务税金及附加 Taxes and Other Charges on Principal Business	销售费用 Selling Cost	管理费用 Management Cost	财务费用 Finance Cost	利息支出 Interest Expense	利润总额 Total Profits
22779108	**422397**	**418637**	**932747**	**1352295**	**349874**	**344997**	**1584177**
90296	23586	23586	2183	2108	9323	8123	28898
37199	4	4	22	9740	−280		17581
33600	1919	1919	6542	5455	338	316	1604
5843801	43926	43921	74545	69317	30962	30609	115074
438725	2436	2436	38638	61662	39146	38236	23868
400474	36055	36055	83800	56573	4558	5308	−4171
125240	338	315	6115	11203	337	151	8382
264118	89	89	2109	1671	322	312	212
5252	12	12	7	8	5	5	136
1250534	4659	4659	27396	45431	9927	5823	34992
25154	61	61	496	995	32	20	1012
56469	191	191	32	2221	−94		5835
61047			492	534	471	377	4633
22906	75	75		2825	2306	2052	−125
1097963	8282	8282	37988	59559	5999	6113	87520
762497	17376	17356	406284	243637	18412	18913	158513
170491	321	295	5971	9333	4313	4466	4246
119390	1177	1177	3242	7603	1119	1111	8313
233798	458	458	2592	3253	1189	465	2567
861494	7523	7523	24505	64857	193852	170075	−22807
39420	147	147	588	1847	476	779	302
203236	1654	1648	5988	12464	−1899	159	63895
534927	16872	16727	20905	26164	9090	9009	25575
9376579	250929	247797	159905	601942	−2500	19299	980692
104769	3	3	2362	5998	−750		3236
338736	1751	1708	13192	33140	657	1563	24083
53084	260	260	3465	5345	104	441	4943
8691	4	4	72	680	11		340
160676	1664	1308	382	3822	20253	19050	1373
58543	622	622	2929	2909	2198	2225	3455

单位：万元

13－6 续表 2

项　　目	Item	应交所得税 Income Tax Payable	亏损企业亏损总额 Total Loss	利税总额 Total Pre-tax Profits	应交税金及附加 Tax Payable and Surcharge
总计	**Total**	**306736**	**206375**	**2735350**	**1526750**
煤炭开采和洗选业	Mining and Washing of Coal				
石油和天然气开采业	Extraction of Petroleum and Natural Gas	7224		69974	48300
黑色金属矿采选业	Mining and Procssing of Ferrous Metal Ores				
有色金属矿采选业	Mining and Processing of Non-ferrous Metal Ores	5414		17588	7300
非金属矿采选业	Mining and Processing of Nonmetal Ores	363	73	4538	3312
开采辅助活动	Mining Support Activities				
其他采矿业	Mining of Other Ores				
农副食品加工业	Processing of Food form Agricultural Products	9666	3310	175613	75374
食品制造业	Manufacture of Food	1612	1454	32010	10363
酒、饮料和精制茶制造业	Manufacture of Wine,Beverages and Tea	7503	44958	57040	74355
烟草制品业	Manufacture of Tobacco				
纺织业	Manufacture of Textile	423	484	10772	3298
纺织服装、服饰业	Manufacture of Textile and Apparel			302	249
皮革、毛皮、羽毛及其制品和制鞋业	Leather,Fur,Feathers and Footwear Industry			158	22
木材加工和木、竹、藤、棕、草制品业	Processing of Timber, Manufacture of Wood, Bamboo, Rattan, Palm and Straw Products	476		57253	26829
家具制造业	Manufacture of Furniture	238	74	1619	931
造纸和纸制品业	Manufacture of Paper and Paper Products				
印刷和记录媒介复制业	Printing, Reproduction of Recording Media	1083	1323	7157	2481
文教、工美、体育和娱乐用品制造业	Calture Education ,Art,Sports and Entertainment Goods Industry			8144	3511
石油加工、炼焦和核燃料加工业	Processing of Petroleum, Coking, Processing of Nuclear Fuel	416	1112	577	1177
化学原料和化学制品制造业	Manufacture of Raw Chemical Materials and Chemical Products	11927	9676	136080	69318
医药制造业	Manufacture of Medicines	20738	24884	320317	199281
化学纤维制造业	Manufacture of Chemical Fibers				
橡胶和塑料制品业	Manufacture of Rubber and Plastic	1295	150	6523	4297
非金属矿物制品业	Manufacture of Non-metallic Mineral Products	1125		13420	6560
黑色金属冶炼和压延加工业	Smelting and Pressing of Ferrous Metals	764	762	4492	2840
有色金属冶炼和压延加工业	Smelting and Pressing of Non- ferrous Metals	-2908	32719	650	23927
金属制品业	Manufacture of Metal Products			1672	1390
通用设备制造业	Manufacture of General Purpose Machinery	15858		79088	31614
专用设备制造业	Manufacture of Special Purpose Machinery	4228		51450	31201
汽车制造业	Manufacture of Automotive	215290	67428	1608739	860037
铁路、船舶、航空航天和其他运输设备制造业	Manufacture of Railway,Ship,Aerospace and Other Transport Equipment			3239	174
电气机械和器材制造业	Manufacture of Electrical Machinery and Equipment	781	6471	41802	19349
计算机、通信和其他电子设备制造业	Manufacture of Compater,Communication and Other Electronic Equipment	1186	59	6196	2817
仪器仪表制造业	Manufacture of Instrument			344	4
其他制造业	Other Manufacturing				
废弃资源综合利用业	Wast Resources Utilization Industry				
金属制品、机械和设备修理业	Metal Products,Machinery and Equipment Repair Industry				
电力、热力生产和供应业	Production and Supply of Electric Power and Heat Power	858	10992	12688	12629
燃气生产和供应业	Production and Supply of Gas	1177	446	5907	3812
水的生产和供应业	Production and Supply of Water				

contiued

unit: 10000 yuan

本年应付职工薪酬 The Year of Payable Employees	本年应交增值税 Value Added Tax Payable This Year	全部从业人员年平均人数（人） Annual Average Employed Persons (person)	总资产贡献率（%） Total Assets Contribution Rate (%)	资产负债率（%） Assets-liability Ratio (%)	流动资产周转率（次/年） Current Assets Turnover (times/year)	成本费用利润率（%） Ratio of Pre-tax Profit to Cost (%)	产品销售率（%） Proportion of Products Sold (%)
886232	**728776**	**132066**	**14.3**	**64.6**	**2.3**	**6.0**	**97.9**
7823	17489	1512	24.6	100.0	3.1	27.8	100.0
9215	3	574	14.8	36.5	2.9	37.6	100.0
1093	1015	348	31.5	65.3	11.9	3.5	93.5
89168	16613	21145	8.2	78.3	6.2	1.9	98.3
31586	5706	2817	8.3	66.8	1.1	4.1	73.3
50169	25156	9164	9.4	65.7	2.8	-0.7	94.6
6125	2052	1329	20.5	54.4	8.8	5.8	95.2
3700		1225	1.7	62.4	21.9	0.1	95.5
	10		11.7	18.4	51.0	2.6	100.0
23596	17603	7449	15.6	46.0	8.9	2.6	98.8
1414	546	410	21.9	44.4	7.3	3.8	97.8
1159	1132	322	11.4	21.9	1.3	9.9	79.6
812	3511	250	99.5	64.2	25.3	7.4	98.0
619	626	127	3.9	62.1	1.2	-0.4	100.0
20695	40277	4530	14.7	39.4	3.5	7.2	100.6
23668	144429	6053	27.4	48.1	2.3	11.1	97.8
11857	1955	2485	4.1	49.4	1.9	2.2	97.6
6272	3931	1445	11.4	58.1	4.0	6.3	105.0
1834	1467	822	4.3	52.2	3.2	1.0	99.6
44397	15934	6602	2.5	83.1	0.3	-2.0	100.0
2593	1222	654	8.6	89.1	2.3	0.7	101.4
23343	13539	1397	38.0	31.5	1.7	28.9	100.9
12162	9002	2046	24.3	34.4	3.3	4.2	96.7
464632	377117	53312	26.4	53.9	2.7	9.1	99.2
9760		619	1.8	75.3	0.8	2.9	85.0
19432	15968	2712	20.0	41.9	2.8	6.2	102.5
3800	993	688	9.8	21.8	1.9	8.0	97.3
1227		167	6.9	31.5	2.7	3.3	100.0
8759	9651	1090	4.5	60.8	1.5	0.7	100.0
5322	1831	772	8.4	76.5	3.6	5.2	100.2

13－7 按行业分集体工业企业主要指标（2014年）

单位：万元

项目	Item	企业单位数(个) Number of Enterprises (unit)	#亏损企业 Loss－making Enterprises	工业总产值（当年价格）Gross Industrial Output Value (current price)
总计	**Total**	**39**	**8**	**648073**
煤炭开采和洗选业	Mining and Washing of Coal	2	1	17320
石油和天然气开采业	Extraction of Petroleum and Natural Gas			
黑色金属矿采选业	Mining and Procssing of Ferrous Metal Ores	2		18445
有色金属矿采选业	Mining and Processing of Non-ferrous Metal Ores			
非金属矿采选业	Mining and Processing of Nonmetal Ores	1		8802
开采辅助活动	Mining Support Activities	1	1	28968
其他采矿业	Mining of Other Ores			
农副食品加工业	Processing of Food form Agricultural Products	3	1	37910
食品制造业	Manufacture of Food	1		75173
酒、饮料和精制茶制造业	Manufacture of Wine,Beverages and Tea			
烟草制品业	Manufacture of Tobacco			
纺织业	Manufacture of Textile			
纺织服装、服饰业	Manufacture of Textile and Apparel			
皮革、毛皮、羽毛及其制品和制鞋业	Leather,Fur,Feathers and Footwear Industry			
木材加工和木、竹、藤、棕、草制品业	Processing of Timber，Manufacture of Wood，Bamboo，Rattan，Palm and Straw Products	4		36765
家具制造业	Manufacture of Furniture			
造纸和纸制品业	Manufacture of Paper and Paper Products			
印刷和记录媒介复制业	Printing，Reproduction of Recording Media	3	1	11760
文教、工美、体育和娱乐用品制造业	Calture Education ,Art,Sports and Entertainment Goods Industry			
石油加工、炼焦和核燃料加工业	Processing of Petroleum，Coking，Processing of Nuclear Fuel			
化学原料和化学制品制造业	Manufacture of Raw Chemical Materials and Chemical Products	8	1	141732
医药制造业	Manufacture of Medicines			
化学纤维制造业	Manufacture of Chemical Fibers			
橡胶和塑料制品业	Manufacture of Rubber and Plastic	2		23313
非金属矿物制品业	Manufacture of Non-metallic Mineral Products	4	1	38226
黑色金属冶炼和压延加工业	Smelting and Pressing of Ferrous Metals	2	2	4442
有色金属冶炼和压延加工业	Smelting and Pressing of Non- ferrous Metals			
金属制品业	Manufacture of Metal Products			
通用设备制造业	Manufacture of General Purpose Machinery	3		133147
专用设备制造业	Manufacture of Special Purpose Machinery	1		51980
汽车制造业	Manufacture of Automotive	1		15202
铁路、船舶、航空航天和其他运输设备制造业	Manufacture of Railway,Ship,Aerospace and Other Transport Equipment			
电气机械和器材制造业	Manufacture of Electrical Machinery and Equipment			
计算机、通信和其他电子设备制造业	Manufacture of Compater,Communication and Other Electronic Equipment			
仪器仪表制造业	Manufacture of Instrument			
其他制造业	Other Manufacturing			
废弃资源综合利用业	Wast Resources Utilization Industry			
金属制品、机械和设备修理业	Metal Products,Machinery and Equipment Repair Industry	1		4889
电力、热力生产和供应业	Production and Supply of Electric Power and Heat Power			
燃气生产和供应业	Production and Supply of Gas			
水的生产和供应业	Production and Supply of Water			

By the Industry Main Indicators of Collective Industrial Enterpvises（2014）

unit: 10000 yuan

工业销售产值（当年价格）Sales Value of Industry（current price）	产成品 Finished Goods	资产总计 Total Assets	流动资产合计 Total Current Assets	应收帐款 Account Receivable	固定资产合计 Total Fixed Assets	固定资产原价 Original Value of Fixed Assets
641868	**9231**	**344260**	**164037**	**44765**	**153591**	**564191**
17032	174	16585	7637	1108	8948	13864
19017	993	4413	3764	680	604	2279
8802		1886	939	790	934	1564
28968	2210	55835	31408	13628	8486	15948
41051	377	16623	5992	2731	10309	17205
75173	12	53987	1756	17	52131	89770
36765		11602	4175	2177	7194	590
11760	1144	23355	19326	7651	3224	8848
138024	2185	83482	57883	4721	19218	50244
23313	134	6436	2782	517	3654	4672
37883	860	15813	6520	2608	8715	42472
4140	21	8219	4213	2416	2922	4477
130860	1038	28647	11289	1924	17357	286192
49514		13630	4585	3411	8458	24182
14679	34	2888	1427	263	1138	1445
4889	48	861	342	124	299	442

单位：万元

13－7 续表 1

项　　目	Item	负债合计 Total Liabilities	所有者权益合计 Total Owners' Equities	主营业务收入 Revenue from Principal Business
总计	**Total**	**168850**	**174638**	**613396**
煤炭开采和洗选业	Mining and Washing of Coal	7651	8934	13356
石油和天然气开采业	Extraction of Petroleum and Natural Gas			
黑色金属矿采选业	Mining and Procssing of Ferrous Metal Ores	1582	2831	19017
有色金属矿采选业	Mining and Processing of Non-ferrous Metal Ores			
非金属矿采选业	Mining and Processing of Nonmetal Ores	445	1441	8802
开采辅助活动	Mining Support Activities	56885	-1050	25944
其他采矿业	Mining of Other Ores			
农副食品加工业	Processing of Food form Agricultural Products	2541	14083	38688
食品制造业	Manufacture of Food	27137	26850	70349
酒、饮料和精制茶制造业	Manufacture of Wine,Beverages and Tea			
烟草制品业	Manufacture of Tobacco			
纺织业	Manufacture of Textile			
纺织服装、服饰业	Manufacture of Textile and Apparel			
皮革、毛皮、羽毛及其制品和制鞋业	Leather,Fur,Feathers and Footwear Industry			
木材加工和木、竹、藤、棕、草制品业	Processing of Timber，Manufacture of Wood，Bamboo，Rattan，Palm and Straw Products	895	10687	36367
家具制造业	Manufacture of Furniture			
造纸和纸制品业	Manufacture of Paper and Paper Products			
印刷和记录媒介复制业	Printing，Reproduction of Recording Media	9757	13599	8715
文教、工美、体育和娱乐用品制造业	Calture Education ,Art,Sports and Entertainment Goods Industry			
石油加工、炼焦和核燃料加工业	Processing of Petroleum，Coking，Processing of Nuclear Fuel			
化学原料和化学制品制造业	Manufacture of Raw Chemical Materials and Chemical Products	18033	65284	138722
医药制造业	Manufacture of Medicines			
化学纤维制造业	Manufacture of Chemical Fibers			
橡胶和塑料制品业	Manufacture of Rubber and Plastic	5458	978	22997
非金属矿物制品业	Manufacture of Non-metallic Mineral Products	12033	3780	39189
黑色金属冶炼和压延加工业	Smelting and Pressing of Ferrous Metals	7536	683	4747
有色金属冶炼和压延加工业	Smelting and Pressing of Non- ferrous Metals			
金属制品业	Manufacture of Metal Products			
通用设备制造业	Manufacture of General Purpose Machinery	15397	13250	128369
专用设备制造业	Manufacture of Special Purpose Machinery	2438	10605	38566
汽车制造业	Manufacture of Automotive	796	2092	14679
铁路、船舶、航空航天和其他运输设备制造业	Manufacture of Railway,Ship,Aerospace and Other Transport Equipment			
电气机械和器材制造业	Manufacture of Electrical Machinery and Equipment			
计算机、通信和其他电子设备制造业	Manufacture of Compater,Communication and Other Electronic Equipment			
仪器仪表制造业	Manufacture of Instrument			
其他制造业	Other Manufacturing			
废弃资源综合利用业	Wast Resources Utilization Industry			
金属制品、机械和设备修理业	Metal Products,Machinery and Equipment Repair Industry	268	593	4889
电力、热力生产和供应业	Production and Supply of Electric Power and Heat Power			
燃气生产和供应业	Production and Supply of Gas			
水的生产和供应业	Production and Supply of Water			

contiued

unit: 10000 yuan

主营业务成本 Cost of Principal Business	营业税金及附加 Business Tax and Surcharge	主营业务税金及附加 Taxes and Other Charges on Principal Business	销售费用 Selling Cost	管理费用 Management Cost	财务费用 Finance Cost	利息支出 Interest Expense	利润总额 Total Profits
532621	**5210**	**5208**	**12908**	**34540**	**2241**	**2059**	**25966**
10350	215	215	906	2783	397	571	-1406
17366	479	479		424	172	172	576
8284	160	160		103			255
22396	295	295	44	3896	200		-142
34849	198	198	192	305	114	117	3069
59107	210	210	2463	3188	13	13	5369
32078	967	967	341	586	152	35	2244
6115	54	54	34	1762	-108	1	926
116498	1032	1032	4471	9133	624	626	6464
21528	15	13	397	337	135	12	586
32413	305	305	2373	4579	206	171	-473
4443	38	38	14	598	10	12	-383
118517	1087	1087	414	5185	225	223	2955
33742	63	63	496	281	67	67	3918
10332	70	70	679	1370	27	39	1849
4603	22	22	86	10	8		160

单位：万元

13－7 续表 2

项　　目	Item	应交所得税 Income Tax Payable	亏损企业亏损总额 Total Loss	利税总额 Total Pre-tax Profits	应交税金及附加 Tax Payable and Surcharge
总计	**Total**	**1490**	**4235**	**51921**	**28987**
煤炭开采和洗选业	Mining and Washing of Coal	-961	2176	1058	1515
石油和天然气开采业	Extraction of Petroleum and Natural Gas				
黑色金属矿采选业	Mining and Procssing of Ferrous Metal Ores	125		2195	1751
有色金属矿采选业	Mining and Processing of Non-ferrous Metal Ores				
非金属矿采选业	Mining and Processing of Nonmetal Ores			687	432
开采辅助活动	Mining Support Activities		142	5603	5894
其他采矿业	Mining of Other Ores				
农副食品加工业	Processing of Food form Agricultural Products	735	23	4733	2399
食品制造业	Manufacture of Food			7568	2372
酒、饮料和精制茶制造业	Manufacture of Wine,Beverages and Tea				
烟草制品业	Manufacture of Tobacco				
纺织业	Manufacture of Textile				
纺织服装、服饰业	Manufacture of Textile and Apparel				
皮革、毛皮、羽毛及其制品和制鞋业	Leather,Fur,Feathers and Footwear Industry				
木材加工和木、竹、藤、棕、草制品业	Processing of Timber, Manufacture of Wood, Bamboo, Rattan, Palm and Straw Products			3386	1178
家具制造业	Manufacture of Furniture				
造纸和纸制品业	Manufacture of Paper and Paper Products				
印刷和记录媒介复制业	Printing, Reproduction of Recording Media	226	176	1507	814
文教、工美、体育和娱乐用品制造业	Calture Education ,Art,Sports and Entertainment Goods Industry				
石油加工、炼焦和核燃料加工业	Processing of Petroleum, Coking, Processing of Nuclear Fuel				
化学原料和化学制品制造业	Manufacture of Raw Chemical Materials and Chemical Products	769	133	12455	7457
医药制造业	Manufacture of Medicines				
化学纤维制造业	Manufacture of Chemical Fibers				
橡胶和塑料制品业	Manufacture of Rubber and Plastic	136		654	271
非金属矿物制品业	Manufacture of Non-metallic Mineral Products	92	1202	271	1082
黑色金属冶炼和压延加工业	Smelting and Pressing of Ferrous Metals		383	-163	225
有色金属冶炼和压延加工业	Smelting and Pressing of Non- ferrous Metals				
金属制品业	Manufacture of Metal Products				
通用设备制造业	Manufacture of General Purpose Machinery			4584	1629
专用设备制造业	Manufacture of Special Purpose Machinery			4607	688
汽车制造业	Manufacture of Automotive	369		2576	1239
铁路、船舶、航空航天和其他运输设备制造业	Manufacture of Railway,Ship,Aerospace and Other Transport Equipment				
电气机械和器材制造业	Manufacture of Electrical Machinery and Equipment				
计算机、通信和其他电子设备制造业	Manufacture of Compater,Communication and Other Electronic Equipment				
仪器仪表制造业	Manufacture of Instrument				
其他制造业	Other Manufacturing				
废弃资源综合利用业	Wast Resources Utilization Industry				
金属制品、机械和设备修理业	Metal Products,Machinery and Equipment Repair Industry			200	40
电力、热力生产和供应业	Production and Supply of Electric Power and Heat Power				
燃气生产和供应业	Production and Supply of Gas				
水的生产和供应业	Production and Supply of Water				

contiued

unit: 10000 yuan

本年应付职工薪酬 The Year of Payable Employees	本年应交增值税 Value Added Tax Payable This Year	全部从业人员年平均人数（人）Annual Average Employed Persons (person)	总资产贡献率（%）Total Assets Contribution Rate (%)	资产负债率（%）Assets-liability Ratio (%)	流动资产周转率（次/年）Current Assets Turnover (times/year)	成本费用利润率（%）Ratio of Pre-tax Profit to Cost (%)	产品销售率（%）Proportion of Products Sold (%)
31097	**20744**	**8135**	**15.7**	**49.0**	**3.8**	**4.4**	**99.0**
4955	2249	712	8.8	46.1	1.7	-9.7	98.3
546	1139	212	53.6	35.8	5.1	3.2	103.1
432	272	111	36.4	23.6	9.4	3.0	100.0
4312	5450	1300	10.0	101.9	0.9	-0.5	100.0
968	1467	496	29.2	15.3	6.5	8.7	108.3
467	1990	130	14.0	50.3	40.1	8.3	100.0
714	176	258	29.5	7.7	8.7	6.8	100.0
1154	527	330	6.9	41.8	0.5	11.9	100.0
11959	4958	1711	15.7	21.6	2.5	4.6	97.4
459	53	351	10.3	84.8	8.3	2.6	100.0
2615	438	1607	2.8	76.1	6.0	-1.2	99.1
944	181	374	-1.8	91.7	1.1	-7.6	93.2
526	543	254	16.8	53.7	11.4	2.4	98.3
276	626	92	34.3	17.9	8.4	11.3	95.3
674	657	157	90.3	27.6	10.3	14.9	96.6
96	18	40	23.3	31.1	14.3	3.4	100.0

13－8 工业企业产品产量（2014年）
Industrial Enterprises Major Products Outputs（2014）

项　　目	Item	2013	2014
原煤（吨）	Total(ton)	31566996	30994337
无烟煤（吨）	Anthracite(ton)	228390	3830000
烟煤（吨）	Bituminous Coal(ton)	21057301	15062086
炼焦烟煤	Coking Bituminous Coal	5380232	
一般烟煤	General Bituminous Coal	15677069	15062086
褐煤（吨）	Wood Coal(ton)	10281304	12102252
洗煤（吨）	Coal Washing(ton)	13008422	13902729
#洗精煤	Washed Coal	6762402	6966579
天然原油（吨）	Crude Petroleum Oil(ton)	6202949	6639332
天然气（万立方米）	Natural Gas(10000 cu.m)	237017	222779
铁矿石原矿（吨）	Iron Ore(ton)	18085236	20156666
铜金属含量（吨）	Copper Content(ton)	12106	15249
铅金属含量（吨）	Lead Metal Content(ton)	15017	17944
锌金属含量（吨）	Zinc Content(ton)	24885	23855
钼精矿折合量（折纯钼45%）（吨）	Molybdenum in Quantity(ton)	8583	8469
小麦粉（吨）	Wheat Flour(ton)	19758	24653
大米（吨）	Rice(ton)	9957627	10407368
饲料（吨）	Feed(ton)	7269890	7905575
#配合饲料	Compound Feed	2891460	3301721
混合饲料	Mixed Feed	3550537	3776693
精制食用植物油（吨）	Refined Edible Vegetable Oil(ton)	857959	766191
鲜、冷藏肉（吨）	Fresh, Frozen Meat(ton)	1959726	1926405
速冻米面食品（吨）	Frozen Rice food(ton)	118299	120696
方便面（吨）	Instant Noodles(ton)	91939	89481
乳制品（吨）	Dairy(ton)	165827	157100
#液体乳	Liquid Milk	140986	129018
乳粉	Milk	24841	22508
罐头（吨）	Canned Foods(ton)	8893	8448
酱油（吨）	Soy Sauce(ton)	77969	106856
冷冻饮品（吨）	Frozen Drinks(ton)	361442	393552
食品添加剂（吨）	Food Additives(ton)	33191	30376
发酵酒精（折96度，商品量）（千升）	Fermentation Alcohol(Thousands Litres)	1602581	1562516
饮料酒（千升）	Potable Spirit(Thousands Litres)	2357120	2261421
#白酒（折65度，商品量）	Chinese Liquor	561685	594151
啤酒	Beer	1486217	1441931
葡萄酒	Wine	267360	165504
软饮料（吨）	Soft Drink(ton)	7548499	8018333
#碳酸饮料类（汽水）	Carbonated Drink	624247	565618
包装饮用水类	Packaged Water	6291607	6833771
果汁和蔬菜汁饮料类	Fruit and Vegetable Juice Drinks	310259	343824

13－8 续表 1 continued

项　　目	Item	2013	2014
卷烟(万支)	Cigarette(10000)	4850000	5850000
纱（吨）	Yarn(ton)	66060	46500
棉纱	Cotton Yarn	12731	12037
棉混纺纱	Blended Yarn	17837	19776
化学纤维纱	Chemical Fiber Yarn	35492	14687
布（万米）	Cloth(10000 million meters)	4477	4458
#棉布	Cotton(10000 million meters)	3332	3408
棉混纺布	Cotton Cloth(10000 million meters)	1145	1050
毛机织物（呢绒）（万米）	Wool Fabrics(10000 million meters)	2213	1867
亚麻布（含亚麻≥55%）（万米）	Linen(10000 million meters)	115	122
无纺布（无纺织物）（吨）	Non–woven(ton)	1407	1853
服装（万件）	Clothing(10000 piece)	21236	26251
梭织服装	Woven Garments	3615	4015
西服套装	Suits	104	29
衬衫	Shirt	150	93
针织服装	Knitwear	17621	22236
轻革（平方米）	Light Leather(sq.m)	535955	482115
皮革鞋靴（万双）	Leather Footwear(10000 piece)	136	159
人造板（立方米）	Wood–based Panels(cu.m)	8336741	7505745
#胶合板	Plywood	1105676	1190410
纤维板	Fiberboard	991764	854275
刨花板	Particleboard	765452	694925
人造板表面装饰板（立方米）	Plywood Cladding(cu.m)	1522270	2089075
实木木地板（立方米）	Solid Wood Flooring(cu.m)	9620636	8053967
复合木地板（立方米）	Laminate Flooring(cu.m)	39577404	41281041
家具（件）	Furniture(set)	2920923	3640094
#木质家具	Wood Furniture	2271488	2820579
软体家具	Upholstered Furniture	151055	161299
纸浆（原生浆及废纸浆）（吨）	Pulp(ton)	33482	33988
机制纸及纸板（外购原纸加工除外）（吨）	Machine–made Paper and Paperboard (ton)	347643	630752
涂布类印刷用纸	Coated Printing Paper Category	17518	192887
卫生用纸原纸	Sanitary Paper Base Paper	3995	
箱纸板	Linerboard	37357	20169
纸制品（吨）	Paper Products(ton)	499197	603137
#瓦楞纸箱	Corrugated	340064	422102
单色印刷品（令）	Monochrome Printing(order)	188673	113767
多色印刷品（对开色令）	Multi–color Print(order)	3474189	3336773
原油加工量（吨）	Crude Runs (ton)	9861982	9824419
汽油（吨）	Gasoline(ton)	2017272	2082319
柴油（吨）	Diesel Oil(ton)	3879471	3820894
燃料油（吨）	Fuel Oil(ton)	271860	224824

项　　目	Item	2013	2014
石脑油	Naphtha	713267	767253
液化石油气（吨）	Liquefied Petroleum Gas(ton)	442222	475463
石油焦（吨）	Solvent Oil(ton)	220410	204326
焦炭（吨）	Coke(ton)	4886141	4483216
#机焦	Coke Machine	2509991	4483216
硫酸（折100%）（吨）	Sulfuric Acid(ton)	468789	643784
盐酸（氯化氢,含量31%）（吨）	Hydrochloric Acid(ton)	64484	73756
浓硝酸（折100%）（吨）	Concentrated Nitric Acid(ton)	34816	15497
烧碱（折100%）（吨）	Caustic Soda(ton)	184905	147604
#离子膜法烧碱（折100%）	Ion-exchange Membrane Caustic Soda	184905	147604
碳化钙（电石，折 300升/千克）（吨）	Calcium Carbide(ton)	1672	
乙烯（吨）	Ethylene(ton)	733684	710047
纯苯（吨）	Benzene(ton)	256188	248526
精甲醇（吨）	Refined Methanol(ton)	36263	8065
合成氨（无水氨）（吨）	Synthesis Ammonia(ton)	544901	452631
农用氮、磷、钾化学肥料总计（折纯）（吨）	Agricultural Nitrogen, Phosphorus and Potassium Fertilizers Total(ton)	521990	179337
氮肥（折含N100%）	Nitrogenous Fertilizer	454654	179337
#尿素（折含N100%）	Urea	200156	144724
磷肥（折五氧化二磷100%）	Phosphate	33668	
钾肥（折氧化钾100%）	Potash Fertilizer	33668	
化学农药原药（折有效成分100%）（吨）	Chemical Pesticides(ton)	11326	12525
涂料（吨）	Paint(ton)	108044	131132
初级形态的塑料（吨）	Primary Plastic(ton)	927861	1001647
高密度聚乙烯树酯（HDPE）	High Density Polyethylene Resin	215532	231947
线性低密度聚乙烯树酯（LLDPE）	Linear Low Density Polyethylene Resin	247927	218458
聚丙烯树脂	Polypropylene Resin	11438	
聚氯乙烯树脂	PVC Resin	112688	102822
ABS树脂	ABS Resin	304564	408886
合成橡胶（吨）	Synthetic Rubber(ton)	179010	177123
合成纤维单体（吨）	Synthetic Fiber Monomers(ton)	406492	435215
化学试剂（吨）	Chemical Reagents(ton)	12761	9731
合成洗涤剂（吨）	Synthetic Detergent(ton)	321560	360588
#合成洗衣粉	Synthetic Detergent	239418	262690
化学药品原药（吨）	Chemical Medicines(ton)	5907	6277
中成药（吨）	Chinese Patent Medicine (ton)	573372	399095
化学纤维用浆粕（吨）	Chemical Fiber Pulp(ton)	63857	9551
化学纤维（吨）	Chemical Fiber(ton)	273532	357472
#人造纤维（纤维素纤维）	Man-made Fibers	54895	33004
#粘胶短纤维	Viscose Staple Fiber	35341	11398
粘胶纤维长丝	Viscose Filament	19554	21606

项　　目	Item	2013	2014
合成纤维	Synthetic Fiber	218637	324468
涤纶纤维	Polyester Fiber	22456	25180
腈纶纤维	Acrylic Fiber	191238	227960
橡胶轮胎外胎（条）	Rubber Tire(piece)	3494447	3483494
#子午线轮胎外胎	Redial Tire	3494447	3483494
塑料制品（吨）	Plastic Products(ton)	840366	879805
#塑料薄膜	Plastic Film	134915	162152
#农用薄膜	Agricultural Film	134915	162152
泡沫塑料	Foam	9504	12693
塑料人造革、合成革	Plastic Artificial Leather, Synthetic Leather	3346	3927
日用塑料制品	Household Plastic Products	60637	42850
硅酸盐水泥熟料（吨）	Portland Cement Clinker(ton)	31063992	31550435
#窑外分解窑水泥熟料	Outside the Kiln Cement Clinker Kiln	29500112	31166594
水泥（吨）	Cement(ton)	45029167	46636988
#强度等级42.5水泥（含R型）	Strength Grade 42.5 Cement	23621889	24070566
商品混凝土（立方米）	Commercial Concrete (cu.m)	5871173	9152319
水泥混凝土排水管（千米）	Concrete Drainage Pipes(km)	1088	1231
水泥混凝土电杆（根）	Cement Concrete Pole(piece)	3836	33103
预应力混凝土桩（米）	Prestressed Concrete Piles(meter)	9156363	10491810
砖（万块）	Brick(10000 piece)	860095	1549171
瓦（万片）	Tile(10000 piece)	306041	365326
天然大理石建筑板材（平方米）	Natural Marble Building Boards(sq.m)	1393062	970363
天然花岗石建筑板材（平方米）	Natural Granite Building Boards(sq.m)	20419640	15876331
沥青和改性沥青防水卷材（平方米）	Asphalt and Modified Bitumen Membrane(sq.m)	4799616	5335216
平板玻璃（重量箱）	Plate Glass(box)	3643958	11904612
钢化玻璃（平方米）	Armoured Glass(sq.m)	2428753	3537109
夹层玻璃（平方米）	Laminated Glass(sq.m)	195306	198233
日用玻璃制品（吨）	Household Glass Products (ton)	41340	32713
玻璃包装容器（吨）	Glass Containers(ton)	542653	524547
耐火材料制品（吨）	Fire-resisting Materials (ton)	158392	199121
石墨及炭素制品（吨）	Graphite and Carbon Products(ton)	307975	339018
生铁（吨）	Pig Iron(ton)	11162160	11327914
粗钢（吨）	Crude Steel(ton)	12852643	12647718
铸铁件（吨）	Iron Casting(ton)	530153	757638
铸钢件（吨）	Steel Casting(ton)	17936	6781
钢材（吨）	Rolled Steel(ton)	15101139	14122078
大型型钢	Large steel	218432	113931
中小型型钢	Medium,Small Steel	36408	50736
棒材	Bar	834723	1145720
钢筋	Steel Bar	3512234	2289945
线材（盘条）	Wire Rod	3353255	2591636
冷轧薄板	Cold Rolled Sheet	62811	82860
中厚宽钢带	Medium Wide Steel Belt	1434040	4852481
热轧薄宽钢带	Hot-rolled Thin Wide Steel Belt	3300052	675960
热轧窄钢带	Hot-rolled Narrow Steel Belt	1192330	1068430

13－8 续表 4 continued

项 目	Item	2013	2014
冷轧窄钢带	Cold-rolled Narrow Steel Belt	98184	127366
无缝钢管	Seamless Steel Pipe	378809	375565
焊接钢管	Welded Steel Pipe	501412	698530
用外购国产钢材再加工生产的钢材（吨）	Domestically Produced Steel Used for Further Processing Production Steel(ton)	1130688	993721
铁合金（吨）	Ferroalloy(ton)	368411	440164
锰硅合金	Silicon Manganese Alloy	6548	
十种有色金属（吨）	Ten Kind of Ferrous Metals (ton)	8475	5902
镁（吨）	Magnesium(ton)	8475	5902
黄金（千克）	Gold(kg)	3379	3009.5
铝材（吨）	Aluminum(ton)	117970	135537
金属切削工具（万件）	Metal Cutting Tools(10000 piece)	540	731
钢绞线（吨）	Steel Strand(ton)	6231	
锻件（吨）	Forging(ton)	71275	
工业锅炉（蒸发量吨）	Industrial Boiler(Evaporation ton)	15060	13438
发动机（千瓦）	Engine(kw)	263714662	13508
#汽车用发动机	Automotive Engine	263714662	287488460
金属切削机床（台）	Metal Cutting Machine(set)	2046	287398164
#数控金属切削机床	Metal Cutting Machine Tool and Numerical Control	11	161
电焊机（台）	Welder(set)	36443	37084
起重机（吨）	Crane(ton)	177964	209328
输送机械（输送机和提升机）（吨）	Transportation Machinery(ton)	32348	34779
泵（台）	Pump(set)	66015	152850
气体压缩机（台）	Gas Compressor(set)	11858	12708
#制冷设备用压缩机	Compressors for Refrigerating Equipment	540	8175
阀门（吨）	Valve(ton)	714	730
滚动轴承（万套）	Antifriction Bearing(10000 set)	23027	26025
齿轮（吨）	Gear(ton)	1130	3372
工业电炉（台）	Industrial Furnace(unit)	11	
风机（台）	Fan(unit)	29493	29156
衡器（秤）（台）	Scale(unit)	4392	4155
包装专用设备（台）	Special Equipment Package(unit)	4841	4600
矿山专用设备（吨）	Mine Equipment(ton)	29460	40878
石油钻井设备（台（套））	Oil Drilling Equipment(set)	463	
金属冶炼设备（吨）	Metal Smelting Equipment(ton)	41562	36267
炼油、化工生产专用设备（吨）	Refining and Chemical Production Equipment(ton)	26734	31175
模具（套）	Mold(set)	436630	512581
饲料生产专用设备（台）	Special Equipment for Feed Production(unit)	69	
印刷专用设备（吨）	Printing Equipment(ton)	384	195
大型拖拉机（台）	Large Tractor(unit)	607	760
中型拖拉机（台）	Medium-sized Tractors(unit)	808	921
小型拖拉机（台）	Small Tractors(unit)	10203	10461

13－8 续表 5 continued

项 目	Item	2013	2014
收获机械（台）	Harvesting Manchinery(unit)	14049	8511
#谷物收获机械（台）	Grain Harvesting Manchinery(unit)	2448	3479
玉米收获机械（台）	Maize Harvester(unit)	4308	5032
收获后处理机械（台）	Post Harvest Handing Machinery(unit)	3823	26118
环境污染防治专用设备（台、套）	Pollution Prevention Special Equipment(unit)	2523	2743
#大气污染防治设备（台）	Air Pollution Control Equipment (unit)	1351	1377
水质污染防治设备（台、套）	Water Pollution Control Equipment(unit)	1172	1366
汽车（辆）	Motor Vehicle(coach)	2342273	2550276
#基本型乘用车（轿车）	Car	1629074	1822437
1升<排量≤1.6升	1 Litre < Displacement ≤ 1.6 Litres	946838	1148808
1.6升<排量≤2.0升	1.6Litres < Displacement ≤ 2.0 Litres	597870	586834
2.0升<排量≤2.5升	2.0 Litres< Displacement ≤ 2.5 Litres	84366	86795
多功能乘用车（MPV）	Multi-Purpose Vehicle	84779	43879
运动型多用途乘用车（SUV）	Sports Utility Vehicle	261995	408796
客车	Bus	86037	33208
大型客车（车长>10米）	Large Bus	1955	1319
中型客车（7米<车长≤10米）	Medium Bus	1921	854
轻型客车（车长≤7米）	Light Bus	82161	31035
载货汽车	Lorry	194236	166159
改装汽车（辆）	Modified Car(coach)	25443	26507
动车组（辆）	Electrical Multiple Unit(coach)	624	880
铁路客车（辆）	Railway Passenger Car(coach)	1794	222
发电机组（发电设备）（千瓦）	Generating Set (kw)	831396	224000
风力发电机组	Wind Generating Set	735303	224000
交流电动机（千瓦）	Alternating Current Motor(kw)	164885	35590
变压器（千伏安）	Transformer(KVA)	7852233	9888130
#电力变压器(额定容量≥8000kVA，电压≥500kV)	Power Transformer	808000	1072120
电力电容器（千乏）	Power Capacitor(kilovar)	8076	9311
高压开关板（面）	High-voltage Switch Board(piece)	2175	2461
低压开关板（面）	Low-voltage Switch Board(piece)	189666	215910
高压开关设备（11万伏以上）（台）	High-voltage Switchgear(set)	1563	1831
通信及电子网络用电缆（对千米）	Communications and Electronic Networks Used Cable	51480	57180
电力电缆（千米）	Power Cable(km)	347353	436442
绝缘制品（吨）	Insulation Products(ton)	22069	10492
锂离子电池（只、自然只）	Lithium Ion Battery(piece)	5031850	
灯具及照明装置（套、台、个）	Lamps and Lighting Fittings(set)	1047406	1543623
半导体分立器件（万只）	Semiconductor Discrete Devices(set)	371694	345058
光电子器件（万只、片、套）	Optoelectronic Devices(set)	148487	113637
工业自动调节仪表与控制系统（台、套）	Industrial Instrumentation and Control Systems Automatically Adjust	42946	
电工仪器仪表（台）	Electric Instruments(set)	35181	40027
分析仪器及装置（台、套）	Analytical Instruments and Devices(set)	1701	1118
试验机（台）	Testing Machine(set)	231	332
环境监测专用仪器仪表（台）	Enviromenttal Monitoring Special Instrumentation(set)	8919	5731
汽车仪器仪表（台）	Automotive Instrumentation(set)	578571	714089
光学仪器（台、个）	Optical Instrument(set)	157414	94370
发电量（万千瓦小时）	Power Capacity(10000 kw.h)	7513139	7539260
#火力发电量	Thermal Power Capacity	5908292	6127668
水力发电量	Hydraulic Power Capacity	1143981	685502
风力发电量	Wind Power Capacity	452725	524188
煤气生产量（万立方米）	Gas Production(10000 cu.m)	1419563	1492242
自来水生产量（万立方米）	Water Production(10000 cu.m)	74376	74922

13－9 各地区主要工业产品产量（2014年）

Output of Major Industrial Products by Region（2014）

地 区	Region	原煤（万吨）Coal (10000tons)	天然原油（万吨）Crude Oil (10000tons)	原油加工（万吨）Grude Runs(ton)	发电量（亿千瓦小时）Electricity (100 million kw.h)	汽车（万辆）Motor Vehicle (10000 sen)	轿车（万辆）Car (Coach)	水泥（万吨）Cement (10000tons)	粗钢（万吨）Crude Steel (10000tons)	钢材（万吨）Steel (10000tons)
长 春	Changchun	416.36	19.31	72.30	256.61	250.30	182.24	2122.13	3.70	15.71
吉 林	Jilin	240.15		833.12	114.69	4.73		550.28	427.27	509.26
四 平	Siping	19.07	77.11		85.65			486.20	82.61	142.81
辽 源	Liaoyuan	993.54			28.15			37.65	265.98	252.62
通 化	Tonghua	229.95			39.55			279.34	439.12	438.49
白 山	Baishan	449.31			63.50			567.65		
松 原	Songyuan		380.12	47.30	35.05			207.18		
白 城	Baicheng		168.51		83.89			118.80		11.15
延 边	Yanbian	751.07	18.88	29.73	46.84			294.47	45.90	42.17

地 区	Region	焦炭（万吨）Coke (10000 tons)	机制纸及纸板（吨）Machinemade Paper and Paperboard (ton)	化学纤维（吨）Chemical Fibers (ton)	乙烯（万吨）Ethylene (10000 ton)	合成氨（万吨）Synthetic Ammonia (10000tons)	农用化肥（吨）Chemical Fertilizer (ton)	中成药（吨）Chinee Patert Medicine (ton)	实木地板（立方米）Solid Wood Flooring (du.m)	服装（万件）Garments (10000 pieces)
长 春	Changchun	42.25					12	3078.30		541.40
吉 林	Jilin	113.53	184860	260965	71	25.09	34601	93818.90	1549773	387.10
四 平	Siping		81798	25180				17948.90		299.60
辽 源	Liaoyuan		32099	71327				19491.70		
通 化	Tonghua	187.13	61554			1.73	11843	154741.60	22264	38.80
白 山	Baishan	97.96	230888					5021.10		54.50
松 原	Songyuan					18.44	132881	3362.00		
白 城	Baicheng	7.45	39553					7716.10		1121.80
延 边	Yanbian							87617.40	6481930	23808.00

CHAPTER ▶ 14

第十四篇

建筑业

CONSTRUCTION

14－1　1978－2014年建筑业企业主要指标
1978－2014 Main Indicators on Construction Enterprises

年　份 Year	建筑业企业增加值（亿元） Total Value-added of Construction Enterprises (100 million yuan)	资产合计（亿元） Total Assets (100 million yuan)	利润总额（亿元） Total Profits (100 million yuan)	税金总额（亿元） Total Tax (100 million yuan)	按总产值计算劳动生产率（元/人） Overall Labor Productivity by Gross Output Value (yuan/person)	房屋建筑面积（万平方米） Floor Space of Building Construction (10 000 sq.m) 施工面积 Under Construction	竣工面积 Completed
1978						388	194
1979						560	280
1980			0.34			673	329
1981			0.76			643	312
1982			0.54			726	342
1983			0.8			872	479
1984			0.64			886	503
1985			0.69			970	508
1986			0.83			989	493
1987			1.04			1007	538
1988			1.65			1135	629
1989			1.31			1041	584
1990			0.78			913	546
1991			1.3			1121	645
1992			1.85			1446	866
1993	27.85	96.15	2.53	3.52	23739	1685	995
1994	35.37	117.35	1.49	3.60	23759	1526	916
1995	39.05	150.59	0.62	3.88	29820	1311	755
1996	46.27	169.31	-0.73	4.25	35488	1345	803
1997	44.31	184.94	1.15	4.37	38556	1290	826
1998	41.00	187.96	-1.65	4.69	42695	1290	814
1999	47.77	201.87	0.07	5.34	47832	1447	929
2000	64.83	252.92	1.73	7.09	61177	2209	1440
2001	65.15	323.16	3.69	9.97	70159	2474	1716
2002	75.18	383.14	2.44	11.29	69734	2476	1597
2003	62.33	405.14	2.35	14.63	76978	2532	1629
2004	76.25	461.69	4.24	13.52	96414	2823	1750
2005	91.97	490.03	2.47	18.67	109612	3166	1745
2006	106.77	525.68	7.52	21.66	128476	3638	1933
2007	304.00	519.78	10.27	22.56	128949	4586	2543
2008	377.65	663.52	41.25	37.16	140431	5436	3378
2009	487.32	652.23	38.56	39.34	158801	5369	3956
2010	583.87	895.92	46.18	45.86	170784	5901	4273
2011	693.53	1128.60	88.93	57.39	244299	7447	4195
2012	794.29	1943.52	73.61	68.12	313780	11321	6034
2013	824.88	2065.64	89.10	73.28	390827	12519	6344
2014	891.40	2086.41	109.15	87.28	311540	13993	7372

注：1.自2002年起，建筑业增加值核算口径有所调整。
　　2.从2004年第一次全国经济普查开始，建筑业增加值按新核算方法核算。
Note:a) Since 2002, the statistical coverage of value added of construction have been adjusted.accordingly.
　　b) New accounting methods were applied in 2004 during the First Economic Census in calculating the value-added of the construction industry.

14－2 建筑施工企业生产情况（2014年）

项　　目	Item	按经济类型分 Grouped by Type of Economy 总计 Total	内资企业 Domestic Fumded	国有 State-owned	集体 Collective-owned
企业个数（个）	Number of Enterprises(unit)	2615	2606	63	44
建筑业总产值（亿元）	Value of Construction Output (100 million yuan)	2521	2501	86	19
1.建筑工程	Construction Engineering	2162	2146	53	9
2.安装工程	Installation Engineering	242	238	33	9
3.其他产值	Other	117	116		1
竣工产值(亿元)	Output Value of Building Completed(100 million yuan)	1747	1732	51	15
房屋建筑施工面积(万平方米)	Floor Space of Buildings under Construction(10000 sq.m)	13993	13963	246	49
#本年新开工	#New Starting This Year	8295	8288	177	48
#投标承包	Contract to Tender	9773	9744	139	32
房屋建筑竣工面积(万平方米)	Floor Spale of Building Completed(10000 sq.m)	7372	7367	159	39
#住宅	Houses	5755	5754	144	36
计算劳动生产率平均人数(万人)	Average of Staff and Workers(10000 persons)	81	80	2	1

Production situation of construction enterprises（2014）

				按行业类别分 Grouped by Sector			
股份合作企业 Stock Coope Rative	私营企业 Private Enterprises	港澳台商投资企业 Funded from Hong Kong Macao and Taiwan	外商投资企业 Foreign Funded	房屋建筑业 Construction of Buildings	土木工程建筑业 Civil Engineering	建筑安装业 Construction Installaton	建筑装饰业 Building Decoration and Other Constructions
7	1141	6	3	1013	611	518	473
2	935	18	1	1499	683	270	69
2	821	14	1	1403	580	125	53
1	63	3		48	65	121	8
	50	1		48	37	24	8
2	717	13	1	1133	365	190	58
23	5993	17	11	11592	816	1267	316
23	3616		6	6838	630	581	244
23	4144	17	11	8158	381	1134	99
23	3142		4	6458	381	356	175
22	2366		1	5231	298	107	118
	31	1		51	18	9	3

14－2 续表

项　　目	Item	按隶属关系分 Grouped by Subordinate Relationship 中央 National	省级 Province	地市 City
企业个数（个）	Number of Enterprises(unit)	54	126	382
建筑业总产值（亿元）	Value of Construction Output (100 million yuan)	205	198	351
1.建筑工程	Construction Engineering	147	184	295
2.安装工程	Installation Engineering	57	9	32
3.其他产值	Other	1	5	24
竣工产值(亿元)	Output Value of Building Completed(100 million yuan)	53	105	246
房屋建筑施工面积(万平方米)	Floor Space of Buildings under Construction(10000 sq.m)	233	765	2427
# 本年新开工	#New Starting This Year	115	340	1084
# 投标承包	Contract to Tender	190	634	1681
房屋建筑竣工面积(万平方米)	Floor Spale of Building Completed(10000 sq.m)	72	254	1148
# 住宅	Houses	34	167	896
计算劳动生产率平均人数(万人)	Average of Staff and Workers(10000 persons)	4	4	13

continued

按企业资质登记分组 Grouped by Enterprise Qualification								
施工总承包 Construction General Contract	特级 Special Grade	一级 First Grade	二级 Second Grade	三级 Third Grade	专业承包 Specialized Contraction	一级 First Grade	二级 Second Grade	三级 Third Grade
1417	2	68	355	992	1134	71	221	842
2255	67	680	713	795	266	58	71	137
2014	42	599	626	747	149	26	49	74
141	24	53	35	28	101	29	18	55
101	1	27	53	20	16	3	5	9
1546	38	366	529	612	201	42	55	104
12885	462	2915	3926	5582	1106	47	283	775
7523	36	1039	2396	3781	771	46	175	548
9209	462	2572	2826	3349	563	46	216	299
7031	197	1127	2502	3203	340	25	75	239
5586	140	731	2111	2604	167		6	160
70	2	14	20	34	11	1	2	7

14－3 建筑施工企业财务状况（2014年）

单位：千元

项目	Item	总计 Total	内资企业 Domestic Funded	国有 State-owned
		按经济类型分 Grouped by Type of Economy		
资产合计	Total Assets	208640746	205883910	6486949
流动资产合计	Total Current Assets	175123525	172707705	5216520
固定资产合计	Total Fixed Assets	24696665	24480576	817254
流动负债合计	Total Current Liabilities	112773729	110788720	6009860
长期负债合计	Total Long-term Liabilities	6381254	6359962	99562
负债合计	Total Liabilities	131959636	129953334	6293852
所有者权益合计	Total Owners ' Equities	76681110	75930576	193097
工程结算收入	Engineerubg Setlement in come	229426226	227156313	8444660
工程结算成本	Engineering Settlement Cost	196356607	194317902	7621544
工程结算税金及附加	Clearing and Settlement of Engineering Settlement	8727906	8665272	302443
管理费用	Management Expenses	8150181	8113393	370812
财务费用	Cost of Financing Financial Expenses	1519622	1481749	45797
营业利润	Operating Profit	11127274	11021785	26110
营业外支出	Non-business Expenditure	548637	531846	27400
利润总额	Total Profits	10915409	10821831	57091
应交所得税	Income Tax Payable	2980721	2958297	56743
应收工程款	Accownts Receivable	70068701	69238059	2246601

Building Construction Company Financial Position（2014）

unit:1000 yuan

					按行业类别分 Grouped by Sector			
集 体 Collctive-owned	股份合作企业 Stock Coope Rative	私营企业 Private Enterprises	港澳台商投资企业 Funded from Hong Kong Macao and Taiwan	外商投资企业 Foreign Funded	房屋建筑业 Building Construction	土木工程建筑业 Civil Engineering	建筑安装业 Construction Installaton	建筑装饰业 Building Decoration and Other Constructions
1959857	178941	78934541	2707558	49278	93547294	84538464	21366813	9188175
1464920	126494	63114311	2367053	48767	85069351	64860044	17531734	7662396
293248	38488	8757628	215578	511	8381827	13035330	2191289	1088219
1593176	115519	40043647	1944159	40850	53708454	42699250	12347875	4018150
12097		2415968	21292		2268811	3654558	264891	192994
1606364	115519	45650476	1965452	40850	61780056	52431134	13374528	4373918
353493	63422	33284065	742106	8428	31767238	32107330	7992285	4814257
2414958	194362	82162172	2173977	95100	129170244	65363725	27025476	7866781
1823683	162514	65450933	1938343	84957	105712053	61636011	22668214	6340329
76381	6431	2843042	56529	3195	5379210	2326544	779982	242170
248465	5856	2831235	34655	2133	3120861	2995891	1326931	706498
6784	2595	670946	35550	2323	598216	766908	104814	49684
65591	13749	4940752	103023	2466	5996495	3688124	989883	452772
6022	87	364410	16791		448075	60809	24284	15469
75973	13664	4643530	90659	2919	5752586	3674977	1011406	476440
17445	3289	1266575	20036	2388	1713196	766376	407907	93242
546846	42063	25457394	828819	1823	35175455	25003351	7329973	2559922

14－3　续表

项　　目	Item	按隶属关系分		
		中央 National	省级 Province	地市 City
资产合计	Total Assets	17411014	24419682	29087717
流动资产合计	Total Current Assets	15476143	18361477	22627420
固定资产合计	Total Fixed Assets	1370649	3518291	4734313
流动负债合计	Total Current Liabilities	15277337	11613355	16609542
长期负债合计	Total Long-term Liabilities	439345	294404	707470
负债合计	Total Liabilities	15811187	15617055	18133888
所有者权益合计	Total Owners ' Equities	1599827	8802627	10953829
工程结算收入	Engineerubg Setlement in come	17988688	20678252	35232501
工程结算成本	Engineering Settlement Cost	16149017	16998500	28615241
工程结算税金及附加	Clearing and Settlement of Engineering Settlement	923480	627021	1216227
管理费用	Management Expenses	772497	791871	1187289
财务费用	Cost of Financing Financial Expenses	194200	131416	171978
营业利润	Operating Profit	-179941	803671	1492628
营业外支出	Non-business Expenditure	14162	6757	85458
利润总额	Total Profits	-102002	816317	1566732
应交所得税	Income Tax Payable	44008	258607	543952
应收工程款	Accownts Receivable	6239234	4644704	9930980

continued

按企业资质登记分组							
施工总承包 Construction General Contract				专业承包 Specialized Contraction			
特级 Special Grade	一级 First Grade	二级 Second Grade	三级 Third Grade		一级 First Grade	二级 Second Grade	三级 Third Grade
3164777	62663595	60818216	50949074	29578300	5424674	10891468	12998479
2935895	51436591	47432210	48790212	23174110	4601726	8271977	10080693
164216	7121451	7947294	5831819	3551502	596714	1278376	1633784
2589051	38166162	32666226	24277378	14194648	2707275	6025141	5374835
260000	2664465	1289589	1688776	458656	25670	244854	188132
2849051	44385691	38295392	30030006	15483239	2802449	6468392	6113005
315726	18277904	22522824	20919068	14095061	2622225	4423076	6885474
2944798	64616577	64925132	66191652	26731741	5938906	7651558	12934802
2790514	55256084	53659952	52684040	21255684	4759645	6256340	10067469
45891	1863809	2769414	2719390	889669	159793	231028	491426
113628	1418850	1895021	2483843	2172526	439160	635445	1078807
39928	689445	336153	313110	129298	13129	75257	40247
-24043	2287710	3543145	3858674	1390537	406444	284970	692563
1077	292704	114553	105990	32590	4169	4064	24364
-19401	2114964	3523009	3845415	1379648	411963	290221	670885
	862857	904703	841870	351849	73800	91568	183273
1554299	21350437	15606819	22722398	8254650	2233183	2741679	3221893

14－4 各地区建筑业基本情况（2014年）

Regional construction basic situation（2014）

单位：千元　　　　unit：1000 yuan

地　区	Region	企业单位数（个）Number of Enterprises	有工作量的建筑企业个数（个）Enterprises with Projects	签订的合同额 Contract amount	#上年结转合同额 Last Years Contract	建筑业总产值 Value of Construction outpu	建筑工程 Construction Enqineering
总　计	**Total**	**2615**	**2195**	**406689807**	**172106160**	**252099896**	**216207912**
长　春	Changchun	1279	1036	228969414	115802546	124310490	105007575
吉　林	Jilin	406	366	52402551	17721603	36253899	29193476
四　平	Siping	120	110	16783727	8075476	10011243	9572398
辽　源	Liaoyuan	100	85	21074644	12797154	6803430	5996849
通　化	Tonghua	142	125	27633280	5032394	25291182	21468715
白　山	Baishan	121	96	7328341	2537180	5535681	4676586
松　原	Songyuan	167	146	27332919	3819034	24499655	22655412
白　城	Baicheng	55	54	8259313	1277550	6485056	5995664
延　边	Yanbian	225	177	16905618	5043223	12909260	11641237

地　区	Region	安装工程 Installation Engineering	其他产值 Other	竣工产值 Out put Value of Building	房屋建筑施工面积（平方米）Floor Space Building under Construction(sq.m)	其中：本年新开工 New Starting This Year	其中：实行投标承包 Contract to Tender
总　计	**Total**	**24162144**	**11729840**	**174671883**	**139929498**	**82949632**	**97736283**
长　春	Changchun	12205921	7096994	77762241	68784850	34222426	53227668
吉　林	Jilin	5979880	1080543	23939996	21180030	12606421	10599133
四　平	Siping	178714	260131	8793993	7451186	5303724	4707431
辽　源	Liaoyuan	381302	425279	5317003	4265721	2425693	1940727
通　化	Tonghua	2722029	1100438	19910750	11391793	8418073	9010510
白　山	Baishan	270640	588455	3916483	4664495	2421183	2698395
松　原	Songyuan	1746589	97654	21929903	11172352	9755205	7067376
白　城	Baicheng	486837	2555	4275400	2175386	1643606	1479386
延　边	Yanbian	190232	1077791	8826114	8843685	6153301	7005657

14－5　各地区的建筑业企业房屋竣工价值（2014年）

various regions of construction industry enterprises in As built housing value（2014）

单位：千元　　unit：1000 yuan

地　区	Region	合计 Total	住宅 Residential Buidings	商业及服务用房 Houses for Business Use	办公用 Office Buildings	科研、教育、医疗用房屋 Scientific Research Educution Medical Use	厂房及建筑物 Buildings and Buildings
总　计	**Total**	**107012556**	**81037112**	**4771965**	**4033246**	**3029863**	**8271011**
长　春	Changchun	44083818	30071112	2164990	2067826	1164859	3833386
吉　林	Jilin	15505079	12361073	531051	571555	58117	1545534
四　平	Siping	6559810	5861356	16548	304153	25967	325392
辽　源	Liaoyuan	2852381	2525213	1300	28335	36900	138499
通　化	Tonghua	10728405	8707317	792427	95361	97084	973945
白　山	Baishan	2445160	2158867	140614	40336	83720	15073
松　原	Songyuan	15960740	13194861	691084	687780	79172	1105386
白　城	Baicheng	2044974	1694281	55632	103830	78557	87350
延　边	Yanbian	6832189	4463032	378319	134070	1405487	246446

14－6　各地区建筑企业财务情况（2014年）

Regional construction enterprise financial situation（2014）

单位：千元　　unit：1000 yuan

地　区	Region	资产合计 Total Assets	营业收入 Operating Revenue	营业成本 Operating Costs	营业税金及附加 Taxes and other Charges on Primcipal Business	管理费用 Manage Ment Expenses	营业利润 Business Profic	利润总额 Total Profits	应付职工薪酬（本年贷方累计发生额） Employee Benefits Payable（the total amount of credit this year）
总　计	**Total**	**208640746**	**229426226**	**196356607**	**8727906**	**8150181**	**11127274**	**10915409**	**17181960**
长　春	Changchun	116923873	115831494	99973836	4179590	3749692	5144180	5273118	8030623
吉　林	Jilin	27905175	36614210	32284557	1275920	1343350	1453240	1468207	3172824
四　平	Siping	7038424	8236025	6938597	290517	403621	483330	470560	798856
辽　源	Liaoyuan	10193742	6211704	5118463	229083	285563	472416	487160	737679
通　化	Tonghua	9519240	21972824	19386100	1055493	814601	603920	578752	1110988
白　山	Baishan	7666997	5294066	4501718	206757	217300	289095	282658	471538
松　原	Songyuan	12108268	18744569	15599887	884889	685848	1499283	1386477	1488322
白　城	Baicheng	4978745	6139022	5306014	277504	288375	222760	226384	426708
延　边	Yanbian	12306282	10382312	7247435	328153	361831	959050	742093	944422

CHAPTER ▶ 15

第十五篇

交通运输和邮电通信业

TRANSPORTATION, POSTAL AND TELECOMMUNICATIONS SERVICES

15－1 历年交通运输基本情况

Basic Conditions of Transportation

年 份 Year	铁路里程（公里）Length of Railways (km)	公路里程（公里）Length of Highways (km)	客运量（万人）Passenger Traffic (10000 persons)	#铁路 Railways	#公路 Highways	#水运 Waterways	货运量（万吨）Freight Traffic (10000 tons)	#铁路 Railways	#公路 Highways	#水运 Waterways
1978	3720	23836	11876	7790	4080	3	10666	5048	5602	16
1979	3720	23545	12476	8080	4390	4	11480	6235	5228	17
1980	3719	23545	13205	8380	4819	5	9249	5169	4071	9
1981	3721	24026	14216	8959	5250	5	9023	5191	3821	11
1982	3730	24047	15539	9583	5948	7	9913	5436	4464	13
1983	3730	24115	16530	9917	6605	7	10167	5645	4511	11
1984	3781	24271	17869	10203	7657	7	10812	5459	5339	14
1985	3489	24271	17181	9432	7744	4	11680	5762	5902	16
1986	3482	24625	19299	9145	10142	5	18047	5662	12369	16
1987	3482	24688	21783	9399	12369	6	21172	5842	15311	19
1988	3488	24966	26641	10139	16483	7	22218	6213	15980	25
1989	3488	25326	21403	9421	11956	14	20589	6493	14076	20
1990	3472	26468	18731	7810	10889	17	23148	6122	17005	21
1991	3473	27110	19259	7408	11810	20	23591	6317	17253	21
1992	3473	27192	20135	7630	12458	22	24055	6516	17519	20
1993	3473	28374	18667	7973	10656	13	23497	6844	16629	24
1994	3487	29581	20716	8305	12310	64	26285	6531	19333	421
1995	3480	31321	21367	7894	13371	48	26655	6123	20477	55
1996	3479	32098	20620	6781	13728	52	27604	6154	21394	56
1997	3479	33075	21124	6200	14821	47	27582	6483	21020	79
1998	3474	33812	22376	5849	16431	46	28039	5751	22221	67
1999	3549	34516	23366	5897	17352	60	32435	6058	22261	58
2000	3568	35216	24084	5785	18170	62	33323	5766	23640	46
2001	3568	39747	24492	5346	19001	70	33059	5671	23649	60
2002	3564	41095	25027	4962	19904	78	34291	5781	24777	79
2003	3562	44008	24513	4232	20112	87	34804	6044	25211	72
2004	3555	47255	27192	4687	22293	108	36683	6552	26659	75
2005	3641	50308	27724	4618	22870	113	37529	6634	27441	87
2006	3475	84444	29050	4590	24198	115	38829	6107	28965	89
2007	3635	85445	31651	4855	26506	116	41560	6199	31573	84
2008	3749	87099	56225	5320	50511	198	34373	7118	23558	125
2009	3913	88430	58823	5687	52723	170	38960	7478	27032	261
2010	4037	90437	64783	5770	58577	140	44977	7674	33013	226
2011	4000	91754	68494	6138	61830	215	51905	7877	39308	270
2012	4383	93208	73037	6261	66175	241	59768	7355	47130	331
2013	4395	94218	34562	6628	27403	116	49470	6202	38063	232
2014	4441	96041	35464	6935	27866	202	53023	5761	41830	407

注：客运量和货运量统计口径调整（以下同）。
Note：Passenger and Freight Traffic Statistics Caliber Adjustment.

15－2 历年旅客周转量和货物周转量

Passenger－kilometers and Freight Ton－kilometers

年 份 Year	旅客周转量（百万人公里）Passenger－Kilometers (million passenger－km)	#铁路 Railways	#公路 Highways	#水运 Waterways	货物周转量（百万吨公里）Freight Ton－Kilometers (million ton－km)	#铁路 Railways	#公路 Highways	#水运 Waterways
1978	7802	6514	1286.05	1.77	25782	25042	686.93	53.36
1979	8181	6812	1366.49	2.43			655.33	54.30
1980	8429	6946	1479.61	3.12	24558	23967	562.16	28.98
1981	9169	7555	1610.53	3.28	24663	24009	612.67	41.61
1982	9947	8085	1859.27	3.19	28038	27212	778.44	48.10
1983	10931	8857	2070.72	3.14	31576	30747	790.08	39.08
1984	12392	9817	2571.86	2.99	31882	30726	1095.33	60.46
1985	13464	10671	2790.82	2.28	34316	33077	1160.29	78.89
1986	15113	11209	3901.27	2.55	38130	33556	4491.42	82.58
1987	16753	12259	4491.42	2.68	42257	35992	6162.00	103.01
1988	18773	13976	4794.45	2.90	43373	36865	6369.83	137.89
1989	17649	12968	4674.81	5.94	46623	39838	6657.56	127.22
1990	14788	10430	4350.39	7.49	43471	37858	5479.90	132.74
1991	15511	10625	4877.85	8.32	45028	38760	6148.22	119.96
1992	17221	11721	5491.90	8.56	46776	40599	6086.88	90.05
1993	17171	12812	4352.44	6.85	47980	41146	6731.47	102.76
1994	17809	13059	4733.48	16.29	49564	41350	8002.55	211.80
1995	17711	12552	5148.28	10.52	49731	42023	7600.25	107.26
1996	16821	11398	5411.21	11.44	50188	42230	7850.21	107.66
1997	17609	11717	5881.67	10.28	52070	44132	7827.38	110.64
1998	18409	11616	6785.78	7.25	59094	38543	7872.19	69.12
1999	19683	12347	7329.05	7.09	61781	40971	8127.69	70.68
2000	20667	12952	7679.26	5.89	61204	40621	8564.35	26.57
2001	21223	13263	7951.00	9.12	61394	41372	8601.00	35.81
2002	23232	13274	8416.54	7.00	61552	40916	9293.52	30.00
2003	21649	11505	8841.82	8.11	62017	42255	9056.59	21.29
2004	25615	14680	9002.10	11.79	69917	49986	9592.91	13.00
2005	26602	15185	9279.00	9.00	70825	50668	9875.00	43.00
2006	28063	16262	10024.00	9.06	72212	50464	10625.33	48.94
2007	32247	18184	11249.00	13.52	76403	52988	12400.11	57.07
2008	43232	19120	21290.00	43.00	126425	59227	56360.00	123.00
2009	45600	19771	22858.47	26.59	128300	56969	59621.16	141.86
2010	51131	20593	26958.00	20.06	139194	59590	68314.00	126.94
2011	55188	22894	28653.00	28.18	158169	63525	81600.00	120.75
2012	57232	22914	30676.00	32.54	173129	62106	97406.00	108.32
2013	45517	24476	16869.67	24.90	181356	57730	110000.00	134.23
2014	47263	25095	17327.30	24.80	186154	50981	119078.00	138.16

15-3 交通运输里程
Length of Transportation Routes

单位：公里　　unit：km

项　　目	Item	2012	2013	2014
一、铁路	Railways			
正线延展里程	Extention Length of the Track Lines	4367	4395	4441
营业里程	Length of Railways in Operation	3582	3582	3588
二、公路通车里程	Length of Highways	93208	94218	96041
等级路	Expressway and Class I to IV Highways	85414	86658	88667
高速公路	Express way	2252	2325	2348
一级	First Class	1921	1938	2016
二级	Second Class	8914	6978	9109
三级	Third Class	10658	10729	10673
四级	Fourth Class	61669	62668	64520
等外路	Highways Below Class IV	7794	7559	7374
三、内河通航里程	Length of Navigable Inland Waterways	1621	1621	1621

15-4 客运量及旅客周转量
Passenger Traffic and Passenger - kilometers

项　　目	Item	客运量（万人）Passenger Traffic (10000 persons)			旅客周转量（万人公里）Passenger - kilometers (10000 passenger - km)		
		2012	2013	2014	2012	2013	2014
全社会总计	**Total**	**73037**	**34562**	**35464**	**5723200**	**4551729**	**4726312**
铁　路	Railways	6261	6628	6935	2291366	2447624	2509527
公　路	Highways	66175	27403	27866	3067562	1686967	1732730
水　运	Waterways	241	116	202	3254	2490	2483
民　航	Civil Aviation	360	415	461	360900	414648	481572

15－5 货运量及货物周转量
Freight Traffic and Freight Ton－kilometers

项 目	Item	货运量（万吨） Freight Traffic (10000 tons)			货物周转量（万吨公里） Freight Ton－kilometeters (10000 ton-km)		
		2012	2013	2014	2012	2013	2014
全社会总计	**Total**	**59768**	**49470**	**53023**	**17312900**	**18135600**	**18615400**
铁路	Railways	7355	6202	5761	6210600	5772995	5098052
# 地方铁路	Local Railways	433	298	310	25135	17615	18482
公路	Highways	47130	38063	41830	9740600	11000000	11907760
民航	Civil Aviation	3	3	3	4400	4809	5383
管道	Pipelines	4949	4970	5022	1346500	1349243	1590282
水运	Waterways	331	232	407	10832	13423	13816

15－6 各地区公路客货运输量
Passenger and Freight Traffic by Region

地 区	Region	客运量（万人） Passenger Traffic (10000 Persons)		旅客周转量（万人公里） Passenger－kilometers (10000 passenger－km)		货运量（万吨） Freight Traffic (10000 tons)		货物周转量（万吨公里） Freight ton－kilometeters (10000 ton－km)	
		2013	2014	2013	2014	2013	2014	2013	2014
全 省	**Total**	**27403**	**27866**	**1686967**	**1732730**	**38063**	**41830**	**11000000**	**11907760**
长春	Changchun	8648	8883	574811	589966	8827	9712	3088875	3348623
吉林	Jilin	4260	4213	212149	218713	6646	7295	2214249	2394802
四平	Siping	2055	2030	127934	129022	5667	6238	2140859	2315781
辽源	Liaoyuan	1179	1171	78899	83994	1488	1629	323902	349927
通化	Tonghua	2043	2020	135343	139116	2024	2225	400910	434559
白山	Baishan	1635	1648	77072	75556	1310	1434	311869	336779
松原	Songyuan	2766	2724	161189	156282	7004	7695	1695254	1832746
白城	Baicheng	1591	1567	90330	90507	1006	1110	212563	230521
延边	Yanbian	2260	2280	194487	202788	4028	4427	596881	647752
长白山管委会	Changbai Mountain Management Committee	966	1330	34753	46786	63	65	14638	16270

15－7 民用汽车拥有量
Possession of Civil Vehicles

单位：辆　　unit：coach

项　目	Item	2012	2013	2014
民用汽车合计	**Total**	**2250948**	**2601898**	**2919240**
载客汽车	Passenger Vehicles	1712619	2065541	2407444
# 大型	Large	31837	34450	36414
小轿车	Minicar	1118559	1377325	1615694
载货汽车	Trucks	369872	402344	422215
# 普通载货汽车	Ordinary Truck	210398	223809	229375
其他汽车	Others	168457	134013	89581
在合计中	**In Total**			
私人汽车	**Private Vehicles**	**1853028**	**2178388**	**2494115**
载客汽车	Passenger Vehicles	1448445	1777540	2118355
# 大型	Large	4637	4774	4855
小轿车	Minicar	986287	1228527	1464671
载货汽车	Trucks	248906	278812	298107
# 普通载货汽车	Ordinary Truck	155428	171627	181715
其他专用汽车	Other Special Purpose Vehicles	155677	122036	77653

注：全省民用汽车拥有量中不包括三轮汽车和低速货车。
Note：It was not include tricar and low－speed trucks in Civil Motor Vehicles Owned.

15－8 民用车辆拥有量细分组（2014年）
Civil Vehicles Segments of the Group（2014）

单位：辆　　unit：coach

项　目	Item	总计 Total	#个人 Individual	#营运 Working	#非营运 Non－Working	#校车 School Bus	#特种车 Special Vehicle
合计	**Total**	**5577479**	**3975027**	**545586**	**3885195**	**5055**	
汽车	**Vehicles**	**2919240**	**2494115**	**479036**	**2435149**	**5055**	
载客汽车	Passenger Vehicles	2407444	2118355	111988	2290401	5055	
大型	Large	36414	4855	22261	9753	4400	
中型	Medium	18805	6939	4937	13232	636	
小型	Small	2272847	2032402	84305	2188523	19	
微型	Mini car	79378	74159	485	78893		
轿车	Car	1615694	1464671	82320	1533374		
载货汽车	Trucks	422215	298107	315411	106804		
重型	Heavy	121924	62958	113585	8339		
中型	Medium	30664	22640	26879	3785		
小型	Light	268066	211202	174278	93788		
微型	Mini	1561	1307	669	892		
普通货车车	General	229375	181715	149095	80280		
摩托车	**Motorcycles**	**1474579**	**1468822**	**26182**	**1448397**		
普通	Ordinary	1451350	1445684	26165	1425185		
轻型	Light	23229	23138	17	23212		
拖拉机	**Tractor**	**1141643**					
大型	Large						
小型	Small						
挂车	**Trailers**	**40960**	**11615**	**40007**	**953**		
其他类型车	**Others**	**1022**	**441**	**360**	**662**		

15－9 公路按货物种类分的货运量和货物周转量
Highway Freight Traffic and Freight－kilometers by Category of Cargo

货类	Category	货运量（万吨） Freight Traffic (10000tons)		货物周转量（万吨公里） Freight Ton－kilometers (10000 ton－km)		平均运距（公里） Average Transport Distance(km)	
		2013	2014	2013	2014	2013	2014
总计	**Coal**	**38063**	**41830**	**11000000**	**11907760**	**289**	**285**
煤炭及制品	Coal and Products	6433	3122	1632296	887101	254	284
石油、天然气及制品	Petroleum, Natural Gas and Products	1581	720	447772	186018	283	258
金属矿石	Metal Ores	1349	999	349579	118580	259	119
钢铁	Steel and Iron	1855	1688	631841	683973	341	405
矿建材料	Mineral Building Materials	4224	7402	870373	714739	206	97
水泥	Cement	3205	3518	705028	493236	220	140
木材	Timber	2116	2096	741330	752896	350	359
非金属矿石	Nonmetal Ores	226	1009	34835	112789	154	112
化肥和农药	Chemical Fertilizers and Pesticides	1005	859	275541	280387	274	326
盐	Salt	466	267	131680	86854	283	325
粮食	Grain	5235	4705	1313972	1439486	251	306
机械、设备、电器	Machinery, Equipment and Household Appliances	2174	2214	1166909	1011337	537	457
化工原料及制品	Raw Chemical Material and products	1066	1308	508971	603844	477	462
有色金属	Non－ferrons Metal Ores	250	184	71901	86370	288	469
轻工、医药产品	Light Industry, Medical and Pharmaceutical Products	1486	1844	539709	634815	363	344
农林牧渔业产品	Agriculture, Forestry, Animal Husbandry and Fishery Products	1881	3965	672993	1761104	358	444
其他	Others	3511	5930	905270	2054231	258	346

15－10 各地区民用汽车拥有量（2014年）
Passession of Civil Vehicles by Region（2014）

单位：辆　　unit：coach

地区	Region	民用汽车 Civil Vehicles	#私人 Private	载客汽车 Passenger Vehicles	#私人 Private	载货汽车 Trucks	#私人 Private
长春	Changchun	1144590	965955	984481	857358	131373	83537
吉林	Jilin	427166	366461	358469	317461	55525	37654
四平	Siping	297615	258052	226439	205674	62616	44605
辽源	Liaoyuan	94015	79648	74126	64232	16324	12272
通化	Tonghua	151863	128134	120927	105987	24086	16329
白山	Baishan	86816	70933	68957	57785	14710	10503
松原	Songyuan	320817	284173	245568	221003	57343	47102
白城	Baicheng	189307	168515	160607	144049	24250	20510
延边	Yanbian	199549	166409	161929	140261	34603	24451

注：各地区相加不等于全省总计。
Note：The sum of the regions is not the sum of the whole province.

15－11　历年邮电通信业务情况

Postal and Telecommunication Services over the Years

年　份 Year	邮电业务总量（万元）Business Volume of Post and Telecommunications (10 000 yuan)	邮政业务总　量 Business Volume of Post	电信业务总　量 Business Volume of Telecommunications	函　件（万件）Number of Letters (10 000 pcs)	本地电话用户（万户）Subscribers of Local Telephone (10 000 subscribers)	移动电话用户（万户）Subscribers of Mobile Telephone (10 000 subscribers)	本地电话局用交换机容量（门）Capacity of Local Telephone Exchanges (line)	长途光缆线路长度（公里）Length of Optical Cable Lines (km)	电话普及率（含移动）（部/百人）Popularization Rate of Telephone (sets/100 persons)
1978	3853			7478	4.4				0.2
1979	3999			8167	4.8				0.2
1980	4055			8333	5.0				0.2
1981	6057			8309	5.4				0.2
1982	6293			8237	5.9				0.3
1983	6779			8646	6.4				0.3
1984	7517			9953	7.2				0.3
1985	8886			12114	8.1		185556		0.4
1986	9503			13278	9.3		200493		0.4
1987	10540			13933	10.7		233586		0.5
1988	13539			16269	13.3		266321		0.6
1989	17046			16545	16.8		335172		0.7
1990	41556			15805	20.3		391408		0.8
1991	51394			13151	25.0		465565		1.0
1992	70063			12369	33.0		564261		1.3
1993	106797			13831	49.9		896393		2.0
1994	155114			15416	75.9		1791260		3.0
1995	212153			15333	107.8		2501105		4.2
1996	290041			14045	137.6		3189912	3793	5.3
1997	375102			11518	164.5		3551886	4493	6.3
1998	538459			10405	192.6		3656308	4702	7.4
1999	839500	85500	754000	9838	223.0	110.0	4060000	5086	12.7
2000	1163500	91500	1072000	9500	260.0	203.3	5560000	5461	17.6
2001	929500	91900	837600	10900	294.0	339.0	5650000	12785	24.0
2002	1122300	100300	1022000	16086	325.0	463.0	7760000	13289	29.7
2003	1582900	112900	1470000	17200	421.3	633.0	8410000	16044	39.7
2004	2113800	112800	2001000	7154	473.3	763.0	9950000	18668	46.4
2005	2858100	133100	2725000	6300	769.0	916.0	10370000	19197	62.0
2006	3382300	155600	3226700	6200	734.0	1138.0	11320000	20000	69.0
2007	4131800	165800	3966000	6600	746.0	1311.0	7060000	19834	74.9
2008	4558500	176500	4382000	7000	622.0	1441.2	5710000	16000	75.5
2009	5326000	205600	5120000	8088	581.3	1574.2	8600000	20161	78.9
2010	6527000	238000	6289000	9319	595.2	1805.4	8370000	21801	87.6
2011	2353000	151000	2202000	6587	579.3	2004.1	7970000	21843	94.1
2012	2622000	223000	2399000	5006	581.0	2257.0	9170000	22704	103.2
2013	2772000	258000	2514000	4369	579.0	2372.1	9038000	23431	111.0
2014	3281600	306600	2975000	3034	574.8	2612.3	8857000	23544	115.8

15－12 邮电业务总量

Business Volume of Postal and Telecommunication Services

项 目	Item	2012	2013	2014
邮电业务总量(亿元)	**Business Volume of Postal and Telecommunication Services(100 million yuan)**	**262.2**	**277.2**	**328.2**
邮政	Postal	22.3	25.8	30.7
电信	Telecommunication Services	239.9	251.4	297.5
函件(亿元)	Letters(100 million yuan)	0.5	0.4	0.3
包件（万件）	Package(10000 pcs)	131	135	130
特快专递（万件）	Express Mail Services(10000 pcs)	1051	1203	1090
订销报纸期发数（万份）	Issue of Newspapers(10000 pcs)	124	126	123
订销杂志期发数（万份）	Issue of Magazines(10000 pcs)	79	76	74
邮政储蓄平均余额（亿元）	Postal Deposits Balance(100 million yuan)	655	763	811
集邮业务（万枚）	Stamps for Collection(10000 pcs)	4038	2971	3415
固定电话用户（万户）	Fixed Telephone Subscribers(10000 subscribers)	581	579	575
移动电话用户（万户）	Mobile Telephone Subscribers(10000 subscribers)	2257	2372	2612
互联网络宽带接入用户（万户）	Internet Broad Band Users(10000 subscribers)	364.7	379.6	414.9
邮政局、所（处）	Postal and Postal Offices(unit)	969	985	1004
# 农村	#Rural	702	705	717
邮路长度（公里）	Length of Postal Routes(km)	171672	177759	180241
# 铁路邮路	#Railway Routes	19821	21256	8571
航空邮路	Aviation Routes	127061	127061	91514
汽车邮路	Highway Routes	24423	29442	79391
长途光缆线路长度（公里）	Length of Long Distance Optical Cable Lines(km)	22704	23431	23544
本地网中继光缆线路长度（公里）	Local Network Length of Optical Cable Lines(km)	152476	161114	167453
局用交换机容量（万门）	Capacity of Office Telephone Exchanges(10000 line)	917	904	886
火车邮箱（辆）	Railway Postal Boxes(unit)	16	14	16
邮政汽车（辆）	Postal Vehicles(unit)	1411	768	729

CHAPTER ▶ 16

第十六篇

批发零售贸易和餐饮业

WHOLESALE，RETAIL TRADE AND CATERING SERVICES

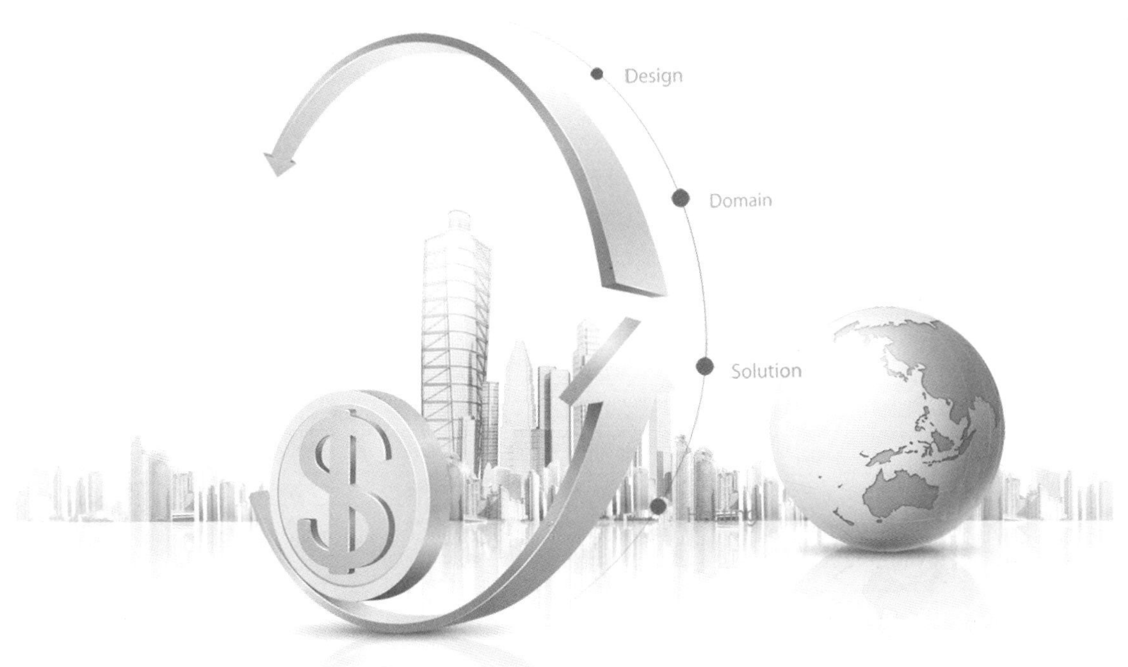

16-1 历年社会消费品零售总额

Total Retail Sales of Consumer Goods

单位：万元 unit：10000 yuan

年 份 Year	社会消费品零售总额 Total Retail Sales of Consumer Goods	按城乡分 Grouped by Urban and Rural		按行业分 Grouped by Sector		
		城 镇 Urban	乡 村 Rural	批发零售贸易业 Wholesale and Retail Trades	住宿和餐饮业 Hotels and Catering Services	其他行业 Others
1978	385620	291514	94106	346032	15854	23734
1979	453079	316707	136372	388943	18937	45199
1980	528330	377198	151132	438715	24509	65106
1981	592590	430405	162185	481611	29934	81045
1982	670226	490219	180007	531540	38307	100379
1983	755406	555884	199522	589343	46380	119683
1984	914002	662759	251243	711368	52394	150240
1985	1119958	843468	276490	862671	65462	191825
1986	1278126	979384	298742	972965	71948	233213
1987	1454974	1131042	323932	1086680	81881	286413
1988	1808111	1441649	366462	1344761	104819	358531
1989	1982953	1592980	389973	1479969	112779	390205
1990	1989470	1607039	382431	1478528	108295	402647
1991	2236919	1840771	396148	1666612	117840	452467
1992	2614745	2199504	415241	1924394	143653	546698
1993	3343703	2863910	479793	2424135	205796	713772
1994	4075974	3489145	586829	2835541	311446	928987
1995	4948232	4291301	656931	3352296	393027	1202909
1996	5710259	4851313	858946	3702892	588976	1418391
1997	6363939	5443801	920138	4051446	583022	1729471
1998	6990899	6070339	920560	4380291	637065	1973543
1999	7543181	5980241	1562940	6468115	750146	324920
2000	8335214	6702331	1632883	6934171	1015132	385911
2001	9318770	7604115	1714655	7782754	1230265	305751
2002	10362472	8642210	1720262	8628310	1458547	275615
2003	11409082	9583657	1825425	9778923	1573420	56739
2004	12869444	10870650	1998794	11403545	1415677	50222
2005	14608055	12418366	2189689	12662653	1897789	47613
2006	16758413	14315479	2442934	14400797	2300776	56840
2007	19992025	17058728	2933297	17178073	2768516	45437
2008	24842571	21360896	3481675	21279062	3546703	16806
2009	29573297	25285381	4287916	26981555	2560746	30996
2010	35049165	31071747	3977418	31521763	3496402	31000
2011	41198175	36738161	4460014	37280303	3880872	37000
2012	47729404	42361521	5367883	42227134	5502270	
2013	54264253	48067966	6196287	48038108	6226146	
2014	60808998	53853046	6955952	54004584	6804414	

注：从2005年的数据是按经济普查数据进行调整后的数据。
Note：Data was adjusted by economic census during 2005.

16－2　社会消费品零售总额
Total Retail Sales of Consumer Goods

单位：万元　　　　unit：10000 yuan

项　目	Item	2012	2013	2014
社会消费品零售总额	**Total Retair Sales of Consumer Goods**	**47729404**	**54264253**	**60808998**
一、按销售地区分	Grouped by Region			
城镇的零售额	Urban Retail Sales	42361521	48067966	53853046
乡村的零售额	Rural Retail Sales	5367883	6196287	6955952
二、按行业分	Grouped by Sector			
批发、零售贸易业	Wholesale and Retail Trades	42227134	48038108	54004584
限额以上	Above Designated Size	15741405	20902831	21667828
限额以下及个体户	Under Designated Size and Individual	26485729	27135277	32336756
住宿和餐饮业	Hotels and Catering Services	5502270	6226146	6804414
星级（限额以上）企业	Above Designated Size	1500432	1643615	1425507
星级以外（限额以下）企业和个体户	Below Designated Size and Individual	4001838	4582531	5378907

16－3　各地区社会消费品零售总额
Total Retail Sales of Consumer Goods by Region

单位：亿元　　　　unit：100 million yuan

地　区	Region	2005	2010	2011	2012	2013	2014
长　春	Changchun	600.06	1289.85	1515.85	1739.64	1970.04	2217.55
吉　林	Jilin	283.94	684.02	803.87	935.64	1066.68	1197.11
四　平	Siping	109.80	287.71	337.66	394.79	449.98	503.82
辽　源	Liaoyuan	44.07	107.51	126.83	147.23	167.55	189.05
通　化	Tonghua	91.08	247.08	290.73	339.37	388.92	439.74
白　山	Baishan	56.88	139.08	163.14	190.28	217.62	244.21
松　原	Songyuan	105.20	329.74	388.62	453.08	514.80	556.46
白　城	Baicheng	67.28	162.24	190.18	221.45	251.46	283.88
延　边	Yanbian	102.50	257.67	302.94	351.45	399.38	449.08

注：从2005年开始数据调整。
Note:Adjusted Data from 2005.

16－4 限额以上批发零售贸易业商品购进、销售、库存总额（2014年）

单位：万元

项　目	Item	法人企业数（个）Number of Corporation Units (unit)	产业活动单位（个）Number of Economic Active Units (unit)	从业人数（人）Number of Person Employed (person)
总　计	**Total**	**1428**	**3535**	**122342**
按登记注册类型分	**Grouped by Status of Registration**			
内资企业	Domestic Enterprises	1407	3496	117304
国有企业	State- owned Enterprises	73	582	11793
集体企业	Collective- owned Enterprises	28	30	709
股份合作企业	Cooperative Enterprises	6	11	1987
联营企业	Joint Venture Enterprises			
有限责任公司	Limited Liability Corporations	562	1052	55220
股份有限公司	Company Limited by Shares	75	832	16567
私营企业	Private Enterprises	646	972	30559
其他企业	Others	17	17	469
港、澳、台商投资企业	Hongkong Macao and Taiwan Funded Enterprises	8	25	2402
外商投资企业	Foreign Funded Enterprises	13	14	2636
按国民经济行业分	**Grouped by Sector**			
批发业合计	**Total Wholesale Trade**	**437**	**1149**	**32228**
农、林、牧产品批发业	Food, Beverages and Tobacco	148	171	10585
食品、饮料及烟草制品批发业	Food, Beverage and Tobaccos	42	96	6807
#米、面制品及食用油批发业	Rice, Flour and Edible Oil	7	7	314
烟草制品批发业	Tobaccos	9	49	5059
纺织、服装及日用品批发业	Texitles Gament and Daily Consumer Artides	11	12	834
#服装批发业	Ganrent	2	3	65
家用电器批发	Household Appliances	4	4	595
文化、体育用品及器材批发业	Culture, Sports Goods and Equipments	6	6	638
医药及医疗器材批发业	Medicines and Medical Appliances	72	73	4222
矿产品、建材及化工产品批发业	Mineral Products, Building Materials and Chemica Products	95	720	6896
#煤炭及制品批发业	Coal and related Products	13	13	253
石油及制品批发业	Petroleum and Related Products	13	621	4738
金属及金属矿批发业	Metals and Mineral Products	21	21	531
建材批发业	Construction Materials	25	25	713
化肥批发业	Chemical Fertilizer	10	27	321

Total Purchases、Sales and Inventory of Enterprises above Designated Size of Wholesale and Retail Trade (2014)

unit: 10000 yuan

购进总额 Total Goods Purchase	#进口 Import	销售总额 Total Sales	批发 Wholesale	#出口 Emport	零售 Retail Trade	年末库存总额 Inventory (year－end)
31755847	**712496**	**35133833**	**16843439**	**128322**	**18290393**	**4533786**
30008546	680702	33360599	15363253	128322	17997346	4430495
4422182	80942	4829827	3281246		1548581	1919075
66857		72573	3244		69329	4096
44387		45731	2502		43230	5099
10303188	473684	10573408	5071663	74674	5501745	1157894
8320783	49	10669348	4478088		6191260	496077
6718935	126028	7037553	2508938	53648	4528615	837986
132215		132159	17571		114588	10268
151404		164385	77835		86550	51887
1595897	31794	1608849	1402352		206497	51404
18470447	**521159**	**19074974**	**15657904**	**115985**	**3417071**	**3194287**
3640571	46827	2791561	2110156	7572	681405	2483227
1602362	68486	2190363	2140437		49927	161991
46548		69715	64596		5120	5513
1400985	68486	1920977	1920977			141978
174123		183136	160709	167	22427	11871
7147		7237	3775		3462	6328
107241		111751	111751			1530
65899		65932	60455		5476	17653
1511212	2965	1748745	1544543	9802	204203	125367
9601606	371284	10222535	7805559	69961	2416976	304406
91545		134490	94273		40217	5923
5480041		6021927	3964953		2056973	42136
2312550	367984	2407082	2187824	56690	219258	114216
930128	299	973587	879474	11871	94113	16576
223823	3000	128349	125883	1400	2467	107670

单位：万元

16－4 续表

项　　目	Item	法人企业数（个）Number of Corporation Units (unit)	产业活动单位（个）Number of Economic Active Units (unit)	从业人数（人）Number of Person Employed (person)
机械设备、五金交电及电子产品批发业	Machinery,Hardware and Electronic Equipment	57	65	2136
#汽车批发	Automobile	2	2	75
汽车零配件批发	Automobile Parts	7	8	519
摩托车及零配件批发	Motoracycde and Spare Parts	1	1	48
计算机、软件及辅助设备批发	Computer, Software and Assistant Applicanes	2	2	38
贸易经纪与代理	Trade Broker and Agency	1	1	20
其他批发业	Others	5	5	90
零售业合计	**Total Retail Trade**	**991**	**2386**	**90114**
综合零售业	Synthesize Retail Trade	182	262	44451
#百货零售业	General Merchandise	103	134	30821
超级市场零售业	Supermarkets	48	97	10769
食品、饮料及烟草制品专门零售业	Food Beverage and Tobaccos	59	144	2239
纺织、服装及日用品专门零售业	Texitles, Garments, Daily Consumer Articles	68	97	5726
#服装零售业	Garments	48	58	4687
文化、体育用品及器材专门零售业	Culture, Sports Appliances and Equipments	59	92	2367
#体育用品零售业	Sports Goods and Equipment Retail	3	3	56
图书、报刊零售业	Books and Newspapers	40	61	1848
医药及医疗器材专门零售业	Medicines and Medical Appliances	65	672	5979
#药品零售业	Medicines	61	668	5903
汽车、摩托车、燃料及零配件专门零售业	Motor Vehicles, Motorcycles, Fuel and Parts	351	825	21380
#汽车零售业	Motor Vehicles	291	305	15130
机动车燃料零售业	Fuel of Motor Vehicles	42	502	5664
家用电器及电子产品专门零售业	Household Electric Appliances and Electronic Products	101	179	5157
#家用视听设备零售业	Household Electric Applicance	25	29	1518
计算机、软件及辅助设备零售业	Computer, Software and Assistant Appliances	30	30	666
通讯设备零售业	Telecommuncation Equipment	10	38	389
五金、家具及室内装修材料专门零售业	Handware, Fumiture and Decoratiou Material	49	51	1191
货摊、无店铺及其他零售业	Stall Goods, Non- shop and Others Retail	57	64	1624
#邮购及电视、电话零售	Distribution of Post and E- commerce Sales			

continued

unit: 10000 yuan

购进总额 Total Goods Purchase	#进口 Import	销售总额 Total Sales	批发 Wholesale	#出口 Emport	零售 Retail Trade	年末库存总额 Inventory (year - end)
1830575	31597	1828806	1795866	28483	32940	87402
8556		8292	8292			799
1520317	31597	1510768	1509928	24355	840	33713
10301		11274	11255		19	2748
28892		29132	27587		1545	1010
3795		3790	3790			140
40304		40106	36389		3716	2230
13285400	**191337**	**16058858**	**1185536**	**12337**	**14873323**	**1339499**
4183876	175	6357961	42203		6315758	441650
3471743	50	5493117	9979		5483138	385866
586163	24	724081	28948		695133	51876
427591		459645	134907		324738	41765
572452	40	643248	26627		616621	96449
398658		433118	7506		425612	75796
171423	3565	181622	14131		167491	42906
3647		4017			4017	719
97898	3565	100512	9880		90633	22965
594945		657613	299278		358335	62556
585955		648340	296332		352008	61764
6395484	179134	6711206	609187	1001	6102018	556632
3985455	179113	4159943	53662	200	4106281	454109
2368851		2456164	551410		1904753	95250
539345	1796	612904	23142	444	589762	66384
189188		191524	19558		171967	36106
88057	1364	96272	569		95703	5062
52262		55832			55832	7179
113617	6628	121512	27652	10893	93859	13387
286668		313149	8409		304739	17770

16－5　限额以上批发零售企业财务状况（2014年）

单位：万元

项　　目	Item	流动资产合计 Total Circulating Funds	固定资产原价 Original Value of Fixed Assets	累计折旧 Depreciation	#本年折旧 Depreciation This Year
批发、零售贸易企业总计	**Total**	**12203832**	**2827242**	**1032452**	**187848**
一、批发企业	**Wholesale Trade**	**8247053**	**938345**	**406922**	**69747**
（一）按登记注册类型分组	Grouped by Status of Registration				
内资企业	Domestic Investment Enterprises	8130629	934260	400088	69348
国有企业	State- owned Enterprises	2568567	436108	251052	43761
集体企业	Collective- owned Enterprises				
股份合作企业	Stock Cooperative Enterprises				
联营企业	Joint Venture Enterprises				
有限责任公司	Limited Liability Corporations	3361498	170682	69129	12472
股份有限公司	Joint Stock Corporations	438437	44527	30910	4197
私营企业	Private Enterprises	1756664	281443	48520	8834
其他企业	Others	5463	1499	477	83
港、澳、台商投资企业	Hongkong Macao and Taiwan Investment Enterprises	38077	3175	3742	375
外商投资企业	Foreign Investment Enterprises	78347	910	3092	24
（二）按国民经济行业分组	Grouped by Sector				
农、林、牧产品批发	Food, Beverages and Tabacco	3649552	379518	130091	15568
食品、饮料及烟草制品批发	Food, Beverage and Tobaccos	703191	166231	94695	12480
#米、面制品及食用油批发	Rice, Flour and Edible Oil	101758	11719	4809	787
烟草制品批发	Tobaccos	554469	142000	85406	11106
纺织、服装及日用品批发	Textiles, Garment and Daily Consumer Articles	30522	2528	1009	154
#服装批发	Garment	7010	221	68	16
家用电器批发	Household Electric Appliances	9803	273	337	30
文化、体育用品及器材批发	Culture, Sports Goods and Appliances	56393	15917	6870	846
医药及医疗器材批发	Medicines and Medical Appliances	912932	57491	15973	4428
矿产品、建材及化工产品批发	Mineral,Construction and Chemical Products	2592832	288539	137507	33129
#煤炭及制品批发	Coal and Related Products	47776	13353	2919	261
石油及制品批发	Petroleum and Related Products	75131	212349	113619	28110
金属及金属矿批发	Metals and Mineral Products	1598600	31989	12293	3712
建材批发	Consmtction Materials	308614	4582	1619	471
化肥批发	Chemical Fertilizer	489302	6296	1558	367
机械设备、五金交电及电子产品批发	Machinery, Hardware and Electronic Equipment	298497	26297	20338	3089
#汽车、摩托车及零配件批发	Motorvehicles, Motorcycles and Parts	3400	199	74	7
汽车零配件批发	Automobile Parts	116544	4064	4726	1127
摩托车及零配件批发	Motoracycle and Spare Parts	6421	3879	1124	197
计算机、软件及辅助设备批发	Computer,Software and Assistant Appliances	3664	254	46	4
贸易经纪与代理	Trade Broker and Agency	152	54	19	5
其他批发	Others	2982	1772	421	49

Main Financial Indicators of Enterprises Above Designated Size of Wholesale and Retail Trades (2014)

unit: 10000 yuan

资产总计 Total Assets	负债合计 Total Liabilities	实收资本 Paid – up Capital	营业收入 Operating Revenue	主营业务收入 Revenue from Principal Business	营业成本 Operating Cost	主营业务成本 Cost of Principal Business	主营业务税金及附加 Tax and Extra Charges on Principal Business
17151836	**12591337**	**2963855**	**32065738**	**31715417**	**28935598**	**28810372**	**221366**
9827458	**7357516**	**1561454**	**18343403**	**18313725**	**16981873**	**16968747**	**142853**
9694979	7277597	1511954	16883685	16855348	15694744	15681636	141004
3118292	2385741	126615	4538945	4525738	3993415	3984252	111602
3772802	3229189	372686	4952717	4944203	4695893	4693981	8901
587172	481217	95339	4505425	4503239	4408024	4406779	2348
2209576	1176112	915419	2871819	2867423	2583286	2582499	18148
7137	5339	1895	14779	14745	14125	14125	6
47587	12643	35500	78185	78080	73425	73418	139
84892	67276	14000	1381534	1380297	1213704	1213694	1710
4196325	3144000	1006620	2789866	2778822	2620412	2618938	1314
918526	248848	29024	2074698	2072135	1600959	1597586	111294
114793	99368	9944	69830	69710	68097	68097	27
742753	111134	11507	1825871	1823595	1379057	1376159	110310
37325	32483	8709	182094	180608	167893	167531	391
7387	8648	2720	8649	8649	6538	6538	16
11000	13132	1150	108542	108207	101985	101623	178
94327	60160	24815	54298	53118	43582	43396	78
1056851	884165	103187	1618771	1615511	1375209	1375028	6075
3152227	2723622	327516	9772991	9764843	9540311	9532788	19529
61234	36234	10584	130637	130584	118700	118578	3146
375218	334559	57689	5667372	5660087	5560559	5554287	1733
1773284	1484353	190135	2328137	2328028	2268072	2267948	10845
327083	320290	31079	960011	959811	940674	940371	2334
520531	479271	28190	129349	128849	123250	122550	296
362437	258185	59012	1811952	1809955	1597455	1597427	3823
3618	2937	620	8292	8292	7632	7626	13
128552	83204	15788	1499903	1498666	1320891	1320880	1859
11596	8438	1600	11309	11274	10301	10301	96
3918	1040	2550	29509	29509	28574	28574	21
206	16	190	3790	3790	3032	3032	37
9234	6038	2383	34943	34943	33020	33020	313

单位：万元

16－5 续表 1

项　　目	Item	流动资产合计 Total Circulating Funds	固定资产原价 Original Value of Fixed Assets	累计折旧 Depreciation	#本年折旧 Depreciation This Year
二、零售企业	**Total of Retail Trade**	**3956779**	**1888897**	**625530**	**118101**
（一）按登记注册类型分组	Grouped by Status of Registration				
内资企业	Domestic Investment Enterprises	3632600	1778362	536222	105505
国有企业	State- owned Enterprises	4572	1806	841	99
集体企业	Collective- owned Enterprises	4509	3097	891	101
股份合作企业	Stock Coopertive Enterprises	12908	4344	1472	279
联营企业	Joint Venture Enterprises				
有限责任公司	Limited Liability Corporations	1473560	491813	169379	29466
股份有限公司	Joint Stock Corporations	664924	934659	234999	51586
私营企业	Private Enterprises	1440480	326010	127807	23571
其他企业	Others	31648	16633	832	404
港、澳、台商投资企业	Hongkong Macao and Taiwan Investment Enterprises	225972	45195	68561	7185
外商投资企业	Foreign Investment Enterprises	98208	65340	20747	5410
（二）按国民经济行业分组	Grouped by Sector				
综合零售	Synthesize Retail Trade	1363385	1232611	354143	66092
#百货零售	General Merchandise	1173076	1125934	309828	56715
超级市场零售	Supermarket	172809	93257	42498	9027
食品、饮料及烟草制品专门零售	Food Beverage and Tobaccos	92486	25809	7504	1495
纺织、服装及日用品专门零售	Textiles, Garments,Doily Consumer Aiticles	191135	147356	36516	2588
#服装零售	Garments	161813	139998	33657	2075
文化、体育用品及器材专门零售	Culture, Sports Appliances and Equipments	67022	18405	13353	1552
#体育用品零售	Sports Goods and Equipment Retail	685	158	3	1
图书、报刊零售	Books and Newspapers	40751	15925	12437	1372
医药及医疗器材专门零售	Medicines and Medical Appliances	310102	39847	12047	2993
#药品零售	Medicines	307355	39539	11952	2967
汽车、摩托车、燃料及零配件专门零售	Motorvehicles Fuel and Parts	1613529	354041	185704	39824
#汽车零售	Motorvehicles	1532874	253639	119280	28685
摩托车及零配件零售	Motoracycde and Spare Parts	2243	264	77	21
家用电器及电子产品专门零售	Household Electric Appliances and Electronic Products	212553	17965	6517	1979
#家用视听设备零售	Household Audio-visual equipment Retail	77123	4155	1615	465
日用家电设备零售	Household Appliances Retail	96503	7381	2342	569
计算机、软件及辅助设备零售	Computer, Software andAssistant Applicances	20377	4086	1727	778
通信设备零售	Telecommuncation Equipment	13940	2155	681	131
五金、家具及室内装修材料专门零售	Hardware, Furniture and Decoration Materials	50571	35343	3880	614
货摊、无店铺及其他零售	Stall Goods, Non- shop and Others Retail	55995	17521	5866	965
#邮购及电视、电话零售	Distribution of Post and E-commerce Sales				

continued

unit：10000 yuan

资产总计 Total Assets	负债合计 Total Liabilities	实收资本 Paid – up Capital	营业收入 Operating Revenue	主营业务收入 Revenue from Principal Business	营业成本 Operating Cost	主营业务成本 Cost of Principal Business	主营业务税金及附加 Tax and Extra Charges on Principal Business
7324379	**5233821**	**1402400**	**13722335**	**13401692**	**11953725**	**11841625**	**78513**
6553658	4575205	1346787	13133806	12834059	11469561	11361872	75021
7175	5711	2013	23595	23419	20912	20895	164
10834	5313	5386	67838	67700	58804	58795	1045
17252	12604	4068	44414	44414	41035	41035	292
2565173	1732444	697599	5263182	5202956	4557984	4549620	27720
1913108	1401704	184738	3536245	3323014	3080692	2995773	21133
1989732	1387024	449156	4081697	4055856	3606744	3592365	24339
50384	30405	3827	116836	116699	103390	103390	327
584524	457860	19934	347383	330846	275122	272012	2824
186197	200756	35680	241146	236787	209042	207741	668
3275807	2492606	319521	4321399	4051147	3484399	3394660	37958
2914628	2211775	229328	3489729	3231412	2783945	2696662	29815
329225	264549	77995	698190	686635	588680	586630	5843
136982	73954	37273	452035	451693	369378	368223	2503
678059	269490	420890	609273	596586	497582	496764	15105
635684	242667	411034	399319	386643	312982	312164	4872
100705	73722	25444	177074	174647	139409	139254	2500
843	608	213	4017	3946	3353	3277	168
69272	55083	15429	96148	93931	70223	70145	275
386009	297003	47972	657308	653764	569923	569587	2485
382954	295091	47152	648011	644466	562294	561958	2305
2270261	1727559	469199	6473557	6447258	5995859	5976903	11341
1973820	1486420	382943	4139411	4123266	3814080	3803836	9357
3292	2431	699	12110	12110	10392	10392	248
303917	212729	35369	605195	600133	518808	518094	2821
113476	88024	13709	190165	188763	169199	169199	634
139203	97437	6278	249618	247868	209524	209524	969
28291	16130	6328	98828	96919	82316	81602	790
18093	8294	7280	55134	55134	47817	47817	381
91339	42088	21716	114243	114223	97515	97289	2006
81301	44670	25016	312251	312241	280853	280851	1796

单位：万元

16－5 续表 2

项　　目	Item	其他业务利润 Profits of Other Business	销售费用 Sales Expenses
批发、零售贸易企业总计	**Total**	**242325**	**1210406**
一、批发企业	**Wholesale Trade**	**93493**	**621951**
（一）按登记注册类型分组	Grouped by Status of Registration		
内资企业	Domestic Investment Enterprises	92169	451062
国有企业	State- owned Enterprises	2895	167033
集体企业	Collective- owned Enterprises		
股份合作企业	Stock Cooperative Enterprises		
联营企业	Joint Venture Enterprises		
有限责任公司	Limited Liability Corporations	84915	105937
股份有限公司	Joint Stock Corporations	1074	94862
私营企业	Private Enterprises	3196	82516
其他企业	Others	88	714
港、澳、台商投资企业	Hongkong Macao and Taiwan Investment Enterprises	97	1432
外商投资企业	Foreign Investment Enterprises	1227	169458
（二）按国民经济行业分组	Grouped by Sector		
农、林、牧产品批发	Food, Beverages and Tabacco	9735	96580
食品、饮料及烟草制品批发	Food, Beverage and Tobaccos	5399	52639
#米、面制品及食用油批发	Rice, Flour and Edible Oil	115	1600
烟草制品批发	Tobaccos	-747	43716
纺织、服装及日用品批发	Texitles, Garment and Daily Consumer Articles	-26	8204
#服装批发	Garment		1517
家用电器批发	Household Electric Appliances	-26	4551
文化、体育用品及器材批发	Culture, Sports Goods and Appliances	463	3293
医药及医疗器材批发	Medicines and Medical Appliances	73886	135104
矿产品、建材及化工产品批发	Mineral,Construction and Chemical Products	1453	141389
#煤炭及制品批发	Coal and Related Products		3281
石油及制品批发	Petroleum and Related Products	875	113258
金属及金属矿批发	Metals and Mineral Products	-21	12723
建材批发	Consmtction Materials		9565
化肥批发	Chemical Fertilizer	600	527
机械设备、五金交电及电子产品批发	Machinery, Hardware and Electronic Equipment	2583	183951
#汽车、摩托车及零配件批发	Motorvehicles, Motorcycles and Parts		216
汽车零配件批发	Automobile Parts	1711	171209
摩托车及零配件批发	Motoracyde and Spare Parts	35	279
计算机、软件及辅助设备批发	Computer,Software and Assistant Appliances	121	1
贸易经纪与代理	Trade Broker and Agency		152
其他批发	Others		641

continued

unit：10000 yuan

管理费用 Management Expenses	营业利润 Operating Profits	利润总额 Total Profit	应交所得税 Income – tax Payable	应付工资 Wages Payable	本年应交增值税 Value – added Tax Payable
832403	**594968**	**743947**	**173135**	**720804**	**441640**
242216	**225177**	**381217**	**107643**	**342594**	**221267**
234080	232732	386574	107641	330400	205612
107075	131526	256368	63370	132222	149770
64964	5242	38897	36041	134594	34106
8818	-17263	-12195	2619	18014	5516
52925	113619	103514	5600	45250	16166
297	-391	-11	10	320	53
3459	-331	1857		1385	1404
4677	-7225	-7214	2	10808	14252
43828	-75867	87595	1668	60106	5259
100400	237831	245659	63805	71104	105464
3099	-6577	828	9	1432	70
86241	238844	239596	62586	63986	103382
3652	2610	2647	217	3211	2092
1106	-39	-39	5	278	99
1462	237	238	8	2033	1682
9144	-1312	793	680	6490	130
34472	50292	52411	34463	26131	23295
29382	6174	-10362	4050	71929	66611
1938	3155	1826	144	776	528
4644	-19387	-20197	324	61960	58361
11426	7018	9309	2288	3790	3900
4864	-2184	-8658	-501	2142	346
441	2783	1162	52	1665	579
20639	4866	1886	2726	103361	17990
254	10	5	3	84702	81
6475	685	-721	1566	11867	15448
475	39	40	14	190	152
458	502	502	40	249	66
364	115	115	29	48	370
335	468	475	5	214	57

单位：万元

项　　目	Item	其他业务利润 Profits of Other Business	销售费用 Sales Expenses
二、零售企业	**Total of Retail Trade**	**148832**	**588455**
（一）按登记注册类型分组	Grouped by Status of Registration		
内资企业	Domestic Investment Enterprises	129857	544233
国有企业	State- owned Enterprises	129	736
集体企业	Collective- owned Enterprises	4	3194
股份合作企业	Stock Coopertive Enterprises		418
联营企业	Joint Venture Enterprises		
有限责任公司	Limited Liability Corporations	92853	256841
股份有限公司	Joint Stock Corporations	21218	162974
私营企业	Private Enterprises	15652	118812
其他企业	Others		1258
港、澳、台商投资企业	Hongkong Macao and Taiwan Investment Enterprises	18422	25493
外商投资企业	Foreign Investment Enterprises	554	18729
（二）按国民经济行业分组	Grouped by Sector		
综合零售	Synthesize Retail Trade	73297	244082
#百货零售	General Merchandise	59812	187225
超级市场零售	Supermarket	13445	48401
食品、饮料及烟草制品专门零售	Food Beverage and Tobaccos	127	14844
纺织、服装及日用品专门零售	Textiles, Garments,Doily Consumer Aiticles	13363	26300
#服装零售	Garments	12703	21648
文化、体育用品及器材专门零售	Culture, Sports Appliances and Equipments	41674	8447
#体育用品零售	Sports Goods and Equipment Retail		209
图书、报刊零售	Books and Newspapers	40866	6887
医药及医疗器材专门零售	Medicines and Medical Appliances	2927	35980
#药品零售	Medicines	2927	35513
汽车、摩托车、燃料及零配件专门零售	Motorvehicles Fuel and Parts	13953	206611
#汽车零售	Motorvehicles	12727	94478
摩托车及零配件零售	Motoracyde and Spare Parts	43	805
家用电器及电子产品专门零售	Household Electric Appliances and Electronic Products	2500	40359
#家用视听设备零售	Household Audio-visual equipment Retail	17	7624
日用家电设备零售	Household Appliances Retail	1324	28971
计算机、软件及辅助设备零售	Computer, Software andAssistant Applicances	911	2705
通信设备零售	Telecommuncation Equipment	127	704
五金、家具及室内装修材料专门零售	Hardware, Furniture and Decoration Materials	562	3783
货摊、无店铺及其他零售	Stall Goods, Non- shop and Others Retail	429	8049
#邮购及电视、电话零售	Distribution of Post and E-commerce Sales		

continued

unit: 10000 yuan

管理费用 Management Expenses	营业利润 Operating Profits	利润总额 Total Profit	应交所得税 Income - tax Payable	应付工资 Wages Payable	本年应交增值税 Value - added Tax Payable
590187	**369791**	**362730**	**65492**	**378210**	**220373**
564680	357276	349670	59401	369906	213119
1326	97	402	1	758	130
2014	2585	1999	45	1610	144
1788	600	748	117	5818	437
238611	131333	114662	14068	192223	101076
155480	91830	92286	23229	92139	58556
162187	122579	136155	21245	76191	51844
3276	8253	3418	696	1166	933
14970	18295	18653	4791	2740	4541
10537	-5779	-5594	1301	5564	2714
296095	189192	188856	31815	173189	31277
263060	169256	169010	29487	146297	27440
25853	16701	16855	2131	24491	3628
35266	28593	27628	4822	11675	8364
36009	29277	16534	2030	18935	6307
28162	27500	14210	1731	16271	5209
16883	7464	7166	104	10032	1308
208	46	43	2	150	117
12516	4638	4328	11	8512	186
22807	20164	20069	4596	19165	12153
22045	19928	19844	4555	18905	12000
139484	66854	82725	19332	111521	149023
111096	64845	80242	18030	69709	110036
474	110	41	4	216	172
30359	11114	9473	1423	24545	9141
7704	4461	4461	363	5024	1899
9884	-267	-320	273	7058	4893
7458	5256	4379	703	11247	1746
4482	1410	887	76	973	398
6456	3200	3342	216	2979	1165
6828	13934	6938	1155	6169	1636

16－6 限额以上餐饮企业主要财务状况（2014年）

单位：万元

项　　目	Item	流动资产合计 Total Circulating Funds	固定资产原价 Original Value of Fixed Assets	累计折旧 Depreciation	#本年折旧 Depreciation This Year
总　　计	**Total**	**446081**	**1046478**	**358034**	**42126**
一、住宿业	**Hotels**	**325862**	**808921**	**293164**	**29836**
按登记注册类型分组	Grouped by Status of Registration				
内资企业	Domestic Investment Enterprises	295091	649770	202097	27021
国有企业	State-owned Enterprises	58089	247447	74478	7578
集体企业	Collective-owned Enterprises	6236	1596	963	145
股份合作企业	Stock Cooperative Enterprises	1076	4792	2501	765
联营企业	Joint Venture Enterprises				
有限责任公司	Limited Liability Corporations	113272	227911	70912	10131
股份有限公司	Joint Stock Corporations	3349	34655	13905	916
私营企业	Private Enterprises	111872	131243	38540	7358
其他企业	Others	1197	2126	797	128
港、澳、台商投资企业	Hongkong Macao and Taiwan Investment Enterprises	8977	6311	4109	400
外商投资企业	Foreign Investment Enterprises	21795	152840	86959	2415
按住宿行业小类分组	Grouped by Hotel				
旅游饭店	Tour Restaurant	289683	762478	281657	27606
一般旅馆	General Restaurant	14027	42073	9001	1900
其他住宿服务	Other Hotel Services	22152	4370	2507	330
二、餐饮业	**Catering Services**	**120220**	**237557**	**64869**	**12289**
（一）按注册类型分组	Grouped by Status of Registration				
内资企业	Domestic Investment Enterprises	120127	236884	64531	11951
国有企业	State-owned Enterprises	18057	50204	13215	2145
集体企业	Collective-owned Enterprises	1077	1475	435	28
股份合作企业	Stock Cooperative Enterprises				
联营企业	Joint Venture Enterprises				
有限责任公司	Limited Liability Corporations	54175	71801	23491	2073
股份有限公司	Joint Stock Corporations	12071	9927	1640	572
私营企业	Private Enterprises	33668	97747	25213	6861
其他企业	Others	1079	5730	539	271
港、澳、台商投资企业	Hongkong Macao and Taiwan Investment Enterprises				
外商投资企业	Foreign Investment Enterprises	92	673	339	339
（二）按国民行业分组	Grouped by Sector				
正餐服务	Restaurant	118863	233024	62861	12034
快餐服务	Fast Food	510	3942	1889	255
饮料及冷饮服务	Beverages and Drinks				
其他餐饮服务	Others	846	591	120	

Main Financial Indicators of Enterprises above Designated Size of Catering and Hotels (2014)

unit: 10000 yuan

资产总计 Total Assets	负债合计 Total Liabilities	实收资本 Paid – up Capital	营业收入 Operating Revenue	主营业务收入 Revenue from Principal Business	营业成本 Operating Cost	主营业务成本 Cost of Principal Business	主营业务税金及附加 Tax and Extra Charges on Principal Business
1329870	**834339**	**414134**	**476216**	**468742**	**220988**	**218664**	**22406**
958190	**662320**	**269867**	**290590**	**284020**	**129697**	**127826**	**14113**
851169	596485	223733	257674	251750	120794	118925	12368
265875	162559	99081	83619	81716	40150	39725	4085
6870	5037	1370	7548	7548	3720	3720	422
3994	937	562	1695	1695	1226	1226	125
314045	209775	62348	85593	83899	35309	34966	4212
28688	9529	7581	11385	11170	5214	4988	737
229041	207697	51343	63545	61434	32368	31493	2684
2656	952	1448	4289	4289	2807	2807	103
13941	16724	2800	5582	5564	1388	1388	315
93080	49112	43334	27333	26706	7514	7513	1430
876994	598535	247362	248885	242845	106226	104564	12150
54545	37164	17969	30188	29672	18970	18761	1399
26650	26622	4536	11517	11503	4502	4502	565
371680	**172019**	**144267**	**185627**	**184722**	**91291**	**90838**	**8293**
371255	171435	142503	185271	184367	91119	90666	8273
64450	33249	31208	30226	30224	6819	6703	991
2151	1554	585	3916	3916	2266	2266	171
140483	66363	22460	69063	68322	33848	33824	3696
27489	23244	4603	8820	8820	4801	4801	299
130257	40693	83322	69257	69134	41787	41548	2929
6426	6333	325	3991	3951	1599	1524	188
425	584	1764	356	356	172	172	20
361916	167598	139767	172986	172081	86441	85988	7673
8447	4232	4000	10941	10941	4131	4131	613
1317	189	500	1700	1700	719	719	7

单位：万元

16-6 续表

项　　目	Item	其他业务利润 Profits of Other Business	销售费用 Sales Expenses
总　　计	**Total**	**8088**	**123743**
一、住宿业	**Hotels**	**6485**	**83493**
按登记注册类型分组	Grouped by Status of Registration		
内资企业	Domestic Investment Enterprises	9085	68219
国有企业	State- owned Enterprises	2769	24715
集体企业	Collective- owned Enterprises		1250
股份合作企业	Stock Cooperative Enterprises		164
联营企业	Joint Venture Enterprises		
有限责任公司	Limited Liability Corporations	4735	28814
股份有限公司	Joint Stock Corporations		2497
私营企业	Private Enterprises	1581	10762
其他企业	Others		19
港、澳、台商投资企业	Hongkong Macao and Taiwan Investment Enterprises	4	1946
外商投资企业	Foreign Investment Enterprises	-2604	13328
按住宿行业小类分组	Grouped by Hotel		
旅游饭店	Tour Restaurant	5431	76246
一般旅馆	General Restaurant	815	4689
其他住宿服务	Other Hotel Services	240	2558
二、餐饮业	**Catering Services**	**1603**	**40250**
（一）按注册类型分组	Grouped by Status of Registration		
内资企业	Domestic Investment Enterprises	1603	40079
国有企业	State- owned Enterprises		4869
集体企业	Collective- owned Enterprises	9	895
股份合作企业	Stock Cooperative Enterprises		
联营企业	Joint Venture Enterprises		
有限责任公司	Limited Liability Corporations	640	18769
股份有限公司	Joint Stock Corporations	-30	1455
私营企业	Private Enterprises	983	12455
其他企业	Others		1638
港、澳、台商投资企业	Hongkong Macao and Taiwan Investment Enterprises		
外商投资企业	Foreign Investment Enterprises		171
（二）按国民行业分组	Grouped by Sector		
正餐服务	Restaurant	1603	34318
快餐服务	Fast Food		5429
饮料及冷饮服务	Beverages and Drinks		
其他餐饮服务	Others		503

continued

unit: 10000 yuan

管理费用 Management Expenses	营业利润 Operating Profits	利润总额 Total Profit	应交所得税 Income – tax Payable	应付工资 Wages Payable
119799	**–25862**	**–15685**	**2139**	**94606**
84047	**–32252**	**–21675**	**1263**	**66717**
70370	–29336	–18346	442	62925
22689	–10597	–9071	9	26813
2057	85	87	19	927
163	–12	–26		293
22569	–9942	–1666	220	19878
2074	807	1087	61	1980
20604	–10808	–9866	132	12715
215	1130	1110		320
2964	–2092	–2096		1467
10713	–823	–1232	821	2325
75304	–31137	–21602	1092	59297
4710	–912	122	170	4284
4033	–202	–195	1	3137
35752	**6390**	**5990**	**877**	**27888**
35697	6474	6075	876	27771
10376	7024	7073		3972
241	338	348	68	685
13253	–1942	–1944	277	12141
2881	–813	–836	51	1242
8532	1905	1508	480	9445
415	–38	–73		286
54	–84	–85		117
34977	6127	5695	802	26169
602	–35	–3		1439
173	297	297	74	280

16－7 限额以上批发零售贸易业、星级住宿业和限额以上餐饮业基本情况

Basic Conditions of Wholesale、Retail Trades、Star－ranking Hotels and Catering Services above Designated Size

项目	Item	法人企业数（个）Number of Corporation Units (unit)		产业活动单位（个）Number of Economic Active Units (unit)		从业人数（人）Number of Person Employed (person)	
		2013	2014	2013	2014	2013	2014
总计	**Total**	**1696**	**1775**	**3871**	**3918**	**152522**	**151151**
一、批发业	**Wholesale Trade**	**427**	**437**	**1163**	**1149**	**31412**	**32228**
内资企业	Domestic Investment Enterprises	423	433	1159	1145	30561	31457
国有企业	State－owned Enterprises	73	67	614	572	11813	11564
集体企业	Collective－owned Enterprises	1		1		13	
股份合作企业	Stock Cooperative Enterprises						
联营企业	Joint Venture Enterprises						
有限责任公司	Limited Liability Corporations	148	152	191	207	9553	10941
股份有限公司	Joint Stock Corporations	20	21	141	142	2510	2397
私营企业	Private Enterprises	175	188	206	219	6547	6452
其他企业	Others	6	5	6	5	125	103
港、澳、台商投资企业	Hongkong Macao and Taiwan Investment Enterprises	2	2	2	2	490	403
外商投资企业	Foreign Investment Enterprises	2	2	2	2	361	368
二、零售业	**Retail Trade**	**924**	**991**	**2325**	**2386**	**89833**	**90114**
内资企业	Domestic Investment Enterprises	907	974	2287	2351	85804	85847
国有企业	State－owned Enterprises	7	6	11	10	316	229
集体企业	Collective－owned Enterprises	28	28	30	30	745	709
股份合作企业	Stock Cooperative Enterprises	6	6	11	11	1993	1987
联营企业	Joint Venture Enterprises						
有限责任公司	Limited Liability Corporations	380	410	811	845	44682	44279
股份有限公司	Joint Stock Corporations	56	54	700	690	13996	14170
私营企业	Private Enterprises	415	458	706	753	23620	24107
其他企业	Others	15	12	18	12	452	366
港、澳、台商投资企业	Hongkong Macao and Taiwan Investment Enterprises	7	6	26	23	2475	1999
外商投资企业	Foreign Investment Enterprisesries	10	11	12	12	1554	2268
三、住宿业	**Hotels**	**183**	**185**	**191**	**193**	**20261**	**19132**
内资企业	Domestic Investment Enterprises	176	178	183	185	18621	17750
国有企业	State－owned Enterprises	50	51	51	52	6556	6404
集体企业	Collective－owned Enterprises	5	3	5	3	215	208
股份合作企业	Stock Cooperative Enterprises	2	2	2	2	130	90
联营企业	Joint Venture Enterprises						
有限责任公司	Limited Liability Corporations	56	59	58	61	6083	5671
股份有限公司	Joint Stock Corporations	8	8	11	11	797	746
私营企业	Private Enterprises	52	52	53	53	4700	4501
其他企业	Others	3	3	3	3	140	130
港、澳、台商投资企业	Hongkong Macao and Taiwan Investment Enterprises	2	2	3	3	365	391
外商投资企业	Foreign Investment Enterprises	5	5	5	5	1275	991
四、餐饮业	**Catering Services**	**162**	**162**	**192**	**190**	**11016**	**9677**
内资企业	Domestic Investment Enterprises	160	160	190	188	10949	9627
国有企业	State－owned Enterprises	9	10	9	10	1101	1286
集体企业	Collective－owned Enterprises	7	6	7	7	328	275
股份合作企业	Stock Cooperative Enterprises						
联营企业	Joint Venture Enterprises						
有限责任公司	Limited Liability Corporations	59	63	66	68	4412	4106
股份有限公司	Joint Stock Corporations	12	10	12	10	597	489
私营企业	Private Enterprises	70	67	93	89	4406	3330
其他企业	Others	3	4	3	4	105	141
港、澳、台商投资企业	Hongkong Macao and Taiwan Investment Enterprises						
外商投资企业	Foreign Investment Enterprises	2	2	2	2	67	50

16－8　限额以上餐饮企业主要经营情况

Main Business of Enterprises above Designated Size of Catering and Hotels

单位：万元　　　　unit：10000 yuan

项　　目	Item	法人企业（个）Corporation Units(unit)		产业活动单位（个）Number of Economic Active Units(unit)		营业额 Turnover		餐费收入 Catering Income	
		2013	2014	2013	2014	2013	2014	2013	2014
总　　计	**Total**	**345**	**347**	**383**	**383**	**551124**	**473506**	**315987**	**266530**
一、住宿业	**Hotels**	**183**	**185**	**191**	**193**	**348797**	**289707**	**164027**	**129960**
按国民行业分组	Grouped by Sector								
旅游饭店	Tour Restaurant	142	144	147	149	302008	247784	143083	113385
一般旅馆	Greneral Restaurant	35	34	38	37	28833	30361	10370	11169
其他住宿服务	Other Hotel Services	6	7	6	7	17955	11562	10575	5407
二、餐饮业	**Catering Services**	**162**	**162**	**192**	**190**	**202328**	**183798**	**151960**	**136570**
按国民行业分组	Grouped by Sector								
正餐服务	Restaurant	160	160	190	188	201028	171157	151960	125628
快餐服务	Fast Food	1	1	1	1		10941		10941
饮料及冷饮服务	Beverages and Drinks								
其他餐饮服务	Others	1	1	1	1	1300	1700		

16－9 各地区限额以上批发零售贸易情况（1）
Basic Conditions on Wholesale and Retail Trades above Designated Size by Region（1）

地 区	Region	批发零售贸易业法人企业（个）Wholesale and Retail Trades Corporation Units (unit)		#零售贸易业 Retail Trade		批发零售贸易从业人员（人）Wholesale and Retail Trades Employees (person)		#零售贸易业 Retail Trade	
		2013	2014	2013	2014	2013	2014	2013	2014
全 省	**Total**	**1351**	**1428**	**924**	**991**	**121245**	**122342**	**89833**	**90114**
长 春	Changchun	340	358	215	234	41921	42408	32177	32908
吉 林	Jilin	353	376	215	232	17286	17516	10852	11136
四 平	Siping	119	157	86	116	22446	24486	18445	18948
辽 源	Liaoyuan	72	65	60	53	4992	5033	3965	3986
通 化	Tonghua	182	177	133	132	9236	9282	6403	6424
白 山	Baishan	31	35	28	30	3812	3807	3459	3336
松 原	Songyuan	63	77	51	60	7101	6164	4345	3474
白 城	Baicheng	34	34	18	20	4166	3937	2275	2272
延 边	Yanbian	157	149	118	114	10285	9709	7912	7630

16－10 各地区限额以上批发零售贸易情况（2）（2014年）
Basic Conditions on Wholesale and Retail Trades above Designated Size by Region（2）（2014）

地 区	Region	批发零售贸易业购进总额（万元）Total Purchases (10000 yuan)	批发零售贸易销售总额（万元）Total Sales (10000 yuan)	#批 发 Wholesale	#零 售 Retail Trade	批发零售贸易业库存总额（万元）Inventories (10000 yuan)
全 省	**Total**	**31755847**	**35133833**	**16843439**	**18290393**	**4533786**
长 春	Changchun	12918016	15314524	6814987	8499537	1370607
吉 林	Jilin	7326336	7761858	5230454	2531404	608723
四 平	Siping	3035552	2823133	773984	2049149	677338
辽 源	Liaoyuan	714814	722295	326018	396276	200618
通 化	Tonghua	2467527	2975053	1480468	1494585	201311
白 山	Baishan	432897	471134	163949	307185	32921
松 原	Songyuan	2068738	1943041	836468	1106573	487250
白 城	Baicheng	1216990	1275034	490485	784549	641194
延 边	Yanbian	1574977	1847761	726626	1121135	313824

16-11 城乡个体工商户基本情况

Basic Statistics on Urban and Rural Individual Economy

行业	Item	户数（户）Households (subscribers)		从业人数（人）Employees (person)		注册资金（万元）Registered Funds (10000 yuan)	
		2013	2014	2013	2014	2013	2014
合　计	**Total**	**1143397**	**1266011**	**2741237**	**2899470**	**5355073**	**6550255**
按城乡分	**Grouped by Urban and Rural**						
城　镇	Urban	840046	947255	1954062	2088407	3818933	4117133
乡　村	Rural	303351	318756	787175	811063	1536140	2433122
按行业分	**Grouped by Sector**						
农林牧渔业	Agriculture,Forestry,Animal Husbandry and Fishrey	69427	71239	342432	294388	853106	1183993
采矿业	Mining	1006	941	5083	4498	28415	29274
制造业	Manufacturing	54496	58450	172544	181952	421038	482087
电力、燃气及水的生产和供应业	Prodction and Supply for Electricity、Gas and Water	214	235	668	732	15048	15094
建筑业	Construction	2568	3052	10068	12780	25741	32780
交通运输、仓储业和邮政业	Transport,Storage and Post	68011	70650	102903	106300	655972	616408
信息传输、计算机服务和软件业	Information Transmission,Compture Service and Software	4337	4820	10285	10357	25144	25546
批发零售业	Wholesale and Retail Trades	661461	730925	1305790	1427501	2211818	2736385
住宿和餐饮业	Hotels and Catering Services	128246	150526	339363	390653	559710	710802
房地产业	Real Estate	627	860	1368	1882	2474	3748
租赁和商务服务业	Leasing and Business Services	9466	12033	22075	30979	47008	71361
居民服务和其他服务业	Services to Households and Other Services	112135	127963	360442	361386	375941	480010
卫生、社会保障社会福利业	Health、Solial Security and Social Welfare	5713	6268	13329	14641	30230	36717
文化体育和娱乐业	Culture,Sports and Entertainment	4669	5033	13020	14310	45149	58465
其他行业	Others	21021	23016	41867	47111	58280	67584

16-12 城乡私营企业基本情况

Basic Statistics on Urban and Rural Private Enterprises

行业	Item	户数（户）Household (subscribers)		雇工人数（人）Investors (person)		投资人数（人）Employee (person)		注册资金（万元）Registered Funds (10000 yuan)	
		2013	2014	2013	2014	2013	2014	2013	2014
合计	**Total**	**179848**	**215671**	**1633229**	**1804953**	**356951**	**419859**	**39959076**	**69371629**
按经济类型分	**Crouped by Ownership**								
独资企业	Foreign Funded	23595	26279	150597	170108	23169	25834	1187334	1572288
合伙企业	Partnership Enterprises	743	1012	3663	4400	2732	4812	903453	1622922
有限责任公司	Limited liability Corporation	154441	187055	1453011	1604716	326018	383477	34798035	62660749
股份有限公司	Joint Stock Corporations	1069	1325	25958	25729	5032	5736	3070254	3515670
按行业分	**Grouped by Sector**								
农林牧渔业	Farming,Forestry,Animal Husbandry and Fishrey	9303	12370	71980	87473	17437	22147	1982146	3184024
采矿业	Mining	1508	1709	25420	26677	2867	3193	740103	855699
制造业	Manfacturing	29038	31799	319592	337188	62503	65944	8152090	10003137
电力、燃气及水的生产和供应业	Production and Supply for Elec-tricity、Gas and Water	1225	1394	17206	18515	3445	3731	701533	939062
建筑业	Constuction	10880	13393	290206	304819	24254	28194	4131923	9531481
交通运输、仓储业和邮政业	Transport,Storage and Post	6450	8054	42942	48049	13538	15685	980853	1452087
信息传输、计算机服务和软件业	Information、Transmission Computer Service and Software	6353	7531	27253	31768	10309	12392	706136	1078609
批发零售业	Wholesale and Retail Trade	65718	77643	311459	368960	120546	143856	7517570	11610527
住宿和餐饮业	Hotels and Catering Services	2646	3273	26663	29407	4453	5416	341452	499924
房地产业	Real Estate	7471	8809	319584	325935	17912	19795	5712176	6686427
租赁和商务服务业	Leasing and Business Services	20658	26231	75541	96734	37602	48679	3655346	15108200
居民服务和其他服务业	Household Services and Other Services	5354	6524	30712	39454	9868	11620	364765	634829
卫生、社会保障社会福利业	Health、Social Security and Social Welfare	318	383	3828	4337	464	546	61104	124418
文化体育和娱乐业	Culture Sports and Entertainment	884	1232	5635	6965	1589	2204	153355	253865
其他行业	Others	12042	15326	65208	78672	30164	36457	4758522	7409339

16－13 各地区限额以上批发零售贸易企业按商品类别分社会消费品零售总额（2014年）

Total Retail Sales of Social Consumer Goods by Category of Enterprises above Designated Size（2014）

单位：万元 unit：(10000 yuan)

地 区	Region	社会消费品零售总额 Total Retail Sales of Consumer Goods	食品类 Food	粮油、肉禽蛋 Grain,Oil, Meat,Poultry and Eggs	其他食品类 Other Food	烟、酒、茶、饮料 Tobacco, Liquor,Tea and Beverages	衣着类 Clothing	针、纺织品 Knitwear and Textiles	服装鞋帽类 Clothing, Shoes and Hats	用品类 Articles
全 省	**Total**	**21667828**	**3415750**	**1176735**	**1423724**	**815291**	**3315565**	**537627**	**2777938**	**10469238**
长 春	Changchun	8795187	1049958	187737	665509	196712	1430041	234708	1195333	5030954
吉 林	Jilin	3433763	554805	100017	313250	141537	406217	51551	354666	1751240
四 平	Siping	2076481	366243	200147	122841	43254	639620	124539	515081	652580
辽 源	Liaoyuan	438471	81038	25573	32082	23383	67912	4731	63180	173914
通 化	Tonghua	2294183	422390	134038	116749	171602	332379	64515	267863	1243763
白 山	Baishan	496402	77728	11645	18541	47543	54211	6762	47448	146201
松 原	Songyuan	1413204	534611	465286	34534	34791	91767	11106	80661	431154
白 城	Baicheng	1027543	31950	7860	9927	14163	82762	7522	75240	261030
延 边	Yanbian	1688670	297028	44431	110291	142306	210658	32193	178464	777280
长白山	Changbai	3925								1124

地 区	Region	#日用品 Atricles for Daily Use	#生活电器 Household Appliances	#文化体育娱乐 Culture and Sports Articles	#化妆品 Cosmetics	#金银珠宝 Jewelry	#中西药品 Transitional Chinese and Western Medicines	#书报杂志 Newspaper and Magazines	#建筑材料 Construction Material	燃料类 Fuel
全 省	**Total**	**684189**	**1547087**	**430558**	**300573**	**663132**	**761379**	**103327**	**715238**	**4467275**
长 春	Changchun	287520	698611	196320	149176	331899	192964	36352	333445	1284235
吉 林	Jilin	88105	185046	43540	28900	153289	98917	23810	171808	721502
四 平	Siping	61310	140556	41968	16148	58589	39604	7217	18493	418038
辽 源	Liaoyuan	19992	37075	10464	7978	9985	12339	3168	3671	115607
通 化	Tonghua	105146	154236	59805	49164	44433	238460	7543	130830	295652
白 山	Baishan	10346	42513	5155	7579	7826	12520	3525	4568	218263
松 原	Songyuan	29160	84979	11889	23448	4959	30053	5563	16685	355672
白 城	Baicheng	8326	61367	3338	9195	13511	28902	10227	16710	651801
延 边	Yanbian	74285	141960	58078	8988	38642	107622	5921	19027	403705
长白山	Changbai		742							2802

16-14 按登记注册类型分连锁零售企业基本情况（2014年）

行业	Item	总店数(个) Nunber of head office	门店总数(个) TotalNumber of Store(unit)
合计	**Total**	**26**	**833**
内资企业	Domestic Funded Enterprises	23	814
国有企业	State-owned Enterprises		
集体企业	Collective-owned Enterprises		
股份合作企业	Cooperative Enterprises	1	226
联营企业	Toint Venture Enterprises		
国有联营企业	State Owned Joint Venture Enterprises		
集体联营企业	Colleetive Owned Joint Venture Entenprises		
国有与集体联营企业	State Owned and Collective Owned Joint Venture Enterprises		
其他联营企业	Others		
有限责任公司	Limilted Liability Corporations	10	151
国有独资公司	State Owned Enterprise		
其他有限责任公司	Other Limited Liability Corporations	10	151
股份有限公司	Share-holding Corporations Limited	2	223
私营企业	Private Enterprise	10	214
私营独资企业	Private-funded Enterprises	1	14
私营合伙企业	Private Partnership Enterprises		
私营有限责任公司	Private Limited Liability Commpany	9	200
私营股份有限公司	Private Share-holding Corporations Ltd		
其他企业	Others		
港、澳、台商投资企业	Hongkong Macao and Taiwan Invested Enterprises	2	18
合资经营企业	Joint Venture Enterprises		
合作经营企业	Cooperative Enterprises		
独资经营企业	Solely Invested Enterprise	2	18
投资股份有限公司	Investment Limited by share Lted		
其他港澳台商投资企业	Other Hongkong Macao and Taiwan Investment Enterpriese		
外商投资企业	Foreign Invested Enterprises	1	1
中外合资经营企业	Joint-ventrue Enterprises	1	1
中外合作经营企业	Cooperative Enterprises		
外资企业	Enterprises with Sole Funds		
外商投资股份有限公司	Companites Limited by Shares with Foreign Investment		
其他外商投资企业	Other Foreign Invested Enterprises		

The Basic Situation of Chain Retail Enterprises by the of Registration（2014 ）

年末从业人数 (人) Number of Employees end of the year (person)	年末零售营业面积 (万平方米) Retail Sales Area at the end of the year(10000 sq.m)	商品销售额 (亿元) Commodity sales (100 million yuan)	商品购进总额 (亿元) Total Commodity Purchase (100 million yuan)	统一配送商品购进额 (亿元) Unitorm Distribution of Goods prchased(100 million yuan)
10195	**32.47**	**157.84**	**128.62**	**121.38**
9841	30.94	156.53	127.70	120.72
2501	1.80	103.42	83.45	83.45
2904	16.16	30.31	25.04	24.47
2904	16.16	30.31	25.04	24.47
1715	5.73	8.90	5.83	5.80
2721	7.25	13.90	13.38	7.00
450	1.62	3.98	3.83	
2271	5.63	9.92	9.55	7.00
189	0.40	0.77	0.39	0.13
189	0.40	0.77	0.39	0.13
165	1.13	0.53	0.54	0.54
165	1.13	0.53	0.54	0.54

16-15 按行业和业态分连锁零售企业基本情况（2014年）

行　业	Item	总店数（个）Nunber of Head office	门店总数（个）Total Number of Store(unit)
总计	**Total**	**24**	**607**
按行业分	**By Industry**		
综合零售	Comprehensive Retail	7	45
食品、饮料及烟草制品专门零售	Food、Beverage and Tobacco Products Speciacized Retail	2	49
纺织、服装及日用品专门零售	Textile、clothing and Daily necessities Retail	2	18
文化、体育用品及器材专门零售	Culture、sports goods and Equipment Specialized Retail		
医药及医疗器材专门零售	Medical and Medical Equipment Specialized Retail	6	212
汽车、摩托车、燃料及零配件专门零售	Automobil、Motorcycle、Fuel and Spave Parts Retail	1	226
家用电器及电子产品专门零售	Household Appliances and Electronic Products Specialized Retail	5	53
五金、家具及室内装饰材料专门零售	Hardware、Furniture and Interior Decoration Meterials Specialized Retail		
货摊、无店铺及其他零售业	Stall、Noshops and other Retail	1	4
按业态分	**By Retuil Industry**		
便利店	Convenient Store		
折扣店	Outlet		
超市	Supermarket	4	37
大型超市	Big Supermarket	2	5
仓储会员店	store member		
百货店	Department Store	1	3
专业店	Speciality Store	12	491
#加油站	Gas Station	1	226
专卖店	Store	5	71
家居建材商店	Home Furnishing Store		
厂家直销中心	Factory Direct Sules Center		
其他	Other		

Basic Situation of Retail Enterprises by Industry and Retail Industry（2014 ）

年末从业人数 (人) Number of Employees end of the year (person)	年末零售营业面积 (平方米) Retail Sales Area at the end of the year(sq.m)	商品销售额 (万元) Commodity sales (10000 yuan)	商品购进总额 (万元) Total Commodity Purchase (10000 yuan)	统一配送商品购进额 (万元) Unitorm Distribation of Goods prchased(10000 yuan)
8376	**267481**	**1477298**	**1222855**	**1155815**
2337	100057	178218	185528	130204
571	5200	45694	43772	40394
189	4048	7716	3907	1259
1157	13302	28881	24374	18685
2501	18000	1034245	834475	834475
1582	126709	177045	122379	122379
39	165	5500	8420	8420
1772	60184	157092	163143	124488
470	38873	20776	22038	5368
95	1000	349	347	347
5240	158011	1240172	981229	975539
2501	18000	1034245	834475	834475
799	9413	58909	56099	50072

16-16 亿元以上商品交易市场基本情况（2014年）
More than millions of the Basic Situation of Commodity Trading Market（2014）

行　业	Item	市场数量(个) Market Quantity(unit)	摊位数(个) Booth Number (unit)	营业面积(万平方米) Business Area (10000 sq.m)	成交额(亿元) Turnover (100 million yuan)
总　计	**Total**	**60**	**55599**	**295**	**708.34**
一、综合市场	**Comprehensive Market**	**15**	**17414**	**62**	**67.68**
生产资料综合市场	Production Data Integrated market	1	3176	10	8.15
工业消费品综合市场	Comprehensive market for Industrial consumer Goods	5	6737	24	33.54
农产品综合市场	Integrated Agricultural Products Market	3	1578	7	6.30
其他综合市场	Other Commprehensive Markets	6	5923	22	19.69
二、专业市场	**Drotessional Market**	**45**	**38185**	**233**	**640.66**
生产资料市场	Production Data Market	11	5435	74	47.70
农业生产用具市场	Agricultaral Production Equipment market				
农用生产资料市场	Agricultural Producion Data market	1	60	1	2.01
煤炭市场	Coal Market				
木材市场	Timber Market	1	168	23	1.20
建材市场	Building Materials Market	3	936	11	9.99
化工材料及制品市场	Chemical Materials and Products Market				
金属材料市场	Metal Materials Market	2	2429	14	19.93
机械设备市场	Machanical Equipment Market				
其他生产资料市场	Other Production Data Market	4	1842	26	14.57
农产品市场	Agricultural Products Market	10	5504	38	126.12
粮油市场	Grain and oil Market				
肉禽蛋市场	Poultry egg Market				
水产品市场	Aquatic Products Market	1	1205	12	63.40
蔬菜市场	Vegetable Market	3	812	6	35.20
干鲜果品市场	Dry tresh Fruit Market	2	178	5	8.10
棉麻土畜、烟叶市场	Cotton、tobacco Product Market				
其他农产品市场	Other farm Products market	4	3309	15	19.41
食品、饮料及烟酒市场	Food、Beverage and Tobacco Market	1	101		1.54
食品饮料市场	Food and Beverage Market				
茶叶市场	Tea Market				
烟酒市场	Beverage Market				
其他食品饮料及烟酒市场	Other food、Beverage and Tobacco Market	1	101		1.54
纺织、服装、鞋帽市场	Textile、Clothing and Footuear Market	10	14574	26	56.36
布料及纺织品市场	Fabric and Textile Market				
服装市场	Clothing Market	8	13085	22	53.86
鞋帽市场	Foot wear Market				
其他纺织服装鞋帽市场	Other Textile、Clothing and Footwear Market	2	1489	4	2.50

16－16 续表 continued

行　业	Item	市场数量(个) Market Quantity(unit)	摊位数(个) Booth Number (unit)	营业面积(万平方米) Business Area (10000 sq.m)	成交额(亿元) Turnover (100 million yuan)
日用品及文化用品市场	Daily necessities and Cultural Products Market				
小商品市场	Smalll lommodity Market				
箱包市场	Luggage Market				
玩具市场	Tox Market				
文具市场	Stationery Market				
图书、报刊杂志市场	Books and Periodicals Market				
音像制品及电子出版物市场	Audio and Video Products and electronic publications Market				
体育用品市场	Sports Goods Market				
其他日用品及文化用品市场	Other Paily necessities and cultural Market				
黄金、珠宝、玉器等首饰市场	Gold、Jewelry and Jade Jewelry Market				
电器、通讯器材、电子设备市场	Electrical、Communications Equipment and Electronic Equipment Market	3	1416	1	28.95
家电市场	Home Appliance Market				
通讯器材市场	Communication Equipment Market	2	718		6.94
照相、摄像器材市场	Photography、Camera Equipment Market				
计算机及辅助设备市场	Computer and Ancillary Equipment Market	1	698		22.01
其他电器、通讯器材、电子设备市场	Other Electrical Appliances、Communication Equipment and Electronic Equipment Market				
医药、医疗用品及器材市场	Medicine、Medical Supplies and Equipment market	2	1980	5	66.30
中药材市场	Chinese Herbal Medicine Market	2	1980	5	66.30
其他医药、医疗用品及器材市场	Other Medicine、Medical Supplies and Equipment Market				
家具、五金及装饰材料市场	Furniture、Hardware and Decoration Materials Market	4	2846	27	14.31
家具市场	Furniture Market	2	1100	10	11.32
装饰材料市场	Decoration Materials Market				
灯具市场	Lamps Market				
厨具、盥洗设备市场	Kichen utensils、Washing Equipment Market				
五金材料市场	Hardware Material	1	1366	16	1.80
其他装修市场	Other Decoration Market	1	380	2	1.19
汽车、摩托车及零配件市场	Automobile、Motorcycle and pare parts Market	3	5854	59	298.00
汽车市场	Automobile Market	3	5854	59	298.00
摩托车市场	Motorcycle Market				
机动车零配件市场	Morlo Vehicle Spare Parts Market				
花、鸟、鱼、虫市场	Flower、Bird、Fish and Worm Market				
花卉市场	Flower Market				
鸟市场	Bird Market				
观赏鱼市场	Ornamental Fish Market				
其他花鸟鱼虫市场	Other Flower、Bird、Fish and Worm Market				
旧货市场	Flea Market	1	475	3	1.38
古玩、古董、字画市场	Antiques、Calligraphy and Painting Market				
邮票、硬币市场	Stamp、Coin Market				
其他旧货市场	Other Flea Market	1	475	3	1.38
其他专业市场	Other Professional Market				

16－17 亿元以上商品交易市场摊位分类情况（2014年）

More than Millions of the Commodity exchange Market Stalls Classitication（2014）

行 业	Item	摊位数（个）(Unit)	成交额（亿元）(100 million yuan)
总 计	Total	**50745**	**708.34**
粮油、食品类	Food、Beverage、Tobacco	8236	120.55
粮油类	Grain and oil	947	4.92
肉禽蛋类	Poultry and Eggs	1426	5.89
水产品类	Aquatic Proudcts	1133	45.46
蔬菜类	Vegetable	2128	44.79
干鲜果品类	Dry Fresh Truit	865	15.51
饮料类	Eeverage	445	1.36
烟酒类	Tobacco	642	1.04
服装、鞋帽、针纺织品类	Clothing Shoes and Hats、Needle Textiles	16126	62.18
化妆品类	Cosetics	330	0.86
金银珠宝类	Jewellery	56	1.08
日用品类	Daily Necessities	1576	7.68
儿童玩具类	Children Toys	491	0.45
五金、电料类	Hardware、Electrical Meterials	3484	10.39
体育、娱乐用品类	Sports and Entertainment Products	33	0.13
照相器材类	Photographic Equipment	4	0.01
书报杂志类	Booksand Magazines	42	0.06
电子出版物及音像制品类	Electronic Publications and Aadio-visual Product	167	1.29
家用电器和音像器材类	Household Appliances and Aadio-visual Equipment	597	8.58
中西药品类	Dhamace Uticals	1474	67.13
西药类	Western Medicine	19	0.10
中草药及中成药类	Chinese herbal Medicines and Proprietary Chinese Medicine	1450	66.57
文化办公用品类	Office Supply	982	17.01
计算机及其配套产品	Computer and Its Supportion Products	538	15.72
家具类	Furniture	1523	15.24
通讯器材类	Communication Equipment	802	6.71
煤炭及制品类	Coal and Products		
木材及制品类	Wood and Products	435	1.97
石油及制品类	Petroceum and Products		
化工材料及制品类	Chemical Meterials and Products	760	3.15
化肥类	Chemical Ferfilizer	749	2.63
金属材料类	Metallic Matericals	1329	17.26
建筑及装潢材料类	Construction and Decoration Meterials	3382	27.27
机电产品及设备类	Mechanical and Electrical Products and Equipment	322	2.36
农机类	Agricultural Machinery	87	1.75
汽车类	Car	3182	302.52
种子饲料类	Seed feed	221	0.66
棉麻类	Cotton	203	0.23
其他类	Other	4396	31.65

CHAPTER ▶ 17

第十七篇

教育、科技和文化事业

EDUCATION, SCIENCE AND TECHNOLOGY AND CULTURE

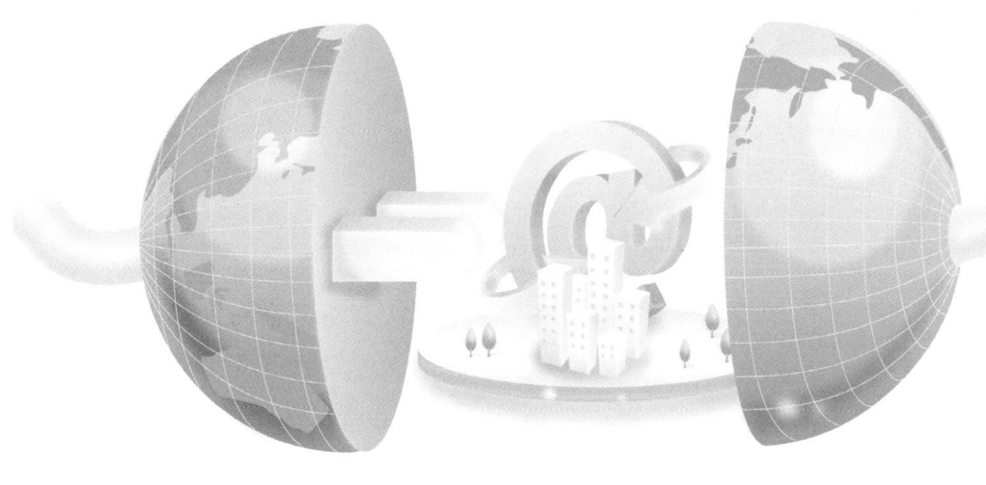

17－1 历年教育基本情况
Basic Statistics on Education

年 份 Year	在校学生数（万人）Student Enrollment（10000 persons）				专任教师数（人）Number of Full－time Teachers（person）			
	普通高等学校 Regular Institutions of Higher Education	中等学校 Secondary Schools	#普通中学 Regular Secondary Schools	小学 Primary Schools	普通高等学校 Regular Institutions of Higher Education	中等学校 Secondary Schools	#普通中学 Regular Secondary Schools	小学 Primary Schools
1978	3.00	209.10	205.95	342.97	7221	101705	96732	124978
1979	3.57	196.57	192.26	350.41	7931	106588	100814	133875
1980	3.80	189.29	183.14	355.29	8468	103427	96189	133402
1981	4.65	173.87	169.21	349.30	8641	100443	93508	134664
1982	4.14	165.14	156.42	330.98	9670	98244	89129	133796
1983	4.54	156.39	143.60	306.12	10570	95818	84399	129288
1984	5.10	158.24	141.89	300.88	10956	94443	81494	132786
1985	5.95	158.47	138.70	299.81	12443	96294	82201	134515
1986	6.55	154.42	133.77	306.90	13580	97188	82108	137499
1987	6.87	154.49	133.45	299.39	13752	99868	83609	142040
1988	7.29	152.31	129.77	291.02	14707	102334	84897	144864
1989	7.31	141.80	120.18	283.42	14726	102626	85211	147118
1990	7.28	140.41	119.57	276.12	14791	101692	84492	145952
1991	7.25	145.32	124.02	267.24	14664	104064	86460	147729
1992	7.57	152.36	129.80	259.95	14706	104489	86962	146337
1993	8.63	152.95	129.46	257.35	14864	105149	87622	147678
1994	9.52	151.47	126.64	264.19	14956	106326	88238	150242
1995	10.08	155.18	128.74	269.03	15024	107533	88908	152734
1996	10.50	156.82	128.71	274.91	15497	109883	91241	153537
1997	11.02	158.49	129.00	280.07	15610	110514	92019	149396
1998	11.79	158.35	127.89	274.27	15531	110651	92482	151758
1999	13.96	162.14	133.68	260.38	15166	108245	90943	152052
2000	17.53	167.75	143.12	241.59	17476	106110	90007	150291
2001	21.78	169.18	148.81	221.01	18194	103631	88921	145092
2002	26.47	173.36	155.20	202.22	19975	104834	91291	144586
2003	31.95	177.38	157.76	183.31	21824	109079	92338	141363
2004	36.22	180.51	159.96	174.14	25011	110318	93056	140904
2005	40.73	176.43	154.74	162.52	28129	111590	94248	137675
2006	43.51	174.81	149.01	155.60	29918	113603	94619	134450
2007	47.02	170.55	144.68	153.67	31667	113703	94464	131475
2008	50.41	167.32	139.46	150.07	32539	114192	94202	129118
2009	53.10	166.88	133.76	146.11	33239	115160	95614	128301
2010	54.44	159.03	128.84	144.46	33982	114622	94666	124502
2011	56.28	149.63	122.41	143.92	35647	123544	104417	111487
2012	57.89	140.22	116.96	142.37	37022	124482	105467	108035
2013	59.95	129.08	109.79	136.19	38003	124565	106386	103035
2014	61.82	118.87	103.83	126.89	38549	125464	107839	100146

17-2 各级各类教育基本情况（2014年）

Basic Statistics on Education by Level and Type (2014)

学校类别	Item	学校数(所) Number of Schools (unit)	教职工数(人) Teachers and Staff (person) 合计 Total	其中：专任教师 Fill-time Teachers	毕业生数（人）Graduates (person)	招生数（人）New Students Enrollment (person)	在校学生数（人）Students Enrollment (person)
一、研究生	Postgraduate	21			17003	19960	57678
科研机构	Scientific Research Insitutions	2			23	37	101
普通高校	Regular Institutions of Higher Education	19			16980	19923	57577
#地方所属	Local-owned	17			6511	7489	21887
二、高等教育	Higher Education	71	65011	39804	223332	269951	813936
普通高校	Regular Institutions of Higher Education	58	62916	38549	151779	174286	618273
#地方属	Local-owned	56	48439	32140	137933	159994	560339
成人高等学校	Adult Institutions	13	2095	1255	71553	95665	195663
#地方属	Local-owned	13	2095	1255	64694	84446	173906
三、高中阶段教育	Senior Secondary Education	569	65810	51073	232402	175846	565780
普通高中教育	Regular Senior Secondary Education	240	41807	33534	155501	132338	415736
中等职业教育	Vocational Secondary Education	329	24003	17539	76901	43508	150044
中等技术学校	Technical Secondary Schools	51	5798	4162	24468	14748	46229
中等师范学校	Teacher Training Schools	3	353	320	1260	453	1827
成人中等专业学校	Specialized Secondary Schools for Adults	82	5776	4404	3595	1741	5513
职业高中	Vocational Senior Secondary Schools	162	10598	7690	35310	20107	67047
其他机构	Others	31	1478	963	12268	6459	29428
四、初中阶段教育	Junior Secondary Education	1195	90937	74391	210257	209897	622883
普通初中	Regular Junior Secondary Schools	1190	90831	74305	210157	209782	622528
职业初中	Junior Secondary Vocational Schools	5	106	86	100	115	355
五、小学教育	Pimary Education	4806	117320	100146	231537	190001	1268804
六、特殊教育	Special Education	47	1768	1418	643	765	5403
七、工读学校	Schools for Juvenile Delingguents	3	112	63	177	26	137
八、幼儿园	Kindergartens	4039	47445	27381	179451	244591	462002

17－3　普通高等教育基本情况（2014年）

单位：人

项　　目	Item	本专科毕业生数 Graduates of Undergraduate and Specialized Courses	本专科招生数 New Students Enrollment in Undergraduate and Specialized Courses	本专科在校学生数 Students Enrollment in Undergraduate and Specialized Courses
总　计	**Total**	**151779**	**174286**	**618273**
吉林大学	Jilin University	10345	10773	43383
延边大学	Yanbian University	4342	4934	19727
长春理工大学	Changchun Universiey of Science and Technology	3961	4025	15834
东北电力大学	Northeast Dianli University	4522	4459	17100
长春工业大学	Changchun University of Technology	4415	5097	17647
吉林建筑大学	Jilin Jianzhu University	3721	3708	14817
吉林化工学院	JiLin Chemical College	3256	4328	14830
吉林农业大学	Jilin Agricultural University	3708	3794	15536
长春中医药大学	Changchun University of Chinese Medicine	2107	2313	9507
东北师范大学	Northeast Novmal University	3501	3519	14551
北华大学	Beihua University	6028	6409	24928
通化师范学院	Tonghua Normal University	2845	3332	12418
吉林师范大学	JiLin Normal University	4387	4874	17847
吉林工程技术师范学院	Jilin Engineering Technology Normal College	2268	2909	9032
长春师范大学	Changchun Normal University	5033	6178	20718
白城师范学院	Baicheng Normal University	3158	3372	12159
吉林财经大学	Jilin University of Finance and Economics	2932	2664	11394
吉林体育学院	Jilin Institute of Physical Education	1485	1564	6204
吉林艺术学院	Jilin College of The Arts	1731	1911	7336
辽源职业技术学院	Liaoyuan Vocational Technical School	1856	2326	6086
吉林华桥外国语学院	Jilin HuaQiao University of Foreign Languages	1856	2351	8851
四平职业大学	Siping Professional College	1712	2106	5604
吉林工商学院	Jilin Business and Technology College	3379	4123	13898
长春汽车工业高等专科学校	ChangChun Automobile Industry Institute	2571	3172	9357
长春工程学院	Changchun Institute of Technology	3291	3916	14658
吉林农业科技学院	Jilin Agriculture Science and Technology College	2857	3259	11583
长春金融高等专科学校	ChangChun Finance College	1802	1945	5261
吉林警察学院	Jilin Police College	1681	2180	7124
长春大学	Changchun University	3837	4017	15519
长春医学高等专科学校	ChangChun Medicine College	2013	2006	6036

Basic Statistics on Institutions of Higher Education (2014)

unit: person

专任教师 Full-time Teachers	正高级 Senior Title	副高级 Sub-senior Title	中级 Middle Title	初级 Junior Title	无职称 No Rank
38549	**5808**	**12035**	**14979**	**5182**	**545**
4817	1528	1648	1595	46	
1813	266	582	747	217	1
1207	184	398	551	40	34
904	136	292	403	72	1
1112	145	346	561	60	
835	101	295	355	84	
804	102	301	255	146	
1126	169	360	485	78	34
611	106	187	209	106	3
1592	417	516	590	50	19
1813	220	546	751	251	45
781	65	228	319	166	3
1197	131	376	516	172	2
516	39	159	274	42	2
1152	136	350	489	176	1
641	58	166	225	174	18
686	108	308	256	14	
602	55	126	260	161	
481	52	155	160	109	5
328	31	102	112	65	18
497	109	137	148	101	2
228	10	93	70	44	11
663	114	221	243	83	2
272	12	87	76	60	37
769	97	283	365	24	
530	55	150	227	90	8
275	21	59	152	43	
352	25	87	122	104	14
835	101	292	420	22	
363	27	93	138	96	9

单位：人

17－3 续表

项　目	Item	本专科毕业生数 Graduates for Undergroduate and Specialized Courses	本专科招生数 New Students Enrollment in Undergroduate and Specialized Courses	本专科在校学生数 Students Enrollment in Undergroduate and Specialized Courses
吉林交通职业技术学院	Jilin Traffic Occupation Technical School	2364	2256	6662
长春东方职业学院	Changchun Dongfang Occupation College	216	812	1131
吉林司法警官职业学院	Jilin Justice officer Academy	903	1216	3462
吉林电子信息职业技术学院	Jilin Police Occupation College	3002	3071	9398
吉林工业职业技术学院	Jilin Electronic Information College	1900	2472	7053
吉林工程职业技术学院	Jilin Engineering Vocational College	1783	1925	5182
长春职业技术学院	Jilin Agricultural Engeering College	3321	3478	10338
长春光华学院	Changchun Occupation College	2506	3090	11175
长春工业大学人文信息学院	RenWen Information in Changchun Industrial Universiey	2240	2620	10007
长春理工大学光电信息学院	Electric Information in Changchun Science and Engineeaing Universiey	2068	2448	9448
长春财经学院	Changchun University of Finance and Economics	1776	2688	9690
吉林建筑大学城建学院	The City College of Jilin Jianzhu University	2051	2464	9976
长春建筑学院	Changchun College of Architecture	2531	3128	11729
长春科技学院	Changchun University of Science and Technology	2511	3605	12477
吉林动画学院	Jilin Animation College	2372	2954	11818
吉林师范大学博达学院	Jilin Construction College Boda College	1533	2051	8690
长春大学旅游学院	Traveling in Changchun Traveling College	1856	2311	9450
东北师范大学人文学院	Northeast Normal College Renwen College	2541	2760	11536
吉林医药学院	Jilin Medicine College	2103	2276	9252
白城医学高等专科学校	BaiCheng Medicine Higher Specialized School	1775	2127	6658
长春信息技术职业学院	Changchun and Technical College Information Technology	917	1685	3845
松原职业技术学院	Songyuan Occupation University	1326	1068	2950
吉林铁道职业技术学院	Jilin Raicway Occupation College	2784	3080	9421
白城职业技术学院	Baicheng Occupation College	464	423	834
长白山职业技术学院	Changbaishan Vocational and Technical	399	622	1150
吉林科技职业技术学院	Jilin Science and Technology Vocational College	1474	2379	6532
延边职业技术学院	Yanbian Vocational Technical College	141	511	821
吉林城市职业技术学院	Jilin City Vocational and Technical College		991	1685
其他	Other	2322	2211	6958

continued

unit: person

专任教师 Full-time Teachers	正高级 Senior Title	副高级 Sub-senior Title	中级 Middle Title	初级 Junior Title	无职称 No Rank
334	21	83	89	127	14
109	28	34	18	9	20
159	24	34	35	64	2
378	20	109	131	106	12
270	16	93	118	34	9
294	23	87	98	83	3
494	19	172	186	115	2
545	104	137	237	49	18
531	67	212	203	38	11
452	60	141	196	55	
535	94	122	213	103	3
538	71	186	142	137	2
659	75	171	218	195	
702	111	215	255	109	12
634	61	133	180	251	9
485	59	82	191	86	67
429	46	138	190	55	
381	85	41	250	5	
486	61	138	198	89	
285	24	92	95	61	13
255	25	32	73	125	
521	22	145	177	144	33
298	12	80	79	125	2
162	8	70	58	23	3
252	34	123	64	26	5
231	12	58	131	28	2
243	1	152	59	18	13
85	5	12	21	26	21

17－4　各高等学校、科研机构培养研究生情况（2014年）

单位：人

项　　目	Item	毕业生数 Graduates
总计	**Total**	**1817**
吉林大学	Jilin University	1272
延边大学	Yanbian University	44
长春理工大学	Changchun University of Science and Technology	53
东北电力大学	Northeast Dianli University	
长春工业大学	Changchun University of Technology	
吉林建筑大学	Jilin Jianzhu University	
吉林农业大学	Jilin Agriculture University	29
长春中医药大学	Changchun University of Chinese Medicine	17
东北师范大学	Northeast Normal University	402
北华大学	Beihua University	
吉林师范大学	Jilin Normal University	
长春师范大学	Changchun Normal University	
吉林财经大学	Jilin University of Finance and Economics	
吉林体育学院	Jilin Institute of Physical Education	
吉林艺术学院	Jilin College of the Arts	
吉林华桥外国语学院	Jilin Huaqiao University of Foreign Languages	
长春工程学院	Changchun Institute of Technology	
中国科学院长春应用化学研究所	Changchun Applied Chemistry Institute	
中国科学院东北地理与农业生态研究所	Northeast Institute of Geography and Agroecology,chinese Academy of sciences	
中科院长春光学精密机械与物理研究所	Changchun Institute of Optics,Fine Mechanice and Physics,chinese Academy of Sciences	
长春生物制品研究所	Changchun Institute of Biological Product	
中共吉林省委党校	Jilin Provincial Party School	

Basic Statistics on Postgraduates in Higher Schools and Research Institutions (2014)

unit: person

博士生数		硕士生数		
招生数 New Students Enrollment	在校生数 Students Enrollment	毕业生数 Graduates	招生数 New Students Enrollment	在校生数 Students Enrollment
2187	**9622**	**15186**	**17728**	**48009**
1551	7404	5970	6032	16798
55	229	1099	1178	3363
80	422	1117	986	3221
6	6	558	630	1818
9	9	599	576	1770
		160	275	803
61	270	728	809	2313
19	69	343	446	1244
401	1206	2825	4450	10282
		380	412	1259
3	3	573	670	1770
2	4	58	105	275
		428	595	1687
		67	117	258
		209	285	785
		49	67	119
			58	143
		10	10	30
		13	27	71

17－5 各级各类成人学校基本情况

单位：人

项　　目	Item	招生数New 2013
一、成人高等学校	**Higher Education Schools for Adults**	**9133**
广播电视大学	Radio and TV Universities	1601
职工大学	Schools of Higher Education for Staff and Workers	3408
农民大学	Schools of Higher Education for Peasants	657
管理干部学院	College for Management Cadres	776
教育学院	Pedagogical Colleges	2691
二、成人中等学校	**Secondary Schools for Adults**	**3275**
职工中等专业学校	Specialized Secondary Schools for Staff and Workers	
农民中等专业学校	Specialized Secondary Schools for Peasants	
广播电视和函授中等专业学校	Radio、TV and Corrspondence Specialized Secondary Schools	
三、成人技术培训学校	**Technical Training Schools for Adults**	
四、成人中小学	**Primary Schools for Adults**	
职工中学	The middle School	
农民中学	Secondary Schools for Peasants	
职工小学	The Primary School	
农民小学	Primary School for Peasants	
其中：扫盲班	Literacy Classes	

Student Enrollment in Adult Schools by Level and Type

unit: person

Students Enrollment	在校生数 Students Enrollment		毕业生数 Graduates	
2014	2013	2014	2013	2014
10353	**19347**	**19760**	**8166**	**9755**
1951	3246	3562	1963	1562
4482	8927	7904	4292	5432
641	1168	1298	540	491
777	1362	1553	580	586
2502	4644	5443	791	1684
1741	**7472**	**5513**	**6231**	**3595**
	492858	**461715**	**344711**	**325167**
	18673	**16175**	**9279**	**7659**
	1569	1186	1309	926
	5038	2769	3378	2776
		624		
	12066	11596	4592	3957
	10461	10027	2937	2379

17－6 高等学校研究生情况

Basic Statistics on Postgraduates in Institutions of Higher Education

单位：人 unit: person

指标	Item	研究生合计 Total Postgraduates 2013	2014	博士学位 Doctor 2013	2014	硕士学位 Master 2013	2014
毕业生数	Graduates	17489	17003	2161	1817	15328	15186
招生数	New Student Enrollment	18942	19660	2469	2187	16473	17773
在学研究生数	Number of Postgraduate Enrollment	56992	57678	10345	9624	46647	48054
毕业班学生数	Students in Graduating Class	19740	20402	5159	5211	14581	15191

17－7 高等学校分学科研究生情况

Basic Statistics on Postgraduates in Institution of Higher Education by Field of Study

单位：人 unit: person

指标	Item	研究生合计 Total Postgraduates 2013	2014	博士学位 Doctor 2013	2014	硕士学位 Master 2013	2014
招生数	**New Students Enrollment**						
总计	**Total**	**18942**	**19660**	**2469**	**2187**	**16473**	**17773**
哲 学	Philosophy	156	169	35	36	121	133
经济学	Economics	710	692	152	157	558	535
法 学	Law	1732	1885	201	232	1531	1653
教育学	Education	1822	3380	70	77	1752	3303
文 学	Literature	1447	1285	119	116	1328	1169
历史学	History	411	434	83	78	328	356
理 学	Science	2611	2274	691	489	1920	1785
工 学	Engineering	4832	4225	606	506	4226	3719
农 学	Agriculture	765	777	84	78	681	699
医 学	Medicine	1936	2087	297	267	1639	1820
军事学	Military	3	1			3	1
管理学	Management	1717	1945	111	135	1606	1810
艺术学	Art	800	806	20	16	780	790
#学术型学位	Academic Degree	12803	11709	2461	2179	10342	9530
#专业学位	Professional Degree	6139	8251	8	8	6131	8243
在校学生数	**Students Enrollment**						
总计	**Total**	**56992**	**57678**	**10345**	**9624**	**46647**	**48054**
哲 学	Philosophy	480	512	162	166	318	346
经济学	Economics	2258	2189	738	750	1520	1439
法 学	Law	5635	5709	936	999	4699	4710
教育学	Education	5008	6760	233	225	4775	6535
文 学	Literature	4301	4052	515	522	3786	3530
历史学	History	1296	1350	381	392	915	958
理 学	Science	7950	7127	2496	1914	5454	5213
工 学	Engineering	14419	13835	2636	2342	11783	11493
农 学	Agriculture	2073	2134	365	371	1708	1763
医 学	Medicine	6527	6462	1272	1276	5255	5186
军事学	Military	14	8			14	8
管理学	Management	4859	5233	572	612	4287	4621
艺术学	Art	2172	2307	39	55	2133	2252
#学术型学位	Academic Degree	41825	38962	10322	9601	31503	29361
#专业学位	Professional Degree	15167	18716	23	23	15144	18693

17－8　幼儿园基本情况
Basic Statistics on Kindergartens

指　　标	Item	2012	2013	2014
园数(所)	Number of Kindergartens(unit)	3491	3808	4039
在园幼儿数（万人）	Students Enrollment(10000 person)	43	44	46
教职工数（人）	Teachers and Staff(person)	39451	43080	47445
#专任教师数	Number of Full-time Teachers	23487	24904	27381

17－9　特殊教育基本情况
Basic Statistics on Special Education

指　　标	Item	2012	2013	2014
学校数(所)	Number of Schools(unit)	46	47	47
招生数（人）	New Students Enrollment(person)	805	740	765
在校学生数（人）	Students Enrollment(person)	6261	5610	5403
毕业生数（人）	Graduates(person)	574	805	643
教职工数（人）	Teachers and Staff(person)	1751	1717	1768
# 专任教师数	Number of Full-time Teachers	1382	1388	1418

17－10　小学学龄儿童入学率
Percentage of School-age Children Enrolled

指　　标	Item	2012	2013	2014
学龄儿童数(万人)	School-age Children(10000 person)	135.80	130.37	121.99
入学儿童数（万人）	School-age Children Enrollment(10000 person)	135.48	129.91	121.65
学龄儿童入学率（%）	Enrollment Rate(%)	99.76	99.65	99.72
#女儿童数	Female Children	99.62	99.61	99.77

17－11 普通高等教育普通本科在校学生数
General Higher Education Undergraduate Students

单位：人 unit：person

项目	Item	招生 New Students Enrollment 2013	2014	在校生 Students Enrollment 2013	2014	毕业生 Graduates 2013	2014
总计	**Total**	**117756**	**116740**	**454357**	**463349**	**103426**	**104859**
哲学	Philosophy	74	72	268	270	62	58
经济学	Economics	6593	6594	25248	26395	5117	5633
法学	Law	3796	3659	13187	13652	2650	3167
教育学	Education	4938	4936	19929	20445	4503	4535
文学	Literature	12054	11536	49643	48726	13115	12358
#外语	Foreign Language	7600	6838	31047	30237	8296	7550
历史学	History	681	658	2475	2516	649	605
理学	Science	8029	7971	31124	30367	7817	7526
工学	Engineering	37880	37630	146480	149125	34975	34173
农学	Agriculture	2826	3086	10700	11219	2618	2662
医学	Medicine	5801	6146	26782	27450	5110	5785
管理学	Management	19693	18641	74354	75328	15836	17062
艺术学	Art	15391	15811	54167	57856	10974	11295
总计中：师范生	Normal university student	11010	10420	44614	43150	12417	11134

17－12 普通高等教育分科专任教师数（2014年）
Numbers of Full Time Teacher by Field of Study in Regular Higher Educational Institutions（2014）

单位：人 unit：person

项目	Item	合计 Total	正高级 Senior Title	副高级 Sub-Senior Title	中级 Middle Title	初级 Junior Title	无职称 No Rank
总计	**Total**	**38549**	**5808**	**12035**	**14979**	**5182**	**545**
#女	Female	20255	2311	6158	8436	3082	268
哲学	Philosophy	1299	236	430	477	150	6
经济学	Economics	1870	319	662	694	184	11
法学	Law	1626	211	453	664	261	37
教育学	Education	3656	367	1119	1457	660	53
#体育	Sports	1777	136	602	745	276	18
文学	Literature	6123	643	1708	2739	933	100
#外语	Foreign Language	3814	350	957	1882	586	39
历史学	History	573	124	172	226	39	12
理学	Science	4369	935	1491	1561	342	40
工学	Engineering	9801	1542	3202	3660	1245	152
#计算机	Computer	2383	226	724	1118	301	14
农学	Agriculture	1257	255	379	505	101	17
#林学	Forestry	100	15	30	45	10	
医学	Medicine	2440	477	778	840	298	47
管理学	Management	2517	410	846	930	296	35
艺术	Art	3018	289	795	1226	673	35

17－13　各级学校教师负担学生数
Student-teacher Ratio by Level of Schools

单位：人　　　　unit：person

指　　标	Item	2012	2013	2014
高等学校	**Institutions of Higher Educution**			
教师数	Number of Teachers	37022	38003	38549
每个教师负担学生	Student-teacher Ratio	17.11	17.20	17.50
中等学校	**Secondary School**			
教师数	Number of Teachers	124482	124565	125464
每个教师负担学生	Student-teacher Ratio	11.26	10.36	9.50
小学	**Primary School**			
教师数	Number of Teachers	108035	103035	100146
每个教师负担学生	Student-teacher Ratio	12.18	13.20	12.70

17－14　平均每万人口在校学生数
Student Enrollment per 10000 Population

指　　标	Item	2012	2013	2014
各级学校在校生数占全省人口比重(%)	Students as Percentage of Total Population(%)	14.8	14.3	13.9
平均每万人口中（人）	Per 10000 Population(person)			
高等学校	Institutions of Higher Education	289	303	316
高中阶段	Senior Secondary	257	235	222
初中阶段	Junior Secondary	253	234	226
小　学	Primary Secondary	518	495	461
幼儿园	Kindergartens	157	161	168

17－15 职业技术培训机构情况（2014年）
Vocational Technical Training Institutions（2014）

单位：人　　　　unit：person

项　目	Item	学校数(所) School of Number(unit)	教职工数 Teachers and staff	#专任教师 Number of Full-time teachers	结业学生数 Garduates	注册学生数 Number of Registered students
总　计	**Total**	**2549**	**9357**	**6391**	**325167**	**461715**
职工技术培训学校（机构）	**Staff technical training school(Institution)**	**45**	**1064**	**844**	**27802**	**58202**
教育部门办	Education Department	10	713	596	9182	8824
其他部门办	other	11	186	118	14158	44916
民办	Private	24	165	130	4462	4462
农村成人文化技术培训学校（机构）	**Rural Adult Cultural and technical training school(Institution)**	**1443**	**2604**	**1173**	**219771**	**257796**
教育部门办	Education Department	1443	2604	1173	219771	257796
#县办	Country	84	542	490	49075	52175
乡办	Township	201	735	339	75234	126830
村办	Village	1158	1327	344	95462	78791
其他培训机构（含社会培训机构）	**Other training Institutions**	**1061**	**5689**	**4374**	**77594**	**145717**
教育部门和集体办	Education department and couective	22	297	250	13523	13348
其他部门办	Other					
民办	Private	1039	5392	4124	64071	132369

17－16 中等职业学校(机构)情况（2014年）
Secondary Vocational school(Institutions)（2014）

单位：个　　　　unit：unit

项　目	Item	总计 Total	地方 Local	教育部门 Education Department	非教育部门 Non Education Department	地方企业 Local Enterprises	民办 Private
中等职业学校	Secondary vocational school	329	254	206	47	1	75
普通中等专业学校	General secondary vocational school	54	49	34	15		5
成人中等专业学校	Adult secondary specialized school	82	82	66	16		
职业高中学校	Vocational high school	162	95	83	11	1	67
其他中职机构	Other vocational Institutions	31	28	23	5		3
附设中职班(不计校数)	Secondary Vocational school (Excluding the number of schools)	17	13	11	2		4

注：中等职业学校未含技工学校数据(相关表同)。
Note: Sccordary Vocational school has not included the data of technical school(related to the same table).

17－17 中等职业学校分学科学生情况（2014年）
Subject Students in Secondary Vocational school（2014）

单位：人　　　　unit：person

项　目	Item	毕业生数 Graduaes	#获得职业资格证书 Obtain professional aualification certificate	招生数 New student Enrollment	在校学生数 Students Enrollment
总　计	**Total**	**76901**	**45190**	**43508**	**150044**
农林牧渔类	Agriculture、Forestry、Animal、Husbandry and Fishery	23445	10099	8029	37378
资源环境类	Resource Environment	213	190	206	556
能源与新能源类	Energy and New Energy	198	19	396	583
土木水利类	Civil Engineering Water Conservancy	3372	2273	2415	6508
加工制造类	Manufacturing	9227	7307	5136	16330
石油化工类	Petroleum Chemical Industry	21	19	15	386
轻纺食品类	Textile Food	309	97	114	262
交通运输类	Transportation	4306	3442	5282	14746
信息技术类	Information Technology	7389	4000	3191	11197
医药卫生类	Medical Science	10050	4829	7116	22742
休闲保健类	Leisure Health	554	487	221	836
财经商贸类	Finance and Trade	4009	1792	2208	7394
旅游服务类	Tourism Service	2551	1582	1681	4661
文化艺术类	Culture and Art	2215	1616	1039	4794
体育与健身	Sports and Fitness	534	277	543	1760
教育类	Education	8025	6881	5464	17538
司法服务类	Judicial Service	15	14	12	306
公共管理与服务类	Public Management and Service	402	200	380	1548
其他	Other	66	66	60	519

17－18　研究机构情况（2014年）

项　　目	Item	机构数（个） Institutions (unit)	R&D人员（人） R&D personnel (person)
总 计	**Total**	**738**	**25628**
一、按数据来源分组	**Grouped by Data Source**		
1、科技部	Ministry of S&T	118	9599
科研机构	Research Institutions	110	8792
政府部门属科研机构	Govemment Research Institutions	4	784
非工业企业	Non–industrial Enterprises	4	23
其他事业单位	Other Institutions		
部分转制院所及园区企业	Part of Transferring Institute and Park Enterprises		
园区事业单位	Park Institution		
2、工信部	Industry Ministry	1	219
3、教育部	Education Ministry	342	5202
理工农医院校	Science and Technology, Agriculture, Medical Academies	245	3906
人文社科院校	Natural and Science Human Academies	97	1296
4、统计局	Statistics	277	10608
工业企业	Industrial Enterprises	198	9249
大中型	Large and Medium–sized	108	8180
规上小型	Small–size	89	1061
规上微型	Mini–size	1	8
其他	Others		
统计部门非工企业	Statistical Non–industrial Enterprises	20	500
统计部门事业单位	Statistical Institutions	51	833
二、按执行部门分组	**Grouped by Executive Department**		
1、企业	Enterprise	230	10559
规模以上	Above Designated Size	198	9249
大中型	Large and Medium–sized	108	8180
2、科研机构	Research Institutions	111	9011
3、高等院校	Institutions of Higher Education	342	5202
4、其他	Others	55	856
三、按学科分类分组	**Grouped by Subject Category**		
自然科学	Natural Science	88	6540
农业科学	Agricultural Sciences	47	2687
医药科学	Medical Science	67	1524
工程与技术科学	Science Engineering and Technology	411	13111
人文与社会科学	Human and Social Sciences	125	1766
四、按机构服务的国民经济行业分组	**Grouped by Institution Served National Economic Industries**		
农、林、牧、渔业	Agriculture，Forestry，Animal，Husbandry and Fishery	74	2865
采矿业	Mining	9	1752
制造业	Manufacturing	437	11927
电力、燃气及水的生产和供应业	Production and Supply of Electricity，Gas and Water	17	240
建筑业	Construction	12	493
交通运输、仓储和邮政业	Transport，Storage and Post	1	68
信息传输、计算机服务和软件业	Information Transmission，Computer Services and Software	18	271
批发和零售业	Wholesale and Retail Trades	1	19
住宿和餐饮业	Hotels and Catering Services		
金融业	Financial	2	14
房地产业	Real Estate		
租赁和商务服务业	Leasing and Business Services	3	19

Research Institution Situations（2014）

#博士毕业 PHD Graduate	#硕士毕业 Master Graduate	R&D经费支出（万元）R&D Expenditure (10000yuan)	科研用仪器设备原价（万元）Scientific Instruments and Equipment Regular Price(10000yuan）	#进口 Import
4837	**6120**	**607490**	**1197674**	**399590**
1840	2802	280730	264261	134868
1754	2598	262810	251848	134601
84	191	17594	11326	267
2	13	326	1087	
	33	1418	2858	
2603	1779	39312	414160	208748
1871	1288	34707	412980	208702
732	491	4606	1180	46
394	1506	286030	516395	55974
189	1140	280161	496952	51266
154	1041	269827	462692	49613
35	99	10249	34180	1653
		86	80	
4	21	3743	8519	3810
201	345	1242	9001	898
277	1352	302382	518720	55343
189	1140	280161	496952	51266
154	1041	269827	462692	49613
1754	2631	264228	254706	134601
2603	1779	39312	414160	208748
203	358	1568	10088	898
2342	2020	220546	308381	204811
309	691	51017	47511	7342
305	661	13359	201616	82451
1104	2090	311022	634049	104035
777	658	11546	6118	951
365	789	49693	53496	6630
13	215	50657	12325	2067
1992	2270	273374	882721	252315
115	88	848	11972	3047
4	19	3434	9094	3760
6	15	606	1664	856
6	48	2302	7319	518
6	13	30	200	50
3	4	312	111	
10	2	98	130	1

单位：万元

17－18 续表

项　　目	Item	机构数（个） Institutions (unit)	R&D人员（人） R&D personnel (person)
科学研究、技术服务和地质勘查业	Scientific Research,Technical Service and Geologic Prospecting	54	6091
水利、环境和公共设施管理业	Management of Water Conservation，Environment and Public Facilities	11	97
居民服务和其他服务员	Services to Households and Other Services	2	27
教育	Education	50	780
卫生、社会保障和社会福利业	Health，Social Security and Social Welfare	19	576
文化、体育和娱乐业	Culture，Sports and Entertainment	20	199
公共管理和社会组织	Public and Management Organization	22	441
国际组织	International Organization	4	8
五、按机构组成类型分组	**Grouped by According to Organizational Type**		
政府部门办	Government Departments	152	10388
与国内高校合办	Jointly With Domestic Universities	7	68
与国内独立研究机构合办	Jointly With Domestic Independent Research Institution	52	842
与境外机构合办	Jointly With Foreign Institutions	1	8
与境内注册外商独资企业合办	Jointly With Domestic Registed Foreign-owned Enterprises		
与境内注册其他企业合办	Jointly With Other Domestic Registration Enterprises	16	117
单位自办	Units of their Own	499	14145
其他	Others	3	34
六、按隶属关系分组	**Group by Administration**		
中　央	National	155	13515
地　方	Local	583	12113
七、按行业分组	**Grouped by Industry**		
农、林、牧、渔业	Agriculture，Forestry，Animal，Husbandry and Fishery	14	
采矿业	Mining	7	1484
制造业	Manufacturing	191	7765
电力、燃气及水的生产和供应业	Production and Supply of Electricity，Gas and Water	11	493
建筑业	Construction	15	52
交通运输、仓储和邮政业	Transport, Storage and Post		
信息传输、计算机服务和软件业	Information Transmission，Computer Services and Software		
金融业	Financial	2	14
租赁和商务服务业	Leasing and Business Services	2	
科学研究、技术服务和地质勘查业	Scientific Research,Technical Service and Geologic Prospecting	118	9599
水利、环境和公共设施管理业	Management of Water Conservation，Environment and Public Facilities		
教育	Education	342	5202
卫生、社会保障和社会福利业	Health，Social Security and Social Welfare	34	797
文化、体育和娱乐业	Culture，Sports and Entertainment	1	3
八、按地区分组	**Grouped by Region**		
长春	Changchun	456	17246
吉林	Jilin	110	3263
四平	Siping	36	585
辽源	Liaoyuan	14	328
通化	Tonghua	43	1800
白山	Baishan	20	236
松原	Songyuan	9	1479
白城	Baicheng	18	255
延边	Yanbian	32	436

continued

unit: 10000 yuan

		R&D经费支出（万元）R&D Expenditure (10000yuan)	科研用仪器设备原价（万元）Scientific Instruments and Equipment Regular Price(10000yuan)	
#博士毕业 PHD Graduate	#硕士毕业 Master Graduate			#进口 Import
1619	1996	213688	202193	128643
3	20	2632	2114	130
17	60	553	4	
567	197	3919	433	22
67	191	5246	12632	1458
63	89	563	957	
100	201	413	305	43
2	4	2	6	
2193	3030	285480	267494	134880
48	8	619	9808	5346
206	347	1246	9016	898
4	4	180	800	680
56	39	1288	7284	3262
2321	2671	317766	901295	254504
9	21	27	54	20
3358	3121	431788	581885	229259
1479	2999	175703	615789	170330
7	128		68	
11	152	44145	10576	1800
178	988	236016	486377	49466
4	19	3434	8342	3810
	2	1193	2032	
	4	618	218	
1840	2802	280730	264261	134868
2603	1779	39312	414160	208748
201	213	568	36	21
		56		
4257	4980	444473	835077	321268
323	533	88785	131078	24395
32	73	3529	12675	127
10	22	4773	91339	184
47	143	13707	30161	12547
13	37	3532	7949	748
17	155	43715	11361	1900
12	85	1975	13453	521
126	92	3003	64581	37900

17－19　科技活动人员情况

单位：人

项　　目	Item	2013 科技活动人员 Personnel Engaged in S&T Activities	2013 #大学本科及以上学历 University Degree or Above	2014 科技活动人员 Personnel Engaged in S&T Activities	2014 #大学本科及以上学历 University Degree or Above
总　　计	**Total**	**138927**	**71435**	**146433**	**72642**
一、按数据来源分组	**Grouped by Data Source**				
1、科技部	Ministry of S&T	12591	9848	12524	9805
科研机构	Research Institutions	10983	8742	11330	8919
非工业企业	Non-industrial Enterprises	1185	831	863	652
事业单位	Institutions	271	204	331	234
部分转制院所及园区企业	Part of Transferring Institute and Park Enterprises	40	10		
园区事业单位	Park Institution	112	61		
2、工信部	Industry Ministry	286	225	277	216
3、教育部	Education Ministry	42999	39902	43147	39204
理工农医院校	Science and Technology, Agriculture, Medical Academies	26680	24073	25868	22939
人文社科院校	Natural and Science Human Academies	16319	15829	17279	16265
4、统计局	Statistics	83051	21460	90485	23417
工业企业	Industrial Enterprises	80621	20708	81844	20932
大中型	Large and Medium-sized	72573	18181	72466	18225
规上小型	Small-size	8038	2526	8709	2643
规上微型	Mini-size	10	1	669	64
重点服务业企业	Service Enterprises			2366	468
统计部门非工企业	Statistical Non-industrial Enterprises	2430	752	2430	752
统计部门事业单位	Statistical Institutions			3845	1265
二、按执行部门分组	**Grouped by Executive Department**				
1、企业	Enterprise	84276	22301	87503	22804
规模以上	Above Designated Size	80621	20708	81844	20932
大中型	Large and Medium-sized	72573	18181	72466	18225
2、科研机构	Research Institutions	11269	8967	11607	9135
3、高等院校	Institutions of Higher Education	42999	39902	43147	39204
4、其他	Others	383	265	4176	1499
三、按隶属关系分组	**Group by Administration**				
中　央	National	66240	27488	68635	27604
地　方	Local	72687	43947	77798	45038

Technological Activities Human Resource Situation

unit: person

项　目	Item	2013 科技活动人员 Personnel Engaged in S&T Activities	2013 #大学本科及以上学历 University Degree or Above	2014 科技活动人员 Personnel Engaged in S&T Activities	2014 #大学本科及以上学历 University Degree or Above
四、按行业分组	**Grouped by Industry**				
农、林、牧、渔业	Agriculture, Forestry, Animal, Husbandry and Fishery	167	79	100	50
采矿业	Mining	2628	1157	2586	1279
制造业	Manufacturing	76817	19281	78079	19445
电力、燃气及水的生产和供应业	Production and Supply of Electricity, Gas and Water	1176	270	1179	208
建筑业	Construction	1802	694	1802	694
交通运输、仓储和邮政业	Transport, Storage and Post			524	122
信息传输、计算机服务和软件业	Information Transmission, Computer Services and Software			2754	772
金融业	Financial	185	3	185	3
租赁和商务服务业	Leasing and Business Services			1289	10
科学研究、技术服务和地质勘查业	Scientific Research,Technical Service and Geologic Prospecting	12725	10002	12524	9805
水利、环境和公共设施管理业	Management of Water Conservation, Environment and Public Facilities	85	42		
教育	Education	42999	39902	43147	39204
卫生、社会保障和社会福利业	Health, Social Security and Social Welfare	343	5	2191	1023
文化、体育和娱乐业	Culture, Sports and Entertainment			73	27
五、按地区分组	**Grouped by Region**				
长 春	Changchun	99359	50477	106276	50331
吉 林	Jilin	17962	9997	17686	10211
四 平	Siping	2855	1478	3159	1893
辽 源	Liaoyuan	2083	676	2363	603
通 化	Tonghua	5653	2554	5858	3104
白 山	Baishan	987	573	1206	665
松 原	Songyuan	2359	1246	2307	1268
白 城	Baicheng	1865	1095	1683	1169
延 边	Yanbian	5804	3339	5895	3398

17－20 研究与试验发展（R&D）人员情况（2014年）

项　目	Item	单位数（个）Numerous of Enterprises(unit)	#有R&D活动单位 Unit of R&D Activities
总　计	**Total**	**6448**	**460**
一、按数据来源分组	**Grouped by Data Source**		
1、科技部	Ministry of S&T	133	58
科研机构	Research Institutions	110	53
非工业企业	Non-industrial Enterprises		
事业单位	Institutions	17	2
部分转制院所及园区企业	Part of Transferring Institute and Park Enterprises		
园区事业单位	Park Institution		
2、工信部	Industry Ministry	1	1
3、教育部	Education Ministry	84	80
理工农医院校	Science and Technology, Agriculture, Medical Academies	39	38
人文社科院校	Human Social Sciences School	45	42
4、统计局	Statistics	6230	321
工业企业	Industrial Enterprises	5311	273
大中型	Large and Medium-sized	645	118
规上小型	Small-size	4435	152
规上微型	Mini-size	231	3
其他	Others		
重点服务业企业	Service Enterprises	767	4
统计部门非工企业	Statistical Non-industrial Enterprises	62	11
统计部门事业单位	Statistical Institutions	90	33
二、按执行部门分组	**Grouped by Executive Department**		
1、企业	Enterprise	6146	291
规模以上	Above Designated Size	5311	273
大中型	Large and Medium-sized	645	118
2、科研机构	Research Institutions	111	54
3、高等院校	Institutions of Higher Education	84	80
4、其他	Others	107	35
三、按隶属关系分组	**Group by Administration**		
中　央	National	191	64
地　方	Local	6257	396
四、按行业分组	**Grouped by Industry**		
农、林、牧、渔业	Agriculture，Forestry，Animal，Husbandry and Fishery	16	
采矿业	Mining	351	6
制造业	Manufacturing	4688	264
电力、燃气及水的生产和供应业	Production and Supply of Electricity，Gas and Water	272	3
建筑业	Construction	27	6
交通运输、仓储和邮政业	Transport，Storage and Post	417	1
信息传输、计算机服务和软件业	Information Transmission，Computer Services and Software	91	3
金融业	Financial	10	6
租赁和商务服务业	Leasing and Business Services	182	
科学研究、技术服务和地质勘查业	Scientific Research,Technical Service and Geologic Prospecting	133	58
水利、环境和公共设施管理业	Management of Water Conservation，Environment and Public Facilities	35	
教育	Education	84	80
卫生、社会保障和社会福利业	Health，Social Security and Social Welfare	98	31
文化、体育和娱乐业	Culture，Sports and Entertainment	44	2
五、按地区分组	**Grouped by Region**		
长　春	Changchun	1598	235
吉　林	Jilin	1281	71
四　平	Siping	560	23
辽　源	Liaoyuan	334	19
通　化	Tonghua	634	43
白　山	Baishan	433	23
松　原	Songyuan	688	9
白　城	Baicheng	365	13
延　边	Yanbian	554	24

Research and Experiment Development（R&D）Human Resource Situation（2014）

R&D人员（人） R&D Personnel (person)	#其中:女性 Female	#其中:研究人员 Researchers	其中 Include 全时人员 Full-time Personnel	其中 Include 非全时人员 Part-time Personnel	其中 Include 博士毕业 PHD Graduate
77306	**28244**	**44702**	**38360**	**38946**	**10349**
9619	3040	3757	6021	3598	1844
8792	2716	3387	5619	3173	1754
43	27	19	25	18	6
219	72	169	219		
31160	14936	25515	13217	17943	7898
16464	6499	13902	13170	3294	4253
14696	8437	11613	47	14649	3645
36308	10196	15261	18903	17405	607
31813	8081	13234	16686	15127	306
28092	7131	12000	14426	13666	269
3639	926	1187	2186	1453	37
82	24	47	74	8	
137	30	21	132	5	1
1263	362	1044	771	492	4
3095	1723	962	1314	1781	296
33997	8770	14650	17966	16031	395
31813	8081	13234	16686	15127	306
28092	7131	12000	14426	13666	269
9011	2788	3556	5838	3173	1754
31160	14936	25515	13217	17943	7898
3138	1750	981	1339	1799	302
40861	14650	24253	19499	21503	7381
36445	13594	20449	18861	17443	2968
1744	614	1581	838	906	11
29849	7408	11485	15805	14044	295
220	59	168	43	177	
1073	277	899	689	384	10
1		1		1	
352	101	187	348	4	1
60	6	44	54	6	
9619	3040	3757	6021	3598	1844
31160	14936	25515	13217	17943	7898
3182	1782	1048	1307	1875	290
46	21	17	38	8	
56783	21284	32753	27820	28963	9062
9181	2931	5830	5310	3871	636
1616	666	891	556	1060	123
1167	275	440	785	382	10
3734	1475	1586	1443	2291	76
548	128	189	280	268	12
1613	615	1489	755	858	19
534	171	273	251	283	21
2130	699	1251	1160	970	390

17－20 续表

项　　目	Item	其中 Include	
		硕士毕业 Master Graduate	本科毕业 Undergraduate Graduates
总　　计	**Total**	**18865**	**22159**
一、按数据来源分组	**Grouped by Data Source**		
1、科技部	Ministry of S&T	2810	3301
科研机构	Research Institutions	2598	2971
非工业企业	Non-industrial Enterprises		
事业单位	Institutions	21	15
部分转制院所及园区企业	Part of Transferring Institute and Park Enterprises		
园区事业单位	Park Institution		
2、工信部	Industry Ministry	33	183
3、教育部	Education Ministry	12425	8267
理工农医院校	Science and Technology, Agriculture, Medical Academies	5868	4324
人文社科院校	Human Social Sciences School	6557	3943
4、统计局	Statistics	3597	10408
工业企业	Industrial Enterprises	2521	9525
大中型	Large and Medium-sized	2401	9041
规上小型	Small-size	120	484
规上微型	Mini-size		
其他	Others		
重点服务业企业	Service Enterprises	13	27
统计部门非工企业	Statistical Non-industrial Enterprises	24	585
统计部门事业单位	Statistical Institutions	1039	271
二、按执行部门分组	**Grouped by Executive Department**		
1、企业	Enterprise	2749	10452
规模以上	Above Designated Size	2521	9525
大中型	Large and Medium-sized	2401	9041
2、科研机构	Research Institutions	2631	3154
3、高等院校	Institutions of Higher Education	12425	8267
4、其他	Others	1060	286
三、按隶属关系分组	**Group by Administration**		
中 央	National	9730	11519
地 方	Local	9135	10640
四、按行业分组	**Grouped by Industry**		
农、林、牧、渔业	Agriculture, Forestry, Animal, Husbandry and Fishery		
采矿业	Mining	152	807
制造业	Manufacturing	2369	8718
电力、燃气及水的生产和供应业	Production and Supply of Electricity, Gas and Water		
建筑业	Construction	36	121
交通运输、仓储和邮政业	Transport, Storage and Post		
信息传输、计算机服务和软件业	Information Transmission, Computer Services and Software	46	207
金融业	Financial	4	2
租赁和商务服务业	Leasing and Business Services		
科学研究、技术服务和地质勘查业	Scientific Research,Technical Service and Geologic Prospecting	2810	3301
水利、环境和公共设施管理业	Management of Water Conservation, Environment and Public Facilities		
教育	Education	12425	8267
卫生、社会保障和社会福利业	Health, Social Security and Social Welfare	1023	730
文化、体育和娱乐业	Culture, Sports and Entertainment		6
五、按地区分组	**Grouped by Region**		
长 春	Changchun	15081	15302
吉 林	Jilin	1971	3237
四 平	Siping	422	340
辽 源	Liaoyuan	24	246
通 化	Tonghua	486	1434
白 山	Baishan	43	132
松 原	Songyuan	157	813
白 城	Baicheng	165	145
延 边	Yanbian	516	510

continued

其他学历 Others	R&D人员折合全时当量（人年） Full-time Equivalent of R&D Personnel (person-year)	#研究人员 Researchers	其中 Include 基础研究 Basic Research	应用研究 Applied Research	试验发展 Experimental Development
25933	**49774**	**27049**	**7998**	**13596**	**28180**
1664	8043	3192	1041	3183	3819
1469	7439	2920	965	3013	3461
1	33	16	8	5	20
3	219	169		219	
2570	13869	11689	6639	6865	366
2019	10974	9265	5118	5491	364
551	2896	2425	1521	1374	2
21696	27643	11999	318	3329	23996
19461	24395	10346	13	2014	22367
16381	22117	9620	13	1982	20122
2998	2218	685		32	2186
82	60	40			60
96	95	11			95
650	1128	953		19	1108
1489	2025	690	305	1296	425
20401	26189	11565	81	2198	23909
19461	24395	10346	13	2014	22367
16381	22117	9620	13	1982	20122
1472	7658	3089	965	3232	3461
2570	13869	11689	6639	6865	366
1490	2058	706	313	1301	445
11667	29505	16410	4277	9545	15660
14266	20269	10640	3721	4051	12520
774	1693	1543			1693
18467	22561	8692	13	2013	20535
220	140	111		1	139
906	1014	583		619	395
1					
98	311	178		219	92
54	40	36			40
1664	8043	3192	1041	3183	3819
2570	13869	11690	6639	6865	366
1139	2057	1007	280	678	1098
40	46	17	25	18	3
17338	37386	20045	6223	12332	18831
3337	5557	3305	796	898	3864
731	755	376	157	35	562
887	690	206		16	674
1738	2120	721	136	118	1865
361	254	112	1		253
624	1548	1466		1	1547
203	252	142	66	47	139
714	1213	677	618	150	445

17－21　研究与试验发展（R&D）经费情况（2014年）

单位：万元

项　　目	Item	R&D经费内部支出 Internal Expenditures	其中 Include 基础研究 Basic Research
总　　计	**Total**	**1307243**	**147066**
一、按数据来源分组	**Grouped by Data Source**		
1、科技部	Ministry of S&T	280801	42659
科研机构	Research Institutions	262810	41714
非工业企业	Non-industrial Enterprises	17594	907
事业单位	Institutions	398	39
部分转制院所及园区企业	Part of Transferring Institute and Park Enterprises		
园区事业单位	Park Institution		
2、工信部	Industry Ministry	1418	
3、教育部	Education Ministry	214631	101859
理工农医院校	Science and Technology, Agriculture, Medical Academies	188887	87962
人文社科院校	Human Social Sciences School	25744	13898
4、统计局	Statistics	810393	2548
工业企业	Industrial Enterprises	789431	114
大中型	Large and Medium-sized	719063	114
规上小型	Small-size	69986	
规上微型	Mini-size	417	13
其他	Other		
重点服务业	Service Industry	1826	
统计部门非工企业	Statistical Non-industrial Enterprises	6881	
统计部门事业单位	Statistical Institutions	12256	2434
二、按执行部门分组	**Grouped by Executive Department**		
1、企业	Enterprise	815731	1021
规模以上	Above Designated Size	789431	114
大中型	Large and Medium-sized	719063	114
2、科研机构	Research Institutions	264228	41714
3、高等院校	Institutions of Higher Education	214631	101859
4、其他	Others	12653	2473
三、按隶属关系分组	**Group by Administration**		
中　央	National	873459	120031
地　方	Local	433784	27035
四、按行业分组	**Grouped by Industry**		
农、林、牧、渔业	Agriculture，Forestry，Animal，Husbandry and Fishery	40	21
采矿业	Mining	52873	
制造业	Manufacturing	735338	114
电力、燃气及水的生产和供应业	Production and Supply of Electricity，Gas and Water	1220	
建筑业	Construction	5018	
交通运输、仓储和邮政业	Transport,Storage and Post		
信息传输、计算机服务和软件业	Information Transmission，Computer Services and Software	2438	
金融业	Financial	1427	
租赁和商务服务业	Leasing and Business Services	130	
科学研究、技术服务和地质勘查业	Scientific Research,Technical Service and Geologic Prospecting	280801	42659
水利、环境和公共设施管理业	Management of Water Conservation，Environment and Public Facilities	46	
教育	Education	214631	101859
卫生、社会保障和社会福利业	Health，Social Security and Social Welfare	11220	2345
文化、体育和娱乐业	Culture，Sports and Entertainment	643	68
五、按地区分组	**Grouped by Region**		
长　春	Changchun	1009241	138633
吉　林	Jilin	140809	3998
四　平	Siping	10846	514
辽　源	Liaoyuan	17695	
通　化	Tonghua	38271	1108
白　山	Baishan	10156	19
松　原	Songyuan	60166	
白　城	Baicheng	7802	132
延　边	Yanbian	12257	2663

Research and Experiment Development（R&D）Expenditure Situation（2014）

unit: 10000 yuan

		其中 Include				其中 Include
应用研究 Applied Research	试验发展 Experimental Development	日常性支出 Ordinary Expenditure	#人员劳务费 Labor Costs	资产性支出 Assets Expenditure	#仪器和设备 Apparatus and Equipment	政府资金 Government Funds
401103	**759074**	**1173817**	**272517**	**133426**	**111058**	**455328**
112149	125993	225428	87356	55373	35275	244788
106889	114207	208772	78960	54039	34723	238934
4973	11715	16376	8302	1218	440	5457
287	72	281	95	116	112	398
1418		1381	902	37	37	1418
101316	11456	199475	27908	15155	14917	169747
89494	11431	176844	20764	12043	11857	155566
11821	25	22632	7144	3112	3060	14180
186220	621625	747533	156351	62860	60829	39375
177888	611429	729858	145387	59573	58010	29737
175192	543756	668856	132554	50207	48713	24020
2696	67291	60705	12732	9281	9212	5712
	382	297	101	86	86	6
	1826	1544	384	282	281	127
508	6373	5310	1322	1570	1534	256
7824	1997	10821	9258	1435	1003	9254
183368	631342	753088	155395	62644	60266	35578
177888	611429	729858	145387	59573	58010	29737
175192	543756	668856	132554	50207	48713	24020
108307	114207	210153	79862	54076	34760	240352
101316	11456	199475	27908	15155	14917	169747
8112	2069	11102	9352	1551	1115	9652
351900	401529	807414	170040	66045	45517	337749
49203	357546	366403	102478	67381	65541	117580
	19	40	2			
	52873	48835	28475	4038	4026	5224
177849	557375	680013	116564	55325	53781	24513
39	1181	1010	349	210	203	
199	4819	3882	974	1136	1128	254
	2438	2145	792	293	286	217
309	118	1005	108	422	394	
	130	130	79			118
112149	125993	225428	87356	55373	35275	244788
	46	33	16	13	13	
101316	11456	199475	27908	15155	14917	169747
7279	1596	9814	8462	1406	981	9048
545	29	627	530	16	16	
379908	490701	925585	194141	83656	63258	414273
15246	121565	115660	26923	25148	23775	20719
91	10241	9124	3039	1722	1701	685
1502	16193	14983	2662	2713	2519	1216
1645	35518	29255	7984	9016	8708	5374
	10137	8759	2511	1397	1349	1199
1130	59036	56525	29664	3640	3635	5137
171	7499	4223	1454	3579	3579	1274
1410	8184	9703	4041	2554	2534	5451

单位：万元

17－21 续表

项　　目	Item	其中 Include	
		企业资金 Enterprise Funds	境外资金 Overseas Funds
总　　计	**Total**	**804277**	**14457**
一、按数据来源分组	**Grouped by Data Source**		
1、科技部	Ministry of S&T	18288	2079
科研机构	Research Institutions	11890	2079
非工业企业	Non-industrial Enterprises	6398	
事业单位	Institutions		
部分转制院所及园区企业	Part of Transferring Institute and Park Enterprises		
园区事业单位	Park Institution		
2、工信部	Industry Ministry		
3、教育部	Education Ministry	36146	603
理工农医院校	Science and Technology, Agriculture, Medical Academies	27598	439
人文社科院校	Human Social Sciences School	8548	165
4、统计局	Statistics	749843	11775
工业企业	Industrial Enterprises	738927	11775
大中型	Large and Medium-sized	675630	11775
规上小型	Small-size	62920	
规上微型	Mini-size	377	
其他	Other		
重点服务业	Service Industry	1699	
统计部门非工企业	Statistical Non-industrial Enterprises	6624	
统计部门事业单位	Statistical Institutions	2593	
二、按执行部门分组	**Grouped by Executive Department**		
1、企业	Enterprise	753648	11775
规模以上	Above Designated Size	738927	11775
大中型	Large and Medium-sized	675630	11775
2、科研机构	Research Institutions	11890	2079
3、高等院校	Institutions of Higher Education	36146	603
4、其他	Others	2593	
三、按隶属关系分组	**Group by Administration**		
中　央	National	499828	13442
地　方	Local	304449	1016
四、按行业分组	**Grouped by Industry**		
农、林、牧、渔业	Agriculture, Forestry, Animal, Husbandry and Fishery	20	
采矿业	Mining	47649	
制造业	Manufacturing	690058	11775
电力、燃气及水的生产和供应业	Production and Supply of Electricity, Gas and Water	1220	
建筑业	Construction	4764	
交通运输、仓储和邮政业	Transport,Storage and Post		
信息传输、计算机服务和软件业	Information Transmission, Computer Services and Software	2220	
金融业	Financial	1427	
租赁和商务服务业	Leasing and Business Services		
科学研究、技术服务和地质勘查业	Scientific Research,Technical Service and Geologic Prospecting	18288	2079
水利、环境和公共设施管理业	Management of Water Conservation, Environment and Public Facilities	46	
教育	Education	36146	603
卫生、社会保障和社会福利业	Health, Social Security and Social Welfare	1796	
文化、体育和娱乐业	Culture, Sports and Entertainment	643	
五、按地区分组	**Grouped by Region**		
长　春	Changchun	558046	13539
吉　林	Jilin	112529	
四　平	Siping	9917	
辽　源	Liaoyuan	15773	706
通　化	Tonghua	31723	
白　山	Baishan	8810	
松　原	Songyuan	54418	
白　城	Baicheng	6516	
延　边	Yanbian	6545	212

continued

unit: 10000 yuan

其他资金 Others	R&D经费外部支出 R&D Exterior Expenditures	对国内研究机构支出 Expenditure on Domestic Research Institutions	对国内高等学校支出 Expenditure on Domestic Higher Learning	对国内企业支出 Expenditure on Domestic Enterprises	对境外支出 Expenditure on Overseas
33180	**71947**	**38416**	**11388**	**8143**	**13896**
15646	23	6	10	8	
9906	23	6	10	8	
5740					
	180	84	61	35	
8134	5737	2752	2342	469	70
5284	5567	2740	2309	458	60
2851	170	12	34	11	10
9400	66007	35575	8974	7632	13826
8992	65727	35559	8963	7379	13826
7638	60793	31306	8345	7319	13824
1354	4924	4243	619	61	2
	45	23			
	204			204	
	76	16	11	49	
408					
14732	66007	35575	8974	7632	13826
8992	65727	35559	8963	7379	13826
7638	60793	31306	8345	7319	13824
9906	203	90	71	43	
8134	5737	2752	2342	469	70
408					
22441	44396	19977	6756	5646	11913
10740	27551	18439	4632	2497	1983
20					
	1723	1549	174		
8992	63660	33806	8649	7379	13826
	344	203	141		
	46	20	22	4	
	351	74	40	237	
	12	3		9	
	10		10		
15646	23	6	10	8	
8134	5737	2752	2342	469	70
388	41	3		38	
23383	49593	22968	6883	6244	13394
7561	4521	1137	1909	1155	320
243	654	402	214	39	
	520	394	116	10	
1174	11628	10694	221	559	154
147	1555	526	1003	26	
610	1666	1607	59		
12	677	457	200		21
50	1133	232	783	109	9

17－22 研究与试验发展（R&D）产出情况（2014年）

项　目	Item	专利申请数（件）Number of Patent Applications(piece)
总　计	**Total**	**5959**
一、按数据来源分组	**Grouped by Data Source**	
1、科技部	Ministry of S&T	932
科研机构	Research Institutions	841
非工业企业	Non-industrial Enterprises	83
事业单位	Institutions	8
部分转制院所及园区企业	Part of Transferring Institute and Park Enterprises	
园区事业单位	Park Institution	
2、工信部	Industry Ministry	17
3、教育部	Education Ministry	2550
理工农医院校	Science and Technology, Agriculture, Medical Academies	2543
人文社科院校	Natural and Science Human Academies	7
4、统计局	Statistics	2460
工业企业	Industrial Enterprises	2370
大中型	Large and Medium-sized	1786
规上小型	Small-size	549
规上微型	Mini-size	35
其他	Others	
重点服务业	Service Industry	18
统计部门非工企业	Statistical Non-industrial Enterprises	27
统计部门事业单位	Statistical Institutions	45
二、按执行部门分组	**Grouped by Executive Department**	
1、企业	Enterprise	2498
规模以上	Above Designated size	2370
大中型	Large and Medium-sized	1786
2、科研机构	Research Institutions	858
3、高等院校	Institutions of Higher Education	2550
4、其他	Others	53
三、按隶属关系分组	**Group by Administration**	
中　央	National	3323
地　方	Local	2636
四、按行业分组	**Grouped by Industry**	
农、林、牧、渔业	Agriculture，Forestry，Animal，Husbandry and Fishery	1
采矿业	Mining	19
制造业	Manufacturing	2132
电力、燃气及水的生产和供应业	Production and Supply of Electricity，Gas and Water	219
建筑业	Construction	26
交通运输、仓储和邮政业	Transport, Storage and Post	
信息传输、计算机服务和软件业	Information Transmission，Computer Services and Software	35
金融业	Financial	
租赁和商务服务业	Leasing and Business Services	
科学研究、技术服务和地质勘查业	Scientific Research,Technical Service and Geologic Prospecting	932
水利、环境和公共设施管理业	Management of Water Conservation，Environment and Public Facilities	
教育	Education	2550
卫生、社会保障和社会福利业	Health，Social Security and Social Welfare	45
文化、体育和娱乐业	Culture，Sports and Entertainment	
五、按地区分组	**Grouped by Region**	
长　春	Changchun	4604
吉　林	Jilin	710
四　平	Siping	57
辽　源	Liaoyuan	73
通　化	Tonghua	235
白　山	Baishan	61
松　原	Songyuan	29
白　城	Baicheng	47
延　边	Yanbian	143

#发明专利 Invention Patents	专利授权数（件） Number of Patents(piece)	#发明专利 Invention Patents	有效发明专利数（件） Number of Effective Patents(piece)	专利所有权转让及许可数（件） Patent Right of Ownership Transfer and the License Number(piece)
3499	**2120**	**1011**	**7006**	**65**
843	505	407	2840	3
806	444	402	2787	3
30	56	1	45	
7	5	4	8	
11	3	3	16	
1557	1612	601	2244	20
1557	1611	601	2244	20
	1			
1088			1906	42
1045			1884	42
725			1300	22
307			584	20
13				
11			7	
7			15	
25				
1093	56	1	1951	42
1045			1884	42
725			1300	22
817	447	405	2803	3
1557	1612	601	2244	20
32	5	4	8	
2196	1432	751	4598	8
1303	688	260	2408	57
7			1	
924			1860	42
114			23	
7			15	
22	3	3	23	
843	505	407	2840	3
1557	1612	601	2244	20
25				
2842	1896	947	5515	38
315	175	43	805	17
23			55	1
18	5		62	2
144	20	17	268	5
55			41	2
10			6	
13	6		30	
79	18	4	224	

17－22 续表

项　目	Item	专利所有权转让及许可收入(万元) Patent Right of Ownership Transfer and Licensing Revenue(10000yuan)
总　计	**Total**	**524**
一、按数据来源分组	**Grouped by Data Source**	
1、科技部	Ministry of S&T	
科研机构	Research Institutions	
非工业企业	Non-industrial Enterprises	
事业单位	Institutions	
部分转制院所及园区企业	Part of Transferring Institute and Park Enterprises	
园区事业单位	Park Institution	
2、工信部	Industry Ministry	
3、教育部	Education Ministry	292
理工农医院校	Science and Technology, Agriculture, Medical Academies	292
人文社科院校	Natural and Science Human Academies	
4、统计局	Statistics	231
工业企业	Industrial Enterprises	231
大中型	Large and Medium-sized	231
规上小型	Small-size	
规上微型	Mini-size	
其他	Others	
重点服务业	Service Industry	
统计部门非工企业	Statistical Non-industrial Enterprises	
统计部门事业单位	Statistical Institutions	
二、按执行部门分组	**Grouped by Executive Department**	
1、企业	Enterprise	231
规模以上	Above Designated size	231
大中型	Large and Medium-sized	231
2、科研机构	Research Institutions	
3、高等院校	Institutions of Higher Education	292
4、其他	Others	
三、按隶属关系分组	**Group by Administration**	
中　央	National	160
地　方	Local	363
四、按行业分组	**Grouped by Industry**	
农、林、牧、渔业	Agriculture, Forestry, Animal, Husbandry and Fishery	
采矿业	Mining	
制造业	Manufacturing	231
电力、燃气及水的生产和供应业	Production and Supply of Electricity, Gas and Water	
建筑业	Construction	
交通运输、仓储和邮政业	Transport, Storage and Post	
信息传输、计算机服务和软件业	Information Transmission, Computer Services and Software	
金融业	Financial	
租赁和商务服务业	Leasing and Business Services	
科学研究、技术服务和地质勘查业	Scientific Research,Technical Service and Geologic Prospecting	
水利、环境和公共设施管理业	Management of Water Conservation, Environment and Public Facilities	
教育	Education	292
卫生、社会保障和社会福利业	Health, Social Security and Social Welfare	
文化、体育和娱乐业	Culture, Sports and Entertainment	
五、按地区分组	**Grouped by Region**	
长　春	Changchun	290
吉　林	Jilin	2
四　平	Siping	6
辽　源	Liaoyuan	
通　化	Tonghua	226
白　山	Baishan	
松　原	Songyuan	
白　城	Baicheng	
延　边	Yanbian	

continued

集成电路布图设计登记数(件) Number of Integrated Circuits Design(piece)	植物新品种权授予数(项) Number of New Plant Variety Rights Granted (item)	形成国家或行业标准数(项) National or Industry Standard Digital(item)	发表科技论文(篇) S&T Thesis Issued (piece)	出版科技著作(种) S&T Works Published (kind)
9	**25**	**589**	**39186**	**1108**
	6	115	5081	84
	6	89	4591	66
		10	445	16
		16	45	2
		3	17	
9	19		27489	924
9	19		17495	249
			9994	675
		471	6599	100
		458	1692	
		245	1629	
		213	63	
		7	54	
		6	245	
			4608	100
		481	2436	16
		458	1692	
		245	1629	
	6	92	4608	66
9	19		27489	924
		16	4653	102
9	3	113	12777	400
	22	476	26409	708
			6	
		3	209	
		455	1284	
			199	
		5	133	
		3	17	
	6	115	5081	84
9	19		27489	924
			4608	100
9	21	257	29782	886
	1	36	4241	110
		14	659	31
		5	213	4
		253	865	7
		7	81	
		1	172	
		2	531	6
	3	14	2642	64

17－23 研究与试验发展（R&D）项目（课题）情况
Research and Experiment Development（R&D）Project (topic) Situation

项目	Item	2013			2014		
		项目(课题)数(项) Number of Project (topic) (item)	项目(课题)参加人员折合全时当量(人年) Project (topic) to Full-time Equivalent of Personnel (person-year)	项目（课题）经费内部支出（万元） Project (topic) Internal Expenditures (10000yuan)	项目(课题)数(项) Number of Project (topic) (item)	项目(课题)参加人员折合全时当量(人年) Project (topic) to Full-time Equivalent of Personnel (person-year)	项目（课题）经费内部支出（万元） Project (topic) Internal Expenditures (10000yuan)
总计	**Total**	**41007**	**66333**	**1602930**	**23503**	**43503**	**1035626**
一、按数据来源分组	**Grouped by Data Source**						
1、科技部	Ministry of S&T	2420	6401	156310	2604	6414	155475
科研机构	Research Institutions	2292	5850	149227	2419	5958	146300
非工业企业	Non-industrial Enterprises	109	462	6746	179	424	9029
事业单位	Institutions	16	76	328	6	32	146
部分转制院所及园区企业	Part of Transferring Institute and Park Enterprises						
园区事业单位	Park Institution	3	14	10			
2、工信部	Industry Ministry	26	286	1981	16	219	1418
3、教育部	Education Ministry	17274	10302	146477	18206	13861	189604
理工农医院校	Science and Technology, Agriculture, Medical Academies	7518	9650	134007	8881	10974	175310
人文社科院校	Human Social Sciences School	9756	652	12470	9325	2887	14295
4、统计局	Statistics	21287	49344	1298163	2677	23009	689129
工业企业	Industrial Enterprises	6421	19277	650311	2264	21009	680706
大中型	Large and Medium-sized	1884	17342	602404	1749	18942	617713
规上小型	Small-size	4537	1935	47907	512	2019	62890
规上微型	Mini-size				3	49	103
其他	Others						
重点服务业	Service Industry				21	91	1531
统计部门非工企业	Statistical Non-industrial Enterprises	38	727	4818	63	790	5176
统计部门事业单位	Statistical Institutions	14828	29340	643033	329	1118	1716
二、按执行部门分组	**Grouped by Executive Department**						
1、企业	Enterprise	6568	20466	661875	2527	22315	696442
规模以上	Above Designated Size	6421	19277	650311	2264	21009	680706
大中型	Large and Medium-sized	1884	17342	602404	1749	18942	617713
2、科研机构	Research Institutions	2318	6136	151208	2435	6177	147718
3、高等院校	Institutions of Higher Education	17274	10302	146477	18206	13861	189604
4、其他	Others	14847	29429	643371	335	1150	1861
三、按项目（课题）来源分组	**Grouped by Projects (topic) Source**						
1.国家科技项目	National Science and Technology Project	10273	17822	394642	6097	8037	160501
2.地方科技项目	Local Technology Projects	13654	14365	135358	8383	8467	112872
3.企业委托科技项目	Enterprises Entrust Technological Projects	4704	4970	119518	3220	2979	47249
4.自选科技项目	Optional Projects	10639	27416	912193	2754	2333	17301
5.来自国外的科技项目	Projects from Foreign Technology	241	363	8556	83	90	2149
6.其它科技项目	Other Technology Projects	1496	1397	32663	2966	21597	695555
四、按项目（课题）合作形式分组	**Grouped by Projects (topic) Cooperating Types**						
1.与境外机构合作	Cooperation with Foreign Institutions	323	515	13989	43	56	1796
2.与国内高校合作	Cooperation with Domestic Universities	1411	4098	79887	619	1762	15098
3.与国内独立研究机构合作	Cooperate with Domestic Independent Research Institution	1514	4088	112248	573	1259	22552
4.与境内注册外商独资企业合作	Cooperate with Domestic Registed Foreign-owned Enterprises	25	40	1064	2		366
5.与境内注册其他企业合作	Cooperate with Other Domestic Registration Enterprises	1465	2389	29596	593	773	13240

17－23 续表 continued

项目	Item	2013 项目(课题)数(项) Number of Project (topic) (item)	2013 项目(课题)参加人员折合全时当量(人年) Project (topic) to Full-time Equivalent of Personnel (person-year)	2013 项目(课题)经费内部支出(万元) Project (topic) Internal Expenditures (10000yuan)	2014 项目(课题)数(项) Number of Project (topic) (item)	2014 项目(课题)参加人员折合全时当量(人年) Project (topic) to Full-time Equivalent of Personnel (person-year)	2014 项目(课题)经费内部支出(万元) Project (topic) Internal Expenditures (10000yuan)
6.独立完成	Independently	25426	53199	1312998	18940	18482	301048
7.其他	Others	10843	2003	53149	2733	21172	681527
五、按项目（课题）活动类型分组	**Grouped by Projects (topic) Activities Types**						
1.基础研究	Basic Research	14052	11990	153371	9394	9056	124194
2.应用研究	Applied Research	17145	20748	377902	10429	10055	150474
3.试验发展	Experimental Development	9810	33595	1071658	3680	24392	760958
六、按学科分类分组	**Grouped by Subject Category**						
自然科学	Natural Science	5124	8794	192394	3149	5241	114179
农业科学	Agricultural Sciences	2514	4588	50903	1444	2140	38467
医药科学	Medical Science	3634	6269	33424	2338	3489	40896
工程与技术科学	Science Engineering and Technology	15171	42796	1303934	6868	28768	821848
人文与社会科学	Human and Social Sciences	14564	3887	22276	9704	3865	20235
七、按项目（课题）服务的国民经济行业分组	**Grouped by Projects (topic) Served National Economic Iindustries**						
农、林、牧、渔业	Agriculture, Forestry, Animal, Husbandry and Fishery	692	1633	23114	1341	1954	30510
采矿业	Mining	250	1559	48054	303	1538	19067
制造业	Manufacturing	6615	19577	664540	4199	22433	729035
电力、燃气及水的生产和供应业	Production and Supply of Electricity, Gas and Water	59	330	4068	108	286	2483
建筑业	Construction	150	688	3978	207	858	4417
交通运输、仓储和邮政业	Transport, Storage and Post	12	66	422	58	84	342
信息传输、计算机服务和软件业	Information Transmission, Computer Services and Software	3	15	89	294	632	4245
批发和零售业	Wholesale and Retail Trades				35	23	55
住宿和餐饮业	Hotels and Catering Services				93	135	1268
金融业	Financial	4	17	840	315	174	1603
房地产业	Real Estate				48	19	67
租赁和商务服务业	Leasing and Business Services	1	1	20	321	98	497
科学研究、技术服务和地质勘查业	Scientific Research,Technical Service and Geologic Prospecting	994	2309	59998	7230	10301	219890
水利、环境和公共设施管理业	Management of Water Conservation, Environment and Public Facilities	172	357	6688	336	401	6514
居民服务和其他服务员	Resident Services and Other Services	2	8	60	471	171	810
教育	Education	31643	38468	787626	5262	1867	8425
卫生、社会保障和社会福利业	Health, Social Security and Social Welfare	388	1233	3005	800	939	2540
文化、体育和娱乐业	Culture, Sports and Entertainment	10	50	266	934	810	1720
公共管理和社会组织	Public Management and Ssocial Organizations	12	23	164	1145	783	2136
国际组织	International Organizations				3	1	5
八、按项目（课题）社会经济目标分组	**Grouped by Projects (topic) Society Economic Aids Target**						
环境保护、生态建设及污染防治	Environmental Protection, Ecological Construction and Pollution Prevention	1295	1982	32125	692	718	13632
能源生产、分配和合理利用	Promote Energy Production, Distribution and Reasonable Use	1026	3629	80485	267	797	11377
卫生事业的发展	Promote the Development of Public Health Undertakings	8783	4911	25094	828	975	8565

17－23 续表 1 continued

项 目	Item	2013			2014		
		项目(课题)数(项) Number of Project (topic) (item)	项目(课题)参加人员折合全时当量(人年) Project (topic) to Full-time Equivalent of Personnel (person-year)	项目（课题）经费内部支出（万元） Project (topic) Internal Expenditures (10000yuan)	项目(课题)数(项) Number of Project (topic) (item)	项目(课题)参加人员折合全时当量(人年) Project (topic) to Full-time Equivalent of Personnel (person-year)	项目（课题）经费内部支出（万元） Project (topic) Internal Expenditures (10000yuan)
教育事业的发展	Promote the Development of Education	2674	1624	2916	5768	2033	9072
基础设施以及城市和农村规划	Urban and Rural Infrastructure and Planning	583	3527	157789	258	673	957
社会发展和社会服务	Social Development and Docial Services	2040	1919	10256	2287	1046	6183
地球和大气层的探索与利用	The Earth and the Atmosphere of Exploration and Use	26	65	627	19	23	217
民用空间探测及开发	Civilian Space Exploration and Development	5	15	130	7	2	11
农林牧渔业发展	Promote the Development of Agriculture, Forestry, Animal, Husbandry and Fishery	2431	4840	50048	1294	2130	32186
工商业发展	Promotion of Industrial and Commercial Development	9956	28247	890397	3887	22671	694514
非定向研究	Non-oriented Research	11448	12654	246311	7746	11158	203673
其他民用目标	Other Civilian Targets	64	134	5393	82	124	4189
国防	National Defense	676	2786	101360	368	1154	51050
九、按隶属关系分组	**Group by Administration**						
中 央	National	24086	47507	930304	11364	24084	681470
地 方	Local	16921	18826	672627	12139	19419	354156
十、按行业分组	**Grouped by Industry**						
农、林、牧、渔业	Agriculture, Forestry, Animal, Husbandry and Fishery	3	14	10	3	14	10
采矿业	Mining	215	1406	44105	214	1331	13298
制造业	Manufacturing	6156	17601	602505	2043	19545	666382
电力、燃气及水的生产和供应业	Production and Supply of Electricity, Gas and Water	50	271	3701	7	134	1026
建筑业	Construction	16	620	3640	41	684	3697
交通运输、仓储和邮政业	Transport, Storage and Post				1		
信息传输、计算机服务和软件业	Information Transmission, Computer Services and Software				47	365	3249
金融业	Financial	5	17	835	5	17	1135
租赁和商务服务业	Leasing and Business Services				8	114	78
科学研究、技术服务和地质勘查业	Scientific Research,Technical Service and Geologic Prospecting	2443	6673	158282	2604	6414	155475
水利、环境和公共设施管理业	Management of Water Conservation, Environment and Public Facilities	3	9	12			
教育	Education	31773	38524	787794	18206	13861	189604
卫生、社会保障和社会福利业	Health, Social Security and Social Welfare	338	1164	1994	318	987	1598
文化、体育和娱乐业	Culture, Sports and Entertainment	5	35	54	6	37	74
十一、按地区分组	**Grouped by Region**						
长 春	Changchun	36742	54936	1363135	18897	32273	831458
吉 林	Jilin	2041	4931	111320	2295	5033	106157
四 平	Siping	404	655	12367	462	716	8884
辽 源	Liaoyuan	82	665	13522	82	633	15198
通 化	Tonghua	473	1850	25561	542	1999	33381
白 山	Baishan	61	289	11647	76	227	8714
松 原	Songyuan	219	1292	45462	221	1223	15645
白 城	Baicheng	230	381	4899	120	234	5995
延 边	Yanbian	755	1335	15018	808	1166	10195

17－24 科技事业发展情况
Development of Science and Technology

指标	Item	2008年	2009年	2010年	2011年	2012年	2013年	2014年
研究与实验发展(R&D)活动	**R&D Activities**							
研究与实验发展折合全时人员（人年）	Full-time Equivalent of R&D Personnel(Year)	33624	56428	45314	44815	49961	44607	49774
研究与实验发展经费支出（万元）	Expenditure on R&D(10000 yuan)	632618	813602	758005	934767	1098010	1182863	1307243
研究与实验发展经费支出占地区生产总值比重（%）	R&D Expenditure as GDP Proportion(%)	0.87	1.12	0.87	0.88	0.92	0.91	0.95
技术成果	**Technological Achievement and Natioral Awards**							
科技成果总数（项）	Number of Achievements in Scierce and Technology(Item)	413	510	487	500	606	680	696
#应用技术成果（项）	Application of Technology Results(Item)	357	441	398	419	480	577	592
国家奖励	**Natioral awards**							
#国家自然科学奖（项）	State Natural Science Award(Item)	1	3	2	1	2	3	5
国家技术发明奖（项）	State Technological Invention Award(Item)	1	1	1		1	1	2
国家科技进步奖（项）	Number of National Scientific and Technological Progress Prizes Awarded(Item)	5	4	3	1	1	2	2
技术市场成交额（亿元）	**Technical Market(100 million yuan)**	19.8	19.8	18.8	26.3	25.1	34.7	28.2
科技服务	**Technology Services**							
气象观测站点(气象台站总数)（个）	Meteorological Observation Site(unit)	56	56	56	56	56	55	55
地震台站（个）	Seismic Stations(unit)	14	14	14	18	18	37	37
质量监督	**Quality Supervision**							
产品质量检验机构（个）	Product Quality Inspection Agency(unit)	670	685	709	723	750	807	823
监督抽查产品（种）	Quality Checks of Products(kind)	50	58	37	28	35	35	30
监督抽查产品（批次）	Supervision and Checking of Products(batch)	892	1254	775	625	755	725	625
专利	**Patents**							
专利申请受理量（件）	Number of Paterts Application Accepted(piece)	5536	5934	6445	8196	9171	10751	11933
专利申请授权量（件）	Number of Patents Application Granted(piece)	2984	3274	4343	4920	5923	6219	6696

17－25 全部规模以上工业企业限额以上R&D项目情况

Industrial Enterprises R&D Projects Situation

项目	Item	2013 全部科技项目数（项）All the Technology Projects (Item)	2013 参加科技项目人员（人）Project Personnel for S&T (person)	2013 本年度项目经费内部支出（万元）Annual Project Internal Expenditures (10000yuan)	2014 全部科技项目数（项）All the Technology Projects (Item)	2014 参加科技项目人员（人）Project Personnel for S&T (person)	2014 本年度项目经费内部支出（万元）Annual Project Internal Expenditures (10000yuan)
总计	**Total**	**1508**	**18043**	**618256**	**1582**	**18619**	**654878**
一、按项目来源分组	**Grouped by Projects (topic) Source**						
国家科技项目	National Science and Technology Project	40	964	65883	53	1313	61448
地方科技项目	Local Technology Projects	111	1503	23679	108	1561	32657
其他企业委托科技项目	Enterprises Entrust Technological Projects	104	562	45723	80	345	10955
本企业自选科技项目	Optional Projects	1225	14597	476602	1300	15008	518193
来自境外的科技项目	Projects from Foreign Technology	6	64	2434	6	122	15043
其他科技项目	Other Technology Projects	22	353	3936	35	270	16583
二、按项目合作形式分组	**Grouped by Projects (topic) Cooperating Types**						
与境外机构合作	Cooperation with Foreign Institutions	29	274	9837	15	185	5298
与境内高校合作	Cooperation with Domestic Universities	163	1992	38687	130	2156	61394
与境内独立研究院所合作	Cooperate with Domestic Independent Research Institution	183	2052	69187	140	1636	62283
与境内注册的外商独资企业合作	Cooperate with Domestic Registed Foreign-owned Enterprises	3	24	997	2	15	777
与境内注册的其他企业合作	Cooperate with Other Domestic Registration Enterprises	44	526	10271	76	740	15903
独立研究	Independently	1074	12984	467893	1198	13570	501521
其他	Others	12	191	21385	21	317	7702
三、按项目活动类型分组	**Grouped by Projects (topic) Activities Types**						
基础研究	Basic Research	1	3	15	4	18	114
应用研究	Applied Research	238	3217	148014	201	2396	160868
试验发展	Experimental Development	1269	14823	470227	1377	16205	493896
四、按项目成果形式分组	**Grouped by Projects Results**						
论文或专著	Papers or Monographs	63	869	8983	19	356	4399
自主研制的新产品原型或样机、样件、样品、配方、新装置	Independently Developed New Prodact Prototype,Sample,Recjpes,New Device	579	5373	145715	668	6077	167520
自主开发的新技术或新工艺、新工法	Indeperdently Developed of New Technology or New Techniques,New Constrution Method	787	10799	447924	792	10612	458213
发明专利	Patents for Inventions	76	839	15294	101	1549	24000
实用新型专利	Utility Model Patent						
外观设计专利	Design Patent						
带有技术、工艺参数的图纸、技术标准、操作规范	Technology、Drawing of the Prdess Parameters、Technical Standard、practices						
基础软件	Basic Software	3	163	340	2	25	746
应用软件	Application Software						
其他	Others						
五、按项目技术经济目标分组	**Grouped by Projects Technical and Economic Target**						
科学原理的探索、发现	Scientific Principles of Exploration、Discovery	10	258	4895	14	214	4026
技术原理的研究	Technical Principles Research	338	4425	224169	344	4345	247314
开发全新产品	Development of New Products	661	6399	237613	711	7212	273089
增加产品功能或提高性能	Add Product Features or Improve Performance	295	3270	50420	313	3633	72575
提高劳动生产率	Increase Labor Productivity	26	325	27639	17	236	3626
减少能源消耗或提高能源使用效率	Reduce Energy Consumption or Improve Energy Efficiency in the use	67	1636	50848	88	1514	23629
节约原材料	Conservation of Raw Materials	21	400	3192	24	238	4098
减少环境污染	Reduce Environmental Pollution	15	185	2928	14	177	3419
其他	Others	75	1145	16553	57	1050	23103

17－25 续表 continued

项　目	Item	2013 全部科技项目数(项) All the Technology Projects (Item)	2013 参加科技项目人员(人) Project Personnel for S&T (person)	2013 本年度项目经费内部支出(万元) Annual Project Internal Expenditures (10000yuan)	2014 全部科技项目数(项) All the Technology Projects (Item)	2014 参加科技项目人员(人) Project Personnel for S&T (person)	2014 本年度项目经费内部支出(万元) Annual Project Internal Expenditures (10000yuan)
六、企业规模分组	**Group by Size of Enterprises**						
大 型	Large-sized Enterprise	813	12243	521890	709	12308	526617
中 型	Mdeium-sized Enterprise	384	3188	51742	484	3618	67231
小 型	Small-sized Enterprise	311	2612	44623	386	2662	60928
微 型	Mini-sized Enterprise				3	31	103
七、隶属关系分组	**Group by Administration**						
中 央	National	512	7513	350292	502	6968	398549
省(自治区、直辖市)	Province	105	2065	25796	117	1835	16892
地(区、市、州、盟)	City	325	3020	128056	265	2661	95109
县(区、市、旗)	Country	112	1321	26124	124	2258	25585
街 道	Street						
镇	Town	2	19	30	2	14	450
乡	Township	4	32	240	3	16	347
(社区)居委会	Neighborhood						
村委会	Village Committee						
其 他	Others	448	4073	87718	569	4867	117947
八、登记注册类型分组	**Grouped by Status Registration**						
内资企业	Domestic Enterprises	1257	15441	530875	1287	16079	585789
港、澳、台商投资企业	Enterprises with Funds Hong Kong,Macao and Taiwan	44	729	23120	45	891	32967
外商投资企业	Foreign Funded Enterprises	207	1873	64261	250	1649	36122
九、按新国民经济行业大类分组	**Grouping by National Economy Industry**						
采矿业	Mining	26	1140	41920	41	853	10187
制造业	Manufacturing	1432	16162	572634	1538	17600	643964
电力、燃气及水的生产和供应业	Production and Supply of Electricity，Gas and Water	50	741	3701	3	166	728
十、企业控股情况分组	**Grouping by Enterprises Share Holding Situation**						
国有控股	State-owned Holding	710	10901	452179	667	9864	473526
集体控股	Collective Holding	75	851	9849	54	1144	11441
私人控股	Private Holding	419	3591	61379	513	4247	79083
港澳台商控股	Hong Kong, Macao and Taiwan Funded Holding	20	404	20490	20	344	26385
外商控股	Foreign Holdings	98	638	37296	59	358	9431
其 他	Others	186	1658	37062	269	2662	55013
十一、按地区分组	**Grouped by Region**						
长 春	Changchun	856	9549	408412	880	9773	477385
吉 林	Jilin	242	3155	95402	253	3504	93665
四 平	Siping	90	685	11481	96	528	8042
辽 源	Liaoyuan	60	612	13012	57	696	14900
通 化	Tonghua	136	1940	23113	161	2267	29814
白 山	Baishan	30	304	10353	39	293	7436
松 原	Songyuan	39	1133	43407	47	873	12246
白 城	Baicheng	11	90	4406	14	186	5533
延 边	Yanbian	44	575	8669	35	499	5858

17－26　工业企业R&D人员情况（2014年）

项　目	Item	研究与试验发展(R&D)人员（人）Research and Development (R&D) Personnel(person)
总计	**Total**	**31813**
一、按企业规模分组	**Group by Size of Enterprises**	
大 型	Large-sized Enterprise	22574
中 型	Mdeium-sized Enterprise	5518
小 型	Small-sized Enterprise	3639
微 型	Mini-sized Enterprise	82
二、按隶属关系分组	**Group by Administration**	
中 央	National	16058
省(自治区、直辖市)	Province	2365
地(区、市、州、盟)	City	3696
县(区、市、旗)	Country	2808
街 道	Street	
镇	Town	133
乡	Township	30
(社区)居委会	Neighborhood	
村委会	Village Committee	
其 他	Others	6723
三、按登记注册类型分组	**Grouped by Status Registration**	
内资企业	Domestic Funded	28319
港、澳、台商投资企业	Enterprises with Funds Hong Kong,Macao and Taiwan	1585
外商投资企业	Foreign Funded Enterprises	1909
四、按新国民经济行业大类分组	**Grouping by National Economy Industry**	
采矿业	Mining	1744
制造业	Manufacturing	29849
电力、燃气及水的生产和供应业	Production and Supply of Electricity，Gas and Water	220
五、按企业控股情况分组	**Grouping by Enterprises Share Holding Situation**	
国有控股	State-owned Holding	19875
集体控股	Collective Holding	1337
私人控股	Private Holding	5977
港澳台商控股	Hong Kong, Macao and Taiwan Funded Holding	929
外商控股	Foreign Holdings	469
其 他	Others	3226
六、按地区分组	**Grouped by Region**	
长 春	Changchun	19020
吉 林	Jilin	4882
四 平	Siping	908
辽 源	Liaoyuan	1142
通 化	Tonghua	2926
白 山	Baishan	510
松 原	Songyuan	1613
白 城	Baicheng	223
延 边	Yanbian	589

注：按企业规模分组包含部分规模以下小型工业企业数据（下同）。
Note:Contains some small sized industrial enterprise date.

Industrial Enterprises R&D Human Resource Situation（2014）

其中：				其中
#本年度参加项目人员 Personnel Involved in the Project This Year	#科技管理和服务人员 S&T Management and Service Personnel	#女性 Female	#研究人员 Researchers	全时人员 Full-time Personnel
27710	**4103**	**8081**	**13234**	**16686**
19257	3317	6004	10334	11006
5050	468	1127	1666	3420
3334	305	926	1187	2186
69	13	24	47	74
13238	2820	4236	7394	7095
2192	173	451	1162	1458
3291	405	1065	1505	2327
2658	150	907	761	1556
132	1	3	16	
29	1	1	7	21
6170	553	1418	2389	4229
24407	3912	7247	11855	14307
1499	86	437	587	1166
1804	105	397	792	1213
1375	369	614	1581	838
26127	3722	7408	11485	15805
208	12	59	168	43
16704	3171	5112	9212	9663
1263	74	588	360	562
5461	516	1218	2113	3487
894	35	332	480	754
443	26	104	87	250
2945	281	727	982	1970
16116	2904	4624	6955	9304
4393	489	952	2594	3381
854	54	248	336	528
1047	95	267	417	764
2764	162	1105	1060	1241
470	40	118	174	259
1282	331	615	1489	755
219	4	16	62	110
565	24	136	147	344

17－26 续表

项　　目	Item	非全时人员 Part-time Personnel
总计	**Total**	**15127**
一、按企业规模分组	**Group by Size of Enterprises**	
大 型	Large-sized Enterprise	11568
中 型	Mdeium-sized Enterprise	2098
小 型	Small-sized Enterprise	1453
微 型	Mini-sized Enterprise	8
二、按隶属关系分组	**Group by Administration**	
中 央	National	8963
省(自治区、直辖市)	Province	907
地(区、市、州、盟)	City	1369
县(区、市、旗)	Country	1252
街 道	Street	
镇	Town	133
乡	Township	9
(社区)居委会	Neighborhood	
村委会	Village Committee	
其 他	Others	2494
三、按登记注册类型分组	**Grouped by Status Registration**	
内资企业	Domestic Funded	14012
港、澳、台商投资企业	Enterprises with Funds Hong Kong,Macao and Taiwan	419
外商投资企业	Foreign Funded Enterprises	696
四、按新国民经济行业大类分组	**Grouping by National Economy Industry**	
采矿业	Mining	906
制造业	Manufacturing	14044
电力、燃气及水的生产和供应业	Production and Supply of Electricity，Gas and Water	177
五、按企业控股情况分组	**Grouping by Enterprises Share Holding Situation**	
国有控股	State-owned Holding	10212
集体控股	Collective Holding	775
私人控股	Private Holding	2490
港澳台商控股	Hong Kong, Macao and Taiwan Funded Holding	175
外商控股	Foreign Holdings	219
其 他	Others	1256
六、按地区分组	**Grouped by Region**	
长 春	Changchun	9716
吉 林	Jilin	1501
四 平	Siping	380
辽 源	Liaoyuan	378
通 化	Tonghua	1685
白 山	Baishan	251
松 原	Songyuan	858
白 城	Baicheng	113
延 边	Yanbian	245

contiued

R&D人员折合全时当量（人年） Full-time Equivalent of R&D Personnel (person-year)	#研究人员 Researchers	其中 应用研究人员 Applied Researchers	试验发展人员 Personnel of Experimental Development
24395	**10346**	**2014**	**22367**
18976	8759	1929	17033
3141	861	53	3089
2218	685	32	2186
60	40		60
14389	6709	1873	12505
1636	782		1636
2277	830	15	2261
1753	475	34	1719
8	1		8
28	6		28
4304	1543	93	4211
21749	9162	1961	19775
1198	519	32	1166
1448	664	22	1426
1693	1543		1693
22561	8692	2013	20535
140	111	1	139
16923	7880	1877	15035
764	218	21	743
3308	971	38	3269
825	447		825
204	39	8	196
2371	791	70	2301
15769	5963	1896	13873
3409	1779	70	3327
538	210		538
678	195	5	673
1786	514	33	1753
230	102		229
1548	1466	1	1547
87	37	8	79
350	81	2	348

17－27 工业企业R&D经费情况（2014年）

单位：万元

项目	Item	R&D经费内部支出合计 R&D Internal Expenditures	应用研究支出 Applied Research Expenditures
总计	**Total**	**789431**	**177888**
一、按企业规模分组	**Group by Size of Enterprises**		
大型	Large-sized Enterprise	631502	170196
中型	Mdeium-sized Enterprise	87561	4997
小型	Small-sized Enterprise	69986	2696
微型	Mini-sized Enterprise	382	
二、按隶属关系分组	**Group by Administration**		
中央	National	477308	169550
省(自治区、直辖市)	Province	17967	
地(区、市、州、盟)	City	106533	1018
县(区、市、旗)	Country	30283	1897
街道	Street		
镇	Town	1357	
乡	Township	349	
(社区)居委会	Neighborhood		
村委会	Village Committee		
其他	Others	155634	5423
三、按登记注册类型分组	**Grouped by Status Registration**		
内资企业	Domestic Funded	699062	175909
港、澳、台商投资企业	Enterprises with Funds Hong Kong,Macao and Taiwan	48161	1160
外商投资企业	Foreign Funded Enterprises	42209	820
四、按新国民经济行业大类分组	**Grouping by National Economy Industry**		
采矿业	Mining	52873	
制造业	Manufacturing	735338	177849
电力、燃气及水的生产和供应业	Production and Supply of Electricity，Gas and Water	1220	39
五、按企业控股情况分组	**Grouping by Enterprises Share Holding Situation**		
国有控股	State-owned Holding	562859	171248
集体控股	Collective Holding	14746	276
私人控股	Private Holding	97083	3024
港澳台商控股	Hong Kong, Macao and Taiwan Funded Holding	40893	
外商控股	Foreign Holdings	13262	121
其他	Others	60587	3220
六、按地区分组	**Grouped by Region**		
长春	Changchun	528081	168535
吉林	Jilin	114927	5730
四平	Siping	10096	
辽源	Liaoyuan	17669	1501
通化	Tonghua	34616	725
白山	Baishan	9968	
松原	Songyuan	60166	1130
白城	Baicheng	6960	121
延边	Yanbian	6948	147

Industrial Enterprises R&D Expenditure Situation（2014）

unit: 10000 yuan

试验发展支出 Experimental Development Expenditures	其中				
	经常费支出 Ordinary Expenditure	#劳务费 Labor Costs	资产性支出 Assets Expenditure	土建工程支出 Civil Works Expenditures	仪器设备 Equipment
611429	**729858**	**145387**	**59573**	**1563**	**58010**
461192	593055	109958	38448	1413	37034
82564	75802	22596	11759	81	11678
67291	60705	12732	9281	69	9212
382	297	101	86		86
307664	468115	86523	9194	831	8363
17967	16696	5889	1271	24	1248
105496	81887	18081	24646	380	24266
28386	25466	5430	4817	28	4789
1357	1237	440	120		120
349	330	94	19		19
150211	136127	28931	19507	300	19207
523038	647921	126810	51140	1329	49811
47002	47377	3214	784	46	738
41389	34559	15363	7649	188	7461
52873	48835	28475	4038	12	4026
557375	680013	116564	55325	1544	53781
1181	1010	349	210	7	203
391516	536862	100241	25997	859	25139
14471	10382	3406	4364	19	4346
94040	80863	18752	16221	131	16089
40893	40728	1308	165		165
13141	9554	1969	3707	188	3520
57367	51468	19712	9119	367	8753
359546	512072	80651	16009	782	15227
109103	94147	18078	20780	202	20578
10096	8387	2550	1709	20	1689
16168	14967	2656	2702	194	2509
33891	26736	6935	7880	290	7590
9949	8592	2356	1376	48	1328
59036	56525	29664	3640	6	3635
6839	3391	904	3568		3568
6802	5040	1594	1909	20	1888

单位：万元

17－27 续表

项　目	Item	其中 政府资金 Government Funds	企业资金 Enterprise Funds
总计	**Total**	**29737**	**738927**
一、按企业规模分组	**Group by Size of Enterprises**		
大 型	Large-sized Enterprise	20511	594856
中 型	Mdeium-sized Enterprise	3509	80775
小 型	Small-sized Enterprise	5712	62920
微 型	Mini-sized Enterprise	6	377
二、按隶属关系分组	**Group by Administration**		
中 央	National	14204	446623
省(自治区、直辖市)	Province	162	17806
地(区、市、州、盟)	City	5232	100675
县(区、市、旗)	Country	1149	28427
街 道	Street		
镇	Town	50	1307
乡	Township	1	313
(社区)居委会	Neighborhood		
村委会	Village Committee		
其 他	Others	8940	143777
三、按登记注册类型分组	**Grouped by Status Registration**		
内资企业	Domestic Funded	26823	651472
港、澳、台商投资企业	Enterprises with Funds Hong Kong,Macao and Taiwan	2488	45673
外商投资企业	Foreign Funded Enterprises	426	41783
四、按新国民经济行业大类分组	**Grouping by National Economy Industry**		
采矿业	Mining	5224	47649
制造业	Manufacturing	24513	690058
电力、燃气及水的生产和供应业	Production and Supply of Electricity，Gas and Water		1220
五、按企业控股情况分组	**Grouping by Enterprises Share Holding Situation**		
国有控股	State-owned Holding	16805	529472
集体控股	Collective Holding	433	14313
私人控股	Private Holding	6746	87490
港澳台商控股	Hong Kong, Macao and Taiwan Funded Holding	2250	38643
外商控股	Foreign Holdings	290	12972
其 他	Others	3212	56037
六、按地区分组	**Grouped by Region**		
长 春	Changchun	13897	496803
吉 林	Jilin	5146	108761
四 平	Siping	180	9907
辽 源	Liaoyuan	1215	15748
通 化	Tonghua	1998	31723
白 山	Baishan	1012	8810
松 原	Songyuan	5137	54418
白 城	Baicheng	444	6516
延 边	Yanbian	708	6240

contiued

unit: 10000 yuan

其中		R&D经费外部支出合计 R&D Exterior Expenditures			
国外资金 Foreign Funds	其他资金 Others		#对国内研究机构的支出 Expenditure on Domestic Research Institutions	#对国内高等学校支出 Expenditure on Domestic Higher Learning	#对境外支出 Expenditure on Overseas
11775	**8992**	**65727**	**35559**	**8963**	**13826**
11068	5068	47127	20609	7210	13475
706	2571	13666	10697	1135	349
	1354	4924	4243	619	2
		10	10		
11068	5413	39810	17663	4892	11853
		3138	2884	233	
	627	6181	3594	1085	1472
706		1590	588	815	172
		420	120	300	
	35				
	2917	14588	10710	1638	328
11775	8992	57278	28885	8501	13498
		312		270	
		8137	6674	192	328
		1723	1549	174	
11775	8992	63660	33806	8649	13826
		344	203	141	
11068	5513	41334	18406	5325	12180
		1191	651	349	152
	2847	10000	6132	2897	
		7166	6305		328
706	632	6037	4064	392	1166
11068	6313	43686	20132	4476	13324
	1020	4242	1121	1902	320
	8	654	402	214	
706		510	394	116	
	894	11628	10694	221	154
	147	1531	520	993	
	610	1666	1607	59	
		677	457	200	21
		1133	232	783	9

17－28　工业企业办科技机构情况（2014年）

项　目	Item	国内机构数（个）Domestic Institutions (unit)	机构科技活动人员（人）S&T Activities Personnel(person)
总计	**Total**	**198**	**20154**
一、按企业规模分组	**Group by Size of Enterprises**		
大 型	Large-sized Enterprise	42	14550
中 型	Mdeium-sized Enterprise	66	3422
小 型	Small-sized Enterprise	89	2174
微 型	Mini-sized Enterprise	1	8
二、按隶属关系分组	**Group by Administration**		
中 央	National	21	10101
省(自治区、直辖市)	Province	12	1661
地(区、市、州、盟)	City	37	2791
县(区、市、旗)	Country	23	2116
街 道	Street		
镇	Town	3	44
乡	Township		
(社区)居委会	Neighborhood		
村委会	Village Committee		
其 他	Others	102	3441
三、按登记注册类型分组	**Grouped by Status Registration**		
内资企业	Domestic Funded	177	18500
港、澳、台商投资企业	Enterprises with Funds Hong Kong,Macao and Taiwan	12	311
外商投资企业	Foreign Funded Enterprises	9	1343
四、按新国民经济行业大类分组	**Grouping by National Economy Industry**		
采矿业	Mining	7	1804
制造业	Manufacturing	191	18350
电力、燃气及水的生产和供应业	Production and Supply of Electricity，Gas and Water		
五、按企业控股情况分组	**Grouping by Enterprises Share Holding Situation**		
国有控股	State-owned Holding	47	12916
集体控股	Collective Holding	6	712
私人控股	Private Holding	108	3998
港澳台商控股	Hong Kong, Macao and Taiwan Funded Holding	1	201
外商控股	Foreign Holdings	3	97
其 他	Others	33	2230
六、按地区分组	**Grouped by Region**		
长 春	Changchun	53	9186
吉 林	Jilin	40	3992
四 平	Siping	25	935
辽 源	Liaoyuan	13	451
通 化	Tonghua	27	2585
白 山	Baishan	13	368
松 原	Songyuan	7	1825
白 城	Baicheng	8	372
延 边	Yanbian	12	440

Industrial Enterprises Science and Technology Agency Situation（2014）

#博士毕业 PHD Graduate	#硕士毕业 Master Graduate	#本科毕业 University Graduate	机构内部开展科技活动经费支出(万元) Expenditure of Situation Inner Develop Technology Activities (10000yuan)	#仪器设备原价 Equipment	#进口 Import	企业在国外设立的科技机构个数(个) Number of Enterprises Setting Up Science and Technology Agency Situation in Foreign Countries (unit)
422	**2979**	**12453**	**499735**	**496952**	**51266**	**6**
240	2474	9221	441810	411429	40845	2
107	258	2107	34762	51264	8767	
75	247	1124	23078	34180	1653	3
		1	86	80		1
182	2085	6187	322550	240483	22373	1
21	179	1071	16349	23647	4894	
88	279	1834	91584	70269	2048	1
38	108	1396	22371	20027	7610	2
1	1	21	38	146		
92	327	1944	46844	142380	14341	2
397	2804	11347	468142	379067	38696	5
7	6	58	1912	1544		1
18	169	1048	29681	116342	12570	
14	186	982	44173	10576	1800	
408	2793	11471	455563	486377	49466	6
240	2431	8134	410999	309925	27456	1
14	58	572	7318	5748	3337	1
113	236	2230	41389	51069	5498	2
	1		1664	1246		
2	3	56	4698	86358		
53	250	1461	33667	42605	14974	2
184	2120	6030	293015	240120	15037	2
75	351	2508	106227	90864	17984	1
26	36	348	6393	11375	127	
13	27	277	10537	91339	184	
61	126	1552	23184	26250	11027	2
25	61	245	5081	7785	748	
24	191	991	43803	11361	1900	
1	13	252	3492	10089	9	
13	54	250	8003	7769	4251	1

17－29　工业企业全部R&D项目情况

项　目	Item	2013 全部科技项目数(项) All the Technology Projects(Item)	2013 参加科技项目人员(人) Project Personnel for S&T(person)
总计	**Total**	**6421**	**26812**
一、按企业规模分组	**Group by Size of Enterprises**		
大　型	Large-sized Enterprise	1241	19137
中　型	Mdeium-sized Enterprise	643	4387
小　型	Small-sized Enterprise	4537	3288
微　型	Mini-sized Enterprise		
二、按隶属关系分组	**Group by Administration**		
中　央	National	793	12081
省(自治区、直辖市)	Province	283	2501
地(区、市、州、盟)	City	468	4368
县(区、市、旗)	Country	159	2031
街　道	Street		
镇	Town	5	129
乡	Township	4	46
(社区)居委会	Neighborhood		
村委会	Village Committee		
其　他	Others	4709	5656
三、按登记注册类型分组	**Grouped by Status Registration**		
内资企业	Domestic Funded	1907	23675
港、澳、台商投资企业	Enterprises with Funds Hong Kong,Macao and Taiwan	52	1107
外商投资企业	Foreign Funded Enterprises	4462	2030
四、按新国民经济行业大类分组	**Grouping by National Economy Industry**		
采矿业	Mining	215	1528
制造业	Manufacturing	6156	24239
电力、燃气及水的生产和供应业	Production and Supply of Electricity，Gas and Water	50	1045
五、按企业控股情况分组	**Grouping by Enterprises Share Holding Situation**		
国有控股	State-owned Holding	1176	16974
集体控股	Collective Holding	121	1419
私人控股	Private Holding	594	4840
港澳台商控股	Hong Kong, Macao and Taiwan Funded Holding	21	749
外商控股	Foreign Holdings	4231	718
其　他	Others	278	2112
六、按地区分组	**Grouped by Region**		
长　春	Changchun	5389	15498
吉　林	Jilin	320	4183
四　平	Siping	122	958
辽　源	Liaoyuan	78	923
通　化	Tonghua	174	2435
白　山	Baishan	54	443
松　原	Songyuan	219	1386
白　城	Baicheng	14	148
延　边	Yanbian	51	838

Industrial Enterprises All R&D Projects Situations

		2014			
参加项目人员折合全时当量(人年) Project Personnel in Full-time Equivalent (person-year)	本年度项目经费内部支出(万元) Annual Project Internal Expenditures (10000yuan)	全部科技项目数(项) All the Technology Projects(Item)	参加科技项目人员(人) Project Personnel for S&T(person)	参加项目人员折合全时当量(人年) Project Personnel in Full-time Equivalent (person-year)	本年度项目经费内部支出(万元) Annual Project Internal Expenditures (10000yuan)
19277	**650311**	**2264**	**27710**	**21009**	**680706**
14696	544144	1068	19257	16016	546431
2646	58260	681	5050	2926	71282
1935	47907	512	3334	2019	62890
		3	69	49	103
9982	356283	853	13238	11822	402369
1544	28730	154	2192	1529	17390
3006	130348	340	3291	1993	98046
1371	29092	188	2658	1678	27092
53	799	3	132	8	922
40	240	3	29	27	347
3281	104820	723	6170	3953	134541
17118	546226	1943	24407	18503	596723
623	38451	47	1499	1131	47164
1536	65634	274	1804	1376	36819
1406	44105	214	1375	1331	13298
17601	602505	2043	26127	19545	666382
271	3701	7	208	134	1026
13304	462534	1076	16704	14142	477975
861	11024	64	1263	719	12540
2641	66032	741	5461	3026	83935
348	34973	20	894	791	40551
413	37827	72	443	193	9941
1710	37921	291	2945	2140	55764
11630	429037	1155	16116	13304	494301
2874	98701	328	4393	3042	94726
486	12181	134	854	504	8596
652	13518	77	1047	621	15193
1608	23751	229	2764	1688	31611
279	11604	67	470	208	8626
1292	45462	221	1282	1223	15645
80	4664	14	219	85	5680
378	11394	39	565	335	6328

17－30　工业企业自主知识产权保护情况（2014年）

项　　目	Item	专利申请数（件） Number of Patent Applications(piece)	#发明专利 Invention Patents
总计	**Total**	**2370**	**1045**
一、按企业规模分组	**Group by Size of Enterprises**		
大　型	Large-sized Enterprise	1301	505
中　型	Mdeium-sized Enterprise	485	220
小　型	Small-sized Enterprise	549	307
微　型	Mini-sized Enterprise	35	13
二、按隶属关系分组	**Group by Administration**		
中　央	National	886	348
省(自治区、直辖市)	Province	73	34
地(区、市、州、盟)	City	468	182
县(区、市、旗)	Country	167	94
街　道	Street		
镇	Town	8	3
乡	Township	7	5
(社区)居委会	Neighborhood		
村委会	Village Committee		
其　他	Others	761	379
三、按登记注册类型分组	**Grouped by Status Registration**		
内资企业	Domestic Funded	2111	953
港、澳、台商投资企业	Enterprises with Funds Hong Kong,Macao and Taiwan	86	42
外商投资企业	Foreign Funded Enterprises	173	50
四、按新国民经济行业大类分组	**Grouping by National Economy Industry**		
采矿业	Mining	19	7
制造业	Manufacturing	2132	924
电力、燃气及水的生产和供应业	Production and Supply of Electricity，Gas and Water	219	114
五、按企业控股情况分组	**Grouping by Enterprises Share Holding Situation**		
国有控股	State-owned Holding	1057	411
集体控股	Collective Holding	79	35
私人控股	Private Holding	722	395
港澳台商控股	Hong Kong, Macao and Taiwan Funded Holding	13	4
外商控股	Foreign Holdings	52	14
其　他	Others	447	186
六、按地区分组	**Grouped by Region**		
长　春	Changchun	1496	605
吉　林	Jilin	281	118
四　平	Siping	56	23
辽　源	Liaoyuan	68	18
通　化	Tonghua	220	129
白　山	Baishan	61	55
松　原	Songyuan	29	10
白　城	Baicheng	41	13
延　边	Yanbian	118	74

Industrial Interprise Independent Intellectual Property Rights Protection（2014）

拥有发明专利数（件）Inventive Patents Owned（piece)	#国外授权 Foreign Authorized	专利所有权转让及许可数(项) Patent Right of Ownership Transfer and the License Number(item)	专利所有权转让与许可收入(万元) Patent Right of Ownership Transfer and Licensing Revenue (10000yuan)	发表科技论文(篇) S&T Thesis Issued（piece）	拥有注册商标数(件) Number of Registered Trademarks (pieces)	#境外注册 Overseas Registration	形成国家或行业标准数(项) Formation of National or Industry Standard Digital (item）
1884	**13**	**42**	**231**	**1692**	**2987**	**74**	**458**
817	5	4	226	1142	1503	40	86
483	3	18	6	487	809	24	159
584	5	20		63	675	10	213
509	1			914	648	16	78
65				201	175	5	9
430	5	6	226	496	954	16	23
174	2	3		16	347		138
2				1	5		
					2		
704	5	33	6	64	856	37	210
1569	12	25	226	1246	2857	65	403
99		1	6	13	105	9	3
216	1	16		433	25		52
1				209	1		3
1860	13	42	231	1284	2986	74	455
23				199			
683	5	1		1126	834	26	89
62	1	1	6		127		1
659	5	20		110	1245	36	299
11				13	9		
114				395	17		
355	2	20	226	48	755	12	69
693	9	16		1080	790	24	140
564	1	16		231	260	9	22
51		1	6	6	218	1	14
62		2		145	140	1	5
246		5	226	68	1132	38	253
41	3	2		65	103		7
6				71	9		1
27					28		2
194	34			26	307	1	14

17－31 工业企业新产品开发和经费支出情况

Expenditures for new product development and fanding of industrial enterprises

单位：万元　　unit: 10000 yuan

项　目	Item	2013		2014	
		新产品开发项目数 Number of New Products Development Pprojects	新产品开发经费支出 Expenditure on New Products Development	新产品开发项目数 Number of New Products Development Pprojects	新产品开发经费支出 Expenditure on New Products Development
总计	**Total**	**6516**	**740849**	**2356**	**783328**
一、按企业规模分组	**Group by Size of Enterprises**				
大 型	Large-sized Enterprise	792	531634	645	501864
中 型	Mdeium-sized Enterprise	960	125033	937	168932
小 型	Small-sized Enterprise	4764	84182	768	110845
微 型	Mini-sized Enterprise			6	1687
二、按隶属关系分组	**Group by Administration**				
中 央	National	271	157420	257	182416
省(自治区、直辖市)	Province	314	37857	194	43556
地(区、市、州、盟)	City	650	148878	582	219255
县(区、市、旗)	Country	211	63812	234	84583
街 道	Street				
镇	Town			5	1420
乡	Township	3	192	2	193
(社区)居委会	Neighborhood				
村委会	Village Committee				
其 他	Others	5067	332691	1082	251905
三、按登记注册类型分组	**Grouped by Status Registration**				
内资企业	Domestic Funded	1753	477650	1854	599574
港、澳、台商投资企业	Enterprises with Funds Hong Kong,Macao and Taiwan	177	176216	45	43463
外商投资企业	Foreign Funded Enterprises	4586	86983	457	140291
四、按新国民经济行业大类分组	**Grouping by National Economy Industry**				
采矿业	Mining	13	2419	9	1500
制造业	Manufacturing	6502	738310	2347	781828
电力、燃气及水的生产和供应业	Production and Supply of Electricity, Gas and Water	1	120		
五、按企业控股情况分组	**Grouping by Enterprises Share Holding Situation**				
国有控股	State-owned Holding	711	268581	568	335514
集体控股	Collective Holding	156	18068	108	23640
私人控股	Private Holding	916	143626	1093	175134
港澳台商控股	Hong Kong, Macao and Taiwan Funded Holding	29	169450	8	34748
外商控股	Foreign Holdings	4290	54577	188	83983
其 他	Others	414	86547	391	130308
六、按地区分组	**Grouped by Region**				
长 春	Changchun	5403	466510	1200	427930
吉 林	Jilin	339	126825	371	183067
四 平	Siping	137	15265	150	10249
辽 源	Liaoyuan	83	16458	92	25748
通 化	Tonghua	263	68526	306	85906
白 山	Baishan	76	12590	76	12148
松 原	Songyuan	37	4444	29	3499
白 城	Baicheng	22	10916	15	6600
延 边	Yanbian	156	19315	117	28181

17－32 工业企业技术获取和技术改造情况

Industrial Enterprises Technology Acquiring and Technology Transforming Situation

单位：万元　　　　unit: 10000 yuan

项目	Item	2013				2014			
		引进国外技术经费支出 Expenditure for Import Foreign Technology	引进技术的消化吸收经费支出 Expenditure for Absorb and Digest of Introduction Technology	购买国内技术经费支出 Expenditures for Inner Technology	技术改造经费支出 Expenditures for Technical Renovation	引进国外技术经费支出 Expenditure for Import Foreign Technology	引进技术的消化吸收经费支出 Expenditure for Absorb and Digest of Introduction Technology	购买国内技术经费支出 Expenditures for Inner Technology	技术改造经费支出 Expenditures for Technical Renovation
总计	**Total**	**8154**	**9141**	**6058**	**491323**	**8853**	**2446**	**14499**	**1024641**
一、按企业规模分组	**Group by Size of Enterprises**								
大型	Large-sized Enterprise	6810	7472	2647	418584	8348	1056	13657	956832
中型	Mdeium-sized Enterprise	331	567	336	56517	313	961	264	54389
小型	Small-sized Enterprise	1014	1103	3075	16221	191	429	578	13420
微型	Mini-sized Enterprise								
二、按隶属关系分组	**Group by Administration**								
中央	National	6810	4356	997	237955	8248		5411	544819
省(自治区、直辖市)	Province			508	148570		8	395	405688
地(区、市、州、盟)	City	5	2317	1274	52576	5	979	526	37055
县(区、市、旗)	Country	130	385	724	29964	313	1027	201	13182
街道	Street								
镇	Town								22
乡	Township								
(社区)居委会	Neighborhood								
村委会	Village Committee								
其他	Others	1209	2083	2555	22257	286	432	7966	23875
三、按登记注册类型分组	**Grouped by Status Registration**								
内资企业	Domestic Funded	7023	8016	6046	483886	8699	2446	14499	1019826
港、澳、台商投资企业	Enterprises with Funds Hong Kong, Macao and Taiwan								500
外商投资企业	Foreign Funded Enterprises	1131	1125	12	7437	154			4315
四、按新国民经济行业大类分组	**Grouping by National Economy Industry**								
采矿业	Mining								1448
制造业	Manufacturing	8154	9141	5818	471331	8853	2438	14499	975114
电力、燃气及水的生产和供应业	Production and Supply of Electricity, Gas and Water			240	19332		8		48080
五、按企业控股情况分组	**Grouping by Enterprises Share Holding Situation**								
国有控股	State-owned Holding	6810	4356	1542	411124	8431	853	13582	976392
集体控股	Collective Holding	201	1068	1208	21053				5297
私人控股	Private Holding	208	1502	3291	33145	263	540	783	31381
港澳台商控股	Hong Kong, Macao and Taiwan Funded Holding								
外商控股	Foreign Holdings	93	498	12	2869	154			
其他	Others	843	1717	4	23133	5	1053	134	11572
六、按地区分组	**Grouped by Region**								
长春	Changchun	7941	5481	1549	197605	8093	10	5747	341017
吉林	Jilin		1383	286	70323	442	272	224	228492
四平	Siping		45		1856				2707
辽源	Liaoyuan	130	41	8	1102	130	46	12	13497
通化	Tonghua	5	718	910	155569	5	904	133	409711
白山	Baishan			462	9189			477	6884
松原	Songyuan	78		2040	843		7	7785	8385
白城	Baicheng		75	52	8663	183	1206	121	9356
延边	Yanbian		1398	750	46173		1		4593

17－33 工业企业政府相关政策落实情况
Industrial Enterprises Government Related Policies Committing Situations

单位：万元 unit: 10000 yuan

项目	Item	2013			2014		
		政府资金 Government Funds	研究开发费用加计扣除减免税 Expenditure of Investigate and Ddevelopment Adding Deducting Tax Reduction	高新技术企业减免税 Tax Breaks for High-tech Enterprises	政府资金 Government Funds	研究开发费用加计扣除减免税 Expenditure of Investigate and Ddevelopment Adding Deducting Tax Reduction	高新技术企业减免税 Tax Breaks for High-tech Enterprises
总计	**Total**	**46675**	**188041**	**50503**	**46246**	**320970**	**62991**
一、按企业规模分组	**Group by Size of Enterprises**						
大型	Large-sized Enterprise	30457	180341	29881	27710	315270	41944
中型	Mdeium-sized Enterprise	9458	3935	13290	8218	3072	13548
小型	Small-sized Enterprise	6760	3765	7332	10312	2628	7498
微型	Mini-sized Enterprise				6		
二、按隶属关系分组	**Group by Administration**						
中央	National	19736	178151	20825	16096	307862	20599
省(自治区、直辖市)	Province	346	98	707	261	1183	3111
地(区、市、州、盟)	City	10848	2646	7475	11500	965	7383
县(区、市、旗)	Country	2519	2256	6271	2283	1227	7564
街道	Street						
镇	Town	30			70	24	15
乡	Township			209	1		
(社区)居委会	Neighborhood						
村委会	Village Committee						
其他	Others	13196	4889	15016	16035	9710	24318
三、按登记注册类型分组	**Grouped by Status Registration**						
内资企业	Domestic Funded	43271	186885	45778	42670	320766	54868
港、澳、台商投资企业	Enterprises with Funds Hong Kong, Macao and Taiwan	3290	706	1173	3124	145	1305
外商投资企业	Foreign Funded Enterprises	114	450	3552	452	59	6818
四、按新国民经济行业大类分组	**Grouping by National Economy Industry**						
采矿业	Mining	7070			5224		
制造业	Manufacturing	39605	188041	50060	41022	320970	62991
电力、燃气及水的生产和供应业	Production and Supply of Electricity, Gas and Water			443			
五、按企业控股情况分组	**Grouping by Enterprises Share Holding Situation**						
国有控股	State-owned Holding	25921	179454	21172	21452	314555	28198
集体控股	Collective Holding	1657	1017	3071	1339	1414	5051
私人控股	Private Holding	11094	3785	12128	13250	4225	15498
港澳台商控股	Hong Kong, Macao and Taiwan Funded Holding	3221	548	1099	2766	54	172
外商控股	Foreign Holdings	100		439	291		1757
其他	Others	4683	3238	12593	7148	722	12315
六、按地区分组	**Grouped by Region**						
长春	Changchun	20509	183103	30535	20281	311090	35241
吉林	Jilin	6772	1316	6170	7428	1268	5174
四平	Siping	464	452	607	642	642	652
辽源	Liaoyuan	646		80	2339	549	941
通化	Tonghua	4492	1159	10153	4886	637	14095
白山	Baishan	1689	222	495	1794	2	2
松原	Songyuan	7120			5203	6407	6407
白城	Baicheng	718	1368	200	532	299	463
延边	Yanbian	4265	422	2264	3142	75	16

17－34 群众文化事业基本情况
Basic Statistics on Mass Culture

指　　标	Item	2012	2013	2014
机构数（个）	**Number of Institutions(unit)**	**965**	**975**	**974**
群众艺术馆	Mass Art Centers	14	14	14
文化馆	Cultural Centers	63	64	64
文化站	Cultural Stations	888	897	896
从业人员数（人）	**Employment(person)**	**3869**	**4452**	**4561**
文化活动情况	**Cultural Activities**			
举办展览（次）	Number of Exhibitions(time)	1261	1420	1565
组织文艺活动（次）	Organization of Artistic Activities(time)	11153	13421	15380
举办训练班（班）	Training Courses(class)	5627	5498	6901

17－35 公共图书馆、博物馆和文物保护单位基本情况
Basic Statistics on Public Libraries、Museums and Cultural Relic Agencies

指　　标	Item	单位 unit	2012	2013	2014
公共图书馆	**Public Libraries**				
单位数	Institutions	个 unit	66	66	66
从业人员数	Number of Empolyed Persons	人 person	1652	1652	1642
藏书	Collections	万册/件 10000volume/pcs	1710	1597	1663
阅览室座席	Seating Capacity of Reading Rooms	千个 1000seats	16	16	20
建筑面积	Floor Space of Public Buildings	千平方米 1000sq.m	187	194	247
# 阅览室	Reading Room	千平方米 1000sq.m	53	56	77
书库	Stack Rooms	千平方米 1000sq.m	39	40	45
借阅人次	Total Number of Circulation	万人次 10000 person-times	691	540	318
借阅册次	Number of Books Borrowed by Reader	万册次 10000 volume-times	476	462	612
博物馆	**Museums**				
单位数	Institutions	个 unit	68	73	78
从业人员数	Number of Empolyed Persons	人 person	942	1214	1214
文物藏品	Number of Collections	万件 10000pcs	29	36	37
举办展览	Number of Exhibitions	次 time	130	362	428
参观人次	Number of Visitors	千人次 1000 person-times	8600	7259	9594
文物保护单位	**Agencies of Historical Relics Preservation**				
单位数	Institutions	个 unit	48	49	52
从业人员	Number of Person Empolyed	人 person	373	172	137
藏品	Number of Collections	万件 10000pcs	3	1	5

17－36 电影事业基本情况
Basic Statistics on Film

指　　标	Item	2012	2013	2014
电影制片厂(个)	Number of Film Studios (unit)	1	1	1
电影发行放映管理机构(个)	Film Administrations(unit)	52	52	52
专业电影放映单位(个)	Film Projection Institutions(unit)	628	618	621
电影院	Cinemas	74	74	88
农村电影放映队	Rural Film Projection Teams	554	544	533
电影放映从业人员（人）	Personnel for Film(person)	3582	4000	4300
放映场次合计（千场）	Number of Shows(1000 times)	380.1	506.8	649.9
观众人次（千人次）	Number of Spectators(1000 person/times)	14992	16570	17448

17－37 图书出版
Books Published

指　　标	Item	种类（种） Number of Publications(kind)			总印数（万册） Total Printed Copies(10000 copies)		
		2012	2013	2014	2012	2013	2014
总计	**Total**	**26980**	**27010**	**21565**	**40293**	**41306**	**25500**
书籍	Books	26980	27010	21564	40293	41306	25497

17－38　期刊出版
Magazines Published

指　　标	Item	种类（种） Number of Publications(kind)			总印数（万册） Total Printed Copies (10000 copies)			总印张（万印张） Printed Sheets (10000 sheets)		
		2012	2013	2014	2012	2013	2014	2012	2013	2014
总计	**Total**	**240**	**240**	**236**	**38000**	**38100**	**9490**	**157519**	**157817**	**431489**
综合	General Books	30	30	3	11620	11640	65	46554	46570	4335
哲学、社会科学	Philosophy and Social Sciences	58	58	60	7333	7353	2063	32068	32156	97108
自然科学、技术	Natural Sciences and Technology	99	99	103	3144	3164	559	17984	18001	52011
文化、教育	Culture and Education	30	30	42	10875	10895	1408	38602	38802	52501
文学、艺术	Literature and Arts	18	18	28	3903	3908	5395	17277	17268	225534
少年儿童读物	Children Books	4	4	8	1100	1115	288	4993	4980	11820
画刊	Illustrated Periodical	1	1	2	25	25	23	41	40	1251

17－39　报纸出版
Newspapers Published

指　　标	Item	种类（种） Number of Publications(kind)			总印数（万份） Total Printed Copies (10000 copies)			总印张（万印张） Printed Sheets (10000 sheets)		
		2012	2013	2014	2012	2013	2014	2012	2013	2014
总计	**Total**	**81**	**81**	**52**	**180000**	**180002**	**92605**	**899979**	**897131**	**3130344**
综合报	General Newspapers	49	49	22	107084	107001	40135	598486	596129	2116182
专业报	Specialized Newspapers	32	32	30	72916	73001	52470	301494	301002	1014162
省级报纸合计	Total Newspapers of Provincial Level	37	37	24	95402	93609	70087	458989	457025	2410416
综合报	General Newspapers	16	16	4	26718	26001	21368	192775	191024	1442586
专业报	Specialized Newspapers	21	21	20	68684	67608	48719	266214	266001	967830
市级报纸合计	Total Newspapers of Municipal Level	44	44	28	84598	84453	22519	440990	440106	719928
综合报	General Newspapers	33	33	18	80366	80312	18766	405710	405103	673596
专业报	Specialized Newspapers	11	11	10	4232	4141	3753	35280	35003	46332

17－40　工会基本情况
Basic Statistics on Trade Union

指　　标	Item	2012	2013	2014
基层工会组织数（个）	Number of Grassroot Trade Unions (unit)	47518	40440	28189
职工人数（万人）	Staff and Workers(10000 persons)	522	529	370
#女职工人数	Female	186	178	127
会员人数（万人）	Membership(10000 persons)	510	517	358
#女会员人数	Female	185	176	124
女职工工作委员会（个）	Female Worker's Committee(unit)	24621	25339	27779
建立工会经费审查组织（个）	Investigating Expenses of Trade Union Organizations(unit)	12517	11233	6264
建立职工代表大会制度的单位（个）	Staff and Worker's Congress Regulation (unit)	40012	43653	22956
实行厂务公开的单位（个）	Opening Service Unit(unit)	37729	105797	22271
建立工会劳动保护监督检查委员会（个）	Labor Protective Supervising and Investigating Committee(unit)	11848	14054	10006
建立工会劳动法律监督组织（个）	Labor Law Supervising Organizations (unit)	7325	10006	4509
建立劳动争议调解委员会的单位（个）	Labor Dispute Mediating Commission (unit)	13906	14844	7395
建有职工技协组织（个）	Organization for Staff and Workers (unit)	848	1859	2689

CHAPTER ▶ 18

第十八篇

体育、卫生和其他事业

SPORTS，PUBLIC HEALTH AND OTHERS

18－1 体委系统体育工作者
Personnel of Physical Culture and Sports Commissions

单位：人　　　　unit：person

项　目	Item	2012	2013	2014
合计	**Total**	**4912**	**4957**	**4467**
专职教练员	Full-time Coaches	683	734	786
运动员	Athletes	613	761	717
管理干部	Administrative Cadre	1119	1587	1124
文化教师	Full-time Teachers	928	652	342
科技人员	Scientific and Technical Personnel	50	94	49
医务人员	Medical Personnel	39	24	37
公务员	Civil Servants	373	570	547
公勤人员	Logistics Workers	561	244	293
其他	Others	546	291	572

18－2 运动员获奖情况（2014年）
Players Awards （2014）

单位：枚　　　　（unit）

项　目	Item	获得金牌 Gold		获得银牌 Silver		获得铜牌 Bronze	
		2013	2014	2013	2014	2013	2014
全国比赛	National Competitions	43	69	40	84	47	83
竞技体育在世界大赛中	Sports in the World Series	10	8	12	8	4	3

18－3　裁判员、运动员发展人数
Athletes and Referees in Grades by Type of Sports

单位：人　　　　unit: person

指　　标	Item	2012	2013	2014
等级裁判员合计	**Number of Referees in Grades**	**1598**	**2659**	**2214**
一级裁判员	First Grade Referees	486	1489	843
二级裁判员	Secondary Grade Referees	1094	1170	1356
等级运动员合计	**Number of Athletes in Grades**	**1200**	**1250**	**781**
国际级运动健将	International Master of Sports	4	2	9
发展国家运动健将	National Master of Sports	29	38	18
一级运动员	First Grade Athletes	222	220	239
二级运动员	Second Grade Athletes	945	990	515

18－4 历年卫生事业基本情况

Basic Statistics on Health

年份 Year	卫生机构数（个） Number of Health Institutions (unit)	#医院、卫生院 Hospitals and Health Centers	卫生机构床位数（万张） Number of Beds in Health Institutions (10000 beds)	#医院、卫生院 Hospitals and Health Centers	卫生技术人员数（万人） Medical Technical Personnel (10000 persons)	执业（助理）医师 Certified (Assistant) Doctors	每万人口 Per10000persons 床位数（张） Number of Beds(bed)	每万人口 Per10000persons 医生数（人） Number of Doctors (person)
1978	3889	1220	6.27	5.80	7.36	3.03	29.2	14.1
1979	4263	1227	6.57	5.97	8.19	3.15	30.1	14.5
1980	4274	1249	6.71	6.06	8.57	3.45	30.4	15.6
1981	4565	1251	6.84	6.17	9.44	3.60	30.7	16.1
1982	4494	1268	7.20	6.49	9.70	3.66	31.9	16.2
1983	4540	1266	7.38	6.61	9.99	3.77	32.5	16.7
1984	4557	1275	7.69	6.83	10.35	3.90	33.6	17.1
1985	4568	1269	7.88	6.97	10.54	3.98	34.3	17.3
1986	4539	1268	8.23	7.30	10.79	4.01	35.5	17.3
1987	4566	1281	8.65	7.61	11.04	4.11	37.0	17.6
1988	4447	1272	8.93	7.82	11.34	4.60	37.9	19.5
1989	4425	1290	9.07	7.95	11.70	4.79	37.8	20.0
1990	4407	1299	9.21	8.06	12.00	5.03	37.8	20.6
1991	4369	1295	9.27	8.14	12.43	5.13	37.7	20.8
1992	4189	1290	9.49	8.40	12.77	5.15	38.3	20.8
1993	4006	1306	9.65	8.58	12.91	5.26	38.7	21.0
1994	3920	1341	9.47	8.45	13.23	5.39	37.7	21.3
1995	3891	1310	9.66	8.41	13.42	5.61	37.9	22.0
1996	3720	1327	9.49	8.41	13.42	5.56	36.8	21.6
1997	3663	1329	9.50	8.44	13.51	5.63	36.5	21.6
1998	3832	1324	9.32	8.33	13.56	5.89	35.8	22.6
1999	3912	1314	9.21	8.27	13.71	6.15	35.2	23.5
2000	3323	1293	8.93	8.05	13.20	5.97	34.0	22.7
2001	7417	1299	9.15	8.25	13.37	6.17	34.7	23.4
2002	2080	1432	8.51	7.97	11.63	4.21	32.1	19.3
2003	7695	1431	8.61	8.18	12.86	4.76	32.4	21.5
2004	8219	1425	8.64	8.11	12.87	5.83	32.5	21.9
2005	8755	1380	8.77	8.21	12.57	5.64	32.3	18.5
2006	9696	1386	9.09	8.55	12.85	5.91	33.4	21.7
2007	9683	1388	9.44	8.92	12.58	5.70	34.6	20.9
2008	9659	1370	9.93	9.35	12.79	5.75	36.3	21.1
2009	9565	1361	10.83	10.07	13.10	5.87	39.6	21.4
2010	9532	1346	11.51	10.65	13.84	6.21	41.9	22.6
2011	8178	1329	12.14	9.54	13.91	5.96	44.2	21.7
2012	19729	1345	12.81	11.87	14.41	6.15	46.6	22.4
2013	19913	1351	13.32	12.41	14.60	6.20	48.4	22.5
2014	19891	1355	14.11	13.20	15.14	6.32	51.3	23.0

18－5 卫生机构、床位、技术人员情况（2014年）

单位：人

项　　目	Item	卫生机构（个）Number of Health Institutions (unit)	卫生机构实有床位（张）Number of Bed in Health Institutions (Bed)	卫生技术人员 Health teachnical Personnel	执业（助理）医师 Certified (Assistant) Doctors	执业医师 Certified Doctors
总　计	**Total**	**19891**	**141064**	**151425**	**63232**	**55376**
一、医 院	Hospital	582	114004	96329	36240	33975
综合医院	General Hospital	345	80044	68963	26007	24474
中医医院	Traditional Chinese Medicine Hospital	73	12584	13049	5252	4834
中西医结合医院	Synthetical Hospital	6	1505	1404	515	498
民族医院	National Hospital	2	82	118	49	48
专科医院	Specialized Hospital	154	19559	12753	4406	4112
二、基层医疗卫生机构	Basic Medical Institutions	18856	21275	42193	21603	16713
社区卫生服务中心(站)	Community Health Service Centers(stations)	364	3139	6871	2786	2390
乡镇卫生院	Health Center of Township	773	17982	19298	8536	5845
中心卫生院	Central Health Center	204	7357	8044	3602	2585
乡卫生院	Health Center of Township	569	10625	11254	4934	3260
村卫生室	Village Health Clinic	11225		2127	1895	988
门诊部	Clinics	405	145	2699	1580	1411
三、专业公共卫生机构	Professional Public Health Institutions	348	3027	11535	4849	4246
疾病预防控制中心	Disease Precaution and Control Centre	68		3817	1923	1652
专科疾病防治所(站、中心)	Special Disease Prevention and Cure Hospital	47	394	917	438	375
妇幼保健院(所、站)	Mathernity and Child Health Care Centre	68	2051	4289	2006	1805
卫生监督所(中心)	Health Supervision Stations	38		1154		

Health Institution、Beds、Teachnical Pevsonnel（2014）

unit：person

注册护士 Registered Nurses	药师（士）Pharmacists（Person）	技师（士）Technicians（Person）	检验师（士）Examiner（Person）	其他 Other	见习医师 Trainee Doctors	其他技术人员 Other Technical Personnel
57433	**7794**	**7845**	**5345**	**15121**	**2817**	**7564**
43032	5133	5046	3278	6878	2042	4714
31600	3349	3618	2337	4389	1284	3093
4698	993	681	403	1425	487	589
548	149	68	42	124	64	83
39	21	1	1	8	8	8
6124	619	677	495	927	199	937
11621	2220	1465	906	5284	535	1665
2572	454	324	214	735	132	431
4957	1285	968	586	3552	277	1234
2246	555	445	264	1196	122	465
2711	730	523	322	2356	155	769
232						
800	79	115	79	125	17	
2382	357	1216	1055	2731	209	916
310	78	627	598	879	32	356
212	54	100	64	113	11	65
1335	179	296	208	473	154	211
				1154		55

18－6 各地区卫生机构情况（2014年）
Basic Statistics on Health Institutions by Region（2014）

单位: 个　　（unit）

地　区	Region	卫生机构 Number of Health Institutions	医院 Hospital	卫生院 Health Center	妇幼机构 Maternity and Child Care Centers	疾病控制机构 Disease Control Center
全　省	**Total**	**19891**	**582**	**773**	**68**	**68**
长　春	Changchun	4219	166	135	11	14
吉　林	Jilin	3487	132	98	12	12
四　平	Siping	2102	57	93	7	5
辽　源	Liaoyuan	903	18	42	3	3
通　化	Tonghua	1915	40	90	8	6
白　山	Baishan	1121	32	62	6	6
松　原	Songyuan	2591	42	89	6	6
白　城	Baicheng	1407	29	92	6	6
延　边	Yanbian	2146	66	72	9	10

注：卫生机构包含乡卫生室。
Note:Health Institutions Inclaece Township Health.

18－7 各地区卫生床位、人员情况（2014年）
Beds and Employed Personnel by Region（2014）

单位: 张、人　　unit：bed，person

地　区	Region	卫生机构床位 Health Institutions Beds	医院床位 Hospital Beds	卫生技术人员 Medical Technical Personnel	执业(助理)医师 Certified (Assistants) Physicians	注册护士 Registered Nurses
全　省	**Total**	**141064**	**114004**	**151425**	**63232**	**57433**
长　春	Changchun	47444	42478	45210	18816	18006
吉　林	Jilin	25511	20836	27852	10976	11324
四　平	Siping	14876	11017	15891	6541	5802
辽　源	Liaoyuan	5643	4278	6810	2730	2769
通　化	Tonghua	11801	8423	11671	5374	4055
白　山	Baishan	8522	6027	8152	3364	3027
松　原	Songyuan	8576	6802	11635	4986	3639
白　城	Baicheng	7362	4830	9049	4290	2825
延　边	Yanbian	11329	9313	15155	6155	5986

注：医院床位数为实际营业数。
Note:the number of hospital beds is actual sales.

18－8 各地区医疗卫生机构住院服务情况（2014年）
Medical and Health Institutions in Various Regions of Hospital Sewices（2014）

项目	Item	入院人数 (万人) Admission Number (10000 Persons)	出院人数 (万人) Discharge Number (10000 Persons)	住院病人手术人次 (万人次) Number of Patients hospitalized (10000 Persons /time)	死亡率 (%) Death Rate (%)	病床工作日 (日) Bed working day(day)	每百门急诊入院人数 (人) Number of Admission Per hundred out patient and Emergency Department (person)	居民年住院率（%） Residents Annual Hospitalization Rate(%)
全　省	**Total**	**335.5**	**331.7**	**68.8**	**0.91**	**293.2**	**5.31**	**12.6**
长　春	Changchun	122.4	121.0	30.2	0.83	306.5	5.26	16.2
吉　林	Jilin	57.2	57.0	12.7	1.21	297.0	5.00	13.4
四　平	Siping	34.7	34.4	6.0	0.44	272.5	6.06	10.6
辽　源	Liaoyuan	17.2	17.1	2.2	0.95	336.0	7.12	14.1
通　化	Tonghua	24.9	24.4	4.9	1.06	277.4	4.89	11.2
白　山	Baishan	13.2	13.1	1.7	0.75	273.3	6.47	10.5
松　原	Songyuan	24.9	24.6	3.8	0.47	285.0	6.86	8.9
白　城	Baicheng	16.1	16.1	2.6	0.82	268.6	6.21	8.1
延　边	Yanbian	24.9	24.0	4.6	1.66	276.1	3.57	11.6

注：居民年住院率为入院人数除以当地人口数。
Note: Resident' s annual Rate of hospitalization for admission divided by the number of local population.

18－9 医疗机构运营情况（2014年）
Operation of medial Institutions（2014）

项目	Item	合计 Total	医院 Hospitals	卫生院 Health centers	门诊部 out-patient Department	妇幼保健院 Mother and Child Health Care Hospital	专科疾病防治院 Specialist disease Prevention and treatment Institute
门诊服务	**Outpatient Service**						
诊疗人次（万人次）	Person(10000 person/time)	10634.9	4808.8	987.3	165.5	192.8	20.8
#门诊	Outpatient	8815.1	4196.3	934.9	140.9	178.8	20.6
#急诊	Emergency Treatment	565.1	495.2	29.0		5.8	
住院服务	**Admission service**						
入院人数（万人）	Admission Number(10000 person)	335.5	303.5	19.8	0.5	6.0	0.9
住院病人手术人次（万人）	Patient Operation(10000 person)	68.8	66.7			2.0	
每百门急诊的入院人数（人）	Number of Admissions Per hundred outpatient and Emergency Department(person)	5.31	6.47	2.05		3.25	4.44
床位利用	**Bed utilization**						
平均床位周转率（次）	Average Bed turnover Rate(time)	24.9	27.7	11.6		32.5	9.3
平均床位工作日（日）	Average Bed working days(Day)	262.8	293.2	110.1		177.8	294.9
床位使用率(%)	Bed Utilization(%)	72.01	80.32	30.18		48.71	80.79
出院者平均住院日（日）	Average length of hospital stay(day)	9.6	9.9	7.0		5.3	30.7

18－10 残疾人事业基本情况
Basic Information of Person with Disabilities

项　　目	Item	2012	2013	2014
康　　复	**Rehabilitation**			
视力残疾康复	Rehabilitation of Persons with Sight Disability			
白内障复明手术（例）	Sight-restoring Cataract Surgeries(case)	15085	15441	15467
贫困白内障患者免费手术（例）	Free Surgeries for Poor Cataract Patients(case)	2947	2812	3326
低视力者配用助视器（人）	Vision-aids Provided for Persons of Low-vision(person)	7254	3756	3038
盲人定向行走训练（人）	Blindman Trained with Direction Walking(person)	4493	4250	4254
聋儿康复	Rehabilitation of Chindren with Hearing Disability			
年收训聋儿（人）	Hearing and Speech Training(person)	332	378	362
聋儿入普幼普小率（%）	Enrollment Rate of Trained Children to Ordinary Kindergartens and Primary Schools(%)	61.8	64.7	63.6
培训家长（人）	Parents Trained(person)	904	994	1100
精神病防治康复	Prevention and Treatment of Psychiatric Diseases			
开展精神病防治康复工作市县数（个）	Counties Carried on the Works of Prevention and Treatment of Psychiatric Diseases(unit)	63	63	69
综合防治康复精神病人数（万人）	Prevention and Treatment Provided for Patients with Severe Diseases(10 000 persons)	15.91	16	16.2
监护率（%）	Guardianship Rate(%)	97.1	96.8	96.8
显好率（%）	Significant Improvement Rate(%)	71.1	66.7	69.7
社会参与率(%)	Social Involvement Rate(%)	58.7	55.6	57.6
肇事率（%）	Violent Events Rate(%)	0.04	0.03	0.03
孤独症儿童训练数（人）	Trained Persons with Infantile Autism(person)	354	612	567
肢体残疾康复	Rehabilitation of Persons with Physical Disability(person)			
成人肢体残疾人社区、家庭康复数（人）	Adult physical disabled community，Family Rehabilitation Number(person)	7207	4464	4751
肢体残疾儿童、社区、家庭康复数（人）	Physically Disabled children community、Family Rehabilitation Number(person)	376	473	80
智力残疾康复	Rehabilitation of Persons with Intellectual Disability			
智力残疾儿童康复训练数（人）	Children Rehabilitated(person)	3387	1880	1912
辅助器具配置	The Distribution of Assistant Appliance			
辅助器具供应数量（件）	Quantity of Assistant Appliance Supply(supply)	25539	9978	102515
免费发放辅助器具数量（件）	Quantity of Free Assistant Appliance Supply(supply)	18189	6654	95582
教　　育	**Education**			
未入学适龄残疾儿童少年（人）	School-age Disabled Children without Schooling(person)	2710	2896	2498
职业教育与培训机构数（个）	Vocational Education and Training(unit)	177	180	205
就　　业	**Employment**			
城镇残疾人就业状况	Employment of Urban Handicapped			

项　　目	Item	2012	2013	2014
当年安排在业人数（人）	Number of people in the Industry(person)	157204	159153	158163
按比例就业	Employed by Quota Scheme	25383	26019	25212
集中就业	Employed at Welfare Enterprises	41019	39998	36965
个体就业	Self–employed	88228	89893	91550
农村残疾人就业状况	Employment of Rural Handicapped			
就业（人）	Employed(person)	305750	305285	305778
盲人按摩	**Massage by Persons with Visual Disability**			
保健按摩员培训（人）	Massage Therapists Training(person)	843	1092	1080
医疗按摩员培训（人）	Keep–fit Massager Training(preson)	598	321	265
扶　　贫	**Poverty Alleviation**			
本年扶持贫困残疾人（人次）	Supports the impoverished Disable Person(person–time)	22184	29548	28513
本年实际脱贫人数（人）	Actual Escaping from Poverty Population in this Year(person)	14176	21410	21826
残联组织建设	**Organization of the Disabled Persons Federation**			
全省残疾人总数（万人）	Total Population of Disabled Persons in the Whole Province (10 000 persons)	193.28	193.28	193.28
残疾人工作者（人）	Works Working for the Disabled(person)	3109	2857	2865
残疾人信访	**Disabled Persons' Letters and Visits from People**			
残疾人来信（件）	Disabled Persons Letters(piece)	826	672	401
残疾人来访	Disabled Persons Visitors			
个人访（人次）	Personal Visits(person–time)	4108	4923	3497
集体访（批次）	Congregated Visits(batch)	49	42	80
集体访（人次）	Congregate Visits(person–time)	727	807	2328

18－11 律师、调解工作基本情况
Basic Statistics on Lawyers and Mediation

项　　目	Item	2012	2013	2014
律师工作	**Lawyers**			
律师机构（处）	Law Offices(unit)	586	599	423
# 律师（人）	# Full-time Lawyers(person)	3411	3610	3694
聘请担任常年法律顾问单位（处）	Number of Units with Permanent Legal Advisors(unit)	3507	3596	3808
民事代理（件）	Agent of Civil Cases(piece)	17434	17078	11482
刑事辩护、代理（件）	Defender of Criminal Cases(piece)	4527	4367	2734
非诉讼法律事务（件）	Agent of Non-litigious Legal Affairs(piece)	1486	835	431
解答法律咨询（件）	Agent of Legal Advisory Services(piece)	4155	1289	1241
代写法律事务文书（件）	Agent of Legal Documents Written on Behalf of Clients(piece)	368	507	437
人民调解工作	**People' s Mediation Work**			
专职司法助理员（人）	Full-time Judical Assistants(person)	1066	2673	1008
人民调解委员会（个）	People' s Mediation Committees(unit)	15307	15421	15382
调解人员（人）	Mediators(person)	76260	75873	74477
调解民间纠纷（件）	Civil Disputes Mediated(piece)	281361	223090	237514

18－12 婚姻登记情况（2014年）
Basic Statistics on Marriage Registrations and Divorces（2014）

项　　目	Item	2014
结婚登记(万对）	Marriage Registration(10000 couple)	25
#涉外、港澳台、华侨及出国人员结婚登记(对)	Foreign、Hongkong、Macao and Taiwan、overseas chinese and overseas personnel to getmarried(couple)	958
离婚登记（万对）	Divorce Registration(10000 couple)	11
#涉外、港澳台、华侨及出国人员离婚登记(对)	Foreign、Hongkong、Macao and Taiwan、overseas chinese and overseas personnel to Divorce(couple)	108

18－13　公证工作基本情况
Basic Statistics on Notarization

项　　目	Item	2012	2013	2014
公证机构和人员	**Institutions and Personnel**			
公证处（个）	**Nortarial Offices(unit)**	**70**	**70**	**70**
公证人员（人）	**Nortarial Personel(person)**	**695**	**628**	**610**
#公　证　员	# Notaries	382	371	368
助理公证员	Assistant Notaries	313	257	242
办理公证（项目）总计（件）	**Notarized Documents(piece)**	**331985**	**464713**	**423196**
国内公证合计	Domestic Justice Total	197330	258157	225780
涉外公证合计	International Justice Total	133513	205350	186883
涉台、港、澳公证合计	Relate to Taiwan、Hongkong and Macao Notarization Summation	1142	1206	10533
涉台公证合计	Relate to Taiwan Notarization Summation	620	710	5259
涉港澳公证合计	Relate to Hongkong and Macao Notarization Summation	522	496	5274

18－14　妇联组织情况
Basic Statistics for the Women's Federation Organization

项　　目	Item	组织机构（个）Institutions (unit)			干部总数（人）Number of Cadres (person)		
		2012	2013	2014	2012	2013	2014
合　　计	**Total**	**977**	**976**	**971**	**1393**	**1404**	**1404**
省　妇　联	Province Level	1	1	1	47	45	45
市（州）妇联	City Level	9	10	10	120	143	143
县（市、区）妇联	County Level	65	74	60	300	284	284
乡（镇）妇联	Township Level	640	620	618	652	645	645
街　道　妇　联	Street Level	262	271	282	274	287	287

18－15　社会救助情况（2014年）
Basic Statistics on Social Assistance（2014）

项　　目	Item	2014
城市最低生活保障人数(万人）	The Number of Urban Minimum Living Accowance	79
城市最低生活保障救助资金（亿元）	Urban Minimum living Security Assistance Funds	35.48
农村最低生活保障人数（万人）	The Number of Rural Minimum Living Accowance	81
农村最低生活保障救助资金（亿元）	Rural Minimum Living Security Assistance Funds	12.08
农村五保供养对象人数（万人）	The Number of Rural Five Objects Support	12.1
农村五保供养对象救助资金（亿元）	The Beneticiaries Bailout Fonds	3.77
城乡医疗救助人次数（万人次）	The Number of Urban and Rural Medical Assistance People	236
城乡医疗救助资金（亿元）	Urban and Rural Medical Assistance Funds	6.33

18－16 火灾情况
Basic Statistics on Fire

项目	Item	2012	2013	2014
火灾数（起）	**Number of Fire(Case)**	**5657**	**12489**	**13237**
城市	Urban Area	1944	3860	3288
农村	Rural Area	2476	6072	7204
其他	Others	1237	2557	2745
死亡人数（人）	**Number of Deaths(Person)**	**3**	**138**	**19**
城市	Urban Area	2	128	9
农村	Rural Area	1	10	8
其他	Others			2
受伤人数（人）	**Number of Injuries(Person)**	**1**	**85**	**30**
城市	Urban Area		84	12
农村	Rural Area	1	1	14
其他	Others			4
损失金额（万元）	**Losses Converted into Cash(10000 yuan)**	**2725**	**24355**	**5418**
城市	Urban Area	899	2248	3411
农村	Rural Area	636	2144	1836
其他	Others	1190	19963	171

18－17 交通事故情况
Basic Statistics on Traffic Auidents

项目	Item	2012	2013	2014
交通事故数(起)	**Traffic Accidents**	**2817**	**2456**	**2792**
城市	Urban Area	1309	1131	1392
农村	Rural Area	1508	1325	1400
机动车	Vehicles	2761	2407	2727
汽车	Motor Vehicles	2134	1831	2177
摩托车	Motorcycles	509	490	500
拖拉机	Tractors	42	36	25
其他	Others	76	50	25
非机动车	Non-motor-driven Vehicles	40	38	57
# 自行车	# Bicycles	19	13	10
行人、乘车人	Pedestrians and Passengers	11	9	8
其他	Others	5	1	5
死亡人数（人）	**Number of Deaths**	**1388**	**1345**	**1323**
城市	Urban Area	450	422	428
农村	Rural Area	938	923	895
受伤人数（人）	**Number of Injuries**	**2764**	**2310**	**2688**
城市	Urban Area	1180	1088	1336
农村	Rural Area	1584	1222	1352
损失金额（万元）	**Losses Converted into Cash**	**3117**	**3118**	**3447**
城市	Urban Area	1503	1585	1628
农村	Rural Area	1614	1533	1819

18－18 人民法院审理刑事一审案件收结案情况
First Trial Criminal Cases Accepted and Concluded by Courts

单位：件 (case)

项目	Item	收案 Cases Accepted		结案 Cases Concluded	
		2013	2014	2013	2014
合计	**Total**	**17857**	**19342**	**17360**	**18459**
危害公共安全罪	Crimes of Endangering Public Security	3629	4345	3542	4191
破坏社会主义市场经济秩序罪	Crimes of Disrupting the Order of the Socialist Market Economy	846	977	841	880
侵犯公民人身权利民主权利罪	Crimes of Infringing upon Citizens' Right of the Person and Democratic Rights	4011	4233	3886	4131
侵犯财产罪	Crimes of Property Violation	5351	5162	5283	4847
妨害社会管理秩序罪	Crimes of Obstructing Administration of Public Order	3059	3595	2914	3473
危害国防利益罪	Crimes of Impairing the Interests of National Defence	5	4	5	4
贪污贿赂罪	Crimes of Embezzlement and Bribery	729	808	698	715
渎职罪	Crimes of Dereliction of Duty	227	215	190	188
其他	Others		3	1	6
合计中含自诉案件	Private Prosecution of Total	290	217	313	207

注：结案中含上年旧存（以下各表同）。
Note: Data of cases settled include cases turned over from previous year.The same applies to the tables following.

18－19 人民法院审理婚姻家庭、继承一审案件收结案情况（2014年）
First Trial Civil Cases of Marriages,Family Affairs and Inheritance Accepted and Concluded by Courts（2014）

单位：件 (case)

项目	Item	收案 Cases Accepted	结案 Cases Concluded	调解 Mediation	判决 Judgement	驳回 Reject	撤诉 Withdrawal	其他 Other
合计	**Total**	**36304**	**35378**	**14747**	**9603**	**430**	**10195**	**403**
婚姻家庭	Marriages and Family Affairs	34022	33239	13336	9219	414	9910	360
离婚	Divorce	28083	27287	10774	7513	340	8436	224
赡养纠纷	Support Disputes	977	978	339	304	7	318	10
抚养、扶养关系纠纷	Upbringing and Maintenance Relationship Disputes	1369	1355	895	206	4	236	14
抚养费纠纷	Upbringing Fee Disputes	1024	1005	435	320	16	224	10
其他	Others	2569	2614	893	876	47	696	102
继承	Inheritance	2282	2139	1411	384	16	285	43
法定继承	Legal Inheritance	580	578	408	101	3	59	7
遗嘱继承	Testament Inheritance	135	114	74	23		16	1
其他	Others	1567	1447	929	260	13	210	35

18－20 人民法院审理合同纠纷一审案件收结案情况（2014年）
First Trial Cases of Contracts Disputes Accepted and Concluded by Courts（2014）

单位: 件 (case)

项目	Item	收案 Cases Accepted	结案 Cases Concluded	调解 Mediation	判决 Judgement	驳回 Reject	撤诉 Withdrawal	其他 Other
合计	**Total**	**91259**	**88317**	**23360**	**31442**	**5073**	**26452**	**1990**
借款合同	Loan Contracts	46638	45404	10723	16703	3185	13834	959
买卖合同	Trade Contracts	13759	12663	3867	4817	314	3347	318
电信合同	Telecom Contracts	33	32	2	19		10	1
租赁合同	Lease Contracts	2493	2325	706	771	62	742	44
劳动争议	Labour Disputes	4316	4263	1372	1674	315	845	57
房地产合同	Real Estate Contracts	1142	994	223	412	34	311	14
供用动力合同	Labor Contracts	1641	1540	172	118	462	787	1
建设工程合同	Construction Contracts	2130	1889	469	754	61	531	74
农村承包合同	Rural Contracts	941	1096	219	582	31	242	22
承揽合同	Contracts for Work	792	743	168	242	46	263	24
担保合同	Contract of Guaranty	1985	1934	1570	168	24	161	11
服务合同	Service Contract	3532	3497	753	649	205	1826	64
其他	Others	11857	11937	3116	4533	334	3553	401

18－21 人民法院审理权属、侵权纠纷及其他民事一审案件收结案情况（2014年）
First Trial Cases of Disputes of Right,Infringement of Right and Other Civil Affairs Accepted and Concluded by Courts（2014）

单位: 件 (case)

项目	Item	收案 Cases Accepted	结案 Cases Concluded	调解 Mediation	判决 Judgement	驳回 Reject	撤诉 Withdrawal	其他 Other
合计	**Total**	**34772**	**32813**	**9409**	**12750**	**612**	**7921**	**2121**
所有权及其相关权利	Ownership and Related Rights	7506	7064	2032	2427	265	2204	136
特别程序	Special Proceedings	5615	5651	50	1927	27	2021	1626
人身权纠纷	Personal Rights Disputes	14017	11656	4854	4509	147	1975	171
特殊侵权纠纷	Disputes of Special Infringement	5518	6505	2090	3160	112	1025	118
不当得利	Unjustified Enrichment	611	588	105	233	35	197	18
票据、证券、股票纠纷	Disputes of Bills,Securities and Stocks	231	165	25	70	18	40	12
其他	Others	1274	1184	253	424	8	459	40

CHAPTER ▶ 19

第十九篇

市(州)和县(市)概况

GENERAL SURVEY OF CITY（STATE）AND COUNTY（CITY）

19－1　城市社会经济基本情况（2014年）

指　　标	Item	长春市 Changchun 全市 Total
一、土地面积及水资源	**Land Area and Water Resources**	
行政区域土地面积（平方公里）	Administrative Area Land Area(sq.km)	20594
其中：居住用地面积	Residential land area	169
公共设施用地面积	Land Area of Public Facilities	28
工业用地面积	Industrial Land Area	106
水资源总量（万立方米）	Total Amount of Water Resources（10000 cu.m）	226700
二、人口与就业（万人）	**Population and Employment(10000 persons)**	
(一)人口	Population	
城镇人口	Urban Population	270.87
(二) 从业人员期末人数(城镇)	Final Number of employees (urban)	126.84
第一产业(农、林、牧、渔业)	Primary Industry (Agriculture, Forestry, Animal Husbandry and Fishery)	1.19
第二产业	Secondary Industry	62.76
(1)采矿业	Mining	0.40
(2)制造业	Manufacturing	39.50
(3)电力、燃气及水的生产和供应业	Production and Supply of Power ,Gas and Water	6.67
(4)建筑业	Construction	16.19
第三产业	Tertiary Industry	62.89
(1)批发和零售业	Wholesale and Retail Trades	5.85
(2)交通运输、仓储及邮政业	Transportation, Storage and Post	4.92
(3)住宿和餐饮业	Hotels and Catering Services	1.82
(4)信息传输、软件和信息技术服务业	Information Transmission, Compater Services and Software	3.59
(5)金融业	Financial Intermediation	4.40
(6)房地产业	Real Estate	3.17
(7)租赁和商业服务业	Leasing and Business Services	3.45
(8)科学研究和技术服务业	Scientific Research and Technical Services	4.09
(9)水利、环境和公共设施管理业	Management of Water Conservancy, Environment and Public Facilities	2.83
(10)居民服务、修理和其他服务业	Neighborhood Service Repair and other Services	0.73
(11)教育	Education	12.41
(12)卫生和社会工作	Health and Social Work	5.82
(13)文化、体育和娱乐业	Culture, Sports and Entertainment	1.72
(14)公共管理、社会保障和社会组织	Public Management, Social Security and Social Organizations	8.09
(15)国际组织	International Organization	
城镇私营和个体从业人员(人)	Urban Private and Individual Employees（person）	1124324
城镇登记失业人员数(人)	Urban Registered Unemployed Persons（person）	84478
三、综合经济（万元）	**Comprehensive Economy(10000 yuan)**	
公共财政支出	Public Finance Expenditure	6758377
文化体育与传媒支出	Cultural Sports and Media Expenses	142306
城乡社区事务支出	Urban and Rural Community Affairs	1306998

	吉林市 Jilin		四平市 Siping		辽源市 Liaoyuan	
市区 District	全市 Total	市区 District	全市 Total	市区 District	全市 Total	市区 District
4789	27711	3774	14080	1085	5140	432
131	98	93	56	23	34	28
26	17	16	6	5	3	1
102	76	75	23	16	12	9
	699900		112300		70600	
	207.46		145.92		55.38	
108.64	43.20	28.40	21.78	7.68	13.02	9.61
0.24	0.99	0.08	0.84	0.14	0.28	0.02
58.29	20.79	15.10	5.88	2.45	7.41	6.69
0.22	1.21		0.12	0.08	2.19	2.16
36.97	13.15	10.61	3.35	1.50	3.95	3.47
6.14	1.54	1.04	0.81	0.39	0.47	0.36
14.96	4.89	3.45	1.60	0.48	0.80	0.70
50.11	21.42	13.22	15.06	5.09	5.33	2.90
5.21	1.12	0.81	1.97	0.40	0.26	0.15
4.48	1.08	0.69	0.60	0.28	0.29	0.22
1.79	0.16	0.13	0.08	0.06	0.03	0.02
3.37	0.63	0.58	0.53	0.35	0.18	0.15
3.76	1.21	0.93	0.85	0.36	0.48	0.33
3.00	0.70	0.49	0.86	0.11	0.20	0.13
3.34	0.83	0.27	0.04	0.01	0.06	0.05
3.82	0.68	0.50	0.53	0.20	0.14	0.09
2.18	1.23	0.79	0.72	0.38	0.22	0.12
0.71	0.05	0.03	0.04		0.01	0.01
8.11	5.40	2.90	3.72	1.01	1.34	0.50
3.07	2.72	1.59	2.15	0.88	0.69	0.33
1.55	0.30	0.23	0.25	0.06	0.10	0.06
5.72	5.31	3.28	2.72	0.99	1.32	0.74
796775	499024	255175	448096	123651	164824	98085
52146	31700	18570	21786	7821	11400	8544
4937358	3273310	1968671	1913935	643119	993453	581157
120675	54930	38273	28470	9048	17898	11355
1157676	332542	228380	156618	34502	38928	29558

19－1 续表 1

指 标	Item	长春市 Changchun 全市 Total
交通运输支出	Transportation Expenses	300282
住房保障支出	Housing Security Expenses	122637
三、金融（万元）	Finance（10000 yuan）	
年末金融机构各项存款余额	The end of the Financial Institutions of the Deposit Balance	87233897
其中：居民储蓄存款余额	Savings Deposits	33801096
年末金融机构各项贷款余额	The end of the Financial Institutions of the Loan Balance	74754472
(四)保险	Insurance	
保费收入	Premium Income	1288885
其中：财产险	Property Insurance	547493
人身险	Personal Insurance	741392
赔款、给付	Indemnity	490418
其中：财产险	Property Insurance	288207
人身险	Personal Insurance	202211
四、工业	**Industry**	
规模以上工业法人企业	Above scale Industrial Corporation	
（一）企业个数（个）	Industrial Enterprises	
(1)内资企业	Domestic Investment Enterprises	970
其中：国有企业	State-owned Enterprises	14
私营企业	Private Enterprises	530
(2)港、澳、台商投资企业	Investment Hong Kong, Macao and Taiwan	27
(3)外商投资企业	Foreign Investment	135
(二)工业总产值(当年价)（万元）	Industrial Output Value (10000 yuan)	97566386
(1)内资企业	Domestic Investment Enterprises	80329945
其中：国有企业	State-owned Enterprises	45829576
私营企业	Private Enterprises	9381571
(2)港、澳、台商投资企业	Investment Hong Kong, Macao and Taiwan	5626659
(3)外商投资企业	Foreign Investment	11609782
五、交通运输、通讯与能源	**Transport,Post,Telecommunication and Power**	
(一)交通运输	Transport	
铁路旅客运量（万人）	Railway passenger Traffic(10000 persons)	3078.10
铁路货物运量（万吨）	Railway Faeight Traffic(10000 tons)	612
公路客运量（全社会）（万人）	Highway Passenger Traffic (Whole Society)(10000 persons)	8883.00
公路货运量（全社会）（万吨）	Highway Freight Traffic (Whole Socieyt)(10000 tons)	9712
水运客运量（全社会）（万人）	Waterway Passenger Traffic (Whole Society)(10000 persons)	41.30
水运货运量（全社会）（万吨）	Waterway Freight (Whole Society)(10000 tons)	215
民用航空客运量（万人）	Civil Aviation Passenger Traffic(10000 persons)	375.30
民用航空货邮运量（吨）	Civil Aviation Cargo Traffic(ton)	48001
沿海港口货物吞吐量(规模以上)(万吨)	Coastal Port Cargo Throughput (Above Scale)(10000 tons)	
内河港口货物吞吐量(规模以上)(万吨)	Inland Port Cargo Throughput (Above Scale)(10000 tons)	
公路里程（公里）	Highway Mileage(km)	22484
境内高速公路里程（公里）	Domestic Highway Mileage(km)	382
(二)邮电通信	Post and Telecommunications	
年末邮政局(所)数（处）	Post Year-end Number(unit)	205

continued

	吉林市 Jilin		四平市 Siping		辽源市 Liaoyuan	
市区 District	全市 Total	市区 District	全市 Total	市区 District	全市 Total	市区 District
250261	92768	52388	44759	13389	39404	25899
68953	145352	99733	74531	38180	78145	62341
79221771	21764727	15615147	9258778	3556815	4021294	2437812
27424812	14130496	9632120	6970094	2630573	3050706	1763195
68870912	13664670	9507517	7305163	2875705	3241034	1983553
	547211		275620		105347	
	156082		83206		26121	
	391129		192414		79225	
	174497		97170		35822	
	69400		43273		12185	
	105097		53897		23637	
660	1008	453	478	189	299	152
11	18	10	7	5	2	1
385	718	280	219	45	221	98
25	11	7	9	7	2	1
128	22	16	5	2	4	4
90995827	31602551	20076592	20432280	7687162	13247607	8453578
74714649	29663821	18891763	19154939	7214934	12821054	8046235
45770710	1000890	830901	356350	337410	97415	87175
6846085	14146500	6430626	7153325	1517294	8983806	4795578
5073198	893437	739653	707993	193891	230936	211725
11207980	1045293	445176	569348	278337	195617	195618
	1214.20		802.70		62.70	
	2003		315		315	
	4213.00		2030.00		1171.00	
	7295		6238		1629	
	78.72		21.00		0.23	
	14758		9106		4560	
	360		265		151	
86	143	56	109	20	49	7

19－1 续表 2

指　　标	Item	长春市 Changchun 全市 Total
邮政业务收入（万元）	Postal Revenue (10000 yuan)	136785
电信业务收入（万元）	Telecom Business Revenue(10000 yuan)	654391
固定电话年末用户数（万户）	Fixed Telepbone end of the year(10000 subscribers)	181.70
移动电话年末用户数（万户）	Mobile Phone Users of the year(10000 subscribers)	881.30
其中：3G移动电话用户	3G Mobile Phone Users	316.70
互联网宽带接入用户数（万户）	Internet Broadband Access Users(10000 subscribers)	134.70
(三)能源电力	Energy Power	
综合能源消费量（万吨标准煤）	Comprehensive Energy Consumption(10000 tons of SCE)	1167
全社会用电量（万千瓦时）	Total Electricity Consumption(million kw.h)	1927890
其中：工业用电	Industrial Electricity	1064707
城乡居民生活用电	Urban and Rural Residents Electricity Consamption	309383
六、贸易、外经与旅游	**Trade, Foreign Economic and Tourism**	
(一)贸易	Trade	
限额以上批发零售贸易业商品销售总额（万元）	Total Sales for Whole Sale and Tetail Trades Above Quota(10000 yuan)	15314524
限额以上批发零售企业数（法人数)(个）	Wholesale and Retail Trades Corporation Units Above Quota(unit)	358
其中：零售业	Retail Trades	234
限额以上批发零售贸易业企业财务	Wholesale and Retail Trade Corporate Finanle Above Quota	
年末从业人数（万人）	Number of Employment(10000 persons)	4.24
流动资产合计（万元）	Total Circulating Funds (10000 yuan)	5829378
固定资产合计（万元）	Total Fixed Assets(10000 yuan)	1253676
主营业务收入（万元）	Revenue From Principal Business(10000 yuan)	12778485
主营业务成本（万元）	Cost of Principal Business(10000 yuan)	11701767
主营业务税金及附加（万元）	Tax and Extra Charyes on Principal Business(10000 yuan)	66818
本年应交增值税（万元）	Value-Added Tax Payable(10000 yuan)	193156
利润总额（万元）	Total Pofit(10000 yuan)	194172
(二)外经	Foreign Economic	
货物进口额（海关数)（万美元）	Total Imports (Castoms Number)(USD10000)	1825482
货物出口额（海关数）（万美元）	Total Exports (Castoms Number)(USD10000)	247393
外商直接投资合同项目（个）	Direct Foreign Investment(unit)	41
当年实际使用外资额（万美元）	Total Amount of Foreign Capital Actually Used(USD10000)	500293
(三)旅游	Tourism	
入境游客人数（含一日游游客）（人）	Number of International Tourists (One Day Visitors)(persons)	394540
其中：外国人	Forigners	314446
港、澳、台同胞	Compatriots from Hong Kong, Macao and Taiwan	80094
国际旅游（外汇）收入（万美元）	Foreign Exchange Earnings from Tourism(USD10000)	28902
七、固定资产投资	**Fixed Asset Investment**	
(一)固定资产投资	Fixed Asset Investment	
固定资产投资（不含农户）（万元）	Fixed Asset Investment(10000 yuan)	37463792
其中：房地产开发投资	Real Estate Development adn Investment	5343977
全年新增固定资产（万元）	Total New Fixed Investment(10000 yuan)	33405060
(二)房地产	Real Estate	
商品房销售面积（万平方米）	Commercial Housing Sales Area(10000sq.m)	758.84
其中：住宅	Residence	663.35
其中：别墅、高档公寓	Vila,Apartments	33.31
商品房销售额（万元）	Commercial Sales (10000yuan)	4751135
其中：住宅	Residence	3878448
其中：别墅、高档公寓	Vila,Apartments	331624
待售面积（万平方米）	Pending Sales Area(10000sq.m)	523.11
八、教育、科技、文化与卫生	**Education, Science and Technology, Culture and Health**	

continued

	吉林市 Jilin		四平市 Siping		辽源市 Liaoyuan	
市区 District	全市 Total	市区 District	全市 Total	市区 District	全市 Total	市区 District
	46085		23575		12167	
	257782		156150		62410	
	92.60		14.10		21.40	
	413.90		287.20		108.90	
	141.30		84.70		32.60	
	72.30		37.50		16.50	
	1461		457		275	
1428668	1534642	1254690	620358	246386	259826	200806
771769	1201394	1032560	391848	162687	190733	162104
196983	163463	138520	107659	22386	40022	20088
14976435	7761858	6985712	2823133	1121830	722295	398557
319	376	194	157	56	65	46
210	232	137	116	51	53	41
3.68	1.75	1.21	2.23	0.45	0.50	0.20
5513093	1433209	796644	928450	179667	410460	93221
1198234	304877	190779	274756	134329	108359	72797
12456556	7397519	6645575	2732046	1018665	650312	328049
11409115	6941370	6290420	2345843	897304	574457	283442
65573	36455	27109	22581	19693	9236	6084
194239	53101	47075	9110	4449	3715	4514
190011	143690	108000	109690	34268	21797	9395
	57114		44798		14610	
	85102		3834		13981	
36	7	2	3	2	2	
33821	93602	26389	30407	7756	26334	5500
	97658		3880		408	
	59542		3851		408	
	38116					
	3948		113		17	
29548805	22583884	14088907	7103143	2253753	5313782	2937492
4955077	1424628	939960	480451	94194	199859	121394
23252142	23683264	14540160	6319378	2151322	3461216	2271645
647.92	236.14	114.23	123.26	32.00	21.58	17.84
567.07	205.56	106.67	110.47	29.31	19.82	16.24
32.31	0.56	0.56	0.30	0.18	0.22	0.22
4274304	1025711	586279	485299	122003	77433	66048
3502196	812318	512377	435368	106018	66112	55795
326624	4008	4008	1428	1381	1312	1312
465.65	218.96	165.33	42.71	19.43	130.41	71.87

19－1 续表 3

指　　标	Item	长春市 Changchun 全市 Total
(一)教育	Education	
普通高等学校数（所）	Regular Institutions of Higher Education(unit)	37
普通高等学校专任教师数（人）	The Number of Full-time Teachers in Higher Education(person)	25836
普通高等学校在校学生数（人）	The Number of Student Enrollment in Higher Education(person)	414582
(二)科技	Science and Technology	
专利申请受理量（项）	Number of Patents Application Accepted (Item)	7853
专利申请授权量（项）	Number of Patents Application Granted(Item)	4398
其中：发明	Imention	1136
(三)文化	Cultare	
体育场馆数（个）	Stadium Number(unit)	64
剧场、影剧院数（个）	Theater Number(unit)	35
公共图书馆图书总藏量（千册）	Total Storage Quantity of Public Library Books(1000 Volume)	8638.17
订销报刊杂志累计份数（千份）	Total Number of Copies of the Magazine(1000 Volume)	86888.00
广播节目综合人口覆盖率（%）	Radio Program Comprehensive Population Coverage(%)	100.00
电视节目综合人口覆盖率（%）	TV Program Comprehensive Coverage(%)	100.00
有线电视入户率（%）	Cable TV Households(%)	65.25
(四)卫生	Health	
医院、卫生院床位数(张)	Hospital Beds（bed）	45787
医生数（执业医师+执业助理医师）(人)	Doctors (Practicing Doctors + Practicing Assistant Doctors)（person）	18818
九、人民生活	**People´s Live**	
(一)居民收支（元）	Residents Income and Expenditure(yuan)	
家庭总收入	Total Household Income	
工资性收入	Wage Income	
经营净收入	Operating Income	
财产净收入	Property Income	
转移净收入	Transfer Income	
城镇居民人均可支配收入	Disposable Incomr	
城镇居民人均消费支出	Percapite Consumption	
其中：(1)食品烟酒	Food Alcohol and Tobacco	
(2)衣着	Clothing	
(3)居住	Live	
(4)生活用品及服务	Daily Necessities and Services	
(5)交通和通信	Communications and transportation	
(6)教育、文化和娱乐	Education, culture and Entertainment	
(7)医疗保健	Medical Care	
(8)其他用品及服务	Others	

continued

	吉林市 Jilin		四平市 Siping		辽源市 Liaoyuan	
市区 District	全市 Total	市区 District	全市 Total	市区 District	全市 Total	市区 District
	8		4		1	
25836	5483	5483	2204	2204	328	328
414582	103565	103565	37323	37323	6086	6086
	2023		462		145	
	973		289		92	
	105		48		5	
62	20	12	9	2	4	2
29	4	3	2	1	2	2
8334.67	2186.89	1643.05	652.77	485.97	368.72	243.52
57465.00	48105.00	26313.00	24563.85	8337.73	10415.00	5860.00
100.00	98.08	100.00	100.00	100.00	96.50	100.00
100.00	96.83	100.00	100.00	100.00	97.00	100.00
82.98	61.29	79.11	47.95	51.57	48.91	52.24
34562	23397	14734	13431	6335	5537	2734
13396	10976	6802	6541	2264	2730	1526
		27297		26630		26252
15476		15814		16579		17253
2068		1906		2510		2955
2006		1699		1178		710
7749		7879		6363		5334
27299		27297		26629		26252
23455		19475		16646		20511
5750		5259		4439		5165
2152		1849		2112		2772
4746		3655		2886		2562
1280		992		1148		1571
2952		2831		2752		3241
3102		2112		1746		2668
2767		2176		1193		1536
706		600		370		996

指　　标	Item	长春市 Changchun 全市 Total
(二)居民生活	Resident Life	
每百户居民家庭拥有量	Per 100 Households Own Volume	
(1)家用汽车（辆）	Home Car(Coach)	
(2)消毒碗柜（台）	Disinfection Cabinet(unit)	
(3)洗碗机（台）	Dishwasher(unit)	
(4)固定电话（部）	Telephone(set)	
(5)移动电话（部）	Mobile Phone(set)	
其中：接入互联网	Access to the Internet	
(6)计算机（台）	Computer(unit)	
其中：接入互联网	Access to the Internet	
(7)电冰箱(柜)（台）	Refrigerabor(unit)	
(8)彩色电视机（台）	Color TV sets(unit)	
(9)中高档乐器（架）	Middle Grade Musical Instrument(set)	
(10)照相机（架）	Camera(set)	
(11)摄像机（架）	Video Camera(set)	
(12)洗衣机（台）	Washing Machine(unit)	
城镇居民人均住房建筑面积（平方米）	Urban Residents Per Capita Housing Construction Area(sq.m)	
十、社会保障	**Social Security**	
城镇基本养老保险参保人数（人）	Urban Basic Pension Insurance Number of Insured(person)	1966889
城镇基本医疗保险参保人数（人）	Urban basic Medical Insurance Number of Insured(person)	4073296
城镇职工基本医疗保险参保人数（人）	Basic Medical Insurance for Urban Workers(person)	1614694
失业保险参保人数（人）	Unemployment Insurance(person)	931964
工伤保险参保人数（人）	Number of Insurance for Work-Related Injury Insurance(person)	1274296
生育保险参保人数（人）	Number of Maternity Insurance(person)	1133218
社会福利院数（个）	Social Welfare Institute(unit)	515
社会福利院床位数（张）	Social Welfare Institute(unit)	35916
社区服务设施数（个）	Community Service Facilities(unit)	414
城市社区综合服务设施覆盖率（%）	Coverage of Urban Community Service Facilities(%)	100.00
城市居民最低生活保障人数（人）	Urban Residents Minimum Living Security(person)	128709
十一、公共管理	**Public Management**	
(一)事故	Accident	
交通事故死亡人数（人）	Traffic Accident Death Toll(person)	544
交通事故损失额（万元）	Traffic Accident Loss(10000 yuan)	1957
火灾事故死亡人数（人）	Death Toll from Fire Accident(person)	10
火灾事故损失额（万元）	Fire Accident Loss(10000 yuan)	1070
(二)社会治安	Public Security	

continued

	吉林市 Jilin		四平市 Siping		辽源市 Liaoyuan	
市区 District	全市 Total	市区 District	全市 Total	市区 District	全市 Total	市区 District
25		20		23		13
6		3		2		
1		1		1		
49		65		61		33
226		220		228		213
99		52		64		25
79		81		81		72
70		74		77		71
98		90		90		95
114		104		112		101
7		5		4		2
40		39		38		36
10		11		10		6
100		93		92		95
29.70		29.30		29.34		24.70
1654893	1105701	734477	556745	259533	252799	182648
2957074	2364824	1445337	1354126	503289	611056	419938
1301583	946391	609216	563108	235278	264006	185905
778653	421419	297533	216033	112042	78274	50193
1092343	848752	493779	305193	120183	196005	128500
926486	552344	382649	285131	107126	155761	101493
292	208	149	99	7	92	57
20436	22835	13769	9664	715	3746	2046
376	275	207	136	81	41	30
100.00	100.00	100.00	100.00	100.00	100.00	100.00
75091	115235	51146	70898	28179	64902	43774
346	171	81	105	17	63	28
1824	138	77	83	11	15	6
7	3	1	2		1	1
539	586	209	389	66	157	71

19－1 续表 5

指　　标	Item	长春市 Changchun 全市 Total
刑事案件立案数（起）	Criminal Case Filing Number(unit)	5357
罪犯人数（人）	Crime(person)	2721
其中：青少年人数(年龄14-25周岁)	Number of Teenagers (Age 14-25 years old)	408
十二、市政公用事业	**Municipal Utility**	
(一)基础设施	Infrastructure	
城市维护建设资金支出（万元）	City Maintenance and Construction Fund(10000 yuan)	
售水量（万吨）	The Sale of Water(10000 tons)	
供气总量(人工煤气、天然气)（万立方米）	Total Gas Supply (Artificial Gas, Natural Gas)(10000 cu.m)	
其中：家庭用量	Family Dosage	
用气人口（人）	Gas Population(person)	
液化石油气供气总量（吨）	Liquefied Petroleum Gas Supply(ton)	
其中：家庭用量	Family Dosage	
用液化气人口（人）	Liquefied Gas Population(person)	
(二)公共交通	Public Transportation	
年末实有公共汽(电)车营运车辆数（辆）	The end of the year Number of Bus operatin Vehicles	
全年公共汽(电)车客运总量（万人次）	Total Passenger Traffic(10000 person-times)	
年末实有出租汽车数（辆）	Taxi Nubmer at the end of the Year(coach)	
轨道交通线路长度（公里）	Rail Transit Line Length(km)	
轨道交通客运总量（万人次）	Total Rail Transit Passenger(10000 person-times)	
十三、环境保护	**Environmental Protection**	
工业废气排放量（万立方米）	Industrial Emissions(10000 cu.m)	18760000
工业二氧化硫产生量（吨）	Industrial Sulfur Dioxide Production(ton)	133673
工业氮氧化物产生量（吨）	Industrial Nitrogen Oxide(ton)	136113
工业烟（粉）尘产生量（吨）	Industrial Soot Production(ton)	4337678
工业重金属产生量）（吨）	Industrial Heavy Metal Production(ton)	
工业重金属排放量（吨）	Industrial Heavy Metal Emissions(ton)	
一般工业固体废物综合利用率（%)	General Industrial Solid Waste Comprehensive Utilization(%)	99.92
污水处理率(%)	Sewage Treatment Rate(%)	92.08
污水处理厂集中处理率(%)	Centralized Treatment Rate of Sewage Treatment Plant(%)	90.00
生活垃圾无害化处理率(%)	Living Garbage Harmless Treatment Rate(%)	98.40
空气质量达到及好于二级的天数(天）	Air Auality to Reach and Better Second Level(day)	239

continued

市区 District	吉林市 Jilin 全市 Total	吉林市 Jilin 市区 District	四平市 Siping 全市 Total	四平市 Siping 市区 District	辽源市 Liaoyuan 全市 Total	辽源市 Liaoyuan 市区 District
3215	2947	1315	2129	320	882	433
2203	3626	1540	2703	414	807	431
336	365	130	66	54	28	2
738833		125148		27646		28897
25040		19441		3450		2377
62368		32626		7768		1515
24482		3495		1774		50
3375100		1009500		639400		76000
43762		46606		5738		4236
7134		20699		2271		1936
280000		714000		150000		350000
4750		1293		319		395
74927.00		25868.70		5034.00		5298.40
16967		5259		2797		1201
55						
7661.00						
	21290668		11822789		6604106	
	122893		79774		40320	
	103186		54579		21520	
	4252994		2034156		1199201	
	1.00					
	1.00					
	85.70		93.20		85.30	
	91.92		87.21		89.74	
	91.92		87.21		89.74	
	56.20		31.48			
	248				321	

19－1 续表 6

指 标	Item	通化市 Tonghua 全市 Total
一、土地面积及水资源	**Land Area and Water Resources**	
行政区域土地面积（平方公里）	Administrative Area Land Area(sq.km)	15612
其中：居住用地面积	Residential land area	47
公共设施用地面积	Land Area of Public Facilities	3
工业用地面积	Industrial Land Area	8
水资源总量（万立方米）	Total Amount of Water Resources（10000 cu.m）	306700
二、人口与就业（万人）	**Population and Employment(10000 persons)**	
(一)人口	Population	
城镇人口	Urban Population	116.33
(二) 从业人员期末人数(城镇)	Final Number of employees (urban)	28.96
第一产业(农、林、牧、渔业)	Primary Industry (Agriculture, Forestry, Animal Husbandry and Fishery)	0.42
第二产业	Secondary Industry	16.67
(1)采矿业	Mining	0.87
(2)制造业	Manufacturing	11.76
(3)电力、燃气及水的生产和供应业	Production and Supply of Power ,Gas and Water	0.81
(4)建筑业	Construction	3.23
第三产业	Tertiary Industry	11.86
(1)批发和零售业	Wholesale and Retail Trades	0.79
(2)交通运输、仓储及邮政业	Transportation, Storage and Post	0.62
(3)住宿和餐饮业	Hotels and Catering Services	0.13
(4)信息传输、软件和信息技术服务业	Information Transmission, Compater Services and Software	0.46
(5)金融业	Financial Intermediation	0.93
(6)房地产业	Real Estate	0.44
(7)租赁和商业服务业	Leasing and Business Services	0.26
(8)科学研究和技术服务业	Scientific Research and Technical Services	0.40
(9)水利、环境和公共设施管理业	Management of Water Conservancy, Environment and Public Facilities	0.48
(10)居民服务、修理和其他服务业	Neighborhood Service Repair and other Services	0.13
(11)教育	Education	2.49
(12)卫生和社会工作	Health and Social Work	1.33
(13)文化、体育和娱乐业	Culture, Sports and Entertainment	0.24
(14)公共管理、社会保障和社会组织	Public Management, Social Security and Social Organizations	3.17
(15)国际组织	International Organization	
城镇私营和个体从业人员(人)	Urban Private and Individual Employees（person）	303914
城镇登记失业人员数(人)	Urban Registered Unemployed Persons（person）	9095
三、综合经济（万元）	**Comprehensive Economy(10000 yuan)**	
公共财政支出	Public Finance Expenditure	2086990
文化体育与传媒支出	Cultural Sports and Media Expenses	36595
城乡社区事务支出	Urban and Rural Community Affairs	196615

continued

市区 District	白山市 Baishan 全市 Total	白山市 Baishan 市区 District	松原市 Songyuan 全市 Total	松原市 Songyuan 市区 District	白城市 Baicheng 全市 Total	白城市 Baicheng 市区 District
746	17505	2736	21089	1250	25832	2569
34	31	22	28	19	38	12
2	2	1	3	2	8	3
7	8	7	10	8	24	12
	543900		128000		234600	
	87.6		115		167.92	
15.22	18.31	10.03	26.52	11.67	21.59	10.23
0.01	1.95	0.45	2.05	0.07	2.66	1.15
10.69	7.45	4.97	12.40	7.24	4.58	2.14
0.05	3.16	2.73	5.08	4.87	0.06	0.00
9.29	2.45	1.10	4.48	1.21	2.51	1.13
0.40	0.71	0.32	0.92	0.14	0.58	0.20
0.95	1.13	0.82	1.91	1.02	1.44	0.81
4.52	8.91	4.62	12.07	4.36	14.35	6.94
0.31	0.30	0.22	0.68	0.31	0.63	0.37
0.36	0.40	0.26	0.65	0.18	0.51	0.13
0.05	0.07	0.05	0.22	0.07	0.15	0.08
0.28	0.22	0.20	0.32	0.25	0.29	0.17
0.54	0.65	0.47	0.76	0.45	0.90	0.51
0.21	0.16	0.11	0.25	0.10	0.18	0.09
0.11	0.57	0.26	0.15	0.09	0.16	0.07
0.13	0.20	0.11	0.30	0.10	1.09	0.95
0.13	0.27	0.20	0.63	0.30	1.05	0.40
0.08	0.03	0.02	0.12	0.09	0.42	0.40
0.70	1.76	0.71	3.19	0.82	3.31	1.44
0.49	0.90	0.45	1.44	0.39	1.45	0.69
0.11	0.13	0.06	0.20	0.10	0.15	0.07
1.01	3.27	1.50	3.16	1.11	4.07	1.57
147672	268105	84991	299505	95886	166434	75933
2952	14653	7571	15381	5564	16761	5366
607358	1381508	572192	1718609	588082	1829198	633472
9249	17374	6946	20344	5950	24909	12010
49632	125933	47152	207859	140673	112421	71440

19－1 续表 7

指　　标	Item	通化市 Tonghua 全市 Total
交通运输支出	Transportation Expenses	93939
住房保障支出	Housing Security Expenses	145883
三、金融（万元）	**Finance 10000 yuan**	
年末金融机构各项存款余额	The end of the Financial Institutions of the Deposit Balance	9109506
其中：居民储蓄存款余额	Savings Deposits	6372275
年末金融机构各项贷款余额	The end of the Financial Institutions of the Loan Balance	5804153
(四)保险	Insurance	
保费收入	Premium Income	244513
其中：财产险	Property Insurance	50117
人身险	Personal Insurance	194396
赔款、给付	Indemnity	77665
其中：财产险	Property Insurance	24547
人身险	Personal Insurance	53118
四、工业	**Industry**	
规模以上工业法人企业	Above scale Industrial Corporation	
（一）企业个数（个）	Industrial Enterprises（unit）	
(1)内资企业	Domestic Investment Enterprises	528
其中：国有企业	State-owned Enterprises	6
私营企业	Private Enterprises	246
(2)港、澳、台商投资企业	Investment Hong Kong, Macao and Taiwan	4
(3)外商投资企业	Foreign Investment	17
(二)工业总产值(当年价)（万元）	Industrial Output Value (10000 yuan)	19156226
(1)内资企业	Domestic Investment Enterprises	17451705
其中：国有企业	State-owned Enterprises	38521
私营企业	Private Enterprises	5155542
(2)港、澳、台商投资企业	Investment Hong Kong, Macao and Taiwan	297709
(3)外商投资企业	Foreign Investment	1406812
五、交通运输、通讯与能源	**Transport,Post,Telecommunication and Power**	
(一)交通运输	Transport	
铁路旅客运量（万人）	Railway passenger Traffic(10000 persons)	352.60
铁路货物运量（万吨）	Railway Faeight Traffic(10000 tons)	738
公路客运量（全社会）（万人）	Highway Passenger Traffic (Whole Society)(10000 persons)	2020.00
公路货运量（全社会）（万吨）	Highway Freight Traffic (Whole Socieyt)(10000 tons)	2225
水运客运量（全社会）（万人）	Waterway Passenger Traffic (Whole Society)(10000 persons)	23.00
水运货运量（全社会）（万吨）	Waterway Freight (Whole Society)(10000 tons)	
民用航空客运量（万人）	Civil Aviation Passenger Traffic(10000 persons)	1.29
民用航空货邮运量（吨）	Civil Aviation Cargo Traffic(ton)	78
沿海港口货物吞吐量(规模以上)(万吨)	Coastal Port Cargo Throughput (Above Scale)(10000 tons)	
内河港口货物吞吐量(规模以上)(万吨)	Inland Port Cargo Throughput (Above Scale)(10000 tons)	
公路里程（公里）	Highway Mileage(km)	6887
境内高速公路里程（公里）	Domestic Highway Mileage(km)	212
(二)邮电通信	Post and Telecommunications	
年末邮政局(所)数（处）	Post Year-end Number(unit)	115

continued

	白山市 Baishan		松原市 Songyuan		白城市 Baicheng	
市区 District	全市 Total	市区 District	全市 Total	市区 District	全市 Total	市区 District
13427	62203	15453	55749	20980	92179	46559
65804	119562	76010	68151	14381	156354	73848
3253631	5704489	2956837	8309748	3521457	5744354	2343072
1950119	3961639	2051579	5259898	2211656	3446152	1474745
2271357	3940886	2464144	6007425	1866753	4442980	1464175
	164614		203951		134122	
	32871		70036		44232	
	131743		133915		89890	
	46063		72007		42241	
	13891		40387		19406	
	32171		31620		22835	
125	373	153	605	156	303	90
2	1		8	2	4	3
19	153	44	237	35	110	26
1	6	1	2	1	4	2
3	13	3	5	4	14	4
9121182	13198727	5983793	20933206	6760642	6292666	1932003
8979990	12323610	5764574	20601161	6471547	5326998	1291867
9134	29694		229055	33744	40081	35701
316773	4863377	1469246	6977024	1254189	1834534	270967
114744	398679	96453	21745	13297	60936	5914
26448	476438	122766	310300	275798	904732	634222
	174.60		347.20		425.50	
	243		270		243	
	1648.00		2724.00		1567.00	
	1434		7695		1110	
	10.00		21.00		2.90	
			131		65	
	21.06					
	1377					
	6672		12169		10144	
	78		366		219	
19	62	9	96	38	87	20

指　　标	Item	通化市 Tonghua 全市 Total
邮政业务收入（万元）	Postal Revenue (10000 yuan)	29286
电信业务收入（万元）	Telecom Business Revenue(10000 yuan)	116485
固定电话年末用户数（万户）	Fixed Telepbone end of the year(10000 subscribers)	23.10
移动电话年末用户数（万户）	Mobile Phone Users of the year(10000 subscribers)	193.10
其中：3G移动电话用户	3G Mobile Phone Users	61.20
互联网宽带接入用户数（万户）	Internet Broadband Access Users(10000 subscribers)	32.90
(三)能源电力	Energy Power	
综合能源消费量（万吨标准煤）	Comprehensive Energy Consumption(10000 tons of SCE)	672
全社会用电量（万千瓦时）	Total Electricity Consumption(million kw.h)	522290
其中：工业用电	Industrial Electricity	372312
城乡居民生活用电	Urban and Rural Residents Electricity Consamption	79685
六、贸易、外经与旅游	**Trade, Foreign Economic and Tourism**	
(一)贸易	Trade	
限额以上批发零售贸易业商品销售总额（万元)	Total Sales for Whole Sale and Tetail Trades Above Quota(10000 yuan)	2975053
限额以上批发零售企业数（法人数)(个）	Wholesale and Retail Trades Corporation Units Above Quota(unit)	177
其中：零售业	Retail Trades	132
限额以上批发零售贸易业企业财务	Wholesale and Retail Trade Corporate Finanle Above Quota	
年末从业人数（万人）	Number of Employment(10000 persons)	0.93
流动资产合计（万元）	Total Circulating Funds (10000 yuan)	899587
固定资产合计（万元）	Total Fixed Assets(10000 yuan)	240258
主营业务收入（万元）	Revenue From Principal Business(10000 yuan)	2925969
主营业务成本（万元）	Cost of Principal Business(10000 yuan)	2578945
主营业务税金及附加（万元）	Tax and Extra Charyes on Principal Business(10000 yuan)	38206
本年应交增值税（万元）	Value-Added Tax Payable(10000 yuan)	75964
利润总额（万元）	Total Pofit(10000 yuan)	86316
(二)外经	Foreign Economic	
货物进口额（海关数)（万美元）	Total Imports (Castoms Number)(USD10000)	50124
货物出口额（海关数）（万美元）	Total Exports (Castoms Number)(USD10000)	26120
外商直接投资合同项目（个）	Direct Foreign Investment(unit)	5
当年实际使用外资额（万美元）	Total Amount of Foreign Capital Actually Used(USD10000)	8113
(三)旅游	Tourism	
入境游客人数（含一日游游客）（人）	Number of International Tourists (One Day Visitors)(persons)	168661
其中：外国人	Forigners	166511
港、澳、台同胞	Compatriots from Hong Kong, Macao and Taiwan	2150
国际旅游（外汇）收入（万美元）	Foreign Exchange Earnings from Tourism(USD10000)	3542
七、固定资产投资	**Fixed Asset Investment**	
(一)固定资产投资	Fixed Asset Investment	
固定资产投资（不含农户）（万元）	Fixed Asset Investment(10000 yuan)	8538657
其中：房地产开发投资	Real Estate Development adn Investment	854434
全年新增固定资产（万元）	Total New Fixed Investment(10000 yuan)	4465113
(二)房地产	Real Estate	
商品房销售面积（万平方米）	Commercial Housing Sales Area(10000sq.m)	146.27
其中：住宅	Residence	130.32
其中：别墅、高档公寓	Vila,Apartments	
商品房销售额（万元）	Commercial Sales (10000yuan)	549321
其中：住宅	Residence	490733
其中：别墅、高档公寓	Vila,Apartments	
待售面积（万平方米）	Pending Sales Area(10000sq.m)	233.15
八、教育、科技、文化与卫生	**Education, Science and Technology, Culture and Health**	

continued

	白山市 Baishan		松原市 Songyuan		白城市 Baicheng	
市区 District	全市 Total	市区 District	全市 Total	市区 District	全市 Total	市区 District
	20318		20890		16755	
	68541		130671		95685	
	29.40		13.00		18.50	
	114.00		241.20		174.50	
	37.20		57.40		53.90	
	19.80		26.60		27.90	
	383		347		157	
203693	337745	211485	501887	349745	383793	120902
156371	237715	164083	325511	268010	232548	64898
29483	54389	26597	80936	29063	74846	24484
2024138	471134	391450	1943041	785473	1275034	1007803
65	35	20	77	28	34	15
47	30	17	60	21	20	13
0.42	0.38	0.28	0.62	0.33	0.39	0.30
627742	108969	71776	1173541	226399	689971	73479
135917	72402	60751	289340	108435	64108	38999
1983533	448165	367118	1943423	788987	1097183	869420
1713007	395275	325329	1738460	714721	963692	742977
29682	6730	6142	11773	10377	8088	8042
69016	31251	30536	10543	8244	46166	50861
67206	13240	6948	100531	17982	22799	18981
	10361		135		3796	
	21330		11783		9483	
	5	2	6	1	3	3
462	23970	7026	31285	13029	14209	8589
	44989		23800		14704	
	38150		11660		7667	
	6839		12140		7037	
	1985		1155		363	
1695820	5608031	1212914	11445246	3984940	5871375	1414399
333895	240847	159000	802765	576105	249480	171775
425973	6117594	819027	9897317	2725743	3854404	426961
45.01	32.73	8.73	77.57	46.27	8.97	3.94
42.75	29.00	7.40	67.82	39.75	7.31	3.85
	0.22	0.22	1.64	1.64		
163283	100141	37572	390085	205545	27356	13636
155192	78442	25764	320525	158714	21140	13216
	1637	1637	10741	10741		
78.47	101.14	59.64	115.63	88.45	10.74	4.10

19－1 续表 9

指 标	Item	通化市 Tonghua 全市 Total
(一)教育	Education	
普通高等学校数（所）	Regular Institutions of Higher Education(unit)	1
普通高等学校专任教师数（人）	The Number of Full–time Teachers in Higher Education(person)	781
普通高等学校在校学生数（人）	The Number of Student Enrollment in Higher Education(person)	12418
(二)科技	Science and Technology	
专利申请受理量（项）	Number of Patents Application Accepted (Item)	434
专利申请授权量（项）	Number of Patents Application Granted(Item)	256
其中：发明	Imention	64
(三)文化	Cultare	
体育场馆数（个）	Stadium Number(unit)	9
剧场、影剧院数（个）	Theater Number(unit)	1
公共图书馆图书总藏量（千册）	Total Storage Quantity of Public Library Books(1000 Volume)	700.92
订销报刊杂志累计份数（千份）	Total Number of Copies of the Magazine(1000 Volume)	24419.00
广播节目综合人口覆盖率（%）	Radio Program Comprehensive Population Coverage(%)	98.80
电视节目综合人口覆盖率（%）	TV Program Comprehensive Coverage(%)	99.22
有线电视入户率（%）	Cable TV Households(%)	67.30
(四)卫生	Health	
医院、卫生院床位数(张)	Hospital Beds（bed）	10960
医生数（执业医师+执业助理医师）(人)	Doctors (Practicing Doctors + Practicing Assistant Doctors)（person）	5374
九、人民生活	**People´s Live**	
(一)居民收支（元）	Residents Income and Expenditure(yuan)	
家庭总收入	Total Household Income	
工资性收入	Wage Income	
经营净收入	Operating Income	
财产净收入	Property Income	
转移净收入	Transfer Income	
城镇居民人均可支配收入	Disposable Incomr	
城镇居民人均消费支出	Percapite Consumption	
其中：(1)食品烟酒	Food Alcohol and Tobacco	
(2)衣着	Clothing	
(3)居住	Live	
(4)生活用品及服务	Daily Necessities and Services	
(5)交通和通信	Communications and transportation	
(6)教育、文化和娱乐	Education, culture and Entertainment	
(7)医疗保健	Medical Care	
(8)其他用品及服务	Others	

continued

市区 District	白山市 Baishan 全市 Total	白山市 Baishan 市区 District	松原市 Songyuan 全市 Total	松原市 Songyuan 市区 District	白城市 Baicheng 全市 Total	白城市 Baicheng 市区 District
	1		1		3	
781	252	252	521	521	1088	1088
12418	1150	1150	2950	2950	19651	19651
	125		202		201	
	80		124		125	
	6		8		12	
3	2	2	7	3	12	6
	2	1	1	1	4	2
294.31	733.08	234.58	705.26	241.75	495.43	265.56
8599.00	20216.00	7127.00	28678.90	14940.39	16076.65	6000.66
98.05	88.73	93.23	98.13	99.21	99.25	100.00
99.95	95.30	94.94	98.94	99.00	99.94	100.00
63.98	49.34	51.34	48.87	58.69	37.50	50.06
3652	7086	4000	8432	3146	7362	2388
1427	3364	1579	4986	1517	4290	1267
26701		26694		27290		24328
14654		17619		20002		18292
3702		2274		2472		2538
1551		1193		1566		908
6794		5609		3250		2590
26701		26694		27290		24328
18225		17732		20024		17286
5809		5254		4594		3948
2156		2559		2056		2073
3322		3117		3599		2795
958		1037		1165		778
1822		1974		4357		3019
1715		1406		1943		2382
1968		1773		1660		1820
475		612		650		470

19－1 续表 10

指 标	Item	通化市 Tonghua 全市 Total
(二)居民生活	Resident Life	
每百户居民家庭拥有量	Per 100 Households Own Volume	
(1)家用汽车（辆）	Home Car(Coach)	
(2)消毒碗柜（台）	Disinfection Cabinet(unit)	
(3)洗碗机（台）	Dishwasher(unit)	
(4)固定电话（部）	Telephone(set)	
(5)移动电话（部）	Mobile Phone(set)	
其中：接入互联网	Access to the Internet	
(6)计算机（台）	Computer(unit)	
其中：接入互联网	Access to the Internet	
(7)电冰箱(柜)（台）	Refrigerabor(unit)	
(8)彩色电视机（台）	Color TV sets(unit)	
(9)中高档乐器（架）	Middle Grade Musical Instrument(set)	
(10)照相机（架）	Camera(set)	
(11)摄像机（架）	Video Camera(set)	
(12)洗衣机（台）	Washing Machine(unit)	
城镇居民人均住房建筑面积（平方米）	Urban Residents Per Capita Housing Construction Area(sq.m)	
十、社会保障	**Social Security**	
城镇基本养老保险参保人数（人）	Urban Basic Pension Insurance Number of Insured(person)	531532
城镇基本医疗保险参保人数（人）	Urban basic Medical Insurance Number of Insured(person)	1134505
城镇职工基本医疗保险参保人数（人）	Basic Medical Insurance for Urban Workers(person)	471982
失业保险参保人数（人）	Unemployment Insurance(person)	189875
工伤保险参保人数（人）	Number of Insurance for Work-Related Injury Insurance(person)	282665
生育保险参保人数（人）	Number of Maternity Insurance(person)	266811
社会福利院数（个）	Social Welfare Institute(unit)	87
社会福利院床位数（张）	Social Welfare Beds（bed）	4332
社区服务设施数（个）	Community Service Facilities(unit)	100
城市社区综合服务设施覆盖率（%）	Coverage of Urban Community Service Facilities(%)	100.00
城市居民最低生活保障人数（人）	Urban Residents Minimum Living Security(person)	77951
十一、公共管理	**Public Management**	
(一)事故	Accident	
交通事故死亡人数（人）	Traffic Accident Death Toll(person)	86
交通事故损失额（万元）	Traffic Accident Loss(10000 yuan)	101
火灾事故死亡人数（人）	Death Toll from Fire Accident(person)	
火灾事故损失额（万元）	Fire Accident Loss(10000 yuan)	606
(二)社会治安	Public Security	

continued

市区 District	白山市 Baishan 全市 Total	白山市 Baishan 市区 District	松原市 Songyuan 全市 Total	松原市 Songyuan 市区 District	白城市 Baicheng 全市 Total	白城市 Baicheng 市区 District
7		10		28		17
1				4		2
		1				3
59		54		41		26
197		220		238		232
39		56		38		179
63		60		87		85
62		59		79		76
89		94		103		96
110		103		106		109
9		3		10		5
24		22		29		20
3		10		14		3
99		100		99		98
29.20		25.00		29.14		32.98
226290	388052	107497	334372	174343	324140	123693
433095	967814	307872	906226	421899	828217	293007
194178	428783	136616	404043	222891	372177	134007
90887	136944	40695	154655	95716	132184	69164
156358	279091	79859	329921	197373	230045	59245
110352	235234	80090	315144	134402	280045	64060
45	59	12	160	59	84	13
1112	3387	1120	8883	3549	7022	862
46	85	52	402	240	411	246
100.00	100.00	100.00	95.00	97.00	100.00	100.00
22558	101665	52900	56634	23987	57600	24129
23	77	30	61	12	36	6
10	31	9	41	9	22	5
			3			
371	365	24	500	170	727	448

指　　标	Item	通化市 Tonghua 全市 Total
刑事案件立案数（起）	Criminal Case Filing Number(unit)	1621
罪犯人数（人）	Crime(person)	1394
其中：青少年人数(年龄14-25周岁)	Number of Teenagers (Age 14-25 years old)	117
十二、市政公用事业	**Municipal Utility**	
(一)基础设施	Infrastructure	
城市维护建设资金支出（万元）	City Maintenance and Construction Fund(10000 yuan)	
售水量（万吨）	The Sale of Water(10000 tons)	
供气总量(人工煤气、天然气)（万立方米）	Total Gas Supply (Artificial Gas, Natural Gas)(10000 cu.m)	
其中：家庭用量	Family Dosage	
用气人口（人）	Gas Population(person)	
液化石油气供气总量（吨）	Liquefied Petroleum Gas Supply(ton)	
其中：家庭用量	Family Dosage	
用液化气人口（人）	Liquefied Gas Population(person)	
(二)公共交通	Public Transportation	
年末实有公共汽(电)车营运车辆数（辆）	The end of the year Number of Bus operatin Vehicles	
全年公共汽(电)车客运总量（万人次）	Total Passenger Traffic(10000 person-times)	
年末实有出租汽车数（辆）	Taxi Nubmer at the end of the Year(coach)	
轨道交通线路长度（公里）	Rail Transit Line Length(km)	
轨道交通客运总量（万人次）	Total Rail Transit Passenger(10000 person-times)	
十三、环境保护	**Environmental Protection**	
工业废气排放量（万立方米）	Industrial Emissions(10000 cu.m)	12887777
工业二氧化硫产生量（吨）	Industrial Sulfur Dioxide Production(ton)	60951
工业氮氧化物产生量（吨）	Industrial Nitrogen Oxide(ton)	32469
工业烟（粉）尘产生量（吨）	Industrial Soot Production(ton)	1838429
工业重金属产生量）（吨）	Industrial Heavy Metal Production(ton)	
工业重金属排放量（吨）	Industrial Heavy Metal Emissions(ton)	
一般工业固体废物综合利用率（%）	General Industrial Solid Waste Comprehensive Utilization(%)	85.50
污水处理率(%)	Sewage Treatment Rate(%)	89.94
污水处理厂集中处理率(%)	Centralized Treatment Rate of Sewage Treatment Plant(%)	89.94
生活垃圾无害化处理率(%)	Living Garbage Harmless Treatment Rate(%)	21.30
空气质量达到及好于二级的天数(天）	Air Auality to Reach and Better Second Level(day)	317

continued

	白山市 Baishan		松原市 Songyuan		白城市 Baicheng	
市区 District	全市 Total	市区 District	全市 Total	市区 District	全市 Total	市区 District
423	786	353	1720	620	1054	186
344	947	474	1691	472	780	
15	64	15	142	32	183	
53171		47378		12800		86108
3643		3253		4732		1452
3990		242		7965		2193
2674		183		2169		185
467000		100000		302000		60000
6656		5687		9934		4808
4220		4882		9934		4800
270000		330000		170000		210000
404		359		546		234
7702.00		3098.00		9360.00		2330.00
1502		1402		2177		1815
	4767592		5447420		5571765	
	46327		36432		39132	
	35479		23169		21980	
	1514562		891108		624897	
	52.40		92.40		94.16	
	70.76		95.88		79.93	
	70.76		95.88		79.93	
	5.49		95.75		77.48	
	348					

19－2　各市县生产总值（2014年）

单位:万元

市、县	City，County	各市县生产总值 Gross Domestic Product by City and County	农林牧渔业 Agriculture forestry animal husbandry and fishery	工业 Industry	建筑业 Construction	批发和零售业 Wholesale and Retail Trades	交通运输仓储及邮政业 Transport, Storage and Post	住宿和餐饮业 Hotels and Catering Services	信息传输、计算机服务、和软件业 Information Transmission, Computer Services and Software	金融业 Financial Industry
长春市	**Changchun**	**53424262**	**3401469**	**24157821**	**4091632**	**5146512**	**2594860**	**976684**	**1548881**	**2007243**
九台市	Jiutai	3885854	402809	1389845	665895	374659	294806	62207	45506	152569
榆树市	Yushu	3893490	1033912	724574	346849	308987	571473	76011	23209	51832
德惠市	Dehui	3857216	701815	1179425	422881	295142	241584	32339	21060	23585
农安县	Nong' an	3805271	949013	815298	361462	296097	292899	88290	26110	210172
吉林市	**Jilin**	**23795605**	**2585557**	**9839209**	**1374152**	**1892753**	**1687193**	**523012**	**544230**	**731002**
桦甸市	Huadian	2593632	440391	1340979	101919	137079	122667	40523	35427	23038
蛟河市	Jiaohe	1919689	366534	787416	135467	114143	139863	48325	18559	36650
磐石市	Panshi	2451043	481757	886580	173002	154737	286480	54561	19157	69782
舒兰市	Shulan	1880657	557718	475724	96193	191139	130690	25725	21386	61345
永吉县	Yongji	1016951	207784	292169	131086	72191	79837	17648	6966	17922
四平市	**Siping**	**12103150**	**3005841**	**5261200**	**343134**	**645092**	**453551**	**338866**	**247518**	**282179**
公主岭市	Gongzhuling	4137556	1040752	1454274	155521	253422	270722	26886	85743	77630
梨树县	Lishu	2149381	887114	644096	10279	85456	140094	44170	39562	7434
伊通满族自治县	Yitong	1567278	491838	568344	27324	135475	89124	22280	8826	21000
双辽市	Shuangliao	1574322	414061	759379	13782	96586	80183	32648	16948	5527
辽源市	**Liaoyuan**	**6903093**	**596555**	**3695465**	**356487**	**484980**	**277159**	**155284**	**111365**	**171049**
东丰县	Dongfeng	1723084	320141	847466	66152	151949	81594	54839	20319	52082
东辽县	Dongliao	1361662	226405	768998	39026	43056	64962	15226	51225	44074
通化市	**Tonghua**	**10084958**	**963199**	**4553333**	**788297**	**1085284**	**612918**	**181864**	**218251**	**220025**
梅河口市	Meihekou	3115691	269604	1296204	226877	367617	216108	65021	47334	111281
集安市	Ji' an	953693	96000	337720	65466	117389	124853	29020	24767	48433
通化县	Tonghua	1282744	94900	616536	85035	43228	38548	51093	26590	42958
辉南县	Huinan	950111	195500	249739	153692	99523	51113	30573	12848	22374
柳河县	Liuhe	961292	199255	408482	33540	46880	43670	23671	7417	49092

注：各市县相加不等于地区数。
Note：The sum of data by city and county is not equal to the region.

Gross Domestic Product by City and County (2014)

unit:10000 yuan

房地产业 Real Estate	租赁和商务服务业 Leasing and Business Services	科学研究、技术服务和地质勘查业 Scientific Research Technical Services and Geological Prospecting	水利、环境和公共设施管理业 Management of Water Conservancy、Environment and Public Facilities	居民服务和其他服务业 Resident Services and Other Services	教育 Education	卫生和社会工作 Health and Social Work	文化、体育和娱乐业 Culture, Sports and Entertainment	公共管理、社会保障和社会组织 Public Management Social Security and Social Organization	第一产业 Primary Industry	第二产业 Secondary Industry	第三产业 Tertiary Industry	人均生产总值（元） Per Capita CDP(yuan)
1206116	**1917758**	**848878**	**185524**	**1012527**	**1731446**	**679111**	**643485**	**1274315**	**3320314**	**28136169**	**21967779**	**70891**
63045	49945	22882	45764	15674	129664	55934	12700	101950	394798	2055740	1435316	46818
66702	30750	18617	28526	48976	142632	110503	148048	161889	1016149	1071125	1806216	33464
58581	2303	3243	2369	788441	31371	8955	16413	27709	684908	1602306	1570002	41095
71193	1038	4350	9126	317060	150663	117573	17623	77304	921836	1176760	1706675	33046
1114730	**470937**	**248876**	**94545**	**445734**	**861649**	**595980**	**151533**	**634513**	**2473645**	**11171547**	**10150413**	**55548**
68635	36602	6685	5352	48066	50712	39161	36697	59699	426640	1438850	728142	58036
59940	6612	4194	8919	45185	49706	29970	15579	52627	356475	916167	647047	43203
83845	30628	5628	4520	42865	75021	22192	8906	51382	459201	1049035	942807	48536
96017	15534	4862	7639	56493	51205	33317	9887	45783	535887	571917	772853	29067
47268	4594	2857	4843	22661	54340	17562	2622	34601	194951	423255	398745	29884
276917	**74337**	**70286**	**55893**	**153947**	**289529**	**285237**	**68583**	**251040**	**2919641**	**5592205**	**3591304**	**36900**
214249	57016	26978	25951	113454	120715	73907	65871	74465	1001722	1609795	1526039	38733
67853	7316	10897	14412	43359	45236	45229	11182	45692	862124	649676	637581	29585
59030	7465	10050	11274	37414	34560	16640	9002	17632	481238	595203	490837	34267
25910	9546	7382	5829	24489	31474	17874	2906	29798	405211	771353	397758	42549
205102	**56432**	**8483**	**7342**	**293502**	**110082**	**61625**	**43585**	**268596**	**590771**	**4034608**	**2277714**	**56467**
34318	1325	1598	1788	9254	17516	10502	8745	43496	318812	912295	491977	43073
19586	798	1410	1985	3755	30260	15720	3820	31356	222692	805860	333110	38905
394243	**200358**	**47786**	**22171**	**113211**	**206996**	**122484**	**51462**	**303076**	**883581**	**5340148**	**3861229**	**45378**
54519	14745	10315	17566	123649	142790	56432	11590	84039	248254	1523081	1344356	51431
29805	3329	1374	2403	13711	20433	10018	11043	17929	93700	403186	456807	43687
28112	34986	23886	31228	24889	40212	45983	31284	23276	93408	700106	489230	53448
56926	7935	5817	2644	10581	13221	11048	6424	20153	181910	403428	364773	27698
46201	6928	309	2246	14830	19116	23019	10602	26034	185302	442022	333968	26051

单位: 万元

19－2 续表

市、县	City, County	各市县生产总值 Gross Domestic Product by City and County	农林牧渔业 Agriculture forestry animal husbandry and fishery	工业 Industry	建筑业 Construction	批发和零售业 Wholesale and Retail Trades	交通运输仓储及邮政业 Transport, Storage and Post	住宿和餐饮业 Hotels and Catering Services	信息传输、计算机服务、和软件业 Information Transmission, Computer Services and Software	金融业 Financial Industry
白山市	**Baishan**	**6752889**	**604660**	**3752971**	**236800**	**480318**	**270866**	**221695**	**101728**	**205977**
临江市	Linjiang	938195	78795	494252	31980	29272	42902	28413	6936	9168
抚松县	Fusong	1699730	222309	838573	32238	126831	64663	103481	14510	42632
靖宇县	Jingyu	653595	70820	366088	11741	34720	24514	22061	2853	3383
长白朝鲜族自治县	Changbai	371336	56915	162479	8048	13404	16036	13394	10838	9517
松原市	**Songyuan**	**15962932**	**2712367**	**6617614**	**935850**	**1375951**	**998140**	**446053**	**220897**	**312653**
长岭县	Changling	2752993	755022	974605	72564	248471	143287	57220	38104	40952
前郭尔罗斯蒙古族自治县	Qianguo	3427439	744016	1275715	106319	318994	191783	134355	52552	81021
乾安县	Qian' an	1924007	240001	1136617	63717	110749	83589	30389	21657	23321
扶余市	Fuyu	3407286	798187	1227823	87170	331978	335674	75374	52613	60634
白城市	**Baicheng**	**6861811**	**1184182**	**3042608**	**145803**	**483787**	**237464**	**133600**	**143425**	**176456**
洮南市	Taonan	1335455	278327	504679	91652	84953	64280	13531	38698	29932
大安市	Da' an	1359155	193477	754292	21697	44307	39260	9135	23785	19087
镇赉县	Zhenlai	1298495	275363	584178	10119	60359	19304	30058	24021	32075
通榆县	Tongyu	1148496	215766	403319	4615	68476	40698	44832	34145	21614
延边朝鲜族自治州	**Yanbian**	**8464236**	**745069**	**3902180**	**360997**	**927400**	**424463**	**208717**	**110562**	**278398**
延吉市	Yanji	2939730	56968	1180846	112699	358091	214312	140619	117673	104160
图们市	Tumen	419500	18135	212821	31480	29182	16327	9195	6629	23920
敦化市	Dunhua	1673956	307899	733687	64672	196344	41065	46405	14604	49306
龙井市	Longjing	371522	48271	117748	30698	19602	14557	9236	7972	18873
珲春市	Hunchun	1358072	57088	913540	61950	55479	60623	22721	11937	13294
和龙市	Helong	506582	62277	261966	28501	10243	28133	6850	6088	23506
汪清县	Wangqing	634432	116144	260210	41907	35397	15253	12870	10600	29176
安图县	Antu	646454	78289	191859	37023	43412	41986	15997	7614	20617

continued

unit: 10000 yuan

房地产业 Real Estate	租赁和商务服务业 Leasing and Business Services	科学研究、技术服务和地质勘查业 Scientific Research Technical Services and Geological Prospecting	水利、环境和公共设施管理业 Management of Water Conservancy、Environment and Public Facilities	居民服务和其他服务业 Resident Services and Other Services	教育 Education	卫生和社会工作 Health and Social Work	文化、体育和娱乐业 Culture, Sports and Entertainment	公共管理、社会保障和社会组织 Public Management Social Security and Social Organization	第一产业 Primary Industry	第二产业 Secondary Industry	第三产业 Tertiary Industry	人均生产总值（元） Per Capita CDP(yuan)
163143	**140880**	**12853**	**17563**	**68113**	**138850**	**120616**	**49740**	**166116**	**598817**	**3989771**	**2164301**	**53298**
20308	1030	7218	5871	100392	36057	25692	9803	10106	78507	526232	333456	56012
84122	7202	3594	20656	40253	29575	14481	9318	45292	221485	870811	607434	56582
14263	1613	5018	1852	10814	19150	12526	2152	50027	69610	377829	206156	46685
11042	2904	2307	3648	3434	13881	7411	5065	31013	56615	168320	146401	45175
428847	**136548**	**79747**	**42563**	**403212**	**377659**	**226590**	**69668**	**578575**	**2646373**	**7336808**	**5979751**	**56868**
72965	30872	14496	10088	72649	62526	34476	10258	114438	745262	1046925	960806	43423
87855	42393	21870	17563	88927	84038	51492	21865	106681	721000	1325192	1381247	59094
32974	19512	2238	6440	34561	32833	19496	5387	60526	233360	1200334	490313	66690
92472	10272	8864	4497	68956	81240	47566	3566	120400	776487	1311404	1319395	46044
343876	**91744**	**23411**	**231476**	**97458**	**112047**	**111241**	**81812**	**221421**	**1146730**	**3188411**	**2526670**	**34586**
51610	23890	1860	4480	29868	32575	27324	4286	53510	261257	596331	477867	30885
30037	68211	1491	2668	29821	26871	22315	27744	44957	190977	775989	392189	33595
56449	27131	7723	4485	31304	41419	20788	5058	68661	266216	594297	437982	46375
50095	35277	2183	16167	33595	55891	23434	13332	85057	214310	407934	526252	31040
308237	**145629**	**58089**	**23314**	**102832**	**273074**	**153870**	**57983**	**383421**	**732867**	**4262631**	**3468738**	**39410**
101145	85141	46255	12944	53303	108679	78897	48755	119243	54150	1293410	1592170	55151
16668	1004	746	1526	11131	11238	7028	1756	20714	17984	244301	157215	34555
49964	4246	4206	5478	12231	45948	28675	8661	60565	302922	798359	572675	35330
15444	5257	3920	2089	3364	28888	19899	3179	22525	47778	148446	175298	22062
46290	5302	4814	5481	16316	22462	7632	4269	48874	56309	975490	326273	60039
12966	2332	1370	2990	3571	19822	7930	2197	25840	61350	290467	154765	27584
22519	6758	1661	2666	2415	26431	13398	11611	25416	115020	302117	217295	27323
40079	63308	3949	4375	3846	24603	11293	2493	55711	77354	228882	340218	30946

19-3 各市县生产总值指数（2014年）

单位: %

市、县 City, County		各市县生产总值 Gross Domestic Product by City and County	农林牧渔业 Agriculture forestry animal husbandry and fishery	工业 Industry	建筑业 Construction	批发和零售业 Wholesale and Retail Trades	交通运输仓储及邮政业 Transport, Storage and Post	住宿和餐饮业 Hotels and Catering Services	信息传输、计算机服务、和软件业 Information Transmission, Computer Services and Software	金融业 Financial Industry
长春市	**Changchun**	**106.6**	**104.7**	**106.8**	**107.7**	**107.2**	**104.0**	**107.1**	**108.9**	**113.0**
九台市	Jiutai	107.5	104.4	111.5	103.6	109.6	103.2	109.3	108.9	113.1
榆树市	Yushu	106.4	104.7	107.5	109.8	109.6	103.0	108.0	108.9	113.5
德惠市	Dehiu	108.1	105.3	111.1	110.1	112.6	104.4	107.5	108.9	118.7
农安县	Nong' an	108.4	104.5	110.7	109.1	113.3	104.4	111.4	108.9	125.4
吉林市	**Jilin**	**106.0**	**104.7**	**105.6**	**106.4**	**107.4**	**104.3**	**107.4**	**108.9**	**115.2**
桦甸市	Huadian	101.5	104.7	102.7	66.7	106.1	103.4	106.9	108.9	118.7
蛟河市	Jiaohe	106.7	104.7	106.4	115.0	106.7	104.1	106.7	108.9	114.6
磐石市	Panshi	100.5	104.7	93.7	113.0	106.6	104.3	106.7	108.9	111.0
舒兰市	Shulan	106.0	104.7	107.4	103.6	106.6	103.3	106.6	108.9	115.4
永吉县	Yongji	108.6	104.7	108.6	128.2	106.6	103.0	106.6	108.9	123.8
四平市	**Siping**	**106.4**	**104.6**	**106.6**	**104.9**	**111.4**	**108.7**	**102.5**	**105.1**	**112.4**
公主岭市	Gongzhuling	108.5	104.6	109.6	109.0	120.3	104.7	115.3	108.9	133.8
梨树县	Lishu	106.9	102.7	109.3	101.6	105.3	110.2	115.2	115.2	111.3
伊通满族自治县	Yitong	106.6	103.3	108.3	144.0	103.5	113.4	106.0	108.2	114.7
双辽市	Shuangliao	105.4	104.0	107.9	95.8	106.6	84.4	107.8	110.8	132.9
辽源市	**Liaoyuan**	**106.5**	**104.8**	**106.7**	**98.5**	**106.8**	**109.8**	**107.4**	**103.8**	**110.9**
东丰县	Dongfeng	108.0	104.8	110.9	77.7	109.9	116.0	108.6	109.4	114.3
东辽县	Dongliao	104.0	104.7	103.1	91.9	108.6	106.5	109.2	106.8	106.9
通化市	**Tonghua**	**106.7**	**104.5**	**107.5**	**104.0**	**108.0**	**105.0**	**107.4**	**117.4**	**115.6**
梅河口市	Meihekou	108.5	104.7	109.4	110.0	113.0	102.8	112.3	111.6	126.8
集安市	Ji' an	106.7	104.5	106.9	101.4	109.5	104.9	107.9	108.9	116.4
通化县	Tonghua	106.8	104.5	94.1	104.1	120.1	110.7	128.7	111.9	120.3
辉南县	Huinan	106.7	103.1	104.5	113.9	112.1	102.8	111.4	96.3	108.0
柳河县	Liuhe	106.9	104.5	106.9	109.9	112.0	107.2	89.5	107.5	110.9

Gross Domestic Product and Indices by City and County (2014)

unit: %

房地产业 Real Estate	租赁和商务服务业 Leasing and Business Services	科学研究、技术服务和地质勘查业 Scientific Research Technical Services and Geological Prospecting	水利、环境和公共设施管理业 Management of Water Conservancy、Environment and Public Facilities	居民服务和其他服务业 Resident Services and Other Services	教育 Education	卫生和社会工作 Health and Social Work	文化、体育和娱乐业 Culture, Sports and Entertainment	公共管理、社会保障和社会组织 Public Management Social Security and Social Organization	第一产业 Primary Industry	第二产业 Secondary Industry	第三产业 Tertiary Industry	人均生产总值 Per Capita CDP
98.8	**106.5**	**108.8**	**113.2**	**105.1**	**107.5**	**104.2**	**98.2**	**107.2**	**104.7**	**106.9**	**106.6**	**106.8**
102.1	103.7	101.6	101.6	103.7	101.6	101.6	103.7	104.5	104.4	109.0	106.0	107.5
102.9	103.7	113.5	119.0	113.3	101.9	110.2	109.1	105.3	105.1	108.2	106.2	106.3
104.1	123.6	109.5	108.1	103.0	101.8	104.2	145.7	135.8	105.3	110.9	106.2	107.9
104.9	107.7	108.2	103.2	104.7	103.8	115.5	100.0	96.4	105.1	110.2	109.0	109.1
104.6	**109.4**	**104.9**	**104.9**	**109.4**	**104.9**	**104.9**	**109.4**	**104.3**	**104.7**	**105.8**	**106.5**	**106.4**
105.1	118.1	101.8	86.1	138.1	75.2	80.4	113.8	100.0	105.6	99.2	104.5	102.0
97.9	111.2	106.7	106.7	111.2	106.7	106.7	111.2	109.6	104.7	107.5	106.5	107.2
101.8	108.1	104.8	104.7	107.7	100.0	104.8	115.4	90.0	103.0	96.3	104.9	100.5
106.0	110.9	101.9	101.9	111.2	101.9	101.9	111.2	103.4	104.7	106.8	106.2	107.3
96.2	123.4	107.2	107.0	109.4	106.9	106.2	107.8	98.0	104.7	113.9	104.8	108.7
104.0	**101.9**	**103.5**	**100.7**	**109.0**	**112.5**	**109.0**	**102.1**	**106.7**	**104.6**	**106.5**	**107.8**	**107.7**
112.7	101.0	109.8	113.5	99.0	114.0	112.7	99.7	99.7	104.6	109.6	110.1	109.3
106.6	113.2	114.0	114.2	113.2	114.2	113.9	113.2	119.0	102.9	109.0	110.9	110.9
104.2	104.3	103.1	103.1	104.4	103.0	103.2	104.5	98.8	103.7	109.5	105.6	108.4
101.6	109.1	109.2	110.5	109.1	105.8	103.2	109.1	102.1	104.1	107.6	100.6	108.3
108.6	**110.9**	**109.4**	**105.2**	**109.0**	**113.3**	**109.8**	**102.6**	**105.8**	**104.8**	**106.0**	**108.2**	**106.5**
110.6	115.3	119.0	116.8	110.0	121.6	112.0	118.1	108.2	104.8	107.3	111.4	108.0
107.7	107.1	112.0	116.0	104.5	109.0	113.0	109.9	112.3	104.7	102.4	108.1	104.0
102.2	**108.4**	**112.1**	**114.8**	**108.0**	**113.1**	**113.7**	**109.2**	**90.0**	**104.5**	**107.1**	**106.7**	**107.3**
100.4	108.4	116.5	111.9	103.5	106.7	106.5	110.2	91.8	104.7	109.5	108.0	109.5
101.1	129.5	102.4	106.5	129.0	102.5	103.0	132.6	92.2	104.1	105.9	108.0	106.8
92.4	119.6	131.7	131.3	125.3	114.6	126.1	141.6	108.9	104.5	107.9	105.2	106.8
106.8	107.6	113.6	103.6	108.3	103.2	106.8	106.0	105.4	102.8	107.6	107.5	108.2
112.9	109.7	108.4	108.4	109.8	107.6	108.4	109.9	105.9	104.4	107.1	108.0	107.4

19－3 续表

单位: %

市、县 City, County		各市县生产总值 Gross Domestic Product by City and County	农林牧渔业 Agriculture forestry animal husbandry and fishery	工业 Industry	建筑业 Construction	批发和零售业 Wholesale and Retail Trades	交通运输仓储及邮政业 Transport, Storage and Post	住宿和餐饮业 Hotels and Catering Services	信息传输、计算机服务、和软件业 Information Transmission, Computer Services and Software	金融业 Financial Industry
白山市	**Baishan**	**106.7**	**104.5**	**107.3**	**100.4**	**110.6**	**107.8**	**109.7**	**108.9**	**106.0**
临江市	Linjiang	107.3	101.9	111.1	102.1	108.6	103.5	108.1	103.5	105.6
抚松县	Fusong	107.3	104.6	106.7	101.8	113.5	107.1	113.8	110.8	109.9
靖宇县	Jingyu	107.9	103.7	109.6	127.6	107.4	102.8	108.4	112.4	108.7
长白朝鲜族自治县	Changbai	107.2	104.0	108.7	105.7	106.8	110.2	107.0	107.3	111.9
松原市	**Songyuan**	**106.2**	**104.6**	**105.4**	**105.1**	**108.0**	**106.1**	**107.7**	**112.7**	**115.6**
长岭县	Changling	107.2	102.5	113.4	92.7	110.0	107.2	108.1	105.0	105.0
前郭尔罗斯蒙古族自治县	Qianguo	96.2	103.8	93.4	64.5	99.9	109.0	100.0	104.6	101.2
乾安县	Qian' an	107.8	104.9	109.2	124.4	107.1	105.3	105.3	107.9	104.7
扶余市	Fuyu	105.5	104.5	104.7	119.1	111.6	104.5	111.5	107.9	124.2
白城市	**Baicheng**	**107.2**	**104.7**	**108.8**	**111.4**	**107.2**	**99.1**	**107.7**	**105.7**	**115.5**
洮南市	Taonan	107.7	104.4	108.6	110.5	104.2	110.7	104.9	110.5	106.3
大安市	Da' an	105.8	104.5	106.3	111.9	104.6	102.3	111.4	115.6	116.2
镇赉县	Zhenlai	107.3	104.9	108.3	108.6	109.0	90.2	107.7	108.9	115.5
通榆县	Tongyu	106.6	104.5	121.3	9.5	108.9	104.5	105.4	103.4	109.6
延边朝鲜族自治州	**Yanbian**	**107.0**	**104.6**	**107.0**	**105.8**	**107.7**	**106.5**	**107.3**	**109.9**	**112.1**
延吉市	Yanji	106.2	104.3	107.9	100.3	105.3	104.2	102.3	108.6	111.0
图们市	Tumen	107.0	104.0	108.0	106.3	106.5	103.5	106.1	108.9	110.8
敦化市	Dunhua	108.3	104.8	108.6	115.6	112.2	102.8	110.9	108.9	119.1
龙井市	Longjing	105.8	104.4	108.9	98.5	108.1	103.2	105.6	108.9	106.5
珲春市	Hunchun	108.6	104.1	107.4	153.4	118.0	108.2	101.1	103.7	108.2
和龙市	Helong	103.5	104.4	98.8	130.4	112.1	115.3	111.5	107.7	115.7
汪清县	Wangqing	108.5	104.8	108.5	123.1	108.8	108.5	108.3	107.6	116.0
安图县	Antu	108.0	104.6	108.6	119.7	111.1	112.0	107.0	108.9	113.7

continued

unit: %

房地产业 Real Estate	租赁和商务服务业 Leasing and Business Services	科学研究、技术服务和地质勘查业 Scientific Research Technical Services and Geological Prospecting	水利、环境和公共设施管理业 Management of Water Conservancy、Environment and Public Facilities	居民服务和其他服务业 Resident Services and Other Services	教育 Education	卫生和社会工作 Health and Social Work	文化、体育和娱乐业 Culture, Sports and Entertainment	公共管理、社会保障和社会组织 Public Management Social Security and Social Organization	第一产业 Primary Industry	第二产业 Secondary Industry	第三产业 Tertiary Industry	人均生产总值 Per Capita CDP
102.3	**106.5**	**105.2**	**105.1**	**106.8**	**103.5**	**103.6**	**104.5**	**104.5**	**104.5**	**106.9**	**106.9**	**107.4**
104.9	111.8	108.6	117.5	102.7	99.2	106.7	107.4	94.2	101.9	110.7	104.0	107.4
105.9	111.7	103.2	105.2	106.4	106.0	108.5	104.5	109.8	104.6	106.5	109.5	105.0
105.1	102.3	102.3	102.2	102.3	102.3	102.3	102.3	105.5	103.8	110.1	105.1	107.9
101.2	109.3	113.5	109.7	111.6	107.3	104.8	104.8	105.7	104.0	108.5	107.1	109.3
104.8	**104.8**	**109.2**	**111.5**	**110.0**	**111.2**	**113.3**	**102.5**	**105.7**	**104.6**	**105.4**	**108.1**	**108.3**
99.9	104.0	105.3	108.0	105.7	108.3	100.6	108.7	105.2	102.6	111.4	106.4	107.4
94.6	106.2	97.2	109.2	105.0	102.9	106.1	105.4	104.8	103.8	91.0	100.5	97.7
104.4	100.7	100.9	100.9	100.7	101.7	101.7	100.8	100.5	104.8	109.9	104.1	114.1
105.1	100.7	104.4	104.4	100.7	104.4	104.4	104.4	90.9	104.5	105.6	105.9	108.3
99.8	**107.1**	**106.3**	**107.5**	**107.1**	**104.9**	**108.1**	**103.7**	**110.1**	**104.7**	**108.9**	**105.9**	**108.6**
106.4	106.6	105.0	117.9	103.8	107.0	106.9	104.2	116.0	104.1	108.9	107.8	108.2
104.1	104.3	102.0	103.6	104.1	102.0	103.9	102.6	103.5	104.5	106.4	105.2	106.1
108.3	105.5	102.5	102.7	105.5	102.5	102.5	107.9	113.1	104.7	108.3	107.3	110.1
105.3	101.8	108.5	108.5	102.5	106.3	105.2	102.5	110.8	104.5	107.9	106.4	106.6
104.5	**108.0**	**107.0**	**107.4**	**106.2**	**107.4**	**106.6**	**108.1**	**107.4**	**104.5**	**106.9**	**107.5**	**107.9**
99.2	106.7	101.0	100.5	107.8	103.0	118.3	107.6	101.6	104.4	107.2	105.4	105.0
103.5	105.4	105.6	104.2	107.0	104.2	103.9	108.0	104.1	104.0	107.8	106.0	108.2
106.3	102.0	109.3	108.9	105.9	101.0	106.1	104.0	107.6	104.3	109.1	108.3	107.2
106.2	104.8	107.5	109.8	107.6	109.5	108.8	107.2	94.0	104.4	106.6	105.5	107.5
107.0	107.6	113.5	111.3	101.0	102.6	109.7	105.2	100.4	104.1	109.5	107.2	107.3
99.4	100.8	94.7	102.3	102.5	105.6	103.0	109.6	101.4	104.4	101.2	107.7	104.1
106.5	106.9	105.5	104.9	105.7	103.3	103.6	110.2	104.5	104.8	110.2	107.8	109.3
97.8	106.9	107.6	100.1	111.1	103.7	106.3	106.3	106.9	104.6	110.3	107.2	108.1

19－4 各市县户数和人口数（2014年末）

Households and Population by City and County（end of 2014）

市、县	City, County	总户数（万户）Total Households (10000 households)	按农业非农业分(万人) By Agriculture and Non-agriculture (10000 persons)		总人口（万人）Population (10000 persons)	按性别分(万人) Grouped by Sex（10000 Persons）	
			农业人口 Agriculture	非农业人口 Non-agriculture		男 Male	女 Female
全　省	**Total**	**1008.14**	**1423.48**	**1247.85**	**2671.33**	**1346.49**	**1324.84**
长春市	**Changchun**	**270.87**	**418.57**	**335.98**	**754.55**	**379.44**	**375.11**
市辖区	City	138.11	104.12	261.75	365.86	180.88	184.98
南关区	Nanguan	24.26	9.88	56.59	66.47	32.29	34.17
宽城区	Kuancheng	26.52	25.77	41.61	67.38	33.44	33.94
朝阳区	Chaoyang	26.44	8.57	64.52	73.10	35.66	37.43
二道区	Erdao	22.06	21.23	35.52	56.75	28.15	28.60
绿园区	Lvyuan	24.56	10.72	53.68	64.40	32.14	32.26
双阳区	Shuangyang	14.27	27.95	9.82	37.77	19.20	18.57
农安县	Nong' an	36.01	86.69	22.06	108.75	55.74	53.01
九台市	Jiutai	25.23	52.35	17.19	69.54	35.52	34.02
榆树市	Yushu	44.54	107.17	20.35	127.52	65.21	62.31
德惠市	Dehui	26.98	68.24	14.64	82.87	42.09	40.79
吉林市	**Jilin**	**156.50**	**220.19**	**207.46**	**427.65**	**215.30**	**212.35**
市辖区	City	67.68	54.47	127.41	181.89	90.10	91.79
昌邑区	Changyi	23.39	14.99	47.01	62.00	30.60	31.40
龙潭区	Longtan	17.24	18.69	27.57	46.26	23.04	23.22
船营区	Chuanying	16.91	11.30	35.21	46.51	23.07	23.44
丰满区	Fengman	10.14	9.50	17.62	27.12	13.39	13.73
永吉县	Yongji	13.78	30.60	8.76	39.37	20.02	19.35
蛟河市	Jiaohe	14.69	27.63	16.68	44.30	22.52	21.78
桦甸市	Huadian	17.05	25.81	18.79	44.60	22.70	21.90
舒兰市	Shulan	24.86	45.44	18.86	64.30	32.76	31.55
磐石市	Panshi	18.45	36.24	16.95	53.19	27.21	25.99
四平市	**Siping**	**124.27**	**182.18**	**145.92**	**328.11**	**166.29**	**161.82**
市辖区	City	26.29	5.66	53.08	58.74	29.06	29.68
铁西区	Tiexi	11.26	0.00	25.79	25.79	12.60	13.20
铁东区	Tiedong	15.03	5.66	27.29	32.95	16.47	16.48
梨树县	Lishu	28.04	62.48	14.55	77.02	39.54	37.48
伊通满族自治县	Yitong	16.49	37.76	7.91	45.67	23.46	22.21
公主岭市	Gongzhuling	37.21	49.01	57.70	106.71	53.93	52.78
双辽市	Shuangliao	16.24	27.27	12.69	39.96	20.29	19.67
辽源市	**Liaoyuan**	**45.31**	**66.42**	**55.38**	**121.80**	**61.89**	**59.90**
市辖区	City	19.47	9.16	38.05	47.22	23.46	23.76
龙山区	Longshan	11.72	6.31	23.86	30.16	14.87	15.30
西安区	Xi' an	7.76	2.85	14.20	17.05	8.59	8.46
东丰县	Dongfeng	13.43	29.52	10.49	40.01	20.54	19.47
东辽县	Dongliao	12.41	27.74	6.83	34.57	17.89	16.67
通化市	**Tonghua**	**85.40**	**105.86**	**116.33**	**222.19**	**112.67**	**109.52**
市辖区	City	17.25	5.71	38.59	44.31	21.90	22.41

注：表内数据为公安部门户籍人口数。表内数据四舍五入。
Note:Data were obtained from the annual reports of the public security department.Data were rounded.

19－4 续表 continued

市、县	City, County	总户数（万户）Total Households (10000 households)	按农业非农业分(万人) By Agriculture and Non-agriculture (10000 persons)		总人口（万人）Population (10000 persons)	按性别分(万人) Grouped by Sex（10000 Persons）	
			农业人口 Agriculture	非农业人口 Non-agriculture		男 Male	女 Female
东昌区	Dongchang	11.86	3.44	28.16	31.59	15.54	16.06
二道江区	Erdaojiang	5.40	2.28	10.43	12.71	6.36	6.35
通化县	Tonghua	10.00	15.57	8.73	24.31	12.43	11.88
辉南县	Huinan	13.17	18.55	15.70	34.26	17.48	16.78
柳河县	Liuhe	13.10	20.68	16.22	36.90	18.98	17.92
梅河口	Meihekou	23.29	35.77	24.87	60.64	30.82	29.82
集安市	Ji' an	8.58	9.57	12.22	21.79	11.07	10.72
白山市	**Baishan**	**58.19**	**38.66**	**87.60**	**126.26**	**63.75**	**62.51**
市辖区	City	26.27	11.49	45.76	57.26	28.88	28.38
浑江区	Badaojiang	15.11	5.98	27.91	33.89	16.98	16.92
江源区	Jiangyuan	11.16	5.51	17.85	23.36	11.90	11.46
抚松县	Fusong	13.45	10.81	19.17	29.98	15.11	14.87
靖宇县	Jingyu	6.96	6.94	7.24	14.18	7.24	6.94
长白朝鲜族自治县	Changbai	3.93	3.38	4.81	8.19	4.11	4.08
临江市	Linjiang	7.58	6.04	10.62	16.66	8.41	8.25
松原市	**Songyuan**	**100.80**	**203.19**	**75.26**	**278.45**	**140.75**	**137.70**
市辖区	City	23.70	22.03	34.87	56.90	28.35	28.54
宁江区	Ningjiang	23.70	22.03	34.87	56.90	28.35	28.54
前郭尔罗斯蒙古族自治县	Qianguo	21.64	42.98	14.82	57.80	29.32	28.48
长岭县	Changling	21.11	53.26	10.43	63.69	32.69	31.00
乾安县	Qian' an	11.11	19.63	7.87	27.50	13.88	13.62
扶余市	Fuyu	23.24	65.30	7.27	72.56	36.51	36.05
白城市	**Baicheng**	**86.20**	**118.83**	**78.92**	**197.75**	**99.65**	**98.10**
市辖区	City	22.02	21.82	28.01	49.83	24.78	25.06
洮北区	Taobei	22.02	21.82	28.01	49.83	24.78	25.06
镇赉县	Zhenlai	12.64	17.34	10.20	27.54	13.98	13.56
通榆县	Tongyu	15.27	25.04	11.64	36.68	18.49	18.18
洮南市	Taonan	18.87	28.45	14.79	43.24	21.86	21.38
大安市	Da' an	17.40	26.18	14.28	40.46	20.54	19.92
延边朝鲜族自治州	**Yanbian**	**80.60**	**69.58**	**145.00**	**214.58**	**106.74**	**107.84**
延吉市	Yanji	19.70	6.90	46.70	53.59	25.95	27.65
图们市	Tumen	4.66	2.50	9.56	12.06	5.93	6.13
敦化市	Dunhua	17.48	21.25	26.08	47.33	23.83	23.50
珲春市	Hunchun	7.25	5.96	16.70	22.66	11.36	11.30
龙井市	Longjing	6.46	6.46	10.26	16.71	8.28	8.44
和龙市	Helong	7.18	6.82	11.44	18.26	9.21	9.05
汪清县	Wangqing	10.10	9.84	13.28	23.11	11.64	11.48
安图县	Antu	7.78	9.86	10.99	20.84	10.55	10.29

19－5 各市县分年龄人口情况（2014年末）

Age Composition of Population by City and County（end of 2014）

单位：万人 unit:10000 persons

市、县	City, County	总人口 Total Population	18岁以下 Age0-17	18-34岁 Age18-34	35-60岁 Age35-60	60岁以上 Age Over 60
全 省	**Total**	**2671.33**	**398.72**	**639.47**	**1163.55**	**469.58**
长春市	**Changchun**	**754.55**	**112.97**	**191.76**	**318.41**	**131.41**
市辖区	City	365.86	53.38	94.19	153.98	64.30
南关区	Nanguan	66.47	9.36	18.61	27.27	11.23
宽城区	Kuancheng	67.38	9.90	16.97	28.85	11.65
朝阳区	Chaoyang	73.10	10.29	19.22	30.41	13.18
二道区	Erdao	56.75	8.72	14.02	24.40	9.61
绿园区	Lvyuan	64.40	9.29	16.54	26.80	11.77
双阳区	Shuangyang	37.77	5.83	8.83	16.25	6.87
农安县	Nong ' an	108.75	16.28	28.74	44.85	18.88
九台市	Jiutai	69.54	10.24	16.33	30.35	12.63
榆树市	Yushu	127.52	19.93	30.57	55.32	21.70
德惠市	Dehui	82.87	13.14	21.94	33.90	13.90
吉林市	**Jilin**	**427.65**	**55.51**	**94.27**	**195.63**	**82.24**
市辖区	City	181.89	21.32	38.42	84.76	37.38
昌邑区	Changyi	62.00	7.04	13.07	28.72	13.17
龙潭区	Longtan	46.26	5.24	9.85	21.52	9.65
船营区	Chuanying	46.51	5.71	9.94	21.29	9.56
丰满区	Fengman	27.12	3.32	5.57	13.23	5.01
永吉县	Yongji	39.37	5.17	9.08	17.68	7.43
蛟河市	Jiaohe	44.30	5.97	9.71	19.97	8.65
桦甸市	Huadian	44.60	6.74	10.59	19.83	7.43
舒兰市	Shulan	64.30	8.96	13.85	29.91	11.59
磐石市	Panshi	53.19	7.36	12.61	23.47	9.76
四平市	**Siping**	**328.11**	**51.64**	**76.61**	**141.27**	**58.58**
市辖区	City	58.74	7.98	12.77	26.80	11.19
铁西区	Tiexi	25.79	3.55	5.71	11.69	4.83
铁东区	Tiedong	32.95	4.42	7.06	15.11	6.35
梨树县	Lishu	77.02	13.14	17.75	32.62	13.50
伊通满族自治县	Yitong	45.67	7.39	9.72	20.34	8.22
公主岭市	Gongzhuling	106.71	16.38	27.80	43.45	19.08
双辽市	Shuangliao	39.96	6.75	8.57	18.05	6.59
辽源市	**Liaoyuan**	**121.80**	**16.35**	**25.72**	**57.04**	**22.68**
市辖区	City	47.22	5.47	9.69	22.45	9.60
龙山区	Longshan	30.16	3.93	6.17	14.17	5.89
西安区	Xi' an	17.05	1.54	3.52	8.29	3.71

注：表内数据为公安部门户籍人口数。表内数据四舍五入。
Note:Data were obtained from the annual reports of the public security department.Data were rounded.

19－5 续表 continued

市、县	City, County	总人口 Total Population	18岁以下 Age0-17	18-34岁 Age18-34	35-60岁 Age35-60	60岁以上 Age Over 60
东丰县	Dongfeng	40.01	5.96	8.55	18.37	7.13
东辽县	Dongliao	34.57	4.92	7.48	16.22	5.95
通化市	**Tonghua**	**222.19**	**30.69**	**49.48**	**102.27**	**39.74**
市辖区	City	44.31	5.22	8.77	21.39	8.92
东昌区	Dongchang	31.59	3.84	6.38	15.19	6.18
二道江区	Erdaojiang	12.71	1.38	2.39	6.20	2.74
通化县	Tonghua	24.31	3.25	5.47	11.29	4.29
辉南县	Huinan	34.26	5.20	7.27	15.65	6.13
柳河县	Liuhe	36.90	5.48	9.17	16.14	6.10
梅河口	Meihekou	60.64	8.73	14.37	27.27	10.26
集安市	Ji' an	21.79	2.81	4.42	10.53	4.04
白山市	**Baishan**	**126.26**	**22.68**	**31.68**	**52.39**	**19.52**
市辖区	City	57.26	10.77	15.37	22.58	8.54
浑江区	Badaojiang	33.89	6.75	9.79	12.61	4.75
江源区	Jiangyuan	23.36	4.02	5.58	9.97	3.79
抚松县	Fusong	29.98	6.46	7.23	12.06	4.22
靖宇县	Jingyu	14.18	2.17	3.57	6.12	2.33
长白朝鲜族自治县	Changbai	8.19	1.27	2.00	3.76	1.15
临江市	Linjiang	16.66	2.00	3.50	7.88	3.28
松原市	**Songyuan**	**278.45**	**54.98**	**76.01**	**105.90**	**41.56**
市辖区	City	56.90	9.39	13.84	24.97	8.69
宁江区	Ningjiang	56.90	9.39	13.84	24.97	8.69
前郭尔罗斯蒙古族自治县	Qianguo	57.80	10.12	15.04	24.67	7.97
长岭县	Changling	63.69	10.95	17.76	26.06	8.93
乾安县	Qian' an	27.50	4.09	6.98	10.44	6.00
扶余市	Fuyu	72.56	20.44	22.39	19.76	9.97
白城市	**Baicheng**	**197.75**	**27.93**	**43.67**	**92.30**	**33.85**
市辖区	City	49.83	6.97	11.11	22.97	8.78
洮北区	Taobei	49.83	6.97	11.11	22.97	8.78
镇赉县	Zhenlai	27.54	3.82	5.89	12.96	4.87
通榆县	Tongyu	36.68	5.77	8.26	17.05	5.60
洮南市	Taonan	43.24	6.33	9.79	19.94	7.18
大安市	Da' an	40.46	5.03	8.62	19.39	7.41
延边朝鲜族自治州	**Yanbian**	**214.58**	**25.97**	**50.27**	**98.33**	**40.00**
延吉市	Yanji	53.59	7.15	13.21	24.34	8.89
图们市	Tumen	12.06	1.04	2.71	5.70	2.61
敦化市	Dunhua	47.33	6.35	10.68	21.63	8.67
珲春市	Hunchun	22.66	2.66	5.46	10.50	4.05
龙井市	Longjing	16.71	1.46	3.75	7.67	3.82
和龙市	Helong	18.26	1.85	4.13	8.53	3.75
汪清县	Wangqing	23.11	2.64	5.28	10.75	4.45
安图县	Antu	20.84	2.81	5.06	9.22	3.75

19－6 各市县人口自然变动情况（2014年末）

Basic Statistics on Natural Population Changes by City and County（end of 2014）

单位：人 unit:persons

市、县	City, County	年平均人口 Annual Average Population	出生 Birth		死亡 Death		自然增长 Natural Growth	
			人数 Number of Birth	出生率（‰）Birth Rate（‰）	人数 Number of Death	死亡率（‰）Death Rate（‰）	人数 Numberof Natural Growth	自然增长率（‰）Natural Growth Rate(‰)
全　省	**Total**	**26749379**	**244704**	**9.15**	**181651**	**6.79**	**63053**	**2.36**
长春市	**Changchun**	**7536090**	**78175**	**10.37**	**41696**	**5.53**	**36479**	**4.84**
市辖区	City	3648388	43534	11.93	22441	6.15	21093	5.78
南关区	Nanguan	662288	8461	12.77	4212	6.36	4249	6.41
宽城区	Kuancheng	671767	7975	11.87	4753	7.08	3222	4.79
朝阳区	Chaoyang	729677	8271	11.33	4636	6.35	3635	4.98
二道区	Erdao	563675	7225	12.82	3127	5.55	4098	7.27
绿园区	Lvyuan	642687	8259	12.85	3937	6.13	4322	6.72
双阳区	Shuangyang	378297	3343	8.84	1776	4.69	1567	4.15
农安县	Nong' an	1085704	9492	8.74	2638	2.43	6854	6.31
九台市	Jiutai	696461	6094	8.75	3894	5.59	2200	3.16
榆树市	Yushu	1275592	11125	8.72	5037	3.95	6088	4.77
德惠市	Dehui	829946	7930	9.56	7686	9.26	244	0.3
吉林市	**Jilin**	**4283828**	**37349**	**8.72**	**33113**	**7.73**	**4236**	**0.99**
市辖区	City	1818544	15369	8.45	12132	6.67	3237	1.78
昌邑区	Changyi	620769	4943	7.96	4606	7.42	337	0.54
龙潭区	Longtan	464532	3578	7.70	3100	6.67	478	1.03
船营区	Chuanying	463656	4176	9.01	2759	5.95	1417	3.06
丰满区	Fengman	269588	2672	9.91	1667	6.18	1005	3.73
永吉县	Yongji	393809	3388	8.60	2086	5.30	1302	3.3
蛟河市	Jiaohe	444343	4082	9.19	3822	8.60	260	0.59
桦甸市	Huadian	446893	4160	9.31	2605	5.83	1555	3.48
舒兰市	Shulan	647190	5321	8.22	8419	13.01	-3098	-4.79
磐石市	Panshi	533050	5029	9.43	4049	7.60	980	1.83
四平市	**Siping**	**3282520**	**29892**	**9.11**	**26251**	**8.00**	**3641**	**1.11**
市辖区	City	588433	4595	7.81	5422	9.21	-827	-1.4
铁西区	Tiexi	258217	2064	7.99	1480	5.73	584	2.26
铁东区	Tiedong	330216	2531	7.66	3942	11.94	-1411	-4.28
梨树县	Lishu	770194	7376	9.58	3458	4.49	3918	5.09
伊通满族自治县	Yitong	457377	3766	8.23	3377	7.38	389	0.85
公主岭市	Gongzhuling	1068234	10329	9.67	12014	11.25	-1685	-1.58
双辽市	Shuangliao	398283	3826	9.61	1980	4.97	1846	4.64
辽源市	**Liaoyuan**	**1218570**	**10403**	**8.54**	**7951**	**6.52**	**2452**	**2.02**
市辖区	City	472838	3656	7.73	4316	9.13	-660	-1.4
龙山区	Longshan	300634	2622	8.72	2252	7.49	370	1.23
西安区	Xi' an	172204	1034	6.00	2064	11.99	-1030	-5.99
东丰县	Dongfeng	399642	3873	9.69	2399	6.00	1474	3.69
东辽县	Dongliao	346091	2874	8.30	1236	3.57	1638	4.73
通化市	**Tonghua**	**2222433**	**19796**	**8.91**	**14671**	**6.6**	**5125**	**2.31**

注：表内数据为公安部门户籍人口数。表内数据四舍五入。
Note:Data were obtained from the annual reports of the public security department.Data were rounded.

单位: 人 unit:person

市、县	City, County	年平均人口 Annual Average Population	出生 Birth 人数 Number of Birth	出生率（‰）Birth Rate（‰）	死亡 Death 人数 Number of Death	死亡率（‰）Death Rate（‰）	自然增长 Natural Growth 人数 Numberof Natural Growth	自然增长率（‰）Natural Growth Rate(‰)
市辖区	City	443221	3367	7.60	2884	6.51	483	1.09
东昌区	Dongchang	315286	2652	8.41	1901	6.03	751	2.38
二道江区	Erdaojiang	127935	715	5.59	983	7.68	−268	−2.09
通化县	Tonghua	243193	2186	8.99	2071	8.52	115	0.47
辉南县	Huinan	343024	2757	8.04	1917	5.59	840	2.45
柳河县	Liuhe	368965	3834	10.39	2366	6.41	1468	3.98
梅河口	Meihekou	605771	5986	9.88	3719	6.14	2267	3.74
集安市	Ji' an	218260	1666	7.63	1714	7.85	−48	−0.22
白山市	**Baishan**	**1266957**	**10513**	**8.30**	**9818**	**7.75**	**695**	**0.55**
市辖区	City	574673	4616	8.03	4225	7.35	391	0.68
浑江区	Badaojiang	339249	2826	8.33	2240	6.60	586	1.73
江源区	Jiangyuan	235424	1790	7.60	1985	8.43	−195	−0.83
抚松县	Fusong	300575	2652	8.82	2683	8.93	−31	−0.11
靖宇县	Jingyu	142051	1473	10.37	721	5.08	752	5.29
长白朝鲜族自治县	Changbai	82253	571	6.94	731	8.89	−160	−1.95
临江市	Linjiang	167407	1201	7.17	1458	8.71	−257	−1.54
松原市	**Songyuan**	**2807031**	**25587**	**9.12**	**10181**	**3.63**	**15406**	**5.49**
市辖区	City	568563	5016	8.82	1697	2.98	3319	5.84
宁江区	Ningjiang	568563	5016	8.82	1697	2.98	3319	5.84
前郭尔罗斯蒙古族自治县	Qianguo	575892	5273	9.16	1629	2.83	3644	6.33
长岭县	Changling	633990	6647	10.48	2672	4.21	3975	6.27
乾安县	Qian' an	288507	2200	7.63	1293	4.48	907	3.15
扶余市	Fuyu	740080	6451	8.72	2890	3.91	3561	4.81
白城市	**Baicheng**	**1984222**	**14581**	**7.35**	**21299**	**10.73**	**−6718**	**−3.38**
市辖区	City	498166	3669	7.37	3086	6.20	583	1.17
洮北区	Taobei	498166	3669	7.37	3086	6.20	583	1.17
镇赉县	Zhenlai	280308	1986	7.08	10851	38.71	−8865	−31.63
通榆县	Tongyu	367234	3054	8.32	2021	5.50	1033	2.82
洮南市	Taonan	433446	3461	7.98	3706	8.55	−245	−0.57
大安市	Da' an	405069	2411	5.95	1635	4.04	776	1.91
延边朝鲜族自治州	**Yanbian**	**2147730**	**18408**	**8.57**	**16671**	**7.76**	**1737**	**0.81**
延吉市	Yanji	533034	5228	9.81	3539	6.64	1689	3.17
图们市	Tumen	121463	783	6.45	1179	9.71	−396	−3.26
敦化市	Dunhua	473788	3959	8.36	3057	6.45	902	1.91
珲春市	Hunchun	226209	2298	10.16	1870	8.27	428	1.89
龙井市	Longjing	168416	1126	6.69	1857	11.03	−731	−4.34
和龙市	Helong	183653	1335	7.27	1835	9.99	−500	−2.72
汪清县	Wangqing	232228	1776	7.65	2022	8.71	−246	−1.06
安图县	Antu	208941	1903	9.11	1312	6.28	591	2.83

19-7 各市县单位从业人员（2014年）

单位: 人

市、县	City，County	单位从业人员合计 Employment Persons	国有经济 State-owned	集体经济 Collective-owned
全　省	**Total**	**3344162**	**1690308**	**66499**
长春市	**Changchun**	**1268415**	**561352**	**19605**
市　区	District	1100850	448587	14146
农安县	Nong' an	40500	30210	1624
九台市	Jiutai	39180	26803	2023
榆树市	Yushu	44394	29725	656
德惠市	Dehui	43491	26027	1156
吉林市	**Jilin**	**431965**	**214958**	**10600**
市　区	District	284042	126983	6366
永吉县	Yongji	20600	10984	808
蛟河市	Jiaohe	23970	19411	637
桦甸市	Huadian	39454	19398	1461
舒兰市	Shulan	32547	20458	777
磐石市	Panshi	31352	17724	551
四平市	**Siping**	**217848**	**127103**	**4545**
市　区	District	84848	49994	510
梨树县	Lishu	30522	21834	866
伊通满族自治县	Yitong	18559	12511	1016
公主岭市	Gongzhuling	61745	25574	1716
双辽市	Shuangliao	22174	17190	437
辽源市	**Liaoyuan**	**130211**	**52382**	**1951**
市　区	District	96108	26299	490
东丰县	Dongfeng	18509	15772	916
东辽县	Dongliao	15594	10311	545
通化市	**Tonghua**	**289585**	**107663**	**9113**
市　区	District	152196	37476	4379
通化县	Tonghua	20062	10206	827
辉南县	Huinan	21180	14162	976
柳河县	Liuhe	24754	11711	61
梅河口市	Meihekou	51546	23880	1917
集安市	Ji' an	19847	10228	953

注：各地区相加不等于全省总计。
Note:The sum of data by every city is not equal to the total.

Number of Employed Persons by City and County (2014)

unit:person

其他单位合计 Others	内资 Domestic Funds	港澳台投资经济 Funds from Hongkong Macao and Taiwan	外商投资经济 Foreign Funded
1587355	**1423015**	**52624**	**111716**
687458	**576510**	**32618**	**78330**
638117	535276	32148	70693
8666	7966		700
10354	8297	190	1867
14013	12536	280	1197
16308	12435		3873
206407	**190682**	**6948**	**8777**
150693	141120	6068	3505
8808	8773		35
3922	3837	85	
18595	18515		80
11312	10342	496	474
13077	8095	299	4683
86200	**79547**	**4777**	**1876**
34344	30562	3502	280
7822	7822		
5032	5032		
34455	31584	1275	1596
4547	4547		
75878	**72771**	**1222**	**1885**
69319	66699	735	1885
1821	1334	487	
4738	4738		
172809	**166641**	**2371**	**3797**
110341	107568	2026	747
9029	8641		388
6042	5957		85
12982	12982		
25749	22963	259	2527
8666	8530	86	50

单位: 人

市、县	City, County	单位从业人员合计 Total Employment Persons	国有经济 State-owned	集体经济 Collective-owned
白 山 市	**Baishan**	**183081**	**113352**	**2373**
市　　区	District	100326	58132	1108
抚 松 县	Fusong	34737	23140	328
靖 宇 县	Jingyu	11566	9323	285
长白朝鲜族自治县	Changbai	10740	8017	185
临 江 市	Linjiang	25712	14740	467
松 原 市	**Songyuan**	**265151**	**131646**	**7586**
市　　区	District	116696	36584	3179
前郭尔罗斯蒙古族自治县	Qianguo	56050	41977	2236
长 岭 县	Changling	28127	21541	1222
乾 安 县	Qian' an	25444	15020	298
扶 余 市	Fuyu	38834	16524	651
白 城 市	**Baicheng**	**215924**	**153137**	**5783**
市　　区	District	102311	66932	3094
镇 赉 县	Zhenlai	26371	21574	232
通 榆 县	Tongyu	25050	19677	1476
洮 南 市	Taonan	28314	20141	836
大 安 市	Da' an	33878	24813	145
延边朝鲜族自治州	**Yanbian**	**265621**	**152354**	**4943**
延 吉 市	Yanji	78095	42405	979
图 们 市	Tumen	8674	5284	1211
敦 化 市	Dunhua	54268	31235	821
珲 春 市	Hunchun	46558	13890	469
龙 井 市	Longjing	10229	8043	46
和 龙 市	Helong	18538	13615	726
汪 清 县	Wangqing	25230	21470	490
安 图 县	Antu	24029	16412	201

continued

unit:person

其他单位合计 Others	内资 Domestic Funds	港澳台投资经济 Funds from Hongkong Macao and Taiwan	外商投资经济 Foreign Funded
67356	**63595**	**2169**	**1592**
41086	40293	293	500
11269	8402	1845	1022
1958	1958		
2538	2437	31	70
10505	10505		
125919	**123932**	**589**	**1398**
76933	74984	551	1398
11837	11837		
5364	5364		
10126	10088	38	
21659	21659		
57004	**53604**	**236**	**3164**
32285	29860	30	2395
4565	4497		68
3897	3780		117
7337	7252		85
8920	8215	206	499
108324	**95733**	**1694**	**10897**
34711	29069	698	4944
2179	1791		388
22212	20228	908	1076
32199	29041		3158
2140	1916		224
4197	3899		298
3270	3270		
7416	6519	88	809

19－8 各市县单位从业人员工资（2014年）

Earning of Employed Persons LivingExpenses by City and County（2014）

市、县	City, County	单位从业人员工资总额(万元) Earning of Employed Persons (10000 yuan)	在岗职工工资 Wages of Staff and Workers	其他从业人员工资总额 Others	单位从业人员平均工资（元） Average Earning of Employed Persons (yuan)	#在岗职工平均工资 Average Wages of Staff and Workers
全　省	**Total**	**15899035**	**15348252**	**550784**	**46516**	**47683**
长春市	**Changchun**	**7296120**	**7070275**	**225845**	**56014**	**56976**
市　区	District	6699910	6488690	211220	59143	60225
农安县	Nong' an	149487	145763	3724	37065	37645
九台市	Jiutai	143238	142565	673	34018	34049
榆树市	Yushu	157680	152091	5589	36358	36937
德惠市	Dehui	145805	141166	4639	33189	33812
吉林市	**Jilin**	**2002831**	**1938012**	**64819**	**44708**	**45362**
市　区	District	1434741	1383391	51350	48305	49021
永吉县	Yongji	96496	95989	507	43606	43899
蛟河市	Jiaohe	89749	88624	1125	36018	36481
桦甸市	Huadian	143719	134774	8945	36481	37663
舒兰市	Shulan	125915	123410	2505	37622	38285
磐石市	Panshi	112211	111824	387	36129	36245
四平市	**Siping**	**812264**	**779370**	**32894**	**37223**	**38383**
市　区	District	348128	334629	13499	41239	42635
梨树县	Lishu	101342	99458	1884	33344	34069
伊通满族自治县	Yitong	69483	67297	2186	37357	38372
公主岭市	Gongzhuling	213260	198018	15242	34015	35500
双辽市	Shuangliao	80051	79968	83	36203	36262
辽源市	**Liaoyuan**	**513403**	**500161**	**13242**	**38876**	**39462**
市　区	District	384951	373276	11675	39552	40229
东丰县	Dongfeng	71800	71206	594	38104	38489
东辽县	Dongliao	56652	55679	973	35655	36025
通化市	**Tonghua**	**1149064**	**1105454**	**43610**	**38697**	**39348**
市　区	District	615856	603996	11860	40267	40724
通化县	Tonghua	83924	83824	100	38121	38118
辉南县	Huinan	72318	67847	4471	33984	34479
柳河县	Liuhe	89251	75633	13618	35441	37057
梅河口市	Meihekou	198463	191970	6493	39639	40687
集安市	Ji' an	89252	82184	7068	35071	35164

注：工资总额各地区相加不等于全省数据。
Note: The sum of uages in the rigion is not equivalent to the province data.

19－8 续表 continued

市、县	City，County	单位从业人员工资总额（万元）Earning of Employed Persons (10000 yuan)	在岗职工工资 Wages of Staff and Workers	其他从业人员工资总额 Others	单位从业人员平均工资(元) Average Earning of Employed Persons (yuan)	#在岗职工平均工资 Average Wages of Staff and Workers
白山市	**Baishan**	**695531**	**645568**	**49963**	**37051**	**39331**
市区	District	388084	367952	20132	37494	39546
抚松县	Fusong	130608	121669	8939	36779	39612
靖宇县	Jingyu	43728	40673	3055	38170	42271
长白朝鲜族自治县	Changbai	38352	36040	2312	35726	39762
临江市	Linjiang	94759	79234	15525	35739	36531
松原市	**Songyuan**	**1183464**	**1151126**	**32338**	**44298**	**44896**
市区	District	648563	641492	7071	54621	55354
前郭尔罗斯蒙古族自治县	Qianguo	199767	189326	10441	35600	35228
长岭县	Changling	106544	105424	1120	37953	38287
乾安县	Qian' an	95432	93703	1729	37687	38645
扶余市	Fuyu	133158	121181	11977	34219	34640
白城市	**Baicheng**	**678506**	**650951**	**27555**	**30916**	**32133**
市区	District	358097	346939	11158	34043	34469
镇赉县	Zhenglai	67479	66878	601	25504	25438
通榆县	Tongyu	74077	71809	2268	29507	31537
洮南市	Taonan	77331	72736	4595	27534	29440
大安市	Da' an	101522	92589	8933	29319	32880
延边朝鲜族自治州	**Yanbian**	**1011584**	**951876**	**59708**	**37527**	**39526**
延吉市	Yanji	353046	338938	14108	43726	45215
图们市	Tumen	31651	30944	707	33818	34831
敦化市	Dunhua	190013	185173	4840	35702	37206
珲春市	Hunchun	184526	164639	19887	39087	41848
龙井市	Longjing	32746	31292	1454	31801	32586
和龙市	Helong	61419	55371	6048	32564	35627
汪清县	Wangqing	86062	77830	8232	33835	37665
安图县	Antu	72121	67689	4432	29512	30692

19－9 各市县固定资产投资（不含农户）（2014年）

City and County of Investment in Fixed Assets (Exduding Rural) (2014)

单位：万元　　unit:10000yuan

市、县	City, County	总计 Total	#国有单位 State ouned units	#房地产开发 Real Estate Development
全　省	**Total**	**111079410**	**29463307**	**10301285**
长春市	**Changchun**	**37463792**	**11487876**	**5343977**
市　区	District	29548805	10435824	5056995
农安县	Nong' an	2166006	317051	103874
九台市	Jiutai	1498556	349160	89804
榆树市	Yushu	1956188	75666	2977
德惠市	Dehui	2294237	310175	90327
吉林市	**Jilin**	**22583884**	**3653239**	**1424628**
市　区	District	14088907	1977741	939960
永吉县	Yongji	1137534	410638	46559
蛟河市	Jiaohe	1753978	475409	75368
桦甸市	Huadian	1936754	326165	224100
舒兰市	Shulan	1539857	150397	50238
磐石市	Panshi	2126854	312889	88403
四平市	**Siping**	**7103143**	**1438233**	**480451**
市　区	District	2253753	436378	94194
梨树县	Lishu	835229	183284	50821
伊通满族自治县	Yitong	460818	74187	16031
公主岭市	Gongzhuling	2724300	487868	274628
双辽市	Shuangliao	829043	256516	44777
辽源市	**Liaoyuan**	**5313782**	**665327**	**199859**
市　区	District	2899907	212895	121394
东丰县	Dongfeng	1330125	287520	24910
东辽县	Dongliao	1083750	164912	53555
通化市	**Tonghua**	**8538657**	**1735581**	**854434**
市　区	District	1695820	110963	333895
通化县	Tonghua	1238468	170775	69439
辉南县	Huinan	995140	365150	54654

单位：万元 unit:10000yuan

市、县	City, County	总计 Total	#国有单位 State ouned units	#房地产开发 Real Estate Developmend
柳河县	Liuhe	1023780	315270	221
梅河口市	Meihekou	2608690	383214	370574
集安市	ji' an	976759	390209	25651
白山市	**Baishan**	**5608031**	**1193126**	**240847**
市区	District	2425550	248317	178303
抚松县	Fusong	1268729	356912	17832
靖宇县	Jingyu	579074	165364	14062
长白朝鲜族自治县	Changbai	511088	195745	4275
临江市	Linjiang	823590	226788	26375
松原市	**Songyuan**	**11445246**	**2675910**	**802765**
市区	District	3984940	859676	551743
前郭尔罗斯蒙古族自治县	Qianguo	2256682	393845	132963
长岭县	Changling	1951389	901652	13660
乾安县	Qian' an	1550942	183683	11520
扶余县	Fuyu	1701293	337054	92879
白城市	**Baicheng**	**5871375**	**3616750**	**249480**
市区	District	1414399	597603	171775
镇赉县	Zhenlai	1161612	620589	9260
通榆县	Tongyu	972908	634198	55000
洮南市	Taonan	1296308	842497	7155
大安市	Da' an	1030648	921863	6290
延边朝鲜族自治州	**Yanbian**	**7151500**	**2997265**	**704844**
延吉市	Yanji	2085650	616770	325348
图们市	Tumen	382253	199395	22179
敦化市	Dunhua	1289166	752888	96857
珲春市	Hunchun	1330764	468494	124165
龙井市	Longjing	382253	197097	43095
和龙市	Helong	475392	234314	30809
汪清县	Wangqing	602911	214610	27831
安图县	Antu	603111	313697	34560

19－10 各市县地方公共财政收入（2014年）
Local Pablic Finance Revenue in cities and counties（2014）

单位: 万元

unit:10000 yuan

市、县 City, County		地方公共财政收入 Local Government Revenue	税收收入 Tax revenue	#增值税 Value-added Tax	#营业税 Business Tax	#企业所得税 Corporate Income Tax	#个人所得税 Individual Income Tax	#城市维护建设税 Urban maintenance and Construction tax	#耕地占用税 Farmland occupancex tax	#非税收入 Non tax revenue
长春市	**Changchun**	**3973249**	**3202801**	**458781**	**454316**	**637820**	**123642**	**359374**	**204571**	**770448**
市本级	District	2908695	2368924	370181	273074	495237	89351	340675	99436	539771
九台市	Jiutai	130120	104094	24354	19350	17006	4242	5357	7748	26026
榆树市	Yushu	112579	60064	3954	18345	5539	1702	2350	6669	52515
德惠市	Dehui	137613	110041	5062	26469	36229	774	2921	1719	27572
农安县	Nong' an	140092	101487	9654	26689	6510	1060	4588	28424	38605
吉林市	**Jilin**	**1311855**	**867487**	**83780**	**161902**	**74234**	**23429**	**59558**	**106624**	**444368**
市本级	District	651565	390556	27118	60445	27303	9290	30306	35006	261009
桦甸市	Huadian	129636	83361	13850	16530	8706	3249	3642	3855	46275
蛟河市	Jiaohe	73481	55756	10524	16006	6306	1600	4092	1821	17725
舒兰市	Shulan	65212	47229	2891	11382	3760	1688	1501	3722	17983
磐石市	Panshi	91255	74128	9947	13936	9277	2267	4019	11069	17127
永吉县	Yongji	53605	38496	4177	9495	7525	893	1226	2639	15109
四平市	**Siping**	**578527**	**360559**	**47955**	**88520**	**29883**	**22586**	**27805**	**45363**	**217968**
市本级	District	199062	106570	13381	14390	8486	16753	15048	8451	92492
公主岭市	Gongzhuling	183274	121907	18153	40548	11389	1832	5303	15119	61367
双辽市	Shuangliao	46273	32438	3888	10907	3784	633	1832	656	13835
梨树县	Lishu	46873	24322	3796	6882	1111	1248	1352	1484	22551
伊通满族自治县	Yitong	44368	26690	6338	7705	2050	466	2035	668	17678
辽源市	**Liaoyuan**	**268211**	**132963**	**11152**	**29516**	**17058**	**3513**	**8695**	**3565**	**135248**
市本级	District	134846	47858	4546	3281	4676	1556	6536	435	86988
东丰县	Dongfeng	52255	32771	2634	11453	4538	726	1108	227	19484
东辽县	Dongliao	37196	19351	1994	6236	5065	634	1051	636	17845
通化市	**Tonghua**	**837190**	**561156**	**58260**	**116324**	**52715**	**18417**	**26121**	**66611**	**276034**
市本级	District	86915	46054	10701	7845	5680	2187	7285	69	40861
梅河口市	Meihekou	269657	173887	20484	33761	26344	2293	6713	5011	95770
集安市	Ji' an	75657	50983	5105	18195	3636	7535	3457	945	24674
通化县	Tonghua	110498	76568	8310	18044	5055	2277	1645	13959	33930
辉南县	Huinan	83836	58380	4701	13428	4493	1194	1526	13181	25456
柳河县	Liuhe	102083	75673	4324	18251	4306	1086	1916	27032	26410

注：各市、县相加不等于地区数。
Note:The sum of data by every city and county is not equal to the total.

单位：万元 unit:10000 yuan

市、县	City，County	地方公共财政收入 Local Government Revenue	税收收入 Tax revenue	#增值税 Value-added Tax	#营业税 Business Tax	#企业所得税 Corporate Income Tax	#个人所得税 Individual Income Tax	#城市维护建设税 Urban maintenance and Construction tax	#耕地占用税 Farmland occupancex tax	#非税收入 Non tax revenue
白山市	**Baishan**	**442513**	**299646**	**29485**	**56776**	**18845**	**12467**	**15145**	**96578**	**142867**
市本级	District	78012	50658	7903	4846	5179	6438	6874	1244	27354
临江市	Linjiang	60178	37937	2757	4821	1753	1433	1103	18303	22241
抚松县	Fusong	112385	85056	6862	23487	4790	1795	2474	29985	27329
靖宇县	Jingyu	43636	30533	3458	7110	2501	385	1159	12223	13103
长白朝鲜族自治县	Changbai	33070	22891	1841	2528	949	478	484	13929	10179
松原市	**Songyuan**	**625070**	**403137**	**60764**	**73910**	**20692**	**7890**	**27328**	**23252**	**221933**
市本级	District	251712	144629	11157	21256	6477	2411	14741	11200	107083
长岭县	Changling	53529	35373	4680	12246	2356	765	1442	1863	18156
前郭尔罗斯蒙古族自治县	Qianguo	124864	87511	20082	15631	6379	2150	5339	4630	37353
乾安县	Qian' an	80769	56582	16565	7074	1859	750	4537	1175	24187
扶余市	Fuyu	51133	28859	4108	9800	1397	586	1269	1382	22274
白城市	**Baicheng**	**413952**	**248428**	**34836**	**64402**	**23235**	**6489**	**17108**	**13987**	**165524**
市本级	District	113097	65541	7394	11994	5175	2461	6325	7691	47556
洮南市	Taonan	61516	32082	3433	11677	3526	980	1711	1867	29434
大安市	Da' an	90099	74649	17230	13435	9118	784	5345	1938	15450
镇赉县	Zhenlai	62742	35873	4443	11784	2589	1209	1661	1011	26869
通榆县	Tongyu	70498	27777	1797	12231	1677	459	1136	738	42721
延边朝鲜族自治州	**Yanbian**	**879746**	**511804**	**57127**	**162001**	**69954**	**18397**	**51396**	**8007**	**367942**
州本级	District	81503	28973	10768	122	16434		17	941	52530
延吉市	Yanji	260020	190852	14895	57371	13937	9241	38694	2034	69168
图门市	Tumen	24799	13501	1779	5906	2317	344	598		11298
敦化市	Dunhua	143405	96263	10622	31923	12393	2755	4448	2588	47142
龙井市	Longjing	32448	17204	1171	8519	1184	865	740	234	15244
珲春市	Hunchun	177004	78073	8095	28155	7312	2051	3208	1199	98931
和龙市	Helong	35179	24520	4098	7088	4806	480	1579	7	10659
汪清县	Wangqing	74817	39861	3453	12240	7902	1918	1295	355	34956
安图县	Antu	50571	22557	2246	10677	3669	743	817	649	28014

19-11 各市县公共财政支出（2014年）

Local Government Expenditure by City and County (2014)

单位: 万元 unit:10000 yuan

市、县 City，County		财政支出 Covernment Expenditure	#一般公共服务 General Public Services	#公共安全 Public Safety	#教育 Education	#科学技术 Science and Technology	#社会保障和就业 Social Security and Employment	#医疗卫生与计划生育 Health and family Planning	#节能保护 Energy Saving and environmental protection	#农林水事务 Angriculture, Forestry, Water Affairs
长春市	**Changchun**	**6758377**	**777548**	**348431**	**856005**	**70087**	**767466**	**505157**	**362126**	**359092**
市本级	District	3623954	294550	234679	255498	57623	295791	176051	152910	56635
九台市	Jiutai	427966	30193	14651	66990	355	90941	48332	15087	54182
榆树市	Yushu	497331	37064	18945	94000	761	99555	56806	25485	68929
德惠市	Dehui	421341	32593	16716	73470	372	77824	52592	22771	66283
农安县	Nong' an	474381	21533	15153	111101	708	78007	54215	25732	65903
吉林市	**Jilin**	**3273310**	**219003**	**188964**	**490143**	**56610**	**565970**	**321754**	**202177**	**269277**
市本级	District	1471923	98317	117171	111257	46290	306086	111164	97707	34578
桦甸市	Huadian	321056	15367	13208	59216	2336	36162	28936	17054	47586
蛟河市	Jiaohe	253912	12642	10085	42062	1681	49573	29318	10326	48238
舒兰市	Shulan	295611	17121	10076	57986	1051	53007	37666	12355	37598
磐石市	Panshi	255603	14100	10924	55671	1235	53493	27718	13331	32922
永吉县	Yongji	178457	10384	9687	36329	390	29833	23707	4754	28549
四平市	**Siping**	**1913935**	**127144**	**110136**	**335290**	**9359**	**379340**	**208555**	**91725**	**226445**
市本级	District	493302	36397	44343	49080	7100	133452	35854	41954	19170
公主岭市	Gongzhuling	528688	22350	23126	100435	1132	82739	59164	19645	63630
双辽市	Shuangliao	226322	19643	10348	36869	301	43514	26289	11715	45132
梨树县	Lishu	298494	17989	16376	50726	291	64736	47015	9401	49532
伊通满族自治县	Yitong	217312	15934	11344	41390	324	34101	26006	6096	38246
辽源市	**Liaoyuan**	**993453**	**65089**	**57483**	**150643**	**7655**	**235848**	**83570**	**53752**	**93976**
市本级	District	472896	25660	27823	50092	4732	136625	20316	32880	15236
东丰县	Dongfeng	223999	18414	11739	47020	409	35412	27512	9830	41106
东辽县	Dongliao	188297	12909	10895	35398	1560	30129	25463	6977	30039
通化市	**Tonghua**	**2086990**	**143373**	**105942**	**292461**	**48658**	**336024**	**144313**	**96831**	**219944**
市本级	District	413197	24844	36003	37326	10659	89834	20833	44556	8888
梅河口市	Meihekou	526737	18192	15443	86436	10624	98550	33722	18100	48921
集安市	Ji' an	227297	15783	7723	28409	2035	30425	14053	5750	25128
通化县	Tonghua	225577	18725	7934	42593	7984	25193	21469	3812	36164
辉南县	Huinan	219244	19963	11537	30699	3522	38902	18597	6990	31616
柳河县	Liuhe	280777	21879	13094	40143	8517	36788	19577	13328	57099

注：各市、县相加不等于地区数。

Note:The sum of data by every city and county is not equal to the total.

单位:万元 unit:10000 yuan

市、县 City, County		财政支出 Covernment Expenditure	#一般公共服务 General Public Services	#公共安全 Public Safety	#教育 Education	#科学技术 Science and Technology	#社会保障和就业 Social Security and Employment	#医疗卫生与计划生育 Health and family Planning	#节能保护 Energy Saving and environmental protection	#农林水事务 Angriculture, Forestry, Water Affairs
白山市	**Baishan**	**1381508**	**120631**	**81144**	**206346**	**14574**	**254745**	**97530**	**52538**	**146145**
市本级	District	219319	26111	25948	19718	5900	37667	11509	10755	14872
临江市	Linjiang	210583	11940	7790	33295	969	37858	14511	7226	33623
抚松县	Fusong	301377	19403	14811	67004	4518	46995	21266	13179	35168
靖宇县	Jingyu	152800	16036	8322	17714	1235	28563	10167	7549	20430
长白朝鲜族自治县	Changbai	144556	12510	12401	15718	1336	22930	7790	10644	18193
松原市	**Songyuan**	**1718609**	**128759**	**99437**	**289225**	**2488**	**244615**	**151116**	**53877**	**287532**
市本级	District	458397	40417	37665	56492	1154	41263	21213	15703	34423
长岭县	Changling	286172	17485	17369	56125	306	39089	33864	8106	63596
前郭尔罗斯蒙古族自治县	Qianguo	349547	31024	12458	57476	423	56413	27646	9799	72668
乾安县	Qian' an	229092	17107	13664	38043	275	34886	20382	10333	47874
扶余市	Fuyu	265716	13170	12630	46856	112	41287	36065	8512	51616
白城市	**Baicheng**	**1829198**	**116573**	**77053**	**266351**	**8468**	**297966**	**157372**	**83483**	**349089**
市本级	District	491037	29561	20013	25513	3772	89790	26091	36316	41276
洮南市	Taonan	307790	17157	9619	36209	1944	62488	31590	12360	65383
大安市	Da' an	322925	13805	22005	64833	827	47493	32542	10967	71602
镇赉县	Zhenlai	265569	25480	10994	45576	694	36244	18138	10720	59599
通榆县	Tongyu	299442	18400	10578	59800	545	36893	31454	10999	79622
延边朝鲜族自治州	**Yanbian**	**2499912**	**274952**	**147249**	**334465**	**18232**	**392061**	**163859**	**187298**	**287013**
州本级	District	378515	41470	28733	22047	7564	35181	19313	68850	37005
延吉市	Yanji	445610	36845	29972	75889	4085	61359	30364	33667	27844
图们市	Tumen	134145	10547	8794	16733	399	32328	8454	10356	16082
敦化市	Dunhua	386920	60269	20378	60950	2593	73777	29946	20422	59279
龙井市	Longjing	171793	14953	9581	19873	924	41287	11973	11126	25218
珲春市	Hunchun	364586	50101	16376	59384	958	29625	17402	18075	25988
和龙市	Helong	189492	12379	10938	23070	381	42458	16053	8690	31871
汪清县	Wangqing	261121	32851	10938	33327	990	44577	16204	11890	37493
安图县	Antu	167730	15537	11539	23192	338	31469	14150	4222	26233

19－12 各市县农村基层组织和乡村建设情况（2014年）

The situation of rural primary organizations and rural construction in the cities and counties（2014）

市、县 City，County		乡政府（个）Township Governments (unit)	镇政府（个）Town Governments (unit)	乡村户数（户）Number of Rural Households (household)	乡村人口（人）Rural Population (person)	村民委员会（个）Number of Villager's Committees(unit)	#自来水受益村 Tap water benefit Village	#通有线电视村 Cable TV Village	#通宽带村 broadband Village
全　省	**Total**	**185**	**433**	**4268650**	**14973807**	**9302**	**6269**	**8670**	**8616**
长春市	**Changchun**	**30**	**67**	**1189231**	**4337729**	**1666**	**710**	**1444**	**1420**
市　区	District	5	16	216277	720565	408	189	260	226
农安县	Nong' an	10	12	275207	1017485	357	190	244	302
九台市	Jiutai	2	12	185358	653619	256	82	263	254
榆树市	Yushu	9	15	309002	1133948	383	177	369	330
德惠市	Dehui	4	12	203387	812112	262	72	308	308
吉林市	**Jilin**	**20**	**56**	**597710**	**2168529**	**1382**	**988**	**1291**	**1191**
市　区	District	7	12	172873	604272	366	251	360	336
永吉县	Yongji	2	7	76524	265286	126	90	124	124
蛟河市	Jiaohe	2	8	84558	287311	256	171	245	252
桦甸市	Huadian	3	6	60894	227038	156	131	156	128
舒兰市	Shulan	5	10	117498	449027	210	118	179	103
磐石市	Panshi	1	13	85363	335595	268	227	227	248
四平市	**Siping**	**17**	**56**	**601959**	**2134605**	**1160**	**525**	**1099**	**1113**
市　区	District	2	4	58525	198545	74	40	84	84
梨树县	Lishu	6	14	165673	582927	304	141	295	269
伊通满族自治县	Yitong	3	12	108159	381752	187	144	186	175
公主岭市	Gongzhuling	2	18	193272	702425	404	149	344	395
双辽市	Shuangliao	4	8	76330	268956	191	51	190	190
辽源市	**Liaoyuan**	**7**	**23**	**200866**	**669395**	**519**	**212**	**509**	**513**
市　区	District	1	2	29184	94412	57	38	57	57
东丰县	Dongfeng	2	12	92387	307583	229	101	229	229
东辽县	Dongliao	4	9	79295	267400	233	73	223	227
通化市	**Tonghua**	**19**	**59**	**362862**	**1246691**	**987**	**843**	**986**	**966**
市　区	District	3	4	22408	66576	37	37	37	37
通化县	Tonghua	5	10	51749	162038	159	144	159	159
辉南县	Huinan	1	10	61973	219479	143	115	142	134

19－12 续表 continued

市、县 City，County		乡政府（个）Township Governments (unit)	镇政府（个）Town Governments (unit)	乡村户数（户）Number of Rural Households (household)	乡村人口（人）Rural Population (person)	村民委员会（个）Number of Villager's Committees(unit)	#自来水受益村 Tap water benefit Village	#通有线电视村 Cable TV Village	#通宽带村 broadband Village
柳河县	Liuhe	3	12	69966	263467	219	209	219	219
梅河口市	Meihekou	5	14	106219	375973	303	218	303	291
集安市	Ji' an	2	9	50547	159158	126	120	126	126
白山市	**Baishan**	**7**	**40**	**128783**	**399565**	**508**	**494**	**458**	**467**
市区	District		10	40416	129379	115	114	98	111
抚松县	Fusong	3	11	33397	103702	133	129	120	115
靖宇县	Jingyu	1	7	23323	70426	112	104	93	108
长白朝鲜族自治县	Changbai	2	6	10804	32804	78	77	77	74
临江市	Linjiang	1	6	20843	63254	70	70	70	59
松原市	**Songyuan**	**35**	**43**	**565135**	**2070739**	**1118**	**756**	**1022**	**1058**
市区	District	3	4	68570	231042	113	89	99	99
前郭尔罗斯蒙古族自治县	Qianguo	13	9	121356	442321	236	135	233	191
长岭县	Changling	10	12	146728	528597	232	147	134	210
乾安县	Qian' an	4	6	62626	221093	164	185	173	175
扶余市	Fuyu	5	12	165855	647686	373	200	383	383
白城市	**Baicheng**	**35**	**38**	**388371**	**1228407**	**910**	**707**	**813**	**848**
市区	District	5	7	72357	228703	162	109	162	162
镇赉县	Zhenlai	4	7	59464	180317	141	131	141	141
通榆县	Tongyu	8	8	78574	250401	172	165	139	129
洮南市	Taonan	10	6	91742	288699	212	100	187	221
大安市	Da' an	8	10	86234	280287	223	202	184	195
延边朝鲜族自治州	**Yanbian**	**15**	**51**	**233733**	**718147**	**1052**	**1034**	**1048**	**1040**
延吉市	Yanji		4	23849	69513	54	52	54	54
图们市	Tumen		4	6420	17956	51	50	50	50
敦化市	Dunhua	5	11	66483	216118	303	296	303	303
珲春市	Hunchun	5	4	28336	81450	121	118	121	121
龙井市	Longjing	2	5	19840	62042	65	65	65	65
和龙市	Helong		8	25682	72040	76	76	76	76
汪清县	Wangqing	1	8	36435	105106	200	196	200	194
安图县	Antu	2	7	26688	93922	182	181	179	177

19－13 各市县农林牧渔总产值（2014年）

Output Value of Agriculture、Forestry、Animal Husbandry and Fishery by City and County（2014）

单位：万元 unit: 10000yuan

市、县 City，County		农林牧渔业总产值 Total	农业 Farming	林业 Forestry	牧业 Animal Husbandry	渔业 Fishery	农林牧渔业总产值指数 Indices
全　省	**Total**	**27630091**	**13425364**	**1044278**	**11950174**	**401280**	**102.8**
长春市	**Changchun**	**6268802**	**3225243**	**30291**	**2798460**	**52470**	**103.3**
市　区	District	562820	285409	1580	244372	7341	102.2
农安县	Nong' an	1736256	854806	10618	815795	11745	104.0
九台市	Jiutai	773480	402121	4282	340936	10121	102.0
榆树市	Yushu	1884308	1053862	7306	768929	11436	103.1
德惠市	Dehui	1311938	629045	6505	628428	11827	104.0
吉林市	**Jilin**	**4750749**	**2733584**	**113542**	**1970691**	**93625**	**102.1**
市　区	District	991854	478965	8828	429286	33535	103.4
永吉县	Yongji	413058	228028	10110	151284	5536	99.8
蛟河市	Jiaohe	698658	417038	28544	218464	14907	104.0
桦甸市	Huadian	817882	440718	36087	299521	8256	99.9
舒兰市	Shulan	976625	423259	22550	477685	15175	104.4
磐石市	Panshi	852672	389576	7423	394451	16216	100.0
四平市	**Siping**	**5356433**	**2173166**	**95322**	**2977512**	**17723**	**102.0**
市　区	District	307094	114048	1412	184165	4739	99.0
梨树县	Lishu	1649228	657440	77915	884502	1871	95.0
伊通满族自治县	Yitong	819194	232927	1675	566078	6214	116.7
公主岭市	Gongzhuling	1799999	881969	11335	861416	3949	100.4
双辽市	Shuangliao	780918	286782	2985	481351	950	110.1
辽源市	**Liaoyuan**	**1049082**	**471974**	**28705**	**533838**	**6528**	**102.9**
市　区	District	72746	34407	723	36134	298	88.8
东丰县	Dongfeng	601186	261857	17722	316705	3062	104.6
东辽县	Dongliao	375150	175710	10260	180999	3168	103.3
通化市	**Tonghua**	**1697241**	**823519**	**113715**	**593757**	**45857**	**102.6**
市　区	District	99807	36094	2743	58625	524	109.4
通化县	Tonghua	167666	93951	14327	48343	8978	101.8
辉南县	Huinan	349922	180261	6303	132883	8490	106.3
柳河县	Liuhe	421026	218981	56543	107984	3506	101.8
梅河口市	Meihekou	487391	178212	11307	228711	13153	100.0

注：各地区相加不等于全省总计。

Note: The Sum of data by every region is not equal to the whole province.

19－13 续表 continued

单位：万元　　　　unit: 10000yuan

市、县 City，County		农林牧渔业总产值 Total	农业 Farming	林业 Forestry	牧业 Animal Husbandry	渔业 Fishery	农林牧渔业总产值指数 Indices
集安市	Ji' an	171429	116020	22492	17211	11206	102.1
白山市	**Baishan**	**1051852**	**706787**	**150486**	**157360**	**28544**	**104.2**
市区	District	302939	167621	59136	62933	9544	104.4
抚松县	Fusong	379147	285302	40618	39960	11167	104.5
靖宇县	Jingyu	130618	87911	11345	26474	3228	104.0
长白朝鲜族自治县	Changbai	97729	64855	20206	11256	812	106.6
临江市	Linjiang	141419	101098	19181	16737	3793	101.4
松原市	**Songyuan**	**4742504**	**3019053**	**51325**	**1473693**	**89215**	**102.4**
市区	District	273913	200487	7081	48919	10706	105.9
前郭尔罗斯蒙古族自治县	Qianguo	1297593	787513	14996	423526	36558	104.4
长岭县	Changling	1352719	875706	7781	449543	3421	99.5
乾安县	Qian' an	455179	305679	6393	121157	6890	106.4
扶余市	Fuyu	1363100	849668	15074	430548	31640	101.6
白城市	**Baicheng**	**2273227**	**1466854**	**61267**	**606908**	**56393**	**104.0**
市区	District	431627	321223	9697	95406	406	113.3
镇赉县	Zhenlai	549955	307009	19416	182821	25062	95.9
通榆县	Tongyu	381549	263091	7316	95458	9828	113.0
洮南市	Taonan	558820	341878	9664	155030	7841	105.3
大安市	Da' an	351276	233653	15174	78193	13256	97.0
延边朝鲜族自治州	**Yanbian**	**1374349**	**953264**	**208456**	**178672**	**16906**	**103.1**
延吉市	Yanji	93362	64621	4570	19942	309	99.8
图们市	Tumen	32967	23497	1231	7918	124	100.5
敦化市	Dunhua	539668	404534	52874	66210	8700	103.8
珲春市	Hunchun	108439	75975	9550	19044	2770	101.7
龙井市	Longjing	82773	57239	3217	20966	680	101.5
和龙市	Helong	137130	73499	46080	15786	585	102.9
汪清县	Wangqing	218858	158044	44059	12780	2535	104.0
安图县	Antu	161152	95855	46875	16026	1203	104.4

19－14 各市县主要农业机械拥有量（2014年）

Possession of Major Agricultural Machinery by City and County（2014）

市、县 City，County		农业机械总动力（万千瓦）Total Power of Agricultural Machinery (10000kw)	大中型农用拖拉机（混合台）Large and Medium Tractors Towing Farm Machinery (unit)	农用小型及手扶拖拉机（台）Mini－Tractors (unit)	大中型机引农具（部）Large and Medium Tractors Towing Farm Machinery (unit)	农用排灌动力机械（台）Irrigating Machinery (unit)	联合收割机（台）Combine Harvester (unoit)	移动水稻插秧机（台）Mobile Rice Transplanter (unit)	粮食加工机械（台）Machine of Grain Processing (unit)
全　　省	**Total**	**2919.05**	**480824**	**660819**	**811032**	**461169**	**46677**	**43695**	**121549**
长春市	**Changchun**	**600.26**	**119541**	**76003**	**175866**	**81508**	**9837**	**6183**	**29823**
市　　区	District	66.88	5363	15463	4353	13438	753	520	3157
农安县	Nong' an	173.03	51825	14417	70504	9919	2867	397	5610
九台市	Jiutai	92.18	9410	22159	32582	12462	1297	983	4593
榆树市	Yushu	153.54	36022	9830	37606	16689	3055	2591	9123
德惠市	Dehui	114.63	16921	14134	30821	29000	1865	1692	7340
吉林市	**Jilin**	**368.10**	**17610**	**190706**	**20818**	**64237**	**4169**	**4709**	**16832**
市　　区	District	76.33	3846	36227	3433	8494	603	1004	2086
永吉县	Yongji	41.67	2063	21064	717	5545	630	691	3660
蛟河市	Jiaohe	52.92	3972	22628	2775	10570	456	235	2693
桦甸市	Huadian	51.55	1461	25510	1202	2203	732	182	3700
舒兰市	Shulan	96.55	4565	46251	11227	31965	1001	2210	2283
磐石市	Panshi	49.09	1703	39026	1464	5460	747	387	2410
四平市	**Siping**	**307.74**	**48897**	**51161**	**48394**	**71476**	**6813**	**2335**	**16081**
市　　区	District	29.78	4479	1218	3606	13095	374	778	577
梨树县	Lishu	63.72	7335	7965	15670	21922	1242	37	4955
伊通满族自治县	Yitong	38.94	4877	9346	6495	4194	455	77	1258
公主岭市	Gongzhuling	107.50	21282	19782	14047	13083	2577	268	7991
双辽市	Shuangliao	67.80	10924	12850	8576	19182	2165	1175	1300
辽源市	**Liaoyuan**	**125.34**	**8779**	**53394**	**19882**	**27932**	**934**	**257**	**5613**
市　　区	District	4.56	83	2861	80	600	2		705
东丰县	Dongfeng	62.39	6542	23217	15480	21432	633	218	3078
东辽县	Dongliao	58.39	2154	27316	4322	5900	299	39	1830
通化市	**Tonghua**	**163.86**	**12897**	**73431**	**16173**	**25805**	**1925**	**1460**	**10749**
市　　区	District	9.64	197	918	58	1872	7	2	405
通化县	Tonghua	19.70	1304	7394	1129	284	94	32	3725
辉南县	Huinan	38.46	2198	23755	1683	4520	460	390	1871
柳河县	Liuhe	35.68	2319	23378	1481	4171	568	292	1496
梅河口市	Meihekou	44.01	6168	14377	11518	9318	715	730	1009

19－14 续表 continued

市、县 City, County		农业机械总动力（万千瓦）Total Power of Agricultural Machinery (10000kw)	大中型农用拖拉机（混合台）Large and Medium Tractors Towing Farm Machinery (unit)	农用小型及手扶拖拉机（台）Mini－Tractors (unit)	大中型机引农具（部）Large and Medium Tractors Towing Farm Machinery (unit)	农用排灌动力机械（台）Irrigating Machinery (unit)	联合收割机（台）Combine Harvester (unoit)	移动水稻插秧机（台）Mobile Rice Transplanter (unit)	粮食加工机械（台）Machine of Grain Processing (unit)
集安市	Ji' an	16.38	711	3609	304	5640	81	16	2243
白山市	**Baishan**	**45.73**	**2574**	**2835**	**2703**	**8703**	**64**	**7**	**5017**
市区	District	14.46	299	676	703	3171	5	2	2137
抚松县	Fusong	8.89	443	705	685	2810	8		960
靖宇县	Jingyu	10.53	1300	708	732	1175	30	5	339
长白朝鲜族自治县	Changbai	3.17	239	22	46	622	5		483
临江市	Linjiang	8.68	293	724	537	925	16		1098
松原市	**Songyuan**	**620.84**	**111504**	**128029**	**196227**	**67474**	**11197**	**9739**	**18492**
市区	District	81.99	13153	10548	5853	12466	1380	876	1293
前郭尔罗斯蒙古族自治县	Qianguo	164.71	18600	39000	63433	17595	4429	6900	3876
长岭县	Changling	136.49	27316	37702	28828	8600	1900	71	2057
乾安县	Qian' an	102.12	30358	10900	46208	6400	2101	120	1500
扶余市	Fuyu	135.53	22077	29879	51905	22413	1387	1772	9766
白城市	**Baicheng**	**476.27**	**110950**	**48010**	**222741**	**106654**	**7558**	**14324**	**13755**
市区	District	114.29	20176	8840	32428	32200	2847	1720	2411
镇赉县	Zhenlai	93.75	25039	4046	73605	22424	1681	8979	1958
通榆县	Tongyu	115.94	38898	3180	71093	15955	880		5560
洮南市	Taonan	85.82	12321	19509	20409	24460	1290	2072	2365
大安市	Da' an	66.47	14516	12435	25206	11615	860	1553	1461
延边朝鲜族自治州	**Yanbian**	**210.92**	**48072**	**37250**	**108228**	**7380**	**4180**	**4681**	**5187**
延吉市	Yanji	14.95	2378	3224	2329	705	176	476	319
图们市	Tumen	6.91	1650	1183	2358	124	118	104	371
敦化市	Dunhua	72.91	18720	12290	49207	3072	1533	476	2110
珲春市	Hunchun	22.64	4481	5621	4269	76	698	1010	215
龙井市	Longjing	15.57	2850	3997	3885	136	534	963	512
和龙市	Helong	15.71	2399	4767	3129	20	447	947	781
汪清县	Wangqing	37.98	9824	1910	37532	2710	354	421	690
安图县	Antu	24.25	5770	4258	5519	537	320	284	189

19－15 各市县农业现代化水平（2014年）

Agricultural Modernizing Level of the City and County（2014）

市、县 City，County		机耕面积（千公顷）Area of Machinery Cultivated Land (1000ha)	机播面积（千公顷）Area of Machinery Sowed Land (1000ha)	农村用电量（千千瓦小时）Electrical Consumption in Rual (10000kwh)	有效灌溉面积（千公顷）Effective Irrigated Area (1000ha)	配套机电井（眼）Electrical Machinery of Well (unit)	化肥施用量（实物量）（吨）Consumption of Chemical Fertilizer (ton)	#氮肥 Nitrogenous Fertilizers	#磷肥 Phosphate Fertilizer
全　省	**Total**	**4980.13**	**5004.59**	**4875264**	**1628.84**	**150494**	**4400631**	**1705870**	**447566**
长春市	**Changchun**	**1023.00**	**1135.10**	**1308520**	**252.64**	**30740**	**1038986**	**445886**	**120652**
市　区	District	106.00	103.40	412442	34.68	9802	128022	48331	5072
农安县	Nong' an	298.00	366.00	250827	47.58	4939	278312	131546	37637
九台市	Jiutai	140.00	162.70	197444	56.87	2101	159182	57719	18379
榆树市	Yushu	302.00	338.00	245820	53.85	7877	312226	132553	36176
德惠市	Dehui	177.00	165.00	201987	59.66	6021	161244	75737	23388
吉林市	**Jilin**	**597.80**	**520.60**	**552666**	**159.70**	**9188**	**594513**	**215447**	**45501**
市　区	District	100.80	83.50	191449	39.04	4161	109075	46220	7861
永吉县	Yongji	70.20	66.20	79376	31.32	2356	66782	17249	3927
蛟河市	Jiaohe	112.50	102.20	72322	14.92	345	105731	38030	16659
桦甸市	Huadian	93.40	89.90	54458	7.67	283	99844	44837	3093
舒兰市	Shulan	130.90	96.20	91372	40.86	1293	106686	36211	10783
磐石市	Panshi	90.00	82.60	63689	25.89	570	106395	32900	3178
四平市	**Siping**	**766.67**	**734.73**	**601423**	**206.26**	**16243**	**716354**	**177345**	**27685**
市　区	District	50.00	47.33	150770	16.24	305	46148	15896	2188
梨树县	Lishu	228.27	242.40	84175	77.89	2436	184453	49068	7087
伊通满族自治县	Yitong	109.70	95.30	78916	14.57	1656	111139	11565	2606
公主岭市	Gongzhuling	319.30	258.30	187706	29.50	4711	267853	49831	6149
双辽市	Shuangliao	59.40	91.40	99856	68.06	7135	106761	50985	9655
辽源市	**Liaoyuan**	**208.40**	**181.20**	**220330**	**23.01**	**5428**	**195582**	**69704**	**13247**
市　区	District	8.00	8.10	8406	0.46	161	13481	4297	955
东丰县	Dongfeng	108.00	79.00	177758	17.99	4477	110456	45912	6386
东辽县	Dongliao	92.40	94.10	34166	4.56	790	71645	19495	5906
通化市	**Tonghua**	**272.87**	**168.30**	**325182**	**99.37**	**1799**	**313377**	**151295**	**34648**
市　区	District	0.80	0.20	33826	1.00	84	6324	4124	315
通化县	Tonghua	17.00	2.00	35580	5.94	44	27928	17372	1324
辉南县	Huinan	73.00	42.20	55442	38.09	145	73732	39200	4281
柳河县	Liuhe	85.95	45.40	69182	18.27	352	78678	32571	10958
梅河口市	Meihekou	89.82	75.40	83380	31.95	1047	110081	49406	15915

19－15　续表　continued

市、县 City，County		机耕面积（千公顷）Area of Machinery Cultivated Land (1000ha)	机播面积（千公顷）Area of Machinery Sowed Land (1000ha)	农村用电量（千千瓦小时）Electrical Consumption in Rual (10000kwh)	有效灌溉面积（千公顷）Effective Irrigated Area (1000ha)	配套机电井（眼）Electrical Machinery of Well (unit)	化肥施用量（实物量）（吨）Consumption of Chemical Fertilizer (ton)	#氮肥 Nitrogenous Fertilizers	#磷肥 Phosphate Fertilizer
集安市	Ji' an	6.30	3.10	47772	4.12	127	16634	8622	1855
白山市	**Baishan**	**28.00**	**14.43**	**89407**	**1.82**	**444**	**36662**	**18284**	**1433**
市　区	District	5.80	2.56	31669	0.58	175	10786	6426	386
抚松县	Fusong	9.00	6.67	15193	0.16	119	9963	3865	361
靖宇县	Jingyu	8.30	3.50	19014	0.38	78	7094	3159	271
长白朝鲜族自治县	Changbai	2.50	0.60	7635	0.43	6	2160	1083	22
临江市	Linjiang	2.40	1.10	15896	0.27	66	6659	3751	393
松原市	**Songyuan**	**1010.55**	**1060.50**	**561166**	**390.51**	**41470**	**830860**	**346901**	**128325**
市　区	District	57.50	57.80	57517	27.11	3682	61604	26307	9743
前郭尔罗斯蒙古族自治县	Qianguo	292.30	314.60	153600	119.27	9485	179727	66103	29154
长岭县	Changling	263.20	259.50	182667	83.02	10655	289565	135582	62523
乾安县	Qian' an	133.40	149.10	52009	76.44	8575	116291	37617	6579
扶余市	Fuyu	264.15	279.50	115373	84.67	9073	183673	81292	20326
白城市	**Baicheng**	**741.20**	**865.95**	**365018**	**433.08**	**43863**	**503251**	**213938**	**55632**
市　区	District	145.60	152.80	43218	101.56	16071	86751	43141	9363
镇赉县	Zhenlai	162.20	181.00	107231	121.23	7735	96655	39643	7818
通榆县	Tongyu	245.00	260.85	49817	68.00	7059	114920	42117	14546
洮南市	Taonan	92.40	159.30	92319	75.11	4729	118687	48080	15023
大安市	Da' an	96.00	112.00	72433	67.18	8269	86238	40957	8882
延边朝鲜族自治州	**Yanbian**	**331.64**	**323.78**	**851552**	**62.45**	**1319**	**171046**	**67070**	**20443**
延吉市	Yanji	15.91	15.77	144093	4.41	236	11469	4897	1311
图们市	Tumen	7.80	6.80	56726	1.95	79	6847	2813	564
敦化市	Dunhua	144.70	145.20	227688	16.10	524	53322	17703	8997
珲春市	Hunchun	31.63	29.49	99395	10.67	161	17537	7251	1456
龙井市	Longjing	18.20	19.02	98602	6.22	147	19369	7198	1199
和龙市	Helong	23.30	23.10	105663	9.35	44	18771	11861	2338
汪清县	Wangqing	58.10	55.90	80865	10.85	62	28545	11083	2916
安图县	Antu	32.00	28.50	38520	2.90	66	15186	4264	1662

19－16 各市县总播种面积和产量(2014年)
Total Sown Areas and Output of Major Farm Crops by City and County(2014)

市、县 City，County		总播种面积(公顷) Total Sown Area (ha)	粮食 Grain Crops					
			播种面积 Sown Area (公顷) (ha)	总产量 Output (吨) (ton)	#水稻 Rice		#玉米 Corn	
					播种面积 Sown Area (公顷) (ha)	总产量 Output (吨) (ton)	播种面积 Sown Area (公顷) (ha)	总产量 Output (吨) (ton)
长春市	**Changchun**	**1336334**	**1243593**	**9680193**	**171988**	**1249651**	**1031504**	**8204768**
南关区	Nanguan	48	48	132			48	132
宽城区	Kuancheng	5335	3560	10910	260	819	3300	10091
朝阳区	Chaoyang	9209	8860	45604	1308	6214	7497	39245
二道区	Erdao	1844	1804	4640	21	189	1783	4451
绿园区	Lvyuan	10065	4796	24435	514	3008	4238	21351
双阳区	Shuangyang	89144	84096	550500	11323	72505	71454	476992
森林城	Senglincheng	8795	8352	35240	388	1800	7964	33440
经济开发区	Jingijkaifa	2311	2217	5640			2217	5640
高新开发区	Gaoxinkaifa	2393	2393	5825	751	1829	1642	3996
汽车产业开发区	Qichechanyekaifa	2719	2613	6019	516	4128	2016	1751
莲花山生态旅游度假区	Lianhuashan	11584	10355	42621	667	4733	9534	37345
农安县	Nong' an	393962	361792	3000963	12084	84226	337884	2832806
九台市	Jiutai	182293	171024	1087500	23288	153115	140434	913781
榆树市	Yushu	392037	378851	3350000	71747	557121	296025	2720059
德惠市	Dehui	224595	202832	1510165	49121	359964	145468	1103688
吉林市	**Jilin**	**689257**	**644259**	**4133758**	**135507**	**997328**	**469270**	**2999995**
昌邑区	Changyi	32424	30362	213644	13213	87587	17074	125809
龙潭区	Longtan	34340	28284	198733	8718	64575	18294	129529
船营区	Chuanying	22834	20825	125940	4681	31476	16140	94453
丰满区	Fengman	13416	10143	63739	1490	10835	8243	52064
高新区	Gaoxin	5220	4667	26579	1600	13236	3067	13343
开发区	Kaifaqu	3274	2945	20437	829	6579	2115	13855
中新食品区	New food area	10444	10079	57932	4921	22589	5113	35136
永吉县	Yongji	70814	68559	480612	16106	125196	51068	349098
蛟河市	Jiaohe	113167	107303	600253	11875	90161	74697	446770
桦甸市	Huadian	118488	112258	685672	8259	58097	97219	607677
舒兰市	Shulan	143360	137921	927465	44408	340984	89248	563105
磐石市	Panshi	121476	110913	732752	19407	146013	86992	569156
四平市	**Siping**	**915875**	**870070**	**7706373**	**55528**	**496108**	**792157**	**7101570**
铁西区	Tiexi	10920	9535	52500	125	935	9410	51565
铁东区	Tiedong	21111	20811	115000	187	1625	20624	113375
辽河农垦管理区	Liaohe	27000	26666	204821	7667	59000	18867	145539
梨树县	Lishu	242371	225632	2117456	5459	53771	210942	2018521
伊通满族自治县	Yitong	124211	121608	1018838	6305	53786	113576	956842
公主岭市	Gongzhuling	315826	304025	3061446	11567	114250	287299	2914392
双辽市	Shuangliao	174436	161793	1136312	24218	212741	131439	901336
辽源市	**Liaoyuan**	**233775**	**227701**	**1496500**	**20179**	**130306**	**201692**	**1339343**
龙山区	Longshan	5757	5162	35437	241	1808	4915	33593

市、县 City, County		总播种面积（公顷）Total Sown Area (ha)	粮食 Grain Crops					
			播种面积 Sown Area（公顷）(ha)	总产量 Output（吨）(ton)	#水稻 Rice		#玉米 Corn	
					播种面积 Sown Area（公顷）(ha)	总产量 Output（吨）(ton)	播种面积 Sown Area（公顷）(ha)	总产量 Output（吨）(ton)
西安区	Xi,an	4533	4263	29552	268	1796	3898	27301
民营经济开发区	Minyingjingjikaifa	1757	1656	11165	46	367	1603	10766
东丰县	Dongfeng	123056	120924	834819	15923	100110	101894	721488
东辽县	Dongliao	98672	95696	585526	3701	26225	89382	546195
通化市	**Tonghua**	**322673**	**287229**	**1817000**	**89547**	**635057**	**177219**	**1118060**
东昌区	Dongchang	2484	1012	6030	98	552	814	5154
二道江区	Erdaojiang	2374	1886	9870	204	1463	1300	7834
通化经济开发区	Tonghuajingjikaifa	528	259	1600	102	550	123	968
通化县	Tonghua	31838	26502	156500	5452	40934	16557	102133
辉南县	Huinan	80851	74347	501500	27154	211632	44214	278457
柳河县	Liuhe	89501	83500	525000	21437	144490	56345	359032
梅河口市	Meihekou	92676	88186	547000	32588	215384	51147	320052
集安市	Ji' an	22421	11537	69500	2512	20052	6719	44430
白山市	**Baishan**	**66456**	**51067**	**240703**	**1121**	**7091**	**29833**	**186980**
八道江区	Badaojiang	6861	5057	24457	303	1965	2959	17542
江源区	Jiangyuan	6004	4660	28143	4	30	2908	24045
抚松县	Fusong	21350	18290	76017			10787	61956
靖宇县	Jingyu	15064	10498	49330	330	1888	6799	39075
长白朝鲜族自治县	Changbai	6395	4324	19681	247	1352	1864	11631
临江市	Linjiang	10782	8238	43075	237	1856	4516	32731
松原市	**Songyuan**	**1223622**	**1054427**	**7135136**	**110767**	**1071121**	**823438**	**5450755**
宁江区	Ningjiang	72697	59167	475515	14331	142488	41805	321707
前郭尔罗斯蒙古族自治县	Qianguo	314102	265209	2027000	70117	701170	174836	1181803
长岭县	Changling	336537	279663	1629016	658	5274	227845	1366015
乾安县	Qian' an	177321	164014	891105	2866	17034	128674	745260
扶余市	Fuyu	322965	286374	2112500	22795	205155	250278	1835970
白城市	**Baicheng**	**1006540**	**837483**	**4103500**	**133569**	**872155**	**493141**	**2553970**
洮北区	Taobei	173390	140509	800000	40604	259800	79729	472305
镇赉县	Zhenlai	191652	179177	1017500	69055	412742	85475	483474
通榆县	Tongyu	291765	220542	592500			108747	319591
洮南市	Taonan	220034	188817	903000	12369	115070	140850	648917
大安市	Da' an	129699	108438	790500	11541	84543	78340	629683
延边朝鲜族自治州	**Yanbian**	**388659**	**352787**	**1310884**	**39154**	**204658**	**191761**	**910630**
延吉市	Yanji	18781	16022	87322	3049	18109	10742	64785
图们市	Tumen	9967	9179	41506	1136	6719	7227	33258
敦化市	Dunhua	162745	151744	493598	4898	27184	79666	357144
珲春市	Hunchun	36453	33419	109239	9330	36119	15912	64670
龙井市	Longjing	28353	27110	134190	4783	27653	20436	103769
和龙市	Helong	28825	26603	120474	8530	42886	14631	72826
汪清县	Wangqing	67246	59446	222555	5050	31288	30791	150198
安图县	Antu	36289	29264	102000	2378	14700	12356	63980

19－16 续表 2 continued

市、县	City, County	#大 豆 Soybean		#薯 类 Potato		#马铃薯 Potato	
		播种面积 Sown Area (公顷) (ha)	总产量 Output (吨) (ton)	播种面积 Sown Area (公顷) (ha)	总产量 Output (吨) (ton)	播种面积 Sown Area (公顷) (ha)	总产量 Output (吨) (ton)
长春市	**Changchun**	**11435**	**44165**	**23611**	**776471**	**23269**	**763524**
南关区	Nanguan						
宽城区	Kuancheng						
朝阳区	Chaoyang	55	145				
二道区	Erdao						
绿园区	Lvyuan	1	5	15	105	15	105
双阳区	Shuangyang	114	310	1192	3298	1180	3265
森林城	Senglincheng						
经济开发区	Jingijkaifa						
高新开发区	Gaoxinkaifa						
汽车产业开发区	Qichechanyekaifa	20	50	61	451	61	451
莲花山生态旅游度假区	Lianhuashan	138	423	16	600	16	600
农安县	Nong' an	2672	13975	5910	253455	5597	241090
九台市	Jiutai	2028	6736	3926	42684	3922	42655
榆树市	Yushu	2645	10408	8434	312058	8434	312058
德惠市	Dehui	3762	12113	4057	163820	4044	163300
吉林市	**Jilin**	**31217**	**87496**	**6981**	**216480**	**6087**	**195282**
昌邑区	Changyi	75	248				
龙潭区	Longtan	1250	4519				
船营区	Chuanying	4	11				
丰满区	Fengman	408	822				
高新区	Gaoxin						
开发区	Kaifaqu	1	3				
中新食品区	New food area	10	35	34	845	22	536
永吉县	Yongji	839	3396	528	14475	528	14475
蛟河市	Jiaohe	18702	52833	1566	46865	1162	38785
桦甸市	Huadian	5409	13020	1209	32350	1053	27430
舒兰市	Shulan	2189	7559	1647	61760	1647	61760
磐石市	Panshi	2330	5050	1997	60185	1675	52296
四平市	**Siping**	**7203**	**24065**	**10784**	**343368**	**10462**	**337780**
铁西区	Tiexi						
铁东区	Tiedong						
辽河农垦管理区	Liaohe	65	137				
梨树县	Lishu	4612	14127	4468	153940	4346	152110
伊通满族自治县	Yitong	753	3360	964	24100	962	24050
公主岭市	Gongzhuling	266	998	4777	155828	4736	154620
双辽市	Shuangliao	1507	5443	575	9500	418	7000
辽源市	**Liaoyuan**	**2717**	**8418**	**3046**	**89225**	**2726**	**79852**
龙山区	Longshan	6	36				

市、县 City, County		大豆 Soybean		#薯类 Potato		#马铃薯 Potato	
		播种面积 Sown Area （公顷） (ha)	总产量 Output （吨） (ton)	播种面积 Sown Area （公顷） (ha)	总产量 Output （吨） (ton)	播种面积 Sown Area （公顷） (ha)	总产量 Output （吨） (ton)
西安区	Xi,an	97	455				
民营经济开发区	Minyingjingjikaifa	3	9	4	117	4	117
东丰县	Dongfeng	1598	4132	1461	42796	1296	37963
东辽县	Dongliao	1013	3786	1581	46312	1426	41772
通化市	**Tonghua**	**12944**	**34225**	**6543**	**142655**	**5447**	**112662**
东昌区	Dongchang	89	291	4	60	4	60
二道江区	Erdaojiang	357	468	6	150	4	108
通化经济开发区	Tonghuajingjikaifa	14	32	20	250	5	65
通化县	Tonghua	3058	7937	898	26585	726	21250
辉南县	Huinan	2141	6150	748	24976	555	18217
柳河县	Liuhe	4316	12473	1354	44410	1036	33770
梅河口市	Meihekou	1401	3681	2869	37943	2644	32931
集安市	Ji' an	1568	3193	644	8281	473	6261
白山市	**Baishan**	**17810**	**37957**	**1917**	**38826**	**1580**	**32932**
八道江区	Badaojiang	1377	3230	378	8330	378	8330
江源区	Jiangyuan	1599	3442	101	2740	101	2740
抚松县	Fusong	7087	13196	272	2086	256	1977
靖宇县	Jingyu	2776	6051	556	11110	403	8875
长白朝鲜族自治县	Changbai	1818	4027	363	13005	281	9995
临江市	Linjiang	3153	8011	247	1555	161	1015
松原市	**Songyuan**	**11521**	**50217**	**12502**	**439835**	**11966**	**427304**
宁江区	Ningjiang	1368	2414	517	19345	490	18334
前郭尔罗斯蒙古族自治县	Qianguo	2135	14945	985	34475	985	34475
长岭县	Changling	5644	25850	7500	262500	7000	251055
乾安县	Qian' an	328	870	499	12475	490	12400
扶余市	Fuyu	2046	6138	3001	111040	3001	111040
白城市	**Baicheng**	**9343**	**17901**	**5835**	**71442**	**5749**	**70700**
洮北区	Taobei	3330	3000	3704	31000	3684	30350
镇赉县	Zhenlai	1723	4795	399	13465	399	13465
通榆县	Tongyu	2330	4691	701	2430	701	2430
洮南市	Taonan	304	621	594	8792	528	8700
大安市	Da' an	1656	4794	437	15755	437	15755
延边朝鲜族自治州	**Yanbian**	**116194**	**174444**	**5370**	**103215**	**5367**	**103150**
延吉市	Yanji	1921	3180	306	6220	305	6200
图们市	Tumen	668	1095	140	2070	138	2025
敦化市	Dunhua	65409	101982	1648	35420	1648	35420
珲春市	Hunchun	7569	6989	607	7295	607	7295
龙井市	Longjing	1670	2259	221	2545	221	2545
和龙市	Helong	2957	3915	485	4235	485	4235
汪清县	Wangqing	22931	38524	622	12270	622	12270
安图县	Antu	13069	16500	1341	33160	1341	33160

19－16 续表 4 continued

市、县 City, County		油料 Oil-bearing		甜菜 Beetroots		烟叶 Tobacco	
		播种面积 Sown Area（公顷）(ha)	总产量 Output（吨）(ton)	播种面积 Sown Area（公顷）(ha)	总产量 Output（吨）(ton)	播种面积 Sown Area（公顷）(ha)	总产量 Output（吨）(ton)
长春市	**Changchun**	**5829**	**22133**	**222**	**311**	**7952**	**21377**
南关区	Nanguan						
宽城区	Kuancheng						
朝阳区	Chaoyang						
二道区	Erdao						
绿园区	Lvyuan						
双阳区	Shuangyang						
森林城	Senglincheng						
经济开发区	Jingijkaifa						
高新开发区	Gaoxinkaifa						
汽车产业开发区	Qichechanyekaifa						
莲花山生态旅游度假区	Lianhuashan			222	311		
农安县	Nong' an	4505	18974			5819	16984
九台市	Jiutai	42	134			943	1437
榆树市	Yushu	139	348			550	1614
德惠市	Dehui	1143	2677			640	1342
吉林市	**Jilin**	**1697**	**4566**			**1624**	**5785**
昌邑区	Changyi						
龙潭区	Longtan						
船营区	Chuanying	21	40				
丰满区	Fengman						
高新区	Gaoxin						
开发区	Kaifaqu						
中新食品区	New food area						
永吉县	Yongji	161	287				
蛟河市	Jiaohe	337	690			1117	4638
桦甸市	Huadian	883	2981			237	663
舒兰市	Shulan	108	68			20	20
磐石市	Panshi	187	500			250	464
四平市	**Siping**	**15662**	**36298**			**5**	**5**
铁西区	Tiexi						
铁东区	Tiedong						
辽河农垦管理区	Liaohe	67	121				
梨树县	Lishu	4780	13837				
伊通满族自治县	Yitong					5	5
公主岭市	Gongzhuling	175	435				
双辽市	Shuangliao	10640	21905				
辽源市	**Liaoyuan**			**1**	**1**		
龙山区	Longshan						

19－16 续表 5 continued

市、县 City, County		油 料 Oil-bearing		甜 菜 Beetroots		烟 叶 Tobacco	
		播种面积 Sown Area （公顷） (ha)	总产量 Output （吨） (ton)	播种面积 Sown Area （公顷） (ha)	总产量 Output （吨） (ton)	播种面积 Sown Area （公顷） (ha)	总产量 Output （吨） (ton)
西安区	Xi,an						
民营经济开发区	Minyingjingjikaifa						
东丰县	Dongfeng			1	1		
东辽县	Dongliao						
通化市	**Tonghua**	**514**	**1318**			**2974**	**6693**
东昌区	Dongchang						
二道江区	Erdaojiang	5	18				
通化经济开发区	Tonghuajingjikaifa						
通化县	Tonghua	125	386			230	676
辉南县	Huinan	53	160			1082	1828
柳河县	Liuhe	87	290			1649	4150
梅河口市	Meihekou	98	161			13	39
集安市	Ji' an	146	303				
白山市	**Baishan**	**2321**	**4073**			**326**	**990**
八道江区	Badaojiang	36	67			25	75
江源区	Jiangyuan	136	395			27	65
抚松县	Fusong	544	616			13	74
靖宇县	Jingyu	1248	1892				
长白朝鲜族自治县	Changbai	31	114			48	140
临江市	Linjiang	326	989			213	636
松原市	**Songyuan**	**118672**	**492709**	**357**	**13786**	**330**	**986**
宁江区	Ningjiang	9033	24476				
前郭尔罗斯蒙古族自治县	Qianguo	36676	146320	310	12400		
长岭县	Changling	35022	194234				
乾安县	Qian' an	5856	15522	47	1386		
扶余市	Fuyu	32085	112157			330	986
白城市	**Baicheng**	**117671**	**289274**	**1262**	**49087**	**2932**	**7224**
洮北区	Taobei	20242	74000			538	1500
镇赉县	Zhenlai	7925	26761			960	2541
通榆县	Tongyu	55856	93635	910	36400		
洮南市	Taonan	23772	81082	50	2750	30	70
大安市	Da' an	9876	13796	302	9937	1404	3113
延边朝鲜族自治州	**Yanbian**	**3940**	**6643**	**18**	**380**	**4463**	**10941**
延吉市	Yanji	438	402			213	455
图们市	Tumen	88	104			82	176
敦化市	Dunhua	805	2525	18	380	1886	4990
珲春市	Hunchun	23	34			34	17
龙井市	Longjing	37	55			242	462
和龙市	Helong	120	163			526	1120
汪清县	Wangqing	107	199			1330	3291
安图县	Antu	2322	3161			150	430

市、县 City，County		园参 Garden Ginseng		蔬菜 Vegetables		瓜果类 Melon class		葵花籽 Sunflower Seed	
		收获面积 Sown Area （公顷）(ha)	总产量 Output （吨）(ton)	播种面积 Sown Area （公顷）(ha)	总产量 Output （吨）(ton)	播种面积 Sown Area （公顷）(ha)	总产量 Output （吨）(ton)	播种面积 Sown Area （公顷）(ha)	总产量 Output （吨）(ton)
长春市	**Changchun**	**18**		**68119**	**2579656**	**9131**	**286416**	**3451**	**11847**
南关区	Nanguan								
宽城区	Kuancheng			1775	45084				
朝阳区	Chaoyang	18		311	7555				
二道区	Erdao			40	1400				
绿园区	Lvyuan			4734	185647	535	14034		
双阳区	Shuangyang			4727	84880	122	1761		
森林城	Senglincheng			443	15640				
经济开发区	Jingijkaifa			84	3530	10	500		
高新开发区	Gaoxinkaifa								
汽车产业开发区	Qichechanyekaifa			91	3629	15	210		
莲花山生态旅游度假区	Lianhuashan			946	7536	61	1053		
农安县	Nong' an			17228	375570	4618	127652	2308	9136
九台市	Jiutai			8483	391342	1088	40492	30	98
榆树市	Yushu			11342	744553	1155	53872		
德惠市	Dehui			17915	713290	1527	46842	1113	2613
吉林市	**Jilin**	**410**	**17252**	**33676**	**1851434**	**4779**	**145167**	**410**	**998**
昌邑区	Changyi			1934	115881	128	4907		
龙潭区	Longtan			5424	360079	632	16113		
船营区	Chuanying			1839	58620	127	1422		
丰满区	Fengman			3067	124971	81	754		
高新区	Gaoxin			553	31601				
开发区	Kaifaqu			140	6427	1	20		
中新食品区	New food area			356	10680	9	270		
永吉县	Yongji			1908	66866	55	1658		
蛟河市	Jiaohe	43	100	2867	212715	1178	20933	168	296
桦甸市	Huadian	244	17081	3316	169033	668	19406	61	214
舒兰市	Shulan	120	50	4582	294985	569	13587	8	18
磐石市	Panshi	3	21	7690	399576	1331	66097	173	470
四平市	**Siping**			**24717**	**1086746**	**5317**	**214920**	**916**	**1858**
铁西区	Tiexi			1380	59471	5	112		
铁东区	Tiedong			300	13896				
辽河农垦管理区	Liaohe			267	8000			67	121
梨树县	Lishu			10213	496548	1746	73300		
伊通满族自治县	Yitong			2565	53836	33	446		
公主岭市	Gongzhuling			8798	416660	2724	125464		
双辽市	Shuangliao			1194	38335	809	15598	849	1737
辽源市	**Liaoyuan**			5351	198915	655	12115		
龙山区	Longshan			592	30133	3	110		

市、县 City，County		园参 Garden Ginseng		蔬菜 Vegetables		瓜果类 Melon class		葵花籽 Sunflower Seed	
		收获面积 Sown Area (公顷) (ha)	总产量 Output (吨) (ton)	播种面积 Sown Area (公顷) (ha)	总产量 Output (吨) (ton)	播种面积 Sown Area (公顷) (ha)	总产量 Output (吨) (ton)	播种面积 Sown Area (公顷) (ha)	总产量 Output (吨) (ton)
西安区	Xi,an			263	6881	7	199		
民营经济开发区	Minyingjingjikaifa			101	4506				
东丰县	Dongfeng			1716	55507	348	8340		
东辽县	Dongliao			2679	101888	297	3466		
通化市	**Tonghua**	**1406**	**38907**	**14383**	**472933**	**2261**	**69757**	**130**	**382**
东昌区	Dongchang	7	104	1245	31779	26	352		
二道江区	Erdaojiang			295	12534	33	1407	2	3
通化经济开发区	Tonghuajingjikaifa			267	2761				
通化县	Tonghua	83	936	2190	61592	574	22963	87	237
辉南县	Huinan			3435	105124	1114	32777	19	60
柳河县	Liuhe	183	1470	3115	131548	226	5397	17	73
梅河口市	Meihekou	58	247	2937	100860	119	1858	2	5
集安市	Ji' an	1075	36150	899	26735	169	5003	3	4
白山市	**Baishan**	**2056**	**151381**	**5742**	**245779**	**1163**	**25263**	**912**	**2022**
八道江区	Badaojiang	43	7670	1196	64785	95	2643	36	67
江源区	Jiangyuan	16	151	805	39351	214	6652	125	365
抚松县	Fusong	383	88230	993	44116	171	5804	117	191
靖宇县	Jingyu	132	8110	1281	28267	388	3674	389	753
长白朝鲜族自治县	Changbai	1315	29570	263	3340	78	1259	5	22
临江市	Linjiang	167	17650	1204	65920	217	5231	240	624
松原市	**Songyuan**			**35076**	**1476554**	**14327**	**535360**	**27547**	**94523**
宁江区	Ningjiang			3587	154640	910	29850	21	27
前郭尔罗斯蒙古族自治县	Qianguo			8200	264000	3577	103735	2339	9360
长岭县	Changling			16294	789920	5558	260635	20075	70443
乾安县	Qian' an			3286	58436	3815	122172	4992	14345
扶余市	Fuyu			3709	209558	467	18968	120	348
白城市	**Baicheng**			**12794**	**384562**	**11590**	**361546**	**62081**	**122766**
洮北区	Taobei			5202	150095	1095	21842	2560	6500
镇赉县	Zhenlai			1158	36852	1606	32565	3131	7574
通榆县	Tongyu			1637	46642	2236	105150	40936	64556
洮南市	Taonan			3382	70827	3833	118694	11448	40580
大安市	Da' an			1415	80146	2820	83295	4006	3556
延边朝鲜族自治州	**Yanbian**	**2633**	**81703**	**11199**	**462932**	**1988**	**57947**	**1194**	**3165**
延吉市	Yanji	21	1	1855	95422	153	2895	15	20
图们市	Tumen	29		475	15920	88	2431		
敦化市	Dunhua	942	15015	3458	157985	537	11472	805	2525
珲春市	Hunchun	184	5836	1769	52751	108	2069	12	24
龙井市	Longjing	17		642	25178	32	948	6	12
和龙市	Helong	125	7690	698	36751	7	197	15	24
汪清县	Wangqing	658	14460	1040	49636	149	4686	104	190
安图县	Antu	657	38701	1262	29289	914	33249	237	370

注：①各地区数相加不等于全省数。②薯类及马铃薯产量为鲜薯产量。
Note:①The Sun of Data by Every Region is not Equal to the Whole Province. ②the Yield of Potato and Potato tuber yield Vegetable Production with edible fungus.

19－17 各市县畜牧业生产情况（2014年）

Production of Livestock in Various Cities and Counties (2014)

市、县 City，County	年底大牲畜头数（头）Large Animals (head) (year－end)	猪年末存栏（头）Hogs (head) (year－end)	羊年底只数（只）Sheep and Goats (head) (year－end)	肉猪出栏头数（头）Slanghtere Fattened Hogs (head)	肉类总产量（吨）Output of Meat (ton)	#猪 Hogs	#牛 Cattles	#羊 Sheeps	禽蛋产量（吨）Poultry Eggs (ton)
长春市 Changchun	**2189183**	**3850103**	**571446**	**6320212**	**1137475**	**562137**	**166639**	**5576**	**316666**
市区 District	182522	187342	19084	379922	52842	30483	16334	324	74632
农安县 Nong' an	402121	1191212	351733	1924964	341005	164479	39230	3705	20704
九台市 Jiutai	400876	587191	18993	1214366	193872	99603	34907	304	44212
榆树市 Yushu	789146	1085710	102405	1409068	254455	135594	51801	648	82498
德惠市 Dehui	414518	798648	79231	1391892	295301	131978	24367	595	94620
吉林市 Jilin	**657048**	**1903213**	**143737**	**3164940**	**482917**	**258898**	**97962**	**2476**	**158746**
市区 District	100700	285070	34624	412530	81310	43898	12677	638	37372
永吉县 Yongji	28429	264994	6691	463280	48823	35208	2846	38	3404
蛟河市 Jiaohe	113614	367989	15495	635764	75339	51866	19166	427	2954
桦甸市 Huadian	85842	75538	9744	409126	74271	33945	32897	723	13316
舒兰市 Shulan	210589	567283	46439	575455	79970	35542	16751	315	22248
磐石市 Panshi	117874	342339	30744	668785	123204	58439	13625	335	79452
四平市 Siping	**1266919**	**3445872**	**682515**	**4513583**	**631845**	**402568**	**104956**	**9325**	**343590**
市区 District	45943	164078	40602	182946	30011	14658	4388	571	35085
梨树县 Lishu	336723	1222636	143836	1748767	227659	167043	27519	3131	68942
伊通满族自治县 Yitong	398189	566415	50151	629631	99306	60218	31425	634	92181
公主岭市 Gongzhuling	286576	899856	127539	1285635	163683	107587	20186	1679	81950
双辽市 Shuangliao	199488	592887	320387	666604	111186	53062	21438	3310	65432
辽源市 Liaoyuan	**298823**	**301431**	**61200**	**502484**	**89851**	**41861**	**29536**	**526**	**49932**
市区 District	8557	31539	8184	48765	8173	5260	1470	141	5809
东丰县 Dongfeng	194293	152070	34577	256477	40750	20609	10872	135	27896
东辽县 Dongliao	95973	117822	18439	197242	40928	15992	17194	250	16227
通化市 Tonghua	**412465**	**464262**	**130675**	**809959**	**143901**	**69271**	**40108**	**1159**	**40143**
市区 District	18087	30624	6066	74650	10798	6211	2764	155	6366
通化县 Tonghua	42533	57951	18932	70446	11458	6228	2570	150	4710
辉南县 Huinan	121379	54652	25867	107309	30037	9597	12265	260	9170
柳河县 Liuhe	114792	108460	41214	215916	39414	18372	11233	292	9831
梅河口市 Meihekou	98312	176530	24512	298437	46605	25351	10063	168	6657
集安市 Ji' an	17362	36045	14084	43201	5589	3512	1213	134	3409

市、县 City，County		年底大牲畜头数（头）Large Animals (head) (year－end)	猪年末存栏（头）Hogs (head) (year－end)	羊年底只数（只）Sheep and Goats (head) (year－end)	肉猪出栏头数（头）Slanghtere Fattened Hogs (head)	肉类总产量（吨）Output of Meat (ton)				禽蛋产量（吨）Poultry Eggs (ton)
							#猪 Hogs	#牛 Cattles	#羊 Sheeps	
白山市	**Baishan**	**133224**	**140351**	**68374**	**201015**	**30324**	**17201**	**10116**	**1021**	**16643**
市区	District	47364	60248	33376	87604	12127	7442	3490	460	5842
抚松县	Fusong	27437	28615	4738	36482	5016	3222	1142	63	4509
靖宇县	Jingyu	29050	20810	10319	35232	6552	2994	2962	290	2558
长白朝鲜族自治县	Changbai	11913	14850	7508	16302	2362	1385	767	53	1279
临江市	Linjiang	17460	15828	12433	25395	4267	2158	1755	155	2455
松原市	**Songyuan**	**591409**	**1538912**	**1753138**	**2137436**	**322486**	**179144**	**49574**	**22109**	**158047**
市区	District	31811	69056	61840	93840	12241	6793	2784	863	6350
前郭尔罗斯蒙古族自治县	Qianguo	135540	292530	560480	510615	104085	41895	13610	7380	35466
长岭县	Changling	194640	517920	728285	430500	70778	36552	9937	8333	48018
乾安县	Qian' an	99918	84693	238130	128394	20783	10562	3151	3577	14213
扶余市	Fuyu	129500	574713	164403	974087	114599	83342	20092	1956	54000
白城市	**Baicheng**	**312808**	**485725**	**1179348**	**905995**	**106468**	**74436**	**7275**	**12737**	**55685**
市区	District	32670	84947	176295	193530	19965	15863	720	1307	12635
镇赉县	Zhenlai	84406	86404	202801	144484	18354	11842	1278	2798	7873
通榆县	Tongyu	72715	55150	375811	121191	17635	9934	2717	2993	11697
洮南市	Taonan	78850	141866	253975	261363	29892	21540	1930	3576	17896
大安市	Da' an	44167	117358	170466	185427	20622	15257	630	2063	5584
延边朝鲜族自治州	**Yanbian**	**348561**	**221793**	**158763**	**341309**	**58744**	**28348**	**23805**	**1638**	**20523**
延吉市	Yanji	10332	15966	7031	42193	4481	3275	916	154	2073
图们市	Tumen	9644	15731	9461	17050	2018	1437	378	45	993
敦化市	Dunhua	112955	80099	67971	120589	20558	9829	6908	658	8800
珲春市	Hunchun	36320	28464	13430	28262	7091	2268	4493	109	3371
龙井市	Longjing	30760	26150	14943	31870	5467	2904	2058	228	1511
和龙市	Helong	29387	15235	11265	36507	6294	3098	2909	158	1664
汪清县	Wangqing	81208	25383	23000	31419	6257	2444	2838	184	1444
安图县	Antu	37955	14765	11662	33419	6578	3093	3305	102	667

注：1.各地区数相加不等于全省总计。
Note: 1.The sum of data by every city is not equal to the whole provice.

19－18 各市县规模以上工业企业主要指标（2014年）

单位：万元

市、县	City，County	企业单位数(个) Number of Enterprises (unit)	#亏损企业 Loss－making Enterprises	工业总产值（当年价格）Gross Industrial Output Value (current price)
吉林省	**Jilin**	**5311**	**392**	**235409451**
长春市	**Changchun**	**1132**	**109**	**97566387**
市　区	District	848	87	90024628
农安县	Nong' an	68	8	1828158
九台县	Jiutai	46	3	971199
榆树市	Yushu	68	8	1841365
德惠市	Dehui	102	3	2901037
吉林市	**Jilin**	**1041**	**58**	**31602551**
市　区	District	476	41	20076592
永吉县	Yongji	50		1200971
蛟河市	Jiaohe	120	3	2355235
桦甸市	Huadian	149	4	3320090
舒兰市	Shulan	119	3	1730839
磐石市	Panshi	127	7	2918824
四平市	**Siping**	**492**	**37**	**20432280**
市　区	District	198	24	7687162
梨树县	Lishu	63	2	3877614
伊通满族自治县	Yitong	29	1	1444874
公主岭市	Gongzhuling	140	6	4450339
双辽市	Shuangliao	62	4	2972291
辽源市	**Liaoyuan**	**305**	**26**	**13247607**
市　区	District	157	21	8453578
东丰县	Dongfeng	86	3	2762207
东辽县	Dongliao	62	2	2031823
通化市	**Tonghua**	**549**	**31**	**19156226**
市　区	District	129	15	9121182
通化县	Tonghua	85	3	1561715
辉南县	Huinan	66	4	855152
柳河县	Liuhe	82	3	1576191
梅河口市	Meihekou	135	5	5331312

注：各地区相加不等于全省总计。
Note:The sun of data by every city is not equal to the total.

Main Indicators of Industrial Enterprises above Designated Size by City and County (2014)

unit: 10000 yuan

工业销售产值（当年价格）Sales Value of Industry (current price)	产成品 Finished Goods	资产总计 Total Assets	流动资产合计 Total Current Assets	应收帐款 Account Receivable	固定资产合计 Total Fixed Assets	固定资产原价 Original Value of Fixed Assets
229635139	**5159053**	**166866027**	**72861058**	**12696467**	**76305928**	**160356672**
95080094	**2647836**	**72479182**	**40124850**	**6103979**	**28446566**	**37773871**
87999746	2531429	68374407	38411227	5785731	26470454	35325741
1704320	23394	766123	312623	44150	317233	376898
994284	11478	1215974	428336	49758	632877	715415
1838571	27050	1086356	524105	61785	412979	505423
2543174	54485	1036323	448560	162555	613022	850395
30854644	**689148**	**27451920**	**9674496**	**1677761**	**13089499**	**23028598**
19616209	371792	16168162	4426527	779902	8692243	17078187
1182491	16333	509127	179910	33586	289606	283115
2269742	30712	1035019	308166	25044	566839	484267
3247181	40403	2133539	454467	104633	1140461	1757932
1687018	38546	678957	293872	47441	355325	900970
2852003	191362	6927116	4011554	687155	2045026	2524127
20252642	**465118**	**8896337**	**3325928**	**817685**	**4829995**	**17422809**
7662274	204938	3132348	1332409	345403	1467112	5927043
3881369	26728	1158507	454602	86550	629147	2175182
1428394	5376	1369540	173162	78817	1176229	2830312
4324192	77315	1828758	769725	223272	1000361	1691483
2956414	150761	1407183	596029	83642	557147	4798789
12784165	**158428**	**7220171**	**2473402**	**584734**	**3947677**	**25017688**
8041902	97367	5050634	1670792	349909	2867845	16963491
2744313	46088	1567543	560175	153402	765271	4358133
1997950	14973	601995	242435	81423	314560	3696064
18508992	**527210**	**11716045**	**5885020**	**1283886**	**4047189**	**7310277**
8773329	251733	6810952	3264224	753123	2540445	5281317
1468637	59968	949882	548266	98892	269386	382366
832354	27195	588092	361001	106919	140120	201347
1530437	62211	706647	351634	95387	208203	308508
5190055	77966	1929712	907956	154720	712347	896081

单位：万元

19－18 续表 1

市、县	City，County	企业单位数(个) Number of Enterprises (unit)	#亏损企业 Loss－making Enterprises	工业总产值（当年价格）Gross Industrial Output Value（current price）
集安市	Ji' an	52	1	710673
白山市	**Baishan**	**392**	**28**	**13198726**
市 区	District	157	18	5983793
抚松县	Fusong	84	1	3086061
靖宇县	Jingyu	53	2	1672745
长白朝鲜族自治县	Changbai	34	3	457181
临江市	Linjiang	64	4	1998946
松原市	**Songyuan**	**612**	**32**	**20933207**
市 区	District	161	13	6760642
前郭尔罗斯蒙古族自治县	Qianguo	140	13	3638832
长岭县	Changling	100		3451977
乾安县	Qian' an	93	2	3111468
扶余市	Fuyu	118	4	3970287
白城市	**Baicheng**	**321**	**30**	**6292666**
市 区	District	96	12	1932003
镇赉县	Zhenlai	57	11	808764
通榆县	Tongyu	39	4	747595
洮南市	Taonan	63	1	1194673
大安市	Da' an	66	2	1609631
延边朝鲜族自治州	**Yanbian**	**461**	**41**	**12641875**
延吉市	Yanji	71	6	3171367
图们市	Tumen	37	5	788928
敦化市	Dunhua	111	4	2713057
珲春市	Hunchun	104	9	3197443
龙井市	Longjing	28	2	526179
和龙市	Helong	29	5	824842
汪清县	Wangqing	49	5	913284
安图县	Antu	32	5	506776

contiued

unit: 10000 yuan

工业销售产值（当年价格）Sales Value of Industry (current price)	产成品 Finished Goods	资产总计 Total Assets	流动资产合计 Total Current Assets	应收帐款 Account Receivable	固定资产合计 Total Fixed Assets	固定资产原价 Original Value of Fixed Assets
714182	48139	730761	451940	74846	176687	240659
12928438	**136506**	**6431868**	**2048911**	**479038**	**3530678**	**10613094**
5892143	49259	3572232	1049395	277918	2110149	6238542
2965738	48466	1090790	337167	48444	614667	1934352
1689250	14857	792034	344927	66208	332555	1532443
408779	3487	202690	77470	15329	95548	102234
1972528	20437	774122	239952	71140	377760	805523
20511107	**175891**	**17039553**	**3907615**	**674286**	**12052102**	**24399497**
6528682	111811	10178838	2677581	508063	7164022	11898888
3642242	19364	1412111	201699	26572	995014	1205709
3433202	13395	1589750	480077	36035	1049786	5607162
3019948	21629	1902246	288078	58784	1504494	3988897
3887033	9692	1956609	260179	44833	1338786	1698842
6207770	**87261**	**5145451**	**1775781**	**414655**	**2695505**	**3776231**
1897506	42591	1708751	645194	166471	852635	981659
779352	9016	649014	210234	53160	322391	391221
741503	8425	405049	119137	23701	264655	363483
1176274	12504	1040414	477574	69937	313944	664423
1613136	14726	1342223	323642	101387	941880	1375445
12202691	**266547**	**9000425**	**3345946**	**629937**	**3537275**	**10849779**
3088866	37125	2056920	1091755	193348	782253	1425424
782116	16609	370780	127019	7594	210458	266046
2618679	87247	2775714	747670	171869	1063977	2653062
3031944	47063	1636523	589973	126760	792142	4229018
508852	4249	148749	72477	9713	46490	193344
789844	51804	691323	281418	57199	162124	1152213
887675	15396	786467	289743	42800	262190	369388
494715	7054	533949	145891	20654	217641	561283

单位：万元

19－18 续表 2

市、县	City，County	负债合计 Total Liabilities	所有者权益合计 Total Owners' Equities	主营业务收入 Revenue from Principal Business
吉 林 省	**Jilin**	**91334045**	**74944690**	**233127704**
长 春 市	**Changchun**	**41105505**	**31560187**	**103555740**
市　　区	District	38819758	29739533	96438098
农 安 县	Nong' an	505801	246170	1650255
九 台 县	Jiutai	484225	730698	992199
榆 树 市	Yushu	690933	382963	1668559
德 惠 市	Dehui	604788	460823	2806629
吉 林 市	**Jilin**	**16336514**	**11015624**	**31035617**
市　　区	District	8972828	7141217	19742507
永 吉 县	Yongji	286707	218308	945630
蛟 河 市	Jiaohe	416939	593861	2243333
桦 甸 市	Huadian	1043331	1087797	3252117
舒 兰 市	Shulan	388059	288040	1689382
磐 石 市	Panshi	5228651	1686401	3162647
四 平 市	**Siping**	**4739926**	**4113677**	**17069194**
市　　区	District	2141789	969861	5782512
梨 树 县	Lishu	591909	565197	3532858
伊通满族自 治 县	Yitong	108928	1251753	1426077
公主岭市	Gongzhuling	933312	886424	4004542
双 辽 市	Shuangliao	963987	440442	2323206
辽 源 市	**Liaoyuan**	**4178064**	**2975953**	**12426661**
市　　区	District	2788669	2200306	7762891
东 丰 县	Dongfeng	1031314	536037	2726942
东 辽 县	Dongliao	358080	239610	1936827
通 化 市	**Tonghua**	**5746222**	**5894901**	**17975974**
市　　区	District	3516239	3260196	8582533
通 化 县	Tonghua	455867	482045	1278636
辉 南 县	Huinan	331621	253322	730540
柳 河 县	Liuhe	303347	399154	1552598
梅河口市	Meihekou	828768	1088235	5149092

contiued

unit: 10000 yuan

主营业务成本 Cost of Principal Business	营业税金及附加 Business Tax and Surcharge	主营业务税金及附加 Taxes and Other Charges on Principal Business	销售费用 Selling Cost	管理费用 Management Cost	财务费用 Finance Cost	利息支出 Interest Expense	利润总额 Total Profits
194118538	**5417380**	**5395525**	**8997376**	**9806868**	**2382358**	**2351138**	**14458894**
84481172	**2918588**	**2910888**	**3978624**	**4099241**	**537739**	**809434**	**9519239**
78487082	2812940	2805818	3741824	3889955	432594	716930	9168818
1361966	69566	69077	37138	34634	12666	11194	189731
832261	6973	6973	43628	28439	40150	35266	44251
1564237	19503	19478	28431	49252	12780	12715	40178
2235625	9605	9542	127603	96962	39549	33329	76261
26256360	**864606**	**860570**	**1055819**	**1747752**	**579801**	**472343**	**649498**
17303557	769109	766417	437636	937999	246853	222125	104516
833102	7963	7957	15865	41401	15982	10303	36479
1735170	31937	31788	184714	106517	18127	17630	165234
2487578	20594	19474	170294	306816	68024	23192	174866
1256355	2059	2001	133190	206347	8151	8133	85730
2640598	32946	32934	114119	148673	222663	190959	82673
15529796	**157453**	**156763**	**338228**	**396501**	**134686**	**113258**	**546617**
5075975	116645	116482	169126	193062	69474	57379	163130
3339075	10634	10574	51206	48695	13975	11121	72027
1291769	12629	12471	15595	12386	9058	8833	85993
3643221	13992	13690	74798	113062	20672	15489	151987
2179757	3553	3546	27504	29295	21508	20436	73480
11308117	**42606**	**41650**	**166643**	**544627**	**119934**	**123383**	**260211**
6986055	27319	26444	85156	427477	84376	88007	154307
2534571	5078	4996	53295	56047	18166	16706	62211
1787491	10210	10210	28191	61103	17392	18671	43692
13775533	**152940**	**150781**	**1909173**	**818756**	**203991**	**118671**	**1017613**
6572200	22802	22378	1259989	371269	73845	34979	330334
997141	14427	14427	67057	59748	18211	12856	119139
630435	3171	3168	40412	22658	6483	5216	22741
1220485	24768	24766	68353	65357	61012	27860	118410
3812357	81054	79324	424817	266357	38763	32382	376804

单位：万元

19－18 续表 3

市、县	City，County	负债合计 Total Liabilities	所有者权益合计 Total Owners' Equities	主营业务收入 Revenue from Principal Business
集安市	Ji' an	310381	411950	682576
白山市	**Baishan**	**4026472**	**2247021**	**12358308**
市　区	District	2461557	1052381	5653152
抚松县	Fusong	662708	405080	2940218
靖宇县	Jingyu	357274	380872	1660568
长白朝鲜族自治县	Changbai	100420	98912	284387
临江市	Linjiang	444513	309777	1819984
松原市	**Songyuan**	**7254015**	**9555608**	**21108854**
市　区	District	5171794	4997781	7169082
前郭尔罗斯蒙古族自治县	Qianguo	747448	621095	3656450
长岭县	Changling	633799	888140	3424832
乾安县	Qian' an	432133	1371441	2974299
扶余市	Fuyu	268841	1677152	3884191
白城市	**Baicheng**	**2808129**	**2319895**	**5989281**
市　区	District	652043	1049057	1758904
镇赉县	Zhenlai	453258	194875	743982
通榆县	Tongyu	242621	156883	728495
洮南市	Taonan	412324	626168	1137967
大安市	Da' an	1047882	292912	1619933
延边朝鲜族自治州	**Yanbian**	**5001606**	**3914340**	**11318509**
延吉市	Yanji	1087460	964444	2966532
图们市	Tumen	234175	129429	750557
敦化市	Dunhua	1496801	1266487	2272970
珲春市	Hunchun	1051994	534137	3006250
龙井市	Longjing	82526	65963	415936
和龙市	Helong	389694	297650	640162
汪清县	Wangqing	401041	383961	784794
安图县	Antu	257916	272269	481308

contiued

unit: 10000 yuan

主营业务成本 Cost of Principal Business	营业税金及附加 Business Tax and Surcharge	主营业务税金及附加 Taxes and Other Charges on Principal Business	销售费用 Selling Cost	管理费用 Management Cost	财务费用 Finance Cost	利息支出 Interest Expense	利润总额 Total Profits
542915	6719	6719	48545	33366	5676	5379	50184
10597086	**80700**	**80203**	**469508**	**608708**	**198177**	**128607**	**270257**
5079994	38977	38835	183267	153288	100703	69738	110428
2540446	18189	18184	92183	177636	49298	37128	55832
1375032	9808	9806	103614	108208	17000	6147	60207
201917	5295	5054	4278	6635	4840	2476	13490
1399696	8430	8325	86166	162942	26336	13118	30300
17207068	**725996**	**723570**	**508425**	**799650**	**367146**	**378449**	**1391009**
5086895	603512	601099	213014	458899	233022	266916	469573
3298706	45003	44997	37979	59573	53826	51970	165191
2934517	33814	33814	117221	145005	12232	12233	180747
2638349	34923	34923	58848	62052	14126	12632	166356
3248601	8744	8737	81362	74121	53940	34699	409141
5341473	**45384**	**43571**	**109015**	**238120**	**115732**	**92397**	**228623**
1498691	6374	4869	47868	85917	42880	34818	92483
683856	2572	2419	10244	20300	20281	15298	11261
681052	1741	1741	5312	6400	11327	12231	23150
1017417	5806	5805	35451	108376	7794	7404	30388
1460458	28892	28737	10139	17128	33450	22645	71342
9483906	**425927**	**424486**	**374614**	**525734**	**128075**	**114252**	**435398**
2109320	387773	386942	103811	141809	26843	24921	188385
654472	9183	9183	7327	70103	4964	3679	4598
1865625	7210	7170	159242	122618	35610	32643	113113
2800232	14326	14021	34960	97581	31131	28727	52738
390678	542	542	6152	7258	2538	2411	9285
571337	1511	1506	25122	23899	12273	8795	13453
658586	3589	3329	27802	51417	13171	11188	36735
433657	1794	1794	10197	11050	1546	1889	17091

单位：万元

19－18 续表 4

市、县	City，County	应交所得税 Income Tax Payable	亏损企业亏损总额 Total Loss	利税总额 Total Pre-tax Profits	应交税金及附加 Tax Payable and Surcharge
吉林省	**Jilin**	**2541516**	**1738293**	**26429147**	**15032241**
长春市	**Changchun**	**2101807**	**253518**	**15981945**	**8721318**
市　区	District	2090219	232997	15446351	8517357
农安县	Nong' an	2161	2601	274748	88177
九台县	Jiutai	2869	461	84861	44396
榆树市	Yushu	1396	16659	74687	39081
德惠市	Dehui	5163	800	101298	32308
吉林市	**Jilin**	**90558**	**808886**	**2449323**	**2047306**
市　区	District	44286	720808	1405230	1452997
永吉县	Yongji	5931		57684	27618
蛟河市	Jiaohe	6193	1598	299061	141014
桦甸市	Huadian	14664	44673	373887	251125
舒兰市	Shulan	9596	5186	95640	22657
磐石市	Panshi	9888	36621	217821	151896
四平市	**Siping**	**30129**	**110215**	**932536**	**431374**
市　区	District	9589	103822	390794	243891
梨树县	Lishu	133	3019	98126	26406
伊通满族自治县	Yitong	2656	563	125680	42504
公主岭市	Gongzhuling	13293	1298	232000	100379
双辽市	Shuangliao	4459	1514	85936	18195
辽源市	**Liaoyuan**	**27727**	**41369**	**429502**	**213841**
市　区	District	14908	35972	282526	153668
东丰县	Dongfeng	2080	1945	77209	18188
东辽县	Dongliao	10739	3452	69768	41985
通化市	**Tonghua**	**77041**	**153185**	**1680467**	**784340**
市　区	District	23440	104104	465537	168163
通化县	Tonghua	9421	1333	166827	57859
辉南县	Huinan	2809	5598	39400	20044
柳河县	Liuhe	1761	60	170253	59521
梅河口市	Meihekou	31193	38638	764912	444436

contiued

unit: 10000 yuan

本年应付职工薪酬 The Year of Payable Employees	本年应交增值税 Value Added Tax Payable This Year	全部从业人员年平均人数（人）Annual Average Employed Persons (person)	总资产贡献率（%）Total Assets Contribution Rate (%)	资产负债率（%）Assets-liability Ratio (%)	流动资产周转率（次/年）Current Assets Turnover (times/year)	成本费用利润率（%）Ratio of Pre-tax Profit to Cost (%)	产品销售率（%）Proportion of Products Sold (%)
8635841	**6552872**	**1475146**	**17.0**	**54.7**	**3.3**	**6.5**	**97.5**
3920874	**3544118**	**495436**	**22.8**	**56.7**	**2.7**	**9.8**	**97.5**
3709060	3464593	446199	23.3	56.8	2.6	10.1	97.8
43502	15451	9924	37.4	66.0	5.3	13.1	93.2
52883	33637	7107	9.9	39.8	2.3	4.7	102.4
55638	15005	14231	8.0	63.6	3.5	2.3	99.8
59791	15432	17975	12.9	58.4	6.3	3.0	87.7
1368023	**935219**	**237141**	**10.5**	**59.5**	**3.3**	**2.1**	**97.6**
1007001	531605	143215	10.0	55.5	4.6	0.5	97.7
26514	13243	6207	13.4	56.3	5.3	4.0	98.5
45082	101891	15459	30.6	40.3	7.3	8.0	96.4
99303	178428	27544	18.6	48.9	7.2	5.8	97.8
74380	7851	21035	15.3	57.2	5.8	5.3	97.5
115744	102202	23681	5.4	75.5	0.8	2.6	97.7
312607	**228467**	**83502**	**11.7**	**53.3**	**5.2**	**3.3**	**99.1**
150682	111020	37861	14.2	68.4	4.4	3.0	99.7
34135	15465	11517	9.4	51.1	7.9	2.0	100.1
19713	27059	5396	9.8	8.0	8.2	6.5	98.9
74595	66021	21505	13.5	51.0	5.3	3.9	97.2
33484	8903	7223	7.6	68.5	4.0	3.2	99.5
402054	**126685**	**105801**	**7.5**	**57.9**	**5.1**	**2.1**	**96.5**
309492	100899	75885	7.2	55.2	4.7	2.0	95.1
60263	9920	20025	6.0	65.8	4.9	2.3	99.4
32299	15866	9891	14.7	59.5	8.0	2.3	98.3
679029	**509915**	**167260**	**15.3**	**49.0**	**3.1**	**6.0**	**96.6**
433359	112401	100752	7.3	51.6	2.6	4.0	96.2
36533	33260	11392	18.9	48.0	2.3	10.4	94.0
24999	13489	7730	7.6	56.4	2.1	3.2	97.3
65511	27076	13282	28.0	42.9	4.4	8.4	97.1
98956	307054	26102	41.3	42.9	5.8	8.1	97.4

单位：万元

19－18 续表 5

市、县	City，County	应交所得税 Income Tax Payable	亏损企业亏损总额 Total Loss	利税总额 Total Pre-tax Profits	应交税金及附加 Tax Payable and Surcharge
集安市	Ji' an	8417	3452	73538	34317
白山市	**Baishan**	**26499**	**114146**	**607247**	**391890**
市区	District	17018	101543	289249	207806
抚松县	Fusong	3938	62	148847	101489
靖宇县	Jingyu	4456	505	90295	39326
长白朝鲜族自治县	Changbai	214	1436	20897	7878
临江市	Linjiang	872	10601	57959	35392
松原市	**Songyuan**	**108148**	**175591**	**2660277**	**1431543**
市区	District	85902	117289	1479711	1134443
前郭尔罗斯蒙古族自治县	Qianguo	3178	55975	223230	67699
长岭县	Changling	48		247670	70360
乾安县	Qian' an	18970	676	286172	144347
扶余市	Fuyu	50	1652	423493	14694
白城市	**Baicheng**	**17528**	**37429**	**403155**	**197864**
市区	District	-354	15360	164576	73864
镇赉县	Zhenlai	604	12755	18216	8253
通榆县	Tongyu	75	2132	42660	19820
洮南市	Taonan	3353	5133	55649	31123
大安市	Da' an	13850	2049	122055	64804
延边朝鲜族自治州	**Yanbian**	**55794**	**43955**	**1115030**	**776381**
延吉市	Yanji	33199	2953	696116	545810
图们市	Tumen	1013	5149	17138	38050
敦化市	Dunhua	6368	1054	160351	56721
珲春市	Hunchun	7057	10160	103695	60225
龙井市	Longjing	3	566	11413	2313
和龙市	Helong	1041	9022	36920	25126
汪清县	Wangqing	5679	9023	55586	29644
安图县	Antu	1435	6029	33811	18492

contiued

unit: 10000 yuan

本年应付职工薪酬 The Year of Payable Employees	本年应交增值税 Value Added Tax Payable This Year	全部从业人员年平均人数（人）Annual Average Employed Persons (person)	总资产贡献率（%）Total Assets Contribution Rate（%）	资产负债率（%）Assets-liability Ratio（%）	流动资产周转率（次/年）Current Assets Turnover (times/year)	成本费用利润率（%）Ratio of Pre-tax Profit to Cost（%）	产品销售率（%）Proportion of Products Sold（%）
19672	16635	8002	10.8	42.5	1.5	8.0	100.5
379756	**256290**	**92803**	**11.4**	**62.6**	**6.1**	**2.3**	**98.0**
244041	139843	55283	10.0	68.9	5.4	2.0	98.5
62013	74827	13187	17.0	60.8	8.7	2.0	96.1
24053	20280	7295	12.2	45.1	4.9	3.7	101.0
8244	2112	2926	11.5	49.5	3.7	6.1	89.4
41404	19228	14112	9.2	57.4	7.6	1.8	98.7
974638	**543272**	**153759**	**17.6**	**42.6**	**5.4**	**7.4**	**98.0**
646861	406626	69052	16.8	50.8	2.7	7.8	96.6
82114	13037	20739	19.4	52.9	18.2	4.8	100.1
57681	33109	15881	16.3	39.9	7.1	5.6	99.5
79640	84893	19926	15.7	22.7	10.3	6.0	97.1
108343	5608	28161	23.4	13.7	14.9	11.8	97.9
149641	**129148**	**38173**	**9.6**	**54.6**	**3.4**	**3.9**	**98.7**
49870	65720	11960	11.7	38.2	2.7	5.5	98.2
13666	4383	4622	5.2	69.8	3.6	1.5	96.4
7397	17770	3347	13.1	59.9	6.1	3.3	99.2
43062	19455	8655	6.0	39.6	2.4	2.6	98.5
35648	21820	9589	10.8	78.1	5.0	4.7	100.2
431387	**253705**	**97830**	**13.6**	**55.6**	**3.4**	**4.1**	**96.5**
86975	119958	12032	35.0	52.9	2.7	7.8	97.4
19921	3358	6962	5.6	63.2	5.9	0.6	99.1
97395	40028	31050	6.9	53.9	3.0	5.2	96.5
138661	36631	26498	8.1	64.3	5.2	1.8	94.8
9389	1586	2685	9.2	55.5	5.7	2.3	96.7
24498	21956	5883	7.0	56.4	2.3	2.1	95.8
35293	15263	7605	8.5	51.0	2.7	4.9	97.2
19256	14926	5115	6.7	48.3	3.3	3.7	97.6

19－19 各市县社会消费品零售总额（2014年）
Total Retail Sales of Consumer Goods by City and County（2014）

单位：万元 unit：10000 yuan

市、县	City, County	社会消费品零售总额 Total Retair Sales of Consumer Goods	按销售地区分 Grouped by Region		按行业分 Grouped by Sector	
			城镇 Urban	乡村 Rural	批发零售贸易业 Wholesale and Retail Trades	住宿和餐饮业 Hotels and Catering Services
全 省	**Total**	**60808998**	**53853046**	**6955952**	**54004584**	**6804414**
长春市	**Changchun**	**22175471**	19729169	2446303	20117342	2058130
市 区	District	18566767	16874908	1391858	17236332	1330435
榆树市	Yushu	1204303	945378	358925	811684	392619
德惠市	Dehui	1215491	955376	360115	1103956	111535
农安县	Nong' an	1188911	953507	335405	965370	223541
吉林市	**Jilin**	**11971119**	**10934232**	**1036887**	**10768586**	**1202533**
市 区	District	8471755	8303598	168156	7627015	844739
桦甸市	Huadian	855693	598391	257302	799895	55798
蛟河市	Jiaohe	734325	686250	48076	641956	92369
舒兰市	Shulan	740444	537186	203258	672155	68289
磐石市	Panshi	860002	611053	248949	750854	109148
永吉县	Yongji	308901	197755	111146	276712	32189
四平市	**Siping**	**5038242**	**4236345**	**801897**	**4518049**	**520194**
市 区	District	1539608	1394918	144690	1292001	247607
公主岭市	Gongzhuling	1683548	1586896	96652	1572300	111248
双辽市	Shuangliao	518554	477557	40997	479775	38779
梨树县	Lishu	697053	352182	344871	620089	76964
伊通满族自治县	Yitong	471745	297818	173927	427852	43892
辽河垦区	Liaoheken	127735	126975	760	126031	1704
辽源市	**Liaoyuan**	**1890505**	**1728024**	**162480**	**1702280**	**188225**
市 区	District	1242727	1237186	5541	1130915	111812
东丰县	Dongfeng	456486	355385	101101	400195	56290
东辽县	Dongliao	191292	135454	55839	171170	20123
通化市	**Tonghua**	**4397449**	**3919324**	**478125**	**4076611**	**320838**
市 区	District	1219674	1158690	60984	1107938	111736
梅河口市	Meihekou	1348425	1200099	148327	1235146	113279
集安市	Ji' an	434044	377618	56426	399986	34058
通化县	Tonghua	365170	314047	51124	337399	27771
辉南县	Huinan	525000	456750	68250	488785	36216

单位：万元 unit：10000 yuan

市、县	City, County	社会消费品零售总额 Total Retail Sales of Consumer Goods	按销售地区分 Grouped by Region		按行业分 Grouped by Sector	
			城镇 Urban	乡村 Rural	批发零售贸易业 Wholesale and Retail Trades	住宿和餐饮业 Hotels and Catering Services
柳河县	Liuhe	505135	444519	60616	468085	37050
白山市	**Baishan**	**2442124**	**2145828**	**296297**	**1937042**	**505082**
市区	District	1053471	938124	115347	905549	147922
临江市	Linjiang	332582	294323	38258	246052	86529
抚松县	Fusong	462106	385895	76211	326785	135321
靖宇县	Jingyu	198677	176725	21952	140949	57728
长白朝鲜族自治县	Changbai	96965	84268	12697	66020	30945
江源县	Jiangyuan	298324	266492	31832	251686	46638
松原市	**Songyuan**	**5564555**	**4582575**	**981980**	**4758755**	**805800**
市区	District	1458060	1285327	172734	1253456	204604
长岭县	Changling	1036103	815750	220353	877704	158399
前郭尔罗斯蒙古族自治县	Qianguo	1394333	1071309	323023	1133202	261130
乾安县	Qian' an	525861	409637	116224	458908	66953
扶余市	Fuyu	1150198	1000552	149646	1035485	114713
白城市	**Baicheng**	**2838775**	**2454489**	**384287**	**2541080**	**297696**
市区	District	1590534	1475782	114752	1433620	156915
洮南市	Taonan	343027	277197	65829	308712	34315
大安市	Da' an	326979	261334	65646	286326	40653
镇赉县	Zhenlai	272481	206324	66157	234436	38045
通榆县	Tongyu	305754	233851	71903	277986	27768
延边朝鲜族自治州	**Yanbian**	**4490758**	**4123061**	**367696**	**3584841**	**905917**
延吉市	Yanji	2121774	2040228	81546	1668252	453522
图们市	Tumen	218722	180255	38467	106968	111755
敦化市	Dunhua	964811	868309	96502	826126	138685
龙井市	Longjing	131980	101863	30118	96582	35398
珲春市	Hunchun	489308	469721	19587	438592	50717
和龙市	Helong	171909	121655	50254	133196	38713
汪清县	Wangqing	217904	191102	26802	173942	43962
安图县	Antu	174349	149929	24420	141184	33165

19－20 各市县各级各类教育基本情况（2014年）

Basic Statistics on Education by Type of City and County（2014）

市、县	City，County	小学 Primary Schools									
		学校数（所）Number of Schools (unit)	#乡村 Rural	毕业生（人）Graduates (person)	#乡村 Rural	招生数（人）New Student Enrollment (person)	#乡村 Rural	在校学生数（人）Students Enrollment (person)	#乡村 Rural	专任教师数（人）Number of Full－time Teachers (person)	#乡村 Rural
全　省	**Total**	**4806**	**3661**	**231537**	**60932**	**190001**	**47860**	**1268804**	**332650**	**100146**	**39093**
长春市	**Changchun**	**1197**	**956**	**64962**	**20478**	**65137**	**18032**	**383905**	**114430**	**27424**	**12880**
市　区	District	291	144	29067	3470	32465	3695	181063	22262	10908	2032
农安县	Nong' an	304	280	8709	4503	9955	4842	56112	27620	5389	3893
九台市	Jiutai	91	76	6301	2348	6455	2587	38502	16389	1702	782
榆树市	Yushu	281	250	11486	5445	10124	4229	60625	26461	5446	3576
德惠市	Dehui	230	205	9399	4712	6138	2679	47603	21698	3979	2597
吉林市	**Jilin**	**620**	**433**	**39814**	**9610**	**26865**	**5558**	**181527**	**39991**	**14771**	**4662**
市　区	District	140	56	14423	1896	10422	876	70793	6782	5093	582
永吉县	Yongji	39	26	4194	781	2641	511	14771	2960	1032	260
蛟河市	Jiaohe	99	83	3308	1039	2454	702	19763	6095	1796	952
桦甸市	Huadian	98	69	6258	1817	3616	1042	23420	6635	1860	719
舒兰市	Shulan	138	113	6725	2531	4486	1512	29244	10407	2539	1106
磐石市	Panshi	106	86	4906	1546	3246	915	23536	7112	2451	1043
四平市	**Siping**	**889**	**721**	**29326**	**8392**	**22345**	**6698**	**177250**	**50965**	**13097**	**5604**
市　区	District	83	40	5034	155	2871	58	25279	779	2382	251
梨树县	Lishu	248	207	6826	2221	5298	1956	42571	13988	3072	1460
伊通县	Yitong	153	134	4256	2172	3020	1516	23943	11930	2115	1338
公主岭市	Gongzhuling	234	200	9248	2293	8137	1942	61028	14361	3397	1468
双辽市	Shuangliao	171	140	3962	1551	3019	1226	24429	9907	2131	1087
辽源市	**Liaoyuan**	**319**	**263**	**9705**	**3099**	**6944**	**2288**	**51966**	**17540**	**5416**	**2503**
市　区	District	36	13	3291	299	2210	155	17062	1337	1579	284
东丰县	Dongfeng	161	140	3565	1576	2692	1158	19513	8938	1973	1199
东辽县	Dongliao	122	110	2849	1224	2042	975	15391	7265	1864	1020
通化市	**Tonghua**	**250**	**158**	**22989**	**5326**	**12742**	**2250**	**93325**	**18079**	**7295**	**1950**
市　区	District	35	7	3754	156	2383	36	16353	314	1448	70

市、县 City，County	小学 Primary Schools 学校数（所）Number of Schools (unit)	#乡村 Rural	毕业生（人）Graduates (person)	#乡村 Rural	招生数（人）New Student Enrollment (person)	#乡村 Rural	在校学生数（人）Students Enrollment (person)	#乡村 Rural	专任教师数（人）Number of Full－time Teachers (person)	#乡村 Rural
通化县 Tonghua	31	24	2608	884	1280	356	9857	2892	720	335
辉南县 Huinan	51	34	3013	854	2006	525	16736	4157	1639	488
柳河县 Liuhe	34	21	3354	670	2509	312	16342	2054	1091	238
梅河口市 Meihekou	67	49	7927	2210	3402	788	25308	6798	1657	594
集安市 Ji' an	32	23	2333	552	1162	233	8729	1864	740	225
白山市 Baishan	**192**	**119**	**8795**	**716**	**6196**	**667**	**47136**	**4838**	**4148**	**665**
市区 District	49	20	3601	218	2468	218	18894	1647	1571	266
抚松县 Fusong	25	7	2536	205	1795	175	13173	1240	1234	82
靖宇县 Jingyu	36	30	1049	140	874	145	6358	1033	405	130
长白县 Changbai	28	18	573	77	438	46	3144	366	455	89
临江市 Linjiang	54	44	1036	76	621	83	5567	552	483	98
松原市 Songyuan	**722**	**606**	**24943**	**8287**	**22824**	**8071**	**156704**	**57683**	**11986**	**6693**
市区 District	90	48	6974	689	5398	640	38198	4326	2422	560
前郭县 Qianguo	135	114	5218	2213	5390	2536	34820	16484	2929	1837
长岭县 Changling	236	214	4671	2182	5156	2442	35143	17529	2332	1618
乾安县 Qian' an	61	48	2110	627	1727	441	12585	3584	1247	662
扶余县 Fuyu	200	182	5970	2576	5153	2012	35958	15760	3056	2016
白城市 Baicheng	**439**	**324**	**16330**	**3667**	**13165**	**3213**	**90476**	**21501**	**8538**	**2980**
市区 District	65	27	4319	627	3791	513	25033	3821	1731	437
镇赉县 Zhenlai	118	94	2416	434	1897	521	12988	2879	1545	664
通榆县 Tongyu	53	37	3167	615	2595	507	17130	3251	1219	29
洮南市 Taonan	100	85	3561	1214	2656	1091	20073	7695	1843	1036
大安市 Da' an	103	81	2867	777	2226	581	15252	3855	2200	814
延边州 Yanbian	**178**	**81**	**14673**	**1357**	**13783**	**1083**	**86515**	**7623**	**7471**	**1156**
延吉市 Yanji	26	5	4529	100	4817	32	27631	365	1725	112
图们市 Tumen	7		532		535		2849		345	
敦化市 Dunhua	63	44	3382	405	3484	391	21147	2567	1387	255
珲春市 Hunchun	13	3	1644	46	1536	58	10082	312	1005	101
龙井市 Longjing	11	4	830	46	536	30	3828	183	444	46
和龙市 Helong	18	8	908	100	658	61	4575	492	756	200
汪清县 Wangqing	20	7	1397	233	1043	176	7687	1235	1019	177
安图县 Antu	20	10	1451	427	1174	335	8716	2469	790	265

19－20 续表 2 continued

市、县	City，County	普通中学									
		学校数（所）Number of Schools (unit)	#乡村 Rural	毕业生（人）Graduates (person)	#乡村 Rural	招生数（人）New Student Enrollment (person)	#乡村 Rural	在校学生数（人）Students Enrollment (person)	#乡村 Rural	专任教师数（人）Number of Full－time Teachers (person)	#乡村 Rural
全　省	**Total**	**1430**	**447**	**365658**	**38320**	**342120**	**34289**	**1038264**	**101181**	**107839**	**20584**
长春市	**Changchun**	**334**	**121**	**107131**	**13068**	**100686**	**11861**	**314201**	**35516**	**30809**	**6512**
市　区	District	146	28	53988	2719	49349	2428	157429	8514	15385	1134
农安县	Nong' an	53	28	13787	2667	13610	2863	41496	7692	4534	1601
九台市	Jiutai	38	13	9130	1636	9996	1900	28682	5228	4168	1582
榆树市	Yushu	55	29	16893	2755	15171	2135	49065	6715	3629	1115
德惠市	Dehui	42	23	13333	3291	12560	2535	37529	7367	3093	1080
吉林市	**Jilin**	**180**	**36**	**63708**	**6434**	**49672**	**3318**	**151384**	**9384**	**15444**	**1993**
市　区	District	69	13	25059	1520	21068	1061	66085	2743	6352	552
永吉县	Yongji	17	3	4660	240	4237	239	12799	719	1432	196
蛟河市	Jiaohe	23	5	6234	1952	4971	298	14143	883	2093	397
桦甸市	Huadian	18	4	9847	961	5935	503	17422	1432	1553	202
舒兰市	Shulan	28	7	9937	1255	6918	831	20953	2348	1813	365
磐石市	Panshi	25	4	7971	506	6543	386	19982	1259	2201	281
四平市	**Siping**	**184**	**56**	**42856**	**4843**	**43435**	**4192**	**129995**	**13354**	**11443**	**2074**
市　区	District	28	1	8645	8	9146	6	28597	39	2229	21
梨树县	Lishu	46	18	9063	1665	8649	1481	25194	4585	2452	609
伊通县	Yitong	29	13	6672	1622	6040	1335	18912	4441	1701	649
公主岭市	Gongzhuling	51	11	13348	801	14397	671	41624	2011	3637	470
双辽市	Shuangliao	30	13	5128	747	5203	699	15668	2278	1424	325
辽源市	**Liaoyuan**	**64**	**22**	**15177**	**2149**	**15428**	**2329**	**45761**	**6745**	**4470**	**928**
市　区	District	19	3	5771	348	5767	270	17045	814	1720	126
东丰县	Dongfeng	26	9	5140	704	5451	833	15748	2397	1532	364
东辽县	Dongliao	19	10	4266	1097	4210	1226	12968	3534	1218	438
通化市	**Tonghua**	**133**	**37**	**35125**	**3104**	**27380**	**2129**	**83305**	**6648**	**9935**	**1662**
市　区	District	21	2	6611	13	5775	0	18417	6	1743	

市、县	City, County	普通中学 学校数（所） Number of Schools (unit)	#乡村 Rural	毕业生（人） Graduates (person)	#乡村 Rural	招生数（人） New Student Enrollment (person)	#乡村 Rural	在校学生数（人） Students Enrollment (person)	#乡村 Rural	专任教师数（人） Number of Full－time Teachers (person)	#乡村 Rural
通化县	Tonghua	21	7	4026	414	3288	324	9601	930	1354	298
辉南县	Huinan	21	7	5101	703	4576	591	14043	2008	1511	315
柳河县	Liuhe	23	7	4134	242	3781	217	11398	672	1285	237
梅河口市	Meihekou	30	11	11170	1421	7286	840	21755	2551	2881	573
集安市	Ji' an	17	3	4083	311	2674	157	8091	481	1161	239
白山市	**Baishan**	**110**	**25**	**15627**	**412**	**14753**	**444**	**46082**	**1293**	**7110**	**943**
市区	District	36	4	6893	92	6258	89	19747	231	2651	175
抚松县	Fusong	27	7	4370	141	4242	168	13175	491	2022	287
靖宇县	Jingyu	18	7	1428	79	1498	75	4300	235	1028	307
长白县	Changbai	13	5	987	71	937	68	2767	219	460	122
临江市	Linjiang	16	2	1949	29	1818	44	6093	117	949	52
松原市	**Songyuan**	**148**	**64**	**35549**	**4144**	**41761**	**5596**	**119984**	**15874**	**10194**	**2617**
市区	District	27	4	13327	381	13429	345	42060	1064	2658	152
前郭县	Qianguo	35	21	7025	1380	8371	2166	23623	6181	2457	1059
长岭县	Changling	37	18	6794	1037	7523	1095	22281	3414	1703	464
乾安县	Qian' an	18	8	2795	383	3072	470	9165	1405	1042	277
扶余县	Fuyu	31	13	5608	963	9366	1520	22855	3810	2334	665
白城市	**Baicheng**	**123**	**44**	**25952**	**2756**	**25601**	**2825**	**76016**	**7803**	**8645**	**2371**
市区	District	31	8	8285	515	7559	549	23886	1412	1991	216
镇赉县	Zhenlai	17	6	3887	339	3832	332	10887	908	1153	228
通榆县	Tongyu	24	9	4342	401	4740	466	13392	1286	2376	908
洮南市	Taonan	20	8	5038	833	5260	789	15053	2264	1230	297
大安市	Da' an	31	13	4400	668	4210	689	12798	1933	1895	722
延边州	**Yanbian**	**154**	**42**	**24533**	**1410**	**23404**	**1595**	**71536**	**4564**	**9789**	**1484**
延吉市	Yanji	23	3	7744	346	7634	362	23482	1095	2253	143
图们市	Tumen	9		946		711		2451		441	
敦化市	Dunhua	29	8	6145	475	5887	509	17493	1438	2091	390
珲春市	Hunchun	16	3	2657	50	2695	34	8200	107	1140	105
龙井市	Longjing	14	4	1126	26	1029	39	3122	102	646	90
和龙市	Helong	19	7	1616	72	1315	61	3952	184	939	197
汪清县	Wangqing	27	10	2286	168	2105	198	6440	510	1251	267
安图县	Antu	17	7	2013	273	2028	392	6396	1128	1028	292

19－20 续表 4 continued

市、县	City，County	普通高中 学校数（所）Number of Schools (unit)	#乡村 Rural	毕业生（人）Graduates (person)	#乡村 Rural	招生数（人）New Student Enrollment (person)	#乡村 Rural	在校学生数（人）Students Enrollment (person)	#乡村 Rural	专任教师数（人）Number of Full－time Teachers (person)	#乡村 Rural
全　省	**Total**	**240**	**6**	**155501**	**969**	**132338**	**311**	**415736**	**1712**	**33534**	**558**
长春市	**Changchun**	**68**	**3**	**46940**	**727**	**38727**	**115**	**129459**	**1078**	**10185**	**396**
市　区	District	42	2	24970	217	19773	74	67567	955	5958	144
农安县	Nong' an	11	1	6912	510	5306	41	17067	123	1843	252
九台市	Jiutai	5		3480		3652		10809		722	
榆树市	Yushu	6		6651		5282		19588		792	
德惠市	Dehui	4		4927		4714		14428		870	
吉林市	**Jilin**	**37**	**1**	**26972**	**176**	**19902**	**94**	**61826**	**339**	**5286**	**68**
市　区	District	18	1	10932	176	8796	94	28237	339	2722	68
永吉县	Yongji	3		2009		1861		5659		501	
蛟河市	Jiaohe	4		1852		1912		5417		403	
桦甸市	Huadian	3		4517		2489		7342		549	
舒兰市	Shulan	5		4627		2530		7791		504	
磐石市	Panshi	4		3035		2314		7380		607	
四平市	**Siping**	**26**	**1**	**16333**	**66**	**16335**	**102**	**48268**	**295**	**3371**	**72**
市　区	District	4		3692		3764		11573		622	
梨树县	Lishu	7		2946		2828		8557		713	
伊通县	Yitong	4	1	2472	66	2285	102	6945	295	457	72
公主岭市	Gongzhuling	8		5576		5953		16584		1251	
双辽市	Shuangliao	3		1647		1505		4609		328	
辽源市	**Liaoyuan**	**9**		**6517**		**5878**		**17734**		**1322**	
市　区	District	4		2703		2434		7142		587	
东丰县	Dongfeng	3		1938		1906		5572		402	
东辽县	Dongliao	2		1876		1538		5020		333	
通化市	**Tonghua**	**22**		**14827**		**10810**		**33084**		**3163**	
市　区	District	4		3103		2598		8298		827	

19－20 续表 5 continued

市、县	City, County	普通高中 学校数（所）Number of Schools (unit)	#乡村 Rural	毕业生（人）Graduates (person)	#乡村 Rural	招生数（人）New Student Enrollment (person)	#乡村 Rural	在校学生数（人）Students Enrollment (person)	#乡村 Rural	专任教师数（人）Number of Full－time Teachers (person)	#乡村 Rural
通化县	Tonghua	2		1661		1365		4022		288	
辉南县	Huinan	2		1998		1742		5326		312	
柳河县	Liuhe	2		1359		1347		3971		216	
梅河口市	Meihekou	7		5075		2842		8466		1218	
集安市	Ji' an	5		1631		916		3001		302	
白山市	**Baishan**	**15**		**7345**		**6125**		**19968**		**1661**	
市区	District	6		3271		2666		8575		653	
抚松县	Fusong	4		2081		1813		6063		554	
靖宇县	Jingyu	1		543		480		1384		111	
长白县	Changbai	2		429		368		1076		131	
临江市	Linjiang	2		1021		798		2870		212	
松原市	**Songyuan**	**19**		**15381**		**16122**		**47689**		**3318**	
市区	District	7		6571		5834		19750		1203	
前郭县	Qianguo	4		2974		2835		8046		637	
长岭县	Changling	3		2772		2919		8507		510	
乾安县	Qian' an	2		1033		1013		3128		284	
扶余县	Fuyu	3		2031		3521		8258		684	
白城市	**Baicheng**	**17**	**1**	**10436**		**9405**		**29160**		**2225**	**22**
市区	District	6	1	3659		3044		10163		706	22
镇赉县	Zhenlai	3		1637		1427		4435		394	
通榆县	Tongyu	3		1660		1618		4416		462	
洮南市	Taonan	2		1731		1699		5171		297	
大安市	Da' an	3		1749		1617		4975		366	
延边州	**Yanbian**	**27**		**10750**		**9034**		**28548**		**3003**	
延吉市	Yanji	5		3475		2949		9427		719	
图们市	Tumen	2		447		275		1004		160	
敦化市	Dunhua	7		2900		2486		7530		836	
珲春市	Hunchun	2		1104		1050		3117		343	
龙井市	Longjing	2		451		373		1199		186	
和龙市	Helong	3		594		501		1555		266	
汪清县	Wangqing	3		902		708		2354		242	
安图县	Antu	3		877		692		2362		251	

19－21　县市（卡）社会经济基本情况（2014年）

指　　标	Item	九台市 Jiutai	农安县 Nongan
行政区域面积(平方公里)	The administrative area (sq.km)	3375	5415
财政供养人员(人)	Financial Support Personnel (person)	31177	33281
财政供养人员全年工资总额(万元)	Annual gross wages of fiscal supported personnel (10000yuan)	92301	122368
年末金融机构各项存款余额(万元)	Balance of deposits in financial institutions at end of the year (10000yuan)	1685262	2273516
居民人民币储蓄存款余额(万元)	RMB savings deposit of residents (10000yuan)	1344241	1836581
年末金融机构各项贷款余额(万元)	Balance of loans for financial institutions at end of the year (10000yuan)	1109392	1868692
耕地面积(公顷)	Arable land (ha)	181827	371147
设施农业占地面积(公顷)	Facility agriculture area (ha)	651	11612
农药使用量(吨)	The use of pesticide (ton)	2070	1977
地膜使用量(吨)	Used quantity of mulch (ton)	625	1073
机收面积(公顷)	Mechanical harvesting area (ha)	82800	192000
粮食作物播种面积;小麦(公顷)	Grain crop sown area; wheat (ha)		
油料作物播种面积;花生(公顷)	Oil crops sown area; peanut (ha)	12	2177
棉花播种面积(公顷)	Cotton sown area (ha)		
糖料作物播种面积(公顷)	Sugar crop sown area (ha)		
粮食总产量;小麦(吨)	Total grain output; wheat (ton)		
油料产量;花生(吨)	Total oil production;peanut (ton)	36	9783
棉花产量(吨)	Cotton yield (ton)		
糖料产量(吨)	Sugar yield (ton)		
园林水果产量(吨)	Garden frait Production (ton)	7413	5863
年末牛存栏(头)	At the end of cattle (head)	397198	378992
奶类产量(吨)	Milk yield (ton)	18828	3129
水产品产量(吨)	Aquatic Product output (ton)	4792	5490
建筑业企业单位数(个)	Unit number of construction enterprises (unit)	24	10
公路里程(公里)	Highway mileage (km)	4078	4103
民用汽车拥有量(辆)	Possession of civil automobile (coach)	44615	80580
公交车路数(路)	Number of bus at the end of the year (road)	193	256
年末实有公共汽（电）车营运车辆数(辆)	Number of actual buses, (electric) vehicle, operations vehicle at the end of the year (coach)	455	565
年末实有出租汽车数(辆)	Number of actual taxi at the end of the year (coach)	1567	1437
固定电话用户(户)	The fixed telephone users (subscriber)	186519	115643
移动电话用户(户)	Mobile phone users (subscriber)	585000	510876
互联网宽带接入用户(户)	Broadband Internet access users (subscriber)	66509	68394
全社会用电量(万千瓦时)	Consumption of the whole society (10000kw.h)	99625	106208
居民生活用电量(万千瓦时)	Residents living with electricity (10000kw.h)	31476	42105

Basic Statistics on Social and Economy by County (city) (2014)

榆树市 Yushu	德惠市 Dehui	永吉县 Yongji	蛟河市 Jiaohe	桦甸市 Huadian	舒兰市 Shulan	磐石市 Panshi	梨树县 Lishu	伊通满族自治县 Yitong	公主岭市 Gongzhuling	双辽市 Shuangliao	东丰县 Dongfeng
4712	3435	2399	6370	6625	4557	3867	3232	2524	4141	3121	2522
36989	30430	10690	14400	19035	15198	20739	25519	11341	29250	18957	16764
114736	76080	52260	49906	83995	59832	82173	79620	50153	124445	50365	77244
1897606	2155742	955109	1328438	1262209	1322962	1197567	1425518	925429	2585534	765482	924548
1516378	1682095	695198	930790	876403	1029738	895431	1094314	645923	2062447	538567	764335
1708908	1196568	841793	902989	724100	725785	950886	1042027	575932	1928919	882579	675890
374161	214019	70737	112250	86640	140246	104710	213649	124297	315924	174436	130491
2659	794	188	120	220	388	498	1955	404	1674	370	222
2696	1729	1067	1522	1919	2259	1853	995	1504	2747	956	2315
1492	973	301	462	386	299	244	458	76	1214	208	622
200000	103300	35200	27200	20000	61300	40100	139700	43000	170600	93900	37000
										250	
	20		163	345			4780		175	9771	
											1
										1200	
	49		380	1780		3	13837		435	20148	
											1
18012	24161	25029	43256	69170	25770	44359	6024	4150	5694	650	12766
713663	379937	27687	101447	81002	193549	111036	295419	394741	261415	184668	191337
29999	2707	1439	413	600	1278	1436	7040	815	25759	21686	2094
5415	5600	2621	6652	3909	7185	7208	861	1471	1878	450	1450
8	18	44	9	18	27	16	8	8	25	14	16
5045	2158	1852.51	1934	3032	2621	2152.86	2435	2117	2416	1429	2512
33251	53312	18636	9351	22455	6015	22278	6403	34180	16924	6985	18283
53	185	233	132	205	274	149	195	88	178	22	87
528	490	332	360	434	643	375	370	275	470	115	189
1213	1373	496	1325	513	1045	513	1537	785	2460	2678	600
117759	115756	40953	62381	67441	76382	104062	77200	39812	234520	48000	29270
555351	697706	234900	241469	316580	509785	426248	585000	373426	508140	412000	259311
63755	65862	26533	36434	45528	27985	57721	53880	27158	50145	35200	30421
73871	93446	49080	60732	72503	58665	155713	56794	34265	99431	129876	29706
28776	25107	9968	10123	17150	6804	18160	25267	12382	23889	16233	11585

19－21 续表 1

指　　标	Item	农安县 Nongan	九台市 Jiutai
出口总额(万美元)	Total exports （$10000)	1883	2393
当年实际使用外资金额(万美元)	The amount of actually used foreign capital （$10000)	9718	7536
星级饭店客房总数(间)	Newly increased fixed assets（unit)		
新增固定资产(万元)	New fixed assets（10000yuan)	1840394	1736156
房地产开发投资;住宅(万元)	Investment real estate development;Residential （10000yuan)	112009	100327
住宅竣工面积(万平方米)	The completion of the residential area(10000square meters)	43	43
专业技术人员(人)	Number of professional and technical personnel（person）	45961	44835
#农业技术人员(人)	Agricultural technical personnel（person）	2067	2120
专利授权数(件)	Number of patents（piece）	112	
公共图书馆图书总藏量(千册)	Number of books in public library(1000volume)	133	112
剧场、影剧院个数(个)	Theatres and music halls （unit）	2	5
体育场馆个数(个)	Number of stadium（unit）	2	2
医疗卫生机构床位数(床)	Bed number of medical and health institutions（bed）	3117	3814
医疗卫生机构技术人员(人)	Technical personnel of medical and health institutions（person）	3073	3653
#执业（助理）医师(人)	Occupational physician（person）	1166	2012
城镇居民人均可支配收入(元)	Per capita disposable income of urban residents（yuan）	17986	20047
农村居民人均可支配收入((元)	Per capita dispossable income of rural residents（yuan）	10971	11060
各种社会福利收养性单位数(个)	Number of social welfare institutions for adoption（unit）	18	35
各种社会福利收养性单位床位数(床)	Adopting social welfare unit beds（bed）	3700	3200
城镇职工基本养老保险参保人数(人)	The number of basic old-age insurance for urban workers（person）	44920	69548
城镇职工基本医疗保险参保人数(人)	Basic medical insurance number of urban workers（person）	58001	215000
失业保险参保人数(人)	Number of Unemployment insurance（person）	33145	41218
新型农村合作医疗参保人数(人)	The new rural cooperative medical insurance number（person）	549615	881859
新型农村社会养老保险参保人数(人)	The number of new rural pension insarance society （person）	307906	364251
城镇居民最低生活保障人数(人)	The number of minimum subsistence guarantee of urban resident（person）	18231	13322
农村居民最低生活保障人数(人)	Number of minimum subsistence guarantee for rural residents(person)	30108	34860
森林面积(公顷)	Forest area(ha)	51309	26035
自然保护区面积(公顷)	atural protection area(ha)		
工业二氧化硫排放量(吨)	Industrial sulfur dioxide emissions(ton)	4212	2183
氮氧化物排放量(吨)	Nitrogen oxide emissions(ton)	6733	6221
工业烟（粉）尘排放量(吨)	Industrial soot emissions(ton)	1854	3006
污水处理厂数(座)	Number of sewage disposal plants(unit)	1	2
污水处理厂集中处理率(%)	Centralized treatment rate of sewage treatment plant(%)	93	98
垃圾处理站数(个)	Number of garbage disposal stations(unit)	1	1
城区空气质量优良以上天数(天)	Good uran air quality days over (day)	338	239

continued

榆树市 Yushu	德惠市 Dehui	永吉县 Yongji	蛟河市 Jiaohe	桦甸市 Huadian	舒兰市 Shulan	磐石市 Panshi	梨树县 Lishu	伊通满族自治县 Yitong	公主岭市 Gongzhuling	双辽市 Shuangliao	东丰县 Dongfeng
733	8400	1913	1493	660	2575.3	1900			294		7612
7875	6600	6450	6850	6590	5891	6680					6100
				132	109	70			132		
2058847	1215362	1096703	1364354	2061336	1788974	2236084	600716	439905	1772049	814716	480015
12633	83579	25730	64740	169660	34392	61965	41066	14964	251166	32766	18673
2	54	3	44	61	19	7	11	6	79	18	5
20001	35501	7852	22097	20581	15731	20663	10885	6643	14039	8041	7885
302	1173	404	1430	1355	2796	2617	1956	857	1320	1091	1328
38	47	19		49	69	78		10		17	
119	113	37	62	519	34	157	70	45	91	29	60
2	2	1		1	1	2	1	1	1	1	1
1	2	4	1	1	1	1	2	2	1	1	1
2831	3036	832	1613	2039	2444	2084	1747	1506	3529	1666	1961
2379	1829	1582	2205	4028	2004	2027	2034	1746	4057	2028	2084
1293	1117	374	1330	893	792	798	952	686	1786	853	855
18004	20480	19999	17696	22618	17311	20007	17216	18042	23318	17317	20483
11296	11397	10550	11132	11185	10662	11114	10977	9104	11174	9210	10766
38	18	12	26	27	35	25	23	20	31	16	33
2351	1425	2021	1366	2469	1749	2029	2166	1550	6056	1351	1930
68224	80582	36877	66500	61670	50060	66931	42298	35166	123000	40404	39461
164739	75429	103328	118100	216500	223183	193386	211005	53548	201608	45532	66009
40180	34308	16190	3071	27323	23664	28254	38539	13807	34510	25194	16759
987754	723052	262712	264087	223082	389660	347332	480554	320339	675000	265609	279817
361336	388460	160927	86762	91991	201169	172938	242655	146868	263551	167559	171666
25636	12388	7827	51324	9527	28579	5324	12997	5140	15719	11425	11936
48881	23931	13909	13540	7863	21586	16381	16029	22742	39849	7912	22228
45292	18752	89984	456000	439298	142435	170800	28237	56121	25365	56946	85882
			2480	3239	9438	2630		765			
3220	3137	699	279	3647	349	6596	5803	2318	7193	9442	11650
1603	2249	2716	285	908	295	8092	4029	1140	4270	27792	1733
3489	7255	790	929	2271	555	4908	8914	7973	3088	8804	11680
2	8	1	1	2	2	1	1	1	1	1	1
100	57	90	91	91	85	100	75	75	90	100	93
1	1	1	2	1	1	1		1	1	1	1
336	341	327	317	196	347	310	340	255	308	248	294

19－21 续表 2

指 标	Item	东辽县 Dongliao	通化县 Tonghua
行政区域面积(平方公里)	The administrative area（sq.km）	2173	3726
财政供养人员(人)	Financial Support Personnel（person）	14027	10445
财政供养人员全年工资总额(万元)	Annual gross wages of fiscal supported personnel（10000yuan)	46430	47059
年末金融机构各项存款余额(万元)	Balance of deposits in financial institutions at end of the year（10000yuan)	658933	835254
居民人民币储蓄存款余额(万元)	RMB savings deposit of residents （10000yuan)	524684	643057
年末金融机构各项贷款余额(万元)	Balance of loans for financial institutions at end of the year（10000yuan)	581591	760696
耕地面积(公顷)	Arable land (ha)	107852	29093
设施农业占地面积(公顷)	Facility agriculture area (ha)	68	418
农药使用量(吨)	The use of pesticide（ton）	1250	549
地膜使用量(吨)	Used quantity of mulch（ton）	450	252
机收面积(公顷)	Mechanical harvesting area (ha)	26000	2800
粮食作物播种面积;其中小麦(公顷)	Grain crop sown area; wheat (ha)		
油料作物播种面积;花生(公顷)	Oil crops sown area; peanut (ha)		36
棉花播种面积(公顷)	Cotton sown area (ha)		
糖料作物播种面积(公顷)	Sugar crop sown area (ha)		
粮食总产量;小麦(吨)	Total grain output; wheat（ton）		
油料产量;花生(吨)	Total oil production;peanut（ton）		146
棉花产量(吨)	Cotton yield（ton）		
糖料产量(吨)	Sugar yield（ton）		
园林水果产量(吨)	Garden frait Production（ton）	8462	1572
年末牛存栏(头)	At the end of cattle（head）	89983	41896
奶类产量(吨)	Milk yield （ton）	800	
水产品产量(吨)	Aquatic Product output （ton）	1320	3765
建筑业企业单位数(个)	Unit number of construction enterprises（unit）	5	15
公路里程(公里)	Highway mileage （km）	2003	2000
民用汽车拥有量(辆)	Possession of civil automobile（coach）	24325	14000
公交车路数(路)	Number of bus at the end of the year（ road）	80	20
年末实有公共汽（电）车营运车辆数(辆)	Number of actual buses, (electric) vehicle, operations vehicle at the end of the year（coach）	110	71
年末实有出租汽车数(辆)	Number of actual taxi at the end of the year（coach）	112	461
固定电话用户(户)	The fixed telephone users (subscriber)	39497	41785
移动电话用户(户)	Mobile phone users (subscriber)	223979	188870
互联网宽带接入用户(户)	Broadband Internet access users (subscriber)	16344	55600
全社会用电量(万千瓦时)	Consumption of the whole society（10000kw.h)	29314	24338
居民生活用电量(万千瓦时)	Residents living with electricity（10000kw.h)	8349	7786

continued

辉南县 Huinan	柳河县 Liuhe	梅河口市 Meihekou	集安市 Jian	抚松县 Fusong	靖宇县 Jingyu	长白朝鲜族自治县 Changbai	临江市 Linjiang	前郭尔罗斯蒙古族自治县 Qianguo	长岭县 Changling	乾安县 Qianan
2272	3346	2179	3341	6150	3094	2498	3009	6979	5728	3617
14661	13069	23291	10289	15349	7922	4782	9018	26150	25899	18394
54241	43015	78144	43129	64465	36410	23500	36855	79606	92201	60657
1000700	1042237	2036690	968494	1253962	420596	434129	639928	2195066	941633	661858
757248	717647	1592502	746470	879610	275784	310694	471785	1360431	567727	417589
402544	708133	1181336	480088	725127	279989	158751	312874	1933293	992100	405939
80202	89070	95297	11251	18309	13505	4633	9823	306825	332569	178752
257	67	647	258	435	171	39	136	3000	3638	350
779	1062	1643	635	308	322	56	192	1800	2395	488
229	147	337	181	300	111	112	155	4694	1042	593
14200	33033	37300	1300	200	1170	600	700	226500	194300	107600
								83		40
	70	8	141	18	147	26	82	34225	13625	756
								310		47
								249		144
	217	24	296	55	352	92	360	136900	81052	1064
								12400		1386
15090	14910	3409	26837	1326	2930	1238	7191	25120	690	12759
115822	112875	97689	17046	24572	23830	11913	17188	116886	116042	48820
470	240	1660		85	300		128	52630	38174	7165
4020	1728	5896	4150	4855	1530	505	1396	16721	1620	2805
14	11	18	12	17	12	7	8	39	14	5
2285	2211	1456	1222	1528	1515	1222	1596	4162	1853	1548
18572	16224	36101	12995	17829	4124	1378	4859	35000	4502	26496
26	65	99	37	95	16	43	12	30	136	97
49	226	277	65	315	64	45	90	265	239	164
800	652	1300	800	1000	710	752	799		1925	582
52110	53095	98722	46061	67834	14363	25787	26800	230000	81216	33613
197868	301198	502297	173914	258215	139600	77520	147500	616500	448052	389067
34113	41304	72460	29912	42937	19300	13879	18000	101000	26284	26056
27793	32526	54043	25253	58280	55196	9583	46633	205000	33855	26760
10177	10695	20425	8077	14277	4873	4475	11807	67000	16708	8056

19－21 续表 3

指 标	Item	东辽县 Dongliao	通化县 Tonghua
出口总额(万美元)	Total exports （$10000）	605	3317
当年实际使用外资金额(万美元)	The amount of actually used foreign capital （$10000）	6047	4710
星级饭店客房总数(间)	Newly increased fixed assets (unit)		88
新增固定资产(万元)	New fixed assets (10000yuan)	837991	314215
房地产开发投资;住宅(万元)	Investment real estate development;Residential （10000yuan)	51525	46037
住宅竣工面积(万平方米)	The completion of the residential area(10000square meters)		5
专业技术人员(人)	Number of professional and technical personnel (person)	8792	16650
#农业技术人员(人)	Agricultural technical personnel (person)	515	3052
专利授权数(件)	Number of patents (piece)	27	19
公共图书馆图书总藏量(千册)	Number of books in public library(1000volume)	58	79
剧场、影剧院个数(个)	Theatres and music halls （unit)	1	
体育场馆个数(个)	Number of stadium (unit)	1	1
医疗卫生机构床位数(床)	Bed number of medical and health institutions (bed)	743	1562
医疗卫生机构技术人员(人)	Technical personnel of medical and health institutions (person)	1629	1582
#执业（助理）医师(人)	Occupational physician (person)	423	690
城镇居民人均可支配收入(元)	Per capita disposable income of urban residents (yuan)	18075	20148
农村居民人均可支配收入(元)	Per capita dispossable income of rural residents (yuan)	10045	10057
各种社会福利收养性单位数(个)	Number of social welfare institutions for adoption (unit)	14	17
各种社会福利收养性单位床位数(床)	Adopting social welfare unit beds (bed)	1850	1034
城镇职工基本养老保险参保人数(人)	The number of basic old-age insurance for urban workers (person)	16268	29156
城镇职工基本医疗保险参保人数(人)	Basic medical insurance number of urban workers (person)	47308	90465
失业保险参保人数(人)	Number of Unemployment insurance (person)	10203	20079
新型农村合作医疗参保人数(人)	The new rural cooperative medical insurance number (person)	262070	163914
新型农村社会养老保险参保人数(人)	The number of new rural pension insarance society （person)	133701	70902
城镇居民最低生活保障人数(人)	The number of minimum subsistence guarantee of urban resident (person)	9199	7047
农村居民最低生活保障人数(人)	Number of minimum subsistence guarantee for rural residents(person)	14770	9185
森林面积(公顷)	Forest area(ha)	69335	278005
自然保护区面积(公顷)	atural protection area(ha)		1506
工业二氧化硫排放量(吨)	Industrial sulfur dioxide emissions(ton)	1552	2991
氮氧化物排放量(吨)	Nitrogen oxide emissions(ton)	2904	681
工业烟（粉）尘排放量(吨)	Industrial soot emissions(ton)	8624	1277
污水处理厂数(座)	Number of sewage disposal plants(unit)	1	1
污水处理厂集中处理率(%)	Centralized treatment rate of sewage treatment plant(%)	80	92
垃圾处理站数(个)	Number of garbage disposal stations(unit)	5	1
城区空气质量优良以上天数(天)	Good uran air quality days over (day)	320	345

continued

辉南县 Huinan	柳河县 Liuhe	梅河口市 Meihekou	集安市 Jian	抚松县 Fusong	靖宇县 Jingyu	长白朝鲜族自治县 Changbai	临江市 Linjiang	前郭尔罗斯蒙古族自治县 Qianguo	长岭县 Changling	乾安县 Qianan
1315	178	3498	2747	11978	1341	968	3349	3309	792	8
5015	5010	6300	4709	4000	3147		3000	3967		3700
	98	136	412	897	84	50	96	251		59
940486	541456	2310928	880831	1846274	396454	502085	769010	2091200	1748180	1309162
7882	67	310250	19875	1085	34080	2425	21550	27373	12495	11520
43	0.3	24	9	20	36	4	7	4	7	14
22209	13055	40850	12729	8648	4396	3447	5013	17458	9796	11220
3826	713	3362	1243	258	290	508	102	5014	288	352
32	17	50	1	23	1	10	5	21	6	5
83	179	141	55	37	61	78	12	290	138	75
2	1	5	1	3	1	3	1	4	1	1
1	1	2	2	4		1	1	9	1	1
1653	1799	2563	786	2013	498	312	1051	1789	1423	1250
1662	1743	3586	716	1720	745	408	1112	2080	2067	2178
705	762	1678	332	960	312	263	556	1250	1483	820
17316	20150	23276	18063	18021	16236	17104	17905	20154	17215	17716
11072	9404	11426	10654	11299	6243	8005	10421	8063	8044	9168
43	22	32	15	18	4	11	14	31	23	13
2951	1464	2625	841	822	245	301	450	1296	629	542
30645	54124	92951	43282	57560	12331	14276	32799	59448	22653	31322
140180	113842	287098	89700	208746	74005	20618	119700	136058	50301	106678
15390	9932	27051	13049	36151	7106	5359	20328	18046	12882	9420
194987	245082	333814	128700	114424	58818	40212	62819	400173	478038	177192
85128	144415	143482	50253	36414	25532	3939	19617	187057	156821	88818
8877	15742	12948	8227	18567	10971	9872	11692	7556	9815	6987
15475	13563	20662	7912	10773	9268	6371	6695	21731	35060	8554
52422	196296	58816	269274	389228	37748	218564	243648	113655	70311	34582
15061	24946		6658	190781	423250	16128		50684	30966	11000
1591	2347	3479	1265	2579	736	677	3968	16717	1601	3748
514	922	4879	327	816	234	188	959	7672	568	1754
922	1057	2972	663	1779	424	388	3736	11932	2708	3815
1	1	1	1	1	1	1	1	1	1	1
95	100	98	87	36		70	87	100	100	98
1	1	1	1	1	1	1	1	1	1	1
342	343	305	340		289		364	282	300	320

19－21 续表 4

指　　标	Item	扶余市 Fuyu	镇赉县 Zhenlai
行政区域面积(平方公里)	The administrative area (sq.km)	4654	4717
财政供养人员(人)	Financial Support Personnel (person)	19120	17586
财政供养人员全年工资总额(万元)	Annual gross wages of fiscal supported personnel (10000yuan)	58153	64972
年末金融机构各项存款余额(万元)	Balance of deposits in financial institutions at end of the year (10000yuan)	989747	830843
居民人民币储蓄存款余额(万元)	RMB savings deposit of residents (10000yuan)	702810	441728
年末金融机构各项贷款余额(万元)	Balance of loans for financial institutions at end of the year (10000yuan)	809341	944936
耕地面积(公顷)	Arable land (ha)	320942	193582
设施农业占地面积(公顷)	Facility agriculture area (ha)	1084	1659
农药使用量(吨)	The use of pesticide (ton)	2552	1026
地膜使用量(吨)	Used quantity of mulch (ton)	2489	951
机收面积(公顷)	Mechanical harvesting area (ha)	175500	108300
粮食作物播种面积;其中小麦(公顷)	Grain crop sown area; wheat (ha)		116
油料作物播种面积;花生(公顷)	Oil crops sown area; peanut (ha)	31925	4736
棉花播种面积(公顷)	Cotton sown area (ha)		
糖料作物播种面积(公顷)	Sugar crop sown area (ha)		
粮食总产量;小麦(吨)	Total grain output; wheat (ton)		348
油料产量;花生(吨)	Total oil production;peanut (ton)	111737	19112
棉花产量(吨)	Cotton yield (ton)		
糖料产量(吨)	Sugar yield (ton)		
园林水果产量(吨)	Garden frait Production (ton)	2730	192
年末牛存栏(头)	At the end of cattle (head)	120395	42300
奶类产量(吨)	Milk yield (ton)	24005	17013
水产品产量(吨)	Aquatic Product output (ton)	13150	16000
建筑业企业单位数(个)	Unit number of construction enterprises (unit)	9	9
公路里程(公里)	Highway mileage (km)	2836	1544
民用汽车拥有量(辆)	Possession of civil automobile (coach)	31123	21310
公交车路数(路)	Number of bus at the end of the year (road)	127	42
年末实有公共汽（电）车营运车辆数(辆)	Number of actual buses, (electric) vehicle, operations vehicle at the end of the year (coach)	317	136
年末实有出租汽车数(辆)	Number of actual taxi at the end of the year (coach)	560	660
固定电话用户(户)	The fixed telephone users (subscriber)	65789	25500
移动电话用户(户)	Mobile phone users (subscriber)	618034	269417
互联网宽带接入用户(户)	Broadband Internet access users (subscriber)	44542	18647
全社会用电量(万千瓦时)	Consumption of the whole society (10000kw.h)	44108	31690
居民生活用电量(万千瓦时)	Residents living with electricity (10000kw.h)	15910	12789

continued

通榆县 Tongyu	洮南市 Taonan	大安市 Daan	延吉市 Yanji	图们市 Tumen	敦化市 Dunhua	珲春市 Hunchun	龙井市 Longjing	和龙市 Helong	汪清县 Wangqing	安图县 Antu
8496	5031	4879	1748	1142	11957	5184	2208	5069	8918	7444
20122	21066	22401	18450	7329	18372	11559	9886	10858	11721	10147
63200	64980	56900	85970	28632	83529	54563	43177	35668	48000	40949
675092	833852	1062646	5745478	567480	2250644	1355137	675671	623363	955626	966089
376357	508615	646517	3665117	435730	1468526	946467	536501	438665	654611	635598
387082	803819	842967	2858341	192853	1313081	884817	225558	392209	407080	507831
293908	184630	106095	16920	9896	163052	34177	27522	28825	67170	32724
500	395	1536	259	76	235	573	85	63	257	173
602	1607	441	247	104	1870	459	350	273	372	324
541	517	905	137	36	652	61	46	81	137	200
127300	90400	49700	8185	4400	107643	21100	12500	14500	30000	14500
2	211	196							20	
5857	8772	5836	2			8			3	
400	80	1								
910	50	302			18					
3	475	356							36	
13269	32732	10180	2			7			9	
700	92	2								
36400	2750	9937			380					
106	820	36	22844	1175	8365	20410	27884	5788	23	367
65648	109120	16282	10204	9644	103572	15118	30760	29308	76237	34096
23621	200360	2406	283	136	10695	488		396	8	
3176	4356	7011	190	68	4502	1715	287	195	359	673
6	6	18	127	12	27	24	23	9	8	13
2336	1887	2409	480	637	2067	927	734	1519	1374	1348
6245	5078	3157	71346	1389	43034	45829	7331	2467	7129	2575
68	68	76	63	18	88	45	6	20	31	22
172	187	267	752	138	478	245	114	210	216	148
1080	841	1238	2500	450	976	900	550	500	500	481
29800	32780	60835	220398	25460	83200	53840	33077	26457	41381	38694
345800	349127	95256	824995	122505	440600	164734	124101	81000	190907	158237
22897	36789	16235	242453	22475	57500	53560	24749	17985	35373	19183
25240	68601	38533	116234	19836	71722	72134	19564	24406	20474	28123
13786	7490	11897	37739	5153	10060	11460	7851	6164	8752	9470

19－21 续表 5

指　　标	Item	扶余市 Fuyu	镇赉县 Zhenlai
出口总额(万美元)	Total exports （$10000)	79	227
当年实际使用外资金额(万美元)	The amount of actually used foreign capital （$10000)		2500
星级饭店客房总数(间)	Newly increased fixed assets (unit)	89	97
新增固定资产(万元)	New fixed assets (10000yuan)	1441939	1174682
房地产开发投资;住宅(万元)	Investment real estate development;Residential （ 10000yuan)	66725	9260
住宅竣工面积(万平方米)	The completion of the residential area(10000square meters)	7	1
专业技术人员(人)	Number of professional and technical personnel (person)	20825	9316
#农业技术人员(人)	Agricultural technical personnel (person)	450	286
专利授权数(件)	Number of patents (piece)		
公共图书馆图书总藏量(千册)	Number of books in public library(1000volume)		52
剧场、影剧院个数(个)	Theatres and music halls （ unit)	1	1
体育场馆个数(个)	Number of stadium (unit)	1	1
医疗卫生机构床位数(床)	Bed number of medical and health institutions (bed)	791	784
医疗卫生机构技术人员(人)	Technical personnel of medical and health institutions (person)	883	1251
#执业（助理）医师(人)	Occupational physician (person)	446	554
城镇居民人均可支配收入(元)	Per capita disposable income of urban residents (yuan)	17314	17203
农村居民人均可支配收入(元)	Per capita dispossable income of rural residents (yuan)	10390	6508
各种社会福利收养性单位数(个)	Number of social welfare institutions for adoption (unit)	18	11
各种社会福利收养性单位床位数(床)	Adopting social welfare unit beds (bed)	1192	1464
城镇职工基本养老保险参保人数(人)	The number of basic old-age insurance for urban workers (person)	20930	24025
城镇职工基本医疗保险参保人数(人)	Basic medical insurance number of urban workers (person)	110282	48026
失业保险参保人数(人)	Number of Unemployment insurance (person)	15651	15109
新型农村合作医疗参保人数(人)	The new rural cooperative medical insurance number (person)	497513	176483
新型农村社会养老保险参保人数(人)	The number of new rural pension insarance society （ person)	287395	83790
城镇居民最低生活保障人数(人)	The number of minimum subsistence guarantee of urban resident (person)	8151	9621
农村居民最低生活保障人数(人)	Number of minimum subsistence guarantee for rural residents(person)	40562	22180
森林面积(公顷)	Forest area(ha)	43000	44973
自然保护区面积(公顷)	atural protection area(ha)	61010	144000
工业二氧化硫排放量(吨)	Industrial sulfur dioxide emissions(ton)	1083	2223
氮氧化物排放量(吨)	Nitrogen oxide emissions(ton)	486	1053
工业烟（粉）尘排放量(吨)	Industrial soot emissions(ton)	2183	1059
污水处理厂数(座)	Number of sewage disposal plants(unit)	1	1
污水处理厂集中处理率(%)	Centralized treatment rate of sewage treatment plant(%)	100	97
垃圾处理站数(个)	Number of garbage disposal stations(unit)		1
城区空气质量优良以上天数(天)	Good uran air quality days over (day)	360	358

continued

通榆县 Tongyu	洮南市 Taonan	大安市 Daan	延吉市 Yanji	图们市 Tumen	敦化市 Dunhua	珲春市 Hunchun	龙井市 Longjing	和龙市 Helong	汪清县 Wangqing	安图县 Antu
2565	2655	2636	21227	7583	17226	123492	3739	2265	2863	12241
1050	1120	3500	4452	858	807	2202	69	186		6361
184		70	1926	120	804	408			224	674
789675	900763	788552	1883040	275554	550501	1050951	266548	404300	466911	357704
55000	5535	4260	184291	19560	68727	92652	43095	21369	21300	24218
20	9	2	15		53	36		15	13	2
9580	9891	12197	25677	3020	30266	8684	3191	5777	6900	7676
687	456	1935	430	149	485	495	61	181	356	340
6	15	18	176	16	43	36	12	8	14	3
30	65	27	800	112	314	115	110	154	247	122
1	2	2	3	2	1	2	2	1	2	2
2	2	1	3	2	4	3	3	1	1	2
1222	2205	1405	4161	478	2265	1295	652	786	889	1054
1164	1529	1723	4512	388	3329	1403	702	740	1364	1272
608	660	993	1650	200	1179	598	262	190	530	462
16347	17218	17004	26860	20107	20132	20121	16435	16527	16204	17031
6636	8060	5790	11837	8051	11404	9981	6728	6851	6365	7194
17	18	19	55	4	15	18	20	11	9	12
1186	1439	1132	3020	474	1906	528	1027	650	383	1111
17359	28729	34852	157854	44360	93522	50691	28472	66251	43988	25568
64992	124974	150178	460728	110018	163104	160017	121048	75019	87056	47679
14598	18077	15236	75705	21877	69066	28001	25657	25644	37807	21000
228608	271681	213521	65471	20149	231354	84780	40585	49514	81098	97580
94508	115605	102767	41489	11321	100841	37280	29506	37619	47621	30846
13900	17377	14057	13660	6357	13246	12030	7781	22052	11519	9098
18300	18443	32084	4462	3073	8915	14295	5865	8865	13547	9928
128430	99980	39330	84900	63756	216381	405262	150374	520868	847716	384626
105467					53940	108700	77317			196465
909	3898	1100	5073	2090	2529	4922	1974	4912	1720	153
353	1874	553	9826	1706	1212	10441	1002	848	2352	53
577	3257	917	3667	4392	3397	6290	2118	1130	3775	290
1	1	1	1	1	1	1	1	1	1	1
99	87	85	91	75	90	98	90	52	90	79
1	1	1	2	6	2	1	6	1	1	1
357	350	359	337	341	295				254	

APPENDIX

附 录

EXPLANATORY NOTES ON MAIN STATISTICAL INDICATORS

附录1：

东北三省国民经济主要指标（2014年）

Main National Economic and Social Development Indicators of Liaoning ,Jilin and Heilongjiang Province（2014）

指标	Item	合计 Total	其中 There in 辽宁 Liaoning	吉林 Jilin	黑龙江 Heilongjiang	吉林省相当于三省合计(%) Proportion of Jilin to Total (%)
国民经济核算	**National Accounting**					
地区生产总值(亿元)	Gross Domestic Product (100 million yuan)	57469.1	28626.6	13803.1	15039.4	24.0
第一产业	Primary Industry	6421.2	2285.8	1524.0	2611.4	23.7
第二产业	Secondary Industry	27215.6	14384.6	7286.6	5544.4	26.8
第三产业	Tertiary Industry	23832.3	11956.2	4992.5	6883.6	20.9
人均地区生产总值(元)	Per Capita GDP (yuan)		65201	50160	39226	
地区生产总值指数(上年=100)	Indices of Gross Domestic Product (preceding year=100)		105.8	106.5	105.6	
第一产业	Primary Industry		102.2	104.6	105.6	
第二产业	Secondary Industry		105.2	106.6	102.8	
第三产业	Tertiary Industry		107.2	106.9	108.9	
人均地区生产总值	Per Capita GDP		105.7	106.4	105.6	
人　口	**Population**					
年底总人口(万人)	Population at the Year-end (10000 persons)	10829.6	4244.2	2752.4	3833.0	25.4
城镇人口	Urban			1508.6	2223.5	
乡村人口	Rural			1243.8	1609.5	
自然增长率 (‰)	Natural Growth Rate (‰)		0.26	0.40	0.91	
就　业	**Employment**					
就业人员合计(万人)	Total Number of Employed Persons (10000 persons)		2562.2	1447.2		
城镇就业人员	Urban Employed Persons		1340.2	689.2		
乡村就业人员	Rural Employed Persons		1222.0	758.0		
平均工资(元)	Non-private Units (yuan)			46156		
城镇登记失业人数(万人)	Registered Unemployed in Urban Areas (10000 persons)	113.2	41.0	32.3	39.9	28.5
城镇登记失业率(%)	Registered Unemployment Rate in Urban Areas (%)		3.40	3.37	4.47	
固定资产投资	**Investment in Fixed Assets**					
全社会固定资产投资总额(亿元)	Total Investment in Fixed Assets (100 million yuan)		24730.8	11339.6		
#房地产开发	#Real Estate Development	7655.5	5301.3	1030.1	1324.1	13.5
#国有经济	#State-Owned Units	10558.4	4944.7	2616.4	2997.3	24.8
集体经济	Collective-Owned Units	447.0	290.7	87.5	68.8	19.6
个体经济	Self-employed Individuals	11381.4	10607.7	401.6	372.1	3.5
财　政	**Government Finance**					
公共财政收入(亿元)	General Budgetary Financial Revenue (100 million yuan)	5697.5	3192.8	1203.4	1301.3	21.1
公共财政支出(亿元)	General Budgetary Financial Expenditure (100 million yuan)	11428.0	5080.5	2913.3	3434.2	25.5
物价总指数(上年＝100)	**Price Indices (preceding year=100)**					
商品零售价格指数	Retail Price Index		101.0	101.2	100.8	
居民消费价格指数	Consumer Price Index		101.7	102.0	101.5	
人民生活	**People´s Living Conditions**					
城镇居民人均可支配收入(元)	Per Capita Annual Disposable Income of Urban		27855	23218	22609	
农村居民人均纯收入(元)	Per Capita Net Income of Rural Residents (yuan)		11585	10780	10453	
城市人均住宅建筑面积(平方米)	Per Capita Gross Living Space in Cities (sq.m)		29.0	28.2		
农村人均住房面积(平方米)	Per Capita Net Floor Space of Rural Residents (sq.m)		32.0	26.2		
城市居民的恩格尔系数(%)	Engle Coefficient of Urban Households(%)		28.3	26.1	27.5	
农村居民的恩格尔系数(%)	Engle Coefficient of Rural Households(%)		28.3	29.6	28.2	

指 标	Item	合计 Total	其中 There in 辽宁 Liaoning	吉林 Jilin	黑龙江 Heilongjiang	吉林省相当于三省合计(%) Proportion of Jilin to Total (%)
农 业	**Agriculture**					
农林牧渔业总产值(亿元)	Gross Output Value of Farming,Forestry, Animal Husbandryand Fishery(100 million yuan)	12156.2	4498.4	2763.0	4894.8	22.7
播种面积(万公顷)	Sown Areas (10000 hectares)	2455.4	416.4	561.5	1477.5	22.9
粮食产量(万吨)	Output of Grain(10000 tons)	11528.9	1753.9	3532.8	6242.2	30.6
规模以上工业企业主要指标	**Industrial Enterprises of bove Designated Size**					
工业总产值(亿元)	Gross Industrial Output Value(100 million yuan)	87055.0	50090.6	23540.9	13423.5	27.0
#国有及国有控股	#State-owned and State-holding	27361.1	12664.8	8370.7	6325.6	30.6
利润总额(亿元)	Total Profits(100 million yuan)	4560.6	2107.6	1445.9	1007.1	31.7
#国有及国有控股	#State-owned and State-holding	1509.4	175.5	701.4	632.5	46.5
税金总额(亿元)	Total Tax (100 million yuan)	4477.9	2114.4	1197.0	1166.5	26.7
#国有及国有控股	#State-owned and State-holding	2748.2	974.3	800.1	973.8	29.1
产品销售率(%)	Proportion of Products Sold (%)		97.4	97.5	97.9	
#国有及国有控股(%)	#State-owned and State-holding (%)		98.3	98.2	98.1	
原油产量(万吨)	Crude Oil(10000 tons)	5685.8	1021.9	663.9	4000.0	11.7
天然气(亿立方米)	Natural Gas(100 million cu.m)	64.4	7.0	22.3	35.1	34.6
发电量(亿千瓦小时)	Electricity(100 million kwh)	3235.0	1607.0	753.9	874.1	23.3
钢产量(万吨)	Rolled Steel(10000 tons)	8857.9	6962.2	1412.2	483.5	15.9
水泥产量(万吨)	Cement(10000 tons)	14211.4	5875.6	4663.7	3672.1	32.8
汽车产量(万辆)	Motor Vehicles(10000 units)	388.4	121.8	255.0	11.6	65.7
交通运输业	**Transportation**					
货运量(万吨)	Total Freight Traffic (10000 tons)	349961.0	231743.0	53023.0	65195.0	15.2
货物周转量(亿吨公里)	Total Freight Ton-kilometers (100 million ton-km)	16194.5	12353.5	1861.5	1979.5	11.5
客运量(万人)	Total Passenger Traffic (10000 persons)	179086.0	95364.0	35464.0	48258.0	19.8
旅客周转量(亿人公里)	Total Passenger-Kilometers (100 million passenger-km)	2390.6	1181.5	472.6	736.5	19.8
邮电通信业	**Post and Telecommunication**					
邮电业务总量(亿元)	Business Volume of Postal and Telecommunication Services(100 million yuan)	1395.1	649.6	328.2	417.3	23.5
本地固定电话用户数(万户)	Number of Fixed Telephone Subscribers at Year-end (10000 subscribers)	2366.5	1151.2	574.8	640.5	24.3
移动电话用户数(万户)	Number of Mobile Telephone Subscribers at Year-end(10000 subscribers)	10605.6	4535.5	2612.3	3457.8	24.6
互联网用户数(万户)	Subscribers of Internet Service (10000 subscribers)	1671.6	772.1	414.9	484.6	24.8
国内商业	**Domestic Trade**					
社会消费品零售总额(亿元)	Total Retail Sales of Consumer Goods (100 million yuan)	24889.3	11793.1	6080.9	7015.3	24.4
对外贸易	**Foreign Trade**					
进出口总额(亿美元)	Total Exports and Imports (USD 100 million)	1792.4	1139.6	263.8	389.0	14.7
出口总额	Total Exports	818.8	587.6	57.8	173.4	7.1
进口总额	Total Imports	973.6	552.0	206.0	215.6	21.1
利用外资	**Utilization of Foreign Capital**					
实际利用外商直接投资(亿美元)	Foreign Direct Investments Actually Utilized(USD 100 million)	345.1	274.2	20.0	50.9	5.8
旅 游	**Tourism**					
国际旅游人数(万人次)	Number of International Tourists (10000 person-times)	540.1	260.7	137.7	141.7	25.5
#外国人	#Foreigners	452.9	200.6	120.0	132.3	26.5
国际旅游收入(亿美元)	Foreign Exchange Earnings from International Tourism (100 million USD)	28.6	16.2	6.8	5.6	23.8
金 融	**Finance**					
金融机构人民币存款余额(亿元)	Deposits of National Banking System (100 million yuan)	77708.0	42053.1	16400.1	19254.8	21.1
#储蓄存款余额	#Saving Deposit	40810.4	21396.8	8556.7	10856.9	21.0
金融机构人民币贷款余额(亿元)	Loans of National Banking System (100 million yuan)	59002.5	33023.5	12587.3	13391.7	21.3

附录2：

企业“一套表”

什么是企业“一套表”

“企业一套表”是指以统计调查对象为核心，整合现行报表制度，消除不同统计调查制度对同一调查单位的重复布置和重复统计，充分运用现代信息技术，实现数据采集方式的统一组织管理和统计资源共享的一种新的统计调查制度。“企业一套表”制度下，统计部门只向企业布置一套统计报表，由企业通过网络直接向国家统计局数据中心报送数据，各级统计部门在线审核、查询及汇总处理统计数据。

整合现行报表制度，就是改革统计生产方式，将对企业（单位）分散实施的各项调查整合统一到一起，统一布置报表，统一采集原生性指标数据，统一不同专业报表中相同指标的涵义、计算方法、分类标准和统计编码，推进统计调查业务一体化。运用现代信息技术，实现数据采集方式的统一组织管理和统计资源共享，就是充分利用计算机和网络技术，采用统一数据采集系统（或软件）采集数据，由基层企业采取网上在线填报方式向国家统计局网络数据平台提供统计报表。纳入一套表的企业通过网络载体只需向统计部门报送一套报表，即可满足各级统计部门各专业的需求。这样极大地减轻了企业的负担，各级统计部门也从层层上报统计报表中解脱出来，把工作的主要精力放在在线审核、查询及汇总处理统计数据上。

企业“一套表”统计调查内容和范围

“企业一套表”分为通用表和行业表两部分。通用表是指将对各行业调查对象都要调查的内容，如单位基本情况、各行业财务状况指标、劳动情况、能源消费情况、水消费情况、信息化情况等报表作为通用表，统一设置。行业表是指将反映各行业特性内容的报表作为行业表，分行业设置。其分为：规模以上工业企业一套表、资质内建筑业企业一套表、限额以上批发和零售业企业一套表、限额以上住宿和餐饮业企业一套表、房地产开发经营业企业一套表、部分第三产业企业一套表。

目前企业“一套表”的统计范围：是三上企业和房地产开发经营企业(即规模以上工业、有资质的建筑业、限额以上批发和零售业、限额以上住宿和餐饮业、房地产开发经营业)5个主体专业，实行统一的“企业一套表”制度，此外，将劳资和能源两个专业报表也归并到“企业一套表”制度中。

确定各行业及重点耗能单位的标准为：

（1）规模以上工业：年主营业务收入2000万元及以上的工业法人单位。

（2）有资质的建筑业：有总承包、专业承包和劳务分包资质的建筑法人单位。

（3）限额以上批发和零售业：年主营业务收入2000万元及以上的批发业、年主营业务收入500万元及以上的零售业法人单位。

（4）限额以上住宿和餐饮业：年主营业务收入200万元及以上住宿和餐饮业法人单位。

（5）房地产开发经营业：全部房地产开发经营业法人单位。

（6）能源消费：除以上规定的调查单位外，还包括年综合能源消费量1万吨标准煤及以上的其他第三产业法人单位（不包括批发和零售业、住宿和餐饮业、房地产开发经营业）。

实施企业一套表的意义

长期以来，我国实行的统计调查制度，就是统计部门按国民经济各行业分别向企业布置统计报表，再层层上报统计数据。在这种工作模式下，各专业独立采集原始数据，自成体系地完成各环节统计业务，客观上导致了各统计专业之间互补性不强，统计制度方法及数据处理软件标准化程度不高，不仅制约了现代信息技术在统计工作中的应用，增加了基层统计部门和调查对象的工作负担，也影响了统计工作整体水平和各级、各专业统计数据的衔接及匹配性。“企业一套表”制度对统计调查流程和数据产生系统进行了再造，有利于减少中间环节，提高统计生产过程的透明度与可控性，保证统计数据的客观真实；有利于避免统计任务的多头布置、调查单位重复填报，减轻调查单位统计负担；有利于统一规范数据采集、处理、汇总工作流程，提升政府统计科学化、信息化水平。这既能解决当前统计工作中存在的制度设计缺陷、统计手段落后、口径不统一和标准不规范等问题，又能保证数据质量，避免重复上报，节省企业的人力财力。

“企业一套表”改革的主要目的是整合统计资源，统一设计和布置统计调查报表，统一采集原生性指标数据，统一不同专业报表中相同指标的涵义、计算方法、分类标准和统计编码，统一数据处理软件及平台，推进统计工作一体化，从而实现由各专业独立设计转变为统一设计，由各专业分散布置转变为统一布置，由各专业自行确定调查单位转变为统一确定调查单位，由间接采集数据转变为直接采集，建立与市场经济体制和宏观调控需要相适应的新型统计制度和工作机制。所以说，实施“企业一套表”改革工作，是提高统计数据的权威性和政府的公信力的重大举措，是适应社会主义市场经济发展的客观需要，是服务科学决策的需要，对于推动统计建设和发展、有效发挥政府统计在宏观调控和社会管理中的基础性作用具有极为重要的意义。

“企业一套表”的实施，是利用计算机和网络技术优势，采用统一数据处理平台，集中统一对企业采集数据，避免统计机构多头向企业布置报表收集数据的重复劳动；实现数据在线审核，提高源头数据质量；实现统计机构专业间、上下级间数据的共享，保证统计数据的完整性和一致性，提高统计工作能力和工作效率。

推行企业“一套表”要坚持的“四条红线”

1、坚持“先进库、再有数”，“不在库、不出数”；

2、坚持由企业独立报送真实的统计数据，绝不干预企业独立报送真实数据；

3、坚持由企业自己上报联网直报数据，绝不代填代报企业数据；

4、坚持由企业修改差错或补填不完整报表的原始数据，绝不自行修改企业任何数据。

The enterprise table

The Enterprise Table

“The enterprise table" refers to the statistical investigation objects as the core, the integration of the current reporting system, the elimination of different statistical survey system on the same survey of the repeat units arranged and repetitive statistics, making full use of modern information technology, to realize the data acquisition mode of unified management and statistics resource sharing a new statistical survey system. Under "The enterprise of list" system, the statistical department only need to layout a set of statistics the enterprise, enterprises directly submit data to the National Bureau of Statistics Data Center through the network, the statistical departments at various levels could review、examine and summarize statistics data online.

The integration of the current report system, is reforming the statistical mode of production, gathering the dispersion of implementation of the survey integration, unified arrangement of statements, unified collect primary data, unify the different professional statements the same index calculation method, meaning, classification and statistical coding, promoting business integration of statistical survey. using modern information technology to realize the data acquisition mode of unified management and statistics resource sharing, is the full use of computer and network technology, using unified data acquisition system (or software) collect data, via basic level enterprise take online reporting methods to the National Bureau of statistics of network data platform statistics report. Included in a set of tables of enterprise through the network only needs to submit a set of statements to statistical departments, which can satisfied the professional needs of various statistic branch. This greatly reduced the burden of the enterprise, the statistical departments at various levels, from layers of reporting statistics out, put working focus in the online review, inquiries and summary statistics data.

Content and Scope of Table

"The enterprise table" is divided into universal table and professional table two parts. Universal table refers to the industry survey object to investigate the content, such as the basic unit of each industry situation, financial status indicators, labor, energy consumption, water consumption, information etc as common table, unified setting. Professional table refers to reflect the characteristics of various sectors the statements as the industry scale, industries setting. It is divided into : Industrial Enterprises above Designated Size of a table, qualified enterprises in the construction industry in a table, above Designated Size in wholesale and retail enterprises above designated size table set, accommodation and catering enterprises a set of tables, real estate development business enterprise a table, part of the tertiary industry enterprises a set of table.

At present the enterprise" a table" statistical range: three business and real estate development enterprises (namely the dimensions above industry, quality of the construction industry, enterprises above Designated Size in wholesale and retail trade above Designated Size, accommodation and catering industry, the real estate development business)5 main professional," a unified enterprise set table" system, in addition, the labor and energy in two major statements also merge into" enterprise a table" system.

Determination of various industries and key energy-consuming unit standard:

(1)Industry of above dimensions :main business income of 20000000 Yuan a year and above the industrial corporation.

(2) Qualified construction industry: a general contract, major contracts and labor subcontractor qualification of

building corporate units.

(3) Wholesale and retail trade above Designated Size: in the main business income of 20000000yuan and above the wholesale industry, in the main business income of 5000000yuan and above the retail corporation.

(4) Above Designated Size in hotel and catering industry: in the main business income of 2000000yuan and above accommodation and catering industry corporate units.

(5) The real estate development business: the entire real estate development business legal person unit.

(6) the energy consumption: in addition to the above provisions investigation unit, also includes the comprehensive energy consumption of 10000 tons of standard coal one above the other and the tertiary industry corporate units (not including the wholesale and retail trade, accommodation and catering industry, the real estate development business).

significance of implementing Table for enterprise

Long-term since, the statistical investigation system in our country, is statistics departments according to national economy each industry separately to the enterprise layout statistics, again layer upon layer reporting statistics. In this mode, the professional independence of collecting original data, since the system to complete each link of statistical business, objectively has led to various statistics between complementary sex is not strong, the statistical system method and data processing software, the degree of standardization is not high, not only the constraints of modern information technology in the application of statistical, increased base statistics and survey work burden, also affect the overall level of statistical work and various, each professional statistic data convergence and matching. "The enterprise of a list" system on the survey procedure and data generation system for reconstruction, to reduce intermediate links, improve statistical process transparency and controllable, guarantee the objectivity of statistics data; to avoid statistical task bull layout, survey unit repeated reporting, reduce survey statistical units burden; beneficial standardization of data acquisition, processing, summarizing the work flow, enhance the government statistical science, informatization level. It can not only solve the current existing in the statistical work system design flaws, statistical method is backward, caliber is not unified and standard non-standard wait for a problem, but also can ensure the data quality, avoid duplication of reporting, save the enterprise human resources.

the main purpose of "The enterprise a table" is to integrate statistical resources, uniform design and layout survey report, unified collection of original data, the uniformity of different professional statements the same index calculation method, meaning, classification and statistical coding, unified data processing software and platform, promote the integration of statistical work, so as to realize by the professional design into a unified design, by the professional dispersed into the uniform arrangement, by the professional to determine survey units into unified investigation unit, by the indirect acquisition data are transformed into direct acquisition, establishment of market economy system and the macro-control needs to adapt to the new statistical system and working mechanism. Therefore, the implementation of " enterprise table" reform work, is to improve the statistical data on the authority and credibility of the government 's major move, be used to development of socialist market economy is the objective need of service, scientific decision-making needs, to promote the construction and development of effective statistics, play government statistics in macroscopical adjusting control and social management the fundamental role of has extremely important significance.

The implement of "The enterprise table" , is the use of computer and network technology, using unified data processing platform, unified to enterprise data collection, avoid the statistical institutions longs to enterprise layout report data collection duplication; realize data online audit, improve the source data quality; statistical agencies specializing in between, between superiors and subordinates the sharing of data, to ensure data integrity and consistency, improve statistical work ability and work efficiency.

" Four Red Lines" for Enterprise Table Implementing

1、Adhere to the "Enterprise data in Table is valid ";

2、adhere to submitted by enterprises real statistical data independently , not intervene the enterprise independently submit real data;

3、Stick by the enterprises themselves report data to the network directly , not acting out substitute for enterprise data on behalf;

4、insisted that the enterprise to revise the error or fill incomplete reporting of raw data, does not modify any data.

附录3：

主 要 统 计 指 标 解 释

行政区划 指国家对行政区域的划分。根据宪法规定，我国的行政区域划分如下：(1)全国分为省、自治区、直辖市；(2)省、自治区分为自治州、县、自治县、市；(3)自治州分为县、自治县、市；(4)县、自治县分为乡、民族乡、镇；(5)直辖市和较大的市分为区、县；(6)国家在必要时设立的特别行政区。

气候 指地球与大气之间长期能量交换与质量交换所形成的一种自然环境状态，它是多种因素综合作用的结果。气候既是人类生活和生产的环境要素之一，又是供给人类生活和生产的重要资源。气温、降水、湿度等气象要素的多年平均值是用来描述一个地区气候状况的主要参数，而各种气象要素某年、某月的平均值(或总量)则可以反映出该时期天气气候状况的重要特征。

自然资源 指人类可以直接从自然界获得，并用于生产和生活的物质资源。自然资源一般可以分成可再生资源和非再生资源两大类。可再生资源指在较短时间内可以再生、可以循环利用的资源，包括土地资源、水资源、气候资源、生物资源和海洋资源等。非再生资源指在使用后不能再生的资源，包括矿产资源和地热能源。

土地资源 土地指陆地的表层部分，它主要由岩石、岩石的风化物和土壤构成。土地资源按利用类型可以分为农用地、建筑用地和未利用地。农用地包括耕地、园地、林地、牧草地和水面。建筑用地包括居民点及工矿用地、交通用地和水利设施用地。未利用地指农用地和建筑用地以外的土地，包括滩涂、荒漠、戈壁、冰川和石山等。

耕地面积 指经过开垦用以种植农作物并经常进行耕耘的土地面积。包括种有作物的土地面积、休闲地、新开荒地和抛荒未满三年的土地面积。

林业用地面积 指生长乔木、竹类、灌木、沿海红树林等林木的土地面积，包括有林地、灌木林、疏林地、未成林造林地、迹地、苗圃等。

草地面积 指牧区和农区用于放牧牲畜或割草，植被盖度在5%以上的草原、草坡、草山等面积。包括天然的和人工种植或改良的草地面积。

森林资源 指森林、林木、林地以及依托森林、林木、林地生存的野生动物、植物和微生物。林木指树木和竹子。森林指以乔木为主体的植物群落，是集生的乔木及与共同作用的植物、动物、微生物和土壤、气候等的总体。

活立木总蓄积量 指一定范围内土地上全部树木蓄积的总量，包括森林蓄积、疏林蓄积、散生木蓄积和四旁树蓄积。

森林面积 指由乔木树种构成，郁闭度0.2以上(含0.2)的林地或冠幅宽度10米以上的林带的面积，即有林地面积。森林面积包括天然起源和人工起源的针叶林面积、阔叶林面积、针阔混交林面积和竹林面积，不包括灌木林地面积和疏林地面积。

森林蓄积量 指一定森林面积上存在着的林木树干部分的总材积。它是反映一个国家或地区森林资源总规模和水平的基本指标之一，也是反映森林资源的丰富程度、衡量森林生态环境优劣的重要依据。

森林覆盖率 指一个国家或地区森林面积占土地总面积的百分比。森林覆盖率是反映森林资源的丰富程度和生态平衡状况的重要指标。在计算森林覆盖率时，森林面积包括郁闭度0.2以上的乔木林地面积和竹林地面积，国家特别规定的灌木林地面积、农田林网以及四旁(村旁、路旁、水旁、宅旁)林木的覆盖面积。计算公式为：

森林覆盖率（%）=森林面积/土地总面积×100%

水资源 水在自然界中以固体、液体和气态三种聚集状态存在，分布于海洋、陆地(包括土壤)以及大气之中，通过水循环形成水资源。水资源包括经人类控制并直接可供灌溉、发电、给水、航运、养殖等用途的地表水和地下水，以及江河、湖泊、井、泉、潮汐、港湾和养殖水域等。水资源是发展国民经济不可缺少的重要自然资源。

地表水和地下水 陆地上的水因空间分布不同，分为地表水和地下水。地表水指分别存在于河流、湖泊、沼泽、冰川和冰盖等水体中水分的总称，又称陆地水。地下水指储存在地面以下饱和岩土孔隙、裂隙及溶洞中的水。

径流 指陆地上接受降水后扣除损耗外，从地表和地下向流域出口断面汇集的水流。径流可分为地表径流、地下径流和壤中流。地表径流指沿地表向河流、湖泊、沼泽、海洋等汇集的水流；地下径流指沿潜水层或隔水层间的含水层，向河流、湖泊、沼泽、海洋等汇集的地下水水流。

径流量 指在一定时段内通过河流某一过水断面的水量，用以反映一个国家或地区水资源的丰歉程度。计算公式为：

径流量=降水量–蒸发量

矿产资源 矿产指由地质作用形成，富集于地壳中或出露于地表达到工农业利用要求的有用矿物。矿产是一种重要的自然资源，是社会发展的重要物质基础。

矿产基础储量 基础储量是查明矿产资源的一部分。它能满足现行采矿和生产所需的指标要求，是控制的、探明的并通过可行性或预可行性研究认为属于经济的、边界经济的部分，用未扣除设计、采矿损失的数量表示。

流域 每条河流都有自己的干流和支流，干支流共同组成这条河流的水系。每条河流都有自己的集水区域，这个集水区域就称为该河流的流域。

气温 指空气的温度，我国一般以摄氏度(℃)为单位表示。气象观测的温度表是放在离地面约1.5米处通风良好的百叶箱里测量的，因此，通常说的气温指的是离地面1.5米处百叶箱中的温度。其统计计算方法为：

月平均气温是将全月各日的平均气温相加，除以该月的天数而得。

年平均气温是将12个月的月平均气温累加后除以12而得。

相对湿度 指空气中实际所含水蒸气密度和同温度下饱和水蒸气密度的百分比值。其统计方法与气温相同。

降水量 指从天空降落到地面的液态或固态(经融化后)水，未经蒸发、渗透、流失而在地面上积聚的深度。其统计计算方法为：

月降水量是将全月各日的降水量累加而得。

年降水量是将12个月的月降水量累加而得。

日照时数 指太阳实际照射地面的时间。其统计方法与降水量相同

水资源总量 一定区域内的水资源总量指当地降水形成的地表和地下产水量，即地表径流量与降水入渗补给量之和，不包括过境水量。

地表水资源量 指河流、湖泊、冰川等地表水体中由当地降水形成的、可以逐年更新的动态水量，即天然河川径流量。

地下水资源量 指当地降水和地表水对饱水岩土层的补给量。

地表水与地下水资源重复计算量 指地表水和地下水相互转化的部分，即在河川径流量中包括一部分地下水排泄量，地下水补给量中包括一部分来源于地表水的入渗量。

可比价格 指计算各种总量指标所采用的扣除了价格变动因素的价格，可进行不同时期总量指标的对比。按可比价格计算总量指标有两种方法：一种是直接用产品产量乘某一年的不变价格计算；另一种是用价格指数

进行缩减。

不变价格 指以同类产品某年的平均价格作为固定价格，用于计算各年的产品价值。按不变价格计算的产品价值消除了价格变动因素，不同时期对比可以反映生产的发展速度。新中国成立后，随着工农业产品价格水平的变化，国家统计局先后五次制定了全国统一的工业产品不变价格和农业产品不变价格。从1952年到1957年使用1952年工(农)业产品不变价格，从1957年到1970年使用1957年不变价格，从1971年到1980年使用1970年不变价格，从1981年到1990年使用1980年不变价格，从1991年开始使用1990年不变价格。

平均增长速度 我国计算平均增长速度有两种方法：一种是习惯上经常使用的"水平法"，又称几何平均法，是以间隔期最后一年的水平同基期水平对比来计算平均每年增长(或下降)速度；另一种是"累计法"，又称代数平均法或方程法，是以间隔期内各年水平的总和同基期水平对比来计算平均每年增长(或下降)速度。在一般正常情况下，两种方法计算的平均每年增长速度比较接近；但在经济发展不平衡、出现大起大落时，两种方法计算的结果差别较大。

国民经济行业分类 自2003年定期报表开始使用新的《国民经济行业分类》（GB/T4754-2002）该分类是由国家统计局组织修订，经国家质量监督检验检疫总局批准，于2002年5月10日发布实施。这次修订是在1994年分类标准的基础上，参照联合国《全部经济活动的国际标准产业分类》（ISIC/Rev.3）进行的。修订后的《国民经济行业分类》（GB/T4754-2002）共有门类20个，大类95个，中类396个，小类913个。新增门类4个，大类增加3个，中类增加28个，小类增加67个。

企业(单位)登记注册类型 是以在工商行政管理机关登记注册的各类企业为划分对象，以工商行政管理部门对企业登记注册的类型为依据，将企业登记注册类型分为内资企业、港澳台商投资企业和外商投资企业三大类。内资企业包括国有企业、集体企业、股份合作企业、联营企业、有限责任公司、股份有限公司、私营公司和其他企业；港澳台商投资企业和外商投资企业分别包括合资经营企业、合作经营企业、独资经营企业和股份有限公司。对不在工商行政管理部门进行登记注册的行政机关、事业单位和社会团体，主要按其经费来源和管理方式进行划分。

国有企业 指企业全部资产归国家所有，并按《中华人民共和国企业法人登记管理条例》规定登记注册的非公司制的经济组织。不包括有限责任公司中的国有独资公司。

集体企业 指企业资产归集体所有，并按《中华人民共和国企业法人登记管理条例》规定登记注册的经济组织。

股份合作企业 指以合作制为基础，由企业职工共同出资入股，吸收一定比例的社会资产投资组建，实行自主经营，自负盈亏，共同劳动，民主管理，按劳分配与按股分红相结合的一种集体经济组织。

联营企业 指两个及两个以上相同或不同所有制性质的企业法人或事业单位法人，按自愿、平等、互利的原则，共同投资组成的经济组织。联营企业包括国有联营企业、集体联营企业、国有与集体联营企业和其他联营企业。

有限责任公司 指根据《中华人民共和国公司登记管理条例》规定登记注册，由两个以上、五十个以下的股东共同出资，每个股东以其所认缴的出资额对公司承担有限责任，公司以其全部资产对其债务承担责任的经济组织。有限责任公司包括国有独资公司以及其他有限责任公司。

股份有限公司 指根据《中华人民共和国公司登记管理条例》规定登记注册，其全部注册资本由等额股份构成并通过发行股票筹集资本，股东以其认购的股份对公司承担有限责任，公司以其全部资产对其债务承担责任的经济组织。

私营企业 指由自然人投资设立或由自然人控股，以雇佣劳动为基础的营利性经济组织。包括按照《公司法》、《合伙企业法》、《私营企业暂行条例》规定登记注册的私营有限责任公司、私营股份有限公司、私营合伙企业和私营独资企业。

其他企业 指上述企业之外的其他内资经济组织。

与港澳台商合资经营企业 指港澳台地区投资者与内地企业依照《中华人民共和国中外合资经营企业法》及有关法律的规定，按合同规定的比例投资设立、分享利润和分担风险的企业。

与港澳台商合作经营企业 指港澳台地区投资者与内地企业依照《中华人民共和国中外合作经营企业法》及有关法律的规定，依照合作合同的约定进行投资或提供条件设立、分配利润和分担风险的企业。

港澳台商独资经营企业 指依照《中华人民共和国外资企业法》及有关法律的规定，在内地由港澳台地区投资者全额投资设立的企业。

港澳台商投资股份有限公司 指根据国家有关规定，经原外经贸部依法批准设立，其中港、澳、台商的股本占公司注册资本的比例达25%以上的股份有限公司。凡其中港、澳、台商的股本占公司注册资本的比例小于25%的，属于内资企业中的股份有限公司。

中外合资经营企业 指外国企业或外国人与中国内地企业依照《中华人民共和国中外合资经营企业法》及有关法律的规定，按合同规定的比例投资设立、分享利润和分担风险的企业。

中外合作经营企业 指外国企业或外国人与中国内地企业依照《中华人民共和国中外合作经营企业法》及有关法律的规定，依照合作合同的约定进行投资或提供条件设立、分配利润和分担风险的企业。

外资企业 指依照《中华人民共和国外资企业法》及有关法律的规定，在中国内地由外国投资者全额投资设立的企业。

外商投资股份有限公司 指根据国家有关规定，经原外经贸部依法批准设立，其中外资的股本占公司注册资本的比例达25%以上的股份有限公司。凡其中外资股本占公司注册资本的比例小于25%的，属于内资企业中的股份有限公司。

行政机关、事业单位和社会团体 参照企业登记注册类型，主要按其经费来源和管理方式划分。具体规定如下：

⑴行政机关：包括国家机关和政党机关，原则上均列为“国有”。但有特殊规定的，如供销社等，则列为“集体”。

⑵事业单位：包括经国家机构编制部门和有关业务主管部门批准成立的各类事业单位，不包括实行企业化管理的事业单位。事业单位的划分办法如下：

①由国家财政预算拨款或列入财政预算外资金管理以及经费主要来源于国有主管部门或国有上级单位的事业单位，列为“国有”。

②经费主要来源于集体单位的事业单位，列为“集体”。

③公民个人(或个人合伙)开办的事业单位，列为“私营”。

④上述以外的其他事业单位，如果其经费来源不明确，按管理方式进行归类。

⑶社会团体：包括经民政部门批准成立以及未纳入社会团体管理条例范围的工会、妇联等各类社会团体。社会团体的划分办法如下：

①未纳入民政部社会团体管理条例范围的工会、妇联、共青团、青联、工商联、科协、侨联等社会团体，国家拨款设立的基金会或基金管理组织以及经费主要来源于国有业务主管部门或国有上级单位的社会团体，列为“国有”。

②经费主要来源于集体单位的社会团体，列为“集体”。

③公民个人(或个人合伙)开办的社会团体，划为“私营”。

④上述以外的其他社会团体，如果其经费来源不明确，改按管理方式进行归类。

地区生产总值(GDP) 指按市场价格计算的一个国家(或地区)所有常住单位在一定时期内生产活动的最终成果。地区生产总值有三种表现形态，即价值形态、收入形态和产品形态。

从价值形态看，它是所有常住单位在一定时期内生产的全部货物和服务价值超过同期投入的全部非固定资产货物和服务价值的差额，即所有常住单位的增加值之和；从收入形态看，它是所有常住单位在一定时期内创造并分配给常住单位和非常住单位的初次收入之和；从产品形态看，它是所有常住单位在一定时期内最终使用的货物和服务价值减去货物和服务进口价值。在实际核算中，地区生产总值有三种计算方法，即生产法、收入法和支出法。三种方法分别从不同的方面反映地区生产总值及其构成。

三次产业 三产业的划分是世界上较为常用的产业结构分类，但各国的划分不尽一致。我国的三次产业划分是：

第一产业是指农、林、牧、渔业。

第二产业是指采矿业，制造业，电力、煤气及水的生产和供应业，建筑业。

第三产业是指除第一、二产业以外的其他行业。

支出法地区生产总值 是从最终使用的角度反映一个国家(或地区)一定时期内生产活动最终成果的一种方法，包括最终消费、资本形成总额及货物和服务净出口三部分。计算公式为：

支出法地区生产总值=最终消费+资本形成总额+货物和服务净出口

最终消费 指常住单位为满足物质、文化和精神生活的需要，从本国经济领土和国外购买的货物和服务的支出。它不包括非常住单位在本国经济领土内的消费支出。最终消费分为居民消费和政府消费。

居民消费 指常住住户在一定时期内对于货物和服务的全部最终消费支出。居民消费除了直接以货币形式购买的货物和服务的消费支出外，还包括以其他方式获得的货物和服务的消费支出，即所谓的虚拟消费支出。居民虚拟消费支出包括如下几种类型：单位以实物报酬及实物转移的形式提供给劳动者的货物和服务；住户生产并由本住户消费了的货物和服务，其中的服务仅指住户的自有住房服务和付酬的家庭雇员提供的家庭和个人服务；金融机构提供的金融媒介服务；保险公司提供的保险服务。

政府消费 指政府部门为全社会提供的公共服务的消费支出和免费或以较低的价格向居民住户提供的货物和服务的净支出，前者等于政府服务的产出价值减去政府单位所获得的经营收入的价值，后者等于政府部门免费或以较低价格向居民住户提供的货物和服务的市场价值减去向住户收取的价值。

资本形成总额 指常住单位在一定时期内获得减去处置的固定资产和存货的净额，包括固定资本形成总额和存货增加两部分。

固定资本形成总额 指生产者在一定时期内获得的固定资产减处置的固定资产的价值总额。固定资产是通过生产活动生产出来的，且其使用年限在一年以上、单位价值在规定标准以上的资产，不包括自然资产。可分为有形固定资本形成总额和无形固定资本形成总额。有形固定资本形成总额包括一定时期内完成的建筑工程、安装工程和设备工器具购置(减处置)价值，以及土地改良、新增役、种、奶、毛、娱乐用牲畜和新增经济林木价值。无形固定资本形成总额包括矿藏的勘探、计算机软件等获得减处置。

存货增加 指常住单位在一定时期内存货实物量变动的市场价值，即期末价值减期初价值的差额，再扣除当期由于价格变动而产生的持有收益。存货增加可以是正值，也可以是负值，正值表示存货上升，负值表示存货下降。存货包括生产单位购进的原材料、燃料和储备物资等存货，以及生产单位生产的产成品、在制品和半成品等存货。

货物和服务净出口 指货物和服务出口减货物和服务进口的差额。出口包括常住单位向非常住单位出售或无偿转让的各种货物和服务的价值；进口包括常住单位从非常住单位购买或无偿得到的各种货物和服务的价值。由于服务活动的提供与使用同时发生，一般把常住单位从非常住单位得到的服务作为进口，非常住单位从常住单位得到的服务作为出口。货物的出口和进口都按离岸价格计算。

人口数 指一定时点、一定地区范围内有生命的个人总和。

城镇人口和乡村人口的划分 城镇人口是指居住在城镇范围内的全部人口；乡村人口是除上述人口以外的

全部人口。

历年城乡人口数据是按照当时国家《关于统计上划分城乡的规定》计算的。

三次普查之间年份的城乡人口根据1990年和2000年人口普查数据进行了调整。

出生率(又称粗出生率)　指在一定时期内(通常为一年)一定地区的出生人数与同期内平均人数(或期中人数)之比，用千分率表示。本资料中的出生率指年出生率，其计算公式为：

出生率=年出生人数/年平均人数×1000‰

式中：出生人数指活产婴儿，即胎儿脱离母体时(不管怀孕月数)，有过呼吸或其他生命现象。年平均人数指年初、年底人口数的平均数，也可用年中人口数代替。

死亡率(又称粗死亡率)　指在一定时期内(通常为一年)一定地区的死亡人数与同期内平均人数(或期中人数)之比，用千分率表示。本资料中的死亡率指年死亡率，其计算公式为：

死亡率=年死亡人数/年平均人数×1000‰

人口自然增长率　指在一定时期内(通常为一年)人口自然增加数(出生人数减死亡人数)与该时期内平均人数(或期中人数)之比，用千分率表示。计算公式为：

人口自然增长率=(本年出生人数-本年死亡人数)/年平均人数×1000‰=人口出生率-人口死亡率

总负担系数　指人口总体中非劳动年龄人口数与劳动年龄人口数之比。通常用百分比表示。说明每100名劳动年龄人口大致要负担多少名非劳动年龄人口。用于从人口角度反映人口与经济发展的基本关系。计算公式为：

$$GDR=(P_{0\sim14}+P_{65+})/P15\sim64\times100\%$$

其中：GDP为总抚养比；

$P_{0\sim14}$为0～14岁少年儿童人口数；

P_{65+}为65岁及65岁以上的老年人口数；

$P_{15\sim64}$为15～64岁劳动年龄人口数。

老年人口抚养比　也称老年人口抚养系数。指某一人口中老年人口数与劳动年龄人口数之比。通常用百分比表示。用以表明每100名劳动年龄人口要负担多少名老年人。老年人口抚养比是从经济角度反映人口老化社会后果的指标之一。计算公式为：

$$ODR=P_{65}+/P_{15\sim64}\times100\%$$

其中：ODR为老年人口抚养比；

P_{65}+为65岁及65岁以上的老年人口数；

$P_{15\sim64}$为15～64岁的劳动年龄人口数。

少年儿童抚养比　也称少年儿童抚养系数。指某一人口中少年儿童人口数与劳动年龄人口数之比。通常用百分比表示。以反映每100名劳动年龄人口要负担多少名少年儿童。计算公式为：

$$CDR=P_{0\sim14}/P_{15\sim64}\times100\%$$

其中：CDR为少年儿童抚养比；

$P_{0\sim14}$为0～14岁少年儿童人口数；

$P_{15\sim64}$为15～64岁劳动年龄人口数。

经济活动人口　指在16岁以上，有劳动能力，参加或要求参加社会经济活动的人口。包括就业人员和失业人员。

就业人员　指从事一定社会劳动并取得劳动报酬或经营收入的人员，包括在岗职工、再就业的离退休人员、私营业主、个体户主、私营和个体就业人员、乡镇企业就业人员、农村就业人员、其他就业人员(包括民办教师、宗教职业者、现役军人等)。这一指标反映了一定时期内全部劳动力资源的实际利用情况，是研究我国基本国情国力的重要指标。

各单位的就业人员 指在各级国家机关、政党机关、社会团体及企业、事业单位中工作，取得工资或其他形式的劳动报酬的全部人员。包括在岗职工、再就业的离退休人员、民办教师以及在各单位中工作的外方人员和港澳台方人员、兼职人员、借用的外单位人员和第二职业者。不包括离开本单位仍保留劳动关系的职工。各单位的就业人员反映了各单位实际参加生产或工作的全部劳动力。

城镇私营和个体就业人员 城镇私营就业人员指在工商管理部门注册登记，其经营地址设在县城关镇(含县城关镇)以上的私营企业就业人员，包括私营企业投资者和雇工。城镇个体就业人员指在工商管理部门注册登记，并持有城镇户口或在城镇长期居住，经批准从事个体工商经营的就业人员，包括个体经营者和在个体工商户劳动的家庭帮工和雇工。

城镇登记失业人员 指有非农业户口，在一定的劳动年龄内(16岁以上及男50岁以下、女45岁以下)，有劳动能力，无业而要求就业，并在当地就业服务机构进行求职登记的人员。

城镇登记失业率 城镇登记失业人员与城镇单位就业人员(扣除使用的农村劳动力、聘用的离退休人员、港澳台及外方人员)、城镇单位中的不在岗职工、城镇私营业主、个体户主、城镇私营企业和个体就业人员、城镇登记失业人员之和的比。计算公式为：

城镇登记失业率=城镇登记失业人数/［（城镇单位就业人员－使用的农村劳动力－聘用的离退休人员－聘用的港澳台及外方人员）+不在岗职工+城镇私营业主+城镇个体户主+城镇私营企业及个体就业人员+城镇登记失业人数］×100%

职工 指在国有、城镇集体、联营、股份制、外商和港、澳、台投资、其他单位及其附属机构工作，并由其支付工资的各类人员。不包括下列人员：(1)乡镇企业就业人员；(2)私营企业就业人员；(3)城镇个体劳动者；(4)离休、退休、退职人员；(5)再就业的离、退休人员；(6)民办教师；(7)在城镇单位中工作的外方及港、澳、台人员；(8)其他按有关规定不列入职工统计范围的人员。(1998年及以后的数据均为在岗职工数据，其他相关指标如职工工资总额，职工平均工资等指标也从1998年按此口径进行了相应调整)。

国有单位 指资产归国家所有的经济组织。包括按《中华人民共和国企业法人登记管理条例》规定登记注册的非公司制的经济组织，以及中央、地方各级国家机关、事业单位和社会团体。

集体单位 指生产资料归集体所有，并按《中华人民共和国企业法人登记管理条例》规定登记注册的经济组织。

其他单位 包括股份合作单位、联营单位、有限责任公司、股份有限公司、港澳台商投资单位以及外商投资单位等其他登记注册类型单位。

在岗职工 指在本单位工作并由单位支付工资的人员，以及有工作岗位，但由于学习、病伤产假等原因暂未工作，仍由单位支付工资的人员。

工资总额 指各单位在一定时期内直接支付给本单位全部职工的劳动报酬总额。工资总额的计算原则应以直接支付给职工的全部劳动报酬为根据。各单位支付给职工的劳动报酬以及其他根据有关规定支付的工资，不论是计入成本的还是不计入成本的，不论是按国家规定列入计征奖金税项目的，还是未列入计征奖金税项目的，不论是以货币形式支付的还是以实物形式支付的，均包括在工资总额内。

平均工资 指企业、事业、机关单位的职工在一定时期内平均每人所得的货币工资额。它表明一定时期职工工资收入的高低程度，是反映职工工资水平的主要指标。计算公式为:

平均工资=报告期实际支付的全部职工工资总额/报告期全部职工平均人数

平均工资指数 指报告期职工平均工资与基期职工平均工资的比率，是反映不同时期职工货币工资水平变动情况的相对数。计算公式为:

平均工资指数=报告期职工平均工资/基期职工平均工资×100%

平均实际工资指数 职工平均实际工资指扣除物价变动因素后的职工平均工资。职工平均实际工资指数是反映实际工资变动情况的相对数，表明职工实际工资水平提高或降低的程度。计算公式为：

平均实际工资指数=报告期职工平均工资指数/报告期城镇居民消费价格指数×100%

全社会固定资产投资 以货币形式表现的在一定时期内全社会建造和购置固定资产的工作量以及与此有关的费用的总称。该指标是反映固定资产投资规模、结构和发展速度的综合性指标,又是观察工程进度和考核投资效果的重要依据。全社会固定资产投资按登记注册类型可分为国有、集体、个体、联营、股份制、外商、港澳台商、其他等。

房地产开发投资 指各种登记注册类型的房地产开发公司、商品房建设公司及其他房地产开发法人单位和附属于其他法人单位实际从事房地产开发或经营活动的单位统一开发的包括统代建、拆迁还建的住宅、厂房、仓库、饭店、宾馆、度假村、写字楼、办公楼等房屋建筑物和配套的服务设施，土地开发工程（如道路、给水、排水、供电、供热、通讯、平整场地等基础设施工程）的投资；不包括单纯的土地交易活动。

其他固定资产投资 指全社会固定资产投资中未列入基本建设、更新改造和房地产开发投资的总投资在50万元以上的城镇范围内建造和购置固定资产的活动，以及城镇私人建房和农村企业、事业、行政单位和农村个人固定资产投资活动。具体包括：

(1)国有单位未纳入基本建设计划和更新改造计划管理，计划总投资（或实际需要总投资）在50万元以上的以下工程：①用油田维护费和石油开发基金进行的油田维护和开发工程；②煤炭、铁矿、森工等采掘采伐业用维简费进行的开拓延伸工程；③交通部门用公路养路费对原有公路、桥梁进行改建的工程；④商业部门用简易建筑费建造的仓库工程。

(2)城镇集体固定资产投资：指所有隶属直辖市、省辖市、县级市和县城所在地城关镇区域范围内的集体经济单位（乡镇企业局管理的除外）建造和购置固定资产其计划总投资（或实际需要总投资）在50万元及50万元以上，未列入基本建设和更新改造计划的单位(项目)投资。

(3)除上述以外的其他各种登记注册类型的企、事业单位(包括城镇私营企、事业单位和个体户)建造和购置固定资产总投资在50万元及50万元以上、未列入基本建设计划和更新改造计划的单位(项目)。其中个体经营户只统计50万元以上非建房投资。

(4)城镇和工矿区私人建房投资：包括市、县城、城关镇、工矿区所辖范围内的全部私人建房，不论其房主是否系本地的常住户口均应包括。

(5)农村投资：包括农村区域范围内进行固定资产投资活动的企业、事业、行政单位及农村个人投资。

固定资产投资的资金来源 根据固定资产投资的资金来源不同，分为国家预算内资金、国内贷款、利用外资、自筹资金和其他资金来源。

(1)国家预算内资金：分为财政拨款和财政安排的贷款两部分。包括中央财政的基本建设基金(分经营性基金和非经营性基金两部分)、专项支出(如煤代油专项等)、收回再贷、贴息资金，财政安排的挖潜改造和新产品试制支出、城建支出、商业部门简易建筑支出、不发达地区发展基金等资金中用于固定资产投资的资金；地方财政中由国家统筹安排的资金等。

(2)国内贷款：指报告期固定资产投资单位向银行及非银行金融机构借入的用于固定资产投资的各种国内借款，包括银行利用自有资金及吸收的存款发放的贷款、上级主管部门拨入的国内贷款、国家专项贷款(包括煤代油贷款、劳改煤矿专项贷款等)、地方财政专项资金安排的贷款、国内储备贷款、周转贷款等。

(3)利用外资：指报告期收到的用于固定资产建造和购置的国外资金(包括设备、材料、技术在内)。包括对外借款(外国政府、国际金融组织贷款、出口信贷、外国银行商业贷款、对外发行债券和股票)、外商直接投资及外商其他投资。不包括我国自有外汇资金(国家外汇、地方外汇、留成外汇、调剂外汇和中国银行自有资金发行的外汇贷款等)。计算利用外资时，需要折算成人民币，折算中所使用的外汇汇率按现汇计算，即按使用外汇时的汇率计算。

(4)自筹资金：指固定资产投资单位报告期收到的，由各地区、各部门及企、事业单位筹集用于固定资产投资的预算外资金，包括中央各部门、各级地方和企、事业单位的自筹资金。

(5)其他资金来源：指在报告期收到的除以上各种资金之外其他用于固定资产投资的资金，包括企业或金融机构通过发行各种债券筹集到的资金、群众集资、个人资金、无偿捐赠的资金及其他单位拨入的资金等。

固定资产投资按国民经济行业分 建设项目归哪个行业，按其建成投产后的主要产品或主要用途及社会经济活动性质来确定。基本建设按建设项目划分国民经济行业，更新改造、其他固定资产投资根据整个企业、事业单位所属的行业来划分。一般情况下，一个建设项目或一个企业、事业单位只能属于一种国民经济行业。为了更准确地反映国民经济各行业之间的比例关系，联合企业(总厂)所属分厂属于不同行业的，原则上按分厂划分行业。

固定资产投资按建设性质分 建设项目的性质一般分为新建、扩建、改建、迁建、恢复。房地产开发单位、农村投资、城镇工矿区私人建房投资不划分建设性质。基本建设按建设项目划分建设性质，更新改造、国有经济中其他固定资产投资及城镇集体投资等按整个企业、事业单位的建设情况确定建设性质。

(1)新建：一般指从无到有“平地起家”开始建设的企业、事业和行政单位或独立的工程。现有企业、事业、行政单位一般不属于新建。但如有的单位原有基础很小，经过建设后新增的固定资产价值超过该企、事业、行政单位原有固定资产价值(原值)三倍以上的也应作为新建。

(2)扩建：指在厂内或其他地点，为扩大原有产品的生产能力(或效益)或增加新的产品生产能力，而增建主要的生产车间(或主要工程)、分厂、独立的生产线。行政、事业单位在原单位增建业务用房(如学校增建教学用房、医院增建门诊部、病房等)也作为扩建。现有企、事业单位为扩大原有主要产品生产能力或增加新的产品生产能力，增建一个或几个主要生产车间(或主要工程)、分厂，同时进行一些更新改造工程的，也应作为扩建。

(3)改建：指对原有设施进行技术改造或更新(包括相应配套的辅助性生产、生活福利设施)，没有增建主要生产车间、分厂等。现有企、事业单位为适应市场变化的需要，而改变企业的主要产品种类(如军工企业转产民品等)，或原有产品生产作业线由于各工序(车间)之间能力不平衡，为填平补齐充分发挥原有生产能力而增建不增加本企业主要产品设计能力的车间，也应作为改建。

固定资产投资按构成分 固定资产投资活动按其工作内容和实现方式分为建筑安装工程，设备、工具、器具购置，其他费用三个部分。

(1)建筑安装工程(建筑安装工作量)：指各种房屋、建筑物的建造工程和各种设备、装置的安装工程。包括各种房屋建造工程，各种用途设备基础和各种工业窑炉的砌筑工程及金属结构工程；为施工而进行的各种准备工作和临时工程以及完工后的清理工作等；铁路、道路的铺设，矿井的开凿及石油管道的架设等；水利工程；防空地下建筑等特殊工程；列入房屋工程预算内的暖气、卫生、通风、照明、煤气等设备的价值及装设油饰工程；列入建筑工程预算内的各种管道(蒸汽、压缩空气、石油、给排水等管道)、电力、电讯电缆导线等的敷设工程；以及各种机械设备的安装工程；为测定安装工程质量，对设备进行的试运工作；房地产开发单位进行的商品房屋开发建设工程、土地开发工程。在安装工程中，不包括被安装设备本身的价值。

(2)设备、工具、器具购置：指建设单位或企、事业单位购置或自制的，达到固定资产标准的设备、工具、器具的价值。新建单位及扩建单位的新建车间，按照设计或计划要求购置或自制的全部设备、工具、器具，不论是否达到固定资产标准均计入“设备、工具、器具购置”中。

(3)其他费用：指在固定资产建造和购置过程中发生的，除上述几项内容以外的各种应分摊计入固定资产的费用。

基本建设项目按大中小型划分 基本建设划分大中小型项目原则上应按照上级批准的设计任务书或初步设计所确定的总规模或总投资划分，没有正式批准设计任务书或初步设计的，按国家或省、自治区、直辖市年度基本建设投资计划中所列的总规模或总投资划分。上述两条均不具备的，按本年计划施工工程的建设总规模或总投资划分。生产单一产品的工业项目，按产品的设计能力划分；生产多种产品的工业项目，按其主要产品的设计能力划分。品种繁多，难以按生产能力划分的，按全部计划总投资划分。划分标准以国家颁发的《大中小型建设项目划分标准》为依据。国家曾在1953年、1962年、1972年、1977年和1979年先后五次修订《大中小型建设项目划分标准》，因此各历史时期的大中型项目数不完全可比。

施工项目 指报告期内进行过建筑或安装施工活动的项目。凡是报告期内施过工的建设项目，不论施工时间长短，均作为施工项目统计。施工项目个数可以反映一定时期固定资产投资的实际规模，与同期建成投产的建设项目个数相比，可以从建设速度的角度反映固定资产投资的效果。根据建设项目施工活动的不同性质，施工项目又分为：本年正式施工项目、本年收尾项目和以前年度全部停缓建项目。

全部建成投产项目 工业项目指设计文件规定形成生产能力的主体工程及其相应配套的辅助设施全部建成，经负荷试运转，证明具备生产设计规定合格产品的条件，并经过验收鉴定合格或达到竣工验收标准，与生产性工程配套的生活福利设施可以满足近期正常生产的需要，正式移交生产的建设项目。非工业项目指设计文件规定的主体工程和相应的配套工程全部建成，能够发挥设计规定的全部效益，经验收鉴定合格或达到竣工验收标准，正式移交使用的建设项目。

新增生产能力(或工程效益) 指通过固定资产投资活动而增加的设计能力(或工程效益)，该指标是以实物形态表现的反映固定资产投资成果的指标，也是考核投资经济效果的重要依据之一。

新增生产能力(或工程效益)一般有以下几种表现形式：

(1)用产品数量表示，以工程在单位时间内(一般是一年)所能生产的产品数量(即年产量)表示。如原煤开采用万吨／年表示，化学农药用吨／年表示，拖拉机制造用台／年表示等。某些化工产品由于含量差别较大，按其设计含量计算折合量表示，如硫酸、纯碱、烧碱等。

(2)用单位时间内所能处理的原料数量表示，以工程每天(或小时)所能处理原料的数量表示。如机制糖工程日处理原料吨，食用植物油日处理原料吨，城市污水处理能力用万吨／日表示等。

(3)用新增加的主要设备的数量或容量表示，如新增棉布织机、丝织机等台数，毛纺锭等锭数，发电厂新增发电机组容量用千瓦表示等。

(4)以节约的原材料、燃料、动力实物量表示，适用于反映更新改造节约项目的效益。

(5)用建筑物容积、容量、面积、长度表示，是非工业项目或工程新增效益的一种表现形式。如铁路里程、公路里程、水库容量、仓库容量、房屋建筑面积、学校学生席位、医院病床、灌区灌溉面积等。

根据工程的特点，有时需要用两种或两种以上的复合计量单位表示新增生产能力(或工程效益)，如新增内燃机生产能力同时用年产台数、千瓦数表示等。

为了规范新增生产能力(或工程效益)的名称和计算单位，国家统计局制订了《新增生产能力(或工程效益)目录》和《节约原材料、燃料、动力目录》，各固定资产投资单位在统计新增生产能力(或工程效益)时，必须按目录中规定的名称和计量单位填报。

房屋建筑面积 指房屋建筑物勒脚以上外墙外围的水平截面面积，包括房屋建筑物的有效面积和结构面积。该指标是从实物形态上反映建设规模和建设成果的重要指标之一，也是检查工程形象进度、计算工程造价、分析投资效果、研究施工任务和建筑材料之间平衡情况的重要依据。

住宅建筑面积 指施工和竣工房屋建筑面积中供居住用的房屋建筑面积。

施工面积 指报告期内施工的全部房屋建筑面积。包括本期新开工的面积和上期开工跨入本期继续施工的房屋面积，以及上期已停建在本期恢复施工的房屋面积。本期竣工和本期施工后又停缓建的房屋，其建筑面积仍计入本期房屋施工面积中。

竣工面积 指在报告期内房屋建筑按照设计要求已经全部完工，达到住人和使用条件，经验收鉴定合格(或达到竣工验收标准)，正式移交使用单位的各栋房屋建筑面积的总和。

房屋建筑面积竣工率 指一定时期内房屋竣工面积占同期房屋施工面积的比率。该指标从房屋建筑施工速度的角度反映投资效果的指标。

新增固定资产 指报告期内已经完成建造和购置过程，并已交付生产或使用单位的固定资产价值。该指标是表示固定资产投资成果的价值指标，也是反映建设进度，计算固定资产投资效果的重要指标。

建设项目投产率 指一定时期内全部建成投产项目个数与同期施工项目个数的比率。该指标是从建设单位建设速度的角度反映投资效果的指标。

固定资产交付使用率 指一定时期新增固定资产与同期完成投资额的比率。该指标是反映固定资产动用速度，衡量建设过程中宏观投资效果的综合指标。由于新增固定资产是较长时期内形成的结果，而投资额则是当年完成的，因此，该指标一般适宜于反映较长时期内固定资产的动用情况。

经济适用房 指根据国家经济适用房计划安排建设的政策性住宅。经济是指房屋建筑造价和销售价格低于一般商品住宅；适用是指适合中低收入家庭购买使用。经济适用房主要是由国家统一下达投资计划，房地产公司开发，对外销售；用地一般采用行政划拨或招标投标方式，免收土地出让金；对各种经批准的收费减半征收，开发利润不超过3%；销售价格实行政府指导价。该指标可以分析房地产投资结构，反映中低收入家庭商品住宅的供求平衡情况。

能源生产总量 指一定时期内全国一次能源生产量的总和，是观察全国能源生产水平、规模、构成和发展速度的总量指标。一次能源生产量包括原煤，原油，天然气，水电、核能及其他动力能(如风能、地热能等)发电量，不包括低热值燃料生产量、生物质能、太阳能等的利用和由一次能源加工转换而成的二次能源产量。

能源消费总量 指一定时期内全国物质生产部门、非物质生产部门和生活消费的各种能源的总和，是观察能源消费水平、构成和增长速度的总量指标。能源消费总量包括原煤和原油及其制品、天然气、电力，不包括低热值燃料、生物质能和太阳能等的利用。能源消费总量分为终端能源消费量、能源加工转换损失量和损失量三部分。

(1)终端能源消费量:指一定时期内全国生产和生活消费的各种能源在扣除了用于加工转换二次能源消费量和损失量以后的数量。

(2)能源加工转换损失量:指一定时期内全国投入加工转换的各种能源数量之和与产出各种能源产品之和的差额，是观察能源在加工转换过程中损失量变化的指标。

(3)能源损失量:指一定时期内能源在输送、分配、储存过程中发生的损失和由客观原因造成的各种损失量，不包括各种气体能源放空、放散量。

能源生产弹性系数 是研究能源生产增长速度与国民经济增长速度之间关系的指标。计算公式为:

能源生产弹性系数＝能源生产总量年平均增长速度／国民经济年平均增长速度

国民经济年平均增长速度，可根据不同的目的或需要，用国民生产总值、国内生产总值等指标来计算，本年鉴是采用国内生产总值指标计算的。

能源消费弹性系数 是反映能源消费增长速度与国民经济增长速度之间比例关系的指标。计算公式为:

能源消费弹性系数＝能源消费量年平均增长速度／国民经济年平均增长速度

财政收入 指国家财政参与社会产品分配所取得的收入，是实现国家职能的财力保证。财政收入所包括的内容几经变化，目前主要包括：

(1)各项税收：包括增值税、营业税、消费税、土地增值税、城市维护建设税、资源税、城市土地使用税、企业所得税、个人所得税、关税、证券交易印花税、车辆购置税、农牧业税和耕地占用税等。

(2)专项收入：包括排污费收入、城市水资源费收入、矿产资源补偿费收入、教育费附加收入等。

(3)其他收入：包括利息收入、基本建设贷款归还收入、基本建设收入、捐赠收入等。

(4)国有企业亏损补贴：此项为负收入，冲减财政收入。主要包括对工业企业、商业企业、粮食企业的补贴。

财政支出 国家财政将筹集起来的资金进行分配使用，以满足经济建设和各项事业的需要，主要包括：

(1)基本建设支出：指按国家有关规定，属于基本建设范围内的基本建设有偿使用、拨款、资本金支出以及经国家批准对专项和政策性基建投资贷款，在部门的基建投资额中统筹支付的贴息支出。

(2)企业挖潜改造资金：指国家预算内拨给的用于企业挖潜、革新和改造方面的资金。包括各部门企业挖潜改造资金和企业挖潜改造贷款资金，为农业服务的县办“五小”企业技术改造补助，挖潜改造贷款贴息资金。

(3)地质勘探费用：指国家预算用于地质勘探单位的勘探工作费用，包括地质勘探管理机构及其事业单位经费、地质勘探经费。

(4)科技三项费用：指国家预算用于科技支出的费用，包括新产品试制费、中间试验费、重要科学研究补助费。

(5)支援农村生产支出：指国家财政支援农村集体(户)各项生产的支出。包括对农村举办的小型农田水利和打井、喷灌等的补助费，对农村水土保持措施的补助费，对农村举办的小水电站的补助费，特大抗旱的补助费，农村开荒补助费，扶持乡镇企业资金，支援农村合作生产组织资金、农村农技推广和植保补助费，农村草场和畜禽保护补助费，农村造林和林木保护补助费，农村水产补助费，发展粮食生产专项资金。

(6)农林水利气象等部门的事业费用：指国家财政用于农垦、农场、农业、畜牧、农机、林业、森工、水利、水产、气象、乡镇企业的技术推广、良种推广(示范)、动植物(畜禽、森林)保护、水质监测、勘探设计、资源调查、干部训练等项费用，园艺特产场补助费，中等专业学校经费，飞播牧草试验补助费，营林机构、气象机构经费，渔政费以及农业管理事业费等。

(7)工业交通商业等部门的事业费：指国家预算支付给工交商各部门用于事业发展的人员和公用经费支出，包括勘探设计费、中等专业学校经费、技术学校经费、干部训练费。

(8)文教科学卫生事业费：指国家预算用于文化、出版、文物、教育、卫生、中医、公费医疗、体育、档案、地震、海洋、通讯、电影电视、计划生育、党政群干部训练、自然科学、社会科学、科协等项事业的人员和公用经费支出以及高技术研究专项经费。主要包括工资、补助工资、福利费、离退休费、助学金、公务费、设备购置费、修缮费、业务费、差额补助费。

(9)抚恤和社会福利救济费：指国家预算用于抚恤和社会福利救济事业的经费。包括由民政部门开支的烈士家属和牺牲病残人员家属的一次性、定期抚恤金，革命伤残人员的抚恤金，各种伤残补助费，烈军属、复员退伍军人生活补助费，退伍军人安置费，优抚事业单位经费，烈士纪念建筑物管理、维修费，自然灾害救济事业费和特大自然灾害灾后重建补助费等。

(10)行政事业单位离退休支出：指实行归口管理的行政事业单位离退休经费。

(11)社会保障补助支出：指国家预算用于社会保障的补助支出，包括对社会保险基金的补助、促进就业补助、国有企业下岗职工补助、补充全国社会保障基金等。

(12)国防支出：指国家预算用于国防建设和保卫国家安全的支出，包括国防费、国防科研事业费、民兵建设以及专项工程支出等。

(13)行政管理费：包括行政管理支出，党派团体补助支出，外交支出，公安安全支出，司法支出，法院支出，检察院支出和公检法办案费用补助。

(14)政策性补贴支出：指经国家批准，由国家财政拨给用于粮棉油等产品的价格补贴支出。主要包括粮、棉、油差价补贴，平抑物价和储备糖补贴，农业生产资料价差补贴，粮食风险基金，副食品风险基金，地方煤炭风险基金等。

(15)债务利息支出：指国家预算中用于偿还国内外债务利息的支出。

中央财政收入和地方财政收入 指按现行分税制财政体制划分的中央本级收入和地方本级收入。1994年实行分税制财政体制以后，属于中央财政的收入包括关税、海关代征消费税和增值税，消费税，中央企业所得税，地方银行和外资银行及非银行金融企业所得税，铁道部门、各银行总行、各保险总公司等集中缴纳的营业税、利润和城市维护建设税，车辆购置税，船舶吨税，增值税的75%部分，证券交易税(印花税)94%部分，个人所得税中的利息所得税，利息所得税之外的个人所得税中央分享的部分，海洋石油资源税。属于地方财政的收入包括营业税，地方企业所得税，利息所得税之外的个人所得税地方分享的部分，城镇土地使用税，固定资产投资方向调节税，城镇维护建设税，房产税，车船使用税，印花税，屠宰税，农牧业税，农业特产税，耕地占用税，契税，土地增值税、国有土地有偿使用收入，增值税25%部分，证券交易税(印花税)6%部分和除海洋石油资源税以外的其他资源税。

中央财政支出和地方财政支出 指根据政府在经济和社会活动中的不同职责，划分中央和地方政府的责权，按照政府的责权划分确定的支出。中央财政支出包括国防支出，武装警察部队支出，中央级行政管理费和各项事业费，重点建设支出以及中央政府调整国民经济结构、协调地区发展、实施宏观调控的支出。地方财政支出主要包括地方行政管理和各项事业费，地方统筹的基本建设、技术改造支出，支援农村生产支出，城市维护和建设经费，价格补贴支出等。

预算外资金收支 预算外资金指国家机关、事业单位和社会团体为履行或代行政府职能，依据国家法律、法规和具有法律效力的规章而收取、提取和安排使用的未纳入国家预算管理的各种财政性资金。其范围主要包括：法律、法规规定的行政事业性收费、政府性基金和附加收入等；国务院或省级人民政府及其财政、计划（物价）部门审批的行政事业性收费；国务院及财政部审批建立的政府性基金、附加收入等；主管部门所属单位集中上缴资金；用于乡镇政府开支的乡自筹和乡统筹资金；其他未纳入预算管理的财政性资金。社会保障基金在国家财政尚未建立社会保障预算制度以前，先按预算外资金管理制度进行管理，专款专用。财政部门在银行开设统一的专户，用于预算外资金收入和支出管理。部门和单位的预算外收入必须上缴同级财政专户，支出由同级财政按预算外资金收支计划和单位财务收支计划统筹安排，从财政专户中拨付，实行收支两条线管理。

信贷资金 指金融机构以信用方式积聚和分配的货币资金。金融机构信贷资金的来源有各项存款、金融债券发行、应付及暂收款、对国际金融机构负债、流通中货币、各项准备、所有者权益和其他项目等；信贷资金的运用有各项贷款、有价证券及投资、应收及预付款、委托投资、金银占款、外汇占款、库存现金、财政借款及在国际金融机构中的资产等。

存款 指企业、机关、团体或居民根据资金必须收回的原则，把货币资金存入银行或其他信贷机构保管并取得一定利息的一种信用活动形式。根据存款对象或性质的不同可划分为企业存款、财政存款、机关团体存款、基本建设存款、储蓄存款、农村存款、委托存款、其他存款等科目。它是银行信贷资金的主要来源。

贷款 指银行或其他信贷机构根据资金必须归还的原则，按一定利率，为企业、个人等提供资金的一种信用活动形式。我国银行贷款分为短期贷款、中期流动资金贷款、中长期贷款、信托贷款、融资租赁、委托贷款、票据融资、各项垫款等。

保险公司 在中国境内的、经过保险监督管理部门批准设立，并依法登记注册的各类商业保险公司。

保险金额 指保险人承担赔偿或者给付保险金责任的最高限额。

保费 指投保人为取得保险人在约定范围内所承担赔偿责任而支付给保险人的费用。

赔款 指保险人根据保险合同的规定，向被保险人支付的赔偿保险责任损失的金额。

给付 包括死伤医疗给付和满期给付。死伤医疗给付是指保险人根据人寿保险及长期健康保险合同的规定，因被保险人在保险期内发生保险责任范围内的保险事故支付给被保险人(或受益人)的金额。满期给付是指被保险人生存期满，保险人按人寿保险合同规定支付给被保险人的满期保险金额。

居民消费价格指数 是反映一定时期内城乡居民所购买的生活消费品价格和服务项目价格变动趋势和程度

的相对数，是对城市居民消费价格指数和农村居民消费价格指数进行综合汇总计算的结果。该指数可以观察和分析消费品的零售价格和服务价格变动对城乡居民实际生活费支出的影响程度。

城市居民消费价格指数 是反映一定时期内城市居民家庭所购买的生活消费品价格和服务项目价格变动趋势和程度的相对数。该指数可以观察和分析消费品的零售价格和服务项目价格变动对职工货币工资的影响，作为研究职工生活和确定工资政策的依据。

农村居民消费价格指数 是反映一定时期内农村居民家庭所购买的生活消费品价格和服务项目价格变动趋势和程度的相对数。该指数可以观察农村消费品的零售价格和服务项目价格变动对农村居民生活消费支出的影响，直接反映农民生活水平的实际变化情况，为分析和研究农村居民生活问题提供依据。

商品零售价格指数 是反映一定时期内城乡商品零售价格变动趋势和程度的相对数。商品零售物价的变动直接影响到城乡居民的生活支出和国家的财政收入，影响居民购买力和市场供需的平衡，影响到消费与积累的比例关系。因此，该指数可以从一个侧面对上述经济活动进行观察和分析。

农业生产资料价格指数 指反映一定时期内农业生产资料价格变动趋势和程度的相对数。农业生产资料价格指数分为小农具、饲料、幼禽家畜、半机械化农具、机械化农具、化学肥料、农药及农药械、农机用油等八大类。其编制目的是了解农业生产中物质资料投入价格的变动状况，服务于国民经济核算。1994年以前，农业生产资料价格指数仅仅是商品零售价格指数的一个类别，此后，从商品零售价格指数中分离出来，单独编制。

农产品生产价格指数 是反映一定时期内，农产品生产者出售农产品价格水平变动趋势及幅度的相对数。该指数可以客观反映全国农产品生产价格水平和结构变动情况，满足农业与国民经济核算需要。其中某代表品生产价格指数是通过对全部有出售该产品行为的调查单位的个体指数进行几何平均求得的，类价格指数是通过对其所属的类（或代表品）的价格指数进行加权平均求得的。季度累计价格指数的计算方法与分季指数的计算方法相同。

工业品出厂价格指数 是反映一定时期内全部工业产品出厂价格总水平的变动趋势和程度的相对数，包括工业企业售给本企业以外所有单位的各种产品和直接售给居民用于生活消费的产品。该指数可以观察出厂价格变动对工业总产值及增加值的影响。

原材料、燃料和动力购进价格指数 是反映工业企业作为生产投入，而从物资交易市场和能源、原材料生产企业购买原材料、燃料和动力产品时，所支付的价格水平变动趋势和程度的统计指标，是扣除工业企业物质消耗成本中的价格变动影响的重要依据。

目前，我国编制的原材料、燃料和动力购进价格指数所调查的产品包括燃料动力、黑色金属、有色金属、化工、建材等九大类的900多种产品。

固定资产投资价格指数 是反映一定时期内固定资产投资品及项目的价格变动趋势和程度的相对数。固定资产投资额是由建筑安装工程投资完成额、设备工器具购置投资完成额和其他费用投资完成额三部分组成的。编制固定资产投资价格指数应首先分别编制上述三部分投资的价格指数，然后采用加权算术平均法求出固定资产投资价格总指数。

该指数可以准确地反映固定资产投资中涉及的各类投资品和取费项目价格变动趋势和变动幅度，消除按现价计算的固定资产投资指标中的价格变动因素，真实地反映固定资产投资的规模、速度、结构和效益，为国家科学地制定、检查固定资产投资计划并提高宏观调控水平，为完善国民经济核算体系提供科学的、可靠的依据。

城镇家庭人口 指居住在一起，经济上合在一起共同生活的家庭成员。凡计算为家庭人口的成员其全部收支都包括在本家庭中。

城镇就业面 指就业人口占家庭人口的百分比。

城镇就业者负担人数 指家庭人口与就业人口之比。

城市居民家庭总收入 指调查户中生活在一起的所有家庭成员在调查期得到的工薪收入、经营净收入、财产性收入、转移性收入的总和，不包括出售财物和借贷收入。收入的统计标准以实际发生的数额为准，无论收入是补发还是预发，只要是调查期得到的都应如实计算，不作分摊。

城市居民家庭可支配收入 指调查户可用于最终消费支出和其它非义务性支出以及储蓄的总和，即居民家庭可以用来自由支配的收入。它是家庭总收入扣除个人所得税、个人交纳的社会保障费以及调查户的记帐补贴后的收入。计算公式为：

可支配收入=家庭总收入-个人所得税-个人交纳的社会保障支出-记帐补贴

城市居民家庭总支出 指家庭除借贷支出以外的全部实际支出。包括消费性支出、购房建房支出、转移性支出、财产性支出、社会保障支出。支出统计是以实际购得的商品或服务的总价值填报，不论其付款方式是一次付清、分期付款，还是赊购，只要商品或服务已被消费就要按其总价值计量。如果采用分期付款或赊购形式，则要在借贷收入类相应的项目填入实付款与总的应付款的差额。

城市居民家庭消费支出 指调查户用于本家庭日常生活的全部支出，包括食品、衣着、家庭设备用品及服务、医疗保健、交通和通讯、娱乐教育文化服务、居住、杂项商品和服务八大类等。不包括用于赠送的商品或服务。消费支出按商品（服务）的用途分类。

城镇家庭服务性消费支出 指家庭用于支付社会提供的各种非商品性服务费用。

城镇家庭收入分组方法 将所有调查户依户人均可支配收入由低到高排队，按10%，10%，20%，20%，20%，10%，10%的比例依次分成：最低收入户、低收入户、中等偏下收入户、中等收入户、中等偏上收入户、高收入户、最高收入户等七组。总体中最低5%的户为困难户。

恩格尔系数 指食物支出金额在生活消费总支出金额中所占的比例。计算公式为：

恩格尔系数=食品支出金额/生活消费总支出金额×100%

农村住户 指农村常住户。农村常住户指长期(一年以上)居住在乡镇(不包括城关镇)行政管理区域内的住户，以及长期居住在城关镇所辖行政村范围内的农村住户。户口不在本地而在本地居住一年及以上的住户也包括在本地农村常住户范围内；有本地户口，但举家外出谋生一年以上的住户，无论是否保留承包耕地都不包括在本地农村住户范围内。

常住人口 指全年经常在家或在家居住6个月以上，而且经济和生活与本户连成一体的人口。外出从业人员在外居住时间虽然在6个月以上，但收入主要带回家中，经济与本户连为一体，仍视为家庭常住人口；在家居住，生活和本户连成一体的国家职工、退休人员也为家庭常住人口。但是现役军人、中专及以上(走读生除外)的在校学生、以及常年在外(不包括探亲、看病等)且已有稳定的职业与居住场所的外出从业人员，不算家庭常住人口。家庭常住人口主要作为计算农村住户平均每人收入、消费和积累水平及分析家庭人口状况的依据。

整、半劳动力 整劳动力指男子18周岁到50周岁，女子18周岁到45周岁；半劳动力指男子16周岁到17周岁，51周岁到60周岁；女子16周岁到17周岁，46周岁到55周岁，同时具有劳动能力的人。虽然在劳动年龄之内，但已丧失劳动能力的人，不应算为劳动力；超过劳动年龄，但能经常参加劳动，计入半劳动力数内。常住人口中的职工，若这些职工为劳动力，就包括在本户的整半劳动力中。

总收入 指调查期内农村住户和住户成员从各种来源渠道得到的收入总和。按收入的性质划分为工资性收入、家庭经营收入、财产性收入和转移性收入。

工资性收入 指农村住户成员受雇于单位或个人，靠出卖劳动而获得的收入。家庭经营收入 指农村住户以家庭为生产经营单位进行生产筹划和管理而获得的收入。农村住户家庭经营活动按行业划分为农业、林业、牧业、渔业、工业、建筑业、交通运输业邮电业、批发和零售贸易餐饮业、社会服务业、文教卫生业和其他家庭经营。

财产性收入 指金融资产或有形非生产性资产的所有者向其他机构单位提供资金或将有形非生产性资产供

其支配，作为回报而从中获得的收入。

转移性收入 指农村住户和住户成员无须付出任何对应物而获得的货物、服务、资金或资产所有权等，不包括无偿提供的用于固定资本形成的资金。一般情况下，是指农村住户在二次分配中的所有收入。

现金收入 指农村住户和住户成员在调查期内得到以现金形态表现的收入。按来源分成工资性收入、家庭经营现金收入、财产性收入、转移性收入。

纯收入 指农村住户当年从各个来源得到的总收入相应地扣除所发生的费用后的收入总和。计算方法：

纯收入=总收入–税费支出–家庭经营费用支出–生产性固定资产折旧–调查补贴–赠送农村外部亲友支出

纯收入主要用于再生产投入和当年生活消费支出，也可用于储蓄和各种非义务性支出。“农民人均纯收入”按人口平均的纯收入水平，反映的是一个地区或一个农户农村居民的平均收入水平。

总支出 指农村住户用于生产、生活和再分配的全部支出。家庭经营费用支出、购置生产性固定资产支出、生产性固定资产折旧、税费支出、生活消费支出、财产性支出和转移性支出。

供水综合生产能力 指按供水设施取水、净化、送水、出厂输水干管等环节设计能力计算的综合生产能力。包括在原设计能力的基础上，经挖、革、改增加的生产能力。计算时，以四个环节中最薄弱的环节为主确定能力。

年末供水管道长度 指从送水泵至用户水表之间所有管道的长度。不包括新安装尚未使用的管道。

全年供水总量 指报告期供水企业(单位)供出的全部水量。包括有效供水量和漏损水量。

生活用水量 包括公共服务用水和居民家庭用水。公共服务用水指为城市社会公共生活服务的用水。包括行政事业单位、部队营区和公共设施服务、社会服务业、批发零售贸易业、旅馆饮食业以及其他公共服务业等单位的用水。居民家庭用水指城市范围内所有居民家庭的日常生活用水。包括城市居民、农民家庭、公共供水站用水。

用水普及率 指城市用水人口数与城市人口总数的比率。计算公式：

用水普及率=城市用水人口数/城市人口总数×100%

人工煤气生产能力 指报告期末人工煤气生产厂制气、净化、输送等环节的综合生产能力，不包括备用设备能力。一般按设计能力计算，如果实际生产能力大于设计能力时，应按实际测定的生产能力计算。测定时应以制气、净化、输送三个环节中最薄弱的环节为主。

供气管道长度 指报告期末从气源厂压缩机的出口或门站出口至各类用户引入管之间的全部已经通气投入使用的管道长度。不包括煤气生产厂、输配站、液化气储存站、灌瓶站、储配站、气化站、混气站、供应站等厂(站)内的管道。

全年供气总量 指全年燃气企业(单位)向用户供应的燃气数量。包括销售量和损失量。

用气普及率 指报告期末使用燃气的城市人口数与城市人口总数的比率。计算公式为：

用气普及率=城市用气人口数/城市人口总数×100%

城市供热能力 指供热企业(单位)向城市热用户输送热能的设计能力。

城市供热总量 指在报告期供热企业(单位)向城市热用户输送全部蒸汽和热水的总热量。

城市供热管道长度 指从各类热源到热用户建筑物接入口之间的全部蒸汽和热水的管道长度。不包括各类热源厂内部的管道长度。

年末道路长度 指年末道路长度和与道路相通的广场、桥梁、隧道的长度，按车行道中心线计算。在统计时只统计路面宽度在3.5米(含3.5米)以上的各种铺装道路，包括开放型工业区和住宅区道路在内。

城市桥梁 指为跨越天然或人工障碍物而修建的构筑物。包括跨河桥、立交桥、人行天桥以及人行地下通道等。包括永久性桥和半永久性桥。

城市排水管道长度 指所有排水总管、干管、支管、检查井及连接井进出口等长度之和。

城市污水日处理能力 指污水处理厂(或处理装置)每昼夜处理污水量的设计能力。

年末运营车数 指年末公交企业(单位)用于运营业务的全部车辆数。以企业(单位)固定资产台帐中已投入运营的车辆数为准。

城市园林绿地面积 指报告期末用作园林和绿化的各种绿地面积。包括公共绿地、居住区绿地、单位附属绿地、防护绿地、生产绿地、道路绿地和风景林地面积。

不包括：

1.屋顶绿化、垂直绿化、阳台绿化和室内绿化。

2.以物质生产为主的林地、耕地、牧草地、果园和竹园等。

3.城市总体规划中不列入绿地的水域。

公共绿地 指向公众开放的市级、区级、居住区级各类公园、街旁游园，包括其范围内的水域。其中居住区级公园应不小于1万平方米，街旁游园的宽度不小于8米，面积不小于400平方米。

农林牧渔业总产值 指以货币表现的农、林、牧、渔业全部产品和对农林牧渔业生产活动进行的各种支持性服务活动的价值总量，它反映一定时期内农林牧渔业生产总规模和总成果。1957年以前的农林牧渔业总产值中包括了厩肥和农民自给性手工业(如农民自制衣服、鞋、袜，自己从事粮食初步加工等)。1958年及以后，林业中增加了村及村以下竹木采伐产值；牧业中取消了厩肥产值；副业中取消了农民自给性手工业产值，增加了村及村以下办的工业产值；渔业中增加了海洋捕捞水产品产值。1980年及以后，在副业中增加了农民家庭兼营工业商品部分的产值。从1984年起村及村以下工业产值划归工业。从1993年起取消副业，将野生动物的捕猎划入牧业、野生植物采集和农民家庭兼营商品性工业划归农业。从2003年起，执行新的国民经济行业分类标准，农林牧渔业总产值中包括了农林牧渔服务业产值。林业中增加了森林采运业产值。农业中取消了家庭兼营商品性工业产值，将野生林产品的采集划归林业。第一次农业普查以后，由于畜牧业产品年报数据与普查数据之间存在一定的差距，国家统计局农调总队对畜牧业年报数据与普查数据进行衔接，相应的畜牧业产值进行调整。

农林牧渔业总产值的计算方法通常是按农、林、牧、渔业产品及其副产品的产量分别乘以各自单位产品价格求得；少数生产周期较长，当年没有产品或产品产量不易统计的，则采用间接方法匡算其产值；然后将四业产品产值相加即为农林牧渔业总产值。

粮食产量 指全社会的产量。包括国有经济经营的、集体统一经营的和农民家庭经营的粮食产量，还包括工矿企业办的农场和其他生产单位的产量。粮食除包括稻谷、小麦、玉米、高粱、谷子及其他杂粮外，还包括薯类和豆类。其产量计算方法，豆类按去豆荚后的干豆计算；薯类(包括甘薯和马铃薯，不包括芋头和木薯)1963年以前按每4公斤鲜薯折1公斤粮食计算，从1964年开始改为按5公斤鲜薯折1公斤粮食计算。城市郊区作为蔬菜的薯类(如马铃薯等)按鲜品计算，并且不作粮食统计。其他粮食一律按脱粒后的原粮计算。棉花产量 指全社会的产量。包括春播棉和夏播棉。产量按皮棉计算。3公斤籽棉折1公斤皮棉，不包括木棉。

油料产量 指全部油料作物的生产量。包括花生、油菜籽、芝麻、向日葵籽、胡麻籽（亚麻籽）和其他油料。不包括大豆、木本油料和野生油料。花生以带壳干花生计算。

水产品产量 指人工养殖的水产品和天然生长的水产品的捕捞量。包括海水的鱼类、虾蟹类、贝类和藻类以及内陆水域的鱼类、虾蟹类和贝类，不包括淡水生植物。

猪、牛、羊肉产量 指当年出栏并已屠宰、除去头蹄下水后带骨肉(即胴体重)的重量。期初(末)畜禽存栏头(只)数 指报告期初(末)农村各种合作经济组织和国营农场、农民个人、机关、团体、学校、工矿企业、部队等单位以及城镇居民饲养的大牲畜、猪、羊、家禽等畜禽的存栏数。数据上报方式及数据调整情况同猪、牛、羊肉产量。

常用耕地 是指耕地总资源中专门种植农作物并经常进行耕种、能够正常收获的土地。包括当年实际耕种的熟地；弃耕、休闲不满三年，随时可以复耕的地；开荒利用三年以上的土地。在统计口径上包括南方小于1

米、北方小于2米宽的沟、渠、路和田埸。不包括临时种植农作物的坡度在25度以上的陡坡地；在河套、湖畔、库区临时开发的成片或零星土地；也不包括已列为国家和省（区、市）退耕计划但临时耕种的土地。常用耕地是国家需要重点保护的耕地，是反映我国农业综合生产能力的一个重要指标。

农作物播种面积 指实际播种或移植有农作物面积。凡是实际种植有农作物的面积，不论种植在耕地上还是种植在非耕地上，均包括在农作物播种面积中。在播种季节基本结束后，因遭灾而重新改种和补种的农作物面积，也包括在内。

有效灌溉面积 指具有一定的水源，地块比较平整，灌溉工程或设备已经配套，在一般年景下当年能够进行正常灌溉的耕地面积。在一般情况下，有效灌溉面积应等于灌溉工程或设备已经配备，能够进行正常灌溉的水田和水浇地面积之和。它是反映我国耕地抗旱能力的一个重要指标。

农用化肥施用量 指本年内实际用于农业生产的化肥数量，包括氮肥、磷肥、钾肥和复合肥。化肥施用量要求按折纯量计算数量。折纯量是指把氮肥、磷肥、钾肥分别按含氮、含五氧化二磷、含氧化钾的百分之百成份进行折算后的数量。复合肥按其所含主要成分折算。公式为：

折纯量=实物量×某种化肥有效成份含量的百分比

农业机械总动力 指主要用于农、林、牧、渔业的各种动力机械的动力总和。包括耕作机械、排灌机械、收获机械、农用运输机械、植物保护机械、牧业机械、林业机械、渔业机械和其他农业机械〔内燃机按引擎马力折成瓦(特)计算、电动机按功率折成瓦(特)计算〕。不包括专门用于乡、镇、村、组办工业、基本建设、非农业运输、科学试验和教学等非农业生产方面用的动力机械与作业机械。这个指标的统计数据主要来源于农机部门。

乡村从业人员 指乡村人口中劳动年龄在16周岁以上实际参加生产经营活动并取得实物或货币收入的人员，包括劳动年龄内经常参加劳动的人员，也包括超过劳动年龄但经常参加劳动的人员，但不包括户口在家的在外学生、现役军人和丧失劳动能力的人，也不包括待业人员和家务劳动者。从业人员按从事主业时间最长（时间相同按收入）分为农业从业人员、工业从业人员、建筑业从业人员、交运仓储及邮电业从业人员、批零贸易及餐饮业从业人员、其它从业人员。

工业 指从事自然资源的开采，对采掘品和农产品进行加工和再加工的物质生产部门。具体包括：(1)对自然资源的开采，如采矿、晒盐等(但不包括禽兽捕猎和水产捕捞)；(2)对农副产品的加工、再加工，如粮油加工、食品加工、缫丝、纺织、制革等；(3)对采掘品的加工、再加工，如炼铁、炼钢、化工生产、石油加工、机器制造、木材加工等，以及电力、自来水、煤气的生产和供应等；(4)对工业品的修理、翻新，如机器设备的修理、交通运输工具(包括小卧车)的修理等。

1984年以前农村的村及村以下办工业归属农业，1984年以后划归工业。

工业统计调查单位为独立核算法人工业企业。

独立核算法人工业企业指从事工业生产经营活动的单位。独立核算法人工业企业应同时具备以下条件：①依法成立，有自己的名称、组织机构和场所，能够承担民事责任；②独立拥有和使用资产，承担负债，有权与其他单位签订合同；③独立核算盈亏，并能够编制资产负债表。本年鉴中涉及的企业登记注册类型：

国有及国有控股企业 指国有企业加上国有控股企业。国有企业(即原全民所有制工业或国营工业)指企业全部资产归国家所有，并按《中华人民共和国企业法人登记管理条例》规定登记注册的非公司制的经济组织。包括国有企业、国有独资公司和国有联营企业。1957年以前的公私合营和私营工业，后均改造为国营工业，1992年改为国有工业，这部分工业的资料不单独分列时，均包括在国有企业内。国有控股企业是对混合所有制经济的企业进行的“国有控股”分类。它是指这些企业的全部资产中国有资产(股份)相对其他所有者中的任何一个所有者占资(股)最多的企业。该分组反映了国有经济控股情况。

集体企业 指企业资产归集体所有，并按《中华人民共和国企业法人登记管理条例》规定登记注册的经济组织。是社会主义公有制经济的组成部分。包括城乡所有使用集体投资举办的企业，以及部分个人通过集资自愿放弃所有权并依法经工商行政管理机关认定为集体所有制的企业。

股份合作企业 指以合作制为基础，由企业职工共同出资入股，吸收一定比例的社会资产投资组建，实行自主经营，自负盈亏，共同劳动，民主管理，按劳分配与按股分红相结合的一种集体经济组织。

联营企业 指两个及两个以上相同或不同所有制性质的企业法人或事业单位法人，按自愿、平等、互利的原则，共同投资组成的经济组织。联营企业包括：

国有联营企业指国有企业与国有企业间的联营；

集体联营企业指集体企业与集体企业间的联营；

国有与集体联营企业指国有企业与集体企业间的联营。

有限责任公司 指根据《中华人民共和国公司登记管理条例》规定登记注册，由两个以上，五十个以下的股东共同出资，每个股东以其所认缴的出资额对公司承担有限责任，公司以其全部资产对其债务承担责任的经济组织。

有限责任公司包括国有独资公司以及其他有限责任公司。

股份有限公司 指根据《中华人民共和国企业法人登记管理条例》规定登记注册，其全部注册资本由等额股份构成并通过发行股票筹集资本，股东以其认购的股份对公司承担有限责任，公司以其全部资产对其债务承担责任的经济组织。

私营企业 指由自然人投资设立或由自然人控股，以雇佣劳动为基础的营利性经济组织。包括按照《公司法》、《合伙企业法》、《私营企业暂行条例》规定登记注册的私营有限责任公司、私营股份有限公司、私营合伙企业和私营独资企业。

港、澳、台商投资企业 指企业注册登记类型中的港、澳、台资合资、合作、独资经营企业和股份有限公司之和。

外商投资企业 指企业注册登记类型中的中外合资、合作经营企业、外资企业和外商投资股份有限公司之和。

“三资”企业系指港、澳、台商投资企业和外资企业的简称。

轻工业 指主要提供生活消费品和制作手工工具的工业。按其所使用的原料不同，可分为两大类：(1)以农产品为原料的轻工业，是指直接或间接以农产品为基本原料的轻工业。主要包括食品制造、饮料制造、烟草加工、纺织、缝纫、皮革和毛皮制作、造纸以及印刷等工业；(2)以非农产品为原料的轻工业，是指以工业品为原料的轻工业。主要包括文教体育用品、化学药品制造、合成纤维制造、日用化学制品、日用玻璃制品、日用金属制品、手工工具制造、医疗器械制造、文化和办公用机械制造等工业。

重工业 指为国民经济各部门提供物质技术基础的主要生产资料的工业。按其生产性质和产品用途，可以分为下列三类：(1)采掘(伐)工业，是指对自然资源的开采，包括石油开采、煤炭开采、金属矿开采、非金属矿开采等工业；(2)原材料工业，指向国民经济各部门提供基本材料、动力和燃料的工业。包括金属冶炼及加工、炼焦及焦炭、化学、化工原料、水泥、人造板以及电力、石油和煤炭加工等工业；(3)加工工业，是指对工业原材料进行再加工制造的工业。包括装备国民经济各部门的机械设备制造工业、金属结构、水泥制品等工业，以及为农业提供的生产资料如化肥、农药等工业。

根据上述划分原则，修理业中以重工业产品为修理作业对象的划为重工业，反之划为轻工业。

工业总产值

(1)定义：工业总产值是以货币形式表现的，工业企业在一定时期内生产的工业最终产品或提供工业性劳务活动的总价值量。它反映一定时间内工业生产的总规模和总水平。

(2)计算原则：

工业生产的原则，即凡是企业在报告期生产的经检验合格的产品，不管是否在报告期销售，均包括在内。

最终产品的原则，即凡是计入工业总产值的产品，必须是本企业生产的经检验合格的，不需要再进行任何加工的最终产品。如果企业有中间产品(半成品)对外销售，则对外销售的中间产品应视为企业的最终产品。

工厂法原则，即工业总产值是以工业企业作为基本计算(核算)单位，即按企业的最终产品计算工业总产值。按这种方法计算的工业总产值，不允许同一产品价值在企业内部重复计算，不能把企业内部各个车间(分厂)生产的成果相加，但允许企业间的重复计算。

(3)内容及计算方法：1995年全国工业普查对工业总产值(原规定)的内容及计算原则和方法做了某些修订，修订后的工业总产值(新规定)包括三项内容：即本期生产成品价值、对外加工费收入、在制品半成品期末期初差额价值三部分。本期生产成品价值：指企业本期生产，并在报告期内不再进行加工，经检验、包装入库的全部工业成品(半产品)价值合计，包括企业生产的自制设备及提供给本企业在建工程、其他非工业部门和福利部门等单位使用的成品价值。

本期生产成品价值为按自备原材料生产的产品的数量乘以本期不含增值税(销项税额)的产品实际销售平均单价计算；会计核算中按成本价格转帐的自制设备和自产自用的成品，按成本价格计算生产成品价值。生产成品价值中不包括用定货者来料加工的成品(半产品)价值。

对外加工费收入：指企业在报告期内完成的对外承接的工业品加工(包括用定货者来料加工产品)的加工费收入和对外工业修理作业所取得的加工费收入。对外加工费收入按不含增值税(销项税额)的价格计算，可根据会计“产品销售收入”科目的有关资料取得。

对于本企业对内非工业部门提供的加工修理、设备安装的劳务收入，如果企业会计核算基础较好，能取得这部分资料，而且这部分价值所占比重较大，应包括在对外加工费收入中。

自制半成品在制品期末期初差额价值：指企业报告期在制品期末减期初的差额价值，本指标一般可以从会计核算资料中取得。如果会计产品成本核算中不计算半成品、在制品的成本，则总产值中也不包括这部分价值，反之则包括。

(4)工业总产值统计范围变化和计算方法修订情况：

1984年以前工业总产值不包括村办工业，村办工业总产值划归农业。1984年以后工业总产值包括村办工业。

1995年工业普查对工业总产值计算方法做了修订，即从1995年始按新修订(新规定)方法计算工业总产值。新规定与原规定的区别如下：

全价与加工费的计算原则不同：新规定为凡自备原材料，不论其生产繁简程度如何，一律按全价计算工业总产值；凡来料加工，允许按加工费计算工业总产值。原规定则视生产加工的繁简程度不同，规定哪些行业按全价，哪些行业按加工费计算工业总产值。

自制半成品、在产品期末期初差额价值的计算原则不同：新规定要求，凡会计产品成本核算时计算了成本的差额价值，总产值中就应包括，否则可不包括；原规定则按生产周期六个月的界限区分，凡生产周期六个月以上的企业，总产值计算中应包括这部分差额价值，否则可不包括。

计算价格不同：新规定按不含增值税(销项税额)的价格计算；原规定则按含增值税(销项税额)的价格计算。

工业增加值 指工业企业在报告期内以货币表现的工业生产活动的最终成果。工业增加值有两种计算方法：一是生产法，即工业总产出减去工业中间投入加上应交增值税；二是收入法，即从收入的角度出发，根据生产要素在生产过程中应得到的收入份额计算，具体构成项目有固定资产折旧、劳动者报酬、生产税净额、营业盈余，这种方法也称要素分配法。本年鉴中的工业增加值是以生产法计算的。

生产法工业增加值的计算方法为：

工业增加值=工业总产出-工业中间投入+应交增值税

(1)工业总产出：指工业企业在一定时期内工业生产活动的总成果。工业总产出包括：成品生产价值，对外加工费收入，自制半成品、在产品期末期初差额价值。1995年后用新规定计算的工业总产值代替。

(2)工业中间投入：指工业企业在工业生产活动中消耗的外购物质产品和对外支付的服务费用。服务费用包括支付给物质生产部门(工业、农业、批发零售贸易业、建筑业、运输邮电业)的服务费用和支付给非物质生产部门(如保险、金融、文化教育、科学研究、医疗卫生、行政管理等)的服务费用。工业中间投入的确定须遵循以下原则：必须从外部购入的，并已计入工业总产出的产品和服务价值；必须是本期投入生产，并一次性消耗掉(包括本期摊销的低值易耗品等)的产品和服务价值。

工业中间投入包括直接材料费用、制造费用中的工业中间投入、管理费用中的工业中间投入、销售费用中的工业中间投入和利息支出五部分。

实收资本：指企业实际收到投资者的可作为长期周转使用的经营资金。根据现行会计制度规定，实收资本按投资主体分为：国家资本、集体资本、法人资本、个人资本、港澳台资本和外商资本。

国家资本：指有权代表国家投资的政府部门或者机构以国有资产投入企业形成的资本。

集体资本：指有权代表国家投资的集体部门或者机构以国有资产投入企业形成的资本。

法人资本：指其他法人单位以其依法可以支配的资产投入企业形成的资本。

个人资本：指社会个人或者本企业内部职工以个人合法财产投放到企业形成的资本。

港澳台资本：指我国香港、澳门和台湾地区投资者以各种形式的资产进行投资形成的资本。

外商资本：指外国投资者对企业投资形成的资本。

资产总计　指企业拥有或控制的能以货币计量的经济资源，包括各种财产、债权和其他权利。资产按流动性分为流动资产、长期投资、固定资产、无形资产、递延资产和其他资产。该指标根据企业会计“资产负债表”中“资产总计”项目的期末数增列。

流动资产合计　指可以在一年或者超过一年的一个营业周期内变现或者耗用的资产，包括现金及各种存款、短期投资、应收及预付货款、存款等。

流动资产平均余额　指企业在报告期内全部流动资产的平均余额。

固定资产原价　指企业在建造、购置、安装、改建、扩建、技术改造某项固定资产时所支出的全部货币总额。它一般包括买价、包装费、运杂费和安装费等。

固定资产净值年平均余额　指固定资产净值在报告期内余额的平均数。计算公式为：

固定资产净值年平均余额=1至12月各月月初、月末固定资产净值之和/24

该指标根据“资产负债表”中“固定资产原价”、“累计折旧”指标的期初、期末数计算填列。

固定资产净值指固定资产原价减去历年已提折旧额后的净额。计算公式为：

固定资产净值=固定资产原价-累计折旧

流动负债合计　指将在一年或超过一年的一个营业周期内偿还的债务。流动负债包括短期负债、应付票据、应付帐款、预收帐款、应付工资、应付福利费、应交税金、应付利润、其他应付款、预提费用等。

流动负债具有偿还期限短，在债权人提出要求时即期偿付，或在一年内必须偿还的特点。

长期负债合计　指偿还期在一年或超过一年的一个营业周期以上的债务，它是除了投资人投入企业的资本以外，企业向债权人筹集、可供企业长期使用的资金，是企业必须以资产或劳务偿还的经济责任，包括长期借款、应付债款、长期应付款、其他长期负债等。与流动负债相比，长期负债具有为数较大、偿还期限较长的特点，且对投资者来说可带来更大的利益。

所有者权益　指企业投资人对企业净资产的所有权。企业净资产等于企业全部资产减去全部负债后的余额，包括企业投资人对企业的最初投入的实际到位的资产及资本公积金、盈余公积金和未分配利润。所有者权益合计数小于零，表示企业资不抵债。

产品销售收入 指企业在报告期内生产的成品、自制半成品和工业性劳务取得的收入。

产品销售成本 指企业在报告期内销售本企业生产的成品、自制半成品和工业性劳务等的实际成本。

产品销售税金及附加 指企业在报告期内销售产品、提供的劳务等主要经营业务应负担的城市维护建设税、消费税、资源税和教育费附加等。

利润总额 指企业生产经营活动的最终成果，是企业在一定时期内实现的盈亏相抵后的利润总额(亏损以“–”号表示)，它等于营业利润加上补贴收入加上投资收益加上营业外净收入再加上以前年度损益调整。

本年应交增值税 指企业在报告期内应交纳的增值税额。它等于本年销项税额加上出口退税加上进项税额转出数减去本年进项税额。小规模纳税企业直接按全年计税销售额乘以征收率计算取得。

年末从业人员平均人数 从业人员是指在企业工作并取得劳动报酬的全部人员数。包括在岗职工、再就业的离退休人员、民办教师及在企业工作的外方人员和港澳台方人员、兼职人员、借用的外单位人员和第二职业者。不包括离开本单位但仍保留劳动关系的职工。

从业人员平均人数是指报告期内每天拥有的从业人员人数。其计算公式为：

月平均人数=报告月内每天实有人数之和/报告月日历日数

季平均人数=季内各月平均人数之和/3

年平均人数=年内各月平均人数之和/12

总资产贡献率 反映企业全部资产的获利能力，是企业经营业绩和管理水平的集中体现，是评价和考核企业盈利能力的核心指标。计算公式为：

总资产贡献率（%）=利润总额+税金总额+利息支出/平均资金总额×100%

公式中：税金总额为产品销售税金及附加与应交增值税之和；平均资产总额为期初期末资产之和的算术平均值。

资产负债率 该指标既反映企业经营风险的大小，也反映企业利用债权人提供的资金从事经营活动的能力。计算公式为：

资产负债率（%）=负债总额/资产总额×100%

资产与负债均为报告期期末数。

流动资产周转次数 指一定时期内流动资产完成的周转次数，反映投入工业企业流动资金的周转速度。计算公式为：

流动资产周转次数=产品销售收入/全部流动资产平均余额

公式中：全部流动资产平均余额为期初和期末的流动资产之和的算术平均值。

成本费用利润率 反映企业投入的生产成本及费用的经济效益，同时也反映企业降低成本所取得的经济效益。计算公式为：

成本费用利润（%）=利润总额/成本费用总额×100%

公式中：成本费用总额为产品销售成本、销售费用、管理费用、财务费用之和。

全员劳动生产率 该指标反映企业的生产效率和劳动投入的经济效益。计算公式为：

全员劳动生产率（元/人）=工业增加值/全部从业人员平均人数

产品销售率 该指标反映工业产品已实现销售的程度，是分析工业产销衔接情况、研究工业产品满足社会需求的指标。计算公式为：

产品销售率（%）=工业销售产值/工业总产值（现价）×100%

建筑业统计单位 指从事房屋、构筑物建造和设备安装活动的法人企业。建筑业法人企业应具有建筑业资质并能够独立核算；同时应具备以下条件：①依法成立，有自己的名称、组织机构和场所，能够承担民事责任；②独立拥有和使用资产，承担负债，有权与其他单位签订合同；③独立核算盈亏，能够编制资产负债表。

建筑业总产值　是以货币形式表现的建筑业企业在一定时期内生产的建筑业产品和提供的服务的总和。建筑业总产值包括：

⑴建筑工程产值：指列入建筑工程预算内的各种工程价值。

⑵安装工程产值：指设备安装工程价值，不包括被安装设备本身的价值。

⑶其他产值：建筑业总产值中除建筑工程、安装工程以外的产值。包括房屋构筑物修理产值、非标准设备制造产值、总包企业向分包企业收取的管理费以及不能明确划分的施工活动所完成的产值。

a.房屋构筑物修理产值：指房屋和构筑物修理所完成的产值，但不包括被修理房屋、构筑物本身价值和生产设备的修理产值。

b.非标准设备制造产值：指加工制造没有定型的非标准生产设备的加工费和原材料价值(如化工厂、炼油厂用的各种罐、槽，矿井生产统一使用的各种漏斗、三角槽、阀门等)以及附属加工厂为本企业承建工程制作的非标准设备的价值。

建筑业增加值　指建筑业企业在报告期内以货币形式表现的建筑业生产经营活动的最终成果。目前建筑业增加值采用分配法(收入法)计算，即从收入的角度出发，根据生产要素在生产过程中应得的收入份额计算。具体计算公式为：

建筑业增加值=本年提取的固定资产折旧+应付工资+应付福利费+管理费用中的劳动待业保险费、税金+工程结算税金及附加+营业利润

房屋建筑施工面积　指在报告期内施过工的全部房屋建筑面积，包括本期新开工的房屋面积、上期施工跨入本期继续施工的房屋面积、上期停缓建在本期恢复施工的房屋面积、本期竣工的房屋面积及本期施工后又停缓建的房屋面积。

房屋建筑竣工面积　指在报告期内房屋建筑按照设计要求全部完工，达到了使用条件，经验收鉴定合格，正式移交使用单位的房屋建筑面积。

自有机械设备年末总台数　指归本企业所有，属于本企业固定资产的生产性机械设备年末总台数。包括施工机械、生产设备、运输设备以及其他设备。

自有机械设备年末总功率　指本企业自有施工机械、生产设备、运输设备以及其他设备等列为在册固定资产的生产性机械设备年末总功率，按设定能力或查定能力计算。包括机械本身的动力和为该机械服务的单独动力设备，如电动机等。计算单位用千瓦，动力换算可按1马力＝0.735千瓦折合成千瓦数。电焊机、变压器、锅炉不计算动力。

工程结算收入　指企业承包工程实现的工程价款结算收入，以及向发包单位收取的除工程价款以外的按规定列作营业收入的各种款项，如临时设施费、劳动保险费、施工机械调迁费等以及向发包单位收取的各种索赔款。

工程结算利润　指已结算工程实现的利润，如亏损以“-”号表示。计算公式为：

工程结算利润=工程结算收入-工程结算成本-工税结算税金及附加

企业总收入　指与企业生产经营直接有关的各项收入，包括工程结算收入和其他业务收入。计算公式为：

企业总收入=工程结算收入+其他业务收入

铁路营业里程　又称营业长度(包括正式营业和临时营业里程)，指办理客货运输业务的铁路正线总长度。凡是全线或部分建成双线及以上的线路，以第一线的实际长度计算；复线、站线、段管线、岔线和特殊用途线以及不计算运费的联络线都不计算营业里程。该指标可以反映铁路运输业基础设施的发展水平，也是计算客货周转量、运输密度和机车车辆运用效率等指标的基础资料。

铁路电气化里程　指在全部铁路营业里程中已安装了供电线路及设备，可以供电力机车牵引列车运行的区段的总里程。

铁路自动、半自动闭塞里程　指装有列车自动或人工完成闭塞状态的铁路设备里程。为保证列车安全运行，在一个区间、同一时间内，一般只允许一列列车运行，这种保证列车在这个区间安全间隔运行的技术方法称为“闭塞”。自动或半自动闭塞里程占铁路营业里程的比重是反映铁路现代化的重要标志之一。

公路里程　指在一定时期内实际达到《公路工程[WTBZ]技术标准JTJ01-88》规定的等级公路，并经公路主管部门正式验收交付使用的公路里程数。包括大中城市的郊区公路以及通过小城镇街道部分的公路里程和桥梁、渡口的长度，不包括大中城市的街道、厂矿、林区生产用道和农业生产用道的里程。两条或多条公路共同经由同一路段，只计算一次，不得重复计算里程长度。该指标可以反映公路建设的发展规模，也是计算运输网密度等指标的基础资料。

内河航道里程　也称内河通航里程，指在一定时期内，能通航运输船舶及排筏的天然河流、

湖泊水库、运河及通航渠道的长度。包括全年季节性通航累计三个月以上的航道，不包括仅供零散流放竹、木排的河道。该指标可以反映内河水运网的规模、水平和发展情况。

民用航空航线里程　指民航运输定期班机飞行的航线长度的总和。航线长度按机场之间的距离计算，通常有两种计算方法：一是将每条航线长度相加称为重复计算航线里程；一是将两线或两条以上航线经过同一区段里程，只计算一次航线长度称为不重复计算航线里程。一般常用的是后者，该指标可以确切反映民航运输网的规模，是表明民航事业为国民经济服务和方便人民生活程度的主要指标。

输油(气)管道长度　也称输油(气)里程，指油品(或天然气)的实际输送距离，一般按输油(气)管道的单线长度计算。若包括复线和备用线长度则称为输油(气)管道延展长度，是指管道铺设的实际长度。我们通常使用的是不包括复线的“输油(气)管道里程”，该指标可以反映管道运输的发展规模和水平。

货(客)运量　指在一定时期内，各种运输工具实际运送的货物(旅客)数量。该指标是反映运输业为国民经济和人民生活服务的数量指标，也是制定和检查运输生产计划、研究运输发展规模和速度的重要指标。货运按吨计算，客运按人计算。货物不论运输距离长短、货物类别，均按实际重量统计。旅客不论行程远近或票价多少，均按一人一次客运量统计；半价票、小孩票也按一人统计。

货(客)运密度　指在一定时期内某种运输方式在营运线路的某一区段平均每公里线路通过的货物(旅客)运输周转量。计算公式为：

货（客）运密度=货物（旅客）周转量/营业线路长度

该指标可以反映交通运输线路上的货物(旅客)运输量运输繁忙程度，是平衡运输线路运输能力和通过能力，规划线路建设及改造、配备技术设备，研究运输网布局的重要依据。

货物(旅客)周转量　指在一定时期内，由各种运输工具运送的货物(旅客)数量与其相应运输距离的乘积之总和。该指标可以反映运输业生产的总成果，也是编制和检查运输生产计划，计算运输效率、劳动生产率以及核算运输单位成本的主要基础资料。计算货物周转量通常按发出站与到达站之间的最短距离，也就是计费距离计算。计算公式为：

货物（旅客）周转量=∑货物（旅客）运输量×运输距离

铁路货车平均静载重　指铁路货车在始发站静止状态下平均每车装载的货物重量，用以分析货车完成装车时车辆载重力的利用情况。计算公式为：

货车平均静载量=货物发送吨数/装车数

静载重的多少取决于运送货物的性质、种类、车辆的类型和装载技术的高低。根据货车的平均标记载重与静载重进行对比，可以反映货车载重能力的利用程度。计算公式为：

货车载重力利用率（%）=货车平均静载重/货车平均标记载重×100%

铁路货运机车日产量　指在一定时期内，平均每台货运机车在一昼夜内所完成的总重吨公里数，包括载运货物的重量和车辆本身的自重。该指标从时间和牵引能力两方面反映了机车运用效率。计算公式为：

货运机车平均日产量=货运总重吨公里数/货运机车台日数

沿海主要港口货物吞吐量 指经水运进出沿海主要港区范围，并经过装卸的货物数量，包括邮件及办理托运手续的行李、包裹以及补给运输船舶的燃、物料和淡水。货物吞吐量按货物流向分为进口、出口吞吐量，按货物交流性质分为外贸货物吞吐量和国内贸易货物吞吐量。货物吞吐量的货类构成及其流向，是衡量港口生产能力大小的重要指标。

民用汽车拥有量 指报告期末，在公安交通管理部门按照《机动车注册登记工作规范》，已注册登记领有民用车辆牌照的全部汽车数量。汽车拥有量统计的主要分类：根据汽车结构分为载客汽车、载货汽车及其他汽车；根据汽车所有者不同分为个人(私人)汽车、单位汽车；根据汽车的使用性质分为营运汽车、非营运汽车和特种汽车；根据汽车大小规格不同载客汽车分为大型、中型、小型和微型，载货汽车分为重型、中型、轻型和微型。

邮电业务总量 指以价值量形式表现的邮电通信企业为社会提供各类邮电通信服务的总数量。邮电业务量按专业分类包括函件、包件、汇票、报刊发行、邮政快件、特快专递、邮政储蓄、集邮、公众电报、用户电报、传真、长途电话、出租电路、无线寻呼、移动电话、分组交换数据通信、出租代维等。计算方法为各类产品乘以相应的平均单价(不变价)之和，再加上出租电路和设备、代用户维护电话交换机和线路等的服务收入。该指标综合反映了一定时期邮电业务发展的总成果，是研究邮电业务量构成和发展趋势的重要指标。计算公式为：

邮电业务总量=∑（各类邮电业务量×不变单价）+出租代维及其他业务收入=邮电业务总量+电信业务总量

无线寻呼用户 无线寻呼是指电话用户通过无线寻呼中心，在规定范围内向携带小型寻呼机的用户发出声音、数字或文字显示信息。在寻呼台办理登记手续携带小型寻呼机的用户，称为无线寻呼用户。

移动电话用户 指通过移动电话交换机进入移动电话网、占用移动电话号码的各类电话用户。包括签约用户和智能网预付费用户。一个移动电话号码统计为一户。

互联网上网人数 指平均每周使用互联网至少1小时的中国公民人数。

本地电话用户 指接入本地电信运营商固定电话网上的电话用户。包括：住宅用户、单位用户、公用电话用户等。按电话用户位置又分为市内电话用户和农村电话用户。1997年以前，“市内电话用户”是指接入县城及县以上城市的电话网上的电话用户；“农村电话用户”是指接入县邮电局农话台及县以下农村电话交换点，以县城为中心(除市话用户外)联通县、乡(镇)、行政村、村民小组的用户。从1997年起，电话用户数分组调整为以用户所在区域划分为“城市电话用户”和“乡村电话用户”，与过去的按市内电话和农村电话划分方法不同。而电话用户总数、电话机总部数统计范围不变。

城市电话用户 指直辖市、省辖市、地级市、县级市的市区、市郊区及县城(包括县人民政府所在地的县城关区或行政建制相当于县人民政府所在地的镇)范围内接入局用交换机的电话用户数，包括分布在农村地区的独立工矿区、林区、驻军等电话用户数。

乡村电话用户 指按行政区划属于城市范围以外的乡(镇)、村的电话用户数。

住宅电话用户 指安装在居民住宅或农民家里并按照住宅电话用户登记注册和收费的电话用户。包括私人付费、单位付费和按规定免费安装的住宅电话用户。

长途电话交换机容量 指用于接入长途电话网的电话交换机设备的额定容量，包括国际电话交换机容量。

局用交换机容量 指安装在电信运营企业内用于接续本地固定电话的电话交换机容量，包括现用和备用的人工或自动交换机的全部容量。不包括用户交换机容量。

移动电话交换机容量 指移动电话交换机根据一定话务模型和交换机处理能力计算出来的最大同时服务用户的数量。

社会消费品零售总额 批发和零售业、餐饮业、新闻出版业、邮政业和其他服务业等，售予城乡居民用于生活消费的商品和社会集团用于公共消费的商品之总量。社会消费品零售总额包括：

一、批发和零售业企业（单位）：

1.售予城乡居民的各种生活消费品；

2.售予入境旅游的外国人、华侨、港澳台同胞的各类商品；

3.售予行政事业单位、社会团体、军队和武警等机构的商品，以及以零售方式售予各类企业的商品。具体包括：用于非生产和社会交往的办公用品，如通讯设备、计算器具和设备、电讯网络设备、文印设备、音像视听器材和设备、纸张、本册、文具及装订文印材料、家具、日用电器、针纺织品、清洁卫生用品、文体用品、奖品、纪念品、礼品等；供内部人员乘坐的交通工具和燃料；用于办公设施修缮的各类配件、材料、工具等；用于取暖和防暑降温的设备、燃料、材料及食品等；专用于教学的用品和设备；非营利医疗机构的中、西药品、中药材和医疗设备器材；非专用的劳动保护用品；不对外营业的内部食堂用的餐具、炊具、设备、清洁卫生工具和食品、燃料等；军队、武警用于其人员生活的衣着品和个人用品；其他各类非生产性设备和用品。

二、餐饮业出售的主食、菜肴、烟酒饮料和其他商品。

三、新闻出版业、邮政业售予城乡居民、企事业单位、军队和武警等机构的书报杂志、音像制品、邮品等。

四、其他服务业出售的食品、烟酒饮料、服装鞋帽、日常生活用品、医药保健用品、艺术品、工艺美术品、玩具、殡葬用品以及其他消费品。

批发零售贸易业商品购、销、存总额 指各种登记注册类型的批发、零售业企业(单位)以本企业(单位)为总体的，从国内、国外市场购进的商品总量，销售和出口的商品总量、库存商品总量等情况。该指标可以反映商品流转过程中商品的购进、销售、库存之间的比例关系和存在的问题。

商品购进总额 指从本企业(单位)以外的单位和个人购进(包括从境外直接进口)作为转卖或加工后转卖的商品总额。它反映批发零售贸易业从国内、国外市场上购进商品的总量。商品购进总额包括：(1)从工农业生产者购进的商品；(2)从出版社、报社的出版发行部门购进的图书、杂志和报纸；(3)从各种登记注册类型的批发零售贸易企业(单位)购进的商品；(4)从其他单位购进的商品，如从机关、团体、企业等单位购进的剩余物资，从餐饮业、服务业购进的商品，从海关、市场管理部门购进的缉私和没收的商品，从居民手中收购的废旧商品等；(5)从国(境)外直接进口的商品。不包括企业(单位)为自身经营用和未通过买卖行为而收入的商品以及销售退回、商品升溢等。

商品销售总额 指对本企业(单位)以外的单位和个人出售(包括对境外直接出口)的商品总额。它反映批发零售贸易业在国内市场上销售商品以及出口商品的总量。商品销售总额包括：(1)售给城乡居民和社会集团消费用的商品；(2)售给工业、农业、建筑业、运输邮电业、批发零售贸易业、餐饮业、服务业等作为生产、经营使用的商品；(3)售给批发零售贸易业作为转卖或加工后转卖的商品；(4)对国(境)外直接出口的商品。不包括出售本企业(单位)自用的废旧包装用品；未通过买卖行为付出的商品；经本单位介绍，由买卖双方直接结算，本单位只收取手续费的业务；购货退出的商品以及商品损耗和损失等。

批发零售贸易业库存 指报告期末各种登记注册类型的批发零售贸易企业(单位)已取得所有权的商品。它反映批发零售贸易企业(单位)的商品库存情况和对市场商品供应的保证程度。期末库存包括：(1)存放在批发零售贸易业经营单位(如门市部、批发站、经营处)仓库、货场、货柜和货架中的商品；(2)挑选、整理、包装中的商品；(3)已记入购进而尚未运到本单位的商品，即发货单或银行承兑凭证已到而货未到的部分；(4)寄放他处的商品，如因购货方拒绝承付而暂时存放在购货方的商品和已办完加工成品收回手续而未提回的商品；(5)委托其他单位代销(未作销售或调出)尚未售出的商品；(6)代其他单位购进尚未交付的商品。不包括所有权不属于本单位的商品、拨付除批发零售贸易业以外的其他行业所属独立核算加工厂等加工生产尚未收回成品的商品、代国家物资储备部门保管的商品等。

库存总额采用的计算价格是：农副产品采购单位按购进价计算；批发单位按进货价计算；零售单位按核算价格计算，即按什么价格核算就按什么价格计算。

餐饮业营业收入 指餐饮企业、产业活动单位或个体户的全部营业额，包括商品零售额和其他服务性收入。其主要反映餐饮企业、活动单位或个体户的经营情况及发展变化趋势。

餐饮业商品零售额 指餐饮企业、产业活动单位或个体户直接对居民和社会集团零售的各种商品。包括：(1)经烹饪、调制加工后出售的各种食品，如主食、炒菜、凉拌菜等；(2)不经加工直接转卖的各种外购商品，如卷烟、酒、饮料、熟食、水果等；(3)附设非独立核算的专门销售商品的小卖部出售的各种食品及其他商品。

消费品市场成交额 指在全国消费品交易市场成交的全部商品金额。消费品市场包括农副产品市场和工业消费品市场。

亿元商品交易市场成交额 指年销售额达到亿元以上，经工商部门批准、专门从事商品批发、零售业务活动的市场。其市场所有摊位销售总额称为商品交易市场成交额。

连锁企业(或称连锁店、连锁公司) 指在核心企业或总店的领导下，由分散的、经营同类商品或服务的企业或活动单位，采取共同方针，实行集中采购和分散销售的有机结合，通过规范化经营，实现规模效益的经济联合组织形式。一般连锁店应由若干个分店组成。其经营特征：(1)经营同类商品；(2)使用统一商号；(3)统一采购配送，采购与销售相分离（部分商品可根据物流合理和保质保鲜原则，由供应商直接送货到门店，其余均由总部统一配送）。

连锁门店包括下列两种形式：

直营连锁：指正规连锁。连锁门店均由总部独资或控股开设，在总部的直接领导下统一经营。

加盟连锁：指特许连锁。各连锁门店（被特许人）通过合同形式，取得使用总部（特许人）商标、商号、经营技术和销售总部开发的商品的特许权，各加盟连锁门店为独立法人，在总部指导下统一经营。

进出口总额 指实际进出我国国境的货物总金额。包括对外贸易实际进出口货物，来料加工装配进出口货物，国家间、联合国及国际组织无偿援助物资和赠送品，华侨、港澳台同胞和外籍华人捐赠品，租赁期满归承租人所有的租赁货物，进料加工进出口货物，边境地方贸易及边境地区小额贸易进出口货物(边民互市贸易除外)，中外合资企业、中外合作经营企业、外商独资经营企业进出口货物和公用物品，到、离岸价格在规定限额以上的进出口货样和广告品(无商业价值、无使用价值和免费提供出口的除外)，从保税仓库提取在中国境内销售的进口货物，以及其他进出口货物。该指标可以观察一个国家在对外贸易方面的总规模。我国规定出口货物按离岸价格统计，进口货物按到岸价格统计。

商品经营单位所在地进、出口额 指所在地海关注册登记的有进出口经营权的企业实际进、出口额。

商品目的地进口额和商品货源地出口额 目的地进口额指进口货物的消费、使用或最终抵运地的实际进口额，货源地出口额指出口货物的产地或原始发货地的实际出口额。

利用外资 指我国各级政府、部门、企业和其他经济组织通过对外借款、吸收外商直接投资以及用其他方式筹措的境外现汇、设备、技术等。

对外借款 指通过对外正式签订借款协议，从境外筹措的资金，包括外国政府贷款、国际金融组织贷款、外国银行商业贷款、出口信贷以及对外发行债券等。1996年及以前还包括对外发行股票。该指标是我国利用外资的重要部分。

外商直接投资 指外国企业和经济组织或个人(包括华侨、港澳台胞以及我国在境外注册的企业)按我国有关政策、法规，用现汇、实物、技术等在我国境内开办外商独资企业、与我国境内的企业或经济组织共同举办中外合资经营企业、合作经营企业或合作开发资源的投资(包括外商投资收益的再投资)，以及经政府有关部门批准的项目投资总额内企业从境外借入的资金。

外商其他投资 指除对外借款和外商直接投资以外的各种利用外资的形式。包括企业在境内外股票市场公开发行的以外币计价的股票（目前主要是在香港证券市场发行的H股和在境内证券市场发行的B股）发行价总额，国际租赁进口设备的应付款，补偿贸易中外商提供的进口设备、技术、物料的价款，加工装配贸易中外商提供的进口设备、物料的价款。

对外承包工程 指各对外承包公司以招标议标承包方式承揽的下列业务：(1)承包国外工程建设项目；(2)承包我国对外经援项目；(3)承包我国驻外机构的工程建设项目；(4)承包我国境内利用外资进行建设的工程项目；(5)与外国承包公司合营或联合承包工程项目时我国公司分包部分；(6)对外承包兼营的房屋开发业务。对外承包工程的营业额是以货币表现的本期内完成的对外承包工程的工作量，包括以前年度签订的合同和本年度新签订的合同在报告期内完成的工作量。

对外劳务合作 指以收取工资的形式向业主或承包商提供技术和劳动服务的活动。我国对外承包公司在境外开办的合营企业，中国公司同时又提供劳务的，其劳务部分也纳入劳务合作统计。劳务合作营业额按报告期内向雇主提交的结算数(包括工资、加班费和奖金等)统计。

对外设计咨询 指以服务成果向业主收费的技术服务项目。包括承担地形地貌测绘，地质资源勘探与普查，建设区域规划，提供设计文件、图纸、生产工艺技术资料和工程技术经济咨询，工程项目的可行性考察、研究和评估，进行技术指导和培训人员等；也包括承担国(境)内利用外资建设工程项目中的设计咨询项目内收取外币部分。

旅游者人数

(1)入境国际旅游者人数：指来中国参观、访问、旅行、探亲、访友、休养、考察、参加会议和从事经济、科技、文化、教育、宗教等活动的外国人、华侨、港澳同胞和台湾同胞的人数。不包括外国在我国的常驻机构，如使领馆、通讯社、企业办事处的工作人员;来我国常住的外国专家、留学生以及在岸逗留不过夜人员。

(2)出境居民人数：指大陆居民因公务活动或私人事务短期出境的人数。公务活动出境居民人数包括在国际交通工具上的中国服务员工，因私出境居民人数不包括在国际交通工具上的中国服务员工。

(3)国内旅游者人数：指我国大陆居民和在我国常住1年以上的外国人、华侨、港澳台同胞离开常住地在境内其他地方的旅游设施内至少停留一夜，最长不超过6个月的人数。

国际旅游(外汇)收入 指入境旅游的外国人、华侨、港澳同胞和台湾同胞在中国大陆旅游过程中发生的一切旅游支出，对于国家来说就是国际旅游(外汇)收入。

国际旅行社 指经营对外招徕并接待外国人、华侨、港澳同胞和台湾同胞来中国、归国或回内地旅游业务的旅行社。

国内旅行社 指负责经营招徕、组团、接待国内旅客的旅游业务，以及不对外招徕，负责经营接待国际旅行社或其它涉外部门组织的外国人、华侨、港澳同胞和台湾同胞来中国、归国或回内地的旅游业务的旅行社。

星级饭店 指已评定星级的饭店。

普通高等学校 指按照国家规定的设置标准和审批程序批准举办的，通过全国普通高等学校统一招生考试，招收高中毕业生为主要培养对象，实施高等教育的全日制大学、独立设置的学院和高等专科学校、高等职业学校和其他机构。

大学、独立设置的学院主要实施本科层次以上教育，高等专科学校、高等职业学校实施专科层次教育，其他机构是承担国家普通招生计划任务不计校数的机构。包括普通高等学校分校和批准筹建的普通高等学校等。

成人高等学校 指按照国家规定的设置标准和审批程序批准举办的，通过全国成人高等学校统一招生考试，招收具有高中毕业或同等学历的在职从业人员为主要培养对象，利用函授、业余、脱产等多种形式对其实施高等学历教育的学校。包括职工高等学校、农民高等学校、管理干部学院、教育学院、独立函授学院、广播电视大学、其他机构等。其他机构是承担国家成人招生计划任务不计校数的机构。

小学学龄儿童入学率 指调查范围内已入小学学习的学龄儿童占校内外学龄儿童总数(包括弱智儿童，不包括盲聋哑儿童)的比重。计算公式为：

小学学龄儿童入学率=已入学的小学学龄儿童数/校内外小学学龄儿童总数×100%

科技活动　指在自然科学、农业科学、医药科学、工程与技术科学、人文与社会科学领域(简称科学技术领域)中，与科技知识的产生、发展、传播和应用密切相关的有组织的活动。

可分为研究与试验发展(R&D)、研究与试验发展成果应用及相关的科技服务三类活动。该定义是联合国教科文组织考虑成员国特别是发展中国家开展科技统计工作的需要，而对科技活动所作的统计界定。

科技活动人员　指直接从事科技活动、以及专门从事科技活动管理和为科技活动提供直接服务，累计的实际工作时间占全年制度工作时间10%及以上的人员。(1)直接从事科技活动的人员包括：在独立核算的科学研究与技术开发机构、高等学校、各类企业及其他事业单位内设的研究室、实验室、技术开发中心及中试车间(基地)等机构中从事科技活动的研究人员、工程技术人员、技术工人及其它人员；虽不在上述机构工作，但编入科技活动项目(课题)组的人员；科技信息与文献机构中的专业技术人员；从事论文设计的研究生等。(2)专门从事科技活动管理和为科技活动提供直接服务的人员，包括：独立核算的科学研究与技术开发机构、科技信息与文献机构、高等学校、各类企业及其他事业单位主管科技工作的负责人，专门从事科技活动的计划、行政、人事、财务、物资供应、设备维护、图书资料管理等工作的各类人员，但不包括保卫、医疗保健人员、司机、食堂人员、茶炉工、水暖工、清洁工等为科技活动提供间接服务的人员。该指标用来反映投入科技活动人力的规模。

科学家与工程师　指科技活动人员中具有高、中级技术职称(职务)的人员和不具有高、中级技术职称(职务)的大学本科及以上学历人员。该指标用来反映投入科技活动人力的素质。

研究与试验发展(R&D)　指在科学技术领域，为增加知识总量、以及运用这些知识去创造新的应用进行的系统的创造性的活动，包括基础研究、应用研究、试验发展三类活动。国际上通常采用R&D活动的规模和强度指标反映一国的科技实力和核心竞争力。

基础研究　指为了获得关于现象和可观察事实的基本原理的新知识(揭示客观事物的本质、运动规律，获得新发现、新学说)而进行的实验性或理论性研究，它不以任何专门或特定的应用或使用为目的。其成果以科学论文和科学著作为主要形式。用来反映知识的原始创新能力。

应用研究　指为获得新知识而进行的创造性研究，主要针对某一特定的目的或目标。应用研究是为了确定基础研究成果可能的用途，或是为达到预定的目标探索应采取的新方法(原理性)或新途径。其成果形式以科学论文、专著、原理性模型或发明专利为主。用来反映对基础研究成果应用途径的探索。

试验发展　指利用从基础研究、应用研究和实际经验所获得的现有知识，为产生新的产品、材料和装置，建立新的工艺、系统和服务，以及对已产生和建立的上述各项作实质性的改进而进行的系统性工作。其成果形式主要是专利、专有技术、具有新产品基本特征的产品原型或具有新装置基本特征的原始样机等。在社会科学领域，试验发展是指把通过基础研究、应用研究获得的知识转变成可以实施的计划(包括为进行检验和评估实施示范项目)的过程。人文科学领域没有对应的试验发展活动。主要反映将科研成果转化为技术和产品的能力，是科技推动经济社会发展的物化成果。

研究与试验发展人员　指参与研究与试验发展项目研究、管理和辅助工作的人员，包括项目(课题)组人员，企业科技行政管理人员和直接为项目(课题)活动提供服务的辅助人员。反映投入从事拥有自主知识产权的研究开发活动的人力规模。

专业技术人员　指从事专业技术工作和专业技术管理工作的人员，即企事业单位中已经聘任专业技术职务从事专业技术工作和专业技术管理工作的人员，以及未聘任专业技术职务，现在专业技术岗位上工作的人员。包括工程技术人员，农业技术人员，科学研究人员，卫生技术人员，教学人员，经济人员，会计人员，统计人员，翻译人员，图书资料、档案、文博人员，新闻出版人员，律师、公证人员，广播电视播音人员，工艺美术人员，体育人员，艺术人员及企业政治思想工作人员，共十七个专业技术职务类别。用来反映科技人力资源情况。

科技活动经费筹集指从各种渠道筹集到的计划用于科技活动的经费，包括政府资金、企业资金、事业单位资金、金融机构贷款、国外资金和其他资金等。反映各社会经济主体对促进科技进步所做的努力。

政府资金 指从各级政府部门获得的计划用于科技活动的经费，包括科学事业费、科技三项费、科研基建费、科学基金、教育等部门事业费中计划用于科技活动的经费以及政府部门预算外资金中计划用于科技活动的经费等。

企业资金 指从自有资金中提取或接受其他企业委托的、科研院所和高校等事业单位接受企业委托获得的，计划用于科研和技术开发的经费。不包括来自政府、金融机构及国外的计划用于科技活动的资金。

金融机构贷款 指从各类金融机构获得的用于科技活动的贷款。

科技活动经费内部支出 指报告年内用于科技活动的实际支出，包括劳务费、科研业务费、科研管理费，非基建投资购建的固定资产、科研基建支出以及其他用于科技活动的支出。不包括生产性活动支出、归还贷款支出及转拨外单位支出。反映科技投入实际完成情况。

劳务费 指以货币或实物形式直接或间接支付给从事科技活动人员的劳动报酬及各种费用。包括各种形式的工资、津贴、奖金、福利、离退休人员费用、人民助学金等。反映改善科技人员待遇情况。

固定资产购建费 指报告年内使用非基建投资购建的固定资产和用于科研基建投资的实际支出额，即固定资产实际支出和科研基建投资实际完成额之和。固定资产是指长期使用而不改变原有实物形态的主要物资设备、图书资料、实验材料和标本以及其他设备和家具、房屋、建筑物。反映用于改善科研条件和科研手段方面的投入情况。

新产品 指采用新技术原理、新设计构思研制、生产的全新产品，或在结构、材质、工艺等某一方面比原有产品有明显改进，从而显著提高了产品性能或扩大了使用功能的产品。既包括政府有关部门认定并在有效期内的新产品，也包括企业自行研制开发，未经政府有关部门认定，从投产之日起一年之内的新产品。用来反映科技产出及对经济增长的直接贡献。

专利 是专利权的简称，是对发明人的发明创造经审查合格后，由专利局依据专利法授予发明人和设计人对该项发明创造享有的专有权。包括发明、实用新型和外观设计。反映拥有自主知识产权的科技和设计成果情况。

发明 指对产品、方法或者其改进所提出的新的技术方案。是国际通行的反映拥有自主知识产权技术的核心指标。

实用新型 指对产品的形状、构造或者其结合所提出的适于实用的新的技术方案。反映具有一定技术含量的技术成果情况。

外观设计 指对产品的形状、图案、色彩或者其结合所作出的富有美感并适于工业上应用的新设计。反映拥有自主知识产权的外观设计成果情况。

文化事业机构 指从事专业文化工作和为专业文化工作服务的独立建制的单位。不包括这些单位另外举办独立核算的其他机构和各部门的业余文化组织。该指标主要反映文化事业机构发展规模水平。

艺术表演团体 指从事戏曲、音乐、舞蹈、杂技等专业艺术表演，有独立帐户的单位，不包括半工半艺、半农半艺和民间职业剧团。

艺术表演观众人数(人次) 指售票、包场演出或民族地区免费演出的艺术表演观众人次数，不包括彩排审查和内部观摩演出的观看人次数。

等级运动员人数 指经考核正式批准授予等级运动员称号的人数。运动员等级分为国际级运动健将、运动健将、一级运动员、二级运动员、三级运动员、少年级运动员。该指标主要反映运动员队伍的技术质量水平。

等级裁判员人数 指经考核正式批准授予等级裁判员称号的人数。裁判员等级分为国际裁判、国家级裁判、一级裁判、二级裁判、三级裁判。该指标主要反映裁判员队伍的技术质量水平。

体育场 指有400米跑道(中心含足球场)，有固定道牙，跑道6条以上，并有固定看台的室外田径场地。体育场按看台容纳观众人数分为：甲级25000人以上，乙级15000–25000人，丙级5000–15000人，丁级5000人以下。该指标主要反映大中型体育场数量水平。

体育馆 指有固定看台，可供篮球、排球、羽毛球、乒乓球、体操等项目训练比赛活动用的室内运动场地。体育馆按看台容纳观众人数分为：甲级6000人以上，乙级4000–6000人，丙级2000–4000人，丁级2000人以下。该指标主要反映大中型体育馆数量水平。

卫生机构 包括医疗机构、疾病预防控制中心(防疫站)、采供血机构、卫生监督及监测(检验)机构、医学科研和在职培训机构、健康教育所等。

医疗机构 包括医院、社区卫生服务中心(站)、疗养院、卫生院、门诊部、诊所(卫生所、医务室)、妇幼保健院(所、站)、专科疾病防治院(所、站)、急救中心(站)和临床检验中心。医疗机构分为非赢利性医疗机构和赢利性医疗机构。

医院 包括综合医院、中医医院、中西医结合医院、民族医院、各类专科医院和护理院。

卫生技术人员 指卫生机构中医生、护理人员、药剂人员、检验人员等卫生技术人员。

医生 指在医疗、预防保健机构工作且取得《执业医师证书》的执业医师和执业助理医师。

社会福利事业单位 指集中收养社会孤老、残、幼的机构，包括由民政部门管理的社会福利院、儿童福利院、精神病人福利院和城镇集体举办的福利院及农村集体举办的敬老院以及优抚医院和具有收养能力的社区服务中心等。该指标主要反映我国在社会福利性单位投入的水平。

社会福利事业单位收养人数 包括民政部门管理和城镇、农村集体举办的社会福利事业单位中收养的老人、少年儿童、缺乏生活自理能力的残疾人员和精神病人。该指标主要反映收养性社会福利单位的收养能力。

社会福利企业单位 指以安置城镇有一定劳动能力的盲、聋、哑和肢体残疾人员就业为目的，享受国家减免税待遇的国有或集体企业。包括福利工厂、福利商业和服务业、假肢厂和安置农场等单位。该指标主要反映我国对残疾人照顾的特殊政策。

农村五保户 指农村中既无劳动能力，又无经济来源的老、弱、孤、残的农民，其生活由集体供养，实行保吃、保穿、保住、保医、保葬(孤儿保教)，简称“五保”，享受五保待遇的家庭叫五保户。该指标主要反映农村弱势群体的人员数量。

律师 指依法取得律师执业证书，担任法律顾问，民事(刑事、行政)案件代理人、刑事案件辩护人、办理非诉讼业务，解答法律询问，代写法律事务文书等，为社会提供法律服务的人员。

公证人员 指在公证处工作的人员总称，包括公证处主任、副主任、公证员、公证员助理(助理公证员)和其他从事辅助性工作的人员。

公证文书 指公证处根据当事人申请，依照事实和法律，按照法定程序制作的，具有法律效力的司法证明文书。根据公证书用途和使用地，公证书分为国内公证书、国内经济公证书、涉外民事公证书、涉外经济公证书四类。

调解员 指在人民调解委员会担负调解民间纠纷工作的人员，包括调解委员会的委员和调解小组的调解员。该指标主要反映从事人民调解工作的人员数量。

调解民间纠纷 指调解委员会按照法律规定，根据自愿原则，用说服教育的方法调解民间发生的有关民事权利和义务争执的件数，包括调解成功数和调解未成功数。该指标主要反映人民调解委员会的工作量。

受理劳动争议案件数 指劳动争议仲裁委员会根据国家有关规定，对劳动争议当事人的申请予以审查，符合受理条件而正式立案、准备处理的劳动争议案件数。

基本养老保险

1.参加保险人数：指报告期末按照国家法律、法规和有关政策规定参加基本养老保险的职工人数。包括不能正常缴费、已中断缴费但未终止保险关系的职工人数。

2.社会统筹基金收入：指根据国家规定，由纳入基本养老保险范围的单位，按照国家规定的缴费基数和缴费比例缴纳的社会统筹基金，以及通过其他方式取得的形成基金来源的收入，包括：单位缴纳的社会统筹基金收入、财政补贴收入、利息收入、其他收入。

3.社会统筹基金支出：指按照国家政策规定的开支范围和开支标准从社会统筹基金中支付给参加基本养老保险的离休、退休、退职人员个人的养老金、丧葬抚恤补助，以及由于保险关系转移、上下级之间调剂资金等原因而发生的支出。包括：基础性养老金、过渡性养老金、离休金、退休金、退职金、补贴、丧葬抚恤补助、其他支出。

4.社会统筹基金结余：指截止报告期末基本养老保险的社会统筹基金结余金额。包括银行存款、财政专户、债券投资和其他。

离休、退休、退职人员 指正式办理了离休、退休、退职手续，并享受相应的离休、退休、退职待遇的人员。

保险福利费用总额 指各单位在工资以外支付给职工和离休、退休、退职人员个人和用于集体的保险福利费用，不包括用于职工的劳动保护费用，由保险福利费用开支的医务人员工资，集体福利机构工作人员和病伤休息期满6个月以上人员的工资。

离休、退休、退职人员保险福利费用包括:

1.离休金：指发给离休干部的工资和按1982年国务院《关于老干部离职休养制度的几项规定的通知》发给符合规定的离休干部相当于一至两个月标准工资的生活补贴及1988年增发的生活补贴。

2.退休金：指按照国家有关规定发给退休职工的退休费和1988年增发的生活补贴。

3.退职生活费：指按照1978年国务院《关于工人退休、退职的暂行办法》发给退职人员的生活费用和1988年增发的生活补贴。以上离退休、退职人员的离退休金、退职生活费还应包括发给离退休、退职人员的生活补贴和物价补贴。

4.医疗卫生费：指离休、退休、退职人员的医疗费、住院费以及住院伙食补助等费用。

5.其他：指上述费用以外的其他保险福利费用，如丧葬抚恤救济费、交通费补贴、冬季取暖补贴等。

工业废水排放量 指经过企业厂区所有排放口排到企业外部的工业废水量。包括生产废水、外排的直接冷却水、超标排放的矿井地下水和与工业废水混排的厂区生活污水，不包括外排的间接冷却水(清污不分流的间接冷却水应计算在内)。

工业废水排放达标量 指报告期内废水中各项污染物指标都达到国家或地方排放标准的外排工业废水量，包括未经处理外排达标的，经废水处理设施处理后达标排放的，以及经污水处理厂处理后达标排放的。

工业废水排放达标率 指工业废水排放达标量占工业废水排放量的百分率，计算公式为：

工业废水排放达标率=工业废水排放达标量/工业废水排放量×100%

工业废气排放量 指报告期内企业厂区内燃料燃烧和生产工艺过程中产生的各种排入大气的含有污染物的气体的总量，以标准状态(273K，101325Pa)计算。测算公式为：

工业废气排放量=燃料燃烧过程中废气排放量+生产工艺过程中废气排放量

工业SO_2排放量 指报告期内企业在燃料燃烧和生产工艺过程中排入大气的SO_2总量，计算公式为：

工业SO_2排放量=燃料燃烧过程中SO_2排放量+生产工艺过程中SO_2排放量

工业烟尘排放量 指企业厂区内燃料燃烧过程中产生的烟气中夹带的颗粒物排放量。

工业粉尘排放量 指企业在生产工艺过程中排放的能在空气中悬浮一定时间的固体颗粒物排放量。如钢铁企业的耐火材料粉尘、焦化企业的筛焦系统粉尘、烧结机的粉尘、石灰窑的粉尘、建材企业的水泥粉尘等。不包括电厂排入大气的烟尘。

工业固体废物产生量 指报告期内企业在生产过程中产生的固体状、半固体状和高浓度液体状废弃物的总量，包括危险废物、冶炼废渣、粉煤灰、炉渣、煤矸石、尾矿、放射性废物和其他废物等；不包括矿山开采的剥离废石和掘进废石(煤矸石和呈酸性或碱性的废石除外)。酸性或碱性废石指采掘的废石其流经水、雨淋水的pH值小于4或pH值大于10.5者。

工业固体废物综合利用量 指报告期内企业通过回收、加工、循环、交换等方式，从固体废物中提取或者使其转化为可以利用的资源、能源和其他原材料的固体废物量(包括当年利用往年的工业固体废物贮存量)，如用作农业肥料、生产建筑材料、筑路等。综合利用量由原产生固体废物的单位统计。

工业固体废物综合利用率 指工业固体废物综合利用量占工业固体废物产生量(包括综合利用往年贮存量)的百分率。计算公式为：

工业固体废物综合利用率=工业固体废物综合利用量/工业固体废物产生量+综合利用往年贮存量×100%

工业固体废物贮存量 指报告期内企业以综合利用或处置为目的，将固体废物暂时贮存或堆存在专设的贮存设施或专设的集中堆存场所内的数量。专设的固体废物贮存场所或贮存设施必须有防扩散、防流失、防渗漏、防止污染大气、水体的措施。

工业固体废物处置量 指报告期内企业将固体废物焚烧或者最终置于符合环境保护规定要求的场所，并不再回取的工业固体废物量(包括当年处置往年的工业固体废物贮存量)。处置方式有填埋(其中危险废物应安全填埋)、焚烧、专业贮存场(库)封场处理、深层灌注、回填矿井及海洋处置(经海洋管理部门同意投海处置)等。

工业固体废物排放量 指报告期内企业将所产生的固体废物排到固体废物污染防治设施、场所以外的数量，不包括矿山开采的剥离废石和掘进废石(煤矸石和呈酸性或碱性的废石除外)。

“三废”综合利用产品产值 指报告期内利用“三废”作为主要原料生产的产品价值(现行价)；已经销售或准备销售的应计算产品价值，留作生产自用的不应计算产品价值。

边境经济合作区 经省政府或国务院批准设立的，在边境地区一定范围内集中建设并享有一定优惠政策和配套设施的开发区。边境经济合作区以与毗邻国家对外贸易、经济技术合作为主。经省政府批准的即为省级开发区，经国务院批准设立的为国家级开发区。

经济技术开发区 经省政府或国务院批准设立的，设在内陆地区依托中心城市集中在一定地域建设，享有一定优惠政策和配套设施的开发区。经济技术开发区以招商引资、建立出口加工基地为主，成为本地招商引资，扩大开放的窗口和基地。

高新技术产业开发区 经省政府或国务院批准设立的，依托具有一定经济实力和科技力量的中心城市，享有一定优惠政策和配套设施，通过招商引资，扩大开放，发展高新技术产业开发区。

民营经济 登记注册类型为股份合作企业、其他联营企业、非国有控股的其他责任公司和股份有限公司、私营企业、内资其他企业的企业法人和有固定经营场所并持有工商营业执照，或有固定经营场所但暂时没有领取工商营业执照的个体经营户。

EXPLANATORY NOTES ON MAIN STATISTICAL INDICATORS

Administrative Division refers to the division of a dministr ative areas by the state. The Constitution of the People's Republic of China stipulates that the ad ministrative areas in China are divided as: 1) The whole country is divided into provinces, autonomous regions and municipalities directly under the central gov ernment; 2) Provinces and autonomous regions are divided into autonomous prefect ures, counties, autonomous counties and cities; 3) Autonomous prefectures are di vided into counties, autonomous counties and cities; 4) Counties and autonomous counties are divided into townships, nationality townships and towns; 5) Municip alities and large cities are divided into districts and counties, 6) The state s hall, when necessary, establish special administrative regions.

Climate refers to the natural environmental status formed by the long-term exc hange of energy and mass between the earth and the air, and is the results of in teraction of many factors. Climate is both one of the environment factors and t he important resources for the living and production activities of the human bei ng. The average values across several years of meteorological factors such as te mperature, rainfall and humidity are used as important parameters to describe th e climate of a region, while the average values (or total values) of a given yea r or month of meteorological factors reflect the key characteristics of climate for that period of time.

Natural Resources refer to material resources that could be obtained from the nature by human being and used for production and living. Natural resources in g eneral can be classified as renewable resources and non-renewable resources. Ren ewable resources refer to resources that could be renewed and recycled during a relatively short period of time, including land resource, water resource, climat e resource, biology resource and marine resource. Non-renewable resources includ e resources that could not be renewed, such as minerals and geothermal resource. Land Resource Land refers to the surface of the earth, consisting of mainly rock s and its whethering and earth. Land resource can be classified, by its utilizat ion, as land for agriculture, land for construction and unused land. Land for ag riculture includes cultivated land, plantation land, forestland, grassland and w aters. Land for construction includes land for residential purpose, for manufact uring and mining, for transportation and for water-conservancy projects. Unused land refers to land other than land for agriculture and construction, including beaches, deserts, Gobi, glaciers and rock mountains.

Area of Cultivated Land refers to area of land recl aimed for the regular cult ivation of various farm crops, including crop-cover land, fallow, newly reclaime d land and land laid idle for less than 3 years.

Area of Afforested Land refer to land for trees bam boo, bushes and mangrove, i ncluding forest-cover land, bush-covered land, sparse forest land, land planned for afforestation and nurseries of young trees.

Area of Grassland refers to areas of grassland, gra ss-slopes and grass-covered hills with a vegetation-covering rate of over 5% that are used for animal husba ndry or harvesting of grass. It includes natural, cultivated and improved grassl and areas.

Forest Resource refers to forests, trees, forestlan d and wild animals, plants and microorganism that live on forest and trees. Trees include trees and bamboo. Forest refers to the population of clusters of trees and other plants, animals and microorganism as well as the earth and climate that have interactions with t he trees.

Total Standing Stock Volume refers to the total sto ck volume of trees growing in land, including trees in forest, tress in sparse forest, scattered trees and trees planted by the side of villages, farm houses and along roads and rivers. Forest Area refers to the area of forest where trees and bamboo grow with cano py density above 0.2, including land of natural woods and planted woods, but exc luding bush land and thin forest land. It reflects the total areas of afforestat ion.

Stock Volume of Forest refers to total stock volume of wood growing in forest area, which shows the total size and level of forest resources of a country or a r egion.It is also an important indicator illustrating the richness of forest res ource and the status of forest ecological environment.

Forest Coverage Rate refers to the ratio of area of afforested land to total land area. It is a very important indicator that reflects the status of abundanc e of forest resource and ecosystem balance. Forest area includes the area of tre es and bamboo grow with canopy density above 0.2, the area of shrubby tree accor ding to regulations of the government, the area of forest land inside farm land and the area of trees planted by the side of villages, farm houses and along roa ds and rivers. The formula for calculating forest coverage rate is as follows:

Forestry coverage rate (%)= (Area of Afforested Land/Area of Total Land) x 100%

Water Resource Water exists in the nature in solid, liquid and gaseous states, is distributed in the ocean, land (including earth) and air, and constitutes th e water resource through the circulation of water. Water resource includes the s urface water and underground water that is controlled by the human being for irr igation, power-generation, water supply, navigation and cultivation. It also inc ludes rivers, lakes, wells, springs, tides, gulf and water area for cultivation. Water resource as an important natural resource is indispensable for the develo pment of the national economy.

Surface Water and Underground Water Water on earth can be divided into surface water and underground water according to its distribution. Surface water refers to moisture exists in rivers, lakes, swamps, glaciers, icecaps and so on. It is also called land water. The underground water refers to water deposited undergr ound in the cranny and the hole of saturated rock soil and in the water-eroded c ave.

Runoff refers to the water gathered at the way out of t he cross section of drai nage area either from the surface or underground after deducting the wastage of the precipitation on the land. Runoff can be divided into surface runoff, under ground runoff and within soil runoff. Surface runoff refers to water flow to the rivers, lakes, swamps, and seas on the surface of the earth. Underground runoff refers to water flow to rivers, lakes, swamps, and seas through the water-beari ng stratum of confined layer or unconfined layer.

Volume of Runoff refers to the total volume of water ru nning through a certain cross section of a river during a certain period of time, reflecting the water resource condition in a country or a region. The formula for calculating volume or runoff is as follows:

Runoff =Precipitation – Evaporation

Mineral Resources refer to useful minerals that can be used for industrial or agricultural purposes enriched in lithosphere or on earth due to the geological process. Minerals are important natural resources, and important material base f or social development.

Ensured Mineral Reserves refer to the actual mineral re serves, which equal to the proven mineral reserves (including industrial reserves and prospective reser ves) minus extracted parts and underground losses.

Drainage Area Each river has its own main stream and branches to form the water system of the river. Each river has its own catchment area, which is also calle d as the drainage area of the river.

Temperature refers to the air temperature. China uses c entigrade as the unit.

The thermometry used for weather observation is put in a breezy shutter, which i s 1.5 meters high from the ground. Therefore, the commonly used temperature refe rs to the temperature in the breezy shutter 1.5 meters away from the ground. The calculation method is as follows:

Monthly average temperature is the summation of average daily temperature of one month divided by the actual days of that particular month.

Annual average temperature is the summation of monthly average of a year divided by 12 months.

Relative Humidity refers to the ratio of actual water v apor pressure to the sa turation water vapor density under the current temperature. The statistical meth od is the same as that of temperature.

Volume of Precipitation refers to the deepness of liqu id state or solid state (thawed) water falling from the sky to the ground that has not been evaporated, infiltrated or run off. The calculation method is as follows:

Monthly precipitation is the summation of daily precipitation of a month.

Annual precipitation is the summation of 12 months precipitation of a year.

Sunshine Hours refer to the actual hours of sun irradia ting the earth. The calculation method is the same as that of the precipitation.

Total Water Resources refers to total volume of water resourc es measured as run- off for surface water from rainfall and recharge for groundwater in a given area , excluding transit water.

Surface Water Resources refers to total renewable resources w hich exist in river s, lakes, glaciers and other collectors from rainfall and are measured as run-of f of rivers.

Groundwater Resources refers to replenishment of aquifers with rainfall and surface water.

Duplicated Measurement Between Surface Water and Groundwater refers to mutual exchange between surface water and groundwater, i.e. run-off of rivers includes so me depletion with groundwater while groundwater includes some replenishment with surface water.

Comparable Prices refer to pr ices that are used to remove the factors of price change in calculating economic aggregates, so as to facilitate comparison of aggregates over time. Two methods are used for calculating economic aggregates at comparable prices: 1) Multiplyi ng the output of products by their constant prices of certain year; 2) Deflating data at current prices by relevant price indices.

Constant Price refers to the average price of a given p roduct in certain year, which is used for comparison of output value over time. As the output value at constant prices removes the factor of price changes, it reflects the trend of pr oduction development over time. Since 1949, with the changes in general price le vel, National Bureau of Statistics has issued nationally unified constant prices five times: the 1952 constant prices for 1949-1957; the 1957 constant prices fo r 1957-1971; the 1970 constant prices for 1971-1981; the 1980 constant prices fo r 1981-1990; and the 1990 constant prices have been used since 1991.

Average Annual Growth Rate Two methods for calculating average annual growth rate are applied in China, one is often called level approach, or the method of c alculating geometric average, which is derived by comparing the level of the las t year of the interval with that of the beginning year; the other is called accu mulative approach or algebraic average or equation method, which is derived by t he summation of the actual figure of each year in the interval divided by the fi gure in the base year.

Usually the results calculated by the two methods are fairly close, but they dif fered sharply when uneven economic development occurred with striking fluctuatio ns in growth.

Industrial Classification of the National Economy The new Indu strial Classifica tion of the National Economy (GB/T 4754-2002) is introduced starting from the co mpilation of 2003 annual statistics. The revision of the 1994 classification was organized by the National Bureau of Statistics taking into consideration of the International Standards of the Industrial Classification of All Economic Activi ties (ISIC/Rev.3) of the United Nations, and the new Classification was promulga ted by the National Administration of Quality Supervision, Inspection and Quaran tine on May 10, 2002. The revised version of the Industrial Classification of th e National Economy (GB/T 4754-2002) is composed of 20 major divisions, 95 divisi ons, 396 major groups and 913 groups, including 4 new major divisions, 3 new div isions, 28 major groups and 67 groups.

Registration Status of Enterprises Enterprises are clas sified into 3 categories, namely domestic-funded enterprises, enterprises with investment from Hong Ko ng, Macau and Taiwan, and enterprises with foreign investment, in the light of t he registration status of an enterprise in industrial and commercial administrat ion agencies. Domestic-funded enterprises include state-owned enterprises, colle ctive-owned enterprises, cooperative enterprises, joint ownership enterprises, limited liability corporations, share-holding corporations Ltd., private enterpr ises and other enterprises. Included in the enterprises with investment from Hon g Kong, Macau and Taiwan and enterprises with foreign investment are joint-ventu re enterprises, cooperative enterprises, sole investment enterprises and share-h olding corporations Ltd. For government agencies, institutions and social organi zations which are not requested to be registered in industrial and commercial ad ministration agencies, they are classified mainly by their sources of funds and way of management.

State-owned Enterprises refer to non-corporation econom ic units where the entire assets are owned by the state and which have registered in accordance with th e Regulation of the People's Republic of China on the Management of Registration of Corporate Enterprises. Excluded from this category are sole state-funded cor porations in the limited liability corporations.

Collective–owned Enterprises refer to economic units where the assets are owne d collectively and which have registered in accordance with the Regulation of th e People's Republic of China on the Management of Registration of Corporate Ente rprises.

Cooperative Enterprises refer to a form of collective e conomic units (enterpri ses) where capitals come mainly from employees as their shares, with certain pro portion of capital from the outside, where production is organized on the basis of independent operation, independent accounting for profits and losses, joint w ork, democratic management, and a distribution system that integrates remunerati on according to work with dividend according to capital share.

Joint Ownership Enterprises refer to economic units est ablished by two or more corporate enterprises or corporate institutions of the same or different owners hip, through joint investment on the basis of equality, voluntary participation and mutual benefits. They include state joint ownership enterprises, collective joint ownership enterprises, joint state-collective enterprises, other joint own ership enterprises.

Limited Liability Corporations refer to economic units established with invest ment from 2-50 investors and registered in accordance with the Regulation of the People's Republic of China on the Management of Registration of Corporations, e ach investor bearing limited liability to the corporation depending on its share of investment, and the corporation bearing liability to its debt to the maximum of its total assets. Limited liability corporations include exclusive state-fun ded limited liability corporations and other limited liability corporations.

Share-holding Corporations Ltd. refer to economic units registered in a ccordanc e with the Regulation of the People's Republic of China on the Management of Reg istration of Corporations, with total registered capitals divided into equal sha res and raised through issuing stocks. Each investor bears limited liability to the corporation depending on the holding of shares, and the corporation bears li ability to its debt to the maximum of its total assets.

Private Enterprises refer to profit-making economic uni ts invested and establis hed by natural persons, or controlled by natural persons using employed labour. Included in this category are private limited liability corporations, private sh are-holding corporations Ltd., private partnership enterprises and private-funde d enterprises registered in accordance with the Corporation Law, Partnership Ent erprises Law and Interim Regulations on Private Enterprises .

Other Domestic–funded Enterprises refer to domestic-fun ded economic units other than those mentioned above.

Cooperative Enterprises with Funds from Hong Kong Macau and Taiwan established by investors from Hong Kong, Macau and Taiwan with enterprises in the mainland of China in accordance with the Law of the People's Republic of China on Sino-fo reign Cooperative Enterprises and other relevant laws, where the investment or p rovision of facilities, and the share of profits and risks is stipulated in the cooperative contract.

Enterprises with Sole (exclusive) Investment from Hong Kong, Macau and Taiwan refer to enterprises established in the mainland of China with exclusive investm ent from investors from Hong Kong, Macau and Taiwan in accordance with the Law o f the People's Republic of China on Foreign-Funded Enterprises and other relevan t laws.

Share–holding Corporations Ltd. with Investment from Hong Kong, Macau and Taiwan refer to share-holding corporations Ltd. established with the approval from t he former Ministry of Foreign Trade and Economic Relations in line with relevant state regulations, where the share of investment from Hong Kong, Macau or Taiwa n businessmen exceeds 25% of the total registered capital of the corporation. In case the share of investment from Hong Kong, Macau or Taiwan is less than 25% o f the total registered capital, the enterprise is to be classified as domestic-f unded share-holding corporation Ltd.

Joint–venture Enterprises with Foreign Investment refer to enterprises jointly established by foreign enterprises or foreigners with enterprises in the mainla nd of China in accordance with the Law of the People's Republic of China on Sin o-foreign Joint Venture Enterprises and other relevant laws, where the share of investment, profits and risks is stipulated in the contract.

Cooperation Enterprises with Foreign Investment refer t o enterprises jointly e stablished by foreign enterprises or foreigners with enterprises in the mainland of China in accordance with the Law of the People's Republic of China on Sino-f oreign Cooperative Enterprises and other relevant laws, where the investment or provision of facilities, and the share of profits and risks is stipulated in the cooperative contract.

Enterprises with Sole (exclusive) Foreign Investment refer to enterprises esta blished in the mainland of China with exclusive investment from foreign investor s in accordance with the Law of the People's Republic of China on Foreign-Funded Enterprises and other relevant laws.

Share-holding Corporations Ltd. with Foreign Investment refer t o share-holding corporations Ltd. established with the approval from the Ministry of Foreign Tra de and Economic Relations in line with relevant state regulations, where the sha re of investment from foreign investors exceeds 25% of the total registered capi tal of the corporation. In case the share of foreign investment is less than 25% of the total registered capital, the enterprise is to be classified as domestic -funded share-holding corporation Ltd.

Government Agencies, Institutions and Social Organizations are classified into following categories by source of funds and way of management taking reference o f the registration status of enterprises:

(1) Government agencies: include state and party agencies, classified in princip le as state-owned. There are exceptions, such as supply and marketing cooperativ es which are classified as collective-owned.

(2) Institutions: include institutions of various types established with the app roval by organization and staffing departments of the government, but exclude in stitutions where enterprise management system is introduced. Institutions are fu rther classified as follows:

(a) Institutions whose main budget is listed in the government budget appropriat ions or extra-budget funds, or allocated from the budget of their competent gove rnment agencies. Such institutions are classified as state-owned.

(b) Institutions whose budget mainly comes from collective units. Such instituti ons are classified as collective-owned.

(c) Institutions other than those mentioned above whose source of budget is not clear. Such institutions are classified by way of management.

(3) Social organizations: include social organizations established with the appr oval from the Ministry of Civil Affairs, and organizations that are not covered by social organization management regulations such as trade unions, womens feder ations etc.. Social organizations are further classified as follows:

(a) Social organizations that are not covered by social organization management regulations of the Ministry of Civil Affairs such as trade unions, womens federa tions, communist youth leagues, youth associations, industrial and commerce asso ciations, scientists associations, overseas Chinese associations, etc., foundati ons and fund management organizations established with funds from the state, and social organizations whose funds mainly come from the budget of their competent government agencies. Such institutions are classified as state-owned.

(b) Social organizations whose budget mainly comes from collective units. Such i nstitutions are classified as collective-owned.

(c) Social organizations established by individual or a group of citizens, which are classified as private.

(d) Social organizations other than those mentioned above whose source of budget is not clear. Such organizations are classified by way of management

Gross Domestic Product (GDP) refers to the final products at ma rket prices produced by a ll resident units in a country (or a region) during a certain period of time. Gr oss domestic product is expressed in three different forms, i.e. value , income, and products respectively. GDP in its value form refers to the total v alue of all goods and services produced by all resident units during a certain p eriod of time, minus the total value of input of goods and services of the natur e of non-fixed assets; in order term, it is the sum of the value-added of all re sident units. GDP in the form of income includes the income created by all resid ent units and distributed to resident and non-resident units. GDP in the form of products refers to the value of all goods and services for final consumption by all resident units minus the net exports of goods and services during a given p eriod of time. In the practice of national accounting, gross domestic product is calculated with three approaches, i.e. production approach, income approach and expenditure approach, which reflect gross domestic product and its composition from different aspects.

Three Industries Classification of economic activities into three branches of industries is a common practice in the world, although the grouping varies to so me extent form country to country. In China economic activities are categorized into following industries:

Primary industry: refers to agriculture, forestry, animal husbandry and fishery. Secondary industry: refers to mining and quarrying, manufacturing, production an d supply of electricity, water and gas, and construction. Tertiary industry: refers to all other economic activities not included in prima ry or secondary industry.

GDP by Expenditure Approach refers to the method of mea suring the final result s of production activities of a country (region) during a given period from the perspective of final use. It includes final consumption, total capital formation and net export of goods and services, i.e.:GDP by expenditure approach = final consumption + total capital formation + net export of goods and services Final Consumption refers to the total expenditure of resident units for purcha ses of goods and services from domestic economic territory and abroad to meet th e requirements of material, cultural and spiritual life. It excludes the expendi ture of non-resident units on consumption in the economic territory of the count ry. The final consumption is broken down into household consumption and governme nt consumption.

Households Consumption refers to the total expenditure of resident households on the final consumption of goods and services. In addition to the consumption o f goods and services bought by the households directly with money, the household s consumption also includes expenditure on goods and services obtained by the ho useholds in other ways, i.e. the so-called imputed consumption expenditure, whic h includes the following: (a) the goods and services provided to the households by the employer in the form of payment in kind and transfer in kind; (b) goods a nd services produced and consumed by the households themselves, in which the ser vices refer only to the owner-occupied housing and domestic and individual servi ces provided by the paid household workers; (c) financial intermediate services provided by financial institutions; (d) insurance services provided by insurance companies.

Government Consumption refers to the expenditure on the consumption of the pub lic services provided by the government to the whole society and the net expendi ture on the goods and services provided by the government to the households free of charge or at low prices. The former equals to the output value of the govern ment services minus the value of operating income obtained by the government dep artments. The latter equals to the market value of the goods and services provid ed by the government free of charge or at low prices to the households minus the value received by the government from the households.

Total Capital Formation refers to the fixed assets acqu ired minus those dispos ed of and the net value of inventory, including the total fixed capital formatio n and the increase in inventory.

Total Fixed Capital Formation refers to the value of fi xed assets acquired min us those disposed of during a given period. Fixed assets are the assets produced through production activities with specified unit value which could be used for over one year, excluding natural assets. Total fixed capital formation can be categorized into total tangible capital formation and total intangible capital f ormation. The total tangible capital formation include the value of the construc tion projects, installation projects completed and the equipment, apparatus and instruments purchased as well as the value of land improved, the value of draugh t animals, breeding stock, animals for milk, wool and for recreational purpose, and the newly increased forest with economic value during a given period. The to tal intangible capital formation includes the prospecting of minerals, the acqui sition of computer software minus the disposal of them.

Increase in Inventory refers to the market value of the change in inventory of resident units during a given period, i.e. the difference of value between the beginning and the end of the period minus the current gains due to the change in prices. The increase in inventory can be positive or negative. A positive value indicates the increase in inventory while a negative value indicates the decrea se in stock. The inventory includes the raw materials, fuels and reserve materia ls purchased by the production units as well as the inventory of finished produc ts, semi-finished products, work-in-progress, etc.

Net Export of Goods and Services refers to the differen ce of the exports of go ods and services minus the imports of goods and services. The imports include t he value of various goods and services sold or gratuitously transferred by the r esident units to the non-resident units. The imports include the value of variou s goods and services purchased or gratuitously acquired by the resident units fr om the non-resident units. Because the provision of services and the use of them happen simultaneously, the acquisition of services by the resident units from a broad is usually treated as import while the acquisition of services by non-resi dent units in this country is usually treated as export. The export and import o f goods are calculated at FOB.

Total Population refers to the total number of peop le alive at a certain point of time within a given area.

Urban Population and Rural Population Urban population refer to all people resi ding in cities and towns, while rural population refer to population other than urban population.

Statistics on urban and rural population over the years are compiled in line wit h the regulations of statistical classification on urban and rural population st ipulated by the government, which were in effect at different times. Figures on urban/rural population for the years between the 3 censuses are adjusted in accordance with the 1990 and 2000 population census data.

Birth Rate or (Crude Birth Rate) refers to the ratio of the number of births to the average population (or mid-period population) during a certain period of tim e (usually a year), expressed in ‰. Birth rate in the chapter refers to annual birth rate. The following formula is used:

Birth Rate = (Number of Births/Average Number of Population) × 1000‰

Number of births in the formula refers to live births, i.e. when a baby has brea thed or showed any vital phenomena regardless of the length of pregnancy.

Annual average number of population is the average of the number of population a t the beginning of the year and that at the end of the year. Sometimes it is sub stituted by the mid-year population.

Death Rate (or Crude Death Rate) refers to the ratio of the number of deaths to the average population (or mid-period population) during a certain period of tim e (usually a year), expressed in ‰. Death rate in the chapter refers to annual death rate. The following formula is used: Death Rate= (Number of Deaths/Annual Average Number of Population)×1000‰

Natural Growth Rate of Population refers to the ratio o f natural increase in pop ulation (number of births minus number of deaths) in a certain period of time (u sually a year) to the average population (or mid-period population) of the same period, expressed in ‰. The following formula is applied:

Natural Growth Rate of Population = [(Number of Births-Number of Deaths)/Average Number of Population] ×1000‰

Natural Growth Rate of Population = Birth Rate-Death Rate

Gross Dependency Ratio also called gross dependency c oefficient, refers to the ratio of non-working-age population to the working-age population, express in %. Describing in general the number of non-working-age population that every 100 p eople at working ages will take care of, this indicator reflects the basic relat ion between population and economic development from the demographic perspective . The gross dependency ratio is calculated with the following formula:

$$GDR= (P_{0-14}+P_{65}+)/P_{15-64} \times 100\%$$

Where: GDR is the gross dependency ratio

P_{0-14} is the population of children aged 0-14

P_{65+} is the elderly population aged 65 and over, and

P_{15-64} is the working-age population aged 15-64

Old Dependency Ratio also called old dependency coeffic ient, refers to the rati o of the elderly population to the working-age population, express in %. It desc ribes the number of the elderly population that every 100 people at working ages will take care of. Old dependency ratio is one of the indicators reflecting the social implication of population aging from the economic perspective. The old d ependency ratio is calculated with the following formula:

$$ODR=P_{65+}/P_{15-64} \times 100\%$$

Where: ODR is the old dependency ratio

P_{65+} is the elderly population aged 65 and over, and

P_{15-64} is the working-age population aged 15-64

Children Dependency Ratio also called children dependency coefficient, refers to the ratio of the children population to the working-age population, express in %. It describes the number of children population that every 100 people at worki ng ages will take care of. The children dependency ratio is calculated with the following formula:

$CDR=P_{0-14}/P_{15-64} \times 100\%$

Where:CDR is the children dependency ratio

P_{0-14} is the children population aged 0-14, and

$P_{15-64}$is the working-age population aged 15-64

Economically Active Population refers to the population aged 16 and over who ar e capable to work, are participating in or willing to participate in economic ac tivities, including employed persons and unemployed persons.

Employed Persons refer to the persons who are engaged i n social working and rece ive remuneration payment or earn business income, including total staff and work ers, re-employed retirees, employers of private enterprises, self-employed worke rs, employees in private enterprises and individual economy, employees in townsh ip enterprises, employed persons in the rural areas, and other employed persons (including teachers in the schools run by the local people, people engaged in re ligious profession and the servicemen, etc.). This indicator reflects the actual utilization of total labour force during a certain period of time and is often used for the research on China's economic situation and national power.

Persons Employed in Various Units refer to all the per sons working in governme nt agencies of various levels, political and party organizations, social organiz ations, enterprises and institutions, and receiving wages or other forms of paym ent. They include fully-employed staff and workers, re-employed retirees, teache rs in schools run by the local people, foreigners and Chinese compatriots from H ong Kong, Macao, and Taiwan working in various units, part-time employees, emplo yees of other units working temporarily at current posts, and employees holding the second job, but exclude staff and workers who have left their working units while keeping their labour contract (employment relation) unchanged. This indica tor reflects the total number of laborers actually engaged in production or othe r operations in various units.

Persons Employed in Private Enterprises and Self-Employed Individuals in Urban A reas Persons employed in private enterprises refer to the persons employed in the private enterprises which have been registered at the departments of industr ial and commercial administration and are situated at a county town (i.e. a town where the county government is located) for business operation or at urban area s with the level higher than a county town. The self-employed individuals in urb an areas refer to persons who hold the certificates of residence in urban areas or have resided in the urban areas for a long time and have been registered at t he departments of industrial and commercial administration and approved to be en gaged in individual industrial or commercial business, including self-employed p ersons as well as helpers and hired labourers who work in the individual househo lds engaged in industrial or commercial business.

Registered Urban Unemployed Persons refer to the person s with non-agricultural household registration at certain working ages (16-50 years for male and 16-45 years for females), who are capable of work, unemployed and willing to work, and have been registered at the local employment service agencies to apply for a jo b.

Registered Urban Unemployment Rate refers to the ratio of the number of the re gistered unemployed persons to the sum of the number of persons employed in vari ous units (minus the rural labour force, retirees, and Hong Kong, Macao, Taiwan or foreign employees they employ) laid-off workers in urban units, owners and em ployees in urban private enterprises, urban self-employed individuals and the re gistered urban unemployed persons. The formula is as follows:

Registered urban unemployment rate = number of registered urban unemployed perso ns÷(number of persons employed in urban units - rural labour force employed - r etirees employed - Hong Kong, Macao, Taiwan or foreign employees employ + laid-o ff workers + owners and employees in urban private enterprises + self-employed i ndividuals in urban areas + registered urban unemployed persons) × 100%.

Staff and Workers refer to persons working in, and rece ive payment from units o f state ownership, collective ownership, joint ownership, share holding ownershi p, foreign ownership, and ownership by entrepreneurs from Hong Kong, Macao, and Taiwan, and other types of ownership and their affiliated units. They do not inc lude 1) persons employed in township enterprises, 2) persons employed in private enterprises, 3) urban self-employed persons, 4) retirees, 5) re-employed retire es, 6) teachers in the schools run by the local people, 7) foreigners and person s from Hong Kong, Macao and Taiwan who work in urban units, and 8) other persons not to be included by relevant regulations. (Data of 1998 and afterward refer t o fully employed staff and workers. Other related statistics such as total wage bill and average wage are adjusted since 1998 accordingly).

State-owned Units refer to economic units whose assets are owne d by the state. Included are non-corporation units registered according to Regulation of the Peo ple's Republic of China on the Registration of Enterprises and Corporations, sta te organs, institutions and social organizations at the central and local levels .

Collective Units refer to economic units registered acc ording to Regulation of the People's Republic of China on the Registration of Enterprises and Corporatio ns where the means of production are collectively owned.

Units of Other Types of Ownership refer to units regist ered with other types of ownership, including cooperative units, joint ownership units, limited companie s, share holding corporations, units invested by entrepreneurs from Hong Kong, M acao, and Taiwan, and foreign-invested units.

Fully Employed Staff and Workers refer to persons who w ork in, and receive wag es from their working units, as well as persons who have their work posts, but a re temporarily absent from work for reasons of study or on sick, injury or mater nal leave and still receive wages from their working units.

Total Wages Bill refer to the total remuneration paymen t to staff and workers i n various units during a certain period of time. The calculation of total wages is based on the total remuneration payment to the staff and workers. Therefore, all the wages and salaries and other payments to staff and workers are included in the total wages regardless of their sources, category, and forms (in kind or cash). (Total wages of staff and workers in this yearbook include only total wag es of fully employed staff and workers, excluding the living allowances distribu ted to those who have left their working units while keeping their labour contra ct/employment relation unchanged).

Average Wage refers to the average wage in money terms per person during a cert ain period of time for staff and workers in enterprises, institutions, and gover nment agencies, which reflects the general level of wage income during a certain period of time and is calculated as follows:

Average Wage = Total Wages of Staff and Workers at Reference Time /Average Numbe r of Staff and Workers at Reference Time.

Average Wage Indices refers to the ratio of average wag e of staff and workers i n the report period to that in the base period, which reflects the change of wag e of staff and workers at the different period. It is calculated as follows:

Average Wage Indices = Average Wage of Staff and Workers at Reference Time / Average Wage of Staff and Workers at Base Period x 100%

Average Real Wage Indices average real wage of staff and workers refers to the average wage of staff and workers after removing the effects of the price change s and average real wage indices of staff and workers refers to the change of rea l wage, which reflects the relative increasing or decreasing level of real wage of staff and workers, which is calculated as follows:

Average Real Wage Indices = Average Wage Indices of Staff and Workers at the Ref erence Time / Urban Consumer Price Indices at Reference Time x 100%

Total Investment in Fixed Assets in the Whole Country refers to the volume of activities in construction and purchases of fixed assets and related fees, expre ssed in monetary terms. It is a comprehensive indicator which shows the size, st ructure and growth of the investment in fixed assets, providing basis for observ ing the progress of construction projects and evaluating results of investment. Total investment in fixed assets in the whole country includes, by type of owner ship, the investment by the state-owned units, collective units, individuals, jo int ownership units, share-holding units, as well as investment by businessmen f rom foreign countries and from Hong Kong, Macau and Taiwan, and by other units.

Investment in Real Estate Development It includes the investment by the real estate development companies, commercial buildings construction companies and othe r real estate development units of various types of ownership in the constructio n of house buildings, such as residential buildings, factory buildings, warehous es, hotels, guesthouses, holiday villages, office buildings, and the complementa ry service facilities and land development projects, such as roads, water supply , water drainage, power supply, heating, telecommunications, land leveling and o ther projects of infrastructure. It excludes the activities in simple land trans actions.

Other Investment in Fixed Assets refers to the construc tion and purchases of fi xed assets with an investment of over 500,000 yuan which are not listed in the i nvestment in capital construction, investment in innovation and investment in re al estate development, as well as urban private housing projects and investment in fixed assets by enterprises, institutions and individuals in rural areas. It includes:

1) The following projects of the state-owned units with the total planned (or ac tually needed) investment of over 500,000 yuan, which are not included in the pl an of capital construction and the plan of innovation: (1) projects of oil field s maintenance and exploitation with the oil fields maintenance funds and petrole um development funds; (2) opening and extending projects with the maintenance fu nds in coal, ore and other mining enterprises and logging enterprises; (3) proje ct of reconstruction of the original highways and bridges with the highway maint enance funds in the department of communication; (4) projects of construction of warehouses with the funds of simple construction in the commercial department.

2) The investment in fixed assets by urban collective units: refer to projects o f construction and purchases of fixed assets with the planned total investment o f 500,000 yuan and over by all collective units in areas under the jurisdiction of cities and county towns (excluding investment by collective units under towns hip enterprise administration offices).

3) The projects of construction and purchases of fixed assets by the enterprises , institutions (including urban private enterprises or institutions) or individu als other than those mentioned above with total investment of 500,000 yuan and o ver, which are not included in the plan of capital construction and the plan of innovation. For individual investment, only the investment in non-housing projec ts is to be included.

4) The private investment in housing construction in the urban areas and in indu strial and mining areas: including all private housing construction under the ju risdiction of cities, county towns and industrial and mining areas, no matter wh ether the owner of the house is registered as the permanent resident in the loca lity or not.

5) The investment in rural areas: including investment in fixed assets by enterp rises, institutions and individuals in the rural areas.

Sources of Funds for Investment in Fixed Assets include fund fr om state budget, domestic loans, foreign investment, self-raised funds, and others depending on the source of investment.

(1) Fund from state budget consists of budgetary appropriation and loans from st ate budget. More specifically, it includes, from the budget of the central gover nment, capital construction fund (operation fund and non-operational fund), spec ial expenses (e.g. expenses on substituting petroleum with coal), loans from rep ayment, discount fund, expenses on innovation and trial production of new produc ts, expenses on urban construction, expenses on temporary construction by trade departments, development fund for less developed areas, as well as local budgeta ry fund transferred from the central budget.

(2) Domestic loans refer to loans of various forms borrowed by investing units f rom banks and non-bank financial

institutions during the reference period for th e purpose of investment in fixed assets, including loans issued by banks from th eir self-owned funds and deposit, loans appropriated by higher responsible autho rities, special loans by government (including loan for substituting petroleum w ith coal, special loan for reform-through-labour coal mines), loans arranged by local government from special funds, domestic reserve loan, and working loan, etc..

(3) Foreign Investment refers to foreign funds received during the reference per iod for the construction and purchase of investment in fixed assets (covering eq uipment, materials and technology), including foreign borrowings (loans from for eign governments and international financial institutions, export credit, commer cial loans from foreign banks, issue of bonds and stocks overseas), foreign dire ct investment and other foreign investment. Excluded in this category are capita ls in foreign exchanges owned by China (foreign exchanges owned by the central a nd local governments, foreign exchanges retained by enterprises, foreign exchang es by enterprises through regulating mechanism, loans in foreign exchanges issue d by the Bank of China with its own fund, etc.). In calculating the utilization of foreign capitals, foreign currencies are converted into Chinese Renminbi appl ying the current exchange rate when the foreign capitals are actually used.

(4) Self-raised funds refer to extra-budgetary funds for investment in fixed ass ets received by investing units from central government ministries, local govern ments, enterprises and institutions, including their self-raised funds.

(5) Others refer to funds for investment in fixed assets received from the sourc es other than those listed above, including capitals raised through issuing bond s by enterprises or financial institutions, funds raised from individuals and th rough donations, and funds transferred from other units.

Investment in Fixed Assets by Sector The classification of construction project s by sector is determined by the major products or the purpose of the projects w hen they are put into production or use, and by the nature of their social econo mic activities. The investment in capital construction is classified into differ ent sectors of the national economy by the nature of construction projects, whil e investment in innovation and other investment are classified according to the sector to which the whole enterprise or institution belongs. In general, one pro ject or one enterprise or institution can only be classified into one sector. In order to reflect more accurately the relation among various sectors, the branch factories of an integrated complex are classified into different sectors accord ing to the economic activities of the branch factories.

Investment in Fixed Assets by Type of Construction The construction projects in general can be classified, by the type of construction, into new construction, expansion, reconstruction, moving and restoration. However, investment by type o f construction is not applied to investment by real-estate development units, in vestment in rural areas and investment in housing by urban individuals. In capit al construction, the type of construction is determined by the nature of the pro ject. In investment in innovation, in other investment by state-owned units and investment by collective-owned units, the type of construction is determined by the condition of the whole enterprise or institutions.

(1) New construction in general refers to newly constructed enterprises, institu tions, administrative agencies or independent projects from scratch. Constructio n in the existing enterprises, institutions or agencies is not considered as new construction. In case the assets of the existing unit is quite small, and the v alue of newly added fixed assets exceeds the original value of assets by three t imes, the expansion will be considered as new construction.

(2) Expansion refers to construction of new major production workshop, branch fa ctory or independent production line within a factory or in other locations, for the purpose of increasing the production capacity (or improving efficiency) of the original products. Newly constructed houses for the operation of institution s and administrative organizations (such as the newly constructed buildings for teaching in schools, buildings for clinics or wards in hospitals, etc.) are also classified as expansion. Also included in the expansion are investments by existing enterprises or instit utions in building major production line(s) or branch factory(ies) along with so me work on innovation, for the purpose of expending the production capacity of o riginal products or producing new products.

(3) Reconstruction refers to innovation or technical transformation of the exist ing facilities (including auxiliary production equipment and welfare facilities) , without building major new workshops or branch factories. Also considered

as reconstruction is the construction of new workshops by the existing enterprises or institutions for improving the existing production capacity (improving or cha nging the variety of products to meet the market demand), rather than increasing the designed capacity of the main products.

Investment in Fixed Assets by Structure By their contents investment activitie s are classified into 3 categories, i.e. construction and installation, purchase of equipment and instrument, and other expenses.

(1) Construction and installation (work volume of construction and installation) refers to the construction of various houses and buildings and installation of various kinds of equipment and instruments. They include construction of various houses; equipment foundations, industrial kilns and stoves, and metal structure work; preparation works for project construction, and clearing up works post pr oject construction; pavement of railways and roads, drilling of mines and puttin g up of oil pipes; construction of projects of water conservancy; construction o f underground air-raid shelters and construction of other special projects; valu e of equipment for heating, sanitation, ventilation, lighting, gas, painting, et c. that are covered by the budget of housing projects; laying out of various pip elines (for steam, compressed air, petroleum, tap water and sewage) and lines fo r electric power and for communications; installation of various machinery equip ment, testing operation for pre-testing the quality of installation projects, an d land and other development work conducted by real estate developers for commer cial housing. The value of equipment installed is not included in the value of i nstallation projects.

(2) Purchase of equipment and instruments refers to the total value of equipment , tools, and instruments purchased or self-produced which come up to standards f or fixed assets by the construction units or investing enterprises or institutio ns. Equipment, tools and instruments purchased or self-produced for new workshop s by newly established or expanded units are categorized as "purchase of equipme nt and instruments" no matter whether they come up to the standards for fixed as sets.

(3) Other expenses refer to expenses occurring during the construction or purcha se of fixed assets other than those mentioned above.

Capital Construction Projects by Size The classification of size of capital con struction projects should be determined according to the total scale or total in vestment set in the approved construction plan by higher responsible authorities or in the tentative design, otherwise according to the total scale or total inv estment set in the current capital construction plan of the state, provinces, au tonomous regions, and municipalities directly under central government. Industri al projects which produce unitary products are classified according to its desig n capacity of products; projects which produce multi-products are classified by the design capacity of the major product or by the total planned investment. Sta ndards for the Classification of Construction Projects into large, medium-sized and small ones issued by the government are the base for size division of constr uction projects, which was revised five times in 1958, 1962, 1972, 1977, and 197 9 respectively and therefore, data on projects by size are not entirely comparab le from year to year.

Projects under Construction refer to projects with construction and installation activities undertaken in the reference period. All projects that have construc tion activities undertaken during the reference period are reported as projects under construction irrespective of the length of construction work. The number o f projects under construction can reflect the actual size of investment in fixed assets during a given period, and when compared with the number of projects com pleted and put into use during the same period, it demonstrates the results of i nvestment in fixed assets. Depending on the nature of construction activities, p rojects under construction can also be classified into projects under constructi on in current year, winding-up projects in current year and stopped or suspended projects in previous years (with preservation work in current year).

Projects Completed and Put into Use Industrial projects refer to the major proj ects and accessory facilities completed which result in forming production capac ity and have been checked and accepted while the living and welfare facilities h ave been completed and can ensure normal production and formally put into produc tion. Non-industrial projects refer to the major projects and accessory faciliti es completed which possess the designed capacity and have been checked, accepted and formally put into production.

Newly Increased Production Capacity (or Project Efficiency) refers to the increa se of designed capacity (or project efficiency) through investment in fixed asse ts, which reflects the accomplishment of investment in fixed assets in kind and serves as important basis for evaluating the economic efficiency of investment. The newly increased production capacity (project efficiency) are usually express ed in one of the following forms:

(1) output of products, i.e. the output that the project can produce during a gi ven period (usually a year). For instance, the capacity in coal mining is expres sed in 10,000 tons/year, the capacity in producing chemical pesticides expressed in ton/year, the capacity in producing tractors in tractor/year, etc. For some chemical products where the effective contents differ significantly, the product ion capacity is expressed as the designed effective content equivalent, such as in the case of sulphuric acid, soda ash, caustic soda, etc;

(2) raw materials processing capacity, i.e. the volume of raw materials that cou ld be processed by the project per day (or per hour), such as tons of materials processed per day by a sugar refining project or edible vegetable oil project, o r tons of urban sewage processed per day;

(3) number or capacity of major equipment increased, such as number of cotton or silk looms increased, wool spindles increased, or capacity (in kilowatts) of po wer generators increased;

(4) saved raw materials, fuels or power, which are mainly used for the efficienc y of innovation and transformation projects; and

(5) physical measures (volume, capacity, area, and length) of construction, whic h is typical for non-industrial projects, for instance, the length of new railwa ys or highways, the capacity of reservoirs, the floor space of housing projects, capacity for new students in schools or beds in hospitals, areas under new irri gation project, etc.

Features of projects sometimes call for combined use of two or more measurement to reflect the increased production capacity (or project efficiency), for instan ce, the new capacity for the production of internal combustion engines are expre ssed in sets per year and kilowatts per year simultaneously.

To standardize the nomenclature and unit of measurement for new production capac ity (or project efficiency), the National Bureau of Statistics has developed Nom enclature for New Production Capacity (Project Efficiency) and Nomenclature for Saving Raw Materials, Fuels and Power. All reporting units with investment activ ities are required to follow these two nomenclatures in reporting statistics on new production capacity (project efficiency).

Floor Space of Buildings under Construction and Completed refers to total floor space of the horizontal section of outer walls above the plinth of the building , including the effective area and the area occupied by the structure. This indi cator is one of the important indicators in physical terms to reflect the scale and accomplishment of the construction industry, and important basis for monitor ing the progress, calculating the cost, analyzing the efficiency and studying th e supply of building materials in relation with the construction projects.

Floor Space of Residential Buildings refers to the floo r space of the residenti al buildings among the total space of buildings under construction or completed. Floor Space under Construction refers to total floor space of all buildings un der construction during the reference period, including floor space of newly sta rted buildings during the reference period, floor space of construction extended from the previous period to the current period, and floor space of construction suspended during the previous period and resumed in the current period. Floor s pace of construction completed in the current period, and floor space of constru ction started and then suspended in the current period are also included in the floor space under construction of the current year.

Floor Space of Buildings Completed refers to the floor space of all buildings c ompleted in the reference period, which have been appraised and accepted (or com e up to the designed standards) and have been transferred to the owners for use. Completion Rate of Floor Space of Buildings refers to the ratio of the floor sp ace of buildings completed in certain period of time to the floor space of build ings under construction in the same period. This indicator reflects the investme nt result from the perspective of the speed of construction.

Newly Increased Fixed Assets refer to the newly increas ed value of fixed assets , constructed or purchased, that have been transferred to the investors. This is an indicator that demonstrates the results of investment in fixed assets in mon etary terms, and an important indicator to reflect the speed of construction and to calculate the efficiency of investment.

Rate of Construction Projects Completed and Put into Use refers to the ratio of the number of construction projects completed and put into use in certain perio d of time to the number of projects under construction in the same period. This reflects the investment efficiency from the perspective of the speed of projects construction.

Rate of Projects of Fixed Assets Completed and Put into Operation refers to the ratio of the newly increased fixed assets to the total investment made in the s ame period. This is a comprehensive indicator reflecting the speed of the employ ment of fixed assets and the investment efficiency at the macro-level. As the ne wly increase fixed assets is the result of a long period while the investment is completed in the current year, this indicator is expected to be used to reflect the employment of fixed assets over a long period of time.

Economically Affordable Housing refers to housing const ructed according t o the state plan for economically affordable housing. Houses of this category fe atured in low cost in construction and low prices, and therefore are affordable to mid-income or low income households. Economically affordable housing projects are developed by real estate companies under the state investment plan, with th e land provided through government allocation or tendering procedures. Developer s are exempted from land utilization fees and enjoy another 50% exemption of all other legitimate fees, while their profits are limited to less than 3%, and the completed houses are sold under the government-guided prices. This indicator he lps to analyze the investment structure of the real estate industry and the dema nd and supply of housing for mid or low income households.

Total Energy Production refers to the total production of primary energ y by all energy producing enterprises in the country in a given period of time. It is a c omprehensive indicator to show the capacity, scale, composition and development of energy production of the country. The production of primary energy includes t hat of coal, crude oil, natural gas, hydropower and electricity generated by nuc lear energy and other means such as wind power and geothermal power. However, it excludes the production of fuels of low calorific value, bio-energy, solar ener gy and the secondary energy converted from the primary energy.

Total Domestic Energy Consumption refers to the total c onsumption of energy of v arious kinds by material production sectors, non-material production sectors and households in the country in a given period of time. It is a comprehensive indi cator to show the scale, composition and development of energy consumption. The total energy consumption includes that of coal, crude oil and their products, na tural gas and electricity. However, it excludes the consumption of fuel of low c alorific value, bio-energy and solar energy. Total domestic energy consumption c an be divided into three parts:

(1)Final Energy Consumption: It refers to the total energy consumption by materi al production sectors, non-material production sectors and households in the cou ntry (region) in a given period of time, but excludes the consumption in convers ion of the primary energy into the secondary energy and the loss in the process of energy conversion.

(2)Loss During the Process of Energy Conversion: It refers to the total input of various kinds of energy for conversion, minus the total output of various kinds of energy in the country in a given period of time. It is an indicator to show the loss that occurs during the process of energy conversion.

(3)Loss: It refers to the total of the loss of energy during the course of energ y transport, distribution and storage and the loss caused by any objective reaso n in a given period of time. The loss of various kinds of gas due to gas dischar ges and stocktaking is excluded.

Elasticity Ratio of Energy Production is an indicator to show the relationship between the growth rate of energy production and the growth rate of the national economy. The formula is:

Elasticity Ratio of Energy Production = Average Annual Growth Rate of Energy Pro duction / Average Annual Growth Rate of National Economy

The average annual growth rate of the national economy can be shown by the gross national product, gross domestic product and other indicators, depending upon t he purposes or needs. The gross domestic product is used in calculation of the r atio in this chapter.

Government Revenue refers to the revenue of the gov ernment finance by mea ns of participating in the distribution of the social products, which is the financial resources for ensuring the government to function. The contents of government r evenue have been changed several times. Now it includes the following main items :

(1) Various tax revenues, including value added tax, business tax, consumption t ax, land value added tax, tax on city maintenance and construction, resources ta x, tax on use of urban land, enterprise income tax, personal income tax, tariff, stamp tax on security transactions, tax on purchase of motor vehicles, tax on a griculture and animal husbandry and tax on occupancy of cultivated land, etc.

(2) Special revenues, including revenues from the fee on sewage treatment, fee o n urban water resources, fee for the compensation of mineral resources and extra -charges for education, etc.

(3) Other revenues, including revenue from interest, revenue from the repayment of capital construction loan, revenue from capital construction projects, and do nations and grants.

(4) Subsidies for the losses of the state-owned enterprises. This is an item of negative revenue, consisting of subsidies to industrial, commercial and grain pu rchasing and supply enterprises.

Government Expenditure refers to the distribution and use of th e funds the gove rnment finance has raised, so as to meet the needs of economic construction and various causes. It includes the following main items:

(1) Expenditure for capital construction: It refers to the non-gratuitous use an d appropriation of funds for capital construction in the range of capital constr uction, outlay of capital as well as the loans on capital construction approved by the government for special purpose or policy purpose and the expenditure with discount paid in an overall way within the amount of the funds appropriated to the departments for capital construction.

(2) Innovation funds of the enterprises: They refer to the funds appropriated fr om the government budget for the enterprises to tap the latent power, upgrade th e technology and carry out innovation, including the innovation fund of the depa rtments, loan of the enterprises for innovation, subsidies on the innovation of the small fertilizer plant, small cement plant, small coal mines, small machiner y plant and small steel plant, the expenditure of interest for the loan for inno vation.

(3) Geological prospecting expenses: They refer to the expenses appropriated fro m the government budget to the geological prospecting units for the expenditure of the prospecting work, including the expenditures of the administrative agenci es for geological prospecting and their institutional units as well as the geolo gical prospecting expenditure.

(4) expenditures for science and technology promotion: They refer to the expens es appropriated from the government budget for the scientific and technological expenditure, including new products development expenditure, expenditure for int ermediate trial and subsidies on important scientific researches.

(5) Expenditure for supporting rural production: It refers to the expenditures a ppropriated from the government budget for supporting the various expenditures o f the rural collective units or households for production, including the subsidi es to the small water conservancy projects and well drilling, sprinkling irrigat ion projects run by the villages; subsidies on the rural water and soil conservi ng measures; subsidies to the small power stations run by the villages; subsidie s to the expenditure for fighting against particularly severe draughts; subsidie s on the rural waste land exclamation; fund for supporting the township enterpri ses; fund for supporting rural cooperative production organizations, subsidies t o the expenditure for popularization of the agricultural technologies and plant protection in the rural areas; subsidies to the expenditure for the protection o f grasslands and cattle and fowls; subsidies on afforestation and forest protect ion in rural areas; subsidies on the rural aquatic products industry; special fu nd for developing grain production.

(6) Operating expenses of the departments of farming, forestry, water conservanc y and meteorology etc.: They refer to the expenses appropriated from the governm ent budget for the expenditures of agricultural exclamation, farms, agriculture, animal husbandry, agricultural machinery, forestry, timber industry, water cons ervancy, aquatic products industry, meteorology, technology popularization in to wnship enterprises, popularization (demonstration) of improved

varieties, plant (cattle and fowls, forest) protection, water quality monitoring, prospecting and designing, resources investigation, cadres training, subsidies to horticulture gardens, expenditure of specialized secondary schools, subsidies on the experime nts of sowing herbage seeds by flights, expenditures of afforestation agencies a nd meteorology agencies, expenses for fishery administration and operating expen ses for agricultural administration, etc.

(7) Operating expenses of the departments of industry, transport and commerce: T hey refer to the expenses appropriated from the government budget to cover the e xpenditure on salaries and operational expenditure of the departments of industr y, transport and commerce for the expenditure of business development, including expenses for prospecting and designing, expenditures of specialized secondary s chools, expenditures of the technical training schools and expenditures for cadr es training, etc.

(8) Operating expenses of the departments of culture, education, science and pu blic health: They refer to the expenses appropriated from the government budget for the expenditures on salaries and operational expenditure of the causes of cu lture, publication, cultural relics, education, public health, traditional Chine se medical science, free medical services, sports, archives, earthquake, ocean, communications, broadcasting, film and television, family planning; expenditure for training of cadres of government, party and mass organization; expenditures for natural sciences, social sciences, associations for science and technology a nd the special expenditure for the high-tech researches. They include mainly wag es, extra wages, welfare funds, pension for the retirees, stipend, expenses for official business, expenses for equipment purchases, expenses for repairs, busin ess expenses and subsidies to the units which are unable to support their expend itures by their own earnings.

(9) Pension for the disabled or for the families of the bereaved and relief fund s for social welfare: They refer to the funds appropriated from the government b udget for the expenditures of pension for the disabled or for the families of th e bereaved and relief funds for social welfare, including the lump-sum or regula r pension paid by the departments of civil affairs to the members of martyrs fam ilies and families of those who died for the public interest, pension to the rev olutionary disabled, subsidies for permanent disability of various kinds, subsid ies to the military martyrs dependents and the demobilized servicemen, expenditu re for settling down the demobilized servicemen, operating expenses of the conso ling institutions, expenses for management and repair of the commemorative build ings for the martyrs, the expenses managed by the departments of civil affairs f or the retirees and those who have quitted their work, expenses for social relie f in rural and urban areas, operating expenses for providing relief to the areas of natural calamity and subsidies on the reconstruction after the particularly severe natural calamities, etc.

(10) Expenditure on retirees: It refers to the expenditure on retirees of govern ment agencies and institutions that are covered by the state budget.

(11) Expenses on subsidies to social security system: It refers to expenditure f rom the state budget for subsidies to social security system, including subsidie s to the social insurance fund, subsidies to promoting employment, subsidies to laid-off workers of state-owned enterprises, supplement to national social secur ity funds, etc.

(12) Expenditures for national defence: They refer to the funds appropriated fro m the government budget for the expenditures for building up national defence an d safeguarding national security, including expenses of national defence, expens es of scientific researches on national defence, expenses for building up people s militia and expenditure for special projects, etc.

(13) Administrative expenses: They include expenditure for administration, subsi dies to the parties and mass organizations, diplomatic expenditure, expenditure for public security, judicial expenditure, law court expenditure, procuratorial expenditure and subsidies to the expenses for treating the cases by the public s ecurity departments, procuratorial organs and law courts.

(14) Expenditure on policy-related subsidies: It refers to the expenditure appro priated, with the approval of the government, from the state budget for price su bsidies on such products as grain, cotton and edible oil. More specifically, it includes subsidies to the difference between the selling prices and purchasing p rices of grains, cotton and edible oil, subsidies for curtaining prices and for sugar reserve, subsidies to the difference between the selling prices and purcha

sing prices of means pf agricultural production, risk fund for grains, risk fund for non-staple food, risk fund for local production of coal, etc.

(15) Expenditure on interest of debts: It refers to expenses from the state budg et on paying interest of domestic and foreign debts.

Revenue of the central government and revenue of the local governments: refers to the revenue of the central government and that of the local governments as de fined by the decentralized taxation system starting from 1994. In accordance wit h this system, the revenue of the central government includes tariff, consumptio n tax and value added tax levied by the customs, consumption tax, income tax of the enterprises subordinate to the central government, income taxes of the local banks, foreign-funded banks and non-bank financial institutions, business tax a nd profits of railways, head offices of banks, head office of insurance company , which are handed over to the government in a centralized way, tax on city main tenance and construction, tax on purchasing motor vehicles, tonnage tax of ships , 75% of the value added tax, 94% of the tax on stock dealing (stamp tax), inter est income tax in the personal income tax, proportion of the personal income tax (other that interest income tax) to be shared by the central government, and ta x on ocean petroleum resources,. The revenue of the local governments includes b usiness tax, income tax of the enterprises subordinate to the local government, proportion of the personal income tax (other that interest income tax) to be sha red by the central government, tax on the use of urban land, tax on the adjustme nt of the investment in fixed assets, tax on town maintenance and construction, tax on real estates, tax on the use of vehicles and ships, stamp tax, slaughter tax, tax on agriculture and animal husbandry, tax on special agricultural produc ts, tax on the occupancy of cultivated land, contract tax, value-added tax on la nd, income from charges on use of state-owned land, 25% of the value added tax, 6% of the tax on stock dealing (stamp tax) and tax on resources other than the o cean petroleum resources.

Expenditure of the central government and expenditure of the local governments: according to the different functions of the central g overnment and local govern ments in the economic and social activities, the rights of affairs administratio n are classified between the central government and local governments; and the c lassification of the expenditure between the central government and local govern ments are made on the basis of the classification of the rights of affairs admin istration between them. The expenditure of the central government includes the e xpenditure for national defence, expenditure for armed police forces, the admini strative expenses and various operating expenses at the level of central governm ent, expenditure for key projects and the expenditure of the central government for adjusting the national economic structure, coordinating the development amon g different regions and exercising the macro-economic regulation and control. Th e expenditure of the local governments includes mainly the administrative expens es and various operating expenses at the level of local governments, the expendi ture for capital construction and technological innovation with the funds raised by the local government, expenditure for supporting rural production, expenditu re for city maintenance and construction and expenditure for price subsidies, etc.

Extra–budgetary revenue and expenditure Extra-budgetary fund refers to financia l fund of various types not covered by the regular government budgetary manageme nt, which is collected, allocated or arranged by government agencies, institutio ns and social organizations while performing duties delegated to them or on beha lf of the government in accordance with laws, rules and regulations. It mainly c overs following items: administrative and institutional fees, governmental funds and extra charges that are stipulated by laws and regulations; administrative a nd institutional fees approved by the State Council and provincial governments a nd their financial and planning (price management) departments; governmental fun ds and extra charges established by the State Council and the Ministry of Financ e; funds turned over to competent departments by their subordinate institutions; self-raised and collected funds by township governments for their own expenditu re; and other financial funds that are not covered in budgetary management. Soci al security funds are treated as extra-budget fund and managed for its exclusive use, given the circumstance that separate government budgetary system for socia l security is yet to be designed. Special accounts are opened by the financial d epartments in banks for the management of revenue and expenditure of extra-budge tary fund. Extra-budgetary revenue and expenditure is managed separately, namely , revenue of institutions and departments must enter into the special accounts o f the financial departments at the same administrative level, and their extra-bu dgetary expenditure is arranged in line with the extra-budget plans and appropri ated from these accounts.

Credit Funds refer to the funds issued as loans by bank ing institutions. The sources of credit funds of the banking institutions included deposits, issue of financial bonds, account-payable and temporary gathering, liabilities to int ernational financial institutions, currency in circulation, various reserves, ow ners' rights and interests and other items. The credit funds can be used in form s of loans, securities and investment, account receivable and advance payment, e ntrusted investment, gold, foreign exchange, cash on hand, government debt and a ssets in the international financial institutions.

Deposit is a form of credit by which enterprises, insti tutions, organizations or households can put money into banks and other credit institutions for safekee ping and interest earning under the principle of free withdrawal. According to d ifferent depositors, deposits are divided into enterprise deposits, treasury dep osits, deposits of government agencies and organizations, capital construction d eposits, savings deposits, rural saving deposits, entrusted deposits and other d eposits. Deposits are major sources of the credit funds of banks.

Loan is a form of credit by which banks and other credi t institutions provide funds at certain interest rate to enterprises and individuals in the light of th e principle of unconditional repayment. Loans from Chinese banks include circula ting capital loans, fixed assets loans, loans to urban and rural individuals eng aged in industrial and commercial business and agricultural loans.

Insurance Companies refer to commercial insurance compa nies of various forms re gistered by law and established in China with the approval of insurance regulato ry agencies.

Amount Insured refers to the maximum that the insurant will get for the claim of the case insured.

Premium is the fee paid by the insurant to the insurer to obta in the obligation of compensation from the insurance within the agreed terms. Settled Claim is the compensation paid by the insurer to the insurant in accor dance with the insurance contract.

Payment includes payment for death, injury or medical t reatment and mature pay ment. Payment for death, injury or medical treatment refers to the money paid to the insurant (or the beneficiary) in accordance with the life or health insuran ce contract when the insurant encounters accidents within the insured period cov ered in the contract. Mature payment refers to the mature payment to the insuran t in accordance with the life insurance contract at the end of the insured period.

Consumer Price Indices reflect the trend and degr ee of changes in prices of con sumer goods and services purchased by urban and rural residents, and is a compos ite indices derived from the urban consumer price indices and the rural consumer price indices. Consumer price indices can be used to analyze the impact of cons umer price change on actual expenditure for living cost of urban and rural residents.

Urban Consumer Price Indices reflect the trend and degr ee of changes in prices of consumer goods and services purchased by urban households during a given peri od. It can be used to observe and analyze the impact of price changes in consume r goods and services on wages (in monetary terms) of staff and workers, and prov ide basis for policy-making concerning the living cost and wages of staff and workers.

Rural Consumer Price Indices reflect the trend and degr ee of changes in prices of consumer goods and services purchased by rural households during a given peri od. It can be used to observe the impact of change in retail prices of consumer goods and service prices in rural areas on living expenditure of rural household s, and to show the changes in the living standard of peasants. It provides basis for analysis and research on condition of life in rural areas.

Retail Price Indices reflect the trend and degree o f change in retail p rices of commodities during a given period. The change in retail prices of commodities d irectly affect the living expenditure of urban and rural residents, government r evenue, purchasing power of residents and the equilibrium of market supply and d emand, and the ratio of consumption to accumulation. Therefore, the retail price indices are useful to analyze the changes of the above economic activities.

Price Indices of Means of Agricultural Production reflect the trend and degree of changes in prices of means of agricultural production during a given period. Price indices of means of agricultural production are composed of 8 categories i ncluding small farm tools, feeds, young domestic animals and poultries, semi-mec hanized farm machinery, mechanized farm machinery, chemical fertilizers, pestici des and spraying machinery, fuels for farm machinery. Compilation of these indic es help to understand the changes in prices of input into agricultural productio n and facilitate the compilation of national account statistics. Before 1994, pr ice indices of means of agricultural production was a sub-category in the in the retail price indices of commodities, and it has been compiled separately since 1994.

Indices of Producers´ Prices for Farm Products reflect the trend and degree of changes in producers' prices received by farmers when they sell farm products du ring a given period. These indices depict the change in the level and structure of producers' prices of farm products of the country and meet the needs of agric ulture statistics and national account statistics. The producers' price index of a given product is calculated through geometrical mean of individual indices of all surveyed units who sell such product, and the indices of a product category is obtained through weighted mean of price indices of all products in the categ ory. Method for calculating accumulative quarterly indices is the same as for ca lculating the distinctive quarterly indices.

Ex–factory Price Indices of Industrial Products reflect the trend and degree of changes in general ex-factory prices of all industrial products during a given period, including sales of industrial products by an industrial enterprise to al l units outside the enterprise, as well as sales of consumer goods to residents. It can be used to analyze the impact of ex-factory prices on gross output value and value-added of the industrial sector.

Indices of Purchasing Prices of Raw Materials, Fuels and Power reflect changes in the level and degree of prices paid by industrial enterprises when they purch ase production input such as raw materials, fuels and power from the market or f rom other energy or raw materials producing enterprises. These indices provide i mportant basis for measuring the material consumption of industrial enterprises after removing influence of price changes.

At present, over 900 products in 9 categories, including fuels a nd power, ferrou s metals, non-ferrous metals, chemicals, building materials, are covered in Chin a for the survey to produce indices of purchasing prices of raw materials, fuels and power.

Price Indices of Investment in Fixed Assets reflect the trend and degree of cha nges in prices of investment goods and projects in fixed assets during a given p eriod. The investment in fixed assets consists of three components, namely the i nvestment in construction and installation, the investment in purchases of equip ment and instrument, and the investment in other items. Price indices of investm ent in fixed assets are calculated as the weighted arithmetic mean of the price indices of the three components of investment in fixed assets.

Removing the factor of price change in the aggregates of investment at current p rices, this indicator shows the changes in the prices of commodities and fees in volved in the investment of fixed assets, and can be used to observe the actual size, growth, structure, and efficiency of investment in fixed assets and provid es reliable and scientific data for government planning, management, decision-ma king, and further improving the current national accounting system.

I. Urban Households

Population of urban households refer to members of the household living and sh aring economically together. All income and expenditure of the population of the household are included in the income and expenditure of the household.

Proportion of urban employment refer to the proportion of employed population to the population of urban households.

Number of dependents per urban employee refers to the ratio between number of p ersons in urban households and the number of dependents.

Total Income of Urban Households refers to the sum of w age and salary, net busi ness income, income from properties, and income from transfers of members of the households, excluding income from selling of properties and income from borrowings.

Disposable Income of Urban Households refers to the act ual income at the dispos al of members of the households which can be used for final consumption, other non-compulsory expenditure and savings. This equals to total income minus income tax, personal contribution to social security and sample household subsidy for k eeping dairies. Following formula is used:

Disposable income = total household income - income tax - personal contribution to social security - sample household subsidy for keeping dairies

Total expenditure of Urban Households refer to all expe nditure of the household s except expenditure on leading. It includes expenditure on consumption, on purc hasing or building houses, on transfers, on properties and on social security.

Consumption Expenditure of Urban Households refers to t otal expenditure of the sample households for consumption in daily life, including expenditure on eight categories such as food, clothing, household appliances and services, health ca re and medical services, transport and communications, recreation, education and cultural services, housing, miscellaneous goods and services.

Expenditure of Urban Households on Consumption of Services refers to expenditure of households on services of various kinds provided by the society.

Urban Households by Income Group All households in the sample are grouped, by per capita disposable income of the household, into groups of lowest income, low income, lower middle income, middle income, upper middle income, high income and highest income, each group consisting of 10%, 10%, 20%, 20%, 20%, 10% and 10% o f all households respectively. The lowest 5% of households are also referred to as poor households.

Engel Coefficient refers to the percentage of expenditu re on food in the total consumption expenditure, using the following formula:

Engel Coefficient = (expenditure on food / total consumption expenditure) x 100%

II. Rural Households

Rural Households refer to resident households in rural areas. Resident househol ds in rural areas are the households residing for more than one year in the area s under the jurisdiction of administration of township governments (excluding co unty towns), and in the areas under the jurisdiction of administration of villag es in county towns. Migrated households residing in the current addresses for ov er one year with their household registration in other places are included in th e resident households of their current addresses. For households with their hous ehold registration in one place but all members of the households moving away fo r living in another place for over one year, they will not be included in the ru ral households of the area where they are registered, irrespective of whether th ey still keep their contracted land.

Resident Population refers to population staying at hom e permanently or for ove r 6 months during a year and sharing life economically with the household. Membe rs of the household staying away from the household for over 6 months but keepin g a close economic relation with the household by sending the majority of income to the household are regarded as resident population of the household. Governme nt staff and workers or retirees living as close members of the household are al so considered as resident population. However, servicemen, students of secondary technical schools or schools of higher education and persons with stable jobs a nd residence outside the household (excluding those visiting relatives or seekin g medical service) are not included as resident population of the household. Res ident population is used in calculating income, consumption, accumulation on per capita basis of rural households and in analyzing composition of rural households.

Full/Semi Labour Force Full labour force refers to pers ons capable of work, age d 18-50 for males and 18-45 for females. Semi labour force refers to persons cap able of work, aged 16-17 and 51-60 for males and 16-17 and 46-55 for females. Pe rsons at their working ages but not capable of work are not to be included as la bour force. Persons not at working ages but participating regularly in work are included in semi labour force. For staff and workers as resident population of t he household, they are included as full or semi labour force of the household if they are in the labour force.

Total Income refers to the sum of income earned from various so urces by the rur al households and their members during the reference period, and is classified a s income from wages and salaries, income from household operations, income from properties and income from transfers.

Income from Wages and Salaries refers to income from la bour ear ned by the members of rural households employed by other units or individuals.

Income from Household Operations refers to income by the rural househol ds as un its of production and operations. Operations by rural households are classified by economic activities as agriculture, forestry, animal husbandry, fishery, manu facturing, construction, transportation, post and telecommunications, wholesale, retail and catering, social service, culture, education, health, and other hous ehold operations.

Income from Properties refers to the income received as returns by owners of fi nancial assets or tangible non-productive assets by providing capitals or tangib le non-productive assets to other institutional units.

Income from Transfers refers to the receipt by rural ho useholds and their membe rs of goods, services, capitals or rights of assets without giving or repaying a ccordingly, excluding capitals provided to them for the formation of fixed asset s. In general, it refers to all income received by rural households through redi stribution.

Cash Income refers to income received by rural househol ds and their members in the form of cash during the reference period. It is classified, by source of inc ome, into income from wages and salaries, cash income from household operations , income from properties and income from transfers

Net Income refers to the total income of rural househol ds from all sources minu s all corresponding expenses. The formula for calculation is as follows:

Net income = total income - household operation expenses - taxes and fees - depr eciation of fixed assets for production - subsidy for participating in household survey - gifts to non-rural relatives Net income is mainly used as input for re production and as consumption expenditure of the year, and also used for savings and non-compulsory expenses of various forms. "Per capita net income of farmer s" is the level of net income averaged b y population which reflects the average income level of rural households in a gi ven area.

Production Capacity of Water Supply refers to the d esigned comprehensive produc tion capacity of water facilities, covering the 4 links of water collection, pur ification, conveyance, and outflow through trunk pipelines. Increase capacity th rough transformation and innovation projects are included as well. The capacity is determined mainly on the weakest of the above-mentioned 4 links.

Length of Water Supply Pipelines at the Year–end refers to the total length of all the pipelines between the water pumps and the user's water meters, excluding pipelines newly installed but not used yet.

Annual Volume of Water Supply refers to the total volum e of water supplied by w ater-works (units) during the reference period, including both the effective wat er supply and loss during the water supply.

Consumption of Water for Residential Use refers to the water consumption of hou seholds for daily life and the water consumption of public service facilities. T he latter refers to water consumption for urban public services, including the c onsumption of government agencies and public institutions, military barracks, pu blic facilities, wholesale and retail outlets, restaurants, hotels, and other un its providing public services. Household water consumption refers to consumption of water for daily life of all households in the boundary of cities, including households of urban residents and farmers, and public water supply stations.

Percentage of Urban Population with Access to Tap Water refers to the ratio of t he urban population with access to tap water to the total urban population. The formula is:

Percentage of population with access to tap water= (Urban population with access to tap water) / (Urban population)×100%

Production Capacity of Gaswork Gas refers to the comprehensive production capac ity of the urban gasworks in gas generation, purification and delivery at the en d of the reference period, excluding capacity of the reserved facilities. In gen eral, it is determined by the designed capacity, and when actual production capa city is larger than the designed capacity, the capacity is determined by the act ual measurement on the weakest link in the production, purification and delivery .

Length of Gas Pipelines refers to the total length of p ipelines in use between the outlet of the compressor of gas-work or outlet of gas stations and the leadi ng pipe of users, excluding pipelines within gasworks, delivery stations, LPG st orage stations, refilling stations, gas-mixing stations and supply stations.

Volume of Gas Supply refers to the total volume of gas provided to users by gas -producing enterprises (units) in a year, including the volume sold and the volu me lost.

Percentage of Urban Population with Access to Gas refers to the ratio of the urban population with access to gas to the total urban population at the end of th e reference period. The formula is:

Percentage of population with access to gas = (Urban population with access to g as / Urban population) x 100%

Heating Capacity in Urban Area refers to the designed c apacity of heating enter prises (units) in supplying heating energy to urban users during the reference period.

Quantity of Heat Supplied in Urban Area refers to the t otal quantity of heat fr om steam and hot water supplied to urban users by heating enterprises (units) du ring the reference period.

Length of Heating Pipelines refers to the total length of steam or hot water pi pelines for sources of heat to the leading pipelines of the buildings of the use rs, excluding internal pipelines in heat generating enterprises.

Length of Paved Roads at the Year–end refers to the len gth of roads with paved surface including squares bridges and tunnels connected with roads by the end of the year. Length of the roads is measured by the central lines for vehicles fo r paved roads with a width of 3.5 meters and over, including roads in open-ended factory compounds and residential quarters.

Urban Bridges refer to bridges built to cross over natu ral or man-made barriers , including bridges over rivers, overpasses for traffic and for pedestrian, unde rpasses for pedestrian, etc. Both permanent and semi-permanent bridges are included.

Length of Urban Sewage Pipes refers to the total length of general drainage, tr unks. branch and inspection wells, connection wells, inlets and outlets, etc.

Daily Disposal Capacity of Urban Sewage refers to the d esigned 24 hour capacity of sewage disposal by the sewage treatment works or facilities.

Number of Vehicles under Operation at the Year–end refers to the total number o f vehicles under operation by public transport enterprises (units) at the end of the year, based on the records of operational vehicles by the enterprises (units).

Area of Urban Gardens and Green Areas refers to the tot al area occupied for gre en projects at the end of the reference period, including public green land, gre en land in residential quarters, green land attached to institutions, protection green land, production green land, roadside green land and forest in scenic spo ts. It does not include the following:

(1) Greenery and plants on roofs, balconies, indoors and vertical green areas;

(2) Forest, cultivated land, grassland, orchards and bamboo grooves that are for production purpose; and

(3) Water areas that are not included in urban master plan as green land.

Public Green Area refers to green areas open to the pub lic such as municipal, community and neighborhood parks and roadside parks, including waters within park s. Neighborhood parks should occupy an area larger than 10,000 square meters, an d the width of roadside parks should occupy an area larger than 400 square meter s, with a width of more that 8 meters.

Gross Output Value of Farming, Forestry, Animal Husbandry and Fishery refers to the total value of products of farming, forestry, animal husbandry and fishery, and total value of services rendered to support farming, forestry, animal husba ndry and fishery activities. It reflects the total scale and results of agricult ural production during a given period. Prior to 1957, Chinas gross agricultural output value included barnyard manure and handicraft products for self-consumpti on (clothes, shoes, stockings, and initial grain processing undertaken by peasan ts). Since 1958, cutting and felling of bamboo and trees by villages and other c ooperative organizations under villages have been included in forestry; value of barnyard manure has been excluded from animal husbandry; self consumed handicra fts has been excluded from sideline occupations, while the output value of indus tries run by villages and cooperative organizations under village had been incl uded in sideline occupations and the output value of fish catches by motor fishi ng boats has been added to fishery. Since 1980, the value of handicraft products made for sale by individuals in households had been added to sideline occupatio ns. Since 1984, industries run by villages and under villages have been included in the sector of industry. Since 1993, the subdivision of sideline occupations has been canceled, and the hunting of wild animals has been classified into anim al husbandry, and the gathering of wild plants and commodity industry run by rur al household have been included in farming. A new industrial classification of e conomic activities was introduced in 2003. Under the new classification, value o f services to farming, forestry, animal husbandry and fishery is included in the gross output value of agriculture, value of wood felling and transport is inclu ded in forestry, value of industrial output by rural households is not included in agriculture, and the collection of wild forest products is taken from agricul ture and included in the forestry. The first agriculture census of China reveale d some discrepancy between the production of animal products from the annual rep orts and that from the census. Efforts were made by the Rural Socio-economic Sur vey Organization of NBS to adjust the output value of animal husbandry to make t he figures from the annual reports consistent with the census data.

Gross output value of agriculture is obtained by first multiplying the output of each product or by product by its price, resulting in the output value of each single item. For a small number of products, annual output of which is not avail able or difficult to get due to the long production (growing) process involved, the output value is estimated through an indirect approach. The sum of output va lue of all products of farming, forestry, animal husbandry and fishery is then e qual to the gross output value of agriculture.

Grain Output refers to the total output in the whole coun try including grains p roduced by state farms, collective units, rural households, as well as by farms affiliated to industrial and mining enterprises and other production units. Grai n includes rice, wheat, corn, sorghum, millet and other miscellaneous grains as well as tubers and bean. Output of beans refers to dry beans without pods. The o utput of tubers (sweet potatoes and potatoes, not including taros and cassava) w as converted into that of grain at the ratio 4:1, i.e. 4 kilograms of fresh tube rs was equivalent to 1 kilogram of grain up to 1963. Since 1964 the ratio for co nversion has been 5:1. Tubers supplied as vegetables (such as potatoes) in citie s and suburbs are calculated as fresh vegetables and their output is not include d in the output of grain. Output of all other grains refers to husked grain.

Output of Oil–bearing Crops refers to the total product ion of oil-bearing crops of various kinds, including peanuts, (dry, in shell) rapeseeds, sesame, sunflow er seeds, flax seeds, and other oil-bearing crops. Soybeans, oil-bearing woody p lants, and wild oil-bearing crops are not included.

Output of Aquatic Products refers to catches of both ar tificially cultured and naturally grown aquatic products, including fish, shrimps, crabs and shellfish i n sea and inland water as well as seaweed. Freshwater plants are not included. Output of Pork, Beef, and Mutton refers to the meat of slaughtered hogs, cattl e, sheep and goats with head, feet, and offal taken away.

Number of Livestock or Poultry in Stock at Beginning (or End) refers to the tota l number of large animals, pigs, sheep, fowls, etc. raised by rural cooperative organizations, state farms, rural individuals, government agencies, schools, ind ustrial and mining enterprises, army, and urban residents at the beginning (or e nd) of the reference period. Data reporting system and data adjustment are the s ame as that in the output of pork, beef and mutton.

Regularly Cultivated Land refers to farmland among the total land resources, whi ch is exclusively used for farming and is under regular cultivation with harvest in normal years. Included are currently cultivated land, land that has been aba ndoned or put in idle for less than 3 years and could be re-used for cultivation at any time, and new-claimed land that has been put into cultivation for more t han 3 years. According to statistical coverage, it includes the gouges, dykes, r oads and ridges of field with 1 meter wide in Southern areas and 2 meters wide i n Northern areas. Excluded under this category are steep slope land over 25 degr ees under temporary cultivation, land (large or small plots) that is claimed alo ng river bends, lake sides or banks of reservoirs, as well as land that has been designated under the "Green for Grain" programmes of the state and provincial g overnments but is still temporarily under cultivation. The regularly cultivated land is the key protection land of the nation, an important indicator reflecting the comprehensive productivity of agriculture of China.

Sown Area of Crops refers to area of land sown or trans planted with crops regar dless of being in cultivated area or non-cultivated area. Area of land re-sown d ue to natural disasters is also included. This is an important indicator that ca n reflect the utilization condition of the cultivated land in China.

Irrigated Area refers to areas that are effectively irr igated, i.e. level land, which has water source and complete sets of irrigation facilities to lift and m ove adequate water for irrigation purpose under normal conditions. Under normal conditions, irrigated area is the sum of watered fields and irrigated fields whe re irrigation systems or equipment have been installed for regular irrigation pu rpose. This important indicator reflects drought resistance capacity of the cult ivated land in China.

Consumption of Chemical Fertilizers in Agriculture refers to the quantity of che mical fertilizers applied in agriculture in the year, including nitrogenous fert ilizer, phosphate fertilizer, potash fertilizer, and compound fertilizer. The co nsumption of chemical fertilizers is required in calculation to convert the gros s weight into weight containing 100% effective component (e.g. 100% nitrogen con tent in nitrogenous fertilizer, 100% phosphorous pent oxide contents in phosphat e fertilizer, 100% potassium oxide contents in potash fertilizer). Compound fert ilizer is converted with its major component. The formula is :

Volume of effective component= physical quantity x effective com ponent of certain chemical fertilizer (%)

Total Power of Farm Machinery refers to total mechanica l power of machinery us ed in farming, forestry, animal husbandry, and fishery, including ploughing, irr igation and drainage, harvesting, transport, plant protection, stock breeding, f orestry and fishery. The power of internal combustion engines is required to con vert horsepower into watts and the power of electric motors is required to be co nverted into watts. Machinery employed for non-agricultural purposes, such as th e machines used in township run and village-run industry, construction, non-agri cultural transport, scientific experiments and teaching, is excluded. Data are m ainly from agricultural machinery agencies.

Rural Employed Persons refer to rural labor forces aged over 16 years old who a re engaged in real production and management activities and receive payment in k ind or wages, including those covered within the age frame and regularly partici pating in production activities, and those who are out of the range of age frame and also participating in production activities regularly. Excluding students s tudying in other places with their permanent residence registered in local areas , servicemen and persons incapable of working; also excluding those who are wait ing for jobs and those engaged in household work. Persons employed are classifie d as rural employed persons; industrial employed persons; construction industry employed persons; transport, storage and telecommunications industries employed persons; whole sales and retail sales trade and catering industry employed perso ns and others according to the longest period of employment in major activities (or using income indicator when period of employment is the same).

Industry refers to the material production sector w hich is engaged in extraction of natural resources and processing and reprocessing of minerals and agricultur al products, including (1) extraction of natural resources, such as mining, salt production (but not including hunting and fishing); (2) processing and reproces sing of farm and sideline produces, such as rice husking, flour milling, wine ma king, oil pressing, silk reeling, spinning and weaving, and leather making; (3) manufacture of industrial products, such as steel making, iron smelting, chemica ls manufacturing, petroleum processing, machine building, timber processing; wat er and gas production and electricity generation and supply; (4) repairing of ind ustrial products such as the repairing of machinery and means of transport (incl uding cars).

Prior to 1984, the rural industry run by villages and cooperative organizations under village was classified into agriculture. Since 1984, it has been grouped into industry.

Units of industrial statistics survey corporate industrial enterprises with inde pendent accounting system.

Corporate industrial enterprises with independent accounting system refer to ent erprises engaging in industrial production activities, which meet the following requirements: ①They are established legally, having their own names, organizati ons, location, able to take civil liability; ②They possess and use their assets independently, assume liabilities, and are entitled to sign contracts with othe r units; ③They are financially independent and compile their own balance sheets . Enterprises covered in the industrial statistics in the Yearbook include followi ng categories by their registration:

State–owned Enterprises refer to industrial enterprises where the means of produ ction or income are owned by the state. Joint state-private industries and priva te industries, which existed before 1957, have been transformed into state indus tries. Statistics on these enterprises has been included in the state-owned indu stries since 1957 when separation of data was no longer necessary.

Collective–owned Enterprises refer to industrial enterp rises where the means of production are owned collectively, including urban and rural enterprises investe d by collectives and some enterprises which were formerly owned privately but ha ve been registered in industrial and commercial administration agency as collect ive units through raising fund from the public.

Share–holding Cooperative Enterprises refer to economic units set up on co operative basis, with funding partly from members of the enterprise and partly f rom outside investment, where the operation and management is decided by the mem bers who also participate in the production, and the distribution of income is b ased both on work (labour input) and on shares (capital input).

Joint-operation enterprises refer to economic units that are established by join t investment by two or more corporate enterprises or institutions of the same or different types of ownership on voluntary, equal and mutual-beneficial basis. T hey include:

a) state-owned joint-operation enterprises (joint operation between state- owned enterprises);

b) collective joint-operation enterprises (joint operation between collect ive enterprises; and

c) state-collective joint-operation enterprises (joint operation between s tate and collective enterprises).

Limited Liability Corporations refer to economic units registered in accordance with the Regulation of the People's Republic of China on the Management of Regis tration of Corporations, with capitals from 2 to 49 investors, each investor bea rs limited liability to the corporation depending on his/her holding of shares, and the corporation bears liability to its debt to the maximum of its total assets.

Share–holding Corporations Ltd. refer to economic units registered in accordance with the Regulation of the People's Republic of China on the Management of Regi stration of Corporate Enterprises, with total registered capitals divided into e qual shares and raised through issuing stocks. Each investor bears limited liabi lity to the corporation depending on the holding of shares, and the corporation bears liability to its debt to the maximum of its total assets.

Private Enterprises refer to economic units invested or controlled (by hol ding the majority of the shares) by natural persons who hire labours for profit- making activities. Included in this category are private limited liability corpo rations, private share-holding corporations Ltd., private partnership enterprise s and private sole investment enterprises registered in accordance with the Corp oration Law, Partnership Enterprise Law and Tentative Regulation on Private Ente rprises.

Enterprises with Funds form Hong Kong, Macao and Taiwan refers to all industrial enterprises registered as the joint-venture, cooperative, sole (exclusive) inve stment industrial enterprises and limited liability corporations with funds from Hong Kong, Macao and Taiwan.

Foreign Funded Enterprises refers to all industrial ent erprises registered as the joint-venture, cooperative, sole (exclusive) investment industrial enterpris es and limited liability corporations with foreign funds.

Light Industry refers to the industry that produces con sumer goods and hand too ls. It consists of two categories, depending on the materials used:

(1) Industries using farm products as raw materials. These are branches of light industry which directly or indirectly

use farm products as basic raw materials, including the manufacture of food and beverages, tobacco processing, textile, c lothing, fur and leather manufacturing, paper making, printing, etc.

(2) Industries using non farm products as raw materials. These are branches of l ight industry which use manufactured goods as raw materials, including the manuf acture of cultural, educational articles and sports goods, chemicals, synthetic fiber, chemical products for daily use, glass products for daily use, metal prod ucts for daily use, hand tools, medical apparatus and instruments, and the manuf acture of cultural and clerical machinery.

Heavy Industry refers to the industry which produces ca pital goods, and provide s various sectors of the national economy with necessary material and technical basis. It consists of the following three branches according to the purpose of p roduction or the use of products:

(1) Mining, quarrying and logging industry refers to the industry that extracts natural resources, including extraction of petroleum, coal, metal and non-metal ores.

(2) Raw materials industry refers to the industry that provides various sectors of the national economy with raw materials, fuels and power. It includes smeltin g and processing of metals, coking and coke chemistry, chemical materials and bu ilding materials such as cement, plywood, and power, petroleum refining and coal dressing.

(3) Manufacturing industry refers to the industry that processes raw materials. It includes machine building industry which equips sectors of the national econo my, industries of metal structure and cement products, industries producing mean s of agricultural production, such as chemical fertilizers and pesticides. Accor ding to the above principle of classification, the repairing trades which are en gaged primarily in repairing products of heavy industry are classified into heav y industry while these engaged in repairing products of light industry are class ified into light industry.

Gross Industrial Output Value

(1) Definition: Gross industrial output value is the total volume of final indus trial products produced and industrial services provided during a given period. It reflects the total achievements and overall scale of industrial production du ring a given period.

(2) Principles for calculation:

Statistics on industrial production follow the principle that all products produ ced by the enterprises and accepted during the reference period are to be includ ed no matter whether they are sold or not during the reference period.

Determination of final products follow the principle that all products that are included in the calculation of grow industrial output value are the final produc ts of the enterprise which have been accepted through quality check and require no further processing. If an enterprise has intermediate (semi-finished) product s to sell, these intermediate products are considered as the final products of t he enterprise.

Gross industrial output value is calculated following the principle of factory a pproach, i.e. industrial enterprise is used as the basic accounting unit in calc ulating the gross industrial output value. By this approach, value of the same p roduct is not to be double counted, and the output value of different workshops (branch factories) should not be added. However, this approach does not exclude the possibility of double counting between enterprises.

(3) Content and calculation method: The old definition of gross industrial outpu t value was modified during the national industrial census in 1995. The revised (new) definition of gross industrial output value consists of 3 components: valu e of the finished products during the reference period, income from external pro cessing, and value of change in semi-finished products at the end and at the beg inning of the reference period.

Value of the finished products during the reference period: refers to the value of all finished (semi-finished) industrial products that are produced during the reference period without the need for further processing, checked for acceptance, packed and put into the warehouse of the enterprise, including the value of o wn-produced equipment and the value of products provided to the projects under c onstruction of the enterprise, and to other non-industrial or welfare units. Val ue of finished products during the reference period is calculated by the quantit y of products produced using own materials multiplied by the average unit prices at which products are sold (excluding value-added tax). Own-produced equipment and products produced for own use are value at cost prices as in the case of ent erprise accounting. Value of finished products does not include the value of fin ished products (semi-finished products) that are produced using the materials fr om the clients who make the orders.

Income from external processing: refers to income from contracted external proce ssing of industrial products (including processing of industrial products using materials from the clients), and the income from industrial repairing work provi ded to other units. Income from external processing is calculated using informat ion from the item "products sales income" in the enterprise accounting at the pr ices excluding value-added tax.

For income from services such as processing, repairing and installation of equip ment provided to non-industrial units within the enterprise, if the accounting work of the enterprise is good enough to separate it from other records, and the share of such services is significant, it should also be included in the income from external processing.

Value of change in semi-finished products at the end and at the beginning of the reference period: refers to the value of change in semi-finished products at th e end and at the beginning of the reference period, which generally can be obtai ned from accounting records of enterprises. If the enterprise accounting exclude s the cost of semi-finished products, then it should not be included in the gros s industrial output value, and vice versa.

(4) Changes in the coverage and method of calculation of gross industrial output value Prior to 1984, the value of rural industry run by villages was classified into a griculture instead of industry. Since 1984, it has been included in the gross in dustrial output value.

Method of calculation for the gross industrial output value was modified in the industrial census in 1995. The difference in the new method as compared with the old one is outlined below:

Principle in using full value vs. processing fee: The new method stipulates that all products produced using own materials are to be calculated with full value in reporting the gross industrial output value irrespective of sophistication of production, and for external processing, it allows calculation using processing fee. In the old method, however, the use of full value or processing fee was de termined by the degree of sophistication of production in different branches of industries.

Principle in determining the value of change in semi-finished products: The new method requires that value of the change in semi-finished products should be inc luded in the gross industrial output value if it is included in the accounting r ecord of the enterprise, otherwise it should not be included. By the old method, it is determined by the type of enterprises in terms of production cycle. If th e production cycle is over 6 months, the value of change in semi-finished produc ts is included in the gross industrial output value, otherwise it is excluded.

Difference in prices: The new method uses prices excluding value-added tax in th e calculation of gross industrial output value, while the old method used prices including value-added tax.

Value–added of Industry refers to the final results of industrial production of industrial enterprises in money terms during the reference period.

Industrial value-added can be calculated by two approaches: the production appro ach, i.e. gross industrial output value minus intermediate input plus value-added tax, and the income approach, i.e. income for various factors used in the cour se of production, including depreciation of fixed assets, remuneration of labourers, net of production tax, and operating surplus. Value-added of industry in th e Yearbook is calculated by production approach as following:

Value-added of industry = gross industrial output - industrial intermediate inpu t + value-added tax

(1) Gross industrial output: refers to the total achievements of industrial prod uction during a given period. Gross industrial output includes value of finished products, income from external processing, and value of change in semi-finished products at the end and at the beginning of the reference period. Since 1995, i t was substituted by the gross industrial output value by new method.

(2) Industrial intermediate input: refers to purchased goods and paid services c onsumed during the industrial production of enterprises. Fees paid for services include fees paid for the services provided by material production sectors (indu stry, agriculture, wholesale and retail trade, construction, transport, post and telecommunications) and by non-material production sectors (insurance, banking, culture, education, scientific research, health and medical care, public

admini stration, etc.). The determination of industrial intermediate input follows the principle that the goods and services must be purchased from outside and include d in the gross industrial output, and that the goods and services are inputted i nto production and consumed (include low-value consumables) during the reference period.

Industrial intermediate input includes 5 components, namely direct consumption o f materials, industrial intermediate input in manufacturing cost, industrial int ermediate input in management cost, industrial intermediate input in marketing c ost and expenditure on interest.

Capitals Obtained refers to capital actually received b y the enterprise from in vestors that could be used as operational capitals for a long period. According to the current accounting system, capitals obtained can be classified by investo rs as state capital, collective capital, corporate capital, individual capital, capital from Hong Kong, Macau and Taiwan and foreign capital.

State capital:refers to capital which is formed through state-o wned investment into the enterprise by government agencies or institutions that could represent the state in the investment.

Collective capital: refers to capital which is formed through state-owned invest ment into the enterprise by collective institutions or units that could represen t the state in the investment.

Corporate capital: refers to capital which is formed through investment by other corporate units using assets which is at their disposal by law.

Individual capital: refers to capital which is formed through investment by indi viduals outside the enterprise or employees of the enterprise using their person al legal properties.

Capital from Hong Kong, Macau and Taiwan: refers to cap ital which is formed thro ugh investment by investors from Hong Kong, Macau and Taiwan of China using thei r assets of various forms.

Foreign capital: refers to capital which is formed through investment by foreign investors.

Total Assets refer to all economic resources, in moneta ry terms, that is owned or controlled by enterprises, including properties, creditors equity and other e conomic rights of all forms. Classified by the degree of equitability, total ass ets include circulating assets, long-term investment, fixed assets, intangible a ssets and deferred assets, and other assets. Data on this indicator can be obtai ned by the year-end figures of total assets in the Assets and Liability Table of accounting records of enterprises.

Total Working Capitals refer to capitals which can be cashed in or spent or consumed in an operating cycle of one year or over one year, including cash, all kinds of deposits, short term investment, receivable and payable payment for go ods or deposits.

Average Value of Working Capitals refers to the average value of all working capitals of the enterprise during the reference period. Original Value of Fixed Assets refers to the value of payment by the enterprise in building, purchasing installing reconstructing, expending or transforming a particular item of fixed assets. In general, it includes value of purchase, cost for packaging, transportation, installation, etc.

Annual Average of Net Value of Fixed Assets refer to av erage of the net value o f fixed assets during the reference period, calculated with the following formula:

Annual Average of Net Value of Fixed Assets = sum of net value of fixed assets at the beginning and at the end of each month from January to December / 24.

Information on this indicator can be obtained from the beginning and ending figu res of the original value of fixed assets and cumulative depreciation from the A ssets and Liability Table of enterprises.

Net value of fixed assets refers to the original value of fixed assets minus dep reciation over the years, i.e.:

Net value of fixed assets = original value of fixed assets - cumulative deprecia tion

Total Liquid Liabilities refer to enterprises' total de bt payable within an op erating cycle of one year or over one year, including short-term loans, notes an d accounts payable, advance payments received, wages and welfare funds payable, taxes and profit payable, other payables, fees received by advance payment, etc. Liquid liabilities feature in the short term of payment, immediate payment at th e request of creditors, or payable within one year.

Total Long-term Liabilities refers to the debt payable within an operating cycl e of one year or over one year. It is the capital that enterprises raised from c reditors for the long-term use of enterprises in addition to capitals put into t he enterprise by investors, and constitutes the economic liabilities that enterp rises have to repay by assets or labour services, including long-term loans, pay able liabilities, long-term payable, other long-term liabilities, etc. Compared with the liquid liabilities, the long-term liabilities feature in large volume, longer term for repayment, and larger benefits for investors.

Creditors´ Equity refers to investors ownership of net assets of the enterprise , which is equal to the total assets of the enterprise minus its total liabiliti es, including the primary input actually received at the enterprise from investo rs, capital accumulation fund, surplus accumulation fund and undistributed profi t. When the total of creditors' equity is less than zero, that indicates the lia bility of the enterprise is larger that its assets.

Sales Revenue of Industrial Products refers to the reve nue from the sales of fi nished and semi-finished products and from rendering of industrial services by industrial enterprises during the reference period.

Cost of Industrial Products Sold refers to the actual c ost of finished and semi- finished products sold and industrial services rendered by industrial enterprise s during the reference period.

Tax and Extra Charges on Sales of Products refer to the tax on city maintenance and construction, consumption tax, resources tax and extra charges for education, which should be borne by the enterprises in selling products and providing in dustrial services during the reference period.

Total Profits refer to the final achievements of produc tion and operation of th e enterprises, represented by the total profits after deducting losses (loss is expressed by the negative figure). It is the sum of profits from operation, inco me from subsidies, investment earnings, net income from activities other than op eration, and adjustment of profits and losses of previous years.

Value-added Tax Payable refers to the amount of the val ue-added tax which shoul d be paid by the enterprises during the reference period. It is the sum of tax o n sales, export rebate, and transferred tax on purchases of the current year, mi nus the tax on purchases of the current year. Value-added tax payable of small-s ize enterprises is determined by the taxable sales of the year multiplied by the tax rate.

Average Annual Number of Employed Persons Employed persons refer to all those who are employed in enterprises and receive remunerations therefrom, including c urrently working employees, retirees who are re-employed, teachers of local-run schools, as well as foreigners, staff from Hong Kong, Macau and Taiwan, part-tim e employees and persons with second job who are employed by the enterprise, and employees of other units temporarily working in the enterprises, but excluding f ormer employees who left the enterprise with their employment records still kept by the enterprises.

Average number of employed persons refers to the number of employees everyday du ring the reference period, calculated with the following fomula:

Monthly average number = sum of actual employees everyday in reference month/number of calendar dates in reference month

Quarterly average number = sum of monthly average number in reference quarter/3

Annual average number = sum of monthly average number in reference year/12

Ratio of Profits, Taxes and Interests to Average Assets reflects the profit-mak ing capability of all assets of the enterprise and is a key indicator manifestin g the performance and management and evaluating the profit-making potential of t he enterprise. It is calculated as follows:

Ratio of Profits, Taxes and Interests to Average Assets (%) = ［(total profits + total taxes + interest payment) / average assets ］×100%

In the above formula, total taxes is the sum of tax and extra charges on the sal es of products and value-added tax payable; and average assets is the arithmetic mean of the sum of beginning assets and ending assets.

Ratio of Debts to Assets reflect both the operation ris k and the capability of the enterprise in making use of the capital from the creditors. It is calculated as follows:

Ratio of Debts to Assets (%) = (total debts / total assets)×100%

Both assets and debts are figures at the end of the reference period.

Turnover of Working Capital refers to the number of tim es of turnover of workin g capital in a given period of time, which reflects the speed of the turnover of working capital of industrial enterprises, and is calculated as follows:

Turnover of Working Capital=(sales revenue of products) / (average balance of to tal working capital)

In the above formula, average balance of total working capital refers to the ari thmetic mean of the sum of working capital at the beginning and at the end of th e reference period.

Ratio of Profits to Total Industrial Costs refers to th e ratio of profits reali zed in a given period to the total costs in the same period, which reflects the economic efficiency of input cost and is calculated as follows:

Ratio of Profits to Total Industrial Cost(%)=(total profits/ total costs)×100%

Total costs in the above formula is the sum of cost of products sold, marketing cost, management cost and financial cost.

Overall Labour Productivity of Industrial Enterprises reflects efficiency of pro duction and economic results of labour input of enterprises. The formula used is :

Overall Labour Productivity=(value added of industry) / (average number of staff and workers)

Ratio of Sales to Gross Output Value reflects the degre e at which industrial pr oducts are sold. It helps to analyze the linkage between production and sales an d the extent of the needs of the society that has been met by the supply of indu strial products. It is calculated as follows:

Ratio of Sales to Gross Output Value=(Industrial sales / Gross industrial output value at current prices) ×100%

Statistical Unit in Construction refers to corporat e enterprise engaged in the c onstruction of buildings and structures and in the installation of equipment. A corporate construction enterprise should have qualification certificates with in dependent accounting system, and should meet the following 3 requirements: ① be ing set up in line with relevant legal basis, having its full name, organization and location, and capable of taking civil liabilities; ② independently possess ing and using its assets and assuming its liabilities, and entitled to sign cont racts with other institutions; and ③ making independent accounts of its profits and losses, and capable of compiling its own balance sheet.

Gross Output Value of Construction refers to total of c onstruction products and services, expressed in money terms, produced or rendered by construction and ins tallation enterprises during a given period of time. It includes:

(1) Output value of construction projects, that is the value of projects covered by the project budgets;

(2) Output value of installation projects, that is the value of the installation of equipment, (excluding the value of the equipment to be installed);

(3) Output value of others, that is the output value of construction industry ex cluding that of construction projects and installation projects. It includes: ou tput value of repair of buildings and structures; output value of non-standard e quipment manufacturing; overhead expenses received by contracted enterprises to the sub-contracted enterprises and the completed output value of construction ac tivities that have no clear definition.

a. Output value of repair of buildings and structures, that is the value created through the repairs of buildings or structures, but does not include the value of buildings or structures being repaired and the value of the repair of product ion equipment;

b. Output value of manufactured non-standard equipment, that is the value of non -standard production equipment including raw materials and manufacturing cost ma de for the construction project (i.e., chemical plant; kettles or tanks used by refineries; various fillers, triangle tanks, valves used by mines), and the outp ut value of equipment manufactured by subsidiary workshops.

Value-added of Construction refers to the final result of the activities of prod uction and management of construction industry in monetary terms in the referenc e period. At present, the value-added of construction is calculated with the inc ome approach, that is to say, it is the sum of income of various production fact ors in the production process. The formula is as follows:

Value-added of Construction=depreciation of fixed assets in the year + wages pay able + welfare expenses payable + insurance premium and tax for waiting for empl oyment in the administrative expenses + taxes and surcharges on project settleme nt + profit.

Floor Space of Buildings Under Construction refers to f loor space of buildings u nder construction during the reference period, including newly started buildings , buildings started earlier and continued during the reference period, and build ings suspended earlier but restarted during the reference period, buildings comp leted during the reference period, and buildings under construction and then sus pended during the reference period.

Floor Space of Buildings Completed refers to the floor space of buildings that a re completed in the reference period in accordance with the requirements of the design, up to the standard for putting them into use, and have been checked and accepted by concerned departments as qualified ones.

Total Number of Machinery and Equipment Owned by the End of Year refers to the n umber of machines and equipment owned by the enterprises, and listed as the fixe d assets of the enterprises by the end of the year, including machinery and equi pment for construction, production and transportation and other equipment.

Total Power of Machinery and Equipment Owned by the End of Year refers to the to tal power of machinery and equipment owned by the enterprises, and listed as the fixed assets of the enterprises by the end of the year, including machinery and equipment for construction, production and transportation and other equipment.

The power of the machinery is calculated on basis of the designed or verified ca pacity, covering the power of the machinery/equipment and the separate power equ ipment serving the machinery/equipment (such as electric motors), but excluding welders, transformers and boilers. The unit used for the calculation of power is kilowatt, with horsepower converted to kilowatt by 1 horsepower=0.735 kilowatt.

Income from Settlement of Projects refers to the income receive d by the construc tion enterprise from the contracted project through settlement procedures, and o ther charges to the contractee as operational costs in addition to the value of the project, such as temporary facility fee, labour insurance premium, moving co st of construction equipment, as well as various types of claims to the contract ee.

Profit from Settlement of Projects refers to profit rea lized through settled projects. It is calculated with the following formula:

Profit from Settlement of Projects=Income from Settlement of Pro jects - Settled Cost - Settled Taxes and Other Cost

Total Revenue of Enterprises refers to the sum of incom e from production and operation of enterprises, including income from settlement of projects and other operational income, namely:

Total Revenue of Enterprises=Income from Settlement of Projects + Other Operatio nal Income

Length of Railways in Operation refers to the total length of the trunk line und er passenger and freight transportation (including both full operation and temp orary operation). The calculation is based on the actual length of the first lin e even if this line has a full or partial double track or more tracks, excluding double tracks, station sidings, tracks under the charge of stations, branch lin es, special-purpose lines and the non-payable connecting lines. The length of ra ilways in operation is an important indicator to show the development of the inf rastructure for the railway transport, and also the essential data to calculate volume of passenger freight transport, traffic density and utilization efficienc y of the locomotives and carriages.

Length of Electrified Railways refers to the length of the section of railways in operation in which the power supply lines and other equipment are installed fo r the running of electrified locomotives. The proportion of the length of electr ified railways to the total length of railways in operation is an important indicator to show the modernization of railways.

Automatic-blocking and Semi-automatic-blocking Length of Railways refer to length of railways installed with equipment to perform automatic or manual blocking o f trains. Blocking is a spacing technique by which a section of the railway only allows one train to pass at a time in the aim of ensuring the traffic safety. t he proportion of automatic/semi-automatic blocking length to the total length of railways in operation is an important indicator to show the modernization of railways.

Length of Highways refers to the length of highways whi ch are built in conformity with the grades specified by the highway engineering standard formulated by th e Ministry of Communications, and have been formally checked and accepted by the departments of highways and put into use. The length of highways includes th at of the suburb highways at large and medium-sized cities, highways passing thr ough streets at small cities and towns, and also the length of bridges and ferri es. It does not include the length of streets in big and medium-sized cities and highways built for the production purpose at factories, mines, forest areas and agricultural areas. If two or more highways go the same section of the way, the length of the section is only calculated for once and no duplication is allowed . The length of highways is an important indicator to show the development of th e highway construction and to provide essential information to calculate the tra nsport network density.

Length of Navigable Inland Waterways it is an indicator reflecting the size and development of inland water network, it refers to the length of the natural rive rs, lakes, reservoirs, canals, and ditches open to navigation during a given per iod, which enables the transport by ships and rafts. It includes the channels op en to navigation for over an accumulative 3 months in a year, yet this does not include the river courses, which are only used to float odd logs and bamboo raft s. This indicator can reflect the scale, level and development situation of the inland waterway network.

Length of Civil Aviation Routes refers to the length of all routes for regular civilaviation flights. There are usually two ways to calculate the distance betw een airports connected by the route length: One is to put the length of all air routes together, called duplicated calculation of the length of the routes; the other is not to allow the duplication in calculation when two or more routes pas sing the same section of aviation routes. The latter is usually used, as it can precisely show the size of the civil aviation network and indicate the extent of civil aviation serving the national economy and the people.

Length of Oil (Gas) Pipelines used as an indicator to show the development, scale and level of the pipeline transportation, it refers to the actual transport distance of oil (or gas) products, and is in general calculated in the length of single pipeline. If the length of the double pipelines and alternate pipeline a re included, it is called the extension length of the oil (gas) pipelines, which indicates the actual length of the pipelines built, excluding double pipelines. Freight (Passenger) Traffic refers to the volume of freight (passenger) transpor ted with various means. Freight transport is calculated in tons and passenger tr affic is calculated in the number of persons. Despite the type of freight and tr aveling distance, the freight transport is calculated in the actual weight of th e goods: and despite the traveling distance and ticket price, the passenger traf fic is calculated by the principle that one person can be counted only once in o ne travel. The passengers who travel with a half price ticket or a child ticket is also calculated as one person. The freight (passenger) traffic provides a qua ntitative measure to show how the transport industry serves the national economy and people, and is also an important indicator for planning the transport indus try and for studying the development scale and speed of the transport industry.

Freight (Passenger) Traffic Density refers to the freig ht (passenger) traffic vo lume carried by a particular means of transportation during a given period throu gh one kilometer of a specific section of transportation route. The formula is a s follows:

Freight (Passenger) traffic density=［freight ton-kilometers (passenger-kilomet ers)］ / (length of route in operation)

Freight (passenger) traffic density reflects the degree of business of freight (passenger) traffic on transportation routes, and therefore provides important in formation for balancing transport capability, planning construction and upgradin g of transport routes and studying the distribution of transport network.

Freight Ton–kilometers (Passenger–kilometers) refer to the sum of the products o f the volume of transported cargo (passengers) multiplying by the transport dist ance. It is an important indicator to reflect the achievement of transportation industry. Normally, the shortest distance between the departure station and the destination station (i.e., the payable distance) is the basis to calculate the f reight ton-kilometers. This is an important indicator to show the total results of the transport industry, to prepare and examine the transport plan and to meas ure the efficiency, the labour productivity and the unit cost of transport.

The formula is as follows:

Freight ton-kilometers (passenger-kilometers) =∑{freight (passenger) traffic x distance of transportation}

Static Load of Freight Cars refers to the average cargo weight as loaded by eac h freight car under the static condition at the departure station. It is used to show the utilization extent of the loading capacity of the freight cars. The fo rmula is:

Static load (ton) of freight car=(tonnage of goods dispatched) / (number of frei ght cars loaded)

The static load of freight cars is determined by the nature and type of goods lo aded, the type of vehicles, and the technique of loading. The difference between the average marked load and the static load of freight cars reflects the utiliz ation of loading capacity of freight cars. For its calculation the following for mula is applied:

Utilization rate of capacity of freight cars(%)= [(Average static load) / (Avera ge marked load)] ×100%

Average Daily Haul of Freight Locomotives refers to the average total ton-kilometers accomplished by each freight transport locomotive over day and night during a given period of time. It includes both the weight of the goods carried and th e dead weight of the train itself. It is a comprehensive indicator reflecting th e locomotive efficiency in terms of both time and the pulling force.

Average daily haul of freight transport locomotive (ton-kilometer)=(Total ton/ki lometers of freight) / (Daily number of freight transport locomotive)

Volume of Freight Handled in Major Coastal Ports refers to the volume of cargo p assing in and out the harbor area of the major coastal ports and having been loa ded and unloaded. The volume includes that of the postal matters, registered lug gage and fuels, materials and fresh water as supplies of the ships. The volume o f freight handled may be classified by direction of flow as freight for import a nd freight for export, or by nature of cargo as freight for domestic trade and f reight for foreign trade. As an important indicator, the volume of freight handl ed by type of cargo and by main flow direction reflects the production capacity of ports.

Possession of Civil Motor Vehicles: refer to the total numbers of vehicles that are registered and received vehicles' license tags according to the Work Standar d for Motor Vehicles Registration formulated by transport management office unde r department of public security at the end of reference period. They are divided into following categories according to the structure of motor vehicles: passeng er vehicles, trucks and others; and private vehicles and vehicles for units use according to ownerships; working vehicles, non-working vehicles and special moto r vehicles according to kind of usage; large passenger vehicles, medium passenge r vehicles and small passenger vehicles, heavy trucks, light-heavy trucks and li ght trucks according to sizes of vehicles.

Business Volume of Post and Telecommunications refers t o the total amount of pos t and telecommunication services, expressed in value terms, provided by the post and telecommunications departments for the society. Post and telecommunication services can be classified as letters, parcels, remittance, issue of newspapers and magazines, fast mail service, express mail service, savings deposits, stamps for collection, public and individual telegraph service, facsimiles, long-dista nce telephone service, leasing of telephone lines, urban paging service, mobile telephone service, data transfer and transmission, etc. The accounting approach is to multiply the service products of all types with their average unit price (constant price) to get sum of business value, plus income from other services su ch as leasing of telephone lines and equipment, maintenance of telephone switchb oards and lines on behalf of customers. This indicator reflects the overall resu lts of post and telecommunications service during a given period, and is importa nt to study the composition of business service and the development of post and telecommunications service.

The formula is as follows:

Business volume of post and telecommunications=∑(Transaction of post and teleco mmunication service x constant price) + Income from leasing, maintenance and other services

Subscribers of Wireless Paging Services Wireless paging service refers the servi ce by which telephone users send audio, digital or character signals to persons carrying small-size pagers within the designated areas through wireless paging c enters. The page carriers who have registered in paging centers are counted as p aging subscribers.

Mobile Telephone Subscribers refer to the persons who o wn mobile telephone numbe rs and are connected with the mobile telephone communication network through the mobile telephone switchboards, including contracted subscribers and pre-paid su bscribers for intelligent network. One mobile telephone is taken as a subscriber .

Internet Users refer to the number of Chinese citizens who use Internet at least for one hour each week.

Local Telephone Subscribers refer to subscribers that a re connected to the local telecommunication service provider through fix line network, including househol d subscribers, institutional subscribers and public telephones. They are also cl assified as city subscribers and rural subscribers according to locations. Befor e 1997, city subscribers referred to those connected to city telephone networks in county towns and cities, while village subscribers referred to those connecte d to village telephone stations at and below counties. Since 1997, the classific ation of telephone subscribers was modified on the basis of physical location of the subscribers as urban telephone subscribers and rural telephone subscribers, which is different from the previous classification of categorizing local telep hones and rural telephones, while the definition of total subscribers and total number of telephones remain unchanged.

Urban Telephone Subscribers refer to number of telephon e subscribers, located at municipalities, cities under the jurisdiction of province, cities at prefecture level, downtown and suburb of city at county level town and county towns (inclu ding country towns where county government located, and towns of county level ac cording to the administrative organizational system), that are connected to the public line telephone network, including rural mineral area, forest area, military area.

Rural Telephone Subscribers refer to telephone subscrib ers, located at counties (towns) and villages outside the range of cities according to administrative jur isdiction.

Household Telephone Subscribers refer to telephone sets installed in the dwellin g units of urban or rural residents, and registered as residence subscribers for payment, including 3 types of payment for the service: private payment, public payment and free service.

Capacity of Long Distance Telephone Exchanges refers t o the rated capacity of t elephone exchanges to connect long distance telephone network, including capacity of international telephone exchanges.

Capacity of Office Telephone Exchanges refers to the ca pacity (measured in gate) of telephone exchanges installed in the offices of telecommunication service pr oviders for communication between fixed telephones. It includes the capacity of both manual and automatic exchanges in use and for stand-by purpose, excluding t he capacity of subscribers' exchanges.

Capacity of Mobile Telephone Exchanges: refers to the capacity of the maximum se rvices provided to subscribers at one time basing on a certain model and transacting capacity of the mobile telephone exchanges.

Total Retail Sales of Consumer Goods refer to the sum of retail sales of commod ities sold by wholesale, retail, catering, publishing, post and telecommunicatio ns and other service industries to urban and rural households for private consum ption and to social institutions for public consumption. Retail sales of consumer goods include:

A、Sales by wholesale and retail units:

1. of consumer goods sold to urban and rural households

2. of commodities sold to foreigners, overseas Chinese and Chinese compatriots f rom Hong Kong, Macau and Taiwan visiting in China

3. of commodities sold to government agencies, institutions, social organizatio n s, military and armed police units, and commodities sold to enterprises in the f orm of retail sales. More specifically, they include: office facilities and arti cles for non-production purposes such as communications equipment, computing equ ipment and instruments, TV and network equipment, printing and copying equipment , audio-visual equipment and instruments, paper, notebooks,

stationeries, furnit ure, electric appliances, knitwear, sanitation and cleaning articles, cultural a nd sport articles, articles for prizes, souvenirs, etc.; transport vehicles and fuels for employees; materials, spare parts and tools for the maintenance of off ice facilities; equipment, fuels, materials and food for winter heating or summe r cooling purposes; articles and equipment for teaching purpose; Chinese and wes tern medicines and medical equipment and facilities purchased by non profit-maki ng medical institutes; non-specialized work safety articles; cooking utensils, t ableware, equipment, cleaning articles, food and fuels purchased by internal caf eterias; clothes and personal articles purchased by military or armed police uni ts for their officials and soldiers; and other equipment and articles for non-pr oduction purposes.

B、Sales of stable food, cooked dishes, beverages, tobaccos and other articles by catering units.

C、 Sales of books, newspapers, magazines, audio-visual products and post produ ct s by publishing, post and telecommunications departments to urban and rural hous eholds and to enterprises, institutions, military and armed police units.

D、 Sales of food, beverages, tobaccos, clothing, hats, footwear, articles for da ily use, medicines, medical and health articles, work of art, handicrafts, toys, funeral articles and other articles by other service industries.

Purchase, Sales and Stock of Commodities by Wholesale and Retail Trades refer to the total volume of commodities purchased, total volume of sales and exports, a nd the stock of commodities by wholesale and retail enterprises (establishments) of different status of registration from domestic and overseas markets. This in dictor reflects the relationship among purchase, sales and stock of commodities in the circulation of goods and reveals the existing problems.

Total Purchases of Commodities refer to the total value of purchases of commodit ies by the enterprises (establishments) from other establishments or individuals (including direct import from abroad) for the purpose of re-selling, either wit h or without further processing of the commodities purchased. This indicator is used to show the total value of purchases of commodities by wholesale and retail establishments from domestic and overseas markets. The total purchases include: (1) agricultural and industrial products purchased from producers; (2) books, m agazines and newspapers purchased from distribution departments of the publisher s; (3) commodities purchased from wholesale and retail establishments of differe nt status of registration; (4) commodities purchased from other units, such as s urplus materials purchased from government agencies, enterprises or institutions , commodities purchased from catering and service establishments, confiscated go ods purchased from customs authorities or market management agencies, second-han d goods and wastes purchased from residents; and (5) commodities directly import ed from abroad. Excluded are commodities purchased by enterprises (establishment s) for use in their own business operation, commodities obtained without buying or selling procedures, rejected commodities, etc.

Total Sales of Commodities refer to value of commoditie s sold by the establishme nts to other establishments and individuals (including direct export). This indi cator is used to show the total value of sales of commodities at domestic market s and export. The total sales include: (1) commodities sold to urban and rural r esidents and social groups for their consumption; (2) commodities sold to establ ishments in industry, agriculture, construction, transportation, post and teleco mmunications, wholesale and retail trades, catering trade and public utility for their production and operation; (3) commodities sold to wholesale and retail es tablishments for re selling, with or without further processing; and (4)commodi ties for direct export to other countries. Excluded are selling of waste packagi ng materials used by the establishments (units) themselves, commodities transfer red without buying or selling procedures, commission income from brokerage in tr ansactions whose settlement is directly handled by buyers and sellers, rejected commodities in the purchase, loss in commodities, etc.

Commodity Stock of Wholesale and Retail Enterprises refers to total commodities possessed by wholesale and retail enterprises (units) of various types of regist ration status at the end of the reference period, which reflects the commodity s tock level of various wholesale and retail enterprises and the potential for mar ket supply. It includes: (1) commodities located in storage, garages, counters, and shelves of operating units (such as sale stores, wholesale centers, and oper ating offices) of wholesale and retail enterprises; (2) commodities in the proce ss of selecting, sorting, and packing; (3) commodities not arrived but recorded as purchase in the account, i.e. commodities not arrived but payment receipts fo r the commodities from the sellers or the banks arrived; (4) commodities deposit ed in other places rather than places mentioned above, for instance: commodities in the hold of purchasers temporarily due to the refusal of payment and commodi ties not taken back after going through the formalities; (5) commodities entrust ed to other units to sell but not sold yet; (6) commodities purchased for other units but not delivered yet. Commodities not included as stock are those not own ed by the enterprises (units), those allocated to financially independent factor ies rather than wholesale and retail enterprises for processing but not taken back yet, and finally those put in stock by wholesale and retail enterprises on be half of the state material reserves units.

For the calculation of the value of commodities stock, the value is calculated at purchasing prices in agricultural goods purchasing units and wholesale units, and at the accounting prices in retail units.

Business Income of Catering Industry: refer to the total turnover of catering bu sinesses, establishments or individuals, including retail sales and other servic es income. It reflects the operational and managerial conditions and development trend of catering businesses, establishments and individuals in this sector.

Retail Sales of Commodities in Catering Industry: refer to retail sales to resid ents and social groups by catering enterprises, establishments and individual, i ncluding: (1) various food sold after cooking and processing, such as: staple fo od, cooked dishes, cold and dressed dishes and so on. (2) re-selling commodities without further processing, such as beverages, tobaccos, cooked food, fruits an d so on. (3) food and other commodities sold in affiliated shops without indepen dent accounting system.

Volume of Transaction at Consumer Goods Markets refers to the value of transacti on of all goods at consumer goods markets in the country, including both markets for farm and sideline products and for industrial consumption goods.

Volume of Transaction at Large Commodity Markets (with transacti on value over 100 million yuan) refers to markets approved by the industrial and commer cial admi nistration departments, which specialize in wholesale and retail of commodities with an annual sales of over 100 million yuan. The sum of sales of all sellers i n the markets makes up the transaction value of the markets.

Chain Enterprises (also called chain stores or chain corporations) refer to a fo rm of joint economic entities under which scattered enterprises or establishment s engaged in providing homogeneous commodities or services, with the central lea dership of core enterprise or headquarters and guided by common policies, conduc t centralized purchase and distributed selling of commodities, in order to gain better efficiency through standardized operation. Consisting of a number of bran ch stores, the chain stores have in general following features: 1) homogeneous c ommodities, 2) unique name of stores, 3) centralized purchase and delivery which is separated from distributed selling operation (most commodities are delivered from the headquarters except some items which, from logistics, quality or fresh ness considerations, might be delivered by the suppliers directly).

Chain stores have two categories:

a) Chain stores under direct management: These are formal chain stores invested or controlled by the headquarters. They operate under the direct and unified man agement from the headquarters.

b) Chain stores through license arrangement: Through contracts, chain stores (th eir owners) obtain licenses from the headquarters to use designated trade marks, names, operation know-how, and to sell the commodity developed by the headquart ers. Under this arrangement, each store in the chain is an independent legal ent ity and operates under the guidance from the headquarters.

Total Imports and Exports at Customs refer to the r eal value of commodities impo rted into and exported from the boundary of China. They include the actual impor ts and exports through foreign trade, imported and exported goods under the proc essing and assembling trades and materials, supplies and gifts as aid given grat is between governments and by the United Nations and other international organiz ations, and contributions donated by overseas Chinese, compatriots in Hong Kong and Macao and Chinese with foreign citizenship, leasing commodities owned by ten ant at the expiration of leasing period, the imported and exported commodities p rocessed with imported materials, commodities trading in border areas (excluding mutual exchange goods), the imported and exported commodities and articles for public use of the Sino-foreign joint ventures, cooperative enterprises and ventu res exclusively with foreign own investment. Also included are import or export of samples and advertising goods for whose CIF or FOB value are beyond the permi tted ceiling (excluding goods of no trading or use value and free commodities fo r export), imported goods sold in China from bonded warehouses and other importe d or exported goods. The indicator of the total imports and exports at customs c an be used to observe the total size of external trade in a country. In accordan ce with the stipulation of the Chinese government, imports are calculated at CIF , while exports are calculated at FOB

Import Export Value by Location of Chinas Foreign Trade Managing Units refers to actual value of imports and exports carried out by corporations which have bee n registered by the local customhouse and are vested with right to run import ex port business.

Import Value of Commodities by the Places of their Destination and Export Value of Commodities by the Places of their Origin in China: The former indic ator ref ers to the value of import commodities of the places of their consumption, utili zation or the places of their final destination. The latter indicator refers to the value of export commodities of the places of their origin or the places of t he commodities dispatched.

Utilization of Foreign Capitals refers to remittance, e quipment and technology f inanced from abroad, by loans, foreign direct investment and other forms underta ken by the Chinese governments at all levels, by various departments, enterprise s and other economic units.

Foreign Borrowings refer to funds borrowed from abroad through formal signing of borrowing agreements with foreign institutions, including loans of foreign gove rnments, loans of international financial institutions, commercial loans of fore ign banks, export credit, and funds raised by Chinese bonds (and shares before 1 996) issued abroad. It is an important part of China's utilization of foreign ca pitals.

Foreign Direct Investment refers to the investments ins ide China by foreign ente rprises and economic organizations or individuals (including overseas Chinese, c ompatriots from Hong Kong, Macao and Taiwan, and Chinese enterprises registered abroad), following the relevant policies and laws of China, for the establishmen t of ventures exclusively with foreign own investment, Sino-foreign joint ventur es and cooperative enterprises or for co-operative exploration of resources with enterprises or economic organizations in China. It includes the re investment o f the foreign entrepreneurs with the profits gained from the investment and the funds that enterprises borrow from abroad in the total investment of projects which are approved by the relevant department of the government.

Other Investment by Foreign Entrepreneurs refers to all forms of utilization of foreign capitals other than foreign borrowings and foreign direct investment. It includes the total value of stock shares in foreign currencies issued by enterp rises at domestic or foreign stock exchanges (now mainly consisting of H shares issued at Hong Kong Security Market and B shares issued at domestic security mar kets), rent payable for the imported equipment through international leasing arr angement, cost of imported equipment, technology and materials provided by forei gn counterparts in compensation trade and processing and assembly trade.

Contracted Projects with Foreign Countries refer to projects undertaken by Chine se contractors (project contracting companies) through bidding process. They include: (1) overseas civil engineering construction projects financed by foreign investors; (2) overseas projects financed by the Chinese government through its foreign aid programs; (3) construction projects of Chinese diplomatic missions, trade offices and other institutions stationed abroad; (4)construction projects in China financed by foreign investment; (5) sub-contracted projects to be taken by Chinese contractors through a joint umbrella project with foreign contractor (s); (6) housing development projects. The business income from international co ntracted projects is the work volume of contracted projects completed during the reference period, expressed in monetary terms, including completed work on proj ects signed in previous years.

Service Cooperation with Foreign Countries refers to the activities of providin g technology and labour services to employers or contractors in the forms of receiving salaries and wages. Labour services providing by contractual joint ventur es of Chinese international contracting corporations should be included in the s tatistics of service co-operation with foreign countries. The business income of labour service cooperation is the income in the form of wages and salaries, ove rtime pay, bonuses and other remuneration received from the employers during the reference period.

Overseas Design and Consultation Service refers to projects with charges for tec hnical services from overseas operators. It includes geographic and topographic mapping, geological resource prospecting and survey, planning of construction ar eas, provision of design documents, blueprints, materials on production process and techniques, as well as engineering, technical and economic consultation, and feasibility study, research and evaluation of projects. Also included under thi s category are the above-mentioned services of foreign-financed projects in Chin a that are paid in foreign currencies.

Number of Tourists

(1) International tourists refer to foreigners, overseas Chinese, Chinese compat riots from Hong Kong, Macao and Taiwan coming to China for sight-seeing, visits, tours, family reunions, vacations, study tours, conferences and other activitie s of a business, scientific and technological, cultural, educational and religio us nature. It does not include representatives and employees of resident institu tions of foreign countries in China such as embassies, consulates, news agencies and offices of foreign companies and organizations, nor does it include long-te rm foreign experts or students residing in China, or persons in transition witho ut spending a night in China.

(2) Chinese residents going abroad refer to Chinese residents going abroad for s hort terms for either public business or private purposes. Chinese employees wor king on international transport carriers are included in those going abroad for public business purpose, not in those for private purpose.

(3) Domestic tourists refer to residents of the mainland of China who stay for o ne night at least but no more than 6 months at tourist facilities in other place s than their permanent residence within the territory of the mainland China, inc luding foreigners, overseas Chinese and Chinese compatriots from Hong Kong, Maca o and Taiwan who have resided in China for over one year.

Foreign Exchange Earnings from International Tourism refer to the total expend itures of foreigners, overseas Chinese, Chinese compatriots from Hong Kong, Maca o and Taiwan during their stay in the mainland of China, which are earnings of f oreign exchange from international tourism from the point of view from China.

International Travel Agencies refer to travel agencies engaged in the promotio n, solicitation, organization and reception of tours to the mainland of China by foreigners, overseas Chinese, Chinese compatriots from Hong Kong, Macao and Tai wan.

Domestic Travel Agencies refer to travel agencies engag ed in the promotion, so licitation, organization and reception of domestic tourists, and in the receptio n of foreigners, overseas Chinese, Chinese compatriots from Hong Kong, Macao and Taiwan organized by international travel agencies or other departments concerne d, without their own promotion and solicitation programmes.

Star–Hotels refer to hotels rated with stars

Regular Institutions of Higher Learning refer to educational establishments set up according to the government evaluation and approval procedures, enrolling gra duates from senior secondary schools and providing higher education courses and training for senior professionals. They include full-time universities, colleges , high professional schools, high professional vocational schools and others.

Universities and colleges are mainly providing undergraduate courses; those high professional schools and high professional vocational schools are mainly provid ing professional trainings; and others refer to educational establishments, whic h are responsible for enrolling students but not covered in the total number of schools, including: branch schools of universities and colleges, and universitie s and colleges that have been proved and prepared to construct.

Institutions of Higher Learning for Adults refer to edu cational establishments, set up in line with relevant rules approved by the government, enrolling staff a nd workers with senior secondary school or equivalent education, and providing h igher education courses in many forms of correspondence, spare time, or full tim e for adults. Professionals thus trained receive a qualification equivalent to g raduates studying regular courses at regular universities, colleges and professi onal colleges. Institutions of higher learning for adults include schools of hig h education for staff and workers, schools of high education for peasants, colle ges for management cadres, pedagogical colleges, independent correspondence coll eges, Radio and TV universities and other educational establishments. Other educ ational establishments are responsible for enrolling adult students but not cove red in the number of schools.

Enrollment Rate of Primary School Age Children refers t o the proportion of schoo l age children enrolled at schools to the total number of school age children bo th in and outside schools (including retarded children, but excluding blind, dea f and mute children). The formula is:

Enrollment Rate of Primary School-age Children = (Total Primary School-age Child ren at Schools)/(Total Primary School age Children Both at and Outside Schools) x 100%

Scientific and Technological Activities (S&T Activities) refer to organized acti vities which are closely related with the creation, development, dissemination a nd application of the scientific and technical knowledge in the fields of natura l sciences, agricultural science, medical science, engineering and technological science, humanities and social sciences (referred to as scientific and technolo gical fields). S&T activities can be classified in to 3 categories: research and development (R&D) activities, application of R&D results, and related S&T servi ces. This statistical definition is made by UNICHIEF for scientific and technolo gical activities to meet the need of carrying out statistical work in this field for its member countries in particular those developing countries.

Personnel Engaged in S&T Activities refer to personnel directly engaged in S&T a ctivities, in the management of S&T activities, and in providing direct service to S&T activities, who spend over 10% of the total working hours in a year in S& T activities. (1) Personnel directly engaged in S&T activities include researche rs, engineers, technicians and other related personnel engaged in S&T activities in independent-accounting R&D institutions, institutions of higher learning, an d in research institutes, laboratories, technology development centers and centr al experiment workshops under enterprises and institutions. Also included are pe ople working in S&T research project teams, professional and technical personnel working in S&T information archiving institutes, and graduate students working on the design of their thesis. (2) Personnel engaged in the management of S&T ac tivities and in providing direct service to S&T activities include senior manage ment people responsible for S&T activities in independent-accounting R&D institu tions, S&T information archiving institutes, institutions of higher learning, an d in enterprises and institutions where S&T activities are undertaken. Also incl uded are people responsible for the planning, administration, personnel manageme nt, financial management, logistics supply, equipment maintenance, information a nd library management that are related with S&T activities. People providing indirect services are excluded, such as security, medical service, drivers, plumber s, cleaners and those providing catering and related service. This indicator ref lects the size of personnel engaged in S&T activities.

Scientists and Engineers refer to persons engaged in S& T activities who have obt ained titles of senior and middle level professional positions, and those withou t such position but have completed university or higher education. This indicator reflects the quality of personnel engaged in S&T activities.

Research and Development (R&D) refers to systematic and creative activities in t he field of science and technology aiming at increasing the knowledge and using the knowledge for new application. R&D includes 3 categories of activities: basi c research, applied research and experiments and development. The scale and inte nsity of R&D are widely used internationally to reflect the strength of S&T and the core competitiveness of a country in the world.

Basic Research refers to empirical or theoretical researchaiming at obtaining new knowledge on the fundamental principles of phenomena of observable facts to r eveal the nature and law of movement of objects and to acquire new discoveries o r new theories. Basic research takes no specific or designated application as th e aim of the research. Results of basic research are mainly released or dissemin ated in the form of scientific papers or monographs. This indicator reflects the original innovation capacity of knowledge.

Applied Research refers to creative research aiming at obtaining new knowledge o n a specific objective or target. Purpose of the applied research is to identify the possible use of results from basic research, or to explore new (fundamental) methods or new approaches. Results of applied research are expressed in the fo rm of scientific papers, monographs, fundamental models or invention patents. Th is indicator reflects the exploration of ways to apply the results of basic research.

Experiments and Development refer to systematic activit ies aiming at using the k nowledge from basic and applied researches or from practical experience to devel op new products, materials and equipment, to establish new production process, s ystems and services, or to make substantial improvement on the existing products , process or services. Results of experiment and development activities are embo died in patents, exclusive technology, and monotype of new products or equipment . In social sciences, experiment and development activities refer to the process of converting the knowledge from basic or applied researches into feasible prog rammes (including conduct of demonstration projects for assessment and evaluatio n). There are no experiment and development activities in the science of humanit ies. This indicator reflects the capability of transferring the results of S&T into technique and products, which is the materialized measurement of S&T pushing forward the economic and social development.

R&D Personnel refer to persons engaged in research, man agement and supporting ac tivities of R&D, including persons in the project teams, persons engaged in the management of S&T activities of enterprises and supporting staff providing direc t service to the research projects. This indicator reflects the size of personne l engaged in R&D activities with independent intellectual property.

Professional and Technical Personnel refer to persons engaged in professional and technical work or in the management of professional and technical activities, i.e., people with professional or technical positions who are engaged in profess ional and technical work or in the management of professional and technical acti vities, and people without professional or technical positions but are working o n professional or technical posts. They include professionals and technicians wo rking in 17 categories of technical occupations including engineering, agricultu re, scientific researches, medical service, teaching, economic research and appl ication, accounting, statistics, translation, libraries, archives, cultural and museum service, journalism and publication, lawyers, notarization service, radio and television broadcasting, handicraft and fine arts, sports, performing art, and political workers in enterprises. This indicator reflects the condition of human resources in S&T.

Funding for S&T Activities refers to funds obtained fro m various sources for S&T activities, including government funds, self-raised funds by enterprises, self- raised funds by institutions, loans from financial institutions, foreign funds a nd other funds. This indicator reflects the efforts made by various social econo mic entities in promoting the development of S&T.

Government Funds refer to funds obtained from governmen t agencies at all levels to be used for S&T activities, including fund for scientific undertakings, 3 kin ds of fund for S&T activities, fund for capital construction for scientific rese arches, science fund, funds from education expenditures by education departments for S&T activities, and extra-budget fund from government agencies for S&T acti vities.

Self-raised Funds by Enterprises refers to self-raised funds by enterprises from their own expenditure or from other enterprises and funds received by universit ies or research institutions from enterprises for scientific research or technic al development projects. Excluded in this category are funds from government age ncies, financial institutions or from foreign institutions.

Loans from Financial Institutions refer to loans from v arious financial institutions for S&T activities.

Internal Expenditures on S&T activities refer to the actual expenditures on S&T activities during the reference year, including service fees, expenditure on research activities, expenditure on research management, purchase or construction o f fixed assets not included in the investment for capital construction, expendit ure on capital construction for scientific researches, and other expenditures on S&T activities. Not included are expenditure on production activities, repaymen t of loans and transfer expenditure. This indicator reflects the real accomplish ment of input in S&T.

Service Fees refer to direct or indirect payment, in ca sh or in kind, made to pe rsonnel engaged in S&T activities as remuneration and other fees. They include, in various forms, salaries, subsidies, bonus, benefits, retirement pension, stip end, etc. This indicator reflects the improvement of treatment toward S&T person nel.

Purchase or Construction of Fixed Assets refers to the fixed assets purchased or constructed using funds other than the investment in capital construction, and the actual expenditure on capital construction for scientific researches. In oth er words, it is the sum of the actual expenditure on fixed assets and the accomp lished investment in capital construction for scientific researches. Fixed asset s refer to main materials and equipment, literatures and documents in libraries, materials for experiments, specimen, instruments, furniture, buildings and cons tructions that can be used for a long time without changing the form and shape o f those articles or constructions. This indictor reflects the input in improving the condition of S&T and the means of scientific research.

New Products refer to new products produced with new tech nology and new design, or products that represent noticeable improvement in terms of structure, materia l, or production process so as to improve significantly the character or functio n of the older versions. They include new products certified by relevant governm ent agencies within the period of certification, as well as new products designe d and produced by enterprises within a year without certification by government agencies. This indictor reflects the direct contribution of S&T output to econom ic growth.

Patent is an abbreviation for the patent right and refers to the exclusive right of ownership by the inventors or designers for the creation or inventions, give n from the patent offices after due process of assessment and approval in accord ance with the Patent Law. Patents are granted for inventions, utility models and designs. This indicator reflects the achievements of S&T and design with indepe ndent intellectual property.

Inventions refer to the new technical proposals to the products or methods or th eir modifications. This is universal core indicator reflecting the technologies with independent intellectual property.

Utility Models refer to the practical and new technical proposals on the shape a nd structure of the product or the combination of both. This indicator reflects the condition of technological results with certain technical content.

Designs refer to the aesthetics and industrially applic able new designs for the shape, pattern and color of the product, or their combinations. This indicator reflects the appearance design achievements with independent intellectual property.

Cultural Institutions refer to units, which have their own organizational system and independent accounting system and specialize in or serve cultural developme nt. They exclude other establishments run by these cultural institutions and ama teur cultural groups established by various departments. This indicator reflects the development of cultural units.

Art Troupe refers to the troupe which is engaged in dra ma, opera, music, dance, acrobatics or other art performance, opens independent accounts with banks and h as self-supporting accounting system; excluding the troupes which are engaged pa rtly in industrial or agricultural activities, partly in art performance and the professional troupes organized by the people.

Number of Audience at Art Performance refers to the num ber of attendants at comm ercial shows, completely booked shows or free shows given in minority national a reas, and does not include the number of spectators at rehearsals for examinatio n and internal shows for study.

Number of Athletes in Grades refers to the number o f athletes who have been give n titles through examination. The titles of athletes include international maste rs of sports, masters of sports, first-grade, second-grade and third-grade sport smen and young athletes. This indicator reflects skill of the athletes.

Number of Referees in Grades refers to the number of re ferees who have been give n titles after examination. They are classified as international referees, natio nal referees and referees of the first, second and third grades. This indicator reflects the skill of referees.

Stadiums refer to stadiums for track and field events with six lane 400-meter tracks around soccer fields, permanent track marks and permanent bleachers. Stadiu ms are classified according to seating capacity. They include:

Class A stadiums have the capacity of seating 25000 people each. Class B stadiums have the capaci ty of seating 15000 to 25000 people each. Class C stadiums have the capacity of seating 5000 to 15000 people each, and Class D stadiums have the capacity of sea ting fewer than 5000 people. This indicator reflects numbers of large and medium -sized stadiums.

Gymnasiums refer to indoor sports grounds with permanen t seats in which basketball, volleyball. badminton, table tennis and gymnastics competitions can be held. Gymnasiums are classified according to seating capacity. They include: Class A gymnasiums with seating over 6000 people. Class B gymnasiums with seating 4000 t o 6000 people. Class C gymnasiums with seating 2000 to 4000 people, and Class D gymnasiums with eating fewer than 2000 people. This indicator reflects the total number of large and medium-sized gymnasiums.

Health Care Institutions include: medical institutions, disease preven tion and c ontrol centers (epidemic prevention stations), blood gathering and supplying ins titutions, health supervision and inspection (check up) institutions, medicinal scientific research and on-job training institutions, health education and so on .

Medical Organizations include: hospitals, health service center s (stations) of c ommunities, nursing homes, health centers, clinics, clinics (health stations and infirmaries), maternity and child care agencies (centers and stations), special disease prevention and curing agencies (centers and stations), first aid center s (stations) and clinical inspection centers. Medical organizations are grouped by two types: profit-making and non-profit-making medical organizations.

Hospitals include: polyclinics, traditional Chinese medical hos pitals, hospitals integrated with traditional Chinese therapeutics and western therapeutics, ethi cal hospitals, various specialties hospitals and nursing hospitals.

Medical Technical Personnel refers to doctors, assistan t nurses, pharmacists, and laboratory technicians working in medical institutions.

Doctors refer to certified physicians and certified as sistant physicians with ce rtifications working in medical and health care and prevention agencies.

Social Welfare Institutions refer to institutions takin g care of old people with out children, handicapped people and orphans. They include social welfare instit utions run by civil affairs departments, children welfare institutions, social w elfare institutions for mental patients, collective-owned old peoples homes in r ural areas, convalescent homes and community service centers with the capacity o f receiving those people. This indicator reflects the input in social welfare in stitutions.

Number of People Taken in by Social Welfare Institutions refers to the number of old people, children, totally dependent handicapped people and mental patients taken in by social welfare institutions run by civil affairs departments and tho se run by collective units in urban and rural areas. This indicator reflects the capacity of social welfare institutions.

Social Welfare Enterprises are collective owned enterprises whi ch employ the bli nd, deaf-mute, and other handicapped people who are able to work in cities and t owns and enjoy exemption from state taxes, including welfare plants, welfare com mercial services, artificial limb plants and farms, etc. This indicator reflects the preferential policies toward disabled persons.

Rural Households with Livelihood Guaranteed in Five Aspects refer to the househo lds in which there are old people without child, orphans and handicapped people who are unable to work and without financial resources in rural areas. They are taken care of by the collective units and their food, clothing, housing, medical care, funeral expenses (or schooling for orphans) are guaranteed to be provided for. This indicator reflects the total number of disadvantageous groups of rura l population.

Lawyers are certified legal workers according to law, and who a re employed by le gal counseling firms to act as legal advisers, agents in criminal or civil lawsu its, or defenders in criminal lawsuits, or to handle non-litigious legal affairs , to advise on matters of law or to write legal papers for others, and provide s ervice to the public.

Notary Personnel refers to people working for notary of fices including: director s, deputy director, notaries, assistant notaries, and other people providing ass istance.

Notary Documents refer to the judicatory notary documen ts drawn up by the reques t of the party and are in accordance with facts and laws and following certain l egal proceedings. According to usage and locality, the notary documents are divi ded into following 4 types: domestic notary documents, domestic economic notary documents, foreign-related civil notary documents and foreign-related economic notary documents.

Mediators refer to workers on peoples mediation committ ees responsible for media ting in civil disputes and cases of slight infraction of the law. They include m embers of the mediation committees and mediators of mediation groups. This indic ator reflects the number of people engaged in meditation.

Mediation of Civil Disputes refers to number of cases m ade by mediation committe es in mediating in civil disputes concerning civil rights and duties through per suasion and education in accordance with the provisions of law on a voluntary ba sis, so as to solve disputes by helping the parties involved come to an agreemen t and understanding, including those unsuccessful ones. This indicator reflects the workload of the mediation committees.

Acceptance of Case refers to the decision made by the p eople's procuratorate off ice on reported cases, prosecution, impeachment, surrender, self-found criminal clues or suspects after initial investigation to confirm the act of crime and to start legal proceedings of the case as criminal case.

Number of Labour Dispute Cases Accepted refers to the n umber of cases of labour dispute submitted that, after being reviewed by the lab our dispute arbitration c ommittees in line with the relevant state regulations, are accepted and registered for treatment.

Retired or Resigned Personnel refers to people who have formally gone through th e formalities for their retirement or quitting work and enjoy the corresponding treatments.

Insurance and Welfare Funds refers to labour insurance and welfare fund paid by enterprises, organizations and institutions to their staff and workers as well a s retired and resigned persons in addition to their wages and salaries, excludi ng labour protection fees, wages paid to medical workers from insurance and welf are fund and wages paid to staff members working in collective welfare agencies and to people with over 6 months of sick-leave.

Insurance and Welfare Funds for Retired and Resigned Staff and W orkers covers:

1. Pensions for retired veteran cadres: They refer to pensions, other subsidies, and additional allowances paid to retired in line with relevant government docu ments.

2. Pensions for Retirement: They refer to living allowance; other subsidies and additional allowances paid to retired staff and workers in line with the relevan t government documents.

1. Resignation Allowances for Living Expenses: They refer to living allowance, a nd additional allowances subsidies paid to resigned staff and workers in line wi th relevant government instructions.

It also includes living subsidies and prices subsidies paid to retired and resig ned staff and workers.

2. Medical Care Allowance: refer to fee-for-service, cost of medical care and pe r diem subsidies during hospitalizations of retired and resigned staff and worke rs.

3. Others: They refer to other expenses, including other types of insurance and welfare fund, fees for funerals, traveling subsidies and heating subsidies durin g the winter time.

Waste Water Discharged by Industry refers to the volume of waste water discharge d by industrial enterprises through all their outlets, including waste water fro m production process, directly cooled water, groundwater from mining wells which does not meet discharge standards and sewage from households mixed with waste w ater produced by industrial activities, but excluding indirectly cooled water di scharged (It should be included if the discharge is not separated with waste wat er). Industrial Waste Water Meeting Discharge Standards refers to volume of industria l waste water discharge which, with or without treatment, reaches national or lo cal standards.

Ratio of Industrial Waste Water Meeting Discharge Standards refers to percentage of industrial waste water meeting discharge standards over total industrial was te water discharge. Its calculation formula is:

Industrial Waste Air Emission refers to discharge into atmosphere of waste air c ontaining pollutants generated from fuel burning and production process in enter prises within a given period of time. It is converted into standard (273K, 10132 5Pa) with the following formula:

Industrial SO_2 Emission refers to volume of sulphur dio xide emission from fuel b urning and production process in premises of enterprises for a given period of time.

Industrial Soot Emission refers to volume of soot in sm oke emitted in process of fuel burning in premises of enterprises.

Industrial Dust Emission refers to volume of dust emitt ed by production process of enterprises and suspended in the air for a given period of time, including du st from refractory material of iron and steel works, dust from coke-screening sy stems and sintering machines of coke plants, dust from lime kilns and dust from cement production in building material enterprises, but excluding soot and dust emitted from power plants.

Industrial Solid Wastes Produced refers to total volume of solid, semi-solid and high concentration liquid residues produced by industrial enterprises from prod uction process in a given period of time, including hazardous wastes, slag, coal ash, gangue, tailings, radioactive residues and other wastes, but excluding sto nes stripped or dug out in mining (gangue and acid or alkaline stones not includ ed). A stone is acid or alkaline depending on the pH value of the water below 4 or above 10.5 when the stone is in, or soaked by, the water.

Industrial Solid Wastes Utilized refers to volume of so lid wastes from which use ful materials can be extracted or which can be converted into usable resources, energy or other materials by means of reclamation, processing, recycling and exc hange (including utilizing in the year the stocks of industrial solid wastes of the previous year). Examples of such utilizations include fertilizers, building materials and road materials. The information shall be collected by the producing units of the wastes.

Ratio of Industrial Solid Wastes Utilized refers to the percentage of industrial solid wastes utilized over industrial solid wastes produced (including stocks o f the previous year). Its calculation formula is:

Stocks of Industrial Solid Wastes refers to volume of s olid wastes placed in spe cial facilities or special sites for purposes of utilization or disposal. The sites or facilities should take measures against dispersion, loss, seepage, and air and water contamination.

Industrial Solid Wastes Disposed refers to quantity of industrial solid wastes w hich are burnt or placed ultimately in the sites meeting the requirements for en vironmental protection and not salvaged or recycled (including disposition in th e year of those wastes of previous years). The disposition includes landfill (Sa fe landfills should be conducted for hazardous wastes), incineration, containmen t spaces, deep underground disposal, backfill in mining pits and disposal at sea .

Industrial Solid Wastes Discharged refers to volume of industrial solid wastes d ischarged by producing enterprises to disposal facilities or to other sites. The wastes exclude stones stripped or dug from mining (gangue and acid or alkaline waste stones not included).

Output Value of Products Made from Waste Gas, Waste Water and So lid Wastes refers current value of products with waste gas, waste water and solid wastes as main materials of production. Products sold and ready to sell shall be included whil e those produced for own use shall not be included.

Border Economic Cooperation Zone Border economic cooperation zone is authorized by provincial government or the State Council, being concentrating constructed o n the border, enjoying some preferential policies and corresponding establishment. Abutted countries are major foreign trade, economic and technology cooperati on partners of the Border Economic Cooperation Zone . A border economic cooperat ion zone authorized by provincial government is a province-level development zone, authorized by the State Council is a state-level development zone. New high technology industry development district.

Economic and Technology Cooperation Development Zone Economic and technology cooperation development zone is authorized by provincial government or the State C ouncil, locating in inland central city and being concentrating constructed, enj oying some preferential policies and corresponding establishment. The economic and technology cooperation development zone becomes local window and base of inve stment promotion & extended opening through promoting investment and establishin g export-processing bases.

New High Technology Industry Development Zone New high technology industry deve lopment zone is authorized by provincial government or the State Council, locating in central city possessing stronger economic and technological capability, en joying some preferential policies and corresponding establishment. New high tech nology industry development zone develop new high technology industry through in vestment promotion & extended opening.

Civilian Batlalion Economic Type of Registration for the joint -stock cooperative Enterprises,other joint venture Enterprise,Non-state holding other liability company and limited by shave Ltd.Private Enterprise,Domestic other enterprise legal person and has the fixed operating sites and holding the business license or has fixed management field,but do not recive business license of the self-employed households.

中国统计出版社最新图书简目

(仅供参考，以实际出版为准)

统计资料

中国统计年鉴　中国统计摘要　中国发展报告
中国经济普查年鉴2013　国际统计年鉴　金砖国家联合统计手册
中国-东盟国家统计手册　中国区域经济统计年鉴　中国县域统计年鉴
中国城市统计年鉴　中国农村统计年鉴　中国地区经济监测报告
中国贸易外经统计年鉴　中国对外直接投资统计公报　中国商品交易市场统计年鉴
大中型批发零售和住宿餐饮企业统计年鉴　中国零售和餐饮连锁企业统计年鉴　中国住户调查年鉴
中国价格统计年鉴　中国农产品价格调查年鉴　全国农产品成本收益资料汇编
中国环境统计年鉴　中国能源统计年鉴　国外资源、能源和环境统计资料汇编
中国工业统计年鉴　中国建筑业统计年鉴　中国房地产统计年鉴
中国城市建设统计年鉴　中国城乡建设统计年鉴　中国第三产业统计年鉴
中国证券期货统计年鉴　中国科技统计年鉴　中国高技术产业统计年鉴
工业企业科技活动资料　中国劳动统计年鉴　中国人口和就业统计年鉴
中国人才资源统计报告　中国社会统计年鉴　中国文化及相关产业统计年鉴
文化及相关产业统计概览　中国教育经费统计年鉴　中国民政统计年鉴
中国民族统计年鉴　中国工会统计年鉴　中国残疾人事业统计年鉴
中国妇女儿童状况统计资料（英）　中国乡镇街道行政区域简册

省级综合统计年鉴系列

北京 天津 河北 山西 内蒙古 辽宁 吉林 黑龙江 上海 江苏 浙江 安徽 福建 江西 山东 河南 湖北 湖南 广东 广西 海南 重庆 四川 贵州 云南 西藏 陕西 甘肃 青海 宁夏 新疆 新疆生产建设兵团

市(县)级综合统计年鉴系列

天津滨海新区 石家庄 唐山 邯郸 保定 沧州 邢台 廊坊 承德 衡水 秦皇岛 张家口 太原 大同 阳泉 长治 晋城 朔州 晋中 运城 忻州 临汾 呼和浩特 呼和浩特新城区 鄂尔多斯 包头 沈阳 大连 长春 四平 哈尔滨 齐齐哈尔 黑龙江垦区 上海浦东新区 南京 无锡 徐州 常州 苏州 南通 连云港 淮安 盐城 扬州 镇江 泰州 宿迁 江阴 丹阳 杭州 宁波 温州 嘉兴 绍兴 金华 衢州 舟山 台州 丽水 合肥 安庆 马鞍山 福州 厦门 宁德 南昌 九江 上饶 新余 抚州 济南 青岛 枣庄 滕州 郑州 洛阳 平顶山 三门峡 南阳 商丘 济源 武汉 十堰 荆州 宜昌 荆门 咸宁 长沙 广州 深圳 惠州 东莞 南宁 柳州 桂林 来宾 海口 三亚 成都 贵阳 昆明 西安 兰州 庆阳 银川 乌鲁木齐 兵团一师 兵团十师

调查年鉴系列

天津 山西 内蒙古 辽宁 吉林 上海 福建 河南 湖北 湖南 广西 重庆 四川 云南 甘肃 宁夏 新疆

“十二五”规划教材

统计学（经济管理类专业本科适用，单薇 等）　抽样调查理论与方法（冯士雍 等）
贝叶斯统计（茆诗松 等）　统计学（黄良文 等）　试验设计（茆诗松 等）
统计学：从数据到结论（吴喜之）　医学统计学（于浩）　统计学（经济、管理类专业基础教材，张小斐）
概率论与数理统计三十三讲（魏振军）　概率论与数理统计三十三：学习指导与习题解答（魏振军）
非参数统计（吴喜之 等）　统计学：经济与管理中的数据分析（李慧云 等）
卫生管理统计学（新编医学院校基础课教材，尚磊）　医院统计学（新编医学院校基础课教材，徐天和 等）
社会统计学（蒋萍 等）　现代金融投资统计分析（李腊生 等）
国民经济核算初级教程（经济类、统计类、管理类专业适用，蒋萍 等）

重点图书

图解中国经济2015　新编英汉汉英统计大词典　中华医学统计百科全书
挑大学选专业2016—考研择校指南　挑大学选专业2015—高考志愿填报指南